CW01666650

PHILIPPE DESCOLA

1949'da Paris'te doğan Philippe Descola, Ecole Normale Supérieure'de felsefe eğitimi aldıktan sonra, 1976-1979 seneleri arasında Amazonlarda bulundu. Açuar yerlilerinin çevreleriyle ilişkilerini incelediği ve 1983'te Claude Lévi-Strauss'un yönettiği doktora tezini savundu. Cambridge'deki King's College'ın ardından Paris'teki Ecole des Hautes etudes en sciences sociales (EHESS)'te ders vermeye başlayan Descola, daha sonra 2000 yılında Collège de France'a seçilerek buradaki Sosyal Antropoloji Laboratuvarı'nı yöneticiliğine getirildi. Dünyanın çeşitli üniversitelerinde dersler veren Philippe Descola'nın başlıca eserleri arasında *La Nature domestique* (1986), *Les Lances du crépuscule* (1993) ve *Nature and Society* (1996) sayılabilir. 2005'te yayınlanan *Doğa ve Kültürün Ötesinde* ile uluslararası ününü perçinleyen Descola'nın çalışmaları antropoloji alanında temel birer referans niteliğindedir.

İSTANBUL BİLGİ ÜNİVERSİTESİ YAYINLARI

Philippe Descola
Doğa ve Kültürün Ötesinde
Çeviren İsmail Yerguz

Par-delà nature et culture
Éditions Gallimard, 2005

İstanbul Bilgi Üniversitesi Yayınları 442
Kavramlar ve Pratikler 4

ISBN 978-605-399-315-5

Kapak Sibirya'da Hakas boyu şamanının davul deseni. 20. yüzyıl başı
Sibirya, Minoussinsk Müzesi, Krasnoyarsk Krai, Rusya.

1. Baskı İstanbul, Ekim 2013

Yazışma Adresi: İnönü Caddesi, No: 43/A Kuştepe Şişli 34387 İstanbul
Telefon: 0212 311 61 34 - 311 64 65 / Faks: 0212 297 63 14 • Sertifika No: 11237

www.bilgiyay.com
E-posta yayin@bilgiyay.com
Dağıtım dagitim@bilgiyay.com

Dizi Editörü Ferhat Taylan
Yayına Hazırlayan Ferhat Taylan
Tasarım Mehmet Ulusel
Dizgi ve Uygulama Maraton Dizgievi • www.dizgievi.com
Düzelti Remzi Abbas
Dizin Özgür Yıldız
Baskı ve Cilt Sena Ofset Ambalaj ve Matbaacılık San. Tic. Ltd. Şti.
Litros Yolu 2. Matbaacılar Sitesi B Blok Kat 6 No: 4 NB 7-9-11 Topkapı İstanbul
Telefon: 0212 613 03 21 - 613 38 46 / Faks: 0212 613 38 46 • Sertifika No: 12064

İstanbul Bilgi University Library Cataloging-in-Publication Data
İstanbul Bilgi Üniversitesi Kütüphanesi Kataloglama Bölümü tarafından kataloglanmıştır.

Descola, Philippe.
Doğa ve kültürün ötesinde /Philippe Descola ; çeviren İsmail Yerguz
384 p.: 1 ill., 11 charts; 19x24 cm.
Includes bibliographical references and index.
ISBN 978-605-399-315-5

1. Philosophy of nature. 2. Human ecology. I. Yerguz, İsmail.
BD581.D381319 2013

Philippe Descola

DOĞA VE KÜLTÜRÜN ÖTESİNDE

Çeviren
İsmail Yerguz

Léonore ve Emmanuel'e

İçindekiler

Teşekkür

Varış noktası bu kitap olan böylesi bir macerada o kadar çok borç birikmiştir ki, bu yolculuk sırasında borçlanılan herkese alacaklarını ödemek mümkün değildir. Dolayısıyla nankör damgası yemeyi de göze alarak pintiliği tercih ettim. Kitapta sürekli ortaya çıkan Açuar Yerlileri ilk atılımı yapmamı sağlamışlardır ve bu ilk atılım beni daha önceki kesin düşüncelerimi gözden geçirmeye götürmüştür. Amazon bölgesindeki ya da başka yerlerdeki başka halklar da çıktı sahneye, ama benim araştırmalarımın somutlaşması Açuarlarla yakın olmanın sonucudur: Bu nedenle minnet ve şükranlarımı sunuyorum onlara. Beni çok farklı alanlarda etkilemiş olmasına rağmen Claude Lévi-Strauss'un bu çalışma bağlamında etkisi de kısmen Açuarlar aracılığıyladır, zira onlarla ilgili etnoloji tezini o yönetmiştir ve onlarla ilgili sorular sormamı yönlendiren de bu bilim adamıdır: Bu kitapta onun bazı analizlerinin mesajını tartışmaya açmışsam bunun nedeni sanıyorum onun yöntemine ve tanımlamış olduğu biçimiyle antropoloji misyonuna bağlı kalmaktır. Verdiği esin ve sergilediği örnekler olmasaydı bu çalışmayla ilgili hiçbir şeyi başaramazdım. Kitapta öne sürdüğüm tezleri Anne Christine Taylor, Eduardo Viveiros de Castro ve Bruno Latour'la yaklaşık on yıldır tartışıyorum ve bu tezleri onların metinleri ve tartışmalarımız, onların yerinde gözlemleri sayesinde gözden geçiriyorum, daha somut hale getiriyorum. Onlara çok şey borçluyum. Ama cömertlikleri ve yüce gönüllülükleri sayesinde böyle bir borç adeta siliniyor ve benim bu yükü taşımam çok kolaylaşıyor. Tim Ingold'la ilişkilerim bağlamında ise bana yararlı olan fikir alış verişinden çok metinlerinden çıkardığım sezgiye dayalı derin düşünceler ve benim bazı görüş ve düşüncelerime getirdiği yerinde eleştirilerdir. Bu çalışmamda kimi zaman onu eleştirmenin sebebi, bakış açılarımızın genellikle çok yakın ve düşüncelerimizi ayıran ayrıntıların benim için de onun için de kesinlikle belirleyici olmasıdır. Meslektaşlarım ve Collège de France'taki Sosyal Antropoloji Laboratuvarı araştırma grubundan dostlarım bu çalışmanın birçok bölümünün sözlü sunumlarını dinlemişler ve tartışmışlardır: Michael Houseman, Frédéric Joulian, Dimitri Karadimas, Gérard Lenclud, Marika-Moisseuff, France-Marie Renard-Casevitz, Carlo Severi, Alexandre Surrallés, Wiktor Stoczkkowski ve Noëlie Vialles'e gözlemleri ve yorumları için minnet ve şükranlarımı sunarken bazı uyarılarını da her zaman dikkate almadığım için beni anlayışla karşılamalarını rica ediyorum. Bu kitapta yer alan temalar 2000-2004 arasında Collège de France'ta verdiğim derslerin konusunu oluşturmuştur; bunlardan aynı zamanda Ecole des hautes études en sciences sociales'deki seminerlerimde ve yabancı üniversitelerde verdiğim derslerde de yararlandım... Özellikle Chicago, Rio de Janeiro, Buenos Aires ve Louvain üniversiteleri, London School of Economics. Bu etkinliklerim sırasında her yerde bana sorulan sorular, benden istenen açıklamalar düşüncelerimi daha iyi formüle etmeme ve kamusal ifade sınavını geçmeme yardımcı olmuştur. Son olarak özellikle de el yazmasını okuyanlara teşekkürlerimi sunuyorum: Bruno Latour ve Anne Christine Taylor'un son derece yerinde ve isabetli gözlemleri metnin daha okunur hale gelmesine büyük katkılar sağlamıştır; Vincent Hirtzel ise ayrıca dizini hazırlamama da yardımcı olmuştur.

Giriş

Aramızda yaşayan hayvanlar yakından incelendiğinde bu hayvanların bizde bıraktığı etkinin farklı diyar ve yüzyılların etkisi kadar hayranlık uyandırıcı olduğunu görürüz. Kendi mecrasında akıp giden aynı doğadır söz konusu olan.

MONTAIGNE, *Raymond de Sebonde'a övgü*

Antik Çağ'ın âdetleri veya uzak diyarların göreneklerini, hayvanların gözlemlenmesinden çıkarılan derslerden ayırmadan dünyevi meraklardan keyif almanın mümkün olduğu zamanlar o kadar da uzak değil. Burada hüküm süren kesinlikle "aynı doğa"ydı ve bu doğa teknik olanaklarla ve yetenekleri, yaşam alışkanlıklarıyla akıl yürütme biçimlerini insanlar ve insan olmayanlar arasında adil bir şekilde dağıtıyordu. Bu dönem, en azından aydınlar arasında, Montaigne'in ölümünden birkaç on yıl sonra, doğa en zıt, en farklı şeyleri bir araya getiren bir yatkınlık olmaktan çıkıp özerk yasaların yönettiği bir nesneler alanı haline geldiğinde son buldu. Söz konusu özerk yasaların temelindeki insani faaliyetlerin keyfiliğinin çekici gölge oyunu ise doğa yasalarının bu zemini üzerinde kendisini ortaya koyabiliyordu. Yeni bir kozmoloji doğuyordu... Bu, bilimsel düşüncenin gelişmesi bağlamında görülmemiş bir çerçeve sunan kolektif ve muhteşem bir buluştu; biz de 21. yüzyıl başında onun biraz da tasasız bekçileri olmayı sürdürüyoruz. Bu basitleştirme ile ilgili olarak ödenmesi gereken bedellerden biri çok kolay unutulmuştu, çünkü borcu bizim hanemize yazılmamıştı: Modernler, barbar ve yaban halkların her şeyi kendi normlarına göre değerlendirme konusunda tembellik kokan eğilimlerini keşfederken, kendi etnik merkezciliklerini de, sapmaları artık fark edilmez hale gelen rasyonel bir bilgi yönteminin arkasına gizliyorlardı. Sessiz ve kişisiz bir doğanın her yerde, her zaman egemen olduğu, insanların bu doğayı iyi kötü inandırıcı bir biçimde yorumlamaya çalıştıkları ve bu doğadan olabildiğince mutluluk devşirmeye çalıştıkları iddia ediliyordu; uzlaşma ve alışkanlıkların çoğulluğu ancak onlara tabi olanların iyi kötü kavradığı doğal intizam sayesinde anlam kazanabiliyordu. Nadir görülecek bir sessizlik içinde olup biten bir manevra sayesinde, varlıklara ve nesnelere dair dağılımımız kimsenin kaçamayacağı bir norma dönüşmüştü. Doğmakta olan antropoloji belki de otoritesini kıskandığı felsefenin peşinden giderek, var olanların çokluğunun heterojen gerçekliklerden oluşan iki sınıfa indirgenmesini pekiştirdi ve hatta tüm coğrafyalardan toplanan bir yığın olgu sayesinde bu sınıflandırmaya eksikliğini çektiği evrensellik güvencesini sağladı. Ayrıca bu yolu tutarken, "kültürel çeşitlilik" onu büyülemiş olduğu için hiçbir biçimde temkinli davranmak gerektiğini düşünmedi, zira varlık nedenini de dökümünü çıkardığı ve incelediği bu alana borçluydu: Kimi zaman mantığı çok zor anlaşılan bütün bu pratiklerin aynı zamanda beden ve çevrenin sunduğu biyofizik potansiyelleri disiplin altına alma ve onlardan yararlanma konusundaki ortak iradeye verilmiş tekil yanıtlar olduğu kabul edildiğinde, kurumların ve düşünce biçimlerinin fışkırması, yayılması şaşırtıcı gelmiyor, onların olumsallığı daha kabul edilebilir hale geliyordu. Bu kitap bu olgu karşısındaki tatminsizlik duygusundan ve doğa ile toplum arasındaki ilişkileri başka bir biçimde ele alarak bu tatminsizliği giderme arzusundan doğmuştur.

Mevcut koşullar bu tür bir çalışma için elverişlidir. Çünkü birkaç yüzyıldan beri rahatımıza baktığımız, üst üste iki düzlemden oluşan geniş evde bazı rahatsızlıklar ortaya çıkmaya başlamıştır. Seçkin bölümde, vahiy dinlerinin temsilcileri salonlardan kovulduktan sonra dünya konusunda bilinebilecek şeylere doğa ve yaşam bilimleri düzen vermektedir, bazı münasebetsiz ayrılıkçılar ise süslemelerin ve kaplamaların arkasında gizlenen ve maddi dünya olgularını kavrama, bunlar arasında seçim yapma ve bunlara genel kabul gören bir anlam yükleme olanakları veren mekanizmaları keşfetmişlerdir. Çok dik olduğundan, uzun bir süre çıkılması çok zor olan, Kültür katına ulaştıran merdiven öylesine eğreti hale gelmiş, kurt yenikleriyle kaplanmıştır ki, halklara kolektif varlıklarının maddi temellerini bildirmek amacıyla bu merdiveni doğrudan doğruya çıkmaya ya da bilim insanlarına toplumdaki çelişkileri göstermek amacıyla bu merdivenden hiç tedbir almadan inmeye cesaret eden insan sayısı çok azdır. Tikel kültürleri barındıran bir yığın küçük odadan zemin kata tuhaf, ilginç sızıntılar olmaktadır: Doğu felsefelerinden fragmanlar, dinsel gizem kalıntıları ya da pek bir ağırlıkları olmasa da, insan olanlar ve olmayanlar arasında daha iyi korunduğu sanılan ayrım işaretlerini arada bir bozan *New Age* esinli mozaikler. Mimarileri daha ilkel olan yapıları betimlemek ve bildikleri bir plandan hareketle bunların bir dökümünü çıkarmak amacıyla dünyanın dört bir yanında çalışan araştırmacılar ise şimdi çok tuhaf bilgiler ulaştırıyorlar bize: Bazı evlerde merdiven, ikinci kat falan yoktur ve bu evlerde doğa ile kültür tek bir odada birlikte yaşanır; bazı evler çok katlı gibi gözükürler ama ilginç bir dağılım gösteren işlevlerine bakıldığında bilim ve batıl inancın birleştiği görülür, siyasal iktidar Güzel'in kurallarından esinlenir, evren ve insan çok yakın, çok samimi bir ilişki içindedir; hatta evleri olmayan, ahırları ve bahçeleri bile olmayan, ağaçların, bitkilerin bulunmadığı alanları sürmeye pek düşkün olmayan ya da kendi doğalarını ve çevrelerindeki doğayı evcilleştirmeyi bir yazgı gibi görmeyen halkların bile bulunduğu söylenir. Klasik çağın büyük mimarları tarafından kalıcı olması amacıyla inşa edilmiş düalist yapı hiç kuşkusuz hâlâ sağlamdır çünkü kanıtlanmış, denenmiş bilgi ve beceriyle sürekli restore edilmektedir. Bununla birlikte yapısal kusurları bu binalarda makinalaşmamış biçimde yaşayan insanlar ve bu binaların başka türden binalara alışmış olanlar için de uyumlu olmasını isteyen insanlar tarafından gitgide daha açık seçik biçimde teşhis edilir.

Ancak ileriki sayfalarda modern olmayan kozmolojilere daha yakın, olguların ve değerlerin dolaşımına daha iyi uyarlanmış ortak yeni bir ev plan ya da taslağı bulunmayacaktır. Yakında yerin altından böyle bir yapının fışkıracağı söylenebilir ama bu alanda çalışmaları kimin üstleneceği tam olarak bilinemez; çünkü dünyaların kurulduğunu söylemek gibi yaygın bir alışkanlık söz konusu olsa da bu dünyaların mimarlarını kimse tanımıyor ve bu dünyaların hangi malzemeyle kurulduğu konusunda daha yeni yeni ve bölük pörçük bilgiler edinilebiliyor. Her halükârda, böyle bir şantiye antropoloji de olsa özel bir bilimin değil, dar anlamda hane halkının yeteneklerine ve kapasitesine bağlıdır.[1] Antropolojinin misyonu benim anlayabildiğim kadarıyla özel bir cinse ait organizmaların dünyaya katılma biçiminin, istikrarlı bir dünya temsili kazanmasının, dünyayı değiştirmeye destek olmasının, dünyayla aralarında önemli ama sınırsız olmayan bir çeşitlilik içeren sürekli ya da anlık bağlar kurmasının anlaşılır kılınmasıdır – antropoloji buna, başka bilimlerle birlikte ve kendi özel yöntemlerine göre belli bir katkı sağlar. Dolayısıyla doğmakta olan bir gelecek için yeni bir plan düşünmeden önce bu bağların bir haritasını çıkarmak, özelliklerini daha iyi kavramak, uyumlu ve uyumsuz yanlarını saptamak, dünyada var olmanın hemen ayırt edilebilir biçimleri içerisinde kendilerini nasıl gerçekleştirdiklerini incelemek gerekir. Böyle bir çalışmayı sağlıklı bir sonuca ulaştırabilmek için antropolojinin temel düalizminden kurtulması ve bütünüyle monist olması gerekir; monizmden kasıt, Haeckel'in öncüsü olduğu ve bazı çevre filozoflarının sahiplendiği, dini çağrıştıran bir anlam değildir. Bundan kasıt, 19. yüzyıl filozoflarının yapmaya çalıştığı gibi var olanların çokluğunu tözsel, ereksel ya da hakikate dair bir birliğe indirgemek de değildir. Buradaki amaç, insanların kendileriyle ve insan olmayanlarla ilişkilerini anlama projesinin bizimkiler gibi çok sıkı bir biçimde özel bir bağlama bağlı bir kozmolojiye ve ontolojiye dayanamayacağını açık seçik biçimde göstermektir. Bu amaçla öncelikle kanıtlanması gereken şudur: Doğa ve kültür karşıtlığı kendisine mal edilen evrenselliği içermez ve bunun nedeni sadece Modernler dışında herkes için anlamdan yoksun olması değil, aynı zamanda, sonuçları antropolojinin amaç ve yöntemlerini tasarlama biçimi içinde tam anlamıyla hissedilen Batı düşüncesinin gelişmesi sırasında, geç bir dönemde ortaya çıkmasıdır. Bu kitabın birinci bölümü, bir önkoşul olarak bu süreci daha açık hale getirmeye yöneliktir. Ama bu karşıtlığın tarihsel olumsallığının ya da olumsuz etkilerinin altını çizmek yeterli değildir. Yeni bir analitik alanla da bütünleştirmek gerekir onu ve bu alan içinde modern natüralizm zaman ve mekân açısından birbirlerinden çok farklı kültürleri değerlendirme olanağı veren bir ölçü oluşturmak şöyle dursun, doğanın ve ötekinin nesnelleştirilmesini yönlendiren daha genel şemaların olası ifadelerinden biri olabilir ancak. Bu şemaların doğasını belirginleştirmek, oluşum kurallarını açıklığa kavuşturmak ve aralarındaki ilişkilerin tipolojilerini çıkarmak benim bu yapıttaki en önemli amacımdır.

1 Bruno Latour yakın zamanda çok yararlı bir yenilik olduğu söylenebilecek siyasal içerikli bir denemede bu tür bir elden geçirmenin olası özelliklerinin bir taslağını sunmuştur (Latour, B., 1999).

Önceliği var olanlar arasındaki ilişki biçimlerinin bir araya getirici analizine verirken evrimlerini incelemeyi daha sonraya bırakma noktasına geldim ve bu rastlantısal bir durum değil, belli bir yöntemin tercih edilmesinin sonucudur. Bu iki amacı birleştirseydim bu kitap için uygun bulduğum makul ölçüleri çok fazla aşmış olacaktım, ayrıca öyle sanıyorum ki bir sistemin ortaya çıkışı bu sisteme özgü yapının ortaya çıkarılmasından önce çözümlenemez – kapitalist üretim biçimlerinin ortaya çıkışı üstüne çalışmalarıyla Marx'ın geçerlilik kazandırdığı ve şöyle ifade ettiği bir düşüncedir bu: "İnsanın anatomisi maymunun anatomisinin anahtarını verir."[2] Tarihselciliğe ve onun önce gelen nedenlerle açıklama naifliğine karşı şunu kesinlikle hatırlatmak gerekir: Bir fenomenin kökenleri konusunda kesin bilgilere sahip olabilmek ancak ve ancak onun yapısının bilinmesiyle mümkün olabilir. Nasıl ki Marx'a göre ekonomi politik kategorilerinin eleştirel kuramı bu kategorilerin açıkladıkları kabul edilen fenomenlerin ortaya çıkış düzeni üstüne araştırmadan önce gelmeliydi ise, doğa ve ötekiyle farklı ilişki tiplerinin temel unsurlarının soybilimi de bu unsurların bir araya geldiği istikrarlı yapıların soyutlanmasından önce saptanamaz. Bu tür bir yaklaşım tarihsel bakışı dışlamaz; Marc Bloch'un uyarısına sadıktır: Bütün ağırlığı sonuçlardan ilkelere giden tarihe vermek, yani geçmişi daha iyi yorumlamak için öncelikle bugüne bakmak.[3] Şu bir gerçek ki yararlanacağım 'bugün' çoğu zaman rastlantısal ve çoğul olacaktır; kullanılan malzemelerin farklılığı, kaynakların eşit olmaması ve geçmişte kalmış toplumlara başvurma gerekliliği nedeniyle bu bugün, çağdaş bugünden çok etnografik bugüne yakın olacaktır... Karşılaştırma, bir başka deyişle ideal tip için örnek değer olan yörüngesinin belli bir döneminde bir kolektiviteyi kavrayan bir an.

Hiç kuşkusuz monist bir antropolojinin temellerini atmak kimilerine göre ölçüsüz bir hırs olacaktır, zira onlara göre aşılması gereken zorluklar çok büyüktür ve işlenmesi gereken malzeme de çok fazladır. Okuyucuya sunduğum deneme de gerçekten bir deneme olarak algılanmalıdır: Bir yöntemin mümkün olduğuna ve bu yöntemin kullanılmasının daha önceki deneylerden daha uygun olduğuna ikna olmak için bir girişim, bir sınama, bir yol. Bu yöntemin kullanılması, anlaşılacağı gibi, şeylerin ve kullanımlarının gözlerimizin önüne serildiği biçimlerin farklılığına saygılı olmak isteyen başkalığın temellerini ve sonuçlarını tasarlamanın bir biçimidir. Gerçekten de antropolojinin, dünyaya daha saf, daha masum gözlerle, en azından sanayileşmiş toplumların evriminin kısmen geçersiz kıldığı ve bizimkinden çok farklı kozmolojilerin algılanmasında bir yığın sapmaya neden olan düalist örtüyü sıyırıp bakarak, kendisinin serpilmesini sağlayan üretken döneme hakkını teslim etmesinin zamanı gelmiştir. Bu kozmolojilerin gizemli oldukları, dolayısıyla bilimsel bir dikkatle layık oldukları kabul ediliyordu çünkü insanlar ve "doğal nesneler" arasındaki ayrım çizgileri be-

2 K. Marx, *Fondements de la critique de l'économie politique*, Editions Anthropos, c. I, Paris, 1967, s.35; Marx özellikle *Grundrisse*'nin bu bölümünde ("Kapitalist üretimden önceki biçimler") sonuçlardan ilkelere giden tarih anlayışını geliştirmiştir; bu konuda bkz. Maurice Godelier'nin aydınlatıcı önsözü: *Sur les sociétés capitalistes, textes choisis de Marx, Engels, Lénine* içinde, Editions sociales, Paris, 1970, s. 46-51.

3 Bloch,, M., 1988 (1931), s. 47-51.

lirsiz, hatta yok gibiydi – ortadan kaldırılması gereken bir mantık skandalıydı bu. Ama söz konusu geçirimsizliği, kapalılığı güvence altına almak amacına yönelik tüm epistemolojik aygıtlara rağmen bizde de sınırın yalnız birazcık daha açık olduğunun farkına varılamamıştı kesinlikle. Bereket versin durum değişiyor ve bundan böyle insan olmayan varlıkların toplumsal yaşamın tam içinde, her yerinde bulunmadıklarını söyleyebilmek zor: Bu insan olmayan varlıklar bir laboratuvarda ilişki kurulan bir maymun, düşünde kendisini yetiştiren insanı ziyaret eden bir hintpatatesi, satranç oyununda yenilmesi gereken elektronik bir rakip ya da bir törende yemin eden birinin yerine geçen bir sığır biçimini alabilir. Bunun sonuçlarını çıkaralım: Dünyada oturanlar arasındaki ilişkilerin analizi sadece insanların yaşamını yöneten kurumların alanıyla sınırlı kalamaz, insanların dışında kalanların, anlam ve yararlılık beklentisi içindeki nesnelerden oluşan düzensiz, kuralsız bir yığından başka bir şey olmadığını iddia etmek gibi bir şeydir bu! "İlkel" denen birçok toplum bu düşünceyi aşma yönünde davetiye çıkarır, zira bu toplumlar insanlığın sınırlarının insan türünün kapılarında durduğunu düşünmemişlerdir hiçbir zaman: Onlar en önemsiz bitkileri, en küçük hayvanları bile toplum yaşamlarında birlikte yaşamaya davet etmekten geri durmazlar. Dolayısıyla antropoloji müthiş bir meydan okuma durumuyla karşı karşıyadır: Ya hümanizmin tükenmiş bir biçimiyle birlikte ortadan kaybolmak ya da alanını ve araçlarını yeniden gözden geçirmek, nesne olarak *anthropos*'tan (insan) çok daha ötesini ele almak, kendisine bağlı olan ve günümüzde bir çevre işlevine indirgenmiş olan bütün var olanların kolektifliğiyle ilgilenmek. Daha klasik bir üslupla ifade edersek, kültür antropolojisine, insanların hayata geçirdikleri ve onun sayesinde kendilerini nesnelleştirdikleri, kendilerindeki bu parçaya ve dünyaya açık duran bir doğa antropolojisi eşlik etmelidir...

BİRİNCİ BÖLÜM

ALDATAN DOĞA

Doğanın var olduğunu kanıtlamaya çalışmak gülünçtür; gerçekten açık seçik biçimde ortadadır doğa çünkü bir yığın doğal varlık vardır.

ARISTOTELES, *Fizik*

Doğanın var olmadığını görüyorum,
Hiçbir zaman olmadı doğa,
Dağlar, vadiler, ovalar,
Dereler, taşlar var,
Ama her şeyin içinde bulunduğu bir bütün yok.
Gerçek, mutlak bir bütünlük,
Rahatsızlığıdır düşüncelerimizin.
Doğa bütünü olmayan bir parçadır,
Sürekli anlatılan sır budur işte.

FERNANDO PESSOA
Alberto Caeiro'nun şiirleri

1

Süreklilik Figürleri

Doğanın gerçekliği üstüne sorular sormaya Yukarı Amazon bölgesinin balçıklı ırmağı Kapavi'nin aşağısında başladım. Oysa Çumpi'nin evinin çevresini daha önce gördüğüm Peru sınırındaki Ekvador bölgesinde gördüğüm yerleşim bölgelerinden ayıran belirgin bir özellik yoktu. Açuar gelenek göreneklerine göre palmiyelerle örtülü olan ev manyoklarla dolu ve bir tarafında suları gürül gürül akan bir ırmağın bulunduğu yeni açılmış bir tarlanın ortasına kurulmuştu. Bahçede birkaç adım attığınızda ormanı buluyordunuz karşınızda... Açık renkli muz ağaçlarını kuşatan yetişmiş ulu ağaçlardan oluşan karanlık bir duvar. Kapavi, ufku olmayan bu çöküntü alanının tek kaçış noktasıydı. Dolambaçlı ve hiç bitmeyen bir kaçış yolu... Ev sahibinin tarlasının en yakınında, onunkine benzeyen, açılmış bir tarladan kayıkla buraya gelmek bir günümü almıştı. İkisinin arasında, ağaçlarla, yosunlarla, eğrelti otlarıyla dolu on binlerce hektarlık bir alan, on milyonlarca sinek, karınca, sivrisinek, yabandomuzu sürüleri, maymunlar, Amerika papağanları ve siyah papağanlar, hatta bir iki jaguar; kısacası tam bir bağımsızlık içinde kendi birlikte yaşama kurallarına sahip, insan olmayan bir yığın biçim ve varlık...

Öğleden sonra mutfak çöplerini ırmağa bakan çalılıklara boşaltan Çumpi'nin karısını yılan sokmuştu. Çektiği acı ve sıkıntıyla gözlerini açmış bize doğru koşarken feryat ediyordu: "Mızrak yılanı, mızrak yılanı, öldüm, öldüm!" Endişelenen ev halkı da hep bir ağızdan bağırmaya başlamıştı: "Mızrak yılanı, mızrak yılanı, öldürdü, öldürdü!" Metekaş'a bir serum yapmıştım ve böyle durumlarda hemen hazırlanan küçük karantina kulübesinde istirahat ediyordu. Bu tür kazalar bu bölgede sık sık görülebilir, özellikle de ormanda yeni açılan tarlalarda ve Açuarlar çoğu zaman ölümle sonuçlanan bu olayları belli bir kadercilikle kabullenirler. Ama bir mızrak yılanının evin bu kadar yakınlarına sokulması pek rastlanmayan bir durum gibiydi.

Çumpi de karısı kadar etkilenmiş gözüküyordu olaydan; oymalı ağaç taburesine oturmuştu, yüzü öfkeli ve sıkıntılıydı, kendi kendine homurdanıyordu, sonunda ben de onun monoloğunu anlamaya başladım. Hayır, Metekaş'ın başına gelen olay bir rastlantı değildi... Ormandaki hayvanların kaderlerine göz kulak olan "av hayvanı anaları"ndan biri olan Jurijri tarafından intikam amacıyla gönderilmişti yılan. Mübadele rastlantıları sonucu bir tüfek sahibi olan ev sahibim uzun süre sadece sarbakanla (ağza konulup üflenerek içinden bir şeyler fırlatılan boru) avlanabilmişken, önceki gün büyük bir tüylü maymun katliamı yapmıştı. Silahının gücü büyülemişti onu, kesinlikle hedef gözetmeksizin ateş açmıştı sürüye ve üç ya da dört hayvanı öldürmüş, birkaçını da yaralamıştı. Sadece üç maymunla dönmüştü avdan, birini çatallı bir dalın altında can çekişir vaziyette bırakmıştı. Saçmaların isabet ettiği, kaçan bazı hayvanlar boşu boşuna acı çekiyorlardı; hatta bu hayvanlarla ilgilenen şaman tarafından muayene edilmeden ölmüşlerdi belki de. Çumpi neredeyse fanteziye kaçarak ailesini doyurması için gerekli olandan fazla hayvan öldürmüştü, sakat bıraktığı hayvanların kaderiyle ilgilenmemişti ve böylece av etiğine uymamıştı, Açuarlarla av hayvanlarının koruyucu tanrıları arasındaki zımni anlaşmayı bozmuştu. Misilleme gecikmemişti.

Ev sahibime sıkıntı veren suçluluk duygusunu acemice ve beceriksizce dağıtmaya çalışırken kendisine yırtıcı kartal ya da jaguarın maymunları pervasızca öldürdüklerini, avın yaşam için gerekli olduğunu ve sonuç olarak ormandaki her hayvanın başka bir hayvanın avı olduğunu söyledim. Aslında hiçbir şey anlamış değildim:

> Tüylü maymunlar, siyah papağanlar, uluyan maymunlar... Yemek için öldürdüğümüz bütün canlılar bizim gibi kişilerdir. Jaguar da bir kişidir ama tek başına öldüren bir kişi; hiçbir şeye saygısı yoktur. Bizler "eksiksiz kişiler" ormanda öldürdüklerimize saygılı olmalıyız çünkü onların bizimle akrabalıkları vardır. Onlar aralarında kendi akrabalarıyla birlikte yaşarlar; faaliyetlerinde rastlantı söz konusu değildir; bizim söylediklerimizi dinlerler; aralarında uygun evlilikler yaparlar. Biz insanlar da intikam için akrabalarımızı öldürüyoruz ama gene de akrabalarımızdır bu insanlar. Ve onlar da bizi öldürmek isteyebilirler. Yemek için tüylü maymunları öldürüyoruz ama onlar akrabalarımızdır bizim.

*

Bir antropoloğun toplumsal yaşamın ve insanın koşullarının doğası konusundaki kişisel düşünceleri çoğu zaman birkaç bin insan nezdinde kazanılmış, çok özelleşmiş etnografik bir deneyimin sonucudur... Bu insanlar bu antropologda daha önce kendiliklerinden oluşmuş gibi gözüken düşünceleriyle karşılaştırıldığında o kadar derin kuşkular uyandırabilmiştir ki daha sonra bütün enerjisini sistematik bir araştırma biçimi geliştirmeye harcar. Benim durumum için de aynı şey söz konusu olmuştur... Açuarlarla birlikte olduğum dönemde ve onlarla görüşürken onların doğal varlıklarla yakınlık biçimleri yavaş yavaş belirginleşmiştir.[1] Ekvador ve Peru arasındaki sınırın iki tarafına dağılmış olan bu yerliler dil ve kültür açısından bağlı oldukları öteki Jivaro kabilelerinden pek farklı değildirler... Bu insanların inancına göre bitkilerin ve hayvanların çoğunun insan ruhuna benzeyen bir ruhu (*vakan*) vardır ve bu özellikleri dolayısıyla onlar da "kişi"dir (*aent*)...

1 Daha fazla ayrıntı için bkz. Descola, Ph., 1986.

Bilinçleri ve yönelimsellikleri vardır, dolayısıyla heyecanlanırlar, kendi aralarında ve aralarında insanların da bulunduğu başka türlerle haberleşebilirler. Bu dil-dışı iletişim *vakan* sayesinde mümkün olur; *vakan*'ın düşünceleri ve arzuları sesli bir aracılığa gerek kalmadan bir muhatabın ruhuna gönderebileceği ve böylelikle kimi zaman söz konusu muhatabın haberi olmadan düşüncelerini ve davranışlarını değiştirebileceği kabul edilir. İnsanlar bu amaçla çok geniş bir büyülü sözler (*anent*) repertuvarından yararlanırlar ve bu sayede öteki insanları ama aynı zamanda bitkileri ve hayvanları, ruhları ve insan eliyle yapılmış bazı şeyleri uzaktan etkileyebilirler. Evlilik yaşamında uyum, akrabalar ve komşularla iyi geçinme, avda başarı, güzel bir kap kacak üretimi ya da etkili bir uyuşturucu veya zehir üretimi, çeşitli bitkilerin bol bol yetiştiği bir bahçe... Bütün bunlar Açuarların bir yığın insan varlığı ve insan olmayan varlık arasında *anent* aracılığıyla uygun koşullar yaratarak kurmayı başardıkları zımni uyuşma ve anlaşmalara bağlıdır.

Yerlilerin düşüncesinde teknik beceri, kişiler arasında düzenli ilişkilerin geliştiği öznelerarası bir ortam yaratma kapasitesinden ayrılmaz: Avcı, hayvanlar ve av hayvanlarına egemen olan tanrılar arasında ve kadınlar, bitkiler ve gelişmiş türleri yaratan ve bugüne kadar yaşamlarını sürdürmelerini sağlayan mitsel kişi arasında. Orman ve ormanda tarım yapmak amacıyla açılan tarlalar yem sağlayan yavan yerler gibi görülemez kesinlikle, tam tersine çok gelişmiş bir toplumsallığın alanlarıdır ve buralara aslında her gün, sadece değişik görünüşleri ve hiçbir dil konuşamamaları nedeniyle insanlardan ayrılan varlıklarla uzlaşmaya gelinir. Bununla birlikte bu toplumsallığın biçimleri ilişkilerin bitkilerle ya da hayvanlarla kurulmasına göre farklılık gösterir. Vakitlerinin büyük bölümünü geçirdikleri bahçelerinin sahipleri kadınlar, yetiştirdikleri bitkilerle olgunluğa doğru güçlü bir elle götürülmesi gereken çocuklarla ilişki kurar gibi iletişim kurarlar. Bu analık ilişkisi kesinlikle bahçeler tanrısı Nunkui'nin eskiden yaratmış olduğu bitkilerle ilgili koruyuculuğunu örnek alır. Erkekler ise av hayvanını bir enişte ya da bacanak gibi görürler: Karşılıklı saygı ve dikkat gerektiren istikrarsız ve zor bir ilişkidir bu. Gerçekten de akrabalar politik koalisyonların temelini oluştururlar ama aynı zamanda da intikam savaşlarında en amansız hasımlardır. Açuarların toplumsal sınıflandırmasını yöneten ve ötekilerle ilişkilerini yönlendiren, birbirlerini karşılıklı olarak dışlayan iki kategori olan baba yanlı soydanlıklar ve yakınlar arasındaki karşıtlık, böylece insan olmayan varlıklara yönelik davranışlarda da görülür. Kadınlar için kandaş akrabalar, erkekler için evlilik yoluyla akrabalık: Doğanın varlıkları gerçek toplumsal partnerler haline gelirler.

Ama burada bir dil kolaylığı dışında "doğanın varlıklarından" söz edilebilir mi? Hayvanlara ve bitkilere insanlığın niteliklerinin çoğunu mal eden bir kozmolojide doğaya yer var mıdır? Hayatta kalmaya dönük etkinlikler biyosferin insanlaşmış unsurlarıyla bireysel bir eşleşmeler çokluğu biçiminde ortaya çıkıyorsa, doğal kaynakların ele geçirilmesi ve dönüştürülmesi gibi bir şeyden söz edilebilir mi? Hatta Açuarların içine çok az girseler de bir ruhun özenle yetiştirdiği muazzam bir bahçe olarak niteledikleri bu ormanın "yaban bir alan" olduğu söylenebilir mi? Verlaine'in "acımasız ve sessiz Tanısı"ndan çok uzaklardaki doğa burada aşkın bir merci ya da toplumsallaştırılması gereken bir nesne değil, bir toplumsal ilişki konusudur; aile dünyasını genişletir ve en ücra, en ulaşılmaz yerlerine kadar gerçekten de evcillik özellikleri taşır.

Açuarlar hiç kuşkusuz dünyayı dolduran kendilikler [*entités*] arasında ayrım yaparlar. Ancak bunun sonucu olan canlı ve cansız nesneler hiyerarşisi varlığın mükemmellik derecelerine, görünüm farklılaşmalarına ya da sürekli biçimde biriken içrek özelliklere dayanmaz. Eşitsiz biçimde dağıtılan duyarlı niteliklerin değerlendirilmesinin mümkün kıldığı iletişim biçimlerindeki değişikliklere dayanır. "Kişiler" kategorisi, tümünde bir ruh bulunan insanları, bitkileri ve hayvanları kapsadığı için, bu kozmoloji insan varlığı ve insan olmayan varlık ayrımı yapmaz; sadece mümkün kabul edilen bilgi değişimi düzeylerine göre bir dağılım ölçüsü getirir. Açuarlar çok doğal olarak piramidin tepesinde yer alırlar: Birbirlerini görürler ve aynı dil aracılığıyla anlaşırlar. Beklenmedik ya da bilinçli anlaşmazlıklar eksik olmasa da, çevrelerinde bulunan ve dillerini iyi kötü anlayabildikleri, meramlarını anlatabildikleri öteki jivaro kabileleri mensuplarıyla da diyalog kurmaları mümkündür. İspanyolca konuşan Beyazlarla, Keçua dili konuşan komşu halklarla ve etnologlarla da ortak bir dil olduğu sürece görüşülür ve konuşulur; ama ana dilleri olmayan konuşmacılar için bu dile bütünüyle hâkim olmak çoğu zaman mümkün olmaz ve dolayısıyla anlamsal bir uyumsuzluk olasılığı ortaya çıkar, sonuçta aynı gerçek düzlemindeki iki kişinin varlığını gösteren yeteneklerin denk düşmesi kuşkulu hale gelebilir. Özellikle ve öncelikle dile yatkınlıklarıyla tanımlanan "mükemmel kişiler"in (*penke aents*) alanından uzaklaşıldıkça farklılıklar belirginleşir. Böylece insanlar, eğer ruhları varsa insanları algılayabildikleri düşünülen bitkileri ve hayvanları görebilirler; ama Açuarlar onlarla büyülü sözler (*anent*) aracılığıyla konuşsalar da anında cevap alamazlar, zira söz konusu cevap ancak rüya görürken verilebilir. Mitoloji kahramanlarıyla, kimi ruhlar için de aynı şey söz konusudur: Bunlar kendilerine söylenenleri dikkatle dinleseler de genel olarak ilk biçimleri altında görünmezdirler, ancak rüyada ve halüsinojenlerin sebep verdiği trans hallerinde tam anlamıyla kavranabilirler.

İletişim sağlayabilen "kişiler" de içlerinde yer aldıkları farklı cemaatleri yöneten toplumsal normların mükemmellik derecesine göre hiyerarşize olurlar. Kimi insan olmayan varlıklar Açuarlara çok yakındır çünkü bunların belirgin özellikleri kendilerininkilere benzeyen ana soylu kurallara saygılı olmaktır: Sözgelimi ırmak tanrıları Tsunkiler, çok sayıda av hayvanı (tüylü maymunlar, siyah papağanlar...) ve yetiştirilmiş bitkiler (manyok, yer fıstığı...). Buna karşılık, cinsel karışımdan zevk duyan ve dışevlilik ilkesini her zaman küçümseyen varlıklar bulunur: Sözgelimi uluyan maymun ya da köpek. Toplumsal bütünleşmenin en alt düzeyinde tek başlarına yaşayan varlıklar vardır: Ormanlarda yalnız dolaşan, canlanmış ölü ruhları Ivianç tanrıları ya da jaguar veya anakonda gibi yırtıcılar. Bununla birlikte belli medeni kurallardan çok uzak gözükseler de bütün bu yalnız varlıklar kendilerini şanssızlığı ortadan kaldırmak ya da düşmanlarıyla mücadele etmek amacıyla kullanan şamanlara yakındır. Ortak yaşamın sınırlarına yerleşmiş olan bu zararlı varlıklar kesinlikle yabanıl değildir çünkü hizmet ettikleri efendiler toplumun dışında değildir.

Açuarların, bulundukları ortamda hiçbir doğal kendiliği tanımadıkları anlamına mı gelir bu? Tam olarak değil. İnsan olan ve olmayanları bir araya getiren büyük süreklilik bütünüyle kapsayıcı değildir; çevredeki kimi öğeler ruhları olmadığı için kimseyle iletişime geçemezler. Sözgelimi böceklerin ve balıkların büyük bölümü, otlar, yosunlar ve eğrelti otları, çakıllar ve ırmaklar toplumsal alanın ve öznelerarası oyunun dışında kalırlar; makinamsı ve jenerik var oluşları içinde bizim "doğa" dediğimiz şeye tekabül ediyorlar belki de. Bununla birlikte Açuarlar için bizim anladığımızdan çok daha sınırlı bir dünya parçasını nitelemek amacıyla bu kavramı kullanmaya devam etmek o kadar doğru mudur? Üstelik modern düşüncede doğa ancak insanların yapıtlarıyla karşıtlık içinde bir anlam kazanabilir: Bu yapıtlara felsefe ve sosyal bilimler dilinde "kültür", "toplum" ya da "tarih", daha özel bir terminoloji içinde ise "antropize olmuş alan", "teknik aracılık" ya da "ekumen" denir. Bitki ve hayvanların büyük bölümünün genellikle insanlara mal edilen yeteneklerin, davranışların ve ahlâk kurallarının bütünüyle ya da kısmen paylaşıldığı bir kişiler topluluğu içinde yer aldığı bir kozmoloji bu tür bir karşıtlığın ölçütlerine hiçbir biçimde denk düşmez.

Açuarların durumu istisnai bir vaka,[2] etnografinin kimi zaman dünyanın ücra bir köşesinde bulduğu çarpıcı bir anormallik olamaz mı peki? Yanlış olan belki de benim onların kültürlerini yorumlayış biçimimdir! Belki kavrayışsızlık nedeniyle ya da fantezi hevesiyle Açuarlarda doğa ve toplum arasında oluşan dikotominin özelliğini anlayamadım ya da çözmek istemedim. Ancak, Kolombiya Amazon ormanlarında kuzeye doğru birkaç yüz kilometre uzaklıkta bulunan Makuna Yerlileri de, kesinlikle düalist olmayan bir dünya teorisinin daha radikal bir versiyonunu temsil ederler.[3]

Makunalar da Açuarlar gibi insanları, bitkileri ve hayvanları belli başlı özellikleri –ölümlülük, toplumsal ve törensel yaşam, yönelimsellik, bilgi– her anlamda özdeş olan "kimseler" (*masa*) gibi kategorize ederler. Bu canlı cemaatin iç ayrımları, bu varlık sınıflarının Makunaların sağlayabilecekleri tamamlanma paradigmasına az ya da çok yakınlık göstermelerine değil, mitsel köken, beslenme rejimleri ve üretim biçimlerinin her varlık sınıfına verdiği özel karakterlere dayanır. Hayvanlar ve insanlar arasındaki etkileşim, avcı avına bir akraba gibi değil potansiyel bir eş gibi davrandığından, Açuar modelinden biraz farklı olsa da yine de yakınlık ilişkisi biçiminde anlaşılır. Bununla birlikte ontolojik kategorizasyonlar herkese tanınan bir dönüşüm yeteneği nedeniyle Açuarlardakilere göre daha esnektir: İnsanlar hayvan olabilirler, hayvanlar insanlara dönüşebilirler ve bir tür içinde yer alan bir hayvan başka bir tür içinde yer alan hayvana dönüşebilir. Dolayısıyla gerçeğe dair taksinomik (sınıflandırmacı) çaba her zaman göreli ve bağlamsaldır, görünüşlerin sürekli değişmesi çevrenin canlı unsurlarına istikrarlı özellikler atfedilmesine izin vermez.

Makunaların insan olmayan varlıklara mal ettiği toplumsallık Açuarların onlarda buldukları toplumsallıktan daha zengin ve daha kar-

2 Her halükârda doğa ve toplum karşıtlığının tikelliğini reddeden bilim insanları ve araştırmacıların çok işine yarayan ve oldukça tipik kabul edilen bir örnek (Berque, A., 1995 ve 1990, ve Latour, B., 1991).

3 Arhem, K., 1996 ve 1990.

maşıktır. Yerliler gibi hayvanlar da geleneksel olarak bazı çok dik yerlerde ya da özellikle seçilen bazı tepelerde kurulan "uzun evler"de toplu halde yaşarlar; manyok yetiştirirler, oyma kayıklara binerler ve şeflerinin yönetiminde Makunalarınki kadar görkemli ayinler yaparlar. Hayvanların görünen biçimi aslında bir kılık değiştirme durumundan başka bir şey değildir. Evlerine döndüklerinde görünümlerinden kurtulurlar, yeniden tüylerini ve tören süslerini takarlar, gösterişli "kimseler" olurlar, ırmaklarda dolaşırken ya da ormanlarda kendilerine yol açarken göründükleri gibi olurlar. Makunaların hayvanların çifte yaşamı konusunda bilgileri, şamanların verdikleri eğitimde bulunur... Şamanlar, toplumun, canlı varlıkların oluşturduğu çeşitli cemaatler arasındaki ilişkileri yönlendirme işlevi yüklediği kozmik aracılardır. Ama bu, öncülleri herkes tarafından paylaşılan bir bilgidir ve kısmen ezoterik gözükmekle birlikte, sıradan insanların çevreleri konusunda oluşturdukları anlayışı ve onunla ilişki biçimini yapılandırmaktan geri durmaz.

Açuarlarınkine ve Makunalarınkine benzer kozmolojiler, Güney Amerika'nın alçak bölgelerinin ormanlık alanlarındaki örnekleriyle çok ayrıntılı biçimde betimlenmiştir.[4] İç düzenlerinde gösterdikleri farklılıklara rağmen bütün bu kozmolojilerin ortak özellikleri insanlar arasında ve çok sayıda hayvan ve bitki arasında belirgin ontolojik ayrımlar yapmamalarıdır. Dünyadaki kendiliklerin çoğu, birleştirici ilkelerle hayat bulan ve aynı toplumsallık düzeniyle yönetilen çok geniş bir süreklilik durumu içinde birbirlerine bağlıdır. Gerçekten de insan olanlar ve olmayanlar arasındaki ilişkiler, cemaatler arasında kurulan, kısmen yaşamı devam ettirmeye dayalı pratik zorunluluklarla tanımlansa da her kabilede özel bir biçim alabilen ve böylelikle onları farklılaştıran ilişkiler şeklinde ortaya çıkar. Kolombiya Amazonlarındaki Makunalara yakın, bir Aravak dil grubu olan Yukunular çok çarpıcı bir örnek oluşturur bu bağlamda.[5] Komşuları Tukano dil grubu gibi Yukunular da bazı hayvan türleriyle ve kendileri için önemli gıda işlevi gören, yetiştirdikleri çeşitli bitkilerle ayrıcalıklı birliktelikler geliştirmişlerdir, zira mitsel kökenleri ve hayvanlarla ortak evleri kabile bölgesi sınırları içinde yer alır. Yukunaların çevresindeki Tukano kabilelerine yasaklanmış olan bu türlerin ritüel anlamda yenilenişini denetleme amacı yerel şamanlara düşer. Böylece her kabile topluluğuna beslendiği özel bitki ve hayvan topluluğunu gözetme sorumluluğu düşer... Bu amaçların farklılaşması durumu, farklılaşmış insan olmayan varlık bütünlerine göre yerel kimliğin ve etnilerarası ilişkiler sisteminin tanımlanmasına katkıda bulunur.

İnsanların, hayvanların ve bitkilerin toplumsallığının Amazon bölgesinde birbirleriyle çok yakın ilişkiler içinde olmasının nedeni, kolektif örgütlenme biçimlerinin oldukça esnek bir modele bağlı olmasıdır ve bu model insan varlıkları arasındaki ilişkileri yapılandıran isim kategorilerinden yararlanarak insan olmayan varlıklar arasındaki ilişkileri açıklama ve türler arasındaki sembiyotik ilişkiler aracılığıyla insan varlıkları arasındaki bazı ilişkileri biçim-

4 Brown, M. F., 1986; Chaumeil, J. P., 1983; Grenaud, P., 1980; Jara, F., 1991; Reichel-Dolmatoff, G., 1976 ve 1996; Renard-Casevitz, Fr.-M., 1991; Van der Hammen, M. C., 1992; Viveiros de Castro, E., 1992; Weiss, G., 1975; Kolombiya Büyük Okyanus kıyısı Yerlileri arasında benzer düşünceler için bkz. Isacsson, N, S.-E., 1993.

5 Van der Hammen, M. C., 1992, s. 334.

lendirme olanağı sağlar. Ender görülen bu son durumda ilişki açık seçik biçimde belirtilmemiş ya da nitelendirilmemiştir, belirgin özelliklerinin botanik ve zooloji bilgileri sayesinde herkes tarafından bilindiği kabul edilir. Sözgelimi Sekoyalarda ölü Yerlilerin canlıları iki zıt dönüşüm içinde kavradıkları kabul edilir: Erkekleri oropendola kuşları ve kadınları amazon papağanları gibi görürler.[6] Cinsel kimliklerin toplumsal ve sembolik yapısını örgütleyen bu dikotomi, sınıflandırıcı işlevi açıkça görülen iki türe özgü etolojik ve morfolojik özelliklerden destek alır... Bunlar insan varlıkları arasındaki anatomik ve fizyolojik farklılıkların altını çizerek güçlendirme amacıyla kullanılan insan olmayan varlıklar arasındaki görünüş ve davranış farklılıklarıdır. Bunun tersine Peru Amazonlarındaki Yagualar, farklı kandaş akrabalık dereceleri, dostluk ya da düşmanlıkla tanımlanmış çeşitli türler arasındaki ilişkilere dayalı bir bitki ve hayvan kategorizasyonu sistemi geliştirmişlerdir.[7] Doğal türler arasındaki yakınlık, simbiyoz ya da rekabet ilişkilerini tanımlamak amacıyla toplumsal kategorilerden yararlanma burada bitki dünyasına taşması dolayısıyla daha da ilginçtir. Sözgelimi büyük ağaçlar bir düşmanlık ilişkisi içindedirler: Önce kimin çökeceğini görmek üzere bir kardeş kavgası için birbirlerini kışkırtırlar; bu aynı zamanda acı manyok ve tatlı manyok arasında geçerli olan bir düşmanlık ilişkisidir, zira birincisi ikincisini zehirlemeye çalışır. Buna karşılık palmiyeler daha barışçı ilişkiler içindedirler: Türlerin benzerlik derecesine göre dişi ya da erkek akrabalar, kuzenler, kuzinler. Yagualar da –Aguaruna Jivaroları–[8] yabanıl bitkiler ve yetiştirilen bitkiler arasındaki morfolojik benzerliği bir kuzenlik ilişkisi gibi yorumlarlar ve bir yandan da bu benzerliği iki türün ortak bir atası olabileceğine dair bir işaret gibi görmezler.

Amerika yerlilerinin organizmalar arasındaki ilişkileri açıklamak amacıyla kullandıkları sınıflandırma ölçütlerinin çeşitliliği, canlılar taksinomisindeki sınırların esnekliğini yeterince gösterir. Çünkü kozmostaki kendiliklere mal edilen belirgin özellikler, özlerinin öncelikli bir tanımından çok metabolizmalarının gerekliliklerine ve özellikle de beslenme rejimlerine göre birbirlerinin karşısındaki göreli pozisyonlarına bağlıdır. Yaşayan ya da ölü insan varlıkları, bitkilerin, hayvanların ve insanların kimliği bütünüyle ilişkiseldir ve dolayısıyla benimsenen bakış açılarına göre değişebilirler ve dönüşebilirler. Gerçekten de birçok durumda bir türün bir bireyinin kendi özel ölçütlerine göre başka türlerin bireylerini anladığı söylenir, öyle ki bir avcı, normal koşullarda av hayvanının kendisini bir insan varlığı gibi, avcıyı da bir jaguar gibi gördüğünü anlamayacaktır. Aynı şekilde jaguar yaladığı kanı manyok birası gibi görür, Amerika kuşunun avladığını sandığı örümcek maymunu insan için sadece bir çekirgedir ve yılanın özellikle tercih ettiği bir yem olan tapirler aslında insan varlıklarıdır.[9] Bu perspektif değişikliklerinin doğurduğu görünüş değiştokuşları sayesinde, hayvanlar büyük bir iyi niyetle insan varlıklarıyla aynı kültürel özelliklere sahip olduklarını düşünürler: Tepelikleri tüyden yapılmış taçlar, tüyleri giysi, gagaları mızrak ve pençeleri de bıçaktır. Amazon bölgeleri kozmolojileri kimi zaman

6 Belaunde, L. E., 1994.

7 Chamueil, B., Chamueil, J.-P, 1992.

8 Berlin, B., 1977.

9 Öteki benzer örnekler için Riviere, P., 1994.

"perspektivizm"[10] adı verilen bir ontoloji doğurmuştur ve bu perspektivizm birçok doğa deneyiminin birbirlerini yanlışlamadan birlikte var olabileceklerini belirtirken, insanlara, diğerlerine tepeden bakma hakkını tanımaz. Amerika yerlilerinin düşüncesi, hareketsiz bir doğa temeli üstünde bir yığın kültürel farklılık ortaya koyan modern düalizmin tersine, bütün kozmosa aynı kültürel düzenin can verdiğini öne sürer ve bu kültürel düzeni çeşitlendiren de, birbirlerini farklı biçimde ele alma biçimleri ve heterojen doğalardır. Dolayısıyla dünyadaki kendiliklerin ortak referansı tür olarak insan değil, koşul olarak insanlıktır.

Çok sayıda Amazon halkının örnek oluşturduğu düşünülen doğayı açıklama konusundaki yetersizlik, çevre özelliklerinin bir sonucu mudur? Gerçekten de çevrebilimciler tropikal ormanı "genel" bir ekosistem gibi tanımlarlar: Bu ekosistemin belirgin özelliği hayvansal ve bitkisel türler açısından büyük bir çeşitliliktir; her tür sayıca pek kalabalık değildir ve her türün bireyleri büyük bir dağılım gösterirler. Sözgelimi Amazon'daki yaklaşık elli bin damarlı bitki içinde ancak yirmi kadarı kendiliğinden oluşmuş bir grup içinde yer almazlar ve çoğu zaman da insan iradesi söz konusu değildir burada.[11] Ender olarak homojen bütünler içinde bir araya gelen bir yığın yaşam biçiminin arasına gömülmüş olan orman yerlileri, sürekli biçimde duyularını çalıştırma gereği uyandıran bir çabayla, bu farklılıklar toplamını bir bütün halinde kucaklamaktan vazgeçmişlerdir belki de. Sonuç olarak farklı olanın mucizesine gereklilik dolayısıyla teslim olurken, bir yığın tekil tezahürün arkasındaki derin birliği kavrayamadıkları için, kendilerini doğadan ayırt edememişlerdir.

Claude Lévi-Strauss'un biraz gizemli görünen gözlemi de bu tip bir yoruma davetiye çıkarır: Tropikal orman bir türün her bireyine mizaç özellikleri atfetme olanağı veren tek çevredir.[12] Her bireyin özel bir tip olarak farklılaşması –Lévi-Strauss'un "mono-bireysel" dediği– hiç kuşkusuz *Homo sapiens*'e özgüdür ve bunun nedeni de toplumsal yaşamın sağladığı kişilikler geliştirme kapasitesidir. Bununla birlikte hayvansal ve bitkisel türlerin hızla çoğalması da bu bireyselleşme sürecine destek olacaktır. Belki de, Amazon ormanları gibi çok çeşit içeren bir ortamda, görünüşte tümü çok farklı bireyler arasındaki ilişkilerin kavranmasının, istikrarlı ve karşılıklı olarak dışlayıcı makro kategorilerin inşasına göre ağır basması kaçınılmazdı.

Gerardo Reichel-Dolmatoff'un yorumu da yine ortamın özelliklerine dayanır: Yazar, Kolombiya Amazonlarındaki Desana Yerlilerinin kozmolojisinin, modern sistemik analiz terimlerine benzeyen terimlerle formüle edilmiş ekolojik uyum süreçlerinin bir tür betimsel model olduğunu savunur.[13] Reichel-Dolmatoff'a göre

10 Lima, T. S., 1996; Viveiros de Castro, E., 1996.

11 Son tarihsel ekonomi çalışmalarına göre Amazon'un yerli halklarının binlerce yıldır uyguladıkları otları yakılmış tarlalarda gezici bahçıvanlık ve ormancılık ormanların bitkisel kompozisyonunda derin dönüşümler meydana getirmiş ve özellikle de evcilleştirilmemiş ya da evcilleştirilmiş ama tekrar yabanıllaşmış bazı türlerin yoğunlaşmasına destek olmuştur; bunlar içinde en yaygın olanlar çeşitli palmiye türleri (*Orbignya phalerata, Bactris gaspiaes, Mauritia flexuosa, Maximiliana sp. Astrocaryum sp.*) ve meyveleri yenebilir ağaçlardır (*Bertholletia excelsa, Platonia insignis, Theobroma sp.*, çeşitli *Inga* türleri). Ayrıca büyük olasılıkla bambu (*Guadua* türü) masifleri ve "sarmaşan ormanları" antropik kökenlidir. Bkz. Balee, W., 1989 ve 1993.

12 Lévi-Strauss, Cl., 1962, s. 284.

13 Reichel-Dolmatoff, G., 1976.

Desanalar dünyayı homeostatik bir sistem gibi kavrarlar; bu sistem içinde harcanmış enerji miktarı (*output*) doğrudan doğruya alınan enerji miktarına (*input*) bağlıdır. Biyosferin enerji açısından beslenmesinin belli başlı iki kaynağı vardır: Önce *ad hoc* (belli bir amaca yönelik olarak) yasaklarla düzenli bir biçimde bastırılan bireylerin cinsel enerjisi sistemin tüm biyotik (canlı varlıkların gelişmesiyle ilgili) unsurlarını besleyen küresel enerji birikimine dönüşür doğrudan doğruya; daha sonra, çok sıkı biçimde denetlenen ve kozmosun yaşamsal olmayan unsurlarına gerekli enerjinin çıktığı (sözgelimi gök cisimlerinin hareketini sağlayan şey) beslenme düzeninin bir sonucu olan insanların sağlığı ve refahı. Böylece her birey sadece toplumsal alanın değil durağanlığa doğru giden, yani kaynakları ve sınırları belirli olan bir evrenin tamamında meydana gelen karmaşık bir etkileşim ağının unsurundan başka bir şey olmadığının bilincine varır. Bu herkese etik sorumluluklar yükler: Özellikle bu kırılgan sistemin genel dengesinin bozulmaması ve çeşitli ritüel işlemlerle geri kazanılmadan kesinlikle enerji kullanılmaması.

Bununla birlikte bu mükemmel homeostazi (denge) arayışında en önemli rolü şaman oynar. İlk başta yaşamın bütün faaliyetlerine sürekli müdahale eder ve bu bağlamda amaç insan olmayan varlıkların üremesinin tehlikeye düşmemesidir. Böylelikle şaman ırmağın bir bölümünde zehirli otlar kullanarak balık avlamak için hazırlanmış zehirin miktarını ve yoğunluk derecesini kontrol eder ya da bir yaban domuzu sürüsü tespit edildiğinde öldürülebilecek hayvan sayısını belirler. Dahası, hayatta kalmaya yönelik etkinliklere eşlik eden ritüeller "stokların envanterinin çıkarılması, fiyatların ve kârların değerlendirilmesi ve kaynakların dağılımının yeniden yapılması" için şamana sunulmuş fırsatlardır; bu koşullarda "şamanın çıkardığı bilanço sistem içinde enerji giriş ve çıkışlarının bütününü gösterir."[14]

Şamanı bir ekosistemin ve tüm dinsel inançların uyanık bir yöneticisi, ritüelleri ise bir tür pratik ekoloji kitabı haline getiren bu tür bir okumanın geçerliliği sorgulanabilir. Gerçekten de şamanın bilinçli bir yaklaşımla uyguladığı ender olanakların bir tür optimizasyon hesabı, insani ekolojide kullanılan bazı yeni Darwinci modellere denk düşse de, bunun Desanaların tıpkı komşuları Makunalar gibi hayvanların ve bitkilerin çoğunu kendilerine de atfettikleri niteliklerle donatmaları olgusuyla uzlaştırılması zor gözükmektedir: Dolayısıyla insan varlıklarının bu toplumsal partnerlerinin, bazı koşullarda kişi statüsünü birdenbire kaybetmeleri ve bir enerji bilançosu içinde dağılımı yapılan basit birimler haline gelmeleri kolay anlaşılır bir şey değildir. Amazon Yerlilerinin çevrelerindeki organizmalar arasındaki karmaşık ilişkiler konusunda çok çarpıcı bilgilere sahip oldukları ve bu bilgileri hayatta kalma stratejilerinde kullandıkları bir gerçektir. Bir başka gerçek de insan olmayan varlıkların organizmaları arasındaki bütün bir ilişkiler yelpazesini tanımlamak amacıyla toplumsal ilişkileri, özellikle de akrabalık ilişkilerini kullanmış olmalarıdır. Buna karşılık bu belirgin özelliklerin özel bir ekosisteme uyumdan kaynaklanabilmesi mümkün gözükmez, zira böyle bir okuma, bu ekosistemin kendi içrek özellikleri sayesinde dünyanın örgütlenmesini düşünme olanağı veren

14 *A.g.y.*, s. 316, benim çevirim; açıkça belirtilmiş olanların dışında kitapta yer alan tüm yabancı dildeki alıntıları ben çevirdim.

bir tür analojik model sağladığı varsayımına dayanır.

Buna çok benzeyen kozmolojilerin, Amazon'un yaklaşık altı bin kilometre kuzeyinde, bütünüyle farklı bir ortamda yaşayan halklar tarafından geliştirilmiş olması, bu tür bir yoruma karşı çıkan temel argümandır. Gerçekten de Güney Amerika tropikal ormanları yerlilerinin tersine Kanada subarktik bölge yerlileri olağanüstü biçimde tektipli bir ekosistemde yaşarlar. Labrador yarımadasından Alaska'ya kadar boreal ormanları kesintisiz biçimde kozalaklılarla kaplıdır ve bu bölgede tipik bir karaçam silueti görülür. Bunu arada bir kesintiye uğratan ağaçlar ancak kızılağaç koruları, söğütler, kayın ağaçları, belsemli ağaçlardır. Hayvanlar da çok az çeşitlilik gösterir: Otçullardan Ren geyikleri, Kanada geyikleri (Karibular), kemiricilerden kunduzlar, tavşanlar, kirpiler, Bizam sıçanları, etoburlardan kurtlar, boz ayılar, vaşaklar, Amerika porsukları memelilerin büyük bölümünü oluştururlar; bunlara yirmi kadar kuş türü ve on kadar balık türü eklenir... Bunlar, Amazon akarsularının barındırdığı üç bin tür balığa göre epey çelimsiz kalırlar. Çoğunluğu göçmen olan bu hayvanlar bazı yerlerde yıllarca görülmemiştir ve Kanada geyikleri, denizkazları ya da mersinbalıkları ortaya çıktıklarında sayıları o kadar çoktur ki türün belli bir anda tümüyle bir araya geldiği sanılmıştır. Kısaca söylemek gerekirse boreal ormanlarının belirgin özellikleri Amazon ormanlarının tam tersidir: Bu "uzmanlaşmış" ekosistemde çok az tür birlikte yaşar... Her tür çok sayıda birey tarafından temsil edilir. Bununla birlikte ekolojik ortamlarının çarpıcı homojenliğine rağmen –aynı zamanda çok sert bir iklimin getirdiği açlıklar karşısında çaresiz kalmalarına rağmen– subararktik halklar çevrelerini toplum yaşamını yönlendiren ilkelerden ve değerlerden açıkça farklı bir gerçeklik alanı gibi düşünmezler. Kuzey Kutbu'na yakın bölgelerde ve Güney Amerika'da doğa kültürle karşıt değildir, kültürün bir uzantısıdır ve her şeyin insanlık ölçülerine göre düzenlendiği bir kozmos içerisinde kültürü zenginleştirir.[15]

Elbette buradaki manzaranın birçok özelliği son derece özgündür. Kendilerine hayat veren gizli bir varlıkla özdeşleştirilen ırmaklar, göller ve dağlar, gök gürültüleri ve rüzgârlar, buz birikintileri ve tan kızıllıkları insanların söylemlerine ve eylemlerine duyarlı oldukları kabul edilen tözlerdir aynı zamanda. Ama Kanada boreal ormanları Yerlileri özellikle hayvan dünyası üstüne düşünceleri konusunda Amazonlarla uyuşurlar. Dil ve etnik yakınlık bağlamında görülen farklılığa rağmen avcı av ilişkisini her yerde aynı inanç ve rit bütünlüğü yönlendirir. Amazon'da olduğu gibi hayvanların çoğu ruhları olan insanlar gibi kabul edilir ve böylece hayvanlara insan varlıklarıyla aynı nitelikler atfedilir: Yansımalı bilinç, yönelimsellik, duygusal yaşam ya da etik ilkelere saygı. Bu alanda Cree grupları belirgin örneklerdir. Onlara göre hayvanların toplumsallığı insanların toplumsallığına benzer ve aynı kaynaklar-

15 İnsan olmayan varlıkların özellikle hayvanların kavramsallaştırılması ve incelenmesiyle ilgili etnografik bilgiler özellikle Algonkin dilleri konuşan gruplar bağlamında zengindir –Labrador ve Hudson körfezinin güneybatısı Cree dili ve Kuzey bölgeleri Ojibwa dili– ama aslında Hudson körfezinin kuzeybatısından Kayalık dağlarının Büyük Okyanus tarafındaki yamacına ve Alaska'ya kadar uzanan bütün Atabask kabilelerinin daha türdeş verileriyle kesişirler. Algonkinler için bkz. Brightman, R., 1993; Desveaux, E., 1998; Feit, H., 1973, Leacock, E., 1954; Lips, J., 1947; Speck, F. G., 1935; Tanner, A., 1979; Atabasklar konusunda bkz. Nelson, R. K., 1983; Osgood, C., 1936.

dan beslenir: Dayanışma, dostluk, büyüklere saygı ve bu arada av hayvanlarının göçlerini yönlendiren görünmez ruhlar bu hayvanların bölgesel dağılımını da yönlendirirler ve yeniden üremelerinin sorumluluğunu üstlenirler. Dolayısıyla hayvanların insanlardan farkı sadece görünüştedir, duyuların verdiği basit bir yanılsamadır, zira olağan durumlarda üzerlerinde taşıdıkları ayırıcı bedensel örtüler Yerlileri yanıltmaya yönelik kılıklardan başka bir şey değildir. Hayvanlar yerlilerin düşlerine girdiklerinde gerçekte nasılsalar öyledirler, yani düşlerde insan biçimleriyle gözükürler, aynı şekilde "titreyen çadır"[16] denen ritüel sırasında ruhları konuştuğunda da yerli dillerini konuşurlar. Bir hayvanla bir erkek ya da kadın arasındaki birleşmeyi gösteren çok yaygın mitlere gelince, bunlar da bu varlıklar arasındaki doğaya dayalı benzerliği doğrulamaktadır sadece: İnsan partnerin gözünü açan ve onun hayvanların dış görünüşleri altında arzulanan bir eş figürü görmesini sağlayan bir şefkat duygusu olmasaydı böyle bir birliğin mümkün olamayacağı düşünülür.

Hayvanların bu şekilde insanileştirilmesini basit bir akıl oyunu, doğruluk, kesinlik ya da uygunluğu ritlerin uygulanmasına ya da mitlerin anlatılmasına uygun koşulların ötesine gidemeyen metaforik bir dil biçimi gibi görmek yanlıştır. Yerliler kovalama, öldürme ve av hayvanı yeme konusunda çok sıradan bir dil kullandıklarında bile belli bir düşünceyi bir karışıklığa meydan vermeden anlatırlar: Buna göre av, avı yönlendiren kuralların bütünüyle bilincinde olan kendiliklerle kurulan toplumsal bir karşılıklı ilişkidir.[17] Burada ve avın önemli olduğu toplumların çoğunda hayvanlarla zımni bir anlaşma içinde olabilmek için onlara saygı göstermek gerekir: Düzensizlikten, karışıklıktan kaçınmak, temiz bir şekilde ve gereksiz yere acı çektirmeden öldürmek gerekir, hayvanın kemiklerine ve cesedine saygı göstermek gerekir, gereksiz böbürlenmelerden kaçınmak, hatta av hayvanlarının kaderinden ulu orta söz etmemek gerekir. Av anlatılarında nihai amaca, ölüme pek fazla gönderme yapılmaz; aynı şekilde Amazon Açuarları "ormana gitmek", "köpekleri gezdirmek" ya da (sarbakanla kuş avlamak söz konusu olduğunda) "kuşları üflemek" gibi belirsiz sözcükler kullanırlar, gene Montagnais Yerlileri tüfekle avlanma bağlamında "getirmek" ya da tuzakları kontrol etmek bağlamında "gidip bakmak" sözcüklerini kullanırlar.[18] Aynı şekilde, Amazon'da görüldüğü gibi ilk kez hayvan öldüren bir avcı için öldürdüğü bu hayvana özel bir ritüel uygulaması da çok yaygındır. Sözgelimi Açuarlarda delikanlı avladığı hayvanın etini yemez, zira aksi takdirde yeni türle henüz kurulmuş olan kırılgan ilişki onarılması mümkün olmayacak biçimde bozulabilir ve bundan böyle öteki hayvanlar kaçarlar kendisinden. Ontario Ojibvalarında acemi avcıya uyması gereken kuralları dikte eden de aynı ilkedir: Avını çevresindeki insanlarla birlikte yiyecektir hiç kuşkusuz, ama bu bir şölen ola-

16 "Titreyen çadır" ritüeli tüm Subarktik Algonkin bölgesinde yaygındır. Deneyimli biri, genellikle bir şaman karanlığın bastırmasıyla birlikte hemen o anda kurulan bir çadıra kapanır ve ezgiler söyleyerek hayvanların ruhlarını çağırır; kendisini ziyaret eden hayvanlar eğreti çadırı titretirler. Tören boyunca ruhlar kendi aralarında, şamanla, çadırın çevresinde oturanlarla konuşurlar ve bu konuşmalar bilinen bir dille ya da bir aracının çevirdiği anlaşılmaz, karmakarışık bir dille yapılır (bkz. Desveaux, E., 1995 ve Brightman, R., 1993, s. 170-176).

17 Bkz. Scott, C., 1989; Tanner, A., 1979, s. 130 ve 136; Speck, F. G., 1935, s. 72 ve Brightman, R., 1993, s. 3.

18 Daniel Clément'ın kişisel sunuşu.

caktır ve yemek hayvan kalıntılarıyla ilgili bir tür ölüm ritüeliyle sona erecektir.[19]

Bununla birlikte, bu saygı alametlerinin ötesinde, hayvanlarla ilişkiler daha özel alanlarda ifade edilebilir; sözgelimi av hayvanını bir sevgili gibi gösteren tavlama, ayartma ya da av hayvanının iradesini veya avcıya yaklaşma gücünü yok eden büyüleyici bir baskı. Bu ilişkiler içinde en yaygın ve aynı zamanda insanlarla hayvanlar arasındaki benzerliği en iyi gösteren unsur, bir avcının zaman içinde bir türün özel bir bireyiyle kurduğu dostluk ilişkisidir. Orman dostu yakın bir hayvan gibi görünür ve hemcinslerinin hiç hoşnutsuzluk göstermeden menzil içine girmeleri için aracı olur; küçük bir ihanet söz konusudur hiç kuşkusuz ama çok da önemli bir sonuç doğurmaz, zira avcının kurbanı, ceset öngörülen bir ritüele tabi tutulduğu takdirde aynı türden yeni bir hayvan olarak yeniden can bulacaktır. Çünkü bir hayvanı avcının karşısına çıkarmak için hangi stratejiler kullanılırsa kullanılsın, av kendisini yiyecek olan kişiye her zaman bir cömertlik, bir yüce gönüllülük duygusuyla teslim olur. Av hayvanının davranışlarını belirleyen, insanların acıları karşısında hissettiği acıma duygusudur, zira bu insanlar kıtlık sıkıntısı içindedirler ve yaşamlarını sürdürebilmek için ona muhtaçtırlar. Burada av özerk, doğal bir ortamın ikincil teknik bir manipülasyonu değildir kesinlikle ve kesintisiz bir diyalogdur... Tim Ingold'un dediği gibi bu diyalog sırasında "insanlar ve hayvanlar karşılıklı olarak kendi kimliklerini oluştururlar ve kendi özel amaçlarını belirlerler".[20]

Daha kuzeyde, sadece Eskimo dilini konuşanların yaşayabildiği neredeyse ıssız bölgelerde çevreyle ilişkiler bağlamında aynı algının söz konusu olduğu söylenebilir.[21] İnsanlar, hayvanlar ve tanrılar aynı gelişme içindedirler ve insanlar tanrıların lütfuyla hayvanlardan beslenebiliyorlarsa bunun nedeni avın Cree'lerdeki gibi kendisini gerçekten isteyenlere sunmasıdır. Inuitlerdeki av ve doğum ritleri, çok ender bulunan, çok değerli ruh ve bedenlerin, ebediyen verilmiş bir özle değil kendi göreli konumlarıyla tanımlanmış biyosferin farklı unsurları arasında sürekli dolaştıklarını gösterirler: Nasıl kı insan varlıkları üretmek için av eti gerekiyorsa –hiç kuşkusuz besin olarak ama aynı zamanda zıpkınlanan fokların ruhları çocuklarda yeniden doğduğu için–, aynı şekilde bazı hayvanların üremesi için insan varlıkları gereklidir- insan kalıntıları yırtıcı hayvanlara bırakılır, dölütün çıkmasından sonra geriye kalan organlar foklara sunulur ve ölülerin ruhu kimi zaman deniz avlarını yöneten tanrıya geri döner. Şaman Ivaluardjuk'un Rasmussen'e söylediği gibi "yaşamdaki en büyük tehlike insanların bütünüyle ruhlarla beslenmesidir".[22] Gerçekten de hayvanlar kişi iseler onları yemek bir tür yamyamlıktır ve bu düşünceyi belli ölçüde yumuşatabilecek tek şey dünyanın belli başlı aktörleri arasında sürekli bir töz ve manevi ilke değiş tokuşudur. Bu türden bir ikilem sadece Kuzey Kutbu bölgelerinde yaşayanlarda görülmez ve birçok Amerika yerli kültürü aynı sorunla karşı karşıyadır: Benimle aynı özelliklere sahip bir başkasının yaşamını, bu yok etme eylemini onun hemcinsleriyle kurduğum ilişkiyi bozmadan nasıl yok edebilirim? Hümanist geleneğimizin bizi bu bağlamda hazırlamadığı

19 Desveaux, E., 1995, s. 438.
20 Ingold, T., 1996, s. 131.

21 Blaisei, X., 1993; Fienup-Riordan, A., 1990; Saladin d'Anglure, B., 1990 ve 1988.
22 Rasmussen, K., 1929, s. 56.

ve bu çalışmada daha sonra gene soracağım, cevabı kolay olmayan bir soru.

O halde, Amazon'un sık ormanlarından Kuzey Kanada'nın buzlarla kaplı bölgelerine kadar bazı halklar çevreye dahil olma biçimlerini bize göre çok farklı bir biçimde anlıyorlar. Kendilerini bir ekosistemle ilişkilerini idare eden toplumsal kolektifler gibi değil, insan varlıkları ve insan olmayan varlıklar arasında hiçbir gerçek ayrımın olmadığı daha geniş bir bütünün unsurları gibi görürler. Tüm bu kozmolojik düzenlemeler arasında farklılıklar vardır hiç kuşkusuz: Sözgelimi en Kuzey'deki bölgelerde az sayıda tür yaşadığından biyosferdeki unsurlar arasındaki ilişkiler ağı Kuzey Amerika yerlileri ve Güney Amerika yerlileri için aynı derecede zengin ve karmaşık değildir. Ama bu ağların yapıları unsurlarına mal edilen özellikler gibi her noktada benzerlik gösterir... Amazon Yerlilerinin sembolik ekolojisinin, kendi içinde çeşitli bir çevreye yerel uyumdan gelebileceğini dışlar gibi gözüken bir durumdur bu.

Peki Amerika'ya özgü bir durum mu söz konusu burada? Etnoloji ve arkeoloji Yerli Amerikası'nın eskiden son derece özgün bir kültürel bütünlük oluşturduğunu her geçen gün açığa çıkarmaktadır... Bu kültürel özgünlüğün bütünlüğünü, sömürge tarihinin getirdiği parçalanma etkisinin arkasında hâlâ görebilmek mümkündür. Anlam açısından homojen bir öz içinde düzenlenen bu değişiklikleri mitler gösterir kesinlikle ve bu değişikliklerin bin yıllık düşüncelerin ve toplulukların oluşturduğu ortak bir dünya görüşünden kaynaklanmadığını düşünmek zordur. Sanıldığından çok uzun sürmüş olan bu Kolomb öncesi tarih konusunda çok az şey biliyoruz. Öyle ki modern etnografi Lévi-Strauss'un deyişiyle "Roma'sı olmayan bu Ortaçağ'dan"[23] bölük pörçük bilgiler, çok dağınık unsurları orada burada bulunan çok eski bir birikimin basit işaretlerini verebilir bize ancak. İnsan varlıkları ve insan olmayan varlıklar arasındaki ilişkileri belli biçimde düşünmek günümüze kadar pan-Amerikan bir yapı içinde ortaya çıkan bu çok eski senkretizmin sonucu olabilir mi?

Ne kadar çekici gözükürse gözüksün bir Amerikan özgünlüğü varsayımının doğrulanması zordur. Çünkü Tayga avcı halklarının çevreyle çok benzeşen ilişkilerini görmek için Bering boğazını, bugünkü Amerika yerlilerinin atalarını Doğu Sibirya'dan Alaska'ya kadar götüren göçlerin tersi yönde geçmek yeterlidir.[24] Tunguzlar'da ve Samoyetler'de, Ksantlar'da ve Mansiler'de ormanlara bir tinin can verdiği kabul edilir ve bu tinin genel olarak büyük bir geyikgil olduğu ancak çok farklı biçimlerde de görünebileceği düşünülür; özellikle ağaçlar arasında ve kayalık yerlerde yaşar. Ayrıca ağaçların da kendilerine özgü ruhları olabilir ya da bir insansının bitkisel ikizini oluşturabilirler ve yaş ağaçların kesilmesinin yasaklanmasının nedeni budur. Buryat dilinde ormanların tini iki farklı biçimde gösterir kendisini: Biri pozitiftir, insanlara av getirir ve hastalıklardan korur onları; öbürü genellikle birincisinin oğlu ya da damadı gibidir ve tersine talihsizlik, felaket ve ölüm yayar çevreye, insansıların ruhlarını yemek üzere kovalar. İki görünümlü "Zengin Orman" –aynı zamanda yerli Amerikası'nda "avın efendisi" figürlerinin karakteristiği– insanlara kişiliği bölünmüş bu

23 Lévi-Strauss, Cl., 1964, s. 16.

24 Sibirya konusunda R. Hamayon'un ilginç sentezinden (1990) büyük ölçüde yararlandım; ayrıca bkz. Lot-Falck, E., 1953; Paulson, I., Hult-Krantz, A. ve Jettmar, K., 1965; Zelenin, D., 1952.

varlığın egemen olduğu vahşi hayvanlarla ilişkilerinde önlemlerini artırmaları gerektiği düşüncesini empoze eder.

Hayvanların da temelde insan ruhuna benzeyen bir ruhları vardır ve bu ruh, maddi dayanağından nispeten özerk bir yaşam kaynağıdır. Bu sayede ölümden sonra da çevrede dolaşır ve gerektiğinde hemcinslerinin intikamını alacaklarından emindir. Gerçekten de hayvanların toplumsal örgütlenmesi insanlarınkine benzer: Bir türün üyeleri arasındaki dayanışma aynı klanın üyeleri arasındaki yardımlaşma görevleriyle aynıdır, türler arasındaki ilişkiler de kabileler arasındaki ilişkiler gibidir. Bazı kürklü hayvanlar "efendileri" oldukları hemcinslerini denetlerler; daha iri ve daha güzel olan bu hayvanlar mensup oldukları türü en iyi şekilde temsil ederler, dolayısıyla bunlar, soydaşlarından bazılarını kendilerine bırakmalarını isteyen avcıların ayrıcalıklı muhataplarıdır. Yerlilerin Amerikası'nda da görülen[25] bu prototip (ilk örnek) figür her hayvan topluluğu hiyerarşisinin farklılaşmasına katkıda bulunur... Avın efendi ruhları ve astları arasında yer alan, müzakerelerin eşitlik içinde yürütülebilmesini sağlayan, avcı statüsünde bir aracı hayvanın bulunması gerekliymiş gibi.

Çünkü Sibirya halklarının havyan dünyasıyla ilişkileri katılan aktörlere göre çeşitlenir. Büyük geyikgiller avı –özellikle yabani ren geyikleri ve başka türden ren geyikleri– kadın bağışlayıcısı gibi takdim edilen Orman Tini ile ittifak ilişkisi içerir. Bu tinin kızlarıyla düşlerinde çiftleşen avcı böylece bir ittifak kurar ve kayınbabasının sağlayacağı nimetlerden yararlanma hakkını kazanır. Bu akrabalık ilişkisi ne kadar sembolik gözükürse gözüksün bütünüyle hayali olarak anlaşılmaz: Ruha mal edilen uykuda dolaşabilme yeteneği dolayısıyla Orman Tini'nin kızlarıyla birlikte olmak, en azından bireyler arası bir alışveriş görünümü kazanır. Ve "Zengin Orman" kızları arasında kesinlikle kıskançlığa yol açmamak gerektiğinden, erkekler ava gitmeden önce insan eşleriyle cinsel ilişkiye girmekten kaçınırlar. Kayınbabanın ya da av bağışlayan tanrıların cömert davranmaları için akşamları onların görünmeyen varlıklarına çok hoşlandıkları bu uzun öyküler anlatılır ve bu arada erkeklerin tüttürdüğü tütünün kıvrımları onların görünmez burun deliklerini hafifçe okşar.

Geyikgiller dışındaki hayvanlarla bu tür ilişkilerden sonuç alınamaz ve onlardan kalıcı bir kopuş yaşanmaması için her türlü önlemin alınması gerekir. Bir hileyle başlanabilir işe: Sözgelimi öldürülen bir hayvanın ölümünden sorumlu olduğunu başka bir kabilenin bireyine açıkça söylemek ya da av sırasında maske takarak kimliğini gizlemek. Av hayvanının intikamından korkuluyorsa Amerika'daki gibi pay almada ölçülü davranma, amaçların gizlenmesi, hayvanın adının söylenmemesi ya da ölümünün dolaylı ve üstü kapalı biçimde bildirilmesi, uyulması gereken kesin kurallardır. Cesede saygılı davranma aynı gerekçelerle Subarktik Kanada'daki kadar önemlidir: Kemikler var oldukça hayat devam eder öyle ki ormanlarda kurulan küçük iskelelerde hayvanın iskeleti, kafatası ve kimi zaman cinsel organları sergilenerek ruhunun tekrar türünün içine döneceğine ve böylelikle başka bir bireyin doğumuna vesile olacağına inanılır. Bedenin dışı sadece görünüşten ibaret ve temeli kemik yapı-

25 Suborktik bölge konusunda bkz. Brightman, R., 1993, s. 91 ve Amazon bölgesi konusunda bkz. Descola, Ph., 1986, s. 321-322.

sı olan geçici bir giysi olduğundan, avcı av hayvanını yok etmez, yemek amacıyla etine sahip olmakla yetinir. Ayrıca hayvanın kafatası ormana bırakılmadan önce eve götürülür ve onur köşesine konur. Davet edilen akrabalar ve komşuların huzurunda ruhunun onuruna bir şenlik düzenlenir, teşekkürler edilir, şükranlar sunulur, insanları ziyaret etmelerini teşvik amacıyla soydaşları arasına dönme davetleri yapılır.

Bununla birlikte ilişkinin gerçekten adil olabilmesi için hayvanlardan alınan şeylerin, yani etin geri verilmesi gerekir. İki şekilde mümkündür bu. Öncelikle, İnuitlerdeki gibi, cesetler, kalıntılarını yırtıcı hayvanların yemesi için yerleşim merkezlerinden uzakta bir düzlüğe bırakılır. Ama hayvanların daha doğrudan beslenmeleri de söz konusudur: Küçük vahşi hayvanların evlere alınması ve ihtiyaçlarının karşılanması. Moğollar bu ev hayvanlarına *ongon* derler... Genellikle küçük hayvan heykelciklerine de bu ad verilir ve bu küçük heykellerin avı teşvik eden Orman Tini nezdinde aracılık ettiğine inanılır. Evlerde korunan bu heykelciklere saygı gösterilmesi, onlarla hoş sohbetler yapılması ve özellikle düzenli biçimde beslenmeleri gerekir; dolayısıyla üstlerine yağ ve kan sürülür, ağızlarına ya da özellikle bu amaç için açılmış ceplerine et atılır. Avcılar çeşitli *ongon*'ları beslerken onlardan ilgi ve destek görürler ve bir yandan da avladıkları hayvanlara borçlarını öderler. Avlanan hayvanlar ise evcil aracılar sayesinde insanların mükellefiyetlerini düzenli ve sürekli biçimde yerine getirdiklerinden emin olabilirler.

Dolayısıyla Sibirya'da olduğu gibi Amerika'da da, birçok halk maddi çevreleri ve toplumsal çevreleri arasındaki kesin bir ayrılık fikrine karşı gözükürler... Genellikle birbirinden ayırdığımız bu iki alan onlar için kişiler arasındaki, insan olanlar ve olmayanlar arasındaki bir sürekliliğin çok az karşıtlık gösteren yüzlerinden başka bir şey değildir. 'Ama çok kolay bunu söylemek', denebilir! Amerika ve Doğu Asya aynı kültürel bölümden (*phylum*) gelmezler mi? Pleistosende Bering boğazını geçen halklar hiç kuşkusuz daha sonraki bir yığın göç dalgasıyla geliştirilip zenginleştirilen fikir ve teknolojiyi yanlarında götürmüyorlar mıydı? Dolayısıyla Sibirya'dan Ateş Ülkesi'ne kadar, bunların şurada burada izlerini bulmak şaşırtıcı değildir.

Amerika yerlilerinin kültürlerinin bazı maddi ve ideolojik özelliklerinin Asya'dan başlayarak yayılmış olması argümanı yeni değildir. Bu argüman kısmen doğrulanmıştır da. 20. yüzyıl başından itibaren Jesup'ta gerçekleştirilen çalışmalar gerçek bir Kuzey Pasifik uygarlığının varlığını göstermişti; bununla ilgili arkeolojik olgular, merkezi geniş Bering bölgesi olan ve Ohotsk denizinin güneyinden Vancouver adasına kadar uzanan halkların binlerce yıllık hareketlerinin ve yoğun ilişkilerinin uyumunu açıklar.[26] Kuzey Pasifik havzasında gelişen kurumların ve inançların bugünkü Kanada'nın güneyine dağılmış olduğu ve bu özelliğin de olabildiğince kendiliğinden bir biçimde Doğu Sibirya'yla, yani Şamanlıkla ilişkilendirildiği düşüncesini kesinlikle çürütebilecek bir şey yoktur.

Unutmayalım ki *çaman* sözcüğü Tunguz dilinden gelir ve ilk Şaman hipnotizmacılıkları 17. yüzyıldan başlayarak Doğu Sibirya'yı dolaşan Ruslar tarafından anlatılmıştır.[27] Bu

26 Leroi-Gourhan, A., 1946.
27 Perrin, M., 1995, s. 9-12.

sözcüğü 20. yüzyılın ilk onyıllarında benimsemiş olan etnoloji ilk başta Sibirya'da saptandığı kabul edilen ama dünyanın başka bölgelerinin özellikle de Amerika'nın "ilkel dinleri"nde görülen özelliklerin tümünü aynı kategoride birleştirme eğilimi içinde olmuştur: Şaman insan varlıkları ve ruhun yolculuğu –trans hali ya da düş– aracılığıyla ilişkiye girdiği ruhlar arasında bir aracıdır... Şaman bu ruh yolculuğunun destek ve yardımları sayesinde insanların mutsuzluğunu engeller ya da bu mutsuzluğa çare bulur. Kimi araştırmacılara göre şamanlık gerçek bir dünya görüşü, olayların insanlar ve tanrılar arasındaki yakınlıktan yola çıkarak yorumlanmasına dayalı özel bir sistem[28] veya avcı halkların belirgin özelliği olarak doğayla ilişkinin sembolik bir ifadesidir.[29] Bu açıdan bakıldığı takdirde Amerika yerlilerinin ve Sibiryalıların çevreyle ilişkilerini tasarlama biçimleri konusunda birçok şaşırtıcı benzerliğin ortak bir Şamanlık temeline dayandığı söylenebilir. Bu teze göre, bitkilere ve hayvanlara ruh atfetme, aracı tinlerle seçici ilişkiler, yiyecek alışverişi ve insan olmayan varlıklarla benzerlik: Bütün bunlar birtakım özel güçlerle donatılmış olduğu kabul edilen bir bireyin kişiliği çevresine odaklanan talihsizliğin daha genel bir yorumu ve tamir edilmesi sisteminin yansımalarından başka bir şey değildir. Buna göre, Kuzey Asya'da ortaya çıkan bu sistem daha sonra Sibirya'dan giden göçmenlerle her iki Amerika'ya da yayılmış ve görünüşte birbirlerine çok benzeyen oluşumları doğurmuştur.

Özellikle Mircea Eliade'nin desteklediği bu yayılmacı hipotez çok sayıda ve üstelik de çelişkili bir yığın önvarsayım içerir.[30] Şamanlığı bazı tipik özelliklerle –meditasyon tekniklerini bilen ve kendilerine güç veren doğaüstü güçlerle ilişki kuran bireylerin varlığı– tanımlanan arkaik bir din biçimi gibi göstermek, şamanın kişiliğine ve eylemlerine bir toplumun dünyaya anlam verme çabasını tanıma biçiminde ölçüsüz bir rol verilmesini gerektirir. Gerçek ya da sembolik bir kurbanla ifade edilen kutsalla litürjik aracılığın enstrümanı olan temel bir rahip figürünün bulunması gerekçesiyle brahmanlığın, Yunanlıların dininin ve Hıristiyanlığın birliğinin kesin olduğunu söylemek gibi bir şeydir bu. Oysa en azından yerli Amerikası'nda evrendeki çok farklı kendiliklerle ilişkilerin yönlendirilmesinde şamanların rolü belki de çok küçüktür. Subarktik bölgede ve birçok Amazon toplumunda insan olanlar ve olmayanlar arasındaki ilişkiler, öncelikle kişiler arasında kurulmuş, herkesin ve her bir kimsenin yaşamı sırasında sağlamlaştırılmış ilişkilerdir. Bu bireysel uyum ilişkileri ritüel uzmanlarının denetiminden kaçar çoğu zaman, zira bu uzmanların işi genellikle sadece bedenin yaralarını sarmaktır. Dolayısıyla egemen bir dünya görüşünün, temeli, etkileri çoğu zaman toplumsal yaşamın belli bir alanıyla sınırlı kalan bir kurum, yani şamanlık olan dinsel bir sistemin ürünü olabileceğini ileri sürmek cüretli bir düşüncedir. Yayılmacı argüman aynı zamanda, tersinden düşünüldüğünde, genellikle şamanizmle birleşmiş olan kozmolojik yapının, kaynağını aldığı coğrafi bölgeden uzaklaştıkça silinmesini ve kaybolmasını da gerektirir. Ya da doğaüstü özlerle seçmeci her-

28 *A.g.y.*, s. 5-9.
29 Hamayon, R., 1982.

30 Eliade, M., 1968, s. 266. Alfred Métraux Güney Amerika'nın Güney ucundaki Araukanların şamanizminin bazı özelliklerini anlatmak için benzer bir açıklama yapmıştır (Metraux, A., 1967, s. 234-235).

hangi bir aracılık biçiminin şamanlığa bağlı olduğunun düşünülmesi gerekir – ki bu da Şamanlığı bütün dinlerin çok eski bir özü ve aynı zamanda bütünüyle boş bir kavram haline getiren saçma bir tavır olur, zira çok fazla farklı olguyu kucaklarken hiçbirini belirgin bir biçimde etkileyemeyecektir.

Makul –yani bütün dünyaya yayılmayacak olan– bir yayılmacılığın çekiciliğine ihtiyatla yaklaşmak için, varsayımsal şaman uygarlıklarının varsayımsal merkezinden uzak durmamız gerekir. O zaman Moğolistan, Çin ve Çin Hindi'ni geçelim ve Doğu Sibirya'nın altı bin metre güneyine, Malezya takımadalarının yağışlı tropikal ormanlarına gidelim. Bu bölgede Khmer dili konuşmayan etnik gruplar yaşar ve Malezyalılar bu topluma Orong Asli ("aborjin halklar") derler. Bu insanlar geçimlerini sarbakanla avlanarak, toplayıcılıkla ve yakılan ormanlık alanlarda gezici tarım yaparak sağlarlar. Manyok ya da tatlı patates gibi ilk başta tropikal Amerika'da ekilmiş olan ürünler yetiştirirler, Aborijin Amazonu uzmanı için çok bildik şeylerdir bunlar: Aynı yaygın kaynak kullanım teknikleri, yerleşimlerin benzer biçimde düzenlenişi, toplumsal örgütlenme konusunda aynı değişkenlik ve kararsızlık. Ama Orong Aslilerin şimdiye kadar incelenen halklarla en çarpıcı benzerlikleri özellikle bitkiler ve hayvanlarla kurdukları ilişkilerin tahayyülleridir. Bununla ilgili olarak Signe Howell'in[31] çalışmaları sayesinde sembolik ekolojisini çok iyi bildiğimiz Pahang eyaletinin iç kısmında yaşayan Chewongları örnek göstereceğim.

Chewong toplumu, onu oluşturan iki yüz altmış kişiyle sınırlı değildir, insanlığın ontolojik sınırlarının çok ötesine uzanarak binlerce, onbinlerce, tin, bitki, hayvan ile nesneyi kapsar ve bunların Chewonglarla aynı özellikleri taşıdıkları kabul edilir – bu insanlar bütün bu varlıklara "bizim kimseler" (*bi he*) derler. Görünüşlerin çeşitliliğine rağmen bu orman kozmosuna dahil olan bütün kendilikler, "farklı kimselerin" (*bi masign*), Malezyalıların, Çinlilerin, Batılıların ve öteki aborjinlerin yaşadığı tehlikeli ve anlaşılmayan dış dünyaya topyekûn karşıt olarak düşünülen, içli dışlı ve eşitlikçi bir cemaat içinde birbirine karışmıştır. Kendi aralarındaki toplumsal yaşama doymuş olan, aynı yakın çevreyi paylaşan bu varlıklar birbirlerini tamamlarlar ve birbirlerine bağımlıdırlar, işlerin iyi gitmesini sağlama konusunda etik sorumluluk kolektif olarak üstlenilir ve herkesin eylemlerinin işlevidir. Çünkü belli bir ahlâk kuralına bağlılık yansımalı bilince (*ruwai*) sahip olan herkesin, insan olan ya da olmayanların tavır ve tutumunu niteler. Chewongların bazı bitkileri ve hayvanları "kimse" (*beri*) olarak görmelerinin nedeni bunların kendileri gibi aynı bilişsel ve ahlâksal kapasitelere sahip olmaları ve aynı zamanda bazı koşullarda, bedenlerinin de insanların bedenlerine benzer olabilmesidir. *Ruwai* kişinin gerçek özünü ve bireyleşme ilkesini oluşturur, beden özellikle düşler sırasında, geçici olarak atılabilen bir giysiden başka bir şey değildir. Bununla birlikte *ruwai* gezindiğinde bunu maddi bir birlik, bir katılım biçiminde gerçekleştirir, aksi takdirde öteki *ruwailer* tarafından görülemez ve tanınamaz. Böyle bir durumda insanların *ruwai*'si gerçek bedenin küçük boyutlu bir modeli, bir tür küçük adam biçiminde ortaya çıkar, buna karşılık bitkilerin ve hayvanların *ruwai*'si, türünün "dış görünüşü" içinde değil, bir insan

31 Howell, S., 1996 ve 1989 (1984).

bedeninde ortaya çıkar. Ayrıca, bir insanın *ruwai*'si başka bir insanın bedenine yerleşemese de, gerektiğinde bir bitkinin ya da bir hayvanın görünümüne bürünebilir. Chewonglara göre doğa, doğaüstü ve insanlık arasındaki ayrımların hiçbir anlamı yoktur, hatta gerçeği sabit kategorilere bölme olasılığı da bir yanılsamadır zira şu ya da bu türün "görünümü" altında gizlenen kişinin insan olan ya da olmayan kimliğinden kesinlikle emin olamayız.

Öte yandan hangi farklı görünümler içinde olurlarsa olsunlar varlıkların hiç kaybolmayan ve kendileri fark etmeden onları homojen gruplar içinde bir araya getiren bir özelliği vardır. Bir *ruwai*'yle donatılmış kişilerden oluşan her sınıfın dünyaya kendi açısından ve kendi tarzına göre, kendi görsel aygıtının belirgin özelliklerinin arkasından baktığı düşünülür. Sözgelimi bir Chewong ormanda sık sık bir tinin yaban domuzu yakalamak amacıyla kurduğu tuzaklara düşer. Ama gözleri, bu tinlerin "soğuk" gözlerinden farklı ve "sıcak" olduğundan başına gelen olayın farkına varamaz, sadece bedeninde acı ve ağrı hisseder. Bu bağlamda insanlar da kötü duruma düşmezler çünkü yanılsama çift yönlüdür. Sözgelimi bir tür tespihağacıyla beslendiği söylenen bir tin ırkı, bu bitkiyi tatlı patates gibi görür; Chewonglar tespihağaçlarını keserken bunlar ortada tatlı patates köklerini söken kirpiler görürler sadece. Aynı şekilde evlerin altındaki dışkıları yiyen köpek muz yediğini sanır ve filler de birbirlerini insan gibi görürler. Her türün *ruwai*'sinin özel bir niteliği gibi görülen özel algılama biçimi bireysel değişikliklere göre değişmez, öyle ki bir kaplan postuna bürünen bir Chewong dünyaya bir insanın gözüyle bakmaya devam eder. Burada Amerika yerlilerinin algısal göreliliğiyle paralellik çarpıcıdır: Varlıkların özdeşliğiyle dünyanın dokusu akışkan ve olumsaldır, gerçeği sadece görünüşler üstünde dondurmak isteyen her türlü sınıflandırmaya karşıdır. Chewonglar kesinlikle düalisttir ama bizimkinden farklı bir düalizmdir bu: İnsan olanlar ile olmayanlar arasında bir ayrım yapmaktan çok, yakın ve uzak arasında, karışık görünümlü ama aynı gelenek göreneklerle aynı yerleşimi paylaşan bireylerden oluşan cemaatler ve başka dillerle yasaların hüküm sürdüğü gizemli çevre arasında bir sınır çizerler. Eşmerkezli tipte olan düalizmleri süreksizlikleri kaynağında yumuşatır ve böylelikle sınırlarından daha kolayca dışlar: Bizimki diyametraldir ve ayrımı mutlak bir biçimde yaparak daha kolay içeri alır.

Chewonglar doğa ve toplumun bölünmediği bir dünyayla kolayca uyum sağlarlar ve Güneydoğu Asya'da olağanüstü, sıradışı bir şey değildir bu. Malezya'da da etnografik kaynaklar takımadaların ortasındaki Negritos Batekleri[32] ya da Selangor mangrovlarının Ma'Betisekleri[33] gibi öteki aborjinlere benzeyen tablolar çizerler. Ma'Betiseklerle ilgili olarak Wazir-Jahan Karim şöyle diyor: "Beslenme kaynakları olarak bitki ve hayvan yetiştirmek kesinlikle kötüdür çünkü bu, yiyecek olarak insanlardan yararlanmaktır".[34] Daha doğuda kalan bölge, Doğu Endonezya için de aynı şey söz konusudur: Seram adasındaki Nuaulular. Onların fa-

32 Endicott, K. M., 1979.

33 Karim, W.-J., 1981a ve 1981b.

34 Karim, W.-J., 1981b, s. 1; ya da "Ma'Betisekler doğayı anlatma bağlamında hiçbir genel sözcük kullanmazlar. İnsansı olmayan canlı varlıklar (bitkiler ve hayvanlar) ve çevredeki cansız varlıklar (rüzgâr, gökyüzü, gök gürültüsü, yağmur, su vb.) doğal varlıklar gibi kolektif biçimde kategorize edilmemiştir" (*a.g.y.*, s. 7).

una sınıflandırmasını inceleyen Roy Ellen şöyle bir sonuç çıkarmıştır: Görünmez bir alan gibi yani eski "varlıklar zinciri"ne benzeyen daha kuşatıcı bir kozmik düzenden bağımsız şekilde tasarlanabilecek bir Nuaulu hayvan taksinomisini ayırmak mümkün değildir.[35]

Seram adası Yeni Gine'den yaklaşık iki yüz kilometrelik bir boğazla ayrılır ve Melanezya'da insan olan ve olmayanlar arasında aynı şekilde kesin bir sınırın bulunmaması şaşırtıcı değildir. Bu sürekliliği çok iyi tanımlayan Roy Wagner şöyle diyor: "Papua'nın iç bölgelerinde yaşayan halklar insanlığı farklılaşmış ama temelde benzer antropomorf özelliklerden oluşan bir dünyaya oturturlar."[36] Özellikle Büyük Plato topluluklarında çok belirgindir bu, zira burası fauna ve florasının zenginliği ve farklılığı çok yüksek olan izole bir biyocoğrafyadır. Sözgelimi Kalulilerin dünyasında Amazon'da ya da Chewonglar'da görülen aynı algısal görelilik biçimi egemendir: Tek bir çevrede birçok dünya birliktedir ve bu dünyada farklı varlıkların oluşturduğu sınıflar vardır: Bu varlıklar soydaşlarını insan varlıkları gibi görürler ancak başka dünyaların sakinlerini hayvanlar ya da tinler gibi görürler. İnsanlar tinlerin vücuda geldiği yaban domuzlarını avlar, tinler ise insanların ikizlerinin yaşadığı yaban domuzlarını avlar.[37] Kalulilerin komşuları Bedamuniler şöyle der: "Hayvanları gördüğümüzde sadece hayvanların söz konusu olduğunu düşünebilirdik ama aslında onların insanlar gibi olduklarını biliyoruz".[38] Durum daha doğuda, Salomon adalarında pek farklı değildir. 'Are'are'lere göre para yerine geçen deniz kabuğu, yetiştirilen bitkiler, domuzlar, balıklar, erkekler, kadınlar bütün bu kendilikler arasında dolaşarak onları büyük bir kozmik süreklilik içinde birbirlerine bağlayan benzerlik vektörlerinin az çok eksiksiz bileşimleriyle oluşur.[39] Aynı adalarda Morvo denizkulağında yaşayanlarla ilgili olarak şöyle bir gözlem söz konusudur: "Bu insanlar çevrelerinin organik ve inorganik unsurlarının kültür veya insan toplumundan farklı doğa ya da çevreden ayrı bir dünya oluşturduklarını düşünmezler."[40]

Ama insanların ortamlarını oluşturan kabuğun içinde yaşadıkları bir dünyanın ne demek olduğunun en iyi biçimde ifade edildiği yer, bu araştırmaya başladığımız yerlerin çok uzaklarında, daha güneyde, Yeni Kaledonya'da bulunur. Bu bilgiler bize çok önemli, öncü bir kitap (*Do kamo*) aracılığıyla aktarılmıştır; bu kitapta Maurice Leenhardt, elli yıl önce, dikkatimizi özgün bir kişi kavramına çekiyordu... "Hayvanların, insanların ve bitkilerin hiçbir sınırlama, hiçbir ayrım söz konusu olmaksızın bir alışveriş içinde oldukları"[41] bir dünyanın bolluk ve bereketi içinde yaşayan bir kişidir bu. Hiçbir ayrım olmadan çünkü Kanaklar insan bedeni ve bitkiler arasında bir yapı ve töz özdeşliği bulunduğuna inanırlar: Yaşam biçimleri farklı gözükse de dokular, büyüme ve fizyoloji süreçleri her noktada benzerlik gösterir. Dolayısıyla burada insanın gelişmesi ve bitkinin gelişmesi arasındaki metaforik, yani oldukça klasik bir denklik söz konusu değildir,[42] bazı ataların, öldükten sonra ağaçlara dönmeleri-

35 Ellen, R. F., 1993, s. 94-95.
36 Wagner, R., 1977, s. 404.
37 Svhieffelin, E. L., 1987.
38 Van Beek, A. G., 1987, s. 174.
39 Coppet, Daniel de, 1995.
40 Hviding, E., 1996, s. 170.
41 Leenhardt, M., 1947, s. 222.
42 Bu konuda bkz. Maurice Bloch'un bir Madagaskar toplumu konusunda yaptığı analiz (1992).

nin gösterdiği gibi iki canlı sınıfı arasındaki kesin bir maddi süreklilikten söz edilmektedir. Leenhardt'a göre bu ağaçsı bedenler bir tekilliğin dayanağı, bireysel bir ben'in çekirdeği olamazlar: Neredeyse bütünleştiği, bir olduğu bir çevre içindedir bu beden ve insana dünya deneyimi aracılığıyla kendisini tanıma olanağı sağlayarak, "... kendisini bu dünyadan ayırmayı düşünmez".[43]

Beden, yaşamı belirten ama ne belirlenmiş sınırlar ne de özlü bir doğa içeren yüklem *kamo* sayesinde can bulur. İnsanla ortak yanları olduğu düşünülebildiği takdirde bir hayvana ya da bitkiye *kamo* denir. Amazon'da görüldüğü gibi insan, insanın bütün fiziki tasarımlarını aşar ve *do kamo* ("gerçek insan") sözcükleriyle ifade edilen insanlığın bütünlüğü, aslında tür olarak insandan farklı her türlü yaşam birliğinde ortaya konur. Bu nedenle Leenhardt *do kamo*'yu, belirlik bir kendilik bilincine ve mekânda açık seçik biçimde sınırları çizilmiş bir bedene sahip olan batılı "kişi" (*personne*) kavramıyla karşıtlık oluşturan, faklı görünümlere bürünen bir yaşam ilkesi, bir "kişilik" (*personnage*) olarak tercüme ediyor. *Kamo* bir son, bitmiş bir şey değil, kendisini oluşturan ilişkilerdir; öyle ki bunları –insanlarda akrabalık, dayanışma, bağlılık– ortadan kaldırmak ego'yu yok etmektir, zira tekilliğinin yansımalı bilinci içinde kendi kendine yaşaması mümkün değildir bu kişiliğin. Dolayısıyla sömürge sürecinin toplumsallığı yok etmesi, misyonerlerin verdikleri eğitimle düzeltmeye çalıştıkları dramatik çalkantılar ve karışıklıklar getirmiştir. Gerçekten de özerk bir bedendeki bireysellik bilinci misyonerlikle doğmuştur. Bu konuda ihtiyar Boesoou'nun okullaşmanın sonuçlarını araştıran Leenhardt'a verdiği cevap çok az kuşku bırakıyor:

> – Sonuç olarak, düşüncenize bir tin kavramı getirdik mi?
>
> İhtiyar karşı çıkar:
>
> – Tin? Yok canım! Tin getirmediniz bize. Tinin varlığını biliyorduk zaten. Tinden hareketle yaşıyorduk. Sizin getirdiğiniz bedendir.[44]

Amerika, Asya, Okyanusya: Yoklamada bir etnografik kıta eksik. Gerçekten de Afrika şimdiye kadar incelenen olgular bağlamında farklı bir konuma sahip, zira bu bölgede doğa ve toplum arasındaki sınır daha belirgin gibidir. Bu sınır, mekânsal sınıflandırmalarda ve insan olanlarla olmayanları net bir biçimde ayıran kişi kavrayış ve kozmolojilerinde kendisini gösterir. Sözgelimi köy ve yaban kırsal alan –Anglosakson literatüründe *bush*– karşıtlığı Afrika uygarlıkları ve dilleriyle ilgili tüm monografilerde karşımıza çıkar: Birincisi çalışmayla oluşturulmuş, ritüellerle sürdürülen, sürekliliği kısmi bir hiyerarşiyle ve ataların varlığıyla güvence altında olan toplumsal düzenin bulunduğu yerdir, ikincisi ise yırtıcı hayvanlarla, zararlı doğaüstü yaratıklarla dolu tehlikeli bir bölge, ölümle özdeşleşmiş, yasaların bulunmadığı bir alan ve erkek gücünün belirsiz kaynağıdır. Aynı şekilde, Afrika'da vahşi hayvanların çok azında bireysel bir ruh, bir yönelimsellik ya da insani özellikler bulunur ve bu hayvanlar masallarda anlatıldığında Amerika Yerli mitleri gibi insanların *alter ego*'su gibi görünmezler pek, daha çok metaforlara, lanetlenen ya da yüceltilen ahlâksal özelliklere benzerler,

43 Leenhardt, M., 1947, s. 31.

44 *A.g.y.*, s. 212.

bütünüyle Avrupa fabllerini hatırlatan ironik ya da yapıcı mesellerdeki sıradan aktörlerdir. Kısacası Afrikabilimciler öteki kültür alanlarında olup bitenlerden farklı olarak insanlar ve doğal türler arasındaki ilişkilere –Pigmeler dışında– pek fazla eğilmemişlerdir... Bitkiler ve hayvanlar özellikle yasaklanmış yiyecekler, totemizm ve kurban konularında, yani toplumsal kategorileri ve pratikleri dünya yaşamının gerçek konuları gibi ele almayan ikonlarla ilgili olarak gündeme gelir. Ayrıca Afrika'ya ait bu özellikler Amerika'da, köleci sürgün olgusundan sonra da görülmüştür. Emberá yerlilerinin ve 17. yüzyıldan beri orada Yerlilerle sürekli ilişki içinde yaşayan kaçak zenci kölelerin Kolombiya'daki çok yağış alan Choco ormanı konusundaki çelişkili gözlemleri çok çarpıcı bir gözlemdir bu bağlamda: Birinciler için orman evin bildik bir uzantısıdır ve orada hayvanlarla ve onları yöneten tinlerle enerji ritüelleri paylaşılır, ikincilere göre ise orman yaban, karanlık, tehlikeli bir yerdir, uzak durulması gereken bir yerdir... Yaşanan mekânın mutlak antitezi.[45]

Bu kitabın üçüncü bölümünde Afrika'nın bu çarpıcı belirgin özelliğini ve kıtanın insan olanlarla olmayanlar arasındaki kopuklukları görme ve düzenleme bağlamında Avrupa'yla arasındaki şaşırtıcı yakınlığını açıklayabilecek nedenleri inceleyeceğiz. Ayrıca böyle bir özelliğin bir ölçüde kültür alanlarındaki bütün uzmanlaşmaların karakteristik entelektüel alışkanlıklarının bir ürünü olması da mümkündür ve bunlar etnografları, ilgilendikleri bölgeye özgü bilimsel geleneğin insanlara yakınlaştırdığı bazı gerçekleri ifade eden şeyleri öğrenmeye ve bu geleneğin geliştirdiği yorumcu çerçevelere pek uymayan olgulardan uzak durmaya iter. Ama analiz kuralları bölgesel incelemelerde zaman zaman görülen paradigma değişiklikleriyle birlikte gelişir ve yeni alan araştırmaları çok iyi bilindiği sanılan kültürlerin ihmal edilmiş özelliklerini ortaya çıkarır. Son etnografik çalışmalarla ilgili iki küçük örnek Mali ve Sierra Leone'de insan olmayan varlıklarla ilgili düşüncelerin Afrika etnolojisinin uzun süre takdim ettiği imajdan çok Amerika ve Okyanusya'da tanınan düşüncelere yakın olduğunu belirtir. Sözgelimi Sierra Leone'deki Kurankolara göre bazı bireylerde kendilerini yırtıcı hayvanlara –filler, leoparlar, timsahlar ya da yılanlar– dönüştürme yeteneği vardır ve bunlar sürülerine saldırarak ya da ekinlerini çiğneyerek düşmanlarına zarar verirler. Michael Jackson böyle bir inancın altında yatan ontolojiyi araştırırken bunun bir kişi anlayışına dayandığını belirtir ve bu kişi kendilik bilincine ve bedensel birliği içine yerleşmiş, bireyselleşmiş bir özden çok ötekiyle etkileşimlerden çıkmış belirsiz bir niteliktir. Dolayısıyla kişi (*morgoye*) kavramı tekil ve istikrarlı bir kimliği tanımlamaz, şu ya da bu zamanda bir yığın varlıkla kurulan toplumsal ilişkilerin gerçekleşme düzeyinin bir sonucudur, öyle ki bir özün değil bir konumun işlevi olan "kişi" nitelemesi koşullara göre insanlara, hayvanlara, yaban kırsal alan doğaüstü yaratıklara, atalara, bitkilere hatta taşlara atfedilebilir.[46] Ontolojik sınırların bu şekilde karışması orman bitkilerine antropomorfik özellikler mal eden Tireli Dogonları'nda da dikkat çekici bir özelliktir: Üfürükçüler beceri kazanabilmek için ağaçlarla konuşurlar ve bazı ağaçların, özellikle ebegümecigiller türünden

45 Losonczy, A. M., 1997.

46 Jackson, N, M., 1990.

bazı ağaçların geceleri konuşmak amacıyla yer değiştirdiği söylenir ve aynı şeyler mezarlıkların yakınlarındaki taşlar için de söylenir.[47] Aslında her iki durumda da çok net olan yaban kırsal alan ve köy arasındaki karşıtlık gerçekten çok özel ortamlarda farklı mekânları işgal edenlerin dağılımını engelleyebilen bir yığın aracılık ve geçiş durumuna da yol açabilir.

*

Birçok denizi geçmemize olanak sağlayan bu etnografik geziye biraz ara verelim. Bu gezinin amacı Amazon'un bir köşesinde inceleme ayrıcalığına sahip olduğum insan olanlar ve olmayanlar arasındaki sürekliliği deneyimleme biçiminin, aslında çok yaygın olduğunu ve dünyanın azımsanmayacak kadar büyük bir bölümünü kapsayabilecek kadar yaygınlaşan ortak bir ideolojik temelden gelmesinin zor olduğunu anlatmaktı.

Hiç kuşkusuz bu teze şu şekilde karşı çıkılabilir: Sözünü ettiğiniz bütün bu halkların aslında dünya görüşlerinin benzerliklerini açıklayabilecek benzer yapısal özellikleri vardır. Avcılık, balıkçılık ve toplayıcılıkla geçinirler ya da geçiniyorlardı... Birçok halk da bunların yanında tropikal bitkiler yetiştirir. Nüfusları hiç kalabalık olmayan, dağınık küçük topluklar halinde yaşarlar ve artık değer üretme kapasiteleri yoktur, dolayısıyla geçinebilmek için bitkilerle ve hayvanlarla hem sürekli hem de bireysel ilişkiler kurmak zorundadırlar. Gerçekten de av hayvanı, avcıya genellikle yalnız yaşayan bir birey ya da kurnazlık ve beceri konusunda rekabet etme zorunda olduğu küçük bir hayvan grubu gibi gözükür. Bitkileri teker teker çoğaltmaya dayalı bahçıvanlığa gelince, tahıl üretiminden farklıdır bu faaliyet, her bitki için özel bir çalışma gerektirir, dolayısıyla kesinlikle özgün bir iştir.[48] Dolayısıyla denebilir ki, gitgide yakın bir ilişki içine giren bu bitkilerin ve hayvanların antropomorf özelliklerle donatılabilmiş olmasının hiçbir biçimde şaşırtıcı tarafı yoktur.

Ayrıca şimdiye kadar incelenen toplumlar yazıdan, siyasal merkeziyetçilikten ve kent yaşamından habersizdirler. Bilginin birikimi, nesnelleştirilmesi, aktarılması konusunda uzmanlaşmış kurumlar olmadığından yansımalı ve eleştirel çabayı sonuçlandıramazlar; okuma yazma geleneğine sahip bazı halklar bu sayede doğayı bir araştırma alanı haline getirebilmiş ve bu konuda pozitif bilgiler üretebilmişlerdir. Sonuçta ve yayılma yoluyla yapılan açıklamalar reddedildiğinde evrimciliğin kolaylığına düşmemek zor olduğundan, insan olanlar ve olmayanlar arasında kesin bir karşıtlığın olmamasını büyük uygarlıkların gelişeceği dünya tarihinin belli bir döneminin belirgin özelliği olarak kabul etmek rahat bir çözüm olmaz mı?

Bu argümana cevap vermek aslında bu bölümün konusunu çok aşar. Dolayısıyla dünyanın doğallaştırılmasının, yazı ve gelişen toplumsal bütünleşme araçlarının karmaşıklığıyla mümkün hale gelen bilginin gelişmesinin kolay ve basit bir sonucu olduğu düşüncesini reddetmek amacıyla kısaca iki örnek vermekle yetineceğim.

47 Van Beek, W. E. A. ve Banga, P. M., 1992.

48 André-Georges Haudricourt bir yazısında (1962) çok iyi tespit etmiştir bunu: Tahıl yetiştiricisinin canlı üstüne "doğrudan pozitif müdahalesi"yle Okyanusya yumruları yetiştirenlerin her bitkiye özel olarak özenli bir yaklaşımın söz konusu olduğu "dolaylı negatif müdahalesi"ni karşıtlaştırır. Bu karşıtlığın yorumu konusunda bkz. böl. IV.

Birinci örnek bizi eski Hindistan'a, brahmanların kurban etkinlikleriyle sürdürmeye çalıştıkları ritlerle yoğrulmuş bir dünyaya götürüyor. Bu etkinlikler, Charles Malamoud'nun bir yapıtının başlığını aktarırsak, bıkmadan, usanmadan, hiç ara vermeden "dünyayı pişirmek"le ilgilidir, zira kurban mutfağı tanrıların kutsallıklarını doğrular, mevsimlerin belli bir düzene göre birbirlerini izlemelerini sağlar, her sınıfa özgü besinlerin sağlanmasını güvence altına alır.[49] Bununla birlikte brahmanın beslediği kurban ateşinin, kökeni çiğ ve doğal olan bir dünyayı değiştirmek gibi bir işlevi yoktur, biçimsiz bir maddeye kültürün damgasını vurmaz, güneş ateşiyle zaten dönüşmüş olan bir kozmosu yeniden pişirmekten başka bir şey yapmaz. Bu sabırlı çalışmanın bazı yerlere ulaşamamış olması gerçeğini kabul etmek gerekir. Gerçekten de köy ve orman arasındaki fark brahmanlar Hindistanı'nda çok belirgindir: Onu, özellikle de kurbanı yaşatan "köy"dür (*grāma*), dolayısıyla da kurban görevinin yerine getirilmesi, evcil hayvanlar, sürülen ve ekilen tarlalar ve bir arazinin yönetilmesiyle ilgili mükellefiyetler de bu kurumlar arasındadır; buna karşılık "orman" (*aranya*) köyün dışıdır, yerleşim bölgeleri arasında bir boş alandır, belirgin özelliği bir bitki örtüsünden çok uygarlığın çok özel bir simgesi olan kurbanın dışlanmasıdır. Malamoud bu çelişkinin hiçbir biçimde doğa ve toplum arasındaki bir karşıtlığa denk düşmediğini çok çarpıcı bir biçimde gösterir.[50] Çünkü öncelikle kurban yarı kurban denebilecek vahşi hayvanları kapsar çünkü bu hayvanlar, evcil hayvanlardan farklı olarak öldürülmeden salıverilirler. Böylece köyün ormanı ritüel uzamı içinde kuşatması ve ayrı gözüken şeyleri birleştirebilme yeteneği kanıtlanır...

Ayrıca ormanın kendisi bazı özellikleriyle köyü içine alır. İnsanı Veda düşüncesinde karakterize eden ve ona belirgin bir özellik veren şey, onun hem kurban eden hem de kurban olmasıdır: İnsan hem kutsayan hem de gerçek kurbandır, öteki hayvanlar onun yerine ikame edilen varlıklardır. Bu açıdan bakıldığında insan, kurban edilecek köy hayvanlarının başında gelir. Öte yandan, aynı zamanda da orman hayvanları içinde yer alır ve maymun ya da fil gibi bazı türler ona benzemeleri dolayısıyla vahşi hayvanlar sınıfına girerler. Taksinomilerde ve uygulamada insan köylü olduğu kadar ormana aittir, yaşam evreleri öğretisinde ifadesini bulan bu ikili doğası yüksek kastlar içinde yer alacak kadar olgunlaşan insana malından mülkünden kurtulmasını, "her şeyden ve her hevesten el çekmesini" ve yaşamını ormanın çileci yalnızlığında tamamlamasını öğütler. Bazı metinler vazgeçmenin bedenin, düşman bir doğanın gönderdiği acılar ve sıkıntılar içinde küçülmesi, yaralanması, onurunun zedelenmesi anlamına gelmediğini, bunun ortam ve çevreye karışmanın, oradan beslenmenin ve yeniden can bulmanın bir biçimi olduğunu, kendi ritmini izlemek ve onun yaşam ilkesine boyun eğerek mutlak olanı amaçlamak olduğunu belirtir.[51] Bu bilgiler çağdaş Hindistan'da da geçerlidir; Jean-Claude Galey'e göre "burada kesinlikle özel bir insanlık değil, sonsuz bir dönüşümler süreci söz konusudur ve bu süreç bu dönüşümleri, karıştırmadan, sürekli bir zincirin halkaları, canlı varlığın kozmosdaki farklı kategorilerinin tümü gibi tasarlar".[52] Sonuç ola-

49 Malamoud, Ch., 1989.
50 *A.g.y.*, böl. IV.
51 *A.g.y.*, s. 114.
52 Galey, J.-Cl., 1993, s. 49.

rak Amerika ya da Okyanusya'nın yazısız halklarında olduğu gibi bu gelişmiş uygarlık içinde de doğa, bağımız bir alan olma özelliğini kazanamamış gibidir.

Augustin Berque'in Japonya'da doğa duygusu üstüne parlak incelemesi de benzer bir tespite götürür.[53] Doğa kavramını yansıtan sözcük *shizen,* Batı'daki "doğa" sözcüğünün anlamlarından sadece birini yansıtır: Bu, ilk ortaya çıktığı haliyle *phusis* kavramına en yakın olan anlamdır ve bir varlığın kendinden ötürü olduğu gibi olmasını, "doğasına uygun" olarak öyle gelişmesini sağlayan ilke demektir. Ama *shizen* hiçbir biçimde insan eyleminden bağımsız olgular dünyası fikrini kapsamaz, zira Japon düşüncesinde doğanın yansımalı biçimde nesnelleşmesi, insanın onu çevreleyen şeylerden kendisini soyutlanması diye bir şey yoktur.[54] Aynı şekilde, Yeni Kaledonya'da çevre, kişinin kendisinden farksız olarak algılanır, kolektif kimliğin kendisini ortaya koyduğu bir tür ortamdır çevre. Berque Japonca sözdiziminde, kişinin bireyselleşmesinin, özellikle dilbilgisel öznenin göreli silinişi içinde yüklem ve bireysel öznelerin yer aldığı bir referans ortamı lehine silinmesi yönündeki eğilimin bir işaretini görür. Burada çevre gerçek anlamında ele alınmalıdır: İnsanları kendilerini aşan bir bütünün çoklu yansımaları olarak birbirine bağlayan ve oluşturan unsurdur.

Bu tür bir holizm Japon bahçesi paradoksunun aydınlatılmasını sağlar. Japon kültüründe çok önemli bir yere sahip olan bu yapaylığın baş tacı edilişi, takıntı haline gelmiş bir doğa evcilleştirmesini değil, temaşa zevki için saf bir kozmos temsili sunmayı hedefler.[55] Bu sayede dağlar ve sular, ruhların kutsal mekânları, derin düşünce için gezi yerleri özelliklerinden bir şey eksilmeden ve gereksiz müdahaleler yapılmadan insanın biçimlendirdiği minyatürler haline getirilmiştir. Manzarayı çitle çevrilmiş bir arazi parçasına indirgemek yabancı bir doğayı taklit yoluyla sergilemek amacıyla nesnelleştirmek demek değildir, zor geçit veren, bildik bir yerde doğayla yakınlaşma arzusudur. Japon manzara estetiğinde çevre ve birey arasında bir kopukluk yoktur ve bu estetik anlam taşıyan tek doğanın insanların ürettiği ya da tanrıların can verdiği bir doğa olduğunu gösterir... Bu doğada onu biçimlendiren anlaşmaların izleri belirgindir; bu doğa işlenmemiş bir madde alanı olmak şöyle dursun uzun bir duyarlık eğitiminin kültürel sonucudur.

*

Fazla kapsamlı olabilecek bir döküme son vermenin zamanı geldi artık. Bu dökümün amacı kanıtlamak ya da açıklamak değil, sadece modern Batı'nın doğayı düşünme biçiminin dünyada en az paylaşılan şey olduğunu göstermekti. Dünyanın birçok bölgesinde insan olan ve olmayanlar, birbiriyle iletişmeyen dünyalarda ve ayrı ilkelere göre gelişen varlıklar olarak tasarlanmamıştır; çevre özerk bir alan gibi nesnelleştirilmemiştir; bitkiler ve hayvanlar, ırmaklar ve kayalıklar, meteorlar ve mevsimler insanın olmayışıyla tanımlanan aynı ontolojik bölgede bulunmazlar. Ve hangi yerel ekolojik özellikler, siyasal rejimler ve iktisadi sistemler, ulaşılabilen kaynaklar ve bunlardan yararlanabilmek için kullanılan teknikler söz

53 Berque, A., 1986.
54 *A.g.y.*, s. 176.
55 Berque, A., 1995.

konusu olursa olsun, bu durum gerçek gibi gözükmektedir.

Kabaca göz attığımız kültürler, natüralizmin doğurduğu ayrımlara kayıtsızlıklarının ötesinde, insanların ortamlarıyla ilişkilerini açıklama biçimlerinde bazı ortak noktalara sahip midir? Kesinlikle sahiptir ama her zaman uyum içinde değildir bu ortak noktalar. En yaygın özellik çevrenin bazı unsurlarını insan varlıklarınınkine benzeyen bilişsel, ahlâksal ve sosyal niteliklerle donanmış kişiler gibi görmeleridir. Bu özellik ilk bakışta çok farklı varlıkların oluşturduğu sınıflar arasında iletişim ve etkileşimi mümkün kılar. Böyle bir anlayışın getirdiği pratik engeller, bireysel, istikrarlı ve çok farklı olanaklarla veya dönüşümlerle yansıyabilen bireysel bir kimlik ilkesi ve genellikle koşullara göre giyilen ya da çıkarılan bir giysiye benzetilen geçici bir bedensel kabuk arasındaki kesin ayrımla kısmen yok edilebilmiştir. Bununla birlikte dönüşüm geçirme kapasitesinin bazı sınırları vardır: Özellikle farklı türden kişilerin ete kemiğe büründüğü maddi taşıyıcı, çoğu zaman bu kişileri dünyayı kendi türlerine özgü ölçütlerle ele almak zorunda bırakan algı biçimlerini belirler. Son olarak, bu kozmolojik yapılar tekil özdeşlikleri tözlere ya da şeyleşmiş özlere gönderme yapmaktan ziyade, onları oluşturan ilişkilerle tanımlarlar ve böylece varlık sınıfları arasındaki, organizmaların içleri ve dışları arasındaki sınırların gözeneklerini, boşluklarını güçlendirirler. Bütün bunların burada örnek alınan kültürler arasındaki büyük farkları silemeyeceğini kabul ediyorum. Ama bütün bunlar çok daha büyük bir farka parmak basmak için yeterlidir: Modern Batı'yı, bugün ve eskiden dünyanın doğallaşmasını gerekli bulmayan bütün bu halklarından ayıran farktır bu. Bu kitap böyle bir farklılığı incelemek amacıyla kaleme alınmıştır ve söz konusu olan, bu farklılığı sürdürmek ve zenginleştirmek değil, daha çok, farkında olarak onu aşmaktır.

2

Yabanıl ve Evcil

Henri Michaux Paris'te tanıştığı Ekvadorlu bir dostunu ülkesinde ziyaret etme kararı aldığında otuz yaşında yoktu. Macera arzusuyla ve sağlığı da iyi olmamasına rağmen 1928'de Amazon ırmakları yoluyla Fransa'ya dönme kararı alır: Rio Napo'dan Marañon'a kadar yağmur ve sivrisinekler arasında geçen bir aylık bir kayık yolculuğu, sonra nispeten konforlu küçük bir Brezilya gemisiyle üç haftada Amazon ağzına ulaşma. Orada, Belém de Pará'da aşağıdaki tablo ortaya çıkar:

> Bizim gemide bulunan, Manaos'dan gelen ve bu sabah bizimle birlikte kente giren bir kadın bakımlı ve çok iyi düzenlenmiş Büyük Park'ın yanından geçerken mutluluk ve keyif içinde derin bir nefes alır.
>
> - Ah! Nihayet doğa! der. Oysa bu kadının kendisi ormandan gelmektedir.[1]

Gerçekten de bu Amazon sakini kadına göre orman doğanın bir yansıması değildir, içinde hiç dolaşmadığı korkutucu bir kaostur, her türlü evcilleştirmeye karşıdır ve estetik bir zevk uyandırmaz. Belem'in ana meydanı ise dizi dizi palmiyeleri ve hintkirazı ağaçları, küçük bahçeleri ve bambuların bulunduğu çimenlikleriyle bir alternatif güvencesi sunar: Burada tropikal bitkiler bulunsa da insanların çabalarıyla yetiştirilmiştir. Kültürün, ormanın yabanıllığı üstündeki zaferidir bu. Büyük bir hayranlıkla seyredilen bu manzaralar Amazon'un küçük kentlerinin bütün salonlarında, otellerinde ve restoranlarında görülen renkli resimlerde de bulunur: Rutubet yüzünden damarlanmış duvarlardaki manzara resimlerinde yer yer çiçekler içinde köşklerin bulunduğu otlaklar, küçük koruların içine gömülmüş kulübeler ya da Fransız tarzı bahçelerde soğuk, itici porsuk ağacı sıraları görülür... Hiç kuşkusuz egzotizm simgeleridir bunlar ama azgın bir bitki örtüsünün çok yakınındaki gerekli kontrastlardır.

Michaux'nun yolculuk arkadaşı gibi biz de çevremizde temel ayrımlar yapmıyor muyuz,

1 Michaux, H., 1968 (1929), s. 169.

insan etkisinin izlerini aramıyor muyuz? Bahçe ve orman, tarla ve fundalık, duvarla desteklenen taraça ve maki, vaha ve çöl, köy ve savana: Bütün bunlar, coğrafyacıların yaşanabilir yer ve yaşanması mümkün olmayan yer, insanların her gün dolaştıkları yerler ve ender olarak dolaştıkları yerler arasında kurdukları karşıtlığa denk düşen açık seçik çiftlerdir.[2] Bu durumda birçok toplumda modern doğa düşüncesine benzer bir kavramın bulunmamasının anlamsal bir sorun olduğu söylenemez mi? Çünkü her yerde ve her zaman evcil ve yabanıl, güçlü bir biçimde toplumsallaşmış yerler ve insanların faaliyetleri dışında gelişen başka yerler birbirlerinden ayrılmıştır. İnsan tarafından dönüştürülmüş alanların kültürel olduklarını, bu özellikleri taşımayanların doğal olduklarını kabul etmek koşuluyla doğa ve kültür ikiliği etnikmerkezcilik günahından kurtulabilir, hatta daha sağlam temellere oturabilir, zira ilkesel olarak herkesin anlayabileceği ve kabul edebileceği bir dünya deneyimine dayanır. Hiç kuşkusuz doğa birçok insan için özerk, ontolojik bir alan değildir, ancak bu insanlara göre bu alanın yerine geçen yabanıldır ve bizim gibi onlar da insanlığa bağlı olan ve insanlığın dışında kalan şeyler arasında en azından topografik bir ayrım yapabilirler.

Göçebe Alanlar

Özellikle meskûn yerlerin algısı ve kullanımı söz konusu olduğunda sağduyudan daha göreli bir şey yoktur. Öncelikle yabanıl ve evcil karşıtlığının neolitik geçiş döneminden önceki dönemde, yani insanlık tarihinin en uzun döneminde bir anlamı olduğu kuşkuludur. Paleolitik dönem atalarımızın zihniyetini bilmemiz zor olsa da, çağdaş avcı-toplayıcıların çevreye dahil olma tarzlarını düşünebiliriz en azından. Üretimlerine ve sayılarına hâkim olmadıkları bitkilerle ve hayvanlarla beslenen bu insanlar, kaynakların kimi zaman bol olabildiği ama çoğu zaman yerlere ve mevsimlere göre eşitsiz bir dağılım gösterdiği bölgelerde dolaşmışlardır. Sözgelimi Hudson körfezinin kuzeybatısında yüzlerce kilometrelik bir alanda göçebe bir yaşam süren Netsilik Eskimoları bir yıllık zaman dilimini en azından beş ya da altı döneme ayırırlar: Kışın sonunda ya da ilkbaharda buz tutmuş denizde fok avı, yazın iç kısımlardaki ırmakların barajlarında balık avı, sonbahar başında tundrada Kanada geyiği avı ve Ekim'de yeni donmuş olan ırmaklarda buzlarda delik açarak balık avı.[3] Dolayısıyla yeni yerlerle düzenli aralıklara yakınlaşmayı ya da daha önce yerleşilen bir bölgeye gidildiğinde hafızada kalmış eski alışkanlıkları ve işaretleri yeniden bulmayı gerektiren muazzam göçlerdir bunlar. İklim ortamı açısından öbür uçta Botswana San! Kung'larının manevra sınırı daha dardır, zira kurak Kalahari çevresinde habitatlarını oluşturmak için suya ihtiyaçları vardır. Eskimoların kolektif hareketliliği onlar için mümkün değildir ve her grup suyun hiç eksik olmadığı bir noktaya yakın bir yere yerleşmek ister; ama insanlar kamplar arasında sürekli dolaşırlar ve dolayısıyla yaşamlarının büyük bölümünü daha önce gitmedikleri ve girdisini çıktısını öğrenmek zorunda oldukları yerlerde dolaşmakla

2 Bu bölüm kısmen "Le sauvage et le domestique" (Yabanıl ve evcil) [*Communication,* no. 76, Ekim 2004] başlıklı yazımın bir tekrarıdır. Yaşanabilir yer ve yaşanması mümkün olmayan yer ayrımı konusunda bkz. Berque, A., 1986, s. 66 vd.

3 Balıkcı, A., 1968.

geçirirler.[4] Ituri ormanı BaMbuti Pigmeleri için de aynı şey söz konusudur: Her grup kamplarını sınırlarını herkesin bildiği aynı yerde kursa da grupların ve av ekiplerinin oluşumu ve sayıları yıl içinde sürekli değişir.[5]

Ekvator ormanlarında ya da Kuzey Kutup bölgesinde, Güney Afrika çöllerinde veya Avustralya'nın merkezinde, uzun süre kimsenin avcıların elinden almayı düşünmediği, "marjinal" denen bütün bu bölgelerde, yerlerle ilişki kurmanın aynı biçimi egemendir. Alanın işgal edilmesi sabit bir noktadan hareketle yayılmaz, az çok düzenli ve seyrek ya da sık yinelenen molaların görüldüğü bir güzergâhlar ağı biçiminde gelişir. Hiç kuşkusuz ve 20. yüzyıl başında Eskimolarla ilgili olarak Mauss'un işaret ettiği gibi avcı-toplayıcıların çoğu yıllık çevrimlerini iki döneme ayırırlar: Hareketli küçük ekipler halinde dağılma dönemi ve daha yoğun bir toplumsal yaşam fırsatı sunan ve büyük kolektif ritüellerin gerçekleşmesini sağlayan bir yerde oldukça kısa süreli yoğunlaşma dönemi.[6] Bununla birlikte bu geçici gruplaşmayı bir köy habitatı gibi yani çevre üstünde düzenli biçimde harekete geçirilen bir hâkimiyet gibi düşünmek pek gerçekçi olmaz: Çevre bildiktir hiç kuşkusuz ve ona kavuşmak her seferinde zevk verir, ancak buralarda sık sık geçici olarak yerleşmek bu bölgeleri senenin geri kalan günlerinde ziyaret edilen yerlerin yabanıl düzensizliğiyle çelişen evcil alanlar yapmaz pek.

Sürekli ziyaret edildiğinden, dolaşıldığından bütünüyle toplumsallaşmış olan gezici avcı-toplayıcıların çevresinde her yerde, buralarda geçen ve şimdiye kadar sürekli olup bitmiş şeyleri yeniden canlandıran olayların izleri bulunur. Öncelikle herkesin yaşamını bir yığın anıyla biçimlendiren bireysel izler: Terk edilmiş bir kampın kimi zaman zar zor fark edilen kalıntıları; bir vadi, ilginç bir ağaç ya da bir hayvanın izlenmesini ya da hayvana kurulan tuzağı hatırlatan bir menderes; inisiyasyon ya da evlenme törenlerinin yapıldığı, çocuk doğurulan bir yere yeniden kavuşma; bir akrabanın, bir yakının kaybedildiği ve çoğu zaman tekrar görmekten kaçınılan bir yer. Ama bu işaretler alanın belirlenmesinin sürekli tanıkları gibi düşünülemezler; bunlar olsa olsa biyografik yörüngelerin sadece sahiplerinin ve onunla birlikte yakın bir geçmişin mahrem hafızasını paylaşanların okuyabileceği belirsiz imzalarıdır. Şu bir gerçek ki çevrenin bazı belirgin özellikleri kimi zaman özerk bir kimlikle donanmıştır ve bu kimlik bu özelliklere herkesin tanıyabileceği bir anlam yükler. Bu bağlamda Warlpiri gibi halkların alanların engebelerinde, inişli çıkışlı yerlerinde-tepeler, kayalıklar, tuz ocakları ya da dereler-manzaraların unsurlarında değişen ataların etkinliklerinin ve gidiş gelişlerinin izlerini buldukları merkezî Avustralya örneği verilebilir.[7] Bununla birlikte bu yerleşme alanları artık fosilleşmiş tapınaklar ya da uygarlık merkezleri değildir, varlık ve nesne yaratıcılarının "düşte" gerçekleştirdikleri güzergâhların damgasını taşır. Ancak Aborjinlerin geçişlerinin geçici damgalarını, atalarının daha somut damgalarının üstüne bastıkları güzergâhlarda birbirleriyle bağlantılı durumda bir anlamları vardır bunların. Bu aynı zamanda İnuitlerin Kanada'nın kuzeyinde oluşturdukları taş yığınları-

4 Lee, R. B., 1979, s. 51-67 ve 354-359.

5 Turnbull, C., 1965.

6 Mauss, M., 1904-1905. Şimdi biliyoruz ki bu çevrim nerede olurlarsa olsunlar avcı-toplayıcılarda yaygınlaşmıştır (Lee, R. B. ve De Vore, I., 1968).

7 Glowczewski, B., 1991; Pintupilerde benzer kavramlar için bkz. Myers, F. R., 1986.

nın da işlevidir. Eskiden meskûn olan bir yerleşim bölgesini, kimi zaman bir mezar yerini gösteren ya da Kanada geyiği avı için tuzak bölgelerini gösteren bu taş yığınlarına bakıldığında uzaklarda, ayakta duran bir insan resmi görülür; bunların işlevi manzaraya alıştırmak değil, eski güzergâhları hatırlatmak ve o sırada yapılacak yolculuklar için işaret noktaları oluşturmaktır.

Avcılık ve toplayıcılıkla yaşayan toplulukların çevrelerini "yabanıl" olarak gördüklerini söylemek –hem de bunu, tanımlaması çok zor olan bir evcillik kavramından yola çıkarak yapmak–, onların aynı zamanda, zaman içinde hayatta kalma teknikleriyle yerel ekolojiyi değiştirme bilincine sahip olduğunu da inkâr etmek demektir. Sözgelimi birkaç yıldan beri Aborjinler *wilderness* sözcüğünün işgal ettikleri toprakları adlandırmak amacıyla kullanılması dolayısıyla Avustralya hükümetini protesto etmektedirler, zira bu terim sayesinde hükumet onların yaşadıkları alanları kendi iradelerine rağmen doğal rezerv (SIT alanı) haline getirmektedir. Özgün ve korunmuş doğa, insanlardan gelebilecek tahribatlara karşı korunan ekosistem, *terra nullius* gibi yan anlamlarıyla *wilderness* kavramı, Aborjinlerin yarattığı çevre anlayışını ve bununla kurdukları bir yığın ilişkiyi elbette reddeder, ancak özellikle Aborjinlerin bu kavrama uyguladıkları ince dönüşümlerin de farkına varmaz. Northern Territory Jawoyn'larının bir lideri topraklarının bir bölümü doğal rezerve dönüştürüldüğünde şöyle demiştir: "Nitmiluk milli parkı yabanıl bir alan değildir [...], insan faaliyetinin bir ürünüdür. On binlerce yıl boyunca bizler tarafından biçimlendirilmiş bir yerdir – törenlerimiz ve akrabalık bağlarımızla, çalılıkların yakılmasıyla ve avla."[8] Bilindiği gibi avcılık ve toplayıcılıkla yaşayan Aborjinlerle öteki halklar için yabanıl ve evcil karşıtlığı fazla önem taşımaz, bunun nedeni sadece evcilleştirilmiş türlerin olmaması değil, özellikle dolaşılan bütün çevrenin geniş ve bildik bir meskûn alan olmasıdır: Bu alan kuşaklar boyunca öylesine belirsiz biçimde düzenlenmiştir ki, arkadan peş peşe gelen yerleşimcilerin müdahaleleri neredeyse hiç fark edilmeyecek boyuttadır.

Evcilleştirme radikal bir perspektif değişikliği gerektirmez pek, yeter ki hareketli boyut eksik olmasın: Bu açıdan yerleşik besicilerden çok avcı-toplayıcılara yakın olan gezici çobanların mekân anlayışına tanıklık eder bu durum. Şu bir gerçek ki gerçek göçebelik örneklerine az rastlanmaktadır artık, zira bir ya da iki yüzyıldan beri yerleşik besicilik yayılmaktadır. Bununla birlikte Wodaabe Pölleri bütün yıl, sürüleriyle birlikte Nijer Saheli'nde dolaşırlar.[9] Hareketlilikleri kesinlikle değişkendir: Kuyuların ve Haoussa pazarlarının civarında kuru ve yağış olmayan havalarda daha az dolaşırlar ve sürülerini çiftçiler tarafından sürülmeyen yerlerde otlatırlar; kış mevsiminde daha çok dolaşırlar ve Azawak ya da Tadess'in zengin otlaklarına doğru yönelirler. Belli bir yerde durmazlar, mevsim boyunca dikenli bir çitle çevrili, üstü açık, yarım daire biçimindeki bir yerde kalırlar: Stepin cılız çalılıklarının ufkunda zar zor fark edilebilen geçici barınak.[10]

Yıl içinde sürülerin yer değiştirmesi modeli dünyanın bütün bölgelerinde kuraldır. Sözgelimi Güney İran'daki Basseri kabilesi ilkbaharda kuzeye doğru gider ve çadırlar yaz boyunca

---

8 Marcia Langton tarafından aktarılmıştır, 1998, s. 34.
9 Dupire, M., 1962.
10 *A.g.y.*, s. 63, n. 1.

Kuh-i-Bul otlaklarında kurulur; kabile sonbaharda geri döner ve kışı Lar kentinin güneyindeki çorak tepelerde geçirir; her yolculuk iki-üç ay sürer.[11] Bu yer değiştirmeler sırasında konaklama yeri neredeyse her gün değişse de aileler arasında kavgaların ve dargınlıkların yaşandığı yaz ve kış mevsiminde çadırlar pek fazla sökülüp kurulmaz. Beş yüz kilometre uzunluğunda ve yaklaşık altmış kilometre genişliğindeki bir bölgede gerçekleşen bu mevsimlik göçlerde yaklaşık on beş bin insan ve yüzbinlerce hayvan –koyunlar ve özellikle keçiler– seferber olur. Basseriler *İl-rah* denen bu mevsimlik göç yolunu kendi mülkleri gibi görürler ve yerel nüfuslar ve yöneticiler de bunun göçebelere tanınmış bir hak olduğunu kabul ederler: Yollardan ve ekilmemiş topraklardan geçiş hakkı, tarlalar dışında otlaklardan yararlanma hakkı ve özel kuyular dışında her yerden su alma hakkı.

Çeşitli mekânlara bu şekilde yerleşme biçimi göçebe ve yerleşik toplumlar tarafından aynı bölgeyi paylaşma örneği olarak yorumlanmıştır.[12] Ama *il-rah* sistemi Avustralya tarzı biçiminde de anlaşılabilir... Kimsenin sahiplenmeyi ve egemen olmayı düşünmediği bir bölgede bazı güzergâhların mülk gibi görülmesi: Grup yaşamı ve kimliğinin belleği bir bütün olarak düşünülen uzamdan çok her yıl güzergâhları çizen birtakım özel işaretlerle ilgilidir. Sahel ve Nil Afrikası'nın, Ortadoğu'nun ve Orta Asya'nın birçok göçebe çobanının bu ortak tavrı insanlaşmış bir merkez ve insan müdahalesi dışında gelişen bir çevre arasındaki kesin karşıtlığı dışlar gibidir. Dolayısıyla hayvanların insanlara bağımlı olup olmamalarına göre değerlendirilmeleri ve sınıflandırılmalarının, yerlerin algılanması veya kullanımında bir yabanıl ve evcil ayrımıyla birlikte yürümesi zorunlu değildir.

Elbette böyle bir dikotominin göçebelere kendini dışarıdan kabul ettirmiş olabileceği söylenebilir. Hayvan yetiştirsinler yetiştirmesinler, yaşamları büyük ölçüde avcılığa ya da daha çok toplayıcılığa bağlı olsun olmasın, birçok gezgin halk gerçekten de toprakları ve köyleri kendilerinin mekânları kullanma anlayışından kesinlikle farklı olan yerleşik cemaatlerle bir arada durmak gerekliliğiyle karşı karşıyadır. Bu sürekli yerleşim bölgeleri pazarlık konusu güzergâhlar ya da çobanlarda pazar kurulan büyük köyler olabilir, avladıkları hayvanları komşuları çiftçilerin yetiştirdikleri ürünlerle değiştiren Pigmelerde görüldüğü gibi kaynak sağlayan bölgeler veya Yaganların ve Ateş Ülkesi Onalarının ilk misyonlarındaki gibi rastlantısal buluşma noktaları olabilir; arktik ve subarktik Kanada halklarının ticaret yolları olabilir.[13] Bununla birlikte ister yol kenarlarında bulunsun, ister kapalı bir bölgede olsunlar, bu yerleşim yerleri göçebeler için evcil yaşam modelleri olamazlar çünkü buralardaki değerlere ve kurallara yabancıdırlar. Ve bu durumda yabanıl ve evcil karşıtlığı mutlaka korunmak isteniyorsa, saçma bir paradoks olarak, sözcüklerin anlamlarının ters çevrilmesi gerekir: "Yabanıl" mekânlar, orman, tundra, stepler, insanın doğduğu evin köşeleri kadar bildik olan bütün bu yerleşim alanları, aslında göçebelere her zaman pek iyi gözle bakılmayan, istikrarlı ama pek sevimsiz yerlerin tersine, evcil olanın tarafında yer alır.

11 BARTH, F., 1961.

12 Godelier, M., 1984, s. 118-119.

13 Ateş Ülkesi için bkz. Bridges, L., 1988 (1949) ve Kanada için bkz. Leacock, E., 1954.

Bahçe ve Orman

Şimdi tarım alanlarına doğru geçerek "yabanıl" ve "evcil" sözcükleri arasındaki karşıtlığın, tarımla uğraşmanın göreli bir yerleşik düzene zorladığı insanlar arasında bulunup bulunmadığına olmadığına bakalım. Bu bağlamda, önceki bölümün başında andığımız Açuarlar örnek gösterilebilir. Gerçekten de Yukarı Amazon bölgesinin bu bahçıvanları, göçebe ya da sürülerini değişik bölgelerde otlatan çobanlardan farklı olarak oldukça uzun bir süre aynı yerde kalırlar... Ortalama on-on beş yıl. Onları yeni bir bölgeye yerleşmeye zorlayan toprakların kuruması değil, çevrede av hayvanlarının azalması ve sınırlı yaşam süresi içinde evlerin yeniden inşa edilmesi gerekliliğidir. Açuarlar hiç kuşkusuz bitki yetiştirme konusunda köklü bir deneyime sahiptirler. Bahçelerinde yetişen türlerin çeşitliliği tanıklık eder onların bu yeteneklerine... Çok zengin bahçelerde yüz çeşit bitki ve belli başlı türlerin içinde çok sayıda değişik ve kalıcı bitki: Yirmi kadar tatlı patates türü, bir o kadar manyok ve muz çeşidi.[14] Ayrıca yetiştirilen bitkiler mitoloji ve ritüelde de çok önemli bir yere sahiptir ve bahçe yaşamlarının tartışmasız sahibeleri olan kadınların agronomi bilgilerinin gelişmişliğini de anmak gerekir bu bağlamda.

Arkeoloji bölgede bitki yetiştirme alışkanlığının çok eskilere dayandığını doğrulamaktadır, zira Açuarların bugünkü yerleşim alanlarına yakın dağ eteğindeki bir gölde Amazon havzasındaki mısırın ilk izleri bulunmuştur; bu izler beş bin yıl öncesine kadar gider.[15] Burada özerk bir evcilleştirme merkezinin söz konusu olup olmadığını kimse bilmez; buna karşılık bugün çok büyük ölçüde yararlanılan yumruların kökeni Güney Amerika'nın çukur bölgeleridir... Buralara ilk yerleşenler yetiştirilen bitki türleri konusunda birkaç bin yıllık bir deneyime sahiptir.[16] Dolayısıyla çok büyük olasılıkla, çağdaş Açuarlar, görünüşü ve genetik karakterleri, ormansı kökenleri tanınmayacak derecede değiştirilmiş uzun bir bitki deneyimi geleneğinin mirasçılarıdır. Bu uzman bahçıvanlar ayrıca yaşam alanlarını eşmerkezli bölünme durumuna göre düzenlerler, bu da evcil ve yabanıl arasındaki bildik karşıtlığı anımsatır. Yerleşim alanı çok dağınık olduğundan her ev orman içinde açılan yerde tek kalmıştır... Avcılık ve toplayıcılık alanı olan ormanla kuşatılmış evin bulunduğu yerin çevresindeki otlar özenle temizlenir. Ormana karşı düzenlenmiş merkez, yaygın avcılık ve toplayıcılığa karşı yoğun bahçıvanlık, ormandaki rastlantısal kaynaklara karşı evcil çevrede istikrarlı ve bereketli erzak deposu: Klasik dikotominin bütün unsurları burada mevcuttur.

Oysa Açuarların söylemleri ve pratikleri ayrıntılı biçimde irdelendiğinde böyle bir perspektifin aldatıcı olduğu görülür. Sözgelimi Açuarlar bahçelerinde evcilleştirilmiş yani insan eli değmesi gereken türler ve başka bir yerden getirilen yaban türler, genellikle meyve ağaçları ve palmiye yetiştirirler. Bununla birlikte botanik taksinomileri farklı değildir, ormanda açılmış bir tarlada bulunan, zararlı ot-

14 Descola, Ph., 1986, s. 198-209; Açuarların güney komşuları olan ve kendileriyle aynı maddi kültürü paylaşan Aguarunalar yetiştirdikleri 200 çeşit manyokla onları geçmişlerdir, bkz. Boster, J., 1980.

15 Piperno, D. R., 1990.

16 Tatlı patates, manyok ve Amerikan patatesinin yaklaşık beş bin yıl önce evcilleştirildikleri kabul edilir... *Xanthosoma* filkulağı ise çok daha eskidir kesinlikle (Roosevelt, A. C., 1991, s. 113).

lar dışındaki bütün bitkiler *aramu* ("ekilmiş") kategorisi içinde yer alır. Bu deyim insanın manipüle ettiği bitkileri niteler ve bu bağlamda hem evcilleştirilmiş hem de sadece iklime alıştırılan türler söz konusudur; iklime alıştırılan türler "omana özgü, ormana değğin" (*ikiamia*) olarak nitelenebilir ama sadece kendilerine özgü, kökensel biyolojik ortamlarında bulunduklarında... Dolayısıyla *aramu* sıfatı "evcilleştirilmiş bitkiler"i belirtmez; kökenleri ne olursa olsun bitkiler ve insanlar arasında bahçelerde oluşan özel bir ilişkiye gönderme yapar. *İkiamia* nitelemesi "yabanıl"ın da eşdeğeri değildir, zira bir bitki, içinde bulunulan ortama göre bu özelliğini yitirebilir, ki özellikle "orman" bitkileri aslında aynı zamanda da yetiştirilmiş bitkilerdir. Açuarların orman bahçıvanı gibi düşündükleri Şakaim adlı bir ruh aracılığıyla kazanmışlardır bu özelliklerini... Açuarlar ormanda yeni bir tarla açmak istediklerinde ondan öğüt alırlar ve iyi dileklerini isterler. Ağaçları ve palmiyeleri, manyok çalılarını ve azgın bitkileri bilinçli bir düzensizlik içinde karıştıran bahçedeki kat kat bitki örtüsü ormanın tropik yapısının bir minyatürü gibidir.[17] Tropikler arası kuşakta çok çeşitli ürünlerin yetiştirildiği ormanda açılan alanlardaki bu klasik düzenleme, şiddetli yağmurların ve pek verimli olmayan topraklardaki çok güçlü güneş ışığının yıkıcı etkisini bir süre engelleyebilmiştir. Bu tür bir koruma etkisi abartılmıştır hiç kuşkusuz; bununla birlikte Açuarlar ne zaman bir bahçe düzenleseler plantasyonlarını Şakaim'inkilerle değiştirme konusunda şaşmaz bir kararlılık gösterirler.[18] Dolayısıyla *aramu* ve *ikiamia* terminolojik çifti, evcil ve yabanıl karşıtlığına denk düşmez kesinlikle, insanlar tarafından yetiştirilmiş bitkiler ve doğaüstü yaratıklar tarafından yetiştirilmiş bitkiler arasındaki zıtlığı yansıtır.

Açuarlar hayvan dünyasında da benzer bir ayrım yaparlar. Evleri ehlileştirilmiş bir yığın hayvanla şenlendirilmiştir: Yuvalarından alınan kuşlar ya da avcıların, anaları öldükten sonra getirdikleri yavrular. Kadınlara emanet edilen, minik lokmalarla ya da kendi kendilerine beslenemediklerinde meme verilen bu aile bireyleri, yeni yaşam biçimine çabuk alışırlar ve kedigiller de dâhil olmak üzere insanlarla birlikte yaşamaya direnen çok az hayvan türü vardır. Ailenin bir bireyi haline gelen bu evcil hayvanlara sıkıntı verilmesi ve onlara kötü muamele edilmesi gibi bir şey söz konusu olmaz pek; ayrıca yaşamları doğal bir ölümle son bulsa da kesilip yenmez bu hayvanlar. Onların *tanku* oldukları söylenir: "Ehlileştirilmiş" ya da "insanlara alışmış". Bu terim ad olarak da kullanılabilir ve bu durumda karşılığı İngilizce *pet*'tir; sözgelimi bir evin yakınlarında dolanıp duran bir yabandomuzu için "falancanın *tanku*'su" denir. *Tanku* evcillik durumunu yani evde sosyalleşmeyi çağrıştırsa da burada bizim anladığımız anlamda bir evcilleştirmeden söz edilemez, zira Açuarların evcil hayvanlarını ardı arkası kesilmeyecek soylar oluşturacak şekilde çiftleştirmek gibi bir eğilimleri yoktur. Bu sözcük geçici bir durumu ifade eder ve olası bir "yabanıl"lık durumuyla karşıtlaştırılamaz,

17 Clifford Geertz hiç kuşkusuz bu benzerliği ilk saptayan isimlerden biridir; Endonezya takımadalarında eşzamanlı olarak çok çeşitli bitkilerin yetiştirildiği ormanda açılmış alanlarla ilgili olarak "minyatür bir tropikal orman" demiştir (Geertz, C., 1963, s. 24).

18 Ormanlarda açılan alanlarda çeşitli bitkiler yetiştirmenin ekolojik ve akronomik etkisinin eleştirel bir değerlendirmesi için bkz. özellikle bu konuyu ele alan *Human Ecology*'nin özel sayısı (1983, c. IX, no. 1).

çünkü hayvanlar kendi ortamlarında ama tinler tarafından evcilleştirilir. Gerçekten de Açuarlara göre orman hayvanları, tinlerin iyiliğini gözeten ve onları zararlı avcılardan koruyan *tanku*'larıdır. Dolayısıyla orman hayvanlarını yerlilerin evcil hayvanlarından ayıran kesinlikle yabanıllık ve evcillik karşıtlığı değil, birilerinin tinler tarafından, ötekilerin de geçici olarak insanlar tarafından yetiştirilmesidir.

Yerleri bu hayvanların insan eliyle dönüştürülüp dönüştürülmemiş olmasına göre ayırmanın da mantıklı olduğu söylenemez. Hiç kuşkusuz ben de, Açuarlar arasındaki ilk günlerimde evlerin sıcaklık ve içtenliği ve uzun süre tek başıma girmeye tereddüt ettiğim çok yakın olsa da sık ve azgın bitkilerle dolu ormanın iticiliği arasında kaldım. Ama ben ormana sadece kentli soyaçekimimin biçimlendirdiği gözlerle bakıyordum ve gözlemlediğim pratikler bu eğilimimi kısa sürede yumuşattı. Gerçekten de Açuarlar mekânlarını, bir yanda ev ve bahçe, diğer yanda ise ormanın olduğu cepheden bir karşıtlıktan ziyade, zar zor farkedilebilen küçük eşmerkezli aralıklara göre düzenlerler.

Bu bağlamda yerleşimin hemen yanındaki sıkıştırılmış toprak, evle ilgili faaliyetlerin sürdürüldüğü doğal bir uzantı oluşturur; bununla birlikte burası bahçeye doğru bir geçiştir, zira kenarda bir yerdeki çalılıkların içine biber, ruku, genipa, şifalı ve de zehirli bitkiler ekilmiştir. Kesinlikle kadınların alanı olan asıl bahçeye kısmen ormanla ilgili etkinlikler de bulaşmıştır: Burası çocukların gözde av alanıdır... Çocuklar burada küçük sarbakanlarla avladıkları kuşları gözetlerler; erkeklerin de karanlık bastırdığında gelip yumruları söken, etleri lezzetli büyük kemirici hayvanlar –pakalar, agutiler ve akuşiler– için tuzak kurdukları yerdir burası. Açılan yerden bir ya da iki saatlik yürüyüş mesafesinde bulunan orman, kadınların ve çocukların toplayıcılık için sık sık gidip geldikleri büyük bir meyve bahçesi gibidir; çocuklar ve kadınlar ormanda genellikle palmiye larvası toplarlar ya da derelerde ve küçük göllerde zehirli bitkiler kullanarak balık avlarlar. Orman onların çok iyi bildikleri bir alandır, burada her ağaç ve palmiye meyve verdiğinden belirli bir mevsimde düzenli biçimde uğranılan bir yerdir. Gerçek av alanı ormanın ötesinde başlar ve kadınlar ve çocuklar ancak erkeklerle birlikte gidebilirler oraya. Ama bu son çevreyi yabanıl bir dışsallıkla eşdeğer görmek yanlıştır. Çünkü avcı neredeyse her gün kat ettiği ve birçok anısının bulunduğu bu bölgeyi karış karış bilir. Orada karşısına çıkan hayvanlar yabanıl hayvanlar değildir kesinlikle, neredeyse insani varlıklardır ve onlara yaklaşması, onları okşaması, sevmesi, koruyucu tinlerinin egemenlik ve etkisinden kurtarması gerekir. Açuarlar gene Şakaim'in ekip biçtiği bu büyük bahçede av konutları kurarlar... Basit sığınaklardır bu konutlar ve bazılarının çevrelerinde çeşitli bitkiler bulunur... Açuarlar düzenli aralıklarla ailece bu barakalara gelip birkaç gün kalırlar. Bu kulübeler ve çevrelerinde tanık olduğum neşeli ve rahat atmosfer beni her zaman çok etkilemiştir... Düşman bir orman içinde bir kamp yerinden çok bir yazlık havası egemendir buralarda. Böyle bir karşılaştırmanın şaşırtacağı okurlara şöyle bir açıklama yapmak gerekebilir: Yerliler çok bildik, çok yakın bir çevreden bizim kadar sıkılıp bıkarlar ve bizim köylerde aradığımız değişikliği ormanlarda bulmaktan hoşlanırlar. Şu bir gerçek ki ormanın derinlikleri evden ve ekip biçtikleri çevresinden daha az sosyal değildir: Açuarların gözlerinde, orman uğrak yeri olma biçimi ve var olma ilkeleri açısından hiçbir yabanıllık özelliği taşımaz.

Bazı Amazon halklarının tarım faaliyetlerinin yabanıl bitkilerin dağılımı ve üretilmesi üstünde doğrudan bir etkisi olduğunun bütünüyle bilincinde oldukları düşünülürse, ormanı bir bahçe gibi görmelerinin hiçbir olağanüstü tarafı yoktur. Orman ekosisteminin dolaylı insanileşmesi yönündeki, uzun süre farkına varılmayan bu fenomen, William Balée'nin Brezilya Ka'aporlarının tarihsel ekolojisiyle ilgili çalışmalarında mükemmel biçimde anlatılmıştır.[19] Bu bilim insanı titiz bir saptama ve sınıflandırma çalışmasının sonunda, yaklaşık kırk yıldır terkedilmiş olan ormanda açılmış tarlaların yararlı orman bitki türleri açısından, asıl ormana yakın bölgelere göre iki kat daha zengin olduğunu göstermiştir – ilk bakışta bu türleri birbirinden ayırmak zordur. Gerçekten Ka'aporlar da Açuarlar gibi evcilleşmemiş sayısız bitki ekerler bahçelerine ve bunlar ekilmemiş, sürülmemiş topraklarda yetiştirilen ve ilgisizlikten, bakımsızlıktan kısa sürede yok olan bitkilere zarar vererek gelişirler. Ekilen biçilen ya da kısa süre önce terk edilmiş açılmış tarlalar yırtıcı hayvanlar tarafından da istila edilir ve bu hayvanlar bu tarlalarda dışkılarlar, beslendikleri orman bitkilerinin tanelerini dağıtırlar. Ka'aporlara göre bahçelere dağılmış ve yayılmış reçinenin ve çok çeşitli palmiyenin sorumluları kemirici agutilerdir, buna karşılık başlıklı maymun, yabani kakao ve çeşitli inga türleri getirirler bu bahçelere. Kuşaklar boyunca ve açılan tarlaların yenilenmesi çevriminde ormanın azımsanmayacak bir bölümü Ka'aporların böyle bir amaçları olmamasına rağmen yapay karakterini kabul ettikleri meyve bahçesine dönüşür. Yerliler sürülmeyen, nadasa bırakılmış toprakların da av üstündeki etkisini çok iyi değerlendirirler... Yenebilir orman ürünlerinin yoğunlaştığı bölgeler hayvanların çok sık görüldüğü yerlerdir ve bu durum uzun vadede av hayvanı demografisini ve dağılımı etkiler. Amazon'un büyük bölümünde binlerce yıldır sürdürülen bu orman ekosistemi biçimlendirmesi doğru ve yerinde bir düşüncenin oluşmasına oldukça katkı yapmıştır hiç kuşkusuz: Tropik ormanın bahçeler kadar evcilleşmiş bir alan olması. Şu bir gerçek ki, rastlantı sonucu da olsa ormanı ekip biçmek çevrede iz bırakmaktır, ancak çevrenin insanların mirasını ön plana çıkaracak bir peyzaj formunda hemen görülecek bir düzenlenmesi değildir. Belirli dönemlerde değişen yerleşim alanları, gezici bahçıvanlık, nüfusun yoğun olmaması: Bütün bunlar çağdaş Amazon'da bir yerleşim bölgesinin en açık işaretlerinin kesinlikle kalıcı olmadığını gösterir.[20]

Yeni Gine'nin bazı yüksek bölgelerinde yaşayan ve bahçıvanlık yapan bazı nüfusların durumu çok farklıdır. Sözgelimi Mount Hagen bölgesinde topraklar verimli olduğundan, nadasa bırakılmış topraklarda yoğun tarım ve yerleşim yerlerinin sıklaştırılması olanakları doğmuştur: Melpalarda bu nüfus yoğunluğu kilometrekareye yüz yirmi kişi olarak yansır,

19 Ballee, W., 1989 ve 1994, özellikle böl. VI.

20 Kabul etmek gerekir ki bu olgu her yerde değil, her zaman Güney Amerika'nın çukur alanlarında görülür. Bolivya'da Llanos de Mojos savanalarında, Ekvator yukarı Amazon ormanlarında ya da Amazon ırmağı ağzında Marajo adasında önemli yol kalıntıları, çukur yolları, yükseltilmiş tarlalar, yerleşim yerleri olarak kullanılan küçük tepeler ya da kanallar bahçıvanlık yapan popülasyonların günümüz Amerika yerlilerinde görülmeyen bir çevre düzenlemesi yaptıklarını gösteriyor: Denevan, W. M., 1966; Roozevelt, A. C., 1991; Rostain, S., 1997; Salazar, E., 1997.

oysa Açuarlarda on kilometrekarede iki kişinin altına düştüğü görülür.[21] Vadilerin tabanları ve yamaçları ardı arkası kesilmeyen, dama tahtaları biçiminde düzenlenmiş, etrafları çitlerle çevrili bahçeler mozaiğidir ve sadece çok dik yamaçlarda zayıf orman görüntüleri hâkimdir. Dört, beş evin bulunduğu küçük köylere gelince hemen hemen bütün evler birbirlerini görür.[22] Çok düzenli, en ücra köşelerine göre işlenmiş toprak parçaları, sınırları belli, iç içe geçmiş klanik bölgeler, küçük korular biçiminde bir düzenleme... Kısacası dağların yamaçlarında kalmış tek tük ağaçlarla görünür bir çelişki oluşturan bir manzara.

Buna karşın, Hagen halkı bu tür bir manzara okumasına kayıtsız gözükür – Marylin Strathern'in bunu gösteren makalesinin başlığı çok açıktır: "Doğa yok, kültür yok".[23] Bölgede hiç kuşkusuz evcil ve yabanıl karşıtlığını hatırlatabilen çifte bir terminoloji vardır: *Mbo* yetiştirilmiş bitkileri belirtir, buna karşılık *rømi* insanların müdahale alanının dışında kalan her şeye, özellikle de tinler dünyasına gönderme yapar. Ama bu anlamsal ayrım kesin bir düalizme yol açmaz – tıpkı Açuarlardaki *aramu* ve *ikiamia* farkı gibi. Amazon'daki gibi bazı *rømi* ruhları orman bitkileri ve hayvanlarına özen gösterirler, onları korurlar, bazı durum ve koşullarda da bu işi insanlara bırakırlar. Dolayısıyla "yabanıl" flora ve faunalar da, mount Hagen nüfuslarının besin kaynakları olan domuzlar, tatlı patatesler, hint patatesleri gibi evcilleştirilirler. *Mbo* sözcüğü bitki tarımına gönderme yapmakla birlikte bu bağlamda bir tek özelliği yansıtır: Ekme, dikme faaliyeti. Ekme, kök salma hatta yerlilik gibi kavramların somut imajını çağrıştıran sözcük insanın denetimi altındaki canlının bilinçli dönüştürme ya da üretme etkinliğini yansıtmaz kesinlikle. *Mbo* ve *rømi* karşıtlığının da uzamsal bir boyutu yoktur. Klanik bölgelerin çoğu toplumsal olarak herkesin bildiği yararlanma kurallarına göre değerlendirilen orman parçalarını içine alır. Yiyecek peşindeki evcil domuzlar özellikle buralarda, güvenliklerini sağlayan bazı ruhların lütufkâr bakışları altında dolanıp dururlar. Kısaca söylemek gerekirse mount Hagen sakinleri ortamlarına çok güçlü bir biçimde egemen olmalarına rağmen, kendilerini "doğal bir çevre"yle kuşatılmış gibi görmezler; mekânı düşünme biçimleri, meskûn bölgelerin yabanıl bir alanda açılmış olduğu düşüncesini çağrıştırmaz kesinlikle.[24]

Hiç kuşkusuz yaşam tekniklerinin yoğunlaşmasının kalıcı biçimde düzenlenmiş bir faaliyet alanıyla ıssız bir bölge arasındaki çelişki düşüncesinin billurlaşmasına katkıda bulunduğu kabul edilebilir. Ama sosyal pratikle farklı biçimde işlenen mekân parçaları arasındaki süreksizliğin bilincine varmak, bundan böyle bazı alanların "yabanıl" olduklarını kabul etmeyi gerekli kılmaz. Peter Dwyer'in Yeni Gine yaylalarındaki üç bahçıvan kabilede çevre adetleri ve düşünceleri konusunda karşılaştırmalar yaparken işaret ettiği de budur; Dwyer'in bu kabileleri seçmesinin nedeni ekosistemlerinin insanlaşma düzeyi ve beslenmelerinde belli ölçülerde orman kaynaklarına dayanmalarıdır.[25] Kubolar gerçek bir orman halkıdır, yaşadıkları bölgede nüfus yoğunluğu çok düşüktür, kilometrekareye bir kişi bile düşmez; bir Kubo'nun yerleşim merkezinde ya da dışarıda bulunmasının önemi yok-

21 Strathern, A., 1971, s. 231
22 *A.g.y.*, s. 8-9.
23 Strathern, M., 1980.
24 *A.g.y.*, s. 193.
25 Dwyer, P. D., 1996.

tur, zira köyden çok ormandaki küçük kulübede geçer yaşamı. Tinler, özellikle de ölülerin hayvanlara geçen ruhu insanların bulunduğu her yerdedir. Onların yüz kilometre uzağında yaşayan Etololarn çevrelerinde bıraktıkları izler daha anlamlı ve önemlidir: Bahçeleri daha büyüktür, pandanus yetiştirirler ve av hayvanlarına sürekli tuzak kurarlar; nüfus yoğunluğu Kubolara göre yer yer on beş kat fazladır. Tinsel coğrafyaları da farklıdır: Ölülerin ruhu önce kuşlara gider, sonra bulundukları bölgeye doğru göç eden balıklara geçer. Sianlar da yerleşim yerlerini köklü ve kalıcı biçimde değiştirmişlerdir. Kesinlikle yerleşik düzende yaşarlar, bahçıvanlık etkinliği ağır basar ve domuz yetiştirirler, dağlardaki orman ürünleri kalıntılarıyla pek ilgilenmezler. Tinleri Kubolarınkilere ve Etololarınkine göre daha az içkin ve daha çok gerçekçidir; bunların görünümleri *sui generis*'tir, ulaşılmaz, girilmesi pek mümkün olmayan yerlerde bulunurlar ve insanlarla ancak haberci kuşlar ve ritüel nesneleri aracılığıyla temas kurarlar. Bu üç örneğin işlenen kaynaklardan yararlanma bağlamında yoğunlaşma sürecinin aşamaları olduğu kabul edilirse habitatlar çevresindeki ormanların hızlı bir dönüşüm geçirmesinin insanlar arasındaki ve insan varlıklarıyla ve insan olmayan varlıklar arasındaki sıradan toplumsallık ilişkilerine gitgide yabancılaşan bir alanın ortaya çıkışıyla atbaşı gittiği kesindir. Bununla birlikte Dwyer'e göre ne söz dağarcığında, ne de tavır ve davranışlarda gitgide marjinalleşen bu alanların "yabanıl" olduklarını düşündürecek hiçbir şey yoktur... Nüfus yoğunluğu mount Hagen'inkinin yarısından az olan Sianlar bağlamında da aynı şey söz konusudur.[26]

26 *A.g.y.*, s. 177-178.

Tarla ve Çeltik Tarlası

Yeni Gine yaylalarındaki halkların, çevrenin tamamlanmış evcilleşmesinin en çarpıcı örneği olmadığı düşünülebilir. Ormanlarda açılan alanlardaki bahçıvanlık yoğun olsa da, az ya çok uzun nadas dönemlerini gerektirir; bu dönemlerde orman bitki örtüsü belli bir süre içinde bahçeleri istila eder ve insanlaşmış alanları ormanlık alanlardan ayıran sınır belirsizleşir bu durumda. Yabanılla evcilin daha belirgin ve açık biçimde ayrılması için, tarım ya da bahçıvanlık faaliyetlerinin görülmediği bölgelerin düzensizliğini hatırlatacak hiçbir şeyin olmadığı yoğun ve geniş bir tarla ağı gerekir belki. Doğu Asya ve Hint alt kıtasının alüvyonlu düzlüklerinin ve balçık alanlarının durumu örnek gösterilebilir bu konuda; bu bölgeler Hıristiyanlığın başlangıcından çok önceki dönemlerde tahıl üretimi aracılığıyla değerlendirilmiştir. Binlerce yıl boyunca, Hint-Ganj ovalarından Sarı Irmak civarına kadar milyonlarca köylü akarsu bölgelerindeki ormanları açmış, buraları sulamış, akaçlamış, düzenlemiş ve toprağı verimli hale getirmiş, yerleştikleri yerlerin görünümünü kalıcı biçimde değiştirmiştir.

Gerçekten de büyük Doğu uygarlıklarının dilleri insanların denetledikleri ve denetleyemedikleri yerler arasındaki farkı çok belirgin biçimde gösterir. Sözgelimi Çinli mandarin *ye* (yerleşim yerlerindeki ekilen alanların ötesine uzanan bölge) ve *jia ting*'i (evcil alan) birbirinden ayırır. Birinci sözcük etimolojisiyle eşik, sınır, arayüzey kavramlarına gönderme yapar ve hem bölgelerin hem de bitkilerin ya da hayvanların yabanıl karakterini belirtir; *jia ting* çok daha kesin ve açık seçik biçimde hanenin evcilliğine gönderme yapar ve evcilleştirilmiş bitkilere ve hayvanlara gönderme bağlamında kullanılmaz.[27] Aynı şekilde Japoncada da *sato* ("meskûn yer") ve *yama* ("dağ") arasında bir karşıtlık vardır: Bu bağlamda dağ, ovayla zıtlık oluşturan bir yükseltiden çok bir ıssız alan arketipidir ve sözcüğün ilk anlamı "çöl"ü çağrıştırır.[28] Sanskritçede sakinleriyle birlikte kırsal alan, insanın dönüştürmediği çevresinden açık seçik biçimde ayılmış gözükür. *Jāngala* sözcüğü ıssız yerler anlamındadır ve klasik Hintçede "yabanıl yer"in eşanlamlısı olmuştur daha sonra, buna karşılık *atavī* ("orman") bitkisel oluşumdan çok barbar kabilelerin yaşadıkları yerlere yani uygarlığın zıddı bir kavrama gönderme yapar. Bunun karşısında *janapada* (tarım alanlarının bulunduğu kırsal kesim, bölge, *grāmya,* "köy", evcil hayvanlar) yer alır.[29] Bununla birlikte anlamları belli bütün bu alanların algılanma ve yararlanma biçimleri düşünüldüğünde şöyle bir tespitin yapılması zorunludur: Çin, Hindistan ya da Japonya'da Batı'nınkine benzer bir yabanıl/evcil dikotomisi bulmak zordur. Asya'da meskûn olan ve olmayan bölgeler arasında bir ayrım yapılması şaşırtıcı değildir; ama biraz bulanık gözüken şey, bu ayrımın iki tip çevre, iki varlık kategorisi ve birbirlerini dışlayan iki değer sistemi arasında kesin bir karşıtlığa denk düşmesidir.

Eski Çin'in öznel coğrafyasında önemli bir kent/dağ çelişkisi etkili gibidir: Kent simgesel olarak doğu bölgelerini çağrıştıran dama tahtası biçimindeki planıyla bir kozmos figürü, aynı zamanda da bir tarım bölgesi ve siyasal iktidar merkezidir; buna karşılık çile ve sürgün yeri olan dağın en önemli amacının resimsel tasarıma ayrıcalıklı bir imge sunmak olduğu düşünülebilir.[30] Ama bu karşıtlık göründüğü kadar kesin değildir. Taocu gelenekte dağ Ölümsüzlerin yeridir... Dağla karışmış olan ve kutsala önemli bir boyut kazandıran, görünmeyen, fark edilmeyen varlıklar; özellikle okumuş kimselerin dağla ilişkisi bir ölümsüzlük arayışıdır ve bu arayışın en sıradan ve basit özelliği mütevazı, basit insanlara uzun bir yaşam sağlamasıdır. Ayrıca, Augustin Berque'in geliştirdiği bir hipoteze göre, Çin manzara resminde dağın estetik özellikler kazanması ovaların tarımla değer kazanmasıyla paralellik gösteren bir tür tinsel değer gibi düşünülebilir.[31] Dağ kuralların ve düzenin olmadığı, uygarlıktan yoksun bir yer değildir kesinlikle, tanrıların alanıdır ve onların özünün yansımasıdır, kent ve köy yaşamının gerekli bir tamamlayıcısıdır.

Kentin de en uzak art-ülkeden bile ayrı olduğu düşünülemez. Çünkü konumu ve evlerinin düzeni Fransızcadaki yetersiz karşılığı "géomancie" (toprak falı) olan bir tür uzam fizyolojisi (*fengşui*) aracılığıyla en ince ayrıntılarına kadar düşünülmüştür. Taocu düşünceye göre kozmik bir soluk (*ki*) Kunlun dağ zincirinden başlayarak bütün Çin'e yayılır... Bu soluk insan bedenini besleyen damarlar gibi kuvvet çizgileri boyunca dolaşır. Dolayısıyla insan yerleşimine en uygun alanları kutsallaştırma aracılığıyla belirlemek ve düzenlemek önemlidir... Burada amaç bunların bütün Çin imparatorluğuna yayılan enerji ağıyla en iyi biçimde uyuşmalarıdır. Çin kenti iyi bir konumdaysa,

---

27 Bana bu bilgileri veren Anne Henry'dir.

28 Berque, A., 1986, s. 69-70.

29 Zimmermann, Fr., 1982, s. 23-69.

30 Çin resim ve edebiyat geleneğinde "manzara"ya *şanşui* denir: Dağın (*şan*) ve suların (*şui*) birleşmesinden oluşmuş bir sözcük; bkz. Berque, A., 1995, s. 82. Çin konusunda büyük ölçüde bu yapıttan ve iki klasik yapıttan yararlandım: Granet, M., 1968 (1929) ve 1968 (1934).

31 Berque, A., 1995, s. 84.

iyi inşa edilmişse ve iyi yönetiliyorsa dünyayla uyum içindedir ve Marcel Granet'nin deyişiyle dünya da "ancak etrafı bir ev gibi çevrilmişse düzen içindedir".[32] Çok yoğun bir biçimde toplumsal uzlaşmalarla düzenlenmiş bir dünyada yabanılın pek etkisinin olduğu söylenemez. Çin düşüncesinde uygarlığa karşı gizemli bir direniş gösteren karanlık güçler kesinlikle vardır, ama bunlar yerleşim alanının dışına, barbarlara gönderilmiştir.

Japonya'da dağ özellikle ovalarla zıtlık oluşturan bir yerdir. Yanardağ ağızları, ormanlarla kaplı tepeler, inişli çıkışlı doruklar vadilerden ve çukurlardan başlayarak her yerde görülür... Bunların arka planında tarlaların ve bentlerin düşeylikleri ve düzlükleri göze çarpar. Ama *yama* (dağ) ve *sato* (meskûn yer) ayrımı karşılıklı bir dışlama durumundan çok mevsimlik bir yer değişimi ve tinsel bir tamamlayıcılıktır.[33] Gerçekten de tanrılar sürekli bir yerden bir yere dolaşıp dururlar: İlkbaharda dağlardan inerek çeltik tarlaları tanrıları olurlar, sonbaharda tersi bir yol izleyerek "esas tapınak"larına dönerler: Genellikle topografik bir rastlantıdır bu, kökenlerinin bulunduğu yer ve gerçek mekânları olarak kabul edilir. Dolayısıyla yerel tanrı (*kami*) dağdan gelir ve her yıl kutsal sandık içinde dolaşır, tarlalar tapınağıyla dağlar tapınağı arasında gidip gelir... Köyün dışı ve içi arasındaki sınırın karıştığı bir tür gezgin evcil kültü. 12. yüzyıldan başlayarak dağ yalnızlıklarının kutsal boyutu bu yerleri Buda manastır cemaatlerinin tercih ettikleri bölgeler haline getirmişti, öyle ki "dağ" aynı zamanda "manastırlar" anlamına geliyordu.[34] Aynı dönemde, Batı'da Saint-Benoit tarikatı frerleri uzun zamandan beri dünyadan el etek çekmiş, ıssız yerlere yerleşmişlerdi: Burada amaç ormanda tarla açmak ve çiftçilik aracılığıyla yabanıllıktan uzaklaşmak, aynı zamanda da dua aracılığıyla Tanrı katına yükselmekti.[35] Buna karşılık Japonya'da dağlarda manastır hayatı ve bu amaçla dağları dönüştürmek gibi bir şey söz konusu değildir; insanlar dağlarda yürüyüş aracılığıyla ve yerleşim bölgelerini seyrederek ahiret mutluluğunun güvencelerinden biri olan manzaranın etkileyici boyutuyla özdeşleşmek isterler.

Japonya'daki dağlar fethedilecek alanlar, korkutan, endişe uyandıran başkalık alanları değildir, dolayısıyla gerçek anlamda "yabanıl" olarak algılanmazlar ve paradoksal bir biçimde, bitki örtüleri bütünüyle evcilleştirildiği halde yabanıl gözükebilmeleri de değiştirmez bu algıyı. Gerçekten de takımadaların birçok bölgesinde İkinci Dünya Savaşı'ndan sonra yamaçlardaki yabani ormanların yerini sanayi plantasyonları almıştır: yerli kozalaklılar, özellikle Japon servisi ve *sugi* servisi. Oysa ağaçları parlak yapraklarla ya da yaprakları dökülmüş ağaçlarla dolu orman yüksek bölgelerde yaşayan köylüler için uyum ve güzelliğin tanrıların varlığından –evcil yaşam için yararlı kaynaklarla birlikte– beslendiği bir yerdi, daha sonra gelen reçineli ağaçların bulunduğu plantasyonlar düzensizlik, kuralsızlık ve kederden başka bir şey hatırlatmaz.[36] Bakımsız, tarlaları ve açık alanları kaplayan, ticari değerlerini büyük

---

32 Granet, M., 1968 (1934), s. 285.

33 Berque, A., 1986, s. 73-74.

34 *A.g.y.*, s. 89.

35 Jacques Le Goff şöyle diyor: "Doğu'da palmiyelerin gölgesinde doğan din Batı'da keşişlerin, azizlerin, misyonerlerin acımasızca yok ettikleri paganların tanrılarının sığınakları ağaçlara zarar vererek ortaya çıkıyor" (Le Goff, J., 1982, s. 106.)

36 Knight, J., 1996.

ölçüde yitirmiş olan "karaağaçlar", düz çizgi halinde, sıkışık biçimde uzanırlar ve bunları ekmiş olanların toplumsal ve teknik denetimi dışında kalırlar. Dağ (*yama*), orman (*yama*), ıssız yer (*yama*)... Üç sözcük örtüşür. Ama yapay dağ ormanı, bütünüyle evcilleştirilmiş olsa da manevi ve iktisadi bir çöl olmuştur, yerini aldığı doğal ormandan daha "yabanıl" hale gelmiştir.

Francis Zimmermann'ın büyük bir başarıyla açıkladığı terminolojik nedenlerle Eski Hindistan'da bölgelerin durumu daha karmaşıktır.[37] Sanskritçe metinlerde, İngilizce-Hintçe "cangıl" sözcüğünün geldiği *jāngala* sözcüğünün belli başlı iki anlamı vardır. Birincisi, daha önce gördüğümüz gibi uzun süre ekilmemiş, kullanılmamış ıssız yer. Ama birinci paradoks şudur: *Jāngala* aynı zamanda kuru topraklar anlamına gelir yani Kipling'den bu yana "cangıl"ın ifade ettiğinin tam tersi. Dolayısıyla cangılın eski anlamı gür muson ormanları değil, dikenli, yarı kurak steplerdir, seyrek ağaçlı savanalar ya da yaprakları dökülmüş, yer yer açık alanların görüldüğü ormanlardır. Bu anlamda belirgin özellikleri nemcil bitki örtüsü olan bataklıklarla (*anūpa*) karşıtlık oluşturur: Yağmur ormanı, mangrov ormanı, bataklar. *Jāngala* ve *anūpa* arasındaki karşıtlık kozmolojide tıbbi öğretiler ve bitki ve hayvan taksinomileri arasında güçlü bir kutuplaşma oluşturur: Kuru topraklar değerli kabul edilir, zira sağlığa yararlı, temiz, verimli ve Arilerin yaşadığı yerlerdir, buna karşılık bataklıklar sağlığa elverişli yerler değildir, Ari olmayan kabilelerin sığındıkları yerlerdir. Her manzara tipi simgesel hayvan ve bitki türleriyle ve kendine özgü kozmik bir fizyolojiyle tanımlanan ayrı bir ekolojik cemaat oluşturur. Issız ve görünüşü "yabanıl" olan bir yer nasıl olur da aynı zamanda tarım uygarlığına bağlı erdemlerin görüldüğü bir yer olabilir? Çok basittir bunun nedeni: Çünkü cangıl coğrafi bir bütün olarak görüldüğü kadar bir potansiyeller alanı olarak da görülür. Bu kuru topraklar sulama sayesinde yerleşim yerleri haline gelmiş, bu ekilmemiş ama verimli toprakları Ari köylüler düzenlemiş ve buralara yerleşmişler, girilemeyen, sulu ve bataklık bölgeleri çevredeki kabilelere bırakmışlardır. Dolayısıyla *jāngala* ve *anūpa* biri örtük kalan üç terimli bir diyalektik biçimini alır. Barbarların alanı bataklık bölgeler ve Arilerin tercih ettikleri kuru topraklar arasındaki karşıtlığa bir bütünlük eklenir ve buna göre cangıl ıssız ama yararlanılabilir bir mekân, insanlardan yoksun ama uygarlık değerlerine sahip ve bu anlamda gelecek vaat eden bir yerdir. Bu tür bir ikilem cangılın sosyalleştirilebilecek yabanıl bir alan gibi düşünülmesini engeller çünkü potansiyel olarak meskûndur, içinde gelişme olanakları bulabilecek olan kültürel tohumları bir proje ya da perspektif olarak içerir. Bataklıklara gelince, bunlar da yabanıl değildir, sadece revaçta olan yerler değildir ve yarı karanlık bölgeler olarak ancak yakın çevredeki toplulukların ilgisini çekebilir.

Hiç kuşkusuz örneklerin birbiri ardına sıralanması hiçbir zaman inandırıcılık sağlayamamıştır, ancak en azından yerleşik kesinliklere kuşkuyla bakabilme olanağı sağlar. Bu durumda açık seçik gözüken şey şudur: Dünyanın birçok bölgesinde varlıkların ve yerlerin insanlara yakınlık uzaklık durumlarına göre zıt biçimde algılanması, Doğu'da belli bir süreç içinde yabanıllık ve evcilliğe yüklenen anlamlara denk

37 Zimmermann, Fr., 1982, böl. I, farklı bir yorum için bkz. Dove, M. R., 1992.

düşmez kesinlikle. İzleri tarım toplumlarında da görülen bir yığın aşamalı kesinti ve bütünlük biçimlerinden farklı olarak bu iki kavram birbirlerini dışlar ve ancak birbirlerini tamamlayan bir zıtlık içinde anlam kazanabilirler.

Ager (tarım arazisi, ekilebilir alan) ve Silva (orman)

Bilindiği gibi Roma sömürgeciliğinin yavaş yavaş kemirdiği büyük Avrupa ormanı *silva*'dan gelen her şey yabanıldır: Açılması, kazanılması gereken, ekilir alan haline getirilmesi gereken bir alan, evilleştirilmesi gereken hayvanlar, bitkiler ve yabanıl halklar, yasalardan ve toplumdan uzakta kendilerine bir sığınak arayan bireyler ve toplum yaşamının disiplinine isyan eden vahşi karakterler. Bununla birlikte bu farklı yabanıl nitelemeleri kesinlikle çok özel bir çevreye mal edilen özelliklerden gelse de, tutarlı bir bütün oluşturmalarının nedeni sadece evcil yaşamda ortaya çıkan pozitif niteliklerle kesin biçimde karşıtlaşmalarıdır. Bunlar silva gibi coğrafi bir bütün değil bir yaşam ortamı, bir tarım işletmesi olan *domus*'ta gelişirler ve söz konusu tarım işletmesi ilk başta, aile babasının otoritesi altında ve ev tanrılarının himayesinde kadınların, çocukların, kölelerin, hayvanların ve bitkilerin kendi doğalarının gerçekleşmesine uygun koşulları buldukları ortamdır. Tarlada çalışma, eğitim, hayvanların evcilleştirilmesi, iş bölümü ve sorumlulukların paylaşılması... Her şey insanları ve hayvanları aynı hiyerarşik bağımlılığa götürür ve geniş aile içindeki ilişkiler mükemmel bir model oluşturur. Bunu açıklayan terminolojileriyle, Romalılar gitgide önem kazanan bu zıt çifte bağlı değerleri bırakmışlardır bize. Çünkü başka yerlerdeki başka ormanların keşfedilmesi anlam alanlarını bozmadan ilk baştaki dikotomiyi zenginleştirmiştir. Brezilyla Tupinambaları ya da Nouvelle-France Yerlileri Tacitus'un anlattığı Germenlere ya da Bretonlara dönüşür, sınıf değiştiren evcil ise uygarlaşmış birey olmaya doğru gider.[38] Bu anlam ve zaman kaymasının Montaigne ve Rousseau'nun yararlanmayı bildikleri bir yer değiştirme olasılığı getirdiği söylenebilir: Artık yabanıl iyi, uygarlaşmış kötü olabilir, yabanıl, uygarlaşmış olanın ahlâkın bozulmasıyla yitirdiği eski sade ve basit insanların erdemlerinin temsilcisi olabilir. Böyle bir retorik oyunun bütünüyle yeni olmadığını –Tacitus de bunu kullanır zira–, yabanıl ve evcili birbirlerinin tamamlayıcıları yapan karşılıklı belirleyicilik durumunu hiçbir biçimde sorgulamadığını unutmaktır bu.

Hiç kuşkusuz bazı bilim insanları ve araştırmacılar karşıtlığın terimlerinden birini öbürü olmadan düşünmenin mümkün olmadığını göz ardı ettiklerinden, yabanılı psyche'nin evrensel bir boyutu, insanların insan olmayanlar üstündeki egemenliği arttıkça bastırdıkları ya da yönlendirdikleri bir arketip biçimi yapma eğilimindedirler. Çevre filozofu Max Oelshlaeger'in yabanıl doğa fikrinin (*wilderness*) tarihine dair kapsamlı araştırmasında önerdiği senaryo da budur: Paleolitik dönem avcı-toplayıcıları her türlü nitelikle donanmış ama özerk bir alana yerleştirilen ve bir "totem" dini çerçevesinde tapılan yabanıl bir çevreyle uyum içinde yaşarken neolitik Akdeniz çiftçileri bu uyumu bozmuşlar ve yabanıllığı egemenlikleri altına almaya girişmişler, insanın egemen olmadı-

---

38 Daha sonraki dönemde İngilizce (*wild* ve *civilized* karşıtlığı) ya da İspanyolcada (*salvaje* ve *civilizado*) kalan bu yabanıl çatışkısıdır.

ğı alanları daha alt bir kademeye indirmişler ancak bunlar daha sonra, 19. yüzyılda Amerikan felsefesi ve resmiyle tekrar saygınlıklarına kavuşturulmuşlardır.[39] Belki: Bununla birlikte yabanıllık kavramının, hiçbir zıddının bulunmadığı tarım öncesi bir dünyada nasıl var olabildiği ve eğer pozitif değerleri temsil ediyor idiyse ait olduğu şeyin saf dışı edilmesi gerekliliğinin niçin ortaya çıkmış olduğu pek anlaşılamamaktadır.

Ian Hodder yabanılın simgesel oluşumunun Avrupa'da üst paleolitik dönemden başlayarak bir kültür düzeninin oluşması için gerekli temel olarak ortaya çıktığını söylerken bu tür bir paradoksu dışlıyor. Yeni Anglosakson yorumcu arkeolojisinin bu öncüsü için, yabanılın evcilleştirilmesi ifadesini av tekniklerinin mükemmelleşmesinde bulan Solutrean dönemin karakteristiği taş aletlerin gelişmesiyle başlar. Bu durumda yırtıcı hayvanlara karşı daha etkili bir korunma ve rastlantıya daha az bağlı bir yaşam düşman bir çevrenin verdiği içgüdüsel korkuyu aşma ve avı, yabanılın denetlenmesinin simgesel yeri ve aynı zamanda da iyi avcıların saygınlık kazandığı bir alan yapma olanağı sağlar. Avrupa'da ve Yakındoğu'da tarımın kökeni sadece kendi ortamlarından yavaş yavaş uzaklaşan ve evcil alanla bütünleşen bitkiler ve hayvanlar üstünde bir denetim iradesinin yaygınlaşmasıyla açıklanır.[40] Bu şekilde her şeyin yolunda gitmiş olduğunu söylemek mümkün değildir... Hayallerinin peşine takılan Hodder'in eski kalıntıları, varlığı çok geç bir dönemde kanıtlanan mantıksal kategorilere göre yorumlayıp yorumlamadığı da bilinemez. Ayrıca böyle bir hareketin niçin dünyanın belli bir bölgesinde gerçekleştiği ve başka bir yerde gerçekleşmediği sorusu da geçerlidir. Çünkü Hodder'in insan olmayan varlıklar üstünde her zaman daha etkili bir egemenliğin sağlanmasının kaynakları olarak dile getirdiği psikolojik eğilimler o kadar geneldir ki, bu sürecin niçin her yerde sonlanmamış olduğunu anlamak zordur. Oysa bitkilerin ve hayvanların evcilleştirilmesi sadece çeşitli teknik engellerin geciktirdiği tarihsel bir zorunluk değildir... Dünyadaki birçok halkın böyle bir devrimin gerekliliğini hiç düşünmedikleri söylenebilir. Gelişmiş uygarlıkların –sözgelimi Kanada'nın batı kıyısı ya da Florida'nın güneyindeki uygarlıklar– yabanıllık olanaklarını ön plana çıkararak geliştiklerini hatırlatmak gerekir mi? Birçok çağdaş avcı-toplayıcının yaşadıkları bölgelere yakın yerlerdeki tarım ve besicilik faaliyetlerine kesinlikle kayıtsız kaldıklarını, hatta bunlardan nefret ettiklerini söylemeye gerek var mıdır? Evcilleştirmek onlar için mutlaka gerçekleştirilmesi gereken bir edim değil, maddi, somut hale gelmiş ancak sürekli reddettikleri bir tercihtir.

Bertrand Hell daha ince bir biçimde bir varsayım geliştirmiştir: kolektif bir yabanıl hayaline Avrasya'nın her yerinde rastlanabilir ve bunun izleri av veya büyük av hayvanlarının çeşitli işlemlerden geçirilmesiyle ilgili inançlarda, ritlerde ve efsanelerde bulunabilir.[41] Bu simgesel konfigürasyonu yapılandıran temel bir motif vardır: Koyu renk (siyah) kan teması... Cinsel azgınlığı tutmuş geyiğin ya da hem tehlikeli hem de istek uyandıran, cinsel gücü olan ve yabanileşme kaynağı, yalnız kalmış yabandomuzunun koyu kanı. Çünkü bu sıvı sonbaharda

39 Oelschlaeger, M., 1991.
40 Bkz. sözgelimi Hodder, L., 1990.
41 Hell, B., 1994.

Jagdfieber'in (av ateşi) kızıştırmasıyla avcıların damarlarında da akar: Orman insanlarını, kaçak avcıları ve köylü topluluktan kaçan kudurmuşlardan ve kurt insanlardan pek farkları olmayan marjinalleri ele geçirmiştir. Şu bir gerçek ki Hell'in örneklerinin çoğunu aldığı Germen dünyasında yabanılın dünyası belli bir özerklikle birlikte karmaşık bir büyüleme gücü kazanmış gibidir... Kendi başına var olması için belli bir alan tahsis edilmiştir ona sanki... Ekilip biçilen topraklarla negatif bir çelişki olmaktan çok yaşam ve erillik kaynağı olan bir alan.[42] Bununla birlikte tarımın egemenliğinin tam anlamıyla karşıtı olmayan *Vild* sözcüğünün kapsadığı alan da ileri bir toplumsallaşmaya denk düşer. Büyük orman kavramıyla özdeştir, hiçbir şeyin üretilmediği ve yerleşimi engelleyen *silva* değil, Karolenj hanedanının, 9. yüzyıldan başlayarak tarla açma ve otlaklar oluşturma haklarını sınırlayan fermanlarla düzenlediği uçsuz bucaksız av hayvanı bahçesi *foresta*'dır.[43] Bu aslında son derece yetiştirilmiş, ekinli bir yabanıllıktır, zira büyük av hayvanları tuzaklarını ve bu hayvanların izlenmesini cesaretin öğrenildiği ve karakterin oluştuğu bir okul gibi gören bir elit tarafından hayata geçirilen çok eski bir av çevresi düzenlemesine bağlı bir pratiktir. Helle, Alman dünyasında yabanıl hayalinin geliştiği tarihsel bağlamı kesinlikle çok titiz ve özenli bir biçimde anlatırken, insanlar her yerde ve her zaman karanlık veya belirsiz güçleri uygarlığın tuzakları ve kurnazlıklarıyla engellemek zorundaymış gibi, dünyanın başka bölgelerindeki yansımalarını bulmaya çalıştığında kendisini izlemek zorlaşıyor.[44]

Çoban ve Avcı

Etnikmerkezciliğe dikkat edelim: Yakındoğu'nun "neolitik devrimi" evrensel bir senaryo değildir; ortaya çıkış koşullarıyla maddi ve manevi sonuçları dünyanın başka bölgelerine aynen nakledilemez. Başka tarım alanlarında yetiştirilen bitkilerin evcilleştirilmesinin ve belli amaçlara yönelik olarak düzenlenmesinin belirli teknik ve zihinsel bağlamlarda geliştiği, bunların da daha önce gördüğümüz gibi, insanlaşmış bir alanla insana yararı olmayan ya da sonunda insanın egemenliği altına giren, biraz kenarda kalmış bir alan arasındaki ayrımın ortaya çıkmasını kolaylaştırdığı söylenemez pek. Yaşam alanı ve yaşanması mümkün olmayan alan arasındaki farkın sadece Batı'da anlaşılabileceğini ve ifade edilebileceğini iddia etmek anlamsızdır hiç kuşkusuz. Buna karşılık, yabanıl ve evcil karşıtlığına bağlı değerler ve anlamların özel bir tarihsel yörüngeyle ilgili oldukları ve kısmen yaklaşık on bin yıl önce Mezopotamya'da, "Bereketli Hilal" diye anılan bölgede başlayan bir neolitikleşme süreci karakterine bağlı olduklarını söylemek mümkündür. Gerçekten de Akdeniz'in doğusundan İran'a kadar uzanan bir bölgede bitkilerin ve hayvanların evcilleştirilmesi yaklaşık bin yıl önce başlayan bir süreçtir.[45] Buğday, arpa, çavdar tarımının ya-

42 Almancada, öteki Avrupa dillerinden farklı olarak *wild* (yabanıl) sözcüğünün tek bir karşıtı yoktur; bağlamlara göre birçok sözcükle karşıtlık oluşturur: Çocuklar ya da hayvanlar bağlamında *zahm*, "evcilleşmiş, evcilleş(tiril)miş", "uysal", yetişkin insanlar bağlamında, gebildet ya da *gesittet*, "kültürlü", "uygar" ve *Kultur*'un gerçek –sözgelimi *Kulturboden*, "ekilip biçilen toprak ya da alan"– ya da mecazi –sözgelimi *kultivert*, "uygar" ya da *Kulturvolk*, "uygar halk" vb.– anlamda türevleri.

43 Hell, B., 1994, s. 22-23.

44 *A.g.y.*, s. 349-353.

45 Hayvanların evcilleştirilmesi konusunda bkz. Digard, J. P., 1990, s. 105-125; Yakındoğu'da neolitikleşme konu-

nında keçi, sığır, koyun ve domuz yetiştirilmiş, böylece insan olmayan varlıkların birlikte yaşamaları amacıyla düzenlenmiş bir ortamda, karşılıklı bağımlılığa dayanan karmaşık bir sistem geliştirilmiştir. Oysa bu durum büyük memeli hayvanların genellikle bitkilerden çok sonra ya da Doğu Afrika bağlamında çok önce evcilleştirildikleri öteki kıtalarda olup bitenlerle bir zıtlık oluşturur; zira Amerika ve Okyanusya'nın büyük bölümünde tarım, besiciliği dışlayarak ya da daha geç bir dönemde başka yerlerde evcilleştirilmiş hayvanlar aracılığıyla kendine dahil ederek gelişmiştir.

Böylece Avrupa neolitiğiyle birlikte önemli bir zıtlık ortaya çıkar: Ekilip biçilen alanlarla boş alanlar arasındaki zıtlıktan çok, evcil hayvan ve yabanıl hayvan arasındaki, ahırla otlağın dünyası ve avcıyla av hayvanı evreni arasındaki zıtlık. Hatta böyle bir zıtlık belki de tarım dünyasının çok sıkı denetlenen sınırları içinde bulamadığı çıkış yolunu sadece savaşta bulan belli özelliklerin –kurnazlık, fiziksel dayanıklılık, fetih zevki– geliştiği yerlerin düzenlenmesi amacıyla etkili bir biçimde aranmış ve desteklenmiştir. Gerçekten de Avrupa neolitik çağı halklarının bazı türleri, özellikle geyikgilleri evcilleştirmek istememiş olmaları ve bu hayvanların, özellikle tercih ettikleri bir av hayvanı olarak kalmasını istemiş olmaları ihtimal dışı değildir. Dolayısıyla bazı hayvanların evcilleştirilmesi başka bazı hayvanların bir tür "av hayvanı" haline getirilmeleriyle uyumlu olabilir... Bu hayvanların doğal durumda bırakılması teknik engellerin bir sonucu değil, tarım alanları dışında av alanları oluşturma iradesidir kesinlikle.[46]

Yabanıl ve evcil karşıtlığının Akdeniz dünyasında av ve besicilik arasındaki bir karşıtlıktan beslenmesi olgusunu eski Yunanistan örneği çok açık seçik biçimde açıklar. Bilindiği gibi Yunanlılar sadece kurban eti yerlerdi: Öküz ya da avlanmış bir hayvan. Sembolik beslenme ve statü düzeninde her iki etkinlik birbirlerinin tamamlayıcısı ve zıddıdır. Kurban eti insanları ve tanrıları hem yakınlaştırır hem de ayırır, zira insanlara hayvanların pişmiş eti düşer, tanrılara düşen ise bunların kemikleri ve yakılan odun yığınlarının dumanıdır. Buna karşılık ve Pierre Vidal-Naquet'nin de söylediği gibi "av [...] insanın yabanıl doğayla ilişkilerini tanımlar".[47] İnsan avda yırtıcı hayvanlar gibi davranır, oysa av sanatına egemen olmasıyla hayvandan farklıdır durumu: Burada politik sanata ve savaş sanatına yakın bir *techne* söz konusudur. İnsanlar, hayvanlar ve tanrılar üç kutuplu bir sistem içinde bir araya gelir; evcil hayvan (*zoon*) insanlara çok yakındır ve kolektif yaşama uyumu nedeniyle kölelerin ve barbarların yalnızca biraz altında –Aristoteles'in insanı *zoon politikon* olarak tanımlamasını düşünelim– ve yabanıl hayvanlardan (*theria*) çok ayrı bir yerdedir.[48] Kurban insani ve kutsal olan arasındaki bir noktayı temsil eder; canı alınmadan önce kaderine razı olduğuna dair bir onay işareti alınması zorunludur ondan, sanki hayvan toplumsal ve dinsel yaşamda üzerine düşen görevi yerine getirmeye razı geliyormuş gibi. Bu tür bir önlem, zaferin av hayvanıyla mücadele sonucu elde edilebileceği avda yararsızdır: Avda yeniyetmeler kurnazlık ve çeviklik gösterirler, uçlarında demir bulunan uzun ve kalınca sırıklarla silahlanmış yetişkin-

sunda bkz. Cauvin, J., 1994, s. 55-86.

46 Vigne, J,-D. tarafından geliştirilen hipotez, 1993.

47 Vidal-Naquet, P., 1972, s. 138.

48 Vidal-Naquet, P., 1975.

ler ise güç ve maharet gösterilerinde bulunurlar. Bu arada şunu da belirtelim ki tarım, besicilik ve kurban çok sıkı biçimde birbirlerine bağlıdırlar, zira kurban edilen hayvan tarım ürünleri, kızartılmış arpayla birlikte yenir ve kurban eti yenilirken şarap içilir.[49] Yabanıl hayvanların yerleşim alanı, uygarlığa gelişmesi için gereken, uygarlık dışı bir kuşak oluşturur, evcil hayvanların ve politik yaşamın gerektirdiği uzlaşma erdemlerinin tam tersini oluşturan erillik alışkanlıklarının sergilenebileceği bir alandır.

Roma Doğası, Hersinyen Ormanı, Romantik Doğa

Bu konuda Latin dünyası bir karşıtlık sergiler. Yabanıl ikizler tarafından kurulmuş olmasına rağmen Roma kahramanlık gösterileriyle av modelinden yavaş yavaş sıyrılır ve Roma'da av hayvanlarının izlenmesi sadece kültürlerin korunmasının bir aracı gibi görülür. Cumhuriyetin son dönemlerinde Varro avın yararsızlığını ve besicilik kadar yararlı olmadığını ileri sürer (*Rerum rusticarum*); bir yüzyıl sonra Columella *De re rustica* (*Tarım üstüne*) adlı yapıtında aynı görüşleri yinelemiştir. Scipio Emilianus'un Anadolu'dan getirdiği büyük sürek avı modasını av peşinde koşmaktansa domenlerinden verim almaya çalışan aristokrasi benimsemez: Yabanıl hayvanlar her şeyden önce zararlıdır ve bunların imha edilmesi kâhyaların ve profesyonel tuzakçıların işidir.[50] Zira ovalarda kırsal alanların düzenlenmesine öncülük eden artık *villa*'dır. *Villa* tahıl yetiştirilen, bağların ve zeytinliklerin bulunduğu dörtgen biçimli, geniş bir alan içinde yer alır, akaçlanmış ve değerlendirilmiş topraklarla (*ager*) sürülerin serbestçe otlayabildiği bölgeyi (*saltus*) birbirinden kesinlikle ayırır. Büyük orman (*ingens silva*) ise avcılar nezdinde eski cazibesini bütünüyle yitirmiş ve tarımın egemenliğinin yayılmasına bir engel haline gelmiştir sadece. Kaynakların rasyonel kullanımı ise, en azından kırsal alandaki büyük arazilerde nüfusları kontrol edilip sabitlenen av hayvanına kadar genişler: Yabanıl geyikgillerin kış mevsiminde bu amaçla evcilleştirilmiş hemcinsleri tarafından yönlendirildiği yemleme yerleri sayesinde olur bu.[51]

Kuşkusuz, Roma İmparatorluğu döneminde insanların ormana bakışlarında bazı ikilemler vardı. Orman, neredeyse bütünüyle ormansızlaşmış bir yarımadada bir kurucu mitler dekorunu, eski Rhea Silvia'nın anısını akla getirir: Ona mal edilen besleyicilik ve kutsallık boyutu ise, Artemis ve Apollon'a adanan ormanlarda ya da tuhaf ritüeli Frazer'a esin kaynağı olan (*Altın Dal*) Nemi gölünün yanındaki orman mabedinde cılız bir yankılanma gibi işitilir. Ama ağaçlarından kehanetler dökülen bu tek tük korular, tarımın egemenliğine karşı koyamayan eski ormanların küçültülmüş modellerinden başka bir şey değildir. Simon Schama'nın Tacitus'ün *Germania*'sının yorum ve açıklamasında çok iyi gösterdiği gibi gerçek orman Roma'nın dışıdır, devletin yetki alanının bittiği sınır, Etrüsklerin, uğradıkları bozgunun muhtemel sonuçlarından korunabilmek için çekildikleri, içine girilmesi mümkün olmayan bitkilerin görüldüğü yer, Avrupa'nın son yabanıllarının lejyonlara direndikleri Latinleşmiş Galya'nın doğusuna kadar uzanan muazzam

49 Vidal-Naquet, 1972, s. 139.

50 Hell, B., 1994.

51 Columelle, Bodson, L. (1995, s. 124) tarafından aktarılmıştır.

ormanlık alandır.[52] Bu "şekilsiz alan" Romalıların zevkine hitap etmez: Ne seyredilir ne de oturulur bir yerdir. Uygarlaştırıcı etkinliklerle dönüştürülmüş bir doğadan hoşlanan ve köylülerin, çobanların şiirlerini, türkülerini seven, bunların yansıttığı emek ve yasayı Hersinyen ormanının nemli ve sıkışık düzensizliğine tercih eden insanlar için orman nasıl bir güzellik teşkil edebilirdi ki? Bizim bugün de bağlı olduğumuz yabanıl ve evcil kutuplaşmasını belirleyecek olan da, sitelerin çevresinden, Rhin kıyılarına ve Brötonya'ya kadar uzanan bu Roma doğası ve çağrıştırdığı değerlerdir. Bu karşıtlık ne nesnelerin bir özelliği ne de ebedi bir insan doğasının ifadesi olarak görülebilir: Bir mekân düzenleme sistemiyle ve bir beslenme rejimiyle belirlenen, örneklerinin başka kıtalara da yayılabileceğini söylemeye hiçbir şeyin müsaade etmediği özel bir tarihi vardır onun.

Ayrıca Batı'da bile yabanıl ve evcil arasındaki çizgi Latium kırsalındaki kadar açık seçik olmamıştır. Uzak Ortaçağ'da Roma ve Cermen uygarlıklarının gitgide birleşmesinin sonucu olarak, ormanlardan ve makilerden daha çok yararlanılmaya başlanmış ve tarım alanlarıyla tarım yapılmayan alanlar arasındaki karşıtlık yumuşamıştır. Geleneksel Cermen alanında ekilip biçilmeyen yerler kısmen köye dâhil edilmiştir. Ekilebilir alanların kuşattığı çok dağınık küçük köylerin çevresinde kolektif yarara açık geniş bir orman alanı bulunur: Bu bölge avcılık ve toplayıcılık alanıdır, yakacak odun, ev ve alet yapımında kullanılan odun bu bölgeden sağlanır, meşe palamudu yemeleri için domuzlar bu bölgede otlatılır. Dolayısıyla evden orman içine doğru geçiş aşamalıdır. Bu konuyla ilgili olarak Georges Duby şöyle der: "Tarla ve kırsal alanın, orman alanının ve besicilik yapılan alanın iç içe geçmesi "barbar" tarım sistemini, *ager* ve *saltus*'un ayrıldığı Roma sisteminden en açık seçik biçimde ayıran özelliktir".[53] Bununla birlikte Roma mekân örgütlenmesinde 7. ve 8. yüzyıllarda beslenme alışkanlıklarının değişmesi ve savunulması mümkün olmayan ovalarda yaşamın gittikçe güvensiz bir hal almasıyla bir gerileme görülür. Zeytinyağı yerine domuz yağı ve içyağı kullanılır, geyik ve yabandomuzu yağı zenginlerin evlerinde bile et yerine geçer, büyük tarım domenlerinin durumları sarsıldıkça *altus* ve *silva* ürünleri önem kazanır. Roma düalizmi ve Cermen tipi eşmerkezli örgütlenmenin bu şekilde karışması Ortaçağ Doğu doğasını doğurmuştur; burada yaşanabilir ve yaşanamaz alan arasındaki sınır, görünüşlere rağmen birkaç yüzyıl öncekindeki kadar net değildir.

Bu sınırın yeni bir güç kazanması, aynı zamanda bizim bugüne kadarki mekân algımızı etkileyen ve değiştiren, hem estetik hem de ahlâki bir boyut kazanabilmesi ancak 19. yüzyılda mümkün olabilmiştir. Bilindiği gibi bu dönemde romantizm yabanıl doğayı icat etmiş ve bu zevki yaygınlaştırmıştır; bu dönemde *wilderness* felsefesi denemecileri Ralp Waldo Emerson, Henry David Thoreau ya da John Muir hemşerilerini Amerika dağlarında ve ormanlarında Avrupa'nın uzun süre oluşturduğu modele göre daha özgür ve daha özgün bir yaşam sürmeye davet ederler; 19. yüzyıl aynı zamanda Yellowstone'da ilk doğal parkın, ilahi eserin görkemli biçimde sahnelenmesi olarak inşa edildiği dönemdir. Yaradılışın dehası artık

52 Schama, S., 1999, s. 95-102.

53 Duby, G., 1973, s. 33.

geleneğini Corot'nun sürdürdüğü çarpıcı Roma doğa manzaralarında değil, sellerin, kayalıkların yuvarlandığı insanüstü masiflerin, Almanya'da Carl Blechen, Caspar David Friedrich ya da Carl Gustav Carus'un, ABD'de de Thomas Moran ya da Albert Bierstadt'ın resmettikleri karanlık ulu ağaç ormanlarının kaynadığı uçurumlarda görülür.[54] İlgisizlik ve korkunun egemen olduğu yüzyıllardan sonra seyyahlar Alpler'in vahşi güzelliğini keşfeder, şairler buzulların ve uçurumların çekici dehşetini terennüm ederler, Chteaubriand'ın bile abartılı bulduğu "dağ yazarlarının Alp coşkusu'na" teslim olurlar.[55] Sanayileşme sürecinde dünyanın yaşadığı düş kırıklığına kurtarıcı ve tehdit altındaki yabanıl bir doğayı panzehir olarak keşfeden bu yeni duyarlığın tarihini çıkarmaya artık gerek yoktur. Bu duygu artık apaçık hale gelmiştir ve onun etkileri çevremizde her yerde görülür: Doğal yerlerin ve tehdit altındaki türlerin korunması, doğa yürüyüşleri ve egzotik manzaralar zevki modası, açık deniz turları, Antarktika gezileri. Ama apaçık hale gelen bu duygu aynı zamanda şunu görmemizi engellemektedir: Yabanıl-evcil karşıtlığı her yerde ve her zaman belirgin değildir, belli bir anda görülen inandırıcılık gücünü başka halklarda görülmeyen tekniklerin ve zihniyetlerin gelişmesinin maceralı yoluna borçludur.

*

Michaux'nun seyahat arkadaşı *Yeni Héloïse*'i okumamıştı kesinlikle, Turner'ın baş döndürücü doğa manzaralarına da hayranlık duymamıştı. Hemşerilerinin kaynaklarını kuruttuğu ormanı kurtarma düşüncesi hiç etkilememişti onu. Kadıncağız bir romantik öncesi döneme aitti ve azgın bitkilerden, korkunç hayvanlardan ve bitmez tükenmez böceklerden korkuyordu. Avrupalı genç şairin, kendisinden uzak tutmak istediği karmakarışık bitkilere duyduğu o sapkın zevk de şaşırtıyordu onu belki. Amazon ırmağında aşağı doğru akıp giden gemide çevresiyle ilgili çok tekil bir görüşü de yanında taşıyordu: Tesadüfen paylaşma olanağı bulsa ya da böyle bir şeyi istese bölge yerlilerine gizemli gelebilecek bir yığın önyargı ve duygu. Bakir alanların fethedilmesi onun için somut bir gerçek ve çekici bir amaç, aynı zamanda da doğa ve uygarlık arasındaki daha temel bir çelişkinin zayıf ve karmaşık bir yansımasıydı. Tahmin edileceği gibi, bütün bunların yerliler için hiçbir anlamı olamazdı, zira onlar ormanı evcilleştirilecek yabanıl bir yer ya da bir estetik zevk nesnesi gibi görmüyorlardı kesinlikle. Gerçekten de doğayı kendilerine mesele edinmemişlerdi. Doğa bize özgü bir fetiştir – insanların dünya üzerinde etkide bulunmak için kendilerine sağladıkları tüm inanç nesneleri gibi, çok da etkilidir.

54 ABD'de yeni bir manzara duyarlığına geçiş Almanya'ya göre daha geç gelmiştir; 1832'de Washington Irving Far West manzaralarını anlatmayı sürdürürken Salvator Rosa ve Claude Lorrain'i anar (A Tour on the Prairies, Roger, A. tarafından aktarılmıştır, 1997, s. 43, n. 2).

55 Chateaubriand Saint-Gothard'da bulunduğu sırada şöyle demiştir: "Üstüne üstlük dağ yazarlarının Alp dağları coşkusunu yaşayabilmek için boşuna çaba harcıyorum" (*Mezar ötesinden anılar* [*Mémoires d'outre-tombe*, c. II, Gallimard, Paris, "Bibliothèque de la Pléiade", s. 591]).

3

Büyük Bölünme

Manzaranın Özerkliği

Böyle bir soy kütüğü ne kadar keyfi gözükürse gözüksün, modern doğa düşüncesinin ortaya çıkışını birkaç yıl önce Louvre'un bir galerisinin soğuk ışığında gördüğüm küçük bir resimle bağdaştırmaktan alamıyorum kendimi. Bu resim bir sergi dolayısıyla kısa bir süre için koleksiyondan çıkarılmış, daha sonra geri dönmüştü ve bu arada geçici bir üne kavuşmuştu, zira katalog kapağında yer alıyordu.[1] Resimde, sıra sıra, soğuk ve kasvetli kayalıklar, arka planda geniş bir vadi, vadide korular ve gösterişli çiftlikler arasında geniş menderesler yaparak akan bir ırmak görünüyordu. Resimde arkadan görülen ve sol alt köşeye oturmuş biri var, kayaların ortasında küçücük biri. Üstünde kolsuz bir palto, şapkasında tüy var, önündeki manzarayı resmediyor. Roelandt Savery'dir bu... 1606'ya doğru Bohemya'nın güneybatısında bir manzara resmi yapan Flaman asıllı bir sanatçı. Prag sarayının resmî "manzara ressamı" olan ve imparator II. Rodolphe ve kardeşi Mathias'ın hizmetinde çalışan Savery Alpler'de ve Bohemya'daki ilginç doğa manzaralarını resmetmekle görevlendirilmişti.[2] Gerçekten de kayalıkların biçimi, girinti çıkıntıların kesin ve doğru biçimde yansıtılmış olması, tarlaların, yolların ve evlerin görünümü, bu resmin gerçek bir perspektifi resmettiğini düşündürür... Olsa olsa, dağın baş döndürücü etkisini daha fazla belirginleştirmek için biraz kırpılmıştır belki.

Savery'nin *Dağ Manzarası ve Bir Ressam* adlı yapıtı Batı resim tarihinde ilk manzara tasviri değildir hiç kuşkusuz. Sanat tarihçileri bu türün kökenini 15. yüzyılın ilk yarısına kadar götürürler: bu dönemde Kuzeyli sanatçılar bir art alanın görüldüğü "iç pencere"yi yaratmışlardır.[3] Resmin esas motifi genellikle bir binanın

1 Legrand, C., Mejanes, J.-F. ve Starcky, E., 1990.

2 *A.g.y.*, s. 60 ve 93-94.

3 Gombrich, E., 1983, s.15-43. Alain Roger (1997, s.73-76) ilk "flaman penceresi" örneklerinden birinin Robert

içindeki kutsal bir sahnedir, ama pencere ya da arka plandaki galeri kutsal olmayan bir manzarayı bundan ayırır, küçük bir tablo boyutuna indirger, ona bir bütünlük ve özerklik verir: Tablo bu özellikleriyle ön plandaki kişilerin temsil ettikleri dinsel anlamlardan soyutlanır. Ortaçağ resmi çevreden alınmış unsurları kesintili bir mekâna dağılmış ikonlar gibi işleyip, onları kutsal resmin simgesel ve gösterişli ereklerine hizmet eder durumuna getirirken, iç *veduta* bu unsurları Hristiyanlık tarihinin sanatçının betimlediği dönemiyle neredeyse eşdeğer olan türdeş bir bütünlük içinde düzenler. Dolayısıyla tablo içindeki bu tablonun resmin tasvirinin konusu olması ve dinsel göndermeyi silerek gerçek bir manzara haline gelmesi için, pencereyi tuval boyutlarında büyütmek yeterlidir.

Büyük olasılıkla, bu süreci 1490'lara doğru tamamına erdiren ilk sanatçı, gençliğinde yaptığı suluboya resimleri ve guvaşlarıyla Dürer idi.[4] Ünlü manzara resimlerinde, din insanlarının eylemlerinin doğal çerçevesini ustalıkla tasarlamanın bir tür gerekçesi olarak kutsal sahnelerin de yer aldığı çağdaşı Patinir'in tersine, Dürer insanların yer almadığı gerçek çevre resimleri yapmıştır. Ama Dürer'in suluboya resimleri kişisel üslup denemeleriydi; çağdaşlarının görmediği bu yapıtlar manzarayı değerlendirme ve betimleme tarzını doğrudan etkilememiştir. Dürer aynı zamanda Cermen dünyasında Alberti'nin yaklaşık elli yıl önce kurallarını koyduğu çizgisel perspektifin matematik temellerini çok iyi bilen ilk ressamıdır. Çünkü manzaranın özerk bir tür olarak ortaya çıkışı, *Perspectiva artificialis*'in yeni kurallarına göre düzenlenmesine bağlıdır: Burada nesnelerin düzenlenmesini ve yayıldıkları alanı yukarıdan aşağıya doğru bakan göz tayin eder – sonsuz, sürekli ve homojen bir dış alanda, adeta saydam bir düzlemden bakan bir göz.

Panofsky ünlü bir denemesinde, 15. yüzyılın ilk yarısında çizgisel perspektifin bulunmasının özne ve dünya arasında, bakıp ölçen kişinin görüş açısı ve sistematik hale getirilen bir alan arasında nasıl yeni bir ilişki kurduğunu göstermiştir. Bunları ayıran nesneler ve aralıklar hiçbir kopukluğun olmadığı bir sürekliliğin orantılı değişikliklerinden başka bir şey değildir.[5] Antik dönemde yararlanılan kısa yol teknikleri belli bir amaca yönelikti: Tasvir edilen nesnelerin yöntemsel deformasyonuyla biçimlerin algılanmasının özel boyutunu yansıtmak; ancak bunların bulunduğu mekân kesintili ve önemsizleşmiş bir alandı. Buna karşılık modern perspektifin amacı, algının psikofizyolojik zorunluluklarından kurtulmak için matematik olarak oluşturulmuş rasyonel bir mekânda, mükemmel biçimde birleştirilmiş bir dünyanın tutarlılığını göstermeye yöneliktir. Bununla birlikte dünyanın değerlendirilmesinin bu yeni "simgesel biçimi" Panofsky'nin açıkladığı bir paradoksu gösterir.[6] Ancak çizgisel perspektifin sonsuz ve homojen alanı keyfi bir bakış açısından, bakan kişinin gözünden hareketle oluşturulmuş ve yönlendirilmiştir. Dolayısıyla algının olgusal mekânının matematik bir alana aktarıldığı bir deney dünyasının rasyonelleştirilmesi için hareket noktası işlevi gören şey, öznel bir izlenimdir. "Öznelin bu şekilde nesnelleşmesi" ikili bir etki oluşturur: Nes-

Campin'in (Flémalle'lı usta) Sorgun ağacından çerçeve içinde Madonna (1420-1425; Londra, National Gallery) adlı yapıtı olduğunu söylüyor.

4 Roger, A., 1997, s. 76-79.

5 Panofsky, E., 1975.

6 *A.g.y.*, s. 160-182.

Roelandt Savery, *Dağ Manzarası ve Bir Ressam*. Louvre müzesi, Paris. Photo©RMN/Michèle Bellot.

nelerin özerkleşmesinin koşulu olarak insanı öne çıkarırken, insan ve dünya arasına bir mesafe koyar; dış dünyayı sistematize eder ve istikrara kavuştururken, yeni fethedilen bu dışsallığın örgütlenmesinin hâkimiyetini de bütünüyle ve kesinlikle özneye verir.[7] Böylece çizgisel perspektif tasvir alanında, birey ve doğa arasında, modern ideolojinin karakteristiğine dönüşecek olan ve sanatsal ifadesini manzara resminin oluşturacağı bir karşı karşıya duruş imkânı yaratır. Gerçekten de bakışın yeni bir konumu, bir karşı karşıya duruş söz konusudur. Çünkü düz yansıtma nesneleri uzaklaştırır ama bu nesnelerin gerçek anlamda görülebilmesi konusunda hiçbir vaat içermez; Merleau-Ponty şöyle der bu konuda: "Tersine, bu resmin gönderme yaptığı şey bizim bakışımızdır: Nesnelere gelince, onlar hiçbir düşüncenin ulaşamayacağı kadar uzaklara kaçar".[8]

Savery kendisinden önceki kuşakların başlattığı bu devrimin mirasını sahiplenmiştir, ancak resmi iki noktada yenilik getirmiştir. Seçtiği konular ve üslubunda 16. yüzyılın ikinci yarısında dağ manzaralarıyla ünlenen Pieter Bruegel'in etkisi görülür. Eğer Dürer'in doğrudan etki yaratmayan suluboyaları ve Altdorfer'in bazı etkileyici ofortlarını dışarıda bırakırsak, Baba Brueghel'in dağ manzaraları, manzaradan insanı silen ya da sadece çalışmaları aracılığıyla yansıtan ilk resimlerdir. Ama Bruegel'in manzaraları genellikle hızlı çizilmiş desenlerden hareketle özgürce yorumlanmış hayali kompozisyonlardı, Savery'nin resmi ise gerçek yerlerin oldukça sadık yansımaları gibi gözükür. Daha da önemlisi Savery, Panofsky'nin formüle ettiği perspektif paradoksunu mantıksal sonucuna kadar götürmüş gibidir. Bruegel manzaradan insanları çıkarırken, nesnel bir doğaya anlam ve tutarlılık kazandıran öznenin dışsallığını açığa vurmakla yetinirken, Savery bu özneyi tekrar resme dâhil eder, kendisinin bulunduğu mekândan farklı bir mekânı nesnelleştirme hareketinin kendisini çizer – bu bile, izleyiciye sunulan mekânla aynı değildir. Çünkü bakan kişiye sunulan perspektif, resmin soluna doğru kaymış olan ama resmin akışı içinde aynı eksende yer alan ressamın çizdiği perspektiften farklıdır. Dolayısıyla bu manzarada gerçeğin nesnelleştirilmesi ikiye bölünmüş haldedir: Dünyanın ve doğanın, insanın onlar üzerindeki bakışı sayesinde özerk nesneler olarak üretildikleri işlemin bir tür temsilidir bu.

Burada belki de Alain Roger'nin önerdiği *in situ* "artialisation" ve *in visu* "artialisation" ayrımını benimseyerek üçlü bir eklemlenmeden söz etmek gerekir: Birincisi bir doğa parçasının dinlenmeye yönelik ve estetik amaçlı olarak düzenlenmesini tanımlar ve öncelikle bahçe sanatıdır bu, ikincisi ise resimde manzara tasvirini belirtir.[9] Hiç kuşkusuz Savery'nin resminde görülen köy bir İngiliz parkı değildir ve şiirsel denebilecek güzelliğini yaratan sanatçının yeteneği kadar sakinlerin de amaçlarıdır. Yine de, bu sakinlerin bir yerde karaağaç korusu oluştururken, başka bir yerde, bir çimenliğin ortasına bir elma ağacı dikerken ya da bir evin bahçesine gölge veren bir ağaç dikerken ne yaptıklarını bildiklerine inanalım. Dolayısıyla imparatorun *Landschaftsmahler*'inin bakış açısında iki planı birleştirmek istemiş olması mümkündür: Bohemya'nın silüryen masiflerine özgü

7 *A.g.y.*, s. 159.
8 Merleau-Ponty, M., 1964, s. 50.
9 Roger, A., 1997, s. 16-20.

kayalıkların ve gene bu bölgenin belirgin özelliği olan kırsal yerleşim alanının düzenlenmesi; sonuçta yabanıl doğa ve evcilleştirilmiş kırsal ressamın kalemiyle birleşerek dâhice bir yer yaratırlar. Ama böyle olmasa bile resim, kompozisyonu açısından yeterince özgündür ve doğanın modern üretiminin ilk önemli yansımalarından birini burada görme fantezisini kesinlikle tatmin eder.

Yaklaşık yüz elli yıl içinde, Patinir ve Dürer'den Ruysdael ve Claude Lorrain'e kadar manzara resmi mekâna bütünüyle egemen olmuştur: Tiyatro dekorunu hatırlatan planların görüldüğü bir düzenlemenin yerini perspektif oluşumun yapaylığını silen, böylece öznenin resmettiği doğa karşısında geri çekilmesinin görünür hale gelmesine katkıda bulunan homojen bir derinlik izlenimi alır. İnsanın çevresini bu şekilde, dışsallığı içinde resmetme biçimi, aynı dönemde Kopernik'le birlikte kozmolojik merkezin değişmesinden, Descartes'ın *res extensa*'sına dek, geometri, fizik ve optiğin gerçekleştirdiği mekânın matematikleştirilmesi hareketinden ayrı değildir kesinlikle. Panofsky'nin dediği gibi "17. yüzyılın yansıtıcı geometrisi [...] sanatçı atölyesinin bir ürünüdür".[10] Gerçeğin göze uyması bağlamında yepyeni araçların bulunması –çizgisel perspektif tabii ki ama aynı zamanda mikroskop (1590) ve teleskop (1605)– dünyayla yeni bir ilişki biçimi getirmiş, bazı unsurlarını bir algı çerçevesiyle sınırlamış, bu unsurlara daha önce bilinmeyen bir çarpıcılık ve bütünlük kazandırmıştır. Göze öteki duyu organlarından çok daha fazla tanınan ayrıcalık, Kartezyen fiziğin açıklayacağı üzere mekânın özerkleşmesini doğurur ve bu, yeni kıtaların keşfedilip haritalarının çıkarılması sayesinde tanınan evrenin sınırlarının genişlemesiyle de desteklenir. Dilsiz, kokusuz ve dokunulamayan bu doğada artık hiçbir biçimde yaşam yoktur. İyi anne unutulmuş, üvey anne kaybolmuştur, sadece insanın "efendisi ve sahibi" olabileceği, karnından konuşan otomat vardır.

Zira gerçeğin nesnel biçimde yansıtılmasının teknik boyutu, dünyayı ilahi yaradılışın özel bir anlam verdiği, insan olan ve olmayanlardan oluşan bir bütünlük olarak değil, çarkları bilim adamları tarafından sökülebilen bir makine gibi biçimlendiren 17. yüzyılın mekanist devriminde kesinlikle esastır. Robert Lenoble bu kopuşa bir tarih biçiyor: Galileo Galilei'nin 1632'de yayınladığı *İki büyük yer sistemi üstüne konuşmalar:* Filozofların varlığın doğası ve nesnelerin özü hakkındaki *disputatio*'larından çok uzaklarda, Venedik atölyesinde mekanik zanaat uzmanlarının tartışmaları sonucunda modern fiziğin doğuşu.[11] Doğanın inşası gerçekten başlamıştır! Toplumsal ve ideolojik bir inşadır bu hiç kuşkusuz, ama aynı zamanda saatçilerin, camcıların ve mercek üreticilerinin becerisiyle pratik bir inşadır da. Laboratuvarlarda deney yapabilen bütün bu zanaatçılar bu sayede fenomenleri ayırıp birleştirmeyi mümkün kılarlar ve böylelikle yeni bilimin nesneleri üretilir... Bu yeni bilimin özerkliği, bu nesnelerin nesnelleştirilme koşullarının unutulması pahasına kazanılır. Başkalarının deneyimlerinin karanlık kargaşasından kurtulmuş, öznelliğin düzensizliklerinin ve sürekliliğin hayallerinden koparak aşkınlığa kavuşmuş modernitenin –Bruno Latour'un[12] yarattığı söz-

10 Panofsky, E., 1975, s. 126.

11 Lenoble, R., 1969, s. 312.

12 Latour, B., 1996.

cükle söylersek– "faitiche"* nesneleri ortaya çıkar. Bu noktadan itibaren, birey ve dünya ikiliği artık geri çevrilemez bir safhaya girer. Zira yasalara tabi olan şeylerle onları anlamlı bütünler olarak örgütleyen düşünceyi karşı karşıya getiren bir kozmolojinin temel dayanağı bu ikiliktir. Beden bir mekanizma haline gelmiş, ruh ise onu ilahi amaca göre yöneten şey olmuştur; doğa, mucizelerinden soyutlanarak çocuk krala sunulmuş ve bu çocuk kral parçaların söktüğü doğadan özgüleşerek, onu kendi amaçları için kullanmaya başlamıştır.

İnsanı canlı ve cansız nesneler korosundan ayırarak moderniteyi doğuran bu güç ilişkisi, halkların tarihinde çok özel bir durum gibi görülebilecek olsa da, sonuçta sadece bir evredir. Süreç çok önce başlamıştır ve doruğuna ancak bir buçuk yüzyıl sonra, doğa ve kültürün konuları iyice ayrıldığında ve yöntembilimsel programları modern antropolojinin gelişebileceği alanı belirlediğinde doruğuna ulaşacaktır. Bilim ve felsefe tarihçileri Batı'nın bu özelliğiyle ilgili çok sayıda bilimsel eser ortaya koymuş oldukları için, kendine içrek bir olgusallığı olan bir şeyler dünyasıyla, anlamın keyfiliği tarafından idare edilen bir insanlar dünyasını karşılıklı olarak kuracak bu doğumun uzun oluşma dönemi hakkında kısa bir tablonun ötesine geçmek gerekli değildir. Her şeye rağmen böyle kısa bir incelemeye girişmiş olmamın nedeni, doğa fikrinin tarihi üstüne mükemmel yapıtların bıraktığı izlenimin tersine,[13] bu tarihin özünün birçok dâhinin ve gayretli emekçinin çabaları sayesinde ortaya çıkmadığının, Modernlerin kozmolojisi için bir dayanak oluşturan özel bir tür ontolojik düzenek olarak yavaş yavaş inşa edildiğinin altını çizmek istememdir. Bir anlığına ve varsayımsal olarak, Jivaro ya da Çinli bir bilim tarihçisinin bakış açısından bakıldığında, Aristoteles, Descartes ya da Newton insan olmayanların ayırdedici nesnelliğini ve onları yönlendiren kuralları ortaya koyan düşünürler olarak değil, insanlığın geri kalanının kendilikleri dünya üzerinde paylaştırma, süreksizlikler ve hiyerarşiler kurma konusunda tamamen egzotik natüralist bir kozmolojinin mimarları gibi görünür.

Phusis'in Özerkliği

Her zaman olduğu gibi her şey Yunanistan'da başlar. Bununla birlikte başlangıç dönemi zor ve zahmetlidir. *Odysseia*'da daha sonra doğa anlamında kullanılacak olan *phusis* terimiyle karşılaşırız, ancak sözcük bir bitkinin özelliklerine gönderme yapmaktadır: Bir bitkinin gelişmesini sağlayan ve özel "doğasını" karakterize eden şeyle ilgili kısıtlı bir anlamdır bu.[14] Aristoteles daha sonra bu anlamı, bütün canlıları kapsayan bir perspektifte ele alacaktır: Her varlık kendi doğasıyla tanımlanır ve bu doğa il-

(*) Burada "olgu" anlamına gelen *fait* kelimesiyle "fetişizm" anlamındaki *fétichisme*'in birlikte kullanılmasıyla, olgu fetişizmi ifade ediliyor – yay. haz.

13 Bu bağlamda yoğunlukları, içerdikleri derin bilgiler ve çok ince yargıları açısından üç önemli yapıt söz konusudur: Lenoble, Moskoviç, S., 1977 ve Glacken, C. J., 1967. Bu yapıtlar doğa düşüncesinin tarihselliğini dolambaçlı yollara sapmadan verseler de, belli bir önyargıdan kurtulamıyorlar; bu önyargı bu tarihi, dışsallığını bütün insanların görebileceği tümel bir veriden hareketle nesnelleşir gibi görmekle ilgilidir. Aynı anlayışla bkz. Collingwood, R. G., 1945.

14 Konuşan Ulysses'tir: "Argos'u öldüren Tanrı bana yerden kopardığı ve adının *phusis* olduğunu söylediği bir bitki verdi [...] Tanrılar moly diyorlar ona" (*Odysseia*, X, 302); bu bitki Ulysses'in Kirke'nin büyülerinden kurtulmasını sağlar.

ke, neden ve tözdür.[15] Oysa Homeros yeryüzündeki bazı kendiliklere özgü bu bireyleşme ilkesiyle ilgilenmez; bunun sonucu olarak da, belirli bir "doğa"sı olan şeylerin belirli bir ontolojik bütünlük, Olympos kararları gibi insan etkinliklerinden bağımsız bir Doğa oluşturabileceğini kesinlikle düşünmez.[16] Bu noktada Hesiodos da Homeros'tan farklı düşünmez. Şiirleri tanrıların ve kahramanların kökenlerini, soylarını ve dönüşüm koşullarını anlatır; maddi dünyanın özelliklerinden söz etmesinin sebebi ise, tıpkı Amerika yerlilerinin yaptığı gibi, mitoloji kahramanlarına atfedilen özellikleri daha iyi yansıtmaktır. Hesiodos'un *İşler ve Günler*'de bir farktan kısaca söz ettiği doğrudur, insanları bir bütün olarak görülen bazı hayvan türlerinden ayıran bir fark: Ona göre balıklar, yırtıcı hayvanlar ve kuşlar birbirlerini yerken, insanlar Zeus'tan adaleti almışlardır ve asla birbirlerini yemezler. Bununla birlikte burada doğa ve kültür ayrımı yoktur, hatta bir işareti bile yoktur bunun ve anılan hayvanlar, yırtıcı hayvanlar gibi davranmamaları istenen insanlar için kötü örnek oluştururlar. Bu aynı zamanda ahlâkın doğuşunda tanrıların payını hatırlatmanın bir biçimidir: İnsana ait bir özellik olan *dike,* öteki canlı türlerden bütünüyle farklı bir doğa olmaktan çok, tanrısal bir inayet işaretidir.[17]

İlk filozoflar yıldırım, gök kuşağı ya da deprem konusunda natüralist açıklamalar yaparlarken, geleneğin yasakladığı dinsel yorumlara tepki göstermişlerdir; özellikle de olağanüstü ya da korku veren olayların çoğunda ne yapacağı belli olmayan ya da gazaba gelen bir tanrının kendine özgü müdahalelerini bulan Homeros'a ve özellikle de Hesiodos'a karşı bir tepkidir bu. Filozoflar ve Hipokratik hekimler fiziksel olayları meteorlara, döngüsel olgulara ya da hastalıklara bağlarlardı... Onlara göre her fenomen türünün özel bir nedeni vardı, yani bunlar Apollon, Poseidon ya da Hephaistos'un kaprislerine değil, kendi özel "doğa"larına bağlı şeylerdi. Böylelikle evrenin açıklanmasının mümkün olduğu, anlaşılması gereken yasalara göre düzenlendiği, bu evrende keyfi bir tanrının ve eski zamanların boş inançlarının söz konusu olamayacağı düşüncesi yavaş yavaş yerleşir. Elbette, burada söz konusu olan bir elitin kanılarıdır ve bunlar dinsizlik suçlamalarına maruz kalma tehlikesiyle karşı karşıya kalmamak amacıyla büyük bir dikkatle ve temkinli bir tavırla açıklanmıştır. Ama Hippokrates ve öğrencilerinde, İonialı filozoflarda ve sofistlerde doğa alanı bir proje ve bir umut olarak ortaya çıkmaya başlar: Fiziksel olguları ve canlı organizmaları içeren, belirgin özelliği süreklilik ve öngörülebilirlik olan bu yeni var-

15 *Fizik,* II, 192 b.

16 Geoffrey Lloyd şöyle diyor bu konuda (1996, s. 59): "Homeros'ta doğa olarak doğa alanını-"kültür"e karşı ya da "doğaüstü"ne karşı belirten bütüncül bir kavram ya da kategori yoktur" (italikler yazara aittir).

17 *İşler ve Günler* (*Les Travaux et les Jours,* 275). Marcel Detienne'e göre bu pasaj Yunan düşüncesinde insanlar ve hayvanlar arasındaki radikal bir karşıtlık gibi anlaşılmalıdır; hayvanlar insanların tersine sürekli birbirlerini yemeye mahkûmdurlar (Dionysos mis à mort, Gallimard, Paris, 1977, s. 140-141). Bununla birlikte bütün hayvanlar birbirlerini yemezler ve bu bağlamda Hesiodos sadece balıklardan, yırtıcı hayvanlardan ve kuşlardan söz ediyor. Ayrıca birbirini yeme daha önce anılan her kategorinin kendi içinde olup biten bir olgu gibi gözükür ve bütün hayvanlara özgü bir durum değildir. Dolayısıyla bu noktada Detienne'in doğru bir gözlemde bulunduğunu söylemek ve hayvanların birbirlerini yemelerinde Yunanlıların insanlar ve bütün hayvanlar arasında yaptıkları bütüncül ayrım ölçütünü bulmak zor gözüküyor. Hesiodos'un bu pasajı ve Detienne'in yorumu konusunda beni uyaran Eduardo Viveiros de Castro'ya teşekkür ediyorum.

lık düzeni, tanrının niyetinden arta kalan şeylerden, hiçbir değeri olmayan birtakım rastlantısal yaratımların ve insanların ürünlerinin arta kalanlarından ayrılır.

Bilindiği gibi yeni başlayan bu araştırma ve inceleme konularını sistemleştiren, sınırlarını belirleyen, özelliklerini tanımlayan, işleyiş ilkelerini açıklayan Aristoteles'tir. Aristoteles'te doğanın nesnelleştirilmesi, siyasal örgütlenmeden ve onu yönlendiren kurallardan esinlense de, bu yansımayı tersten formüle eder: Bu bağlamda toplumun *phusis*'in kurallarına uyduğu ve doğal hiyerarşinin olabildiğince sadık bir kopyası olduğu düşünülür. Böyle bir devrimin ihtişamlı Perikles döneminden sonra gerileyen ve önemi tartışılan, elinden kaçan bir egemenliğin koşullarını irdelemek zorunda kalan, çalkantılı ve sıkıntılı Atina'da gerçekleşmesi önemlidir. Özgürce kabul edilen bir mükellefiyet ve birlikte yaşama olanağı olarak yasalar üstüne, acil ve doğrudan yargılardan uzak kalarak yürütülen düşünme, yasanın en soyut özelliklerin saptanmasını sağlar ve bunlar doğa yasaları için bir prototip oluşturur.[18] *Phusis* ve *nomos* birbirinden ayrılmaz artık; şeylerin çokluğu, bilinebilir yasalara bağlı bir bütün içinde eklemlenir, aynı şekilde yurttaşlar topluluğu da özel amaçlardan kurtulmuş kamu ediminin kurallarına göre düzenlenir. İki paralel meşruiyet alanıdır bunlar, ama biri özel bir dinamizm ve yönelimsellikle donatılmıştır, zira Doğa insanların değişkenliğini tanımaz.

Hiç kuşkusuz Aristoteles'in doğası Modernlerinki kadar kapsayıcı değildir. Ayaltı dünyayla, fenomenlerin ve bildik varlıkların dünyasıyla sınırlıdır. Bunun ötesinde, davranışları düzenli ve tahmin edilebilir olsa da mükemmelliklerinin onları doğal belirlenimlerden azat ettiği ilahi yıldızların dolaştığı değişmez gökler vardır. Buna karşılık ayaltı dünyada doğa olayları, yadsınması mümkün olmayan bir farklılıkla donatılmıştır: "Gerçekten bazı varlıklar doğadan (*phusei*) gelmiştir, bazılarının ise nedenleri farklıdır; hayvanlar ve parçaları, bitkiler ve basit bedenler doğaldır [...]. Gerçekten bunlar ve benzer başka şeylerin doğal oldukları söylenir."[19] Aristoteles *doğadan gelen* bu kendiliklere özgü ontolojik düzeni irdelerken, "doğa" sözcüğünün bugün hâlâ yaygın olan anlamlarından birine kuramsal bir temel kazandırır: Hareketinin ve hareketsizliğinin kaynağını kendi içinde taşıyan bir varlığın gelişmesinin üretici ilkesidir bu, onu belli bir tipe göre kendisini gerçekleştirmeye götüren ilke. Ama Aristoteles fiziği doğal bir sistematikle, farklı yaşam biçimlerinin bir dökümüyle ve örgütlü bir bütünlük içinde oluşturdukları yapısal ilişkilerle tamamlanır. Burada Aristoteles doğayla bir düzen oluşturan ve yasalara tabi olan bir varlıklar toplamı olarak ilgilenir – daha sonraki birçok kuşağın da kabul edeceği yeni bir anlamdır bu. Aristoteles'in girişimi, her yaşam biçiminin bir yaşamsal işlevi –hareket, üreme, beslenme ve solunum– gerçekleştirmeye yarayan organ cinsiyle nitelendirildiği bir bağlamda, her varlık sınıfını, o sınıfın diğerleriyle aynı yaşam biçimi içerisinde paylaştığı özelliklerdeki çeşitlenmelerden yola çıkarak ayırt etmektir. O halde bir tür, içinde yer aldığı yaşam biçimine özgü temel organların gelişmişlik dü-

18 Bkz. Lenoble'un Atina'da yaşayan yabancılara tanınan güvenceler, onların özel bir hukuk çerçevesi içinde farklılıklarının tanınması ve yasalarla yönetilen fiziksel bir dünyanın dışsallığının yeni algılaması arasında kurduğu ilginç paralellik (1969, s. 60).

19 *Fizik*, II, 192 b.

zeyinden hareketle belirlenebilir. Sözgelimi kuşların kanatları, dörtayaklıların ayakları, balıkların yüzgeçleri farklı yaşam biçimlerinde aynı işleve sahiptirler; ama kuşların tipik beslenme ve hareket organları, gagaların ve kanatların boyu da türlerin yaşam biçimlerine göre ayrılmaları konusunda bir ölçüt oluşturur. Organizmaların bu şekilde birleştirme ve ayırma yoluyla sınıflandırılması her varlığın özel "doğası"yla da desteklenir, öyle ki amaç, türlerin özel habitatlarından koptuğu ve onlara atfedilen sembolik anlamlardan soyutlandığı bir Doğa sistemini oluşturmaktır. Bu durumda türler artık organlardan oluşan bütünlükler ve bilinen dünyanın tümünü kapsayan bir koordinatlar tablosu içinde bulunan işlevlerden ibarettir.[20] Bu şekilde çok belirleyici bir adım atılmıştır. Aristoteles doğadaki kendilikleri bağlamlarından soyutlayarak ve onları nedensel tipteki kapsayıcı bir taksinomi içinde düzenleyerek özgün bir nesneler alanı oluşturur: Batı'ya o tuhaf tekilliğinin birçok çehresini kazandıracak olan da işte bu alandır.

Yaradılışın Özerkliği

Yunan düşüncesinde, özellikle de Aristoteles'te insanlar hâlâ doğanın parçalarıdır. Kaderleri ebedi bir kozmosun kaderinden ayrı değildir ve bu kozmosu yöneten yasaları bilebildikleri için bu kozmos içinde yer alabilirler. Dolayısıyla Modernlerin doğasının var olabilmesi için ikinci bir arılaştırma işlemi, insan varlıklarının doğanın dışında ve ondan üstün olarak konumlandırılmaları gerekliydi. Bu ikinci dönüşümü Hıristiyanlık getirmiştir: İnsanın aşkınlığı ve Tanrı'nın hiçlikten evreni yaratması yönündeki ikili düşüncesiyle. Yaradılış Tanrı'nın varlığının, iyiliğinin ve mükemmelliğinin kanıtıdır, ancak eserleri Tanrı'yla karıştırılmamalı, doğanın güzellikleri de kendileri için değerlendirilmemelidir: Bunlar Tanrı'dan gelirler ama Tanrı mevcut değildir onlarda. İnsan da yaratılmış olduğu için anlamını bu kurucu olaydan alır. Dolayısıyla insanın doğadaki yeri öteki unsurlar arasındaki bir unsur değildir, insan bitkiler ve hayvanlar gibi "doğadan gelen" bir varlık değildir, maddi dünyaya aşkın bir varlıktır; özü ve gelişmesi itibariyle doğanın ötesindeki lütufa bağlıdır. İnsan bu doğaüstü kökenden dünyayı yönetme hakkı ve misyonunu alır, zira Tanrı insanı Yaradılışı denetlemesi, örgütlemesi ve ihtiyaçlarına göre düzenlemesi amacıyla tekvinin son gününde oluşturmuştur. Aynı şekilde hayvanları adlandırma gücüne sahip olan Âdem de doğaya kendi düzenini getirmekle görevlendirilmiştir, tıpkı onun soyundan gelenlerin dünyada çoğalarak Tanrı'nın amacını gerçekleştirmeleri gibi. Yaradılışın her yere egemen olması yönündeki ilahi niyet böyle gerçekleştirilir. Bununla birlikte doğa insanlara geçici bir süre için emanet edilmiştir. Çünkü dünyanın bir başlangıcı ve sonu vardır artık: Hıristiyanlığın Yahudi geleneğinden aldığı ve hem pagan Antik anlayışla, hem de etnografi ve tarihin sınıflandırdığı kozmolojilerin çoğuyla çelişen tuhaf bir kavramdır bu. Yaradılış, doğa yok olduğunda ve sadece belli başlı kahramanlar kaldığında (Tanrı ve ruhlar, yani başka bir görünüm altındaki insanlar), dekorlar kaybolduktan sonra da devam edecek olan bir piyesin geçici bir sahnesidir.

Yaradılış düşüncesi ve sonuçlarına dair bir takıntı içinde olan Ortaçağ, Antik dönemden

---

20 Aristotelisyen sistematiğin ilkeleri üstüne bkz. Atran, S., 1985.

de bazı dersler çıkarmıştır. Bu koşullarda doğanın birliği üstüne sentezler doldurur ortalığı: Kutsal Kitap yorumlarıyla Yunan fiziği, özellikle 12. yüzyıldan sonra Aristoteles'in yapıtlarının yeniden keşfedilmesiyle birleşir. Dünyanın dışsallığı bütün Ortaçağ'ı kaplayan bir metafor aracılığıyla açık bir karakter kazanır: Bütün çeşitliliği ve uyumuyla doğa, kutsal yaradılışın gizlerinin çözüleceği bir kitap gibidir. Doğanın kitabı hiç kuşkusuz Kutsal Kitap değerinde değildir, zira aşkın varlık olarak Tanrı eserleri aracılığıyla kendisini eksik bir biçimde ortaya koyar. Dolayısıyla dünyanın bir örnek, bir yorum, kutsal kelamın bir tamamlayıcısı olarak okunması gerekir. Bununla birlikte çok sayıda Ortaçağ yazarı bu kuruluş kaynağına çok önem verir, zira yeterli eğitimleri olmadığından kutsal metinleri aracısız anlayamayanların tek kaynağıdır bu: "En cahil insan bile okur dünyayı" der aziz Augustinus.[21] Şunu da belirtelim ki bu şiirsel iyimserlik bazı misyonerlerin gözünde hâlâ çok önemlidir ve bu misyonerler Hristiyanlaştırmak istedikleri kabilelerin kendi çevrelerinde, aziz Basileios ve aziz Francesco tarafından yüceltilen uyumlu doğayı kavrayabileceklerinden hiç kuşkulanmamış gözükürler. Hatta burada bu düşüncenin Batı'ya özgü ilk ifadesini görmek gerekir: Doğa evrensel bir biçimde açıktır ve ne kadar yabanıl olursa olsun hiçbir halk doğanın birliğini kavramamazlık edemez.

Doğanın kitabı teması, yansımaları ekolojik etiğin belli bir Hıristiyan vizyonunda kavranabilen doğal teolojinin gelişmesini besler.[22] Yaradılışta kutsal amacın sonuçlarını irdeleyen bu teoloji hiç kuşkusuz vahiy edilmiş teolojinin yardımcısından başka bir şey değildir, ancak aynı zamanda da Aquinalı Thomas'nun geliştirdiği doğanın yorumlanmasının ve Tanrı bilgisinin çok önemli bir tamamlayıcısıdır. Onun Aristoteles'e dayanan doğal teolojisi, dünyanın düzenlenmesinde ereksel nedenlerin –Tanrı'nın zekâsı– ve harekete geçirici nedenlerin –doğal etken– sonuçlarını gösterir. Aristoteles'in doğanın hiçbir şeyi rastlantı sonucu ortaya çıkarmadığı yönündeki ilkesini de benimseyerek, onun koşulsuz erekselciliğini kabullenir: Her şey doğal nesnelerin biçim ve süreçlerinin, işlevlerine en iyi biçimde uyum sağladıklarını göstermektedir. Öte yandan bu dünyada Âdem'in soyundan gelenler ön plandadır kesinlikle ve kendilerinden aşağı olan yaratıkları da onlar yönetirler, zira "insanın hayvana egemen olması doğanın düzeniyle uyumludur."[23] Bu hâkimiyetin yanı sıra, Tanrı ve insanlar arasında bir ortak ölçü düşüncesi de Tekvin'de de doğrulanmıştır. Canlı varlıkları yaratan Tanrı'nın zekâsıdır, dolayısıyla bu yeteneğin bazı canlı varlıklarda da bulunması ve böylelikle bu varlıkların evrenin mükemmelliği içinde ilahi amacın iyiliğini anlamaları makuldür. Bu sebeple akıl ve bilgiyle donatılmış olan insan, böylece Yaradılış'ın arta kalanından ayrı bir yerde bulunur: İlahi niyetten gelen, mütevazı ve sorumluluk yüklenmiş bir üstünlüktür bu. Aziz Augustinus *Doğuşun Gerçek Anlamı*'nda bir noktanın altını çizmiştir: Yaradılış içerisinde bir tek insan birçok hayvan türüne karşı tek bir cins oluşturur. 16. yüzyıl ilahiyatçıları da insan soyunun tek bir kökten indiğini *(monogénisme)* kanıtlamak amacıyla bu çok önem-

21 Augustin, *Sermons sur les Psaumes,* 45.
22 Arnould, J., 1997.

23 Thomas d'Aquin, Somme théologique, Ire Partie, Question 96, article 1.

li yoruma dayanmışlardır.[24] Dolayısıyla Ortaçağ Tanrı'nın lütfuna mazhar olacaktır: Tanrısal aşkınlık, insanın tekilliği, dünyanın nesnelliği... Klasik çağın bizim bildiğimiz şekliyle doğayı yaratmasını sağlayacak düzeneğin bütün parçaları bir araya gelmiştir.

Doğanın Özerkliği

Modern kozmoloji karmaşık bir süreçten doğar ve bu sürecin içinde estetik duyarlığın ve resim tekniklerinin evrimi, dünyanın sınırlarının gelişmesi, makine kullanımındaki gelişmeler ve mekanik zanaatların yaygınlık kazanması, benzerliklerin yorumuna dayalı bir bilgiden düzen ve ölçünün evrensel bilimine geçiş iç içedir. Bunlar, matematik bir fiziğin ama aynı zamanda doğa tarihinin ve genel bir dilbilgisinin geliştirilmesini mümkün kılan bir dizi faktördür. Geometri, optik, taksinomi, işaret kuramı değişiklikleri buluşların birikmesinden ve yeteneklerin gelişmesinden çok insanın dünyayla ilişkilerinin yeniden örgütlenmesinin ve bunu mümkün kılan analiz aygıtlarının bir sonucudur; kısacası, Merleau-Ponty'nin dediği gibi "Doğa düşüncesinin değişmesi bilimsel buluşların bir sonucu değildir. Bu buluşları getiren Doğa düşüncesinin değişmesidir."[25] 17. yüzyılın bilimsel devrimi, her unsurun davranışının bu unsurların parçalarının ve etkileşiminin toplamı gibi görüldüğü bir bütünlük içinde yasalarla açıklanabildiği mekanik doğa düşüncesini meşrulaştırmıştır. Bunun için birbirleriyle yarışan bilimsel teorileri geçersiz kılmak gerekmemiş, ancak Aristoteles'in ve Ortaçağ skolastiğinin erekselliğini saf dışı etmek, onu ilahiyat alanına göndermek ve Descartes'ın yaptığı gibi sadece hareket ettirici sebep üstünde durmak gerekmiştir; hiç kuşkusuz bu etkiler Tanrı'yla ilişkilidir ama bu Tanrı bütünüyle hareket ettirici bir Tanrı'dır, geometri terimleriyle kavranan bir hareketin ilk kaynağı ve onun sürekli biçimde korunmasının güvencesidir. Tanrı'nın müdahalesi daha soyut bir hale geliyordu, dünya makinesinin çarklarının işleyişinde daha az etkiliydi, inancın gizemleriyle ya da hareketsizlik ilkesinin açıklanmasıyla sınırlıydı. Bununla birlikte yönelimsel bir doğa hayalini reddeden bir Bacon, bir Descartes ya da bir Spinoza'nın yanında daha mütevazı bir akım erekselci inançlara, anlaşılması onu oluşturan unsurların etkisinin daha iyi açıklanmasını sağlayabilecek bütüncül bir plana göre örgütlenmiş bir doğa düşüncesine bağlı kalır. Kepler, Boyle ya da Leibniz dengeli bir bütünlük ve birlik olan bu doğa anlayışının önemli sayılabilecek savunucuları olmuşlardır ve bu anlayışı daha sonra Buffon, Alexandre von Humboldt ve Darwin sürdürmüştür. Bu zincir hiç kuşkusuz belirgin özelliği organizmaların uyarlanmasının ya da ekosistemler homeostazisinin neredeyse kaderci bir vizyonu olan belli bir çağdaş biyolojinin teleolojik eğilimlerine küçümsenmeyecek katkılar yapmıştır. Bununla birlikte 17. yüzyılda maddecilik yanlılarında ve organikçi dünya yanlılarında doğa ve insan ayrımı meşruiyet kazanmıştır. Böyle bir ayrımı reddederek insan davranışını evrensel determinizmin düzenlediği bir olgu gibi düşünen ve doğanın amacını kendilik bilincine benzerlik yoluyla düşünenlerin önyargılarını ifşa eden Spinoza, bu çabasında tek başınadır. Çoğunluğu oluşturanlar, doğal sonuçlar ilahi bir düşüncenin etkisiyle bir amaca göre oluştuklarından, "Yaradılışın naibi"

24 Bkz. Duvernay-Bolens, J., 1995, s. 98.
25 Merleau-Ponty, M., 1994, s. 25.

insanın anlamaya çalıştığı gerçeklikten bütünüyle farklı olduğundan, İngiliz hukukçu Matthew Hale'in ünlü ifadesiyle Tanrı'nın "insanı, güç, otorite, hak, egemenlikle donattığı ve yeryüzünün güzelliği, yararı ve üretkenliğini titizlikle koruması için görevlendirdiği" konusunda fazla kuşku duymazlar.[26] Özerk ontolojik alan, bilimsel araştırma ve deney alanı, işlenmesi ve geliştirilmesi gereken bir nesne olarak doğa artık çok az insanın sorgulayacağı bir varlık kazanır.

Doğa fikrinin klasik çağda bu kadar önem kazanmasının nedeni, dünyadaki yaşamın güçlü hareketinin, artık onun gizemini çözmek ve sınırlarını belirlemek için uğraşacak gözlerin önündeki perdeyi birden kaldırmış olması değildir. Bu kavram başka bir kavramdan, doğanın mekanizmalarının ve düzenlerinin değerlendirildikleri yeri daha iyi kuşatabilmek amacıyla bir tür parçalanma, bölünmeyle doğurduğu "insan doğası" kavramından ayrı değildir. Varlığın küçük bir bölgesi sabit nokta işlevi görmek amacıyla kopmuştur oradan. Bununla birlikte Michel Foucault'nun işaret ettiği gibi bu iki kavram, bu dönemde düşüncenin iki boyutunun karşılıklı ilişkisini kurabilmek amacıyla birlikte etkili olurlar: Kişisel izlenimlerden hareketle düzeni yeniden oluşturma düşüncesine mal edilen güç olarak hayal gücü ve benzerlik, yani düşünceye bilginin biçimlendirme etkinliğini empoze edebildiği temel üstünde belli belirsiz gözüken özdeşlik alanını sunan özellik.[27] Anlamlarının çok genel olması dolayısıyla Doğa ve insan doğası, varlıkların sürekli yeniden başlayan bu analojik çoğalmasıyla, imajları ve geri gelişleriyle birlikte tümevarım mekaniği arasındaki bu yeni düzenleme olasılığının ölçülü bir biçimde birleştirilmesini sağlar. Dolayısıyla insan olmayanların anlaşılması ve denetlenmesi, örgütlenmiş bir bütün olarak insanlar topluluğuna veya gelenekleri, dilleri ve dinleriyle farklılaşmış tekil topluluklara değil, bilen ve eyleyen özneye, sıcak odasında çalışan bilim adamına ve polderleri kurutan mühendise, boşaltma pompasını çalıştıran fizikçiye ve Colbert'in emrindeki sular ve ormanlar idaresi görevlilerine düşer. Burada Doğa ve karşısındaki insan doğası da vardır, ancak henüz kavram ve analiz alanı olarak toplum yoktur.

Kelimeler ve Şeyler'den bu yana, insan kavramının ve buna bağlı pozitif bilgileri irdeleyen bilimlerin doğuşunun Avrupa kültüründe geç gelen olaylar ve insanlık tarihinde de büyük olasılıkla yeni bir şey olduğunu söylemek neredeyse sıradan ve basit bir şey haline geldi. Foucault'ya göre, bu olaylar 18. yüzyılın son yıllarında, özdeşlik ve fark ağlarının eş zamanlı bir biçimde düzenlendikleri bir genel şemanın yerine, tarihsel süreklilik zinciri içindeki yakınlıkları dolayısıyla kendi aralarında karşılaştırılabilir örgütlü sistemler arasında bir komşuluk alanının açıldığı Batı *episteme*'sinin alt üst olmasıyla başlıyordu. Dolayısıyla Foucault, insan bilimlerinin hiçbir biçimde, içinde daha önce insan doğasının yer aldığı alana az çok benzeyen boş bir alandan türemediğini, pozitif bilgiler ve sağlam araçlarla verim alacakları, iyi işaretlenmiş ancak sürülmemiş bir topraktan türemediğini söylüyordu. Kısacası ve Foucault'nun çarpıcı ifadesiyle, "17. ve 18. yüzyıllarda hiçbir felsefe, hiçbir siyasal ya da ahlâksal

26 Spinoza, *L'Ethique* (Ahlâk), I. Böl., XXXVI. Önermeye ek; Sir Matthew Hale, *The Primitive Origination of Mankind,* Londra, 1677, s. 370, Glacken, C. J. tarafından aktarılmıştır, 1967, s. 481.

27 Foucault, M., 1966, s. 85.

tercih, hangisi olursa olsun hiçbir ampirik bilim, hiçbir insan bedeni araştırması, hiçbir duyum, hayalgücü ya da tutku çözümlemesi insan gibi bir şeyle karşılaşmamıştır; çünkü yoktu insan."[28] Foucault'nun insan bilimlerinin yeraltında yaptığı stratigrafik araştırmaların sonucu şimdi çok iyi bilindiğinden, bunları daha ayrıntılı bir biçimde yorumlamamız gerekmiyor. Ancak, kendi işimize yarayacak bir noktayı akılda tutalım: Örgütlü bir bütünlük olarak toplum kavramı ancak 19. yüzyılda ortaya çıkıyorsa ve dolayısıyla böyle bir kavram ancak bu dönemde doğanın zıddı olarak düşünülüyorsa, o halde bu iki kavramın karşılıklı doğuşu, yan yana gelebilecekleri işlevsel bir alanda olgunlaşmaları, süreksizliklerinin izin verdiği üzere gerçekliği parçalara ayırmaları, bütün bunlar tekil çatallaşmaların ve çoklu kopuşların ürünü olan o kadar uzun ve tekil bir sürecin sonucudur ki, bu sürecin bizimkinden başka kültürlerce de paylaşılmış olması gerçekten zor anlaşılırdı.

Yine de Rousseau'yla ilgili kısa bir not düşelim. Lévi-Strauss'un modern etnolojiyi öncelemesi bağlamında ona biçtiği role göre Rousseau, *İnsanlar arasındaki eşitsizliğin kaynağı*'nda henüz doğmakta olan bu bilimin yöntemini kestirebilmişti, zira ortak özelliklerini daha iyi anlayabilmek için insanlar arasındaki farklılıkları gözlemeyi öneriyordu. Öte yandan bu role göre Rousseau, etnolojinin programını da oluşturmayı bilmişti, çünkü doğa ve kültür ilişkileri problemini somut biçimde ortaya koymuş, bunu kesin bir ayrılık olarak değil, insanın içerisinde en mütevazıları da dâhil olmak üzere tüm yaşam biçimleriyle özdeşleşmeyi sağlayan şeyin nostaljik ve genellikle umutsuz bir arayışı çerçevesinde dile getirmişti.[29] Dolayısıyla yapısal antropolojinin kurucusunun militan Rousseauculuğu, aldığı eleştirilere rağmen, Aydınlanma düşüncesinde doğa ve toplum düalizminin öncüllerini bulup 20. yüzyıl antropolojisinde canlandırma girişimi olarak görülemez. Çünkü Rousseau'da yurttaşların bir araya gelmesi, modern sosyoloji anlamında bir toplum değildir, yani bireylerin üstünde ve dışında bir bütünlük, gereksinimleri ve amaçları kendisini oluşturan bireylerinkinden farklı bir tüzel kişilik, bireylerin iradelerinin toplamından daha fazla ve daha farklı bir şey olan toplumsal çıkarın yönlendirdiği özerk bir birim değildir. Nitekim Durkheim da, kolektif yararlılık konusunda kendisinin geliştirdiği, organik bütünlüğü içinde düşünülen toplumsal varlığın göz önünde bulundurulmasıyla belirlenen kavramı Rousseau'nun ifade ettiği toplumsal çıkarla, herkese yararlı olan şeylerin toplamı olan genel iradeyi oluşturan "ortalama bireyin çıkarı"yla karşılaştırırken yanılmamıştır.[30] Durkheim'ın aşkın toplumu ve meşruiyet koşullarını *Toplum sözleşmesi*'nin belirlediği, karşılıklı anlaşmalarla bir araya gelen bireylerden oluşan toplum arasında, bir derece farklılığının ya da bir eğilim değişikliğinin ötesinde bir ayrım vardır. Birincisi yeni bir cinse ait ontolojik bir birimdir ve bunun izlerini ya da belirtilerini, toplumsal ilişki kuramı son derece

28 *A.g.y.*, s. 355.

29 Cl. Lévi-Strauss, "Jean-Jacques Rousseau, fondateur des sciences de l'homme", ayrıca bkz. Lévi-Strauss, Cl., 1973, s. 45-56.

30 E. Durkheim, "Le "Contrat social" de Rousseau", Revue de métaphysique et de morale, mars-avril 1918, s. 138-139, Robert Derathe tarafından aktarılmıştır: Jean- Jacques Rousseau et la science politique de son temps, Vrin, Paris, 1974, s. 239.

verimli bir analojiler kaynağı içerse de Rousseau'da bulmak mümkün değildir. İçlerinde Lévi-Strauss'un da bulunduğu bazı bilim insanları ve araştırmacılar bu kaynaktan yararlanarak duygu gücünün ve erdem övgüsünün arkasında ötekiyle uyum sağlama tarzları konusunda özgün bir düşünce bulmuşlardır.

KÜLTÜRÜN ÖZERKLİĞİ

Bununla birlikte düalizmin soykütüğünü çıkarma denememiz, toplum kavramının ortaya çıkışıyla sona ermez, zira çağdaş etnolojinin varlık nedeni aldığı, ancak daha yakın bir dönemde sağlamlaştırılmış bir kavramdır: Etnolojiye özgü araştırma alanını tanımlayan ve insanla eylemlerinde doğadan ayrılan her şeyi ifade edip bundan bir anlam çıkaran kültür kavramı. Kendilerine yüklenmek istenen anlamlara hiç direnmeyen, dünyanın çeşitliliğinde görülen özlemler, süreçler ve güçler keşmekeşinin şu ya da bu bölgesini uygun bir imleyende bir araya getirmeye teşne "doğa" ve "kültür" gibi bulanık terimlerin, belirlenimlerinin olumluluğunu ve birleşmelerinden gelen açıklık hissini kendi aralarındaki karşıtlık içerisinde bulmaları herhalde kaçınılmazdı. Bununla birlikte kültür fikri doğa fikrinden kesinlikle daha geç bir döneme denk düşse, ortaya çıkışı daha az olumsal olmadığı gibi anlamlarının kapsadığı alanı daraltan hareket de daha basit değildir.

Her etnolog Alfred Kroeber ve Clyde Kluckhohn'un kültür tanımlarının büyük bölümünü bir araya getirdikleri ünlü eleştirel dökümü bilir.[31] Ben onların çıkardıkları 164 tanımdan önemli bulduğum ikisinin üstünde duracağım sadece. "Hümanist" dedikleri birinci anlam, kültürü insanlık durumunun ayırıcı karakteri olarak görür; bu bağlamda Edward B. Tylor'un 1871'de yaptığı ve kurallar getiren tanım geleneksel anlamda modern antropoloji alanının doğuş belgesi gibi kabul edilir: "En geniş etnografik anlamıyla Kültür ya da Uygarlık, bilgileri, inançları, sanatı, gelenekleri, hukuku, alışkanlıkları ve de toplum içinde yaşayan insanın her türlü amaç ve alışkanlığını kapsayan karmaşık bütündür."[32] Burada kültür, mükemmelliğin gelişen hareketine bağlı kolektif yaratılışa uyum anlamında uygarlıktan ayrı değildir; 19. yüzyıl son çeyreğinin evrimci antropologlarının benimsedikleri bakış açısıdır bu. Bu bakış açısı, kültür kurumlarının eksiksizlik derecesine bağlı olarak düzenlenmiş toplumların karşılaştırılmasını mümkün ve gerekli bulur. Bu kurumlar doğal zorunluklara ve içgüdüsel belirlemelere egemen olma bağlamında insanlığın evrensel bir eğiliminin az çok gelişmiş ifadeleridir. Gerçek anlamda antropolojik kültür kavramı daha geç bir dönemde ortaya çıkmıştır. Her toplumun geleneksel olarak benimsenmiş, maddi ve entelektüel özellikler açısından belli bir yaşam biçimine denk düşen, bir dilin özel kategorileri içine kök salmış, bireylerinin özel ve toplumsal davranışlarının sorumluluğunu üstlenmiş, tek ve tutarlı bir biçim veya görünüm oluşturduğu düşüncesi 20. yüzyılın dönüm noktasında Franz Boas'ın etnografya çalışmalarıyla belirmeye başlamıştır.[33]

31 Kroeber, A. ve Kluckhohn, C., 1952.

32 Tylor, E. B., 1871, c. I, s. 1.

33 Stocking, G. W. Jr., 1968, s. 195-233. Adam Kuper (1999, s. 47-72) Boas'ın Kuzey Amerika antropolojisi içinde kültür kavramının ortaya çıkışındaki rolünü kabul etmekle birlikte bu kavramın çağdaş kullanımının istikrar kazanması ve gerçek anlamda kültürcü bir araştırma programının gelişmesinin çok daha geç bir dönemde, Tal-

Boas'ın öğrencileri tarafından gözden geçirilen ve daha sistematik bir biçimde geliştirilen Boas düşüncesi, Kuzey Amerika antropolojisinin kalıbını oluşturacak ve "kültüralist" yönelimini kalıcı bir biçimde tanımlayacaktır. "Kültür" bu ikinci tanımıyla çoğuldur (tikel gerçekleşmelerin çokluğu olarak anlaşılır) ve tekil (insanlığa özgü nitelik) değildir; halkların modern Batı'ya yakınlıklarına göre derecelendirilmesinin yerini bütün kültürlerin değerli olduğu senkronik bir tablo alır; evrim kuramcılarının iyimser evrenselciliğinin yerini, merkezi monografik derinleşme ve özelin zenginliğinin açığa çıkarılması olan bir yöntemsel görecilik alır; teleolojik ağırlık ise ahlâkın sürekli ilerlemesine inanmaktan çıkıp her kültürün kendini koruduğu ve *Volksgeist*'ını sürdürdüğü yolundaki önkabule kayar.

Bu kültür düşüncelerinden her biri etnolojide az çok özel bir statü kazanmadan önce, belirli ulusal bağlamlarda ve yansımaları farklı bilimsel geleneklerin kuramsal eğilimlerinde görülebilen bir farklılaşma sürecine göre billurlaşmıştır. Evrensel anlamında kültür, daha önce gördüğümüz gibi uygarlıktan ayrılamaz; her iki terim antropolojide 20. yüzyıl başına kadar Boas tarafından bile ayrım gözetilmeden kullanılmıştır. "Uygarlık" (*civilisation*) sözcüğü oldukça yenidir, zira bu sözcük Fransa'da ilk kez 1757'de Mirabeau tarafından kullanılmış, İngiltere'de ise eşdeğer anlamlı aynı sözcüğü Ferguson yaklaşık on yıl sonra kullanmıştır.[34] Buradaki anlam, yüzeysel veya donuk özellikler olan kentli tavırlar ve davranışın uygarlığıyla tezat içerisinde, medeni gelişme ve erdemin ilerlemesi sonucunda uygarlaşmış toplum fikridir. Ancak Norbert Elias'ın işaret ettiği gibi *civilisation* kavramı Almanya'da çok farklı bir anlam kazanacaktır, zira sözcüğün ilk başta karşıt olduğu şeylere, yani toplumsal nitelik, etkili bir görünüm ve iyi konuşma, kısacası Fransız zevkini taklit eden sarayın soylu tavrı anlamında uygarlaşmış alışkanlıklara yakınlaşması durumu söz konusudur burada. Bu şekilde anlaşılan görünümün uygarlaşması fikrinin tersi, kültürdür.[35] Sözcük insan etkinliğinin bazı üretimlerine özgü bir karakteri çağrıştırır, zira bu etkinlikler bir ulusun dehasının kanıtları olarak onun kendine özgü değerlerini açıklarken, aynı zamanda söz konusu ulusun bunlardan övünç duymasını sağlar. Almanya'da kültür ve uygarlık karşıtlığının ilk başta toplumsal bir boyutu vardır; saray aristokrasisi tarafından her türlü gerçek iktisadi ve siyasal sorumluluğun dışında tutulmuş, kendi ayrıcalıkları olan ama yaratıcı atılımdan yoksun olduğu kabul edilen bir burjuva *intelligentsia*'sının polemik argümanıdır bu. Fransız Devrimi'nden sonra bu iki kavramın ifade ettiği değerler arasındaki karşıtlık ulusal bir karakter kazanmaya başlar: Kültürlü orta sınıfın idealleri Alman kültürünün sembolleri olur ve bu durum yayılmacı ve kendine güvenen bir Fransa'nın Avrupa'nın dört bir yanına taşıdığı uygarlık düşüncesiyle çelişir.

Devamı çok iyi bilindiğinden üstünde durmam gerekmiyor. Almanya'da Aydınlanma'ya nasıl tepki gösterildiği biliniyor: Herder, Fichte,

cott Parsons'un çalışmaları ve Clifford Geertz ve David Schneider üstündeki etkisiyle devreye girdiğini söylüyor. Boas'ın ABD'ye soktuğu kültür kavramının kuramsal yansımaları konusunda çok sınırlı bir etkisi olduğu bir gerçektir ancak bu alanda yaptığı çok önemli katkıların Kuper tarafından küçümsendiğini sanıyorum.

34 Benveniste, E., 1966, s. 336-345.

35 Elias, N., 1973, s. 11-51.

Aleksander ve Wilhelm von Humboldt'un nasıl evrensel hakikatler arayışından vazgeçerek kolektif özelliklerin, yaşam ve düşünce biçimlerinin, şu ya da bu cemaatin somut gerçekliklerinin ölçü kabul etmeyen çehrelerinin üstünde durdukları; siyasal birlikten yoksun bir ulusun kendine özgü karakterini oluşturan şeyler konusunda nasıl ve ne derecede takıntı haline gelebildiği; henüz doğmakta olan bir ulusun özelliklerinin dökümünü çıkarma, tanımlama ve doğrulama isteğinin 19. yüzyıl Almanyası'nda kültür fikrini nasıl temel değerlerden biri haline getirdiği biliniyor. Yirmi dokuz yaşında New York'a göç eden Boas'ın Alman üniversite çevrelerinde *Bildung* yıllarına neler borçlu olduğu da iyi bilinir, tıpkı Amerikan antropolojisinin ilk kuşağı olan ve hepsi de Alman eğitimi alan belli başlı öğrencileri gibi: Sapir Pomeranya'da, Lowie Viyana'da ve Kroeber Manhattan'ın elit *Deutschamerikanish*'inde doğmuştu.[36] Dolayısıyla Amerikan kültürcülüğünün Alman tarihselciliği içindeki kökleri çok derindir: Herder'in *Volksgeist*'ı, Wilhelm von Humboldt'un *Nationalcharakter*'i ya da Bastian'ın *Völkergedanken*'i bu kökleri oluşturur.

Evrimciliğin iflasıyla sarsılan tekil kültür kavramının, 20. yüzyıl etnolojisinde de kaybolduğu söylenemez; Boas'dan farklı düşünen Kroeber'in çok erken dönemde kültürün belirgin özelliğini, özel bir türün "süperorganik" bağımsız birimi, bireysel yaşamları aşan ve yönelimlerini tanımlayan görkemli süreklilik içinde bir töz olarak tanımlamaya çalıştığı ABD'de bile kaybolmamıştır.[37] Ama bütün insanlığın ayırt edici bir niteliği olarak kültür, özellikle Fransız ve İngiliz antropolojisinde yaşamını sürdürecektir – her ne kadar bu, Durkheim okulunun otoritesi ve aynı işlevin yerine getirilmesi bağlamında toplum kavramına öncelik vermesi nedeniyle neredeyse gizlilik içinde süren bir yaşam olsa da. Boas yanlılarının tikelciliğine karşı, kırsal yaşama öncelik veren bir tutumdur bu: İnsanlık koşulları içinde, kültürün bir yığın tekil yansımasının arkasında onun birliğini ortaya koyabilecek süreklilikler ve değişmezler (evrenseller de denebilirdi) bulmak mümkün ve önemlidir. Böyle bir isteğin yansımaları Malinowski'nin pek inandırıcı olmayan "bilimsel kültür kuramı"nda, antropolojiyi ısrarla nomotetik bir disiplin gibi tanımlayan Radcliffe-Brown'da ya da Lévi-Strauss'un düzenlerin düzenin bilimini yaratma projesinde görülür. Lévi-Strauss aslında iki kültür kavramının nasıl madalyonun tersi ve yüzü olduğunu da göstermiştir: Onun felsefe eğitimi almış olması, Aydınlanma'nın akılcılığına bağlılığı, hem insanlığın kökensel koşulu, hem de sembolik düşünceye bitmez tükenmez bir analoji kaynağı sunan, özerk bir ontoloji alan olarak Doğa'dan ayrı, *sui generis* bir gerçeklik olarak Kültür fikrini düşünmüş olmasını açıklar; ama ABD dönemi ve Boas'la yakınlığı onu göreciliğe yakınlaştırmıştır; kültürler hiçbir biçimde ahlâksal bir ölçüye ya da diakronik bir diziye göre sınıflandırılamaz.

Tekil anlamdaki kültür kavramının zenginliğini büyük ölçüde doğa karşıtlığından aldığı kesindir. Buna karşılık çoğul anlamdaki kültürler sadece kendileriyle ilişkilerine göre anlam kazanırlar, geliştikleri ortam kendilerine mal edilen özelliğin önemli bir boyutunu oluştursa da, kültürcü bir perspektif için, doğaya

36 Boas ve öğrencilerinde Alman geleneği etkisi üstüne bkz. Stocking, G. W. Jr., 1996.

37 Alfred Kroeber, "The Superorganic" (1917), ayrıca bkz. Kroeber, A., 1952.

uyum sağlama biçimleri anlaşılmalarını sağlayan birçok araçtan biridir sadece. Bir dünya görüşünün açıklanmasında dil, ritüel sistem, teknoloji ya da sofra adabı gibi araçlardan ne daha meşru ne de daha anlamlı bir yoldur bu. Dolayısıyla bütüncül kültür düşüncesi kendi içinde doğayı bir karşıtı gibi görmez. Bununla birlikte çağdaş düalizmi sağlamlaştıran da, Almanya'da doğan ve Kuzey Amerika'da gelişen bu bütüncül kültür düşüncesi olmuştur: Antropoloji alanında yaygın ve uzmanlaşmış kullanımıyla değil, yok edilmesi mümkün olmayan bütünlük olarak kültür düşüncesinin doğal gerçeklikler karşısında özerkliğini kazanabilmesi için gerekli olan epistemolojik arındırma etkinliği nedeniyle sağlamlaşmıştır.

Gerçekten de bu düşüncenin doğuşu 19. yüzyıl sonu Almanyası'nda doğa bilimlerinin ve tin bilimlerinin yöntem ve konularını belirlemeye yönelik hararetli tartışmaların dışında tutulamaz. İdealist tarih felsefesine ve de pozitivist natüralizme savaş açan tarihçiler, dilbilimciler ve filozoflar fizik, kimya ya da hayvan fizyolojisininkine eşdeğer saygınlıkta doğa bilimleri olma iddiasındaki insan bilimlerini (*humanités)* desteklemeye çalışmışlardır. Bu konuyla ilgili olarak, yaklaşık yirmi yıl içinde birçok temel metin ortaya çıkmıştır: *Dil tarihinin ilkeleri* (1880) adlı yapıtta dil tarihçisi Hermann Paul "yasa üreten bilimler" ve "tarih bilimleri" ayrımı yapar, burada tarih bilimleri tarihsel olumsallığın ürünü olarak olguların bireyselliğine saldırır; ünlü yapıtı *Tin bilimlerine giriş*'te (1883) Wilhelm Dilthey doğa bilimleriyle, "anlayış"tan gelen yani araştırmacının tarihsel bir aktörün somut durumunu empati yaparak yeniden yaşama yeteneğinden doğan *Geisteswissenschaften*'i karşıtlaştırır; Otto Liebmann'ın kendisinden birkaç yıl önce önerdiği ayrımı geliştiren Wilhelm Windelband'ın "Geschichte und Naturwissenschaft" adlı makalesi (1894) nomotetik doğa bilimleri yöntemi ve idiografik tarih bilimleri yöntemi arasında bir zıtlık oluşturur. Hatta belki Boas'ı da bu epistemolojik tartışmaya dâhil etmek gerekir, zira Boas 1887 tarihli "The Study of Geography" adlı kısa denemesinde nesnel bütünlüğü olan olguları inceleyen fizikçinin –Heidelberg'deki ilk formasyonu–yöntemiyle bütünlüğü öznel biçimde oluşturulan olguları anlamaya çalışan kozmografın –burada modeli Aleksandr von Humboldt'tur– yöntemini karşıtlaştırır.[38]

Bununla birlikte en kapsamlı bilimler sınıflandırmasını özellikle *Kültür Bilimi ve Doğa Bilimi* (1899) adlı yapıtıyla Heinrich Rickert yapmıştır, çünkü bilimlerin yöntemlerini ve nesnelerini tam bir kesinlik içinde belirleyen bir çalışmadır bu; her halükârda bilim adamı bu çalışmasında sadece Max Weber gibi çağdaşlarını değil, 20. yüzyıl Alman felsefesinin Heidegger'den Habermas'a kadar en büyük figürlerini de etkilemiştir.[39] Rickert öncelikle o dönemde daha yaygın olan "tin bilimleri" kavramının yerine "kültür bilimleri" kavramını getirmiştir. Sadece terminolojik bir yenilik değildir bu. "Tin bilimleri" adlandırması karışıklık yaratabilir ve Dilthey'de görüldüğü gibi klasik bilimlerin sadece ruhsal yaşam, olguların tinsel boyutu konularını işledikleri düşüncesine götürebilirdi: Sanki burada bize, doğa bilimlerinin ilgilendiği konulardan bağımsız olarak verilmiş kendine içrek bir gerçeklik varmış gibi. Bununla birlikte iyi bir Kantçı olan Rickert'e göre biz gerçekliği çeşitli bir süreklilik gi-

38 Boas, F, 1887.
39 Rickert, H., 1997.

bi yaşayıp kavrarız ve bu sürekliliğin ayrı ayrı alanlara bölünmesi ancak bizim tanıma biçimimize ve seçtiğimiz karakteristiklere göre ortaya çıkar: Tümel görünümüyle kavradığımızda dünya doğa olur, tikel ve bireysel açılardan baktığımızda tarih olur. Dolayısıyla nomotetik yaklaşım ve idiografik yaklaşım ayrımı yapmaktan çok, bilimsel etkinliği tek ve aynı girişim olarak düşünmek, bunu da iki farklı yöntem aracılığıyla yapmak gerekir: Doğa bilimlerine özgü genelleşme ve kültür bilimlerine ayrıcalık kazandıran bireyselleşme. Bu nedenle tarihçilerin öne çıkardığı psikoloji, insan etkinliklerini ele almanın ayrıcalıklı bir yolu olmak şöyle dursun, doğa bilimlerine aittir zira amacı zihinsel işlevlerin kurallarını bulmaktır. Bu durumda, hızla akıp giden dünyada genelleştirmelere ya da tersine tekile indirgemeye götüren yol hangi ölçüte göre nasıl tanınabilecektir? Rickert'e göre kültür bilimleri bütün insanlık için ya da en azından bir cemaatin bütün bireyleri için anlam ifade eden şeylerle ilgilenir. Bir başka deyişle bilimsel inceleme açısından kültürel süreçleri doğal süreçlerden ayıran ölçüt, değerdir.

Rickert varlıkları, genel kurallarla belirlenmiş anlamsız nesneler ve onlara atfedilen olumsal değer oranında, tekillikleri içinde ele aldığımız nesneler olarak ayırırken, ontolojik düalizmin temellerini sarsıyor: Neredeyse her gerçeklik ham ya da kesin gerçekliğine göre çehrelerinin biriyle ele alınabilir, onu üreten veya bilinçli olarak koruyanların arzu ve alışkanlıkları açısından değerlendirilebilir. Ama bu tür bir açıklamanın bedeli, iki araştırma alanı ve bütünüyle ayrışık hale gelen iki öğrenme, anlama biçimi arasında yapılan çok kesin epistemolojik bir ayrımdır... Hiç kuşkusuz dünyadaki kendilikleri iki bağımsız varoluş siciline kayıt eden basit hiyerarşik ilişkisinin doğurduğu ayrımdan daha kapalı bir ayrımdır bu. İnsan olan ve olmayan arasında aşkınlıktan gelen radikal süreksizlik ve dünyanın mekanikleşmesiyle gelen kopuşlar yoktur; bunlar sadece bize göre ve bizim onları nesnelleştirme tarzımıza göre farklılaşır, zira "doğa ve kültür arasındaki karşıtlık iki gerçek nesne grubu arasındaki ayrımla ilgili olduğundan, tekil bilimlerin bölünmesinin gerçek temelidir".[40] Kısacası karşıtlık şeylerin kendisinde değildir; bunları bölmeye yarayan donatımla oluşturulmuştur: Kökenlerle ilgili spekülasyonları bırakıp ampirik araştırmalara yönelen insan bilimleri, pozitif bilgi birikimiyle meşruiyetlerinin kanıtlarını göstermeye başladıklarında gitgide daha etkili olan bir düzenektir bu. Burada birçok çağdaşı gibi Rickert'in de *Naturwölker* çalışmalarını doğa bilimleri alanı içinde göstermesi önemli değildir, oluşturduğu genel alan, 20. yüzyıl antropolojisinin gelişebileceği alanı dolaylı biçimde gösterecektir.

DÜALİZMİN ÖZERKLİĞİ

Gerçekten de anlatmış olduğumuz uzun olgunlaşma döneminin meyvelerini toplayacak olan ve bu nedenle kendisini zor bir konumda bulacak olan, antropolojidir. Bu alanda neler olup bittiğine bir bakalım. Bu disiplinin beslendiği tartışmalar uzaktan bakanlara ne kadar sert gözükürse gözüksün, onun işlevi bağlamında geniş bir uzlaşma sağlanmıştır. Nasıl ki özel bir anlaşmazlık, itilafın doğasını ve ifade biçimlerini belirleyen ortak bir alan gerektirirse, aynı şekilde antropolojik tartışmalar da karşıtlıkla-

40 *A.g.y.*, Fransızca çevirinin 46. sayfası.

rın görülebileceği düşünce alışkanlıkları ve ortak referanslardan oluşan bir arka plan öngörürler. Bu ortaklığın sebebi, antropolojinin kendi nesnesine verdiği tanım olarak kültürdür, yani insanlığın yaratmayı bildiği Doğayla aracılık sistemi olarak, biyolojik sürekliliklerden kısmen kurtulmuş kolektiviteler halinde örgütlenen insanların teknik beceri, dil, sembolik etkinlik ve örgütlenme kapasitesinin devreye girdiği, *Homo sapiens*'in belirgin özelliği olarak anlaşılan Kültür ya da kültürlerdir. Disiplin içinde kuramsal ayrılıklar olmasına rağmen, antropolojinin çalışma alanı konusunda kesinlikle bir konsensüs vardır: Bu alan, canlının evrensel gereksinimleriyle toplumsal örgütlenmenin olumsal kurallarının birbirleriyle kesişip birbirlerini belirledikleri alandır. Başka türlü söylersek, ancak bir oranda kendilerinin şekillendirdikleri ortamlarda organizma olarak var olma zorunluluklarıyla, dünyadaki diğer kendiliklerle ilişkilerine bir yığın özel anlam atfetme kapasitelerinin kesişimi söz konusudur. Etnolojik araştırmanın bütün somut nesneleri, kolektif kurumlarla toplumsallığa biçimini değil özünü veren biyolojik ve psikolojik verilerin birleştiği bu alanda yer alır. Antropolojinin bilim alanında talep ettiği özerkliğin temelinde bütün toplumların Doğa ve Kültür arasında uyum oluşturdukları inancı yer alır; bu uyumun özel yansımalarının irdelenmesi ve mümkünse eğer ortaya çıkma ve dağılım kurallarının da bulunması gerekir. Kısacası dünyanın düalitesi, bu bilimin kucağında bulduğu iki gerçeklik düzeyi arasındaki mesafeyi kapatmak amacıyla beceri ve yetenek hazinelerini sergileyerek ortadan kaldırmaya çalıştığı kökensel ve özgün engeldir. Dolayısıyla nesnenin tanımının getirdiği yönelişler, elbette onun kavranma biçimine de yansımaktadır. İnsan deneyiminin, farklı bilgi biçimleriyle ulaşılabilen iki fenomen alanının birlikteliğiyle belirlendiği olgusu kabul ediliyorsa, bunların arayüzeylerine ya bir özellikten ya da diğerinden hareketle yaklaşmak da kaçınılmaz olur: Ya doğadan yararlanmayla, doğanın denetlenmesi ya da dönüşümüyle gelen, sonuçları çevre etkilerine, tekniklere ve tekil toplumsal sistemlere göre farklılaşan tümel belirlenimler; ya da kendi sınırları ve işleyiş biçimi olan homojen bir doğa üzerindeki sembolik işlemlerin özellikleri, devreye sokulan mekanizmaların temelliği ve uygulandıkları alanın birliği dolayısıyla yinelenen özellikler.

Bu nedenle natüralist monizm ve kültürel görecilik, onları karşılıklı olarak meşrulaştıran çatışmalar içinde gelişmeye devam eder: Toplumlar ve ortamları arasındaki ilişkileri doğrulamaya yönelik her şeyi kapsaması gereken epistemolojik bir sürekliliğin iki kutbunu oluştururlar. Uç pozisyonlar polemiklerle radikalleştiklerinden, antropolojinin dünyanın, karşılıklı bağımlılıkları gösterilmesi gereken iki gerçeklik tipine ayrılabileceği postulatı içinde yer alması dolayısıyla kendi kendisini kapattığı çelişkileri saf bir biçimde yansıtırlar. En uç ifadeleri içinde değerlendirilen alternatif böylelikle pedagojik bir değer kazanır: Ya kültür doğayla biçimlenmiştir ve doğa genlerden, içgüdülerden, sinir ağlarından ya da coğrafi yasalardan oluşur, ya da doğa sadece kültürün sözü geçen potansiyel bir simge ve işaretler deposu olarak biçim ve özgünlük kazanır. Doğrudan ve tüm gerçekliğiyle formüle edilen bu tür karşıtlık Spinoza'nın ikinci bir yaşam kazandırdığı doğalaştıran doğa (*nature naturante*) ve doğalaşan doğa (*nature naturée*) arasındaki eski skolastik ayrımın bazı özelliklerini düşündürür. Bilindiği gibi Spinoza'ya göre doğalaştıran doğa sonsuz niteliklerden oluşmuş, her türlü belirleyicinin kaynağı olarak Tanrı'yla özdeşleştirilmiş mutlak nedendir; buna karşılık doğalaşan doğa süreçlerin, nesnelerin ve bunları, doğalaştıran doğanın varlığından kaynaklanan değerlendirme biçimlerinin tümünü kapsar.[41] Spinoza'nın çağdaşlarının çok çabuk anlamış oldukları gibi böyle bir Tanrı'nın Hristiyanlıkla hiçbir ilgisi yoktur: Kişisiz bir nedensel töz, bütün olasılıkların tanımı ve karışımı olan doğalaştıran doğa, mantıksal olarak ilk önce gelen doğanın *-Deus sive natura-* özüdür ve daha sonraki yüzyılların maddecileri ilk ilahi hareket ettiricinin uygun bir benzerini bulmuşlardır bu özde. Buna karşılık Spinoza'nın doğalaşan doğasının, ulusların dillerine ve yaşam biçimlerine göre, yaşama ancak kendilerini nesnel biçimde yansıtan şifreler aracılığıyla katılan organizma ve nesnelerin özel bir biçim almasıyla katılan modern bir fikir olarak kültürün özerkliği düşüncesiyle pek az ilgisi olduğunu söylenebilir belki. Bununla birlikte, onu başka bir alana ya da bağlama oturtma çabasını daha uç bir noktaya götürmeden ve anakronizme düşmeden, Spinoza için doğalaşmış doğanın öncelikle kimileri için genel olan ama onları doğuran nedenle ortak yanı olmayan kiplerle -var olma, düşünme, eyleme, nesneler arasındaki ilişki kipleri- oluştuğunun altını çizmek gerekir. Dolayısıyla bu kipleri, onları belirleyen unsurların dışında, kendi içlerinde irdelemek mümkündür.

"Doğalaştıran doğa" ve "doğalaşan doğa" çiftinin analojik kullanımına karşı, böyle bir ayrımın terimlerinin birbirlerini karşılıklı olarak dışladıkları, aracı durumları kabul etmedikleri düşüncesi ileri sürülebilir. Bununla birlikte Augustin Berque'in[42] deyişiyle "ağır determinizm" ve "hafif hayalcilik" arasında birçok yazar ve araştırmacı-antropolog, sosyolog, coğrafyacı, filozof – bir orta yol, iki dogmatizmin karşılaştırılmasından sıyrılma olanağı veren diyalektik bir çıkış yolu arayışı içinde olmuşlardır. Bunlar militan pozitivistlere de tavizsiz eleştiri ve yorum avukatlarına da eşit mesafededirler; manevi ve maddi olanı, somutla soyutu, fiziki değerlendirmeleri ve anlam üretimini birleştirmeye çalışırlar. Ama bu birleştirme çabaları düalist bir kozmolojinin öncüllerine dayandıkça, şifrelerini çözdükleri ya da uyum sağladıkları tümel bir doğanın, birçok kültürün varlığının varsayımları oldukça sonuçsuz kalmaya mahkûmdur. Bütünüyle doğal bir kültürden, bütünüyle kültürel bir doğaya götüren eksende bir denge noktası bulunamaz, sadece daha çok, kutuplardan birine ya da ötekine yaklaştıran bir orta yol vardır. Ayrıca sorun antropoloji kadar eskidir; Marshall Sahlins'in işaret ettiği gibi antropoloji yaklaşık yüz yıldır hücresinde gidip gelmek zorunda kalan bir mahkûm gibidir, zihnin kurallarından oluşan duvar ve pratik değerlendirmeler duvarı arasına sıkışmıştır.[43]

Böyle bir hapishanenin yararları da olduğu düşüncesini kabul etmeye hazırım. Düalizm kendi içinde bir olumsuzluk içermez ve onu ekosantrik çevre felsefeleri gibi bütünüyle ahlâksal nedenlerle ifşa etmek ya da sömügeciliğin yayılmasından yenilenemeyen kaynakların yok edilmesine, cinsel kimliklerin sınıf ayrımla-

41 *Ahlâk* (*L'Ethique*, I, XXIX, notlar).

42 Berque, A., 1986, s. 135 ve 141.
43 Sahlins, M., 1976, s. 55.

rının şeyleşmesine kadar modern çağın bütün kötülüklerinin sorumluluğunu ona yüklemek, saflık olur. Doğanın özel yasalara tabi olduğu iddiasıyla düalizm en azından bilimlerin gelişmesi için olağanüstü bir motivasyon olmuştur. İnsanlığın doğayı gitgide daha fazla denetleyerek ve içgüdülerini, özellikle gelişme arzusunun doğurduğu siyasal bazı avantajlarını daha fazla disipline ederek yavaş yavaş medenileştiği inancını da düalizme borçluyuz. Antropoloji bu hareketin, bilimsel düşüncenin ve evrim inancının çocuğudur, doğum koşulları nedeniyle yüzümüzün kızarmaması gerekir ve gençlik günahlarının cezasını çekmesi için yok olmaya mahkûm edilmesi de gerekmez. Ama rolü bu mirasla pek uyuşmuyor; bizim kozmolojimizi paylaşmayan insanların kendileri için bizimkinden farklı gerçeklikleri nasıl icat etmiş olduklarını ve böylece bizim icraatlarımızla değerlendirilmesi mümkün olmayan bir yaratıcılık göstermiş olduklarını anlamak gerekir. Oysa antropoloji, bizim gerçekliğimizi, dünyada süreksizlikler oluşturma ve değişmez ilişkiler bulma, kendilikleri ve fenomenleri, süreçleri ve eylem biçimlerini, şeylerin doku ve yapılarıyla önceden belirlenmiş kategorilere dağıtma tarzlarımızı genel bir veri, bir ön kabul gibi kabul ettiği sürece, bunu yapamaz.

Hiç kuşkusuz öteki kültürleri bizim kültürümüzün eksiksiz benzerleri gibi görmüyoruz – gerçeğe uygun olmazdı böylesi. Biz bu kültürleri bizim kozmolojimizin sadece bir parçasının prizmasının arkasından görüyoruz... Tek ve tümel bir doğayla zıtlık oluşturan Kültürün, dolayısıyla çok farklı ama tümü bu çifte soyutlamadan anladığımız şeylere denk düşen kültürlerin özel yansımaları olarak. Alışkanlıklarımıza iyice kök saldığından bu etnikmerkezciliğin yok edilmesi zordur: Birçok antropolog gibi Roy Wagner'in de çok isabetli bir şekilde teşhis ettiği gibi Modern Batı'nın çevresindeki kültürler "bütüncül bir kavramsallaştırma sistemi olarak bizim kültürümüzle çelişmezler, bizim kültürümüze karşıt örnekler oluşturmazlar; *bizim gerçekliğimizi* tanımlamanın 'başka biçimleri' olarak karşılaştırma olanakları verirler daha çok".[44] Modern düalizmi dünyanın bütün sistemlerinin modeli yapmak bizi bir tür sevimli yabanıllığa götürür: Modern olmayanların kendilerini sürekli biçimde bizim kendimizi nesnelleştirme biçimimizde nesnelleştirmeleridir bu. Uzun süre radikal bir biçimde ötekiler gibi görülen ve dolayısıyla uygar ahlâkın çirkinleri ve iticileri ya da kaybolmuş modelleri olan yabanıllar artık neredeyse saydam komşulardır, Montaigne'in övdüğü "çıplak filozoflar" değil, yurttaş müsveddeleri, protonatüralistler, yarı tarihçiler, yetişmekte olan iktisatçılar, kısacası bizim herkesten daha iyi gösterebildiğimiz ve tanımlayabildiğimiz şeyleri ve insanları değerlendirmenin bir biçimini el yordamıyla arayan öncülerdir. Bu kesinlikle onları yüceltmenin bir biçimidir ama aynı zamanda onları ortak mirasımıza dâhil ederek insanlık durumunun anlaşılabilirliğine katkılarını yok etmenin en iyi yoludur.

Bu tür bir etnikmerkezcilik akrabalık sistemlerini ya da teknik sistemleri kendi kavramlarımızla incelememizin meşruiyetini ortadan kaldırmasa da, öncülleri bizimkinden farklı olan ontolojilerin ve kozmolojilerin doğru anlaşılmasının önünde büyük bir engeldir. Gerçekten de antropoloji, kendisini kuran düalizm nedeniyle, gerçeğin nesnelleştirilmesinin bu

44 Wagner, R, 1981 (1975), s. 142, vurgulama yazarın.

kısmını, modern olmayanların başaramadığı bir şey, bizim başardığımız şeyin biraz benzer bir yansıması ya da beceriksiz bir kopyası olarak değerlendirmekten kendini alamaz. Bu açıdan bakıldığında, söz konusu perspektif ancak haksız çıkarımların, sakat bir mantığın ve izlenimlerle dolu yansıtmaların, tuhaf bir bileşimi olarak belirir; aklın çocukluğunun ve batıl inançların çağdaş kaynaklarının izini taşır. Kısacası, bizim için ancak koptuğu sağlam kütleye göre biçim ve anlam kazanabilen pozitif bilgilerin bir kalıntısıdır. Frazer'dan bu yana dinsel antropolojinin bütün meselesi doğa hakkındaki bu bilgi kırıntılarıyla ilgilenmektir; ilgilendiği fenomenleri hâlâ "doğa üstü" sıfatıyla nitelendirmesi de, onları "artık" fenomenler olarak gördüğünün güzel bir belirtisidir. Çünkü bu suçlamayı reddetmek mümkün olsa bile, şöyle bir yanılsamadan kurtulmak zordur: Birçok halk için doğaüstü, doğanın açıklayamadıkları kısmıdır; doğaüstü bir nedensellik sezgisi, bu sezgiyi dönüştürebilecek olan doğal nedensellik düşüncesini önceler; gök kuşağını, suların yükselmesini ya da bir hastalığı belli amaçları olan görünmeyen bir gücün işi gibi açıklayan "büyülü düşünce" gerçek nedenlerini değil, sonuçlarını gösterdiği evrensel bir determinizmi savunur. Oysa Durkheim'ın çok iyi gördüğü gibi, bunun tersi daha inandırıcıdır: "Bazı olayların doğaüstü olduklarını söyleyebilmek için *şeylerin doğal bir düzeni* olduğunu, yani evrendeki olayların yasa denen zorunlu ilişkilere göre birbirlerine bağlı olduklarını düşünmek gerekir. Bu ilke kabul edildiğinde bu yasalardan sapan her şeyin doğanın ve de aklın dışında gözükmesi kaçınılmazdır."[45] Durkheim'ın da altını çizdiği gibi, bu açıklama insanlık tarihinde görece geç ortaya çıkmıştır, zira Modernlerin bir girişimi olan pozitif bilimlerin gelişmesinin bir sonucudur. Doğaüstü amacına ulaşamamış bir determinizm işareti değil, natüralizmin bir buluşudur: Onun mitsel doğuşuna anlayışlı ve kibar bir bakış yöneltir, zira burası fiziksel dünyanın sürekliliklerine dikkat etmesiyle tanınan insanların anlam fazlalıklarını atabilecekleri hayali bir tür vazodur – ancak bu insanlar, müspet bilimlerden destek alamadıkları için, fiziksel dünyanın gerçek bir temsiline ulaşamazlar.

Meşru bilgileri ve sembolik kalıntıları natüralist bir elekten geçirerek eleme eğilimi en çarpıcı biçimde taksinomik takıntıda görülür: Önünde "ethno" takısı olan bilimin adı verilen özel araştırma alanlarının ayrılması. Etnobotanik ve etnozoolojinin oluşturduğu iki öncüyle, etnotıp, etnopsikiyatri, etnoekoloji, etnofarmakoloji, etnoastronomi, etnoentomoloji ve daha nice başkaları eklenmiştir. Bu yöntem yerli bilimlerin bazı özelliklerinin sabitleştirilmesini sağlar ve bunları modern bilimlerin sınıflandırılmasıyla uyumlu hale getirir, zira alanın sınırları ilgili disiplinlerin dünya içerisinde yavaş yavaş yarattıkları kendi nesneleriymiş gibi ortaya koydukları fenomen ve kendilik sınıflarına göre, *a priori* olarak oluşturulur. Bu etnobilimlerden her biri dergileri, kongreleri, kürsüleri ve tartışmalarıyla artık kurumsal özerkliğini kazanmış olduğundan, gerçeğin nesnelleştirilmesinin her yerde aynı doğal eğilime göre oluştuğu yanılsamasından kurtulmak gitgide zorlaşmaktadır... Söz konusu doğal eğilimin akışı, büyülü düşüncenin oluşturduğu büyük kaya parçala-

45 Durkheim, E., 1960 (1912), s. 36, vurgulama yazarın. Ayrıca bkz. Clément Rosset'nin felsefede doğa ve din ilişkilerini anlattığı bölüm (Rosset, Cl., 1973).

rıyla engelleniyor gibidir – bunlar fiziksel dünyanın düzenliliklerinin henüz yetersiz bir bilincinin ve onun üzerinde daha güçlü bir kontrol uygulama iddiasının hoşa giden tanıklıklarıdır. Dolayısıyla antropolojik çalışmanın dağılım göstermesi kaçınılmazdır: Bilimsel söylemlerin prototiplerini oluşturduğu yaklaşık değişkelerin, sınıflandırmaların ve "popüler" bilgilerin güncelleştirilmesi etnobilim uzmanlarının işidir; her topluma taklidi mümkün olmayan bir üslup veren değerli köpük olarak sembolizmin, inançların ve ritüellerin irdelenmesi ise "kültür" uzmanlarına düşer.

Bununla birlikte her bireyin, çevresiyle her an oluşturduğu bir yığın ve karmaşık bağ, pratik bilgi ve sembolik temsiller arasında çok kesin bir ayrım yapma olanağı vermez – tabii eğer bir kolektiviteyi oluşturan bireylerinin eylemlerine yükledikleri anlama bir değer verilmek isteniyorsa. Bir Açuar avcısı av menzilinde bulunduğunda ve av hayvanına yönelik olarak bir *anent* söylediğinde, yani onu tavlamak için güzel konuşmalar yapıp korkusunu yenmesi için vaatlerde bulunduğunda, birdenbire rasyonellikten irrasyonelliğe mi geçmiş olur? Birdenbire araçsal bilgiden hurafeye mi atlar? Etolojik deneyimini, çevreyle ilgili derin bilgilerini, iz sürme yeteneğini, bir yığın işareti neredeyse içgüdüsüyle yemine götürmesini sağlayan bütün niteliklerini devreye soktuğu uzun bir yaklaşma safhasından sonra, tamamen alan mı değiştirmiştir? Kısacası bu büyülü şarkı, beceri, etkili bilgi ve doğrulanmış otomatizmlerle yoğrulmuş bir işlem zincirinde gereksiz yere araya girmiş yanılsamalı bir temsil gibi mi görülmelidir? Kesinlikle hayır. Çünkü bir hayvanı kendi yeteneklerime benzer yeteneklerle donanmış bir kişi gibi görüyorsam, onun söyleyeceklerimi dikkatle dinleyecek, yönelim sahibi bir varlık olduğunu düşünüyorsam, o zaman ona uygarlık yanılsamalarıyla yaklaşmak, onu öldürmenin teknik imkânlarını seferber etmekten daha anormal değildir. Her iki tavır ve tutum da onunla kurduğum ilişki ağının parçalarıdır ve her ikisi de ona karşı davranışlarımın kuruluşunda rol oynar.

Bu yol, av büyüsünü, bu tür bir eylemin işleme yönelik bir etkiyle donatılmış olduğu bir dünya görüşü içinde, ondan yararlananların inançları aracılığıyla açıklayan entelektüalist bir anlayışa mı götürür tekrar? Kesinlikle hayır. Hiçbir Açuar, bir av hayvanının gizlendiği yerden çıkarılmasını ve öldürülmesini sağlayan şeyin sadece *anent* olduğunu söylemez; burada sadece şu ya da bu hayvanın bir yığın belirleyici başka ölçütle birlikte ontolojik statüsünü gerçekleştiren unsurlardan biri söz konusudur... Huyu, yerleşim alanı, belli bir anda yanına yanaşılabilmesine olanak veren koşullarla ilgili bilgiler, avcının yaşamöyküsü, aynı türün başka bireyleriyle karşılaşmalarla ilgili ölçütler. Büyü sözlerinin işe yarayışı, performatif olması dolayısıyla ya da bu sözleri söyleyenin gözünde bu sözlerin sağlayacağı sonucu gerçekleştirdiği için değildir. Onun işe yaramasının sebebi, belli bir anda belli bir insan ve belli bir hayvan arasında kurulan ilişkiyi karakterize etmeye ve dolayısıyla gerçekleştirmeye katkıda bulunmasıdır: Avcı ve türün bireyleri arasında var olan ilişkileri hatırlatır, bu ilişkileri akrabalık dilinde nitelendirir, mevcut taraflar arasındaki zımni anlaşmayı gösterir, kısacası birinin ve ötekinin niteliklerinde, yüz yüze geldiklerinde daha büyük bir yaşamsal gerçeklik kazandıracak şeyleri seçer. Dolayısıyla av *anent*'i, teknik bir sürece eklenen sembolik bir atık gibi tecrit edilemez; öncelikli hedefi yararlı bir sonuç değildir; ne bir ek ne de palyatif bir unsurdur; daha önce virtüel durumda bulunan bir ilişkiler sisteminin somutlaştırılmasını ve ortaya çıkarılmasını sağlar: İnsan ve hayvan arasında, karşılıklı pozisyonlarında karışıklık yaratmadan konjonktürel etkileşime bir anlam vermek. Amazon'da olduğu gibi bizde de bir organizmanın çevrede anlamlı, bağımsız bir birim olarak kurulması sadece tanınmasını, ölümünü ve tüketimini sağlayan maddi ve bilişsel donanımlar aracılığıyla değil, ona atfedilen ve karşılığında varsayılan doğasına uygun davranış ve aracılık tipleri gerektiren özelliklerin tümü aracılığıyla mümkün olmuştur. Dana eti yemeyen ama ıspanak yiyen vejetaryenler ya da yunusların avlanmasını yasaklayan ama ringa balıklarının yakalanmasına ses çıkarmayan uluslararası örgütler, avcı Açuardan çok mu farklıdırlar? Şu ya da bu türü ele almanın birbiriyle tezat içeren biçimleri de, bizim şu ya da bu canlı tipiyle kurduğumuzu sandığımız ilişkiler tipine dayanmaz mı? Bunların birinde samimi, diğerinde kendini açık etmeyen bir batıl inanç görmek ve bunların az ya da çok mantıklı bir biçimde bir pozitif bilgiler sistemiyle eklemlenmiş olduklarını kabul etmektense, bu dünyadaki eylemlerimizin "sembolik" boyutunu, nesneler ağı içinde göründükleri kadar değişken olmayan bazı yol haritaları olarak görmek daha doğru değil midir?

DÜNYALARIN ÖZERKLİĞİ

Bu taslağın sonunda daha fazla ne söylenebilir? Tarihi bir yüzyılın ötesine gitmeyen bu doğa ve kültür karşıtlığını, tümeller arasına koymak inandırıcı olur mu? Çok farklı toplumların, böyle bir karşıtlığı ifade etme biçimlerini, son derece tekil koşulların –bizim bu karşıtlığı yaratma koşullarımız da dahil– unutulması pahasına dünyanın dört bir yanında aramaya devam etmeli mi? Jivaroların, Samoyedlerin ya da Papuların, insanların bazı analiz yöntemleriyle insan olmayanlardan ayrıldığının bilincinde olmadığını kabul etmek, bizim atalarımızın da bizzat bunun farkında olmadığını düşünürsek, bu kadar şaşırtıcı mı? Kısacası birçok uygarlığın hâlâ canlı tanığı olduğu ya da kütüphanelerimizin raflarında yeniden yaşamak için sadece bizim merakımızı bekleyen kozmolojileri açıklamak için, dünyanın bu derece tarihsel olarak belirlenmiş bir bölünmesinin sürmesi mi gerekir? Tahmin edileceği gibi, ben böyle düşünmüyorum.

Okuyucunun aklına bir eleştiri gelecektir belki: Benim düalizm eleştirim naif ya da fazla ağdalı olabilir, sözcüklerin ince dokusunun yüzeyinde kalmış olabilir, kavramların eksikliğini, işaret ettikleri gerçekliklerin eksikliğiyle karıştırmış olabilir. Doğa-kültür karşıtlığının kesin biçimini ve işlemsel etkinliğini ancak 20. yüzyılın başında kazanmış olmasından, bu terimler altında topladığımız iki gerçeklik düzeyinin pratikte daha önce ve başka biçimlerde ayırt edilmiş olabileceğinin imkânsızlığı çıkarsanamaz. Bu açıdan, nominalist sapkınlığın bir versiyonuna teslim olduğumu söyleyenler çıkabilir. Bu kitabın iddiası, hiç de böyle olmadığını göstermek olacak: Düalizmin reddedilmesi ne mutlak göreciliğe, ne de mevcut bağlamın geçersiz kıldığı düşünce biçimlerine bir dönüş değildir; tikel olanın büyülemesine ya da pozitif bilimleri aforoz etmeye teslim olmadan dünyanın kullanımlarının çeşitliliğini düşünmek mümkündür. Ben şimdilik kısa bir inanç açıklamasıyla yetineceğim.

Gerçekten de herhangi birinin, insan olmayanların genellikle dil kullanmadıkları, onlarla doğurganlığa yönelik cinsel ilişkiler kurmanın mümkün olmadığı, çoğunun yalnız başlarına hareket etmelerinin, gelişmelerinin, üremelerinin mümkün olmadığının farkına varmaması pek de olası değil. Hatta belki de hangi ortamda yetişmiş olurlarsa olsunlar bütün çocukların çok erken dönemde yönelimsellikle donanmış gibi gördükleri bağımsız kendilikler ve bundan yoksun bağımsız kendilikler arasında ayrım yaptıklarını söyleyen gelişim psikolojisine de inanmak gerekir.[46] Kısaca söylemek gerekirse ideal anlamda her türlü kültürel etkiden arınmış bir gözlemcinin, kendisiyle doğal nesneler denilen şeyler arasında, görünüş, davranış ya da dünyada var olma biçiminde bir yığın fark görmesini sağlayacak işaretleri biriktirmesi, ihtimal dahilindedir. Ama aşamalı bir sürekliliği destekleyen işaretler de sayısızdır ve bir avuç isyankâr tarafından öne çıkarılmıştır: Montaigne'den Haeckel'e, Condillac'tan La Mettrie'ye kadar egemen dogmaya başkaldıran isimlerdir bunlar.[47] Sınır niçin hareketin bağımsızlığından çok dil ya da *poiêsis* üzerinden kuruluyor? Yaşamdan çok hareketin bağımsızlığıyla? Maddi güç, mekânsal yakınlık ya da akustik etkilerden çok yaşamla? Whitehead'ın başka bir bağlamda söylediği gibi "doğanın sınırları her zaman paramparçadır."[48] Bugüne kadar kat edilmiş etnografik ve tarihsel güzergâh, insan olanlarla olmayanlar arasındaki bazı süreksizliklerin bilinmesinin kendi içinde düalist bir kozmoloji yaratmak için yeterli olmadığını yeterince göstermektedir. Tanık olduğumuz yaşam biçimlerinin çokluğu, Merleau-Ponty'nin "ortak bedenler"[49] (*corps associés*) dediği şeylerden kendimizi bu ufak *quantum* ile ayırma biçimimize nazaran, ontolojik dağılımlar gerçekleştirmek için daha verimli bir alan oluşturabilir. Dünya bize sürekli bir iç içelik gibi gözükür ve bu dünyanın, beynin her yerde ve her zaman aynı şekilde tanıyabileceği, önceden kesimi yapılmış alanlara ayrılmış olduğunu söylemek için hiçbir şeyi göremeyen bir özler gerçekçiliğini kabul etmek gerekir.

Bana ayrıca şöyle de karşı çıkılabilir: Büyük paylaşımın bir yanılsama olduğu, çünkü modernlerin pratikte hiçbir zaman dünya tasarımlarının temelini oluşturan radikal ayrıma uymadıkları söylenebilir. Latour'un önerdiği özgün hipoteze bakalım: 17. yüzyılın mekanist devriminden sonra bilimsel ve teknik etkinlik, nesne ve insanların, maddi etkilerin ve toplumsal uzlaşmaların karşılıklı "dönüşüm" gösterdiği, gitgide karmaşıklaşan yapılar içinde sürekli doğa ve kültür karışımları yaratmış; karışık gerçeklerin bu şekilde çoğalması ise ancak, buna paralel olarak, insan olan ve olmayanların bütünüyle kapalı iki ontolojik bölgede birbirlerinden ayrılması amacıyla yürütülen zor bir "arılaşma" etkinliğiyle mümkün olmuştur.[50] Kısacası Modernler söylediklerini yapmıyorlar ve yaptıklarını söylemiyorlar. Onları modern öncesinden ayıran tek şey düalist bir "anayasa"nın varlığıdır ve bu anayasanın amacı kendisini oluşturan koşulları karartarak melez üretimini daha hızlandırmak ve daha etkin hale getirmektir. Modern öncesi olanlar ise çabalarını melezlerin kavramsallaşması üstünde yoğunlaştırmışlar ve böylelikle bunların çoğal-

46 Keil, F. C., 1989.
47 Daha fazla ayrıntı için bkz. böl. XI.
48 Whitehead, A. N., 1955 (1920), s. 50.
49 Merleau-Ponty, M., 1964, s. 13.
50 Latour, B., 1991.

masını engellemişlerdir. Argüman, bütünlüğü açısından bakıldığında çok inandırıcıdır. Ama modern kozmolojinin (Latour'un da teslim ettiği) mutlak özgünlüğünü hiçbir biçimde tartışmaya açmaz.[51] Düalizmin kendisini inkâr eden bir pratik için bir maske olması, bilimlerin örgütlenmesi içindeki düzenleyici işlevini yok etmediği gibi, etnolojinin sürekli biçimde anlattığı ve yorumladığı toplumların çoğunun uzak olduğu bir karşıtlıktan esinlendiği olgusunu da ortadan kaldırmaz. Beni öncelikle ilgilendiren etnolojiyi deforme eden bu prizmanın etkisidir, zira en zararlı yanılsama etkisi burada görülür. Bir bilim sosyoloğu insan olan ve olmayanların ayrı dünyalarda yaşadıklarına inanıyorsa pekâlâ Latour'un eleştirisine hedef olabilir, yine de ele aldığı nesnenin boyutlarından birine bağlı kalır; oysa Makunaların ve Chewongların böyle bir şeye inandıklarını düşünen bir etnolog incelediği insanların düşüncesine ihanet eder.

Büyük bölünme düşüncesinin olumsuz bulunduğunu çok iyi biliyorum ve sadece bugünün meselesi değil bu. Etnoloji, İngiliz işlevselciliğinin ve Kuzey Amerika kültürcülüğünün etkisinde kalarak 19. yüzyılın büyük evrimci şemalarından kurtulduğundan beri, modern olmayanların büyülerini, mitlerini ve ritüellerini, bilimsel düşüncenin ön ifadeleri ve duraksamaları, doğal olguları açıklamak ve onlara egemen olmak amacıyla koşullara göre meşru ya da olası girişimler, insanlığın fizyolojik ve bilişsel yasalarının evrenselliğinin biçimsel olarak tuhaf ama temelde mantıklı ifadeleri gibi görmüştür. Saygın bir amaçtı bu: Söz konusu olan "ilkeller"in çevresindeki önyargılar örtüsünü kaldırmak, sağduyunun, gözlem niteliklerinin, değerler yaratma alışkanlığının, çare bulma maharet ya da zekâsının adaletli bir biçimde dağıtılmış olduğunu göstermektir. Öyle ki bugün bir an önce tarihin çöplüğüne atılması ve orada Gustave Le Bon ile Lucien Lévy-Bruhl'ün hayaletleriyle buluşturulması gereken zararlı ve gerici bir düşüncenin yansımaları olan emperyalist küstahlık, gizli ırkçılık ya da iflah olmaz bir eski zaman düşkünlüğüyle suçlanmadan, biz ve Ötekiler arasında herhangi bir fark bulunduğunu söylemek çok zordur. Belli bir dönemde uzun süre "yabanıl" oldukları söylenen insanların, bizim gibi doğanın başkalığını kavramlaştırabildikleri için onun etkisi altında olmadıklarını söylemenin yararı olabildiğini kabul ediyorum. Argüman insanlık durumunun birliğinden ve kültürel yansımalarının düzeyinin eşitliğinden kuşkulananlara karşı etkiliydi. Ama şimdi, binlerce uygarlığın karanlık bir önsezi gibi yöneldiği bir şeymiş gibi kendi dünya görüşümüze bir yargı gücü atfetmektense, kendi egzotizmimizi tikel bir vaka olarak kozmolojilerin genel yapısı içine oturtmaya çalışmak bize daha çok şey kazandırabilir.

51 *A.g.y.*, s. 22.

İKİNCİ BÖLÜM

DENEYİMİN YAPILARI

Gerçekten filozof olmak isteyen biri "hayatında bir kez" kendi içine, kendi derinliklerine kapanmalıdır ve kendi içinden hareketle o zamana kadar kabul edilmiş bütün bilimleri yıkıp, onları yeniden inşa etmeye çalışmalıdır.

EDMUND HUSSERL,
Méditations cartésiennes
(*Kartezyen Meditasyonlar*)

4

Pratiğin Şemaları

Doğanın ve kültürün düalizminin olumsallığını ve modern olmayan kozmolojilerin değerlendirilmesi açısından oluşturduğu sorunları teslim etmek, insanların dünyaya dahil oluşlarını yaşama ve algılama biçimlerinin tutarlılık ve düzenini açıklayan yapıların araştırılmasının önünde bir engel olmamalıdır. Etkileşimler fizyolojisi ne kadar yararlı olursa olsun, bir pratikler morfolojisi, deneyim biçimlerinin prakseolojik* bir analizi olmadan hiçbir işe yaramaz. Kant'ın ünlü formülünden esinlenerek söylersek, içeriksiz yapılar boş, biçimsel deneyimler anlamsızdır.[1] Bununla birlikte antropolojinin çok iyi bildiği bir gel-git hareketi ile, yapı olgularının incelenmesi bir süreden beri ilginç biçimde gözden düşmüş, toplumsal ilişkilerin bütün zenginliğini ve dinamizmini oluşturan her şeyin kaçınılmaz biçimde dağıldığı soğuk bir nesnelcilikle bir tutulmuştur. İnisiyatifsiz, duygulanımsız otomatlarla gerçekleştirilen eylem repertuvarları tarzında etkin olan, zamanın dışında olduğu söylenen ve özler halinde donuklaştırılmış yapıların etkisine karşı, toplumsal aktörlere özgü ereksel etkinliğin (*agency*) yaratıcılığına, kültürel biçimlerin yaratılmasında ve karıştırılmasında tarihsel olumsallığın ve hegemonyalara direnişin rolüne, pratiğin güçlü ve kendisinden gelen açıklığına, her türlü yorum stratejisinin çoktan kaybolmuş masumiyetine başvurulur.

Bununla birlikte, bir kolektivite içinde gözlemlenebilen pratiklerin ve davranışların ilgili bireylerin genellikle kurumlaşmış kurallar sistemine bağlamakta güçlük çektikleri bir düzenlilik, bir süreklilik, bir otomatizm düzeyi içerdiği nasıl görülmez? En azından yazının olmadığı toplumlarda, kendi kültürlerinin temellerine dair kısmi sentezleri ancak birkaç istisnai kişiliğin (bu kişiler o kadar azdır ki genellikle etno-

(*) İnsan eylemini (praxis) inceleyen bilim – yay. haz.

1 "İçeriksiz düşünceler boş, kavramsız sezgiler kördür", Kant, E., 1968 (1781), "Théorie transcendantale des éléments, Introduction à la deuxième partie", s. 77 (Fr. çev.).

log onları ismen bilir) yapabildiği, bu sentezlerin genellikle bir araştırmacının beklentilerine cevap vermek amacıyla oluşturuldukları ve genellikle ezoterik karakterleri yüzünden herkesin bildiği kurallar haline gelemedikleri nasıl bilinmez? Başkalarına ve dünyaya dair bu davranış biçimleri, bu tepkiler ve sıradanlaşmış tercihler, komşu halklar arasındaki diferansiyel farkları ölçmeye yarayan sezgisel ipuçları oluşturacak kadar belirgin, ancak neredeyse hiçbir iradi karara yansımayacak kadar derinden içselleştirilmiş bu üstü kapalı eğilimler, nasıl olur da kamusal bir tartışmanın konusu haline gelebilir, bilinçli reformlara tabi tutulabilir ya da özenli ve dikkatli çalışmalarla koşullara göre oluşturulabilir? Nihayet yabancılaşmasından kurtulmuş *praksis*'in kendiliğindenliğinin etkileri sonucu bunların mümkün olabileceklerini söylemek, eğitimle gelen norm repertuvarları ile *ethos*'un ifade edilmesini yönlendiren bilişsel ve doğal modeller arasındaki eski karışıklığı sürdürmek anlamına gelir; gerektiğinde kaldırılabilen yasaklamalar ve talimatlar biçimde nesnelleştirilmiş eylem modelleri ve etkili olabilmeleri için gelenek, görenek ve alışkanlıkların karanlığı içinde kalması gereken pratiğin kavramları arasında bir amalgam yaratmaktır.

Yapı ve İlişki

Yapısal antropolojiye ve Gregory Bateson'un öncü çalışmalarına borçlu olduğumuz (kaynağını göstermek istemeyenlerde bile görülen) çok önemli kazanımlardan biri, toplumsal yaşamı bu ağı oluşturan ilişkiler açısından görmektir: Birleştiren şeye birleşen unsurların olası etkilerinden daha büyük bir yapısal istikrar ve düzenlilik veren bir tercihtir bu. Bu ilişkilerle –akrabalık, iktisadi ilişkiler, ritüel etkinlik ya da evrenin düzenlenmesi– nasıl bir alan düzenlenmiş olursa olsun, bu ilişkiler yelpazesi mantıksal bir gereklilik olarak, ilişkiye geçirilen son derece farklı bağımsız kendiliklerden çok daha sınırlıdır. Böylece, varlıklar arasındaki farklı ilişkilerin rasyonel bir sistematiğinin olasılığının yolu açılmış olur; bu sistematiğin öncelikli amacı dünyayla ve ötekiyle, insan olan ve olmayanlarla olası bir ilişkiler tipolojisi geliştirmek ve bunların uyum ve uyumsuzluklarını irdelemektir.

Bununla birlikte bu şekilde anlaşılan yapı olgularının incelenmesi birçok zorluk barındırır ve bunlar büyük ölçüde birbirlerine bağlıdır. Önce ölçek sorunu: Ya bu şekilde izole edilen yapılar yapıların genelliği, tekil kültürel oluşumların özgüllüğünü anlamaya müsaade etmez, ya da bu yapılar tarihsel bağlamları açısından öylesine tikel hale gelmişlerdir ki karşılaştırmacılığa hiçbir biçimde uygun değildirler. Modası geçmiş olsa da Ruth Benedict'in kültür *pattern*'i kavramı birinci duruma çok iyi bir örnektir.[2] Sadece üç toplumla ilgili düşüncelerin tümevarım yoluyla çözümlemesinin bir sonucu olan bu *pattern*'ler aslında Nietzschevari klasik karşıtlığa varırlar: Apollinien toplumlar ve diyonizyak toplumlar arasındaki karşıtlık. Bunlar hiçbir biçimde birer yapı, yani dönüşüm yasalarıyla ilişkiye girme ihtimali olan modellerle örgütlenmiş ilişkisel özellikler birliği oluşturmazlar, zira değer sistemlerinin, etik ilkelerin de normalleştirilmiş davranışların karmaşık birlikteliklerinden doğarlar – ayrıca, her bireyin kendi ölçeğinde yansıttığı özerk ve aşkın kültürler olarak dondurulmuşlardır.

2 Benedict, R., 1934.

Habitus kavramı ise ikinci durumla ilişkilidir: Yapısal yaklaşımın bilinen tehlikelerini ve özellikle de toplumsal etkinliğe sahip özerk bir özne gibi tasarlanan yapının şeyleşme riskini saf dışı etse de, genelleştirmeyi zorlaştırır. Bourdieu'nün tanımlamış olduğu *habitus*'lar analizin izole ettiği yapılardır, ama özel bir cinse aittirler: çevredeki bedensel teknik ve davranışların taklit yoluyla öğrenilip içselleştirilmesinden gelen, pratiklere içkin, sürekli edinim [*disposition*] sistemleridir. Dolayısıyla yapılanmış yapıları oluşturmaya ve sürdürmeye meyilli bu yapılandıran yapılar, toplumsal bir ortamda eylemlerin belirgin üslubunu kurarlar, ancak aktörlerin bilincinde, oyunun kuralı ya da bir talimatlar dökümü biçiminde yer almazlar. *Habitus* bizim inceleme ihtiyacı duymayacağımız kadar tanıdık bilişsel ve hareket merkezli yapılardan oluştuğu için, rasyonelleştirildiği yerel teorilerden, onu bireysel ve kolektif davranış normlarına dönüştüren sınırlı kuramlardan çok daha istikrarlıdır.[3] Bununla birlikte *habitus* tarih aracılığıyla özelleşmiştir, "hem tarihsel bir edinimin ürünüdür hem de tarihsel bir edinimin sahiplenilmesini mümkün kılar", içinde yer aldığı bağlamlar aracılığıyla bir anlamda doğallaşmıştır, zira söz konusu bağlamlar içinde kendisini serimlediği alanlar [*champs*] olduğu gibi, aynı zamanda bu alanı ortaya koyan analistin de içinde yer aldığı alanlardır.[4] Dolayısıyla, deneyimin ya da kültürün *patterns* tipi ilişkisinin evrenselleştirici biçimlerine karşı, *habitus* son derece çeşitlidir; zira her bir yansıması insanların çok çeştitli maddi ve toplumsal çevrelerde birlikte yaşamak amacıyla tarihlerinin şu ya da bu döneminde ortaya koymak zorunda oldukları bir yığın kültürel farklı özelliği ifade eder. Ne kadar akla yakın olursa olsun, *Habitus*'un bu tikelleşmesi somut tezahürünün kiplerinin karşılaştırılmasını ve etkili olduğu farklı bileşimlerin yapısal bir bütünlük olarak anlaşılmasını zorlaştırır.

Bununla birlikte bence daha da geriye gitmek, farklı yapıları varlıklarla ilişki yelpazesini açıklayabilecek, *habitus*'ların yaratıldığı ve tarihsel bağlamları içinde izleri görülen bir tür ilk matris olan pratiğin temel oluşumlarının çekirdeğine doğru gitmek mümkün ve gereklidir. Böyle bir hipotez, ilke olarak Lévi-Strauss'un ileri sürdüğü düşünceden çok uzak değildir:

> "Her çocuk doğarken taslak halindeki zihinsel yapılar biçiminde insanlığın dünya ve ötekilerle ilişkilerini tanımlamak amacıyla yararlandığı bütün araçları getirir. Ama bu yapılar tekildir. Her biri bu sunulmuş olan bütün unsurlardan yalnızca bazılarını taşır içinde. Dolayısıyla her toplumsal örgütlenme tipi, grubun empoze ettiği ve sürdürdüğü bir tercihe karşılık gelir."[5]

Bununla birlikte "insanlığın her zaman yararlandığı bu araçların" sadece doğuştan gelen zihinsel yapılara indirgenemeyeceklerini, özellikle de insan olanlar ve olmayanlar arasındaki olası tüm ilişkinin nesnel özelliklerini sentetik bir biçimde sunan az sayıda içselleştirilmiş oluşumla ilgili olduklarını belirtmek şarttır.

Bu durum, yapı olgularının incelenmesinin önüne ikinci bir sorunu, ontolojik statülerinin tanımlanması sorununu çıkarır: Herhangi bir toplumsal gerçeklik içinde analiz yoluyla sap-

---

3 Bazı antropologların unutmuş gözüktükleri bir nokta; bu antropologlar pratiğin önceliği adına pratiği yaratan şemalara, daha ziyade üzerine araştırma yapılan insanların bu şemalar hakkında verdikleri bilgilerden gelen bir esneklik ve bir olumsallık atfederler.

4 Bourdieu, P., 1997, s. 179.

5 Lévi-Strauss, Cl., 1967 (1949), s. 108.

tanan yapısal çerçeveler bu gerçekliğin yapısını oluşturan somut ilişkilerin saf yansımaları mıdır, yoksa gözlemcinin gözlemlediği kişilerin açıkça ifade ettikleri modellere dair belli bir özgürlük içinde oluşturduğu işlevsel modeller gibi mi anlaşılmalıdır? Durum böyleyse, bu yapıların kesinliği nasıl değerlendirilebilir ve bunların normların, pratiklerin ve davranışların sistematik karakterini, bilinçli bir değerlendirme söz konusu olmasa da açıklayabilmeleri nasıl değerlendirilir? "Gerçekçi" denen birinci tavrın Alfred R. Radcliffe-Brown tarafından daha açık, net örneklendirildiği bilinir: "Toplumsal yapı gerçek anlamda var olan ve insanları belli bir doğal çevre içinde bir araya getiren karmaşık toplumsal ilişkiler ağına işaret eder."[6] İncedikleri toplumların ve grupların yapısal özelliklerini anlatan çağdaş etnograf ve toplumbilimciler de, kendiliğinden böyle düşünür: Bu özellikleri, daha geniş bileşimler –sözgelimi bir kültür alanı ya da bir olgu tipi ölçeğinde– içinde yer alabilen gizli özellikler olarak değil, kişiler arasındaki gözlemlenebilir ilişkilerin tümevarımsal bir formalizasyonu olarak görürler. Bu formalizasyonun da, incelenen kollektivitenin kendi içindeki davranışların düzenliliğini ele alma modellerinden esinlendiğini düşünürler. Bu şekilde içinde yer aldığı betimsel ölçekte gerçekçi postulatı kabul etmek meşrudur, yeter ki ulaştığı sonuçların, özel bir toplumun *ad hoc* yorumlanmasının, yapısal bir morfolojinin geliştirilmesinde işlenmemiş gereçler olarak kullanılamayacağı anlaşılmış olsun.[7]

Yapı kavramının alternatif tanımını yapan da Lévi-Strauss'tur hiç kuşkusuz. Ampirizmiyle gözleri kamaşan Radcliffe-Brown toplumsal ilişkileri ve toplumsal yapıyı birbirine karıştırmıştır, zira toplumsal ilişkiler etnoloğun ve toplumbilimcinin toplumsal yapıyı görünür kılmasını sağlayacak soyut modelleri geliştirmek için ihtiyaç duyduğu gözlem malzemesini sunar; kısacası "temel ilkeye göre toplumsal yapı kavramı ampirik gerçeklikle değil, buna göre oluşturulan modellerle ilgilidir."[8] Bu modellerin gerçekten yapısal olmaları için başka koşulları da yerine getirmeleri gerekir: Bir sistem oluşturma niteliğine sahiptirler, yani unsurlarından birindeki bir dönüşüm, bütün ötekilerin de öngörülebilir bir biçimde değişmesi sonucunu doğurur; ayrıca bir model grubu ölçeğinde, bir dönüşüm grubunun sınırlarını tanımlayan düzenli bir değişime göre örgütlenirler. Bu şekilde anlaşılan yapısal model, Newton'ın fizik gerçekliği açıklamak amacıyla yararlandığı tümdengelimli nedensel açıklama modelinin (ki Kant da sentetik nedensellik teorisi için bunun felsefi sonuçlarını ortaya koymuştur) bazı belirgin özelliklerini paylaşır. Lévi-Strauss'un bizzat kendisi böyle bir analojiye davetiye çıkarmıştır, zira yapısal analizin ayrıcalıklı enstrümanları olan mekanik modelleri, daha çok toplumbilimciler ve tarihçilerin yararlandığı istatistik modellerinden ayırır. Mekanik bir modelin belirgin özelliği, gerçek sistemde olgularla aynı ölçeğe sahip temel unsurlar arasındaki ilişkileri formüle etmektir; buna karşılık istatistik modellerde bireysel unsurların davranışı bileşim biçimlerinin bilinmesiyle önceden kestirilemez. Böylece bu iki model tipiyle, toplum bilimlerinde mekanik ve termo-

6 Radcliffe-Brown, A. R., 1968 (1952), s. 315.

7 Bu konuyla ilgili olarak bkz. Dan Sperber'in antropolojide yorumsal bilgi ve teorik bilgi ayrımı üstüne mükemmel analizi (1982, böl. I).

8 Lévi-Strauss, Cl., 1958, s. 305.

dinamik arasındaki bakış farkı yeniden karşımıza çıkar.[9]

Bununla birlikte Lévi-Straussçu yapısal modeller, onları tümdengelimli nedensel açıklama modelinden uzak tutan bir özelliğe sahiptir: Bunlar bilinçdışıdırlar, en azından yapısal analiz için en yüksek randımanı bilinçdışı modeller verir.[10] Bu nedenle yüzeysel olarak psike'ye gömülmüş yapılar gibidir bunlar ve çoğu zaman normatif işlevlerinin yoksullaştırıcı bir basitleştirmeye mahkûm ettiği özel modellerle toplumsal aktörlerin kolektif bilincinden gizlenirler. Gözlemci, sistem oluşturma özelliği incelediği toplum tarafından algılanmayan olgulara denk düşen yapısal bir model oluşturduğunda, biçimsel araçlarının morfolojisinin anlatmaya çalıştığı toplumun gizli özelliklerini gösterdiğini düşünmekle yetinmez, üstüne üstlük bu özelliklerin ampirik bir yaşamı olduğunu düşünür... Bu yaşam, onu gündelik hale getirenler için kesinlikle gizlidir ama ustaca yürütülen bir analizle tekrar su yüzüne çıkarılabilir. O zaman bu kolektif yapısal bilinçdışının nasıl bir doğası vardır? Her zihinde örtük ve aynı zamanda kültürel olarak belirlenmiş bilişsel emirler halinde mi bulunur, yoksa gözlemcinin açık seçik biçimde gördüğü kurumların özellikleri içine dağılmış mıdır? Her birey tarafından nasıl içselleştirilmiştir ve hangi araçlarla etkin olarak özel modeller içinde görülebilen, sürekli yinelenen davranışları belirler?

Lévi-Strauss bu tür sorulara çok kesin cevaplar vermiyor. Gerçekten de yapısal bilinçdışının içeriği yoktur ama düzenleyici ya da "sembolik" bir işlevi vardır: Toplumsal fenomenlere ya da mitler veya popüler sınıflandırmalar gibi nesnelleştirilmiş düşünce sistemlerinin aldıkları biçimlere çok genel yasalar empoze etmek. Böylece evlilik ilişkisinin üç temel yapısı –ikiyanlı, anayanlı ve babayanlı– insan zihninde her zaman, bilinçdışı bir durumda yerini alır, öyle ki bunlardan biri düşünce aracılığıyla ancak öbür ikisiyle çelişkili bir karşıtlık içinde gerçeklik kazanabilir.[11] Dolayısıyla üretici sentetik kategoriler söz konusudur ve toplumsal kurumların incelenmesiyle bunların zihinsel faaliyetlerdeki çok eski izleri bulunur; bu toplumsal kurumlar sosyolojik analizin öncelikle psikolojik yanı ağır basan bir araştırmada basit bir aşama gibi görülmesini doğrular.

Çelişkili karşıtlıklara dayanan bilinçdışı yapısal değişmezlerin varlığı hipotezi ne kadar üretken olursa olsun, ara düzeyde olup bitenlerin açıklanmasını mümkün kılmaz. Zihnin işleyişinin belirgin özelliklerine endekslenmiş çok genel yapılar nasıl bilinçli norm modelleri oluşturabilirler ve özellikle de çok sık görüldüğü gibi, açık seçik kurallarla yönlendiriliyormuş gibi gözükmeyen pratikler konusunda nasıl düzenleyici bir yapılandırma oluşturabilirler? Bu son nokta çok daha önemlidir, zira Lévi-Strauss'un kendisi de özellikle toplumsal yaşamın çok kesin biçimde formelleştirilmiş alanlarının açıklanmasıyla ilgilenmiştir... Sözgelimi akrabalık, totemik sınıflandırmalar ya da mekânsal örgütlenme, birçok toplum tarafından çok fazla karmaşık olmayan biçimde kuralları belirlenmiş, etnograflar tarafından az çok standartlaştırılmış bir dille anlatılmış ve gerçekten de düşüncenin nitelikleriyle doğrudan ilişkili olabilecek küçük bir ilkeler çekirdeğiyle yönlendirilebildikleri düşünülebilecek alanlardır. Oysa du-

9 *A.g.y.*, s. 312.
10 *A.g.y.*, s. 308-310.

11 Lévi-Strauss, Cl., 1967 (1949), s. 533.

rum, içebakışa pek eğilimli olmayan ve toplumsal yaşamları üstüne kesinlikle çok basit modeller sunan toplumlar söz konusu olduğunda, ya da gündelik yaşam ve alışkanlıklar, teknik faaliyetler, basmakalıp tavırlar, kültürel bir ortama özgü ama zihinsel belirleyicilerinin saptanması hiç de kolay olmayan ayırt edici otomatizmler söz konusu oluğunda, çok farklıdır.

Gerçekten de Lévi-Strauss çok saf psişik bir bileşimden, kurumsallaşmış alışkanlıkların çarpıcı farklılığına geçiş olanağı sağlayan bilişsel ve pratik aracılıklarla pek ilgilenmemiştir, zira ona göre en üretken gözüken analiz düzeyi söz konusu değildir burada.[12] O bir astronom gözüyle bakar olaylara... Astronom incelediği nesnelere çok uzak olduğundan bunların sadece temel özelliklerini saptamak zorundadır, oysa fizyolojist, yapısal düzenliliklerin hangi mekanizmalardan hareketle şu ya da bu toplumdaki bireyler için somut bir biçim aldığını anamaya çalışır. Bu iki bakış açısı birbirleriyle çelişmediği gibi, tersine birbirlerini tamamlar, zira ikincisi birincinin hipotezlerini değerlendirmek ve bundan çıkan modellerin insanların deneyimlerini düzenlemeleri örtük bir düzeyde bir araya gelmelerini sağlamak için gereklidir. Lévi-Strauss herhalde bunu kabul ederdi, ama bu ikinci evrenin gerekliliği onda ayrıntılı analizlerden çok genel bir inanç aracılığıyla ortaya çıkar: İnsan faaliyetinin, bu tarz bir araştırmayı meşru kılan bir boyutu olduğu inancı. En azından *Yaban Düşünce*'nin ünlü bir pasajı böyle düşünmeye götürür bizi:

> "Marksizm –hatta Marx'ın kendisi– pratikler doğrudan doğruya praksisten geliyormuş gibi mantık yürütmüştür. Altyapıların tartışılmaz önceliğini sorgulamaksızın, praksis ve pratikler arasına her zaman bir aracının girdiğini düşünüyoruz... kavramsal bir şema olan bu aracı sayesinde, her ikisi de ayrı ayrı var olmayan bir madde ve bir biçim, bir yapı olarak ortaya çıkar, yani ampirik ve kavranabilir varlıklar haline gelirler."[13]

Altyapı ve üstyapı arasında, onları birer töz haline getiren fazla klasik ayrımı paranteze aldığımız takdirde, burada söz konusu olan Lévi-Strauss'un ana hatlarını belirlediği, antropolojiye radikal yenilikler getiren bir projedir. Ancak Lévi-Strauss bu projeyi tamamlamamıştır, zira ona göre önemli olan, kavranabilir yapılar aracılığıyla insan gerçekliklerinin bilinmesinin metodolojik değerinin belirlenmesiydi ve bunların somut varlık koşullarının daha iyi anlaşılması önemli değildi.

Kavranabilir ve ampirik arasındaki eklemlenmenin anahtarı olan bu "kavramsal şema" nedir? Lévi-Strauss burada bu kavramı oldukça esnek bir felsefi anlamda kullanıyor, elbette Kantçı aşkınsal (transcendantal) şematizm kuramından gelen, kavram ile uygulandığı nesneler ve olaylar arasındaki ilişkiyi düşünme olanağı veren bir yöntem olarak anlıyor. Lévi-Strauss'un bu terimi kullanırken aşkın şematizmin aracı, sentetik ve dinamik özelliklerini dik-

12 Bu konuyla ilgili olarak David Maybury-Lewis'le düalist sistemler konusundaki polemiğini hatırlatmak gerekir: Lévi-Strauss kendisini Bororoların ve Winnebagoların mekânsal ve toplumsal yapısı konusunda bu halkların habitatlarının ve iç bölünmelerinin ikili örgütlenmesini tanımlama tarzından çok uzak diagramatik modeller önermekle eleştiren David Maybury-Lewis'e verdiği cevapta, yapısal analizin konusunun ampirik olarak ortaya çıkan toplumsal ilişkileri değerlendirmek değil, manipülasyonları aynı ilişkilerin doğrudan gözlemlenemeyen özelliklerini gösteren *ad hoc* modeller oluşturarak onları anlamak olduğunu söylemiştir (Lévi-Strauss, C., 1973, böl.VI).

13 Lévi-Strauss, Cl., 1962, s. 173.

kate aldığı ve Kant'ın verdiği kısıtlı tanıma pek itibar etmediği düşünülebilir. O daha çok gene Kant'tan esinlenmiş olan Piaget'ye yakındır, zira Piaget'ye göre şema organizmaya, benzer durumlarla karşılaştığında tutarlı ve düzenli bir biçimde etkili olma olanağı veren bir durumlar kategorisinin iç temsilidir. Bununla birlikte Lévi-Strauss bu yapılandıran şemaların bazılarının sözde kurumsal eşdeğerlerini incelemiş olsa da, bunların kimlikleri ve işleyiş biçimleri konusunda pek açıklayıcı olamamış, yalnızca bu şemaların fikirlerimizin genel sistemiyle örtüşemeyeceğini, bu fikirlerin bütünlüklü bir envanterini ancak bir delinin çıkarmaya niyetlenebileceğini söylemişti.[14] Böyle bir uyarı hafife alınamaz ve benim hırsım daha ölçülüdür. Gerçekten de bu kitap bir iddiaya dayanıyor: Pratiğin temel şemalarını ortaya çıkarmak, dağılım ve düzenlenmelerinin küçük bir haritasını çıkarmak mümkündür. Bununla birlikte bu tür bir girişim bir koşulla doğrulanabilir: Yapıların alışkanlıkları ve gelenekleri düzenlemesini sağlayan mekanizmaları belirlemek; ancak bu arada doğa ve ötekiyle farklı ilişkilerin ancak sınırlı bileşimler olarak analiz edilebileceği hipotezini ihmal etmemek.

Yakın Olanın Bilgisi

İlişki ve davranış modellerinin bilinç düzeyine gelmeden pratikleri nasıl yönlendirdiğini anlamak, bugün zihinsel şemaların oluşumunu yönlendiren analojik tümdengelim ve sapma süreçlerinin kavranılabilirliği konusundaki kazanımlar nedeniyle daha kolaydır. Bu kazanımların kökeni insanın bilişsel süreçlerinin (cognition) incelenmesinde, bilginin kazanımının, hayata geçirilmesinin ve aktarımının dilsel olmayan boyutlarıyla ilgilenmeye götüren bir perspektif değişikliğidir. Bu perspektif, esasen doğal dillere ya da bilgisayar programlarına özgü sekanslara ayrılmış bir mantığa göre düzenlenmiş bir belirtik önermeler sistemi gibi kabul edilen bilginin daha önceki evresiyle çelişir. Bu eski evrenin kullandığı model, bazı nesnelerin tanınmasını ve anında taksinomik bir sınıfa dâhil edilmesini sağlayan zihinsel sürecin pek doyurucu olmayan bir temsilini sunuyordu. Bu noktada, sınıflandırmacı kavramların incelenmesinde *Gestalt* psikolojisinden esinlenmiş bir pozisyona doğru bir geçiş gündeme gelmiştir; buna göre bu kavramların belirgin özelliklerin global biçimleri olarak değerlendirilmeleri gerekir – gerekli ve yeterli tanımlarının önceden öğrenilmesi gereken, bozulabilen listeler olarak değil. Eleonor Rosch'un çalışmalarından sonra birçok sınıflandırmacı kavramın, bir "ortak bir hava" veren bu özel durumları bir bileşik temsiller ağında bir araya getiren bu "prototiplere" gönderme yaparak oluştuğu kabul edilmiştir.[15] Dolayısıyla bir ev kavramı, ilgilendiğimiz nesnenin kesinlikle bir ev olduğundan emin olmak için varlığı doğrulanması gereken belirgin özellikler –çatı, duvarlar, kapılar ve pencereler vb.– listesinden hareketle oluşmamıştır. Bu durumda duvarları olmayan bir yapıyı ya da çatısı olmayan bir harabeyi bir ev gibi görmemiz çok zor olur.[16] Kardan bir Eskimo barınağını, bir troglodit konutunu ya da bir yurtu birer "ev" olarak değerlendirmemizin nedeni, bunların sınıflandırıcı yargı için yeterli olmasalar bile, tipik bir evin uyması ge-

14 *A.g.y.*

15 Rosch, E., 1973 ve 1978.

16 Bu örnek Maurice Bloch'tan alınmıştır (1908, s. 5).

reken şeye dair şematik bir temsile bağlı olan belirsiz ve ifade edilmemiş bir nitelikler bütününe uyduğuna bir anda kani olmamızdır. Dolayısıyla bir sözlükte bulunabilecek tipteki tanımlamalar halinde bölünmeleri kesinlikle mümkün olmayan sınıflandırmacı kavramlar, örtük bilme fragmanlarına dayanırlar. Bu fragmanlar ise, dünyaya dair teorik ve pratik bilgimizin, bu kavramların gönderme yaptığı nesnelere atfetmemizi sağladığı özelliklerden oluşur – burada da bize ait oldukları sınıfın en iyi örnekleri gibi görünen bu nesnelerin kimi somut ifadelerine dair deneyimimiz bize yardımcı olur.

Bilişselliğin dille ilgili olmayan özelliklerinin önemi, aynı zamanda pratik etkinliklerin öğrenilmesiyle ilgili olarak yoğunlaşan çalışmalarla da açıklanmıştır; bu etkinlikler uzmanlaşmış bir yapıp etme bilgisine ya da gündelik amaçların mekanik olarak gerçekleştirilmesine bağlı olabilir.[17] Otomobil kullanmak ya da yemek hazırlamak gibi sıradan işlemler önermeler halinde düzenlenebilen belirtik bilgileri harekete geçirmezler, aynı şekilde kazanılmış hareket ettirici alışkanlıklar ve bir yetenekte bir araya gelmiş farklı deneyler bileşimini de harekete geçirmezler; bunların kökeni "bir şeyi bilmek"den çok "nasıl olduğunu bilmek"tir.[18] Davranış eğitimi hiç kuşkusuz sözle de yapılır; yemek yapmak elbette yemek kitaplarından ya da besin maddeleri ambalajlarında yer alan tariflerden de öğrenilebilir. Ama bu alanlarda ve pratik bilgi gerektiren bütün alanlarda bir amaca çabuk ve en iyi biçimde ulaşabilmek, ancak sözlü ya da yazılı dil aracılığıyla aktarılan bilgilerin yansımalı biçimde, zincirleme otomatizmler gibi, yerine getirilmesi gereken işlemler listesi olarak değil bir refleks olarak kazanılmasıyla mümkündür. Düzenlenmesi bağlamında dilin aracılığının rolü ne olursa olsun bu tür bir yeteneğin aslında etkili olması için, yani böyle bir yeteneğe sahip olan kişinin bazı parametreleri daha önce benzer durumlarda görülenlerden farklı olan bir amaca çabuk ve kesin biçimde ulaşabilmesi için dilin silinmesi gerekir. Bu tür bir esneklik, pratik bir faaliyette daha önceki özel durumları ya da bu durumla ilgili olabilecek eğitim ve öğrenme sahnelerini hatırlayarak değil, özel, yakın ve benzer amaçlara uyum sağlayabilecek ve faaliyete geçişi yönelimle değil, belli bir duruma bağlı olan bilişsel bir şemayı geliştirerek ustalaşıldığının işareti gibidir.

Bu pratik şemalardan bazılarının oturması, düzenlemeleri gereken farklı bilgilerin çokluğu nedeniyle başka yapılara göre daha uzun zaman alır. Bu konuda av iyi örnektir. Açuarlara göre iyi bir avcı olmak için yetişkin olmak, yani otuzlu yaşların sonlarında olmak gerekir (sistematik sayımlarla doğrulanmıştır bu): En çok hayvan avlayanlar her zaman kırk yaşın üstündeki avcılardır.[19] Bununla birlikte herhangi bir yeniyetme de hayranlık uyandıran bir doğa bilgisine ve teknik beceriye sahiptir. Sözgelimi gördüğü yüzlerce kuşu tanır ve ayırt eder birbirinden, cıvıldamalarını taklit edebilir, alışkanlıklarını, habitatlarını bilir; en küçük işaretlerden yararlanarak iz sürmeyi bilir... Daha önce oradan geçmiş bir maymunun henüz kurumamış sidiğinin çektiği, bir ağacın dibinde uçan bir kelebek gibi; elindeki sarbakanla yüz

17 Sözgelimi bkz. Gibson, K. R. ve Ingold, T., 1993; Lave, J. ve Wenger, E., 1991.

18 Varela, F., Rosch, E. ve Thompson, E., 1993, s. 208.

19 Descola, Ph., 1986, s. 301-306.

metre uzaklıktan bir papaya meyvesini düşürebilir. Ama her ava gidişinde kesinlikle eli boş dönmemesi için yirmi yıl daha beklemesi gerekecektir. Bu kadar fark oluşturan bu zaman dilimi içinde tam olarak ne öğrenir? Hiç kuşkusuz etolojik bilgilerini ve ekosistemik bağımlılıklarla ilgili bilgilerini tamamlar, ama esas kazanımı büyük olasılıkla gitgide mükemmelleşen bir yetenektir: Karşılaşılan her türlü duruma karşı ani ve doğru bir tepki vermeyi sağlayan bir sürü heterojen bilgi yığınını birbirleriyle ilişkiye geçirme yönünde, giderek daha iyi hâkim olunan bir yetenek. Bu tür karışık otomatizmler av için zaruridir, zira avda başarının anahtarı tepkinin çok hızlı olmasıdır; iz sürmede şaşmazlık, çok çabuk karar verebilme yeteneği göstermesi gereken bir Açuar için bu karışık otomatizmler savaşta da gereklidir. Sadece sonucu değerlendirilebilen bu yetenek ve uzmanlık konusunda avcı olmayan biri varsayımlarla sınırlı kalır, zira bunların neredeyse hiçbiri dil aracılığıyla tam olarak açıklanamaz.

Bununla birlikte, Kant'ın idrak şematizmi konusunda "insan ruhunun derinliklerinde gizlenen ve doğanın gerçek mekanizmasını ortaya çıkarması her zaman zor olan bir sanat"[20] dediği dönemden beri, önermelere dayanmayan bir bilişsellik için gerekli maddi koşulların anlaşılmasında bazı gelişmeler kaydedilmiştir. Nörobilimler bize öncelikle beynin eski yetiler kuramında anlatıldığı gibi bölünmüş bir biçimde çalışmadığını, tüm algılama ve bilişsellik süreçlerinin sinir sistemi içinde dağılmış nöron ağlarıyla birlikte etkinleştiğini öğretmiştir... Söz konusu sinir ağlarının değişmezliği ve değişebilirliği, ontogenezin (bireyoluş: bireyin gelişmesi ve büyümesi) ilk yıllarında ortamdan gelen uyarılarla sıkı bir ilişki içinde yavaş yavaş kendini gösterir.[21] Ayrıca birkaç yıldır yapay zekâ alanında geliştirilen koneksiyonist modeller, özellikle robotik deney ve uygulamalarda olumlu sonuçlar vermeye başlamıştır. Koneksiyonist modeller, standart enformatik dillerin gelişmesini yönlendiren klasik modellerin tersine, kesin hesaplamalarla bellekteki ilk veriler aracılığıyla özelleşmiş bir dizi işlem yapılmasına olanak veren birtakım açıklayıcı listelerden hareketle etkin olmazlar, bunlar elektronik ağlarla oluşmuştur ve aralarındaki bağlantı gelen uyarıların özelliklerine ve yoğunluklarına bağlı olarak, seçilerek oluşur. Yani çevrelerindeki düzenler ve kurallar konusunda bilgi sahibi olup, iç düzenlerini yeniden biçimlendirebilirler; bu amaçla bilinen düzene uyarlanmış açık kurallar oluşturmak yerine, işlemciler arasındaki bağlantı eşiklerini değiştirirler – öyle ki bilgilenme düzeneğinin yapısı, *input*'taki yapıyı yansıtır.[22] Bu bağlamda sanıflandırmacı kavramların oluşumundaki (sekansiyel modellerden farklı olarak) prototipik etkiyle uyuşurlar ve verili yapı ve biçimlerin eksik biçimde, input'lar halinde yeniden oluşturulması için inandırıcı etkileşimlere izin verirler – Gestalt psikolojisinde figürlerin tanınması gibi.[23] Sonuç olarak, koneksiyonist modeller *tabula rasa* idealine yaklaşsalar da –bilginin büyük ölçüde doğuştan geldiğini söyleyen modüler tanıma

20 Kant, E., 1968 (1781), s. 153.

21 Sinir ağlarının değişmezliği konusunda epigenezin (sıralıoluş: döllenmiş ve farklılaşmış bir yumurtadan başlayarak yeni yapıların ardışık oluşumu) rolü konusunda bkz. Changeux, J.-P., 1983; bir evrimci filogenetik kuram konusunda bkz. Edelman, G. M., 1987.

22 Koneksiyonist modeller konusunda doğru sentezlerle ilgili olarak bkz. Bechtel, W. ve Abrahamsen, A., 1991; Qinlan, P. T., 1991.

23 Bechtel, W. ve Abrahamsen, A., 1991, s. 54-55.

yetisi yanlıları tarafından eleştirilmişlerdir bu konuda– ilke olarak ontogenezin başlangıcında filogenetik (çeşitli organizma grupları arasındaki evrimsel ilişkinin araştırılması) evrimden gelen bir tür özel mekanizmalar çekirdeğinin verili olduğu fikrini dışlamazlar.[24] Kısaca söylemek gerekirse koneksiyonist modeller, nöron ağlarının işleyişini taklit ederler, öğrenme yetenekleri vardır, bazı karmaşık durumlara hızla tepki verirler, modele hiçbir özel koşul getirilmeksizin formel kurallara uyar gibi gözükürler, hatta minimum bir yönelimsellik düzeyinde oldukları sanısı bile uyandırabilirler. Bütün bunlar, koneksiyonist modelleri önermelere dayalı sorunların çözümüyle karşı karşıya kalmadığında insanın bilişsel yeteneğine benzer kılar – özellikle de etnoloğun çok iyi bildiği durumlar olan insanların eylemlerini, söze dökemedikleri kültürel zorlamalar dikte etmiş gibi düzenlemeye çalıştıkları durumlarda.

ŞEMATİZMLER

Koneksiyonist modellerin, sınıflandırmacı kavramların oluşması ve becerinin öğrenilmesi ile ilgili bir yığın araştırma ve incelemenin meydana getirdiği höristik hareketlenmenin sonucu olarak, psikologlar ve antropologlar zihinsel imajları ya da açıklayıcı bir bilgiyi harekete geçirmeden bilgileri ve pratik eylemi düzenleyen soyut yapıların rolüyle daha sistematik biçimde ilgilenmeye başlamışlardır... Bu yapılar "şemalar" adı altında bir araya getirilmiştir.[25] Bununla birlikte bu terimle o kadar çeşitli bilgi işlem mekanizmaları, deneyimin biçimlendirilmesi ve sıradan ödevlerin temsili kast edilmektedir ki, bir açıklama yapmaya ihtiyacımız var.

Öncelikle evrensel oldukları kabul edilen bilişsel şemaları, kazanılmış kültürel bir yetenekten ya da bireysel yaşamdaki rastlantılardan gelen şemalardan ayırmak gerekir. Birincilerin varlığı tartışmalıdır, zira biyolojik veriler ve bunların kavramsal ya da sembolik yorumları arasındaki ilişki çok büyük ölçüde spekülasyona açıktır; ayrıca bunlar neredeyse sadece sanayileşmiş Batı toplumlarında gerçekleştirilen deneylerden hareketle üretilmiştir. Sözgelimi gelişim psikologları tarafından yaklaşık olarak "naif teoriler" diye adlandırılan ama "atribütif şema" denmesi gereken şeyler buna dahildir. Burada ontogenez sırasında çok erken dönemde tespit edilebilen nesnelerin davranışlarıyla ilgili gözetleme merkezleri söz konusudur... Bu merkezler çocukları, bu nesnelerin özellikleriyle ilgili müdahalelerinde yönlendirirler. Bu şemaları ilgilendiren üç alan vardır: İnsan eylemiyle ilgili beklentiler –iç durumların özellikle yönelimsellik ve duygulanımların sergilenmesi–, fizik nesnelerin varoluş biçimleriyle ilgili beklentiler –biçimlerin ağırlığı, sürekliliği ya da gelişmelerin sürekliliği–, nihayet daha geç bir dönemde insan olmayan varlıkların organizmalarının özel doğasıyla ilgili beklenti-

---

24 Strauss, C. ve Quinn, N., 1997, s. 79-82.

25 Psikoloji konusunda bkz. Mandler, J. M. ve Quinn, N., 1997; d'Andrade, R., 1995; Shore, B., 1996. Roy D'Andrade şemanın mükemmel bir genel tanımını veriyor: "Bir şeyin "şema" (İngilizce *schema*) olduğunu söylemek çok belirgin ve yorumlamaya yarayan unsurlarla çok sıkı ilişki içinde olan bir yapının minimal input'larla etkin olabileceklerini söylemenin kısaltılmış biçimidir. Bir şema çok sık yinelenen, iyi örgütlenmiş, unutulmayan, minimal işaretlerden hareketle geliştirilmiş, değişime direnen, bir ya da birçok prorotipik örnek içeren bir yorumdur. *Şu ya da bu düzeyde şematiklik içeren yorumlar*'dan söz etmek daha doğru olsa da yüksek düzeyde şematik yorumların "şemalar" olarak adlandırılması konusundaki uzlaşım bilişim literatüründe kalıcı olmuştur (1995, s. 142, vurgulama yazarın).

ler – canlanma, büyüme, çoğalabilme. Çağdaş psikologların neredeyse tümü bu atribütif şemaların evrensel olduğu konusunda hemfikirdir, ancak bunlar ortaya çıkış evreleri, özel koşulları ve dolayısıyla da doğuştanlıkları konusunda farklı düşünürler.[26] Bu "naif teoriler"in varlığı doğrulansaydı, önermelere dayanmayan, sezgisel bir bilgiye sahip olunurdu: Üzerlerinde etkili olmak ve onlarla birlikte eylemde bulunmak üzere, göze çarpan nesnelerin yorumlanmasını sağlardı.

Ontolojik yargıların oluşmasında olası evrensel şemaların oynadığı rolü küçümsememekle birlikte, dünyanın kullanımlarının farklılığıyla ilgilenenlerin dikkatini çekenin, edinilmiş şemalar olduğunu kabul etmek gerekir, zira insan davranışları bir ölçüde bu mekanizmaların etkisiyle farklılaşır. Öncelikle, sözgelimi bir eylemin olağan biçimde gerçekleşmesini –her gün katedilen bir yol gibi– mümkün kılan ya da her insanın zaman içinde gündelik amaçlarına belli bir öncelik ve düzen vermek amacıyla uyduğu bir yığın kuralı yapılandıran şemaların etkisiyle bireyden bireye değişir bunlar. Hatta Freudçu bilinçdışının bu tür bir prosedüre hiç kuşkusuz daha derin bir düzeyde başvurduğunu düşünmek de mümkündür, zira bilinçdışı tekil bir tarihin ürünü olduğu için, irade dışı bir biçimde duygulanım yapılarını ve ötekiyle ilişkileri esinler, kanalize eder ve düzenler. Oysa bilindiği gibi, bunların her daim tatminsizlik yaratan sözle nesnelleşmesi, son derece sancılı bir doğum sürecidir. Bununla birlikte kolektif şemalar, etnologları çok daha yakınan ilgilendirir, zira bu yapılar paylaşılan kültürel anlamları oluşturmanın belli başlı araçlarıdır. Bunlar verili bir toplumsal ortamda kazanılmış deneyimlerle içselleştirilmiş, psişik, duyu-motor ve duygusal araçlar olarak tanımlanabilir ve en azından üç tip yeteneğin hayata geçmesini sağlar: Öncelikle algı akışının seçmeci bir biçimde yapılandırılması ve bu amaçla çevrede gözlemlenebilen bazı özelliklere ve süreçlere anlam açısından bir öncelik tanınması; ikinci olarak pratik etkinliği, düşüncelerin ve duyguların açıklanmasını nispeten standartlaştırılmış süreçlere göre düzenlemek; üçüncüsü ise, davranış ve olayların tipik yorumları için bir çerçeve sunmak – ifade ettikleri ve normal olarak kabul edilen yaşam alışkanlıklarının geçerli olduğu cemaatler içerisinde kabul edilip başkalarına aktarılabilecek yorumlar.

Bu kolektif şemalar ya düşünümsel olmayan ya da açık hale getirilebilir şemalardır, yani onları hayata geçirenler tarafından birtakım

26 Sözgelimi Susan Carey yeni epigenetik (bir embriyonun yeni parçalarla sürekli farklılaşması yoluyla gelişmesi teorisi) tavrı benimserken örtük bir biçimde insan olmayan varlıkların organizmalarına mal edilen özelliklerin insanlara mal edilen özelliklerden farklılaşarak yavaş yavaş oluştuklarını ileri sürer, buna karşılık Franck Keil'e göre çevreyi "değerlendirme biçimleri"nin (modes of construal) –mekanik, amaçsal, teleolojik, işlevsel– bir anda oluştuğunu ileri sürer ve bunların kökenlerinde "naif teoriler"in oluşumu yer alır (Carey, S., 1985, Carey, S. ve Spelke, E., 1994; Keil, F. C., 1994 ve 1989). Şunu belirtmemiz gerekir ki "personne" (kişi), "artefakt" (insan eliyle yapılmış şey) ya da "objet naturel" (doğal nesne) türü ontolojik kategorilerin olası varlıkları, ister doğuştan gelsinler ister gelişmenin ilk yıllarında kazanılmış olsunlar, tümellikleri doğrulanması gerekse de kültür ve doğa ya da insan olan ve olmayan arasındaki ontolojik ayrımın tümelliğini içermez pek. Gerçekten de bu kategorilerin şematize ettiği özellikler çoğu zaman deneysel tipte özel durumlarda öne çıkarlar ve bu kategorilerin bazı unsularına atfedilen davranışla ilgili sezgisel olmayan inançlarla çok iyi uyuşurlar. Sözgelimi insanları hayvanlardan sezgiyle ayırmayı sağlayan atribütif bir şemanın olası tümelliği Dan Sperber'in verdiği örnekte gördüğümüz gibi Etiyopyalı Dorzelerin bütün saflıklarıyla leoparın Kıpti takviminde öngörülen oruç dönemlerine harfiyen uyduğunu ya da insanların geceleri sırtlan-insana dönüştüklerini söylemelerine engel değildir (Sperber, D., 1974, s. 141-142).

model görünümleri altında, az ya da çok sentetik bir biçimde ifade edilebilir. Gerçekten de bir kültür modelinin her zaman basit önerme kuralları zincirlerine (sözgelimi "*x* falan akraba sınıfından ve *y* de filan akraba sınıfındansa, evlenebilirler ya da evlenemeyebilirler") indirgenmesi mümkün değildir. Birçoğunun bir ilkeler bütünü olarak aktarılması söz konusu değildir; özel bir çaba gerektirmeden yavaş yavaş içselleştirilmişlerdir ancak gene de koşullar gerektirdiğinde belli bir şematizasyon düzeyinde ifade edilebilirler. Bu konuda özellikle mekân kullanımları örnek gösterilebilir... Burada her toplumun kurallarını az çok belirlediği kolektif yaşam alanı söz konusudur, fakat bu kurallar bireysel deneyim alanında bilinçli olarak uygulanacak bir normlar repertuvarı oluşturmaz. Dünyanın birçok bölgesinde önermelere dayanmayan bu tür bir şema örneği olarak ev örgütlenmesi gösterilmiştir: Konumu, yapısı, inşaat safhaları ve özellikle de yararlanma biçimleri kurumlaşmış bir model oluşturur ve bu modelin öğrenilmesi belirtik biçimde aktarılan bir önermeler dizisiyle değil, usullerle gitgide bir yakınlık kurulmasıyla mümkün olur. Bununla birlikte bir gözlemci binanın yapılış biçimi ve içinde yaşayan insanlar konusunda her zaman kesin bilgiler edinebilir ve böylelikle haber kaynaklarının, uygulamalarını yönlendiren şematik modelin ana hatlarını açık seçik biçimde formüle edebileceklerini gösterir.[27]

Buna karşılık düşünümlü olmayan şemalar bilinç düzeyinde değildir, dolayısıyla da varlıkları ve bilgiyle deneyimi örgütleme biçimleri sadece etkilerinden hareketle anlaşılabilir. Mauss'un bedensel teknikler üstüne ünlü denemesi ve Bourdieu ile öğrencilerinin çeşitli *habitus* tipleri üstüne yaptıkları incelemeler bu şemayı o kadar bildik bir hale getirmiştir ki, bu konudaki örnekleri çoğaltmanın bir yararı yoktur.[28] Ancak, düşünümsel olmayan şemaların açıklamaya şu ya da biçimde direndiklerini belirtelim yine de. Gerçekten de bunların bilinçte tutarlılık ve mevcudiyet düzeyleri, motivasyonlar, duygu durumları, onları kullanan bireylerin analiz ve içebakış kapasitesi olarak yapılandırdıkları –özellikle harekete geçirdikleri otomatizmlerin bir bölümünü nesnelere, yerlere ya da eylem sekanslarına verme olasılığı– alanlara bağlıdır. Dolayısıyla nesnelleştirilebilir model ve düşünümsel olmayan şema arasındaki ayrım durumlara bağlı olduğu için ayrıntılandırılmalıdır. Aynı şekilde yapay perspektif hem bilimsel bir kültür modeli, hem de algımızı yönlendiren "sembolik biçim"dir. Kitaplara konu olur, okullarda öğretilir, geçmişi bilinir. Bununla birlikte bir tabloya baktığımızda bu tür belirtik bilgiyi harekete geçirmeyiz, zira onu görsel bir şema olarak o kadar derin bir biçimde içselleştirmişizdir ki ona uymayan düşünceleri sezgisel olarak ya tuhaf ve beceriksiz buluruz, ya da onları perspektif kurallarından habersiz ya da bunlardan kurtulmak istemiş figüratif üsluplarla özdeşleştiririz. Ayrıca düşünümsel olmayan şemalar çok farklı düzeylerde ortaya çıkarlar. Bazıları çok tematiktir ve çok farklı durumlara uyarlanırlar, bazıları ise ancak çok özel durumlarda etkili olabilirler. Birinciler uyum sağlayan şemalar, ikinciler ise uzmanlaşmış şemalardır.

Resimdeki perspektifin ya da farklı *habi-*

27 Bkz. Bourdieu'nün bir Kabil eviyle ilgili ünlü analizi (1972) ya da çok daha farklı bir kültür bağlamında benim bir Açuar evi analizim (Descola, Ph., 1986, böl. IV).

28 Boudrdieu, P., 1979; Mauss, M., 1935.

tus'ların örneklerini oluşturduğu uzmanlaşmış şemaların varlığı konusunda, geniş bir uzlaşma vardır: Bedensel teknikler ya da heyecanların ifade edilmesi süreçlerinden kültürel basmakalıplıkların kullanılmasına ve sınıflandırıcı yargıların oluşmasına kadar eylemlerimizin büyük kısmını düzenledikleri için, günlük varoluşumuzun temelini oluştururlar. Dahil edici şemalar daha karmaşık düzeneklerdir, anlaşılmaları ise antropoloji için daha önemlidir zira çok büyük olasılıkla hepimizde başka bireylerle aynı kültüre ve aynı kozmolojiye sahip olduğumuz duygusu uyanmasına katkıda bulunan şey, çok büyük ölçüde bunların aracılık işlevidir. Bunlar soyutlama gücü yüksek, farklı kolektiviteler içinde dengeli biçimde dağılmış ve uzmanlaşmış şema grupları arasında uyum sağlayan, bir yandan da tümevarım yoluyla yeni şemalar yaratan, karşılıklı ilişki üreten bilişsel yapılar olarak tanımlanabilir. Bu tür şemalar sistematik bir öğretim yoluyla içselleştirilmemiştir, bilincin yakalamaya hazır beklediği fikirlerin oluşturduğu bir gökyüzünde bulunmazlar; bunlar yavaş yavaş ve benzer özelliklerle oluşurlar, zira birey kümeleri benzer deneyimlerden geçerler... Ortak dil ve belli bir toplumsal grup içinde çocukları toplumsallaştırma yöntemlerinin nispeten tekdüze olmasıyla kolaylaşmış bir süreçtir bu.[29] Gerçekten de birçok etnoloğun uzaklarda ve nispeten izole yaşayan nüfusları inceleme tutkusunun otantiklik tutkusuyla ya da mümkün olmayan bir arı kültür saplantısıyla hiçbir ilgisi yoktur. Daha basit bir şeyle açıklanabilir bu ilgi: Kolektif pratikleri ya da hiç değilse yüzeysel etkilerini içeren şemalar, dışarıyla ilişkilerin o kadar yoğun olmadığı, nüfusun dağınık olduğu, yorum alanlarının tek tip öğrenme ve yaşam koşullarıyla sınırlı olduğu yerlerde daha iyi gözlemlenebilirler.

Tavır ve davranışlara damgalarını vuran, bütünleşme sağlayan bu şemalar ve gözlemciye doğrudan doğruya son derece karakteristik gözüken bir kolektivitenin pratikleri, belirsiz sezgiler dışında nasıl tanınabilir? Daha sonraki bölümlerde ayrıntılarıyla incelenecek bu sorun konusunda şimdiden bir cevap vermek mümkündür: İnsanların incelenmesinde olduğu kadar insan olmayanların incelenmesinde de, en çok durumda etkinleşen ve diğer şemaları kendi mantıklarına uyduran, onları ilk yönelimlerinden saptıran şemaların belirleyici olduğunu kabul etmek gerekir. André-Georges Haudricourt da, "doğa ve ötekinin ele alınmasında" iki yaklaşımı, dolaylı negatif müdahale ve doğrudan pozitif müdahaleyi birbirinden ayırırken böyle bir mekanizmayı düşünüyordu belki.[30] Melanezya'daki hintpatatatesi tarımı ya da Asya'daki sulu pirinç tarımıyla örneklendirilebilecek dolaylı negatif müdahale, hedefi evcilleştirilmiş varlığın büyüme koşullarını geliştir-

29 Bütünleşme sağlayan şemaların temel özellikleri içinde Bradd Shore'un *foundational schemas*'larıyla kesin benzerlikler gösterir (1996, s. 53-54). Bununla birlikte bu kavramdan iki noktada ayrılırlar ve bunlara burada yer yer değinilmiştir ve daha ayrıntılı olarak da açıklanacaktır. Öncelikle şunu belirtmek gerekir ki foundational schemas özellikle mekânı düzenleme biçimlerini ya da mekânda dağılımı karakterize eder... en azından daha çok ilişki sistemlerini yapılandıran, bütünleşme sağlayan şemalardan farklı olarak Shore'un verdiği örneklere –Kuzey Amerika kurumlarına özgü modüler dağılım, Samoa'da merkez ve çevre arasındaki çelişki ya da Avustralya yerlilerinde "düş zamanı" güzergâhları– göre bir değerlendirme yapıldığında böyledir. Öte yandan Shore'da her kültürün özel foundational schemas'larla tanımlandığı düşüncesi ağır basar, oysa bütünleşme sağlayan şemalar sadece bileşimlerin değiştiği aynı genel repertuvara bağlı gözükürler.

30 Haudricourt, A.-G., 1962.

mek, doğrudan bu varlığı kontrol ederek değil, çevresini düzenleyerek bu koşulları desteklemektir: Her bitkiye, olabildiğince iyi bir gelişme gösterebilmesi için özel bir dikkatle yaklaşılır. Akdeniz bölgesinde koyun yetiştirme ise tersine doğrudan pozitif müdahaleyi devreye sokar, zira burada beslenme ve korunma konusunda insana bağımlı olan hayvanla sürekli ilişki söz konusudur: Çoban değneği ve köpekleriyle birlikte sürüsünden hiç ayrılmaz, otlakları ve su noktalarını seçen odur, gerektiğinde kuzu yavrularını taşıyan ve koyunları vahşi hayvanlara karşı koruyan odur. Bu tavır farkının nedeni sadece evcilleştirilmiş bitkiler ve evcil hayvanlar arasındaki karşıtlık değildir. Çünkü Avrupa'da tahıl yetiştirme faaliyeti de koyun yetiştiriciliği gibi aynı doğrudan pozitif müdahale tipini gerektirir; hintpatatesiyle ilişkideki "saygılı bir dostluk" çerçevesinin tersine, burada bitkilere uygulanan zorlayıcı, baskıcı işlemler söz konusudur: Tarımın en azından ilk dönemlerinde savrulan tohumlar sürü hayvanlarının ayakları altında çiğnenerek toprağa ekilirdi; ayrıca sürü, koparma ya da biçme yoluyla çok hoyratça bir hasattan sonra taneleri dövme işlevini de yerine getirirdi. Buna karşılık bütün besicilik biçimlerinin belirgin özelliği doğrudan pozitif müdahale değildir. Çinhindi köylerinde mandalara çoğu zaman çocuklar göz kulak olur, ancak kaplanların saldırılarına karşı onları koruyamazlar; burada da sürü küçük "bekçi"yi kaplanın saldırısından korumak için çevresinde bir çember oluşturur.

Haudricourt'a göre dolaylı negatif müdahale ve doğrudan pozitif müdahale karşıtlığı insanların davranışlarında da görülebilir. Yakındoğu'da ve Avrupa'da iyi çobanı hükümdar modeli olarak sunan eski siyaset felsefesinin örnek teşkil ettiği yönetici bir zihniyet vardır: Kutsal Kitap'ta ya da Aristoteles'te, şef tebaasını kolektif bir bütün olarak görür, onlara rehberlik eder ve onların kaderine doğrudan dahil olur – tıpkı tek Tanrı'nın müminlerle ilişkisi gibi. Buna karşılık Okyanusya ve Uzakdoğu'da insanlarla ilişkilerde müdahaleci olmayan bir tavır öne çıkar. İnsanlardan söz etmek amacıyla çoğu zaman bitki metaforlarının kullanıldığı Konfüçyüsçü Çin klasiklerinde anlatılan iyi yönetim kurallarında bu uzlaşma ve konsensüs arayışı çok önemlidir ve Melanezya önderliklerinin *modus operandi*'sinde de görülür bu: Şef emir vermez ama her bireyiyle konuşarak, görüşerek tanıdığı cemaatin genel iradesini eylemleriyle göstermeye çalışır.

Hiç kuşkusuz karşıtlık, özellikle insanlarla ilişki bağlamında tam anlamıyla inandırıcı değildir, zira burada çok geniş alanlar söz konusudur ve özellikle Asya veya Okyanusya düşünüldüğünde bir yığın karşı örnek gelebilmektedir akla. Ama sorun bu değildir. Çünkü bu çok kısa ve özlü makalenin, yayınlandığından beri bu kadar ilgi görmesinin nedeni bir olasılığa dikkat çekmiş olmasıdır: Çok genel ve özdeş şemalar, uzun süre boyunca çok farklı ontolojik alanlara ait oldukları düşünülen kendiliklerle ilişkileri içerisinde insanların davranışlarını etkileyebilirler. Bu durumda organizmalar üstündeki etkinin, geniş alanlar içinde teknik ve toplumsal pratiklerle birleşmiş benzer ilkelerle yapılanmış olduğunu düşünmek mümkün olabilir – bu organizmaların insan olup olmadıkları sorusunun önceden sorulmasını gerektirmez bu. Gerçekten de Hadricourt "doğayla ilişki ve ötekiyle ilişki arasındaki denkliklerden" söz ederken çok dikkatlidir, zira bu eylem şemalarının beslendiği kaynak konusunda bir önyargı oluşturmaz. Dolayısıyla burada söz konusu olan ne insanlar arası ilişkilerin insan olmayanlara yansıtılması, ne de insan olmayanlara uygulanan davranışın insanları da kapsayacak şekilde genişletilmesidir; burada söz konusu olan, yol açtıkları davranış türleri açısından ayrılmaları zor olan iki var olanlar kümesinde, ilişkilere uygulanan temel ilkeler arasındaki benzerliktir.

Farklılaşma, İstikrar, Benzerlik

Bununla birlikte belli bir topluluğa özgü pratik şemalarını açıklamak kolay iş değildir. Bu amaçla oluşturulmuş külliyatlar yoktur elimizde, yani yapısal antropolojinin analizlerini üzerine oturttuğu, akrabalıkla ilgili kataloglar, evlilik ve belli bir yerde ikamet kuralları, belli konsensüslerle formüle edilmiş mitler ya da totemik sınıflandırmalar yoktur. Bütün bunların gözlemciler tarafından az çok standardize olmuş biçimde ele alınması, karşılaştırma için uygun bir ölçek sağlıyordu. Oysa bir insan topluluğunun deneyimlerini şematize etme tarzı bu kadar basit betimlemelerle anlaşılamaz; elbette bu tarz etnografilerde kendini ele verebilir, ama en açık kodlardan yola çıkarak yanılmamak için, çok farklı ipuçlarından hareketle bu tarza ulaşmak ve onun ilkelerini bulmak gerekir. Bu şematizasyon belli bir yaşamı doğrulayan kurallardan çok o yaşamın içinde görülür ve anlaşılır: Sözgelimi akrabalık kurallarından çok akrabaların tavırlarında; mitlerin ve ritüel ifadelerin yazımında olduğundan çok ritüel düzenekler ve onların ortaya koyduğu karşılıklı etkileşim durumlarında; ontogenez kuramları, tabular ya da kutsal yerlerin coğrafyasından çok beden tekniklerinde, öğrenimin biçimlerinde ya da mekânın kullanımında anlaşılır.

Gelişme dönemi içinde istikrar kazanan ve doğrulanan pratik şemalar sayesinde yeni durumlara uyum sağlanır ve bu yeni durumlar bilinen özel durumlar gibi algılanır. Dolayısıyla şemalar, erken dönemde kazanılmış bütün alışkanlıklar gibi deneyimlerle düzeltilmekten çok güçlendirilirler. Bireyde görülen böyle bir süreklilik kısmen şematizasyon sürecinde duygulanımların oynadığı rolle açıklanabilir: Belleğin nörokimyasal mekanizmalarının incelenmesi, bir olayın etkin bir biçimde karşılanmasının değil, o olayın neden olduğu yoğun bir duygunun nöron ağlarının güçlenmesine katkıda bulunduğunu, böylece gönderme yaptığı kavram ve algıların birleşimini sabitleştirdiğini ortaya koyuyor.[31] Buna göre deneyimin kalıcı şemalara dahil oluşu, özellikle dikkatin yoğunlaştığı durumlarda gerçekleşir, zira bu durumlar gündelik rutinle zıtlaşırlar ve duyguları hatta bedenleri bütünüyle etkilerler. Özellikle inisiyasyon ritlerinin davranış normlarını ve ilişki modellerini, beklenmedik veya paradoksal olanın ve tutkuların harekete geçirilmesinin üstünde yoğunlaşarak ne kadar etkili biçimde aktardıklarını ve ürettiklerini bilen antropologları hiç şaşırtmaz bu durum. Dolayısıyla ritler bir kolektivitenin doğa ve ötekiyle ilişkisini tasarlama ve düzenleme biçimi konusunda çok önemli işaretlerdir; bunun nedeni yalnızca etkileşim şemalarını ve gündelik yaşamda kendini daha zor ele veren *praxis*'in yapılanma ilkelerini daha yoğun biçimde açıklamaları değil; ayrıca analistin bu konudaki yorumlarının aynı zamanda burada eylem mo-

31 Sözgelimi bkz. Squire, L. R., 1987, s. 39-55.

dellerinin içselleştirilmesine dair elverişli bir çerçeve bulanların deneyimleriyle kesiştiğini doğrulamalarıdır. Psikanaliz ve romandan da öğrendiğimiz gibi, şemaların düzenlenmesinde duygulanımların payı sadece ritüel bağlamlarda görülmez: Neden olduğu duygularla göze çarpan her önemli olay, ilişki ve etkileşim modellerinin öğrenilmesinin güçlendirilmesine çok önemli katkı yapar.

Yapısalcılığa genellikle sorulan önemli bir soru vardır. "Doğrudan pozitif müdahale" ya da "dolaylı negatif müdahale"nin –ama aynı zamanda karşılıklılık, hiyerarşi ya da pratikleri bütünleştirdiği söylenen bütün şemaların– gözlemcinin betimleme ve analiz ihtiyacı için oluşturduğu *ad hoc* bir kategoriden fazla ya da farklı bir şey olduğundan nasıl emin olabiliriz? Çünkü Gabriel Tarde'ın dediği gibi birey ya da kolektivite ölçeğinde bir aile havası oluşturan davranış ve ilişki tiplerinin, ontolojik gerçekliğinin gösterilmesi kolay olmayan daha önceki bir şemadan çok, bir analoji zinciri içinde taklit yoluyla oluşmuş olmaları pekâlâ mümkündür. Aslında bu sorunun akıbeti belirsizdir, ancak ikinci alternatifin kabul edilmesine götüren basit inanç, deneylerimlere dayanan temellerden bütünüyle yoksun değildir. Gerçekten de analojik düşünceyle ilgili bilişsel psikoloji çalışmaları, tekil nesneler ve olaylar arasındaki benzerliklerin tanınmasının, daha önceki bir şemadan hareketle tümevarım yoluyla oluştuğunda –ya da farklılıkların saf dışı edilmesiyle anında oluştuğunda–, adım adım geliştirilen analitik karşılaştırmalarla yapıldığından daha kolay oluştuğunu gösterir. Şematik tümevarım hızlı gider ve azla yetinir, zira daha fazla dikkat ve bellek gerektiren, aşama aşama gerçekleşen analoji araştırmalarının tersine bir prototipin farklı modellerini oluşturan tikel durumların model haline getirilmesiyle oluşur ve gelişir.[32] Deneysel gerçeklik içinde analojik düşünce ve ayrı şemalardan hareketle tümevarım arasında, hiç kuşkusuz bireysel düşünceyi "kolektif temsiller"den ayıran büyük bir fark vardır. Ama kolektif temsillerin pratikte ortaya çıkabilmeleri, pratiğe aktarılmaları ve dâhil olmalarının her zaman tikelleşmiş bedenlerde, deneylerde ve beyinlerde doğarak ve dağılarak mümkün olabildikleri inkâr edilebilir mi? Bir kolektivitenin kendisini oluşturan unsurlardan fazla bir şey oluğunu kabul etmekle birlikte, bu unsurları, duyum yetileri ve zihinsel özellikleriyle birlikte kolektivitenin yaratıcılığının ve sürekliliğinin dinamik bir tözü gibi görmek gerekir.

Bir kolektiviteye ait bireylere ortak normların ve anlamların ortaya çıkması, büyük ölçüde tikelden genele ve genelden tikele giden analojik türeme süreçlerinden geçer. Davranış ve etkileşimin kamusal olarak kurulmuş modelleri, bu modellerin kodladıkları ve pratikleri yönlendiren örtük şemalarla, tekil olayların sonsuz rastlantısallığı arasında bir fark olduğunu kabul ediyorsak, herkesin kendi davranışında ve tanıdığı kişilerin davranışında algıladığı asgari tutarlılığın da, kural, eğilim ve durumları bu alanların birinden diğerine özgürce taşıma kapasitemizden geldiğini teslim etmek gerekir. Burada iki yönlü bir hareket söz konusudur: Mevcut paradigmalarla uyumlu bir biçimde düzenlenen deneyimlerimize göre ya da bu paradigmaların onların değişimini gerektiren beklenmedik durumlardan etkilenmesine gö-

32 Gick, M. L. ve Holyoak, K. J., 1983. Bu çalışma ve bilişsel psikolojinin şematizm kuramına katkıları tartışmaları konusunda bkz. Shore, B., 1996, s. 353-356.

re.[33] Sözgelimi birinci tip tümevarımda somut bir olay, yorumlanmasına olanak veren referans modeline aktarılabilir: Kabul edilen bir norma oranla bir uyum yargısının klasik durumudur bu. Ayrıca, bir şema belirtik bir modele de aktarılabilir ya da bu modeli kullanarak şema daha açık hale getirilebilir: Antropologların geleneksel anlamda anlatma ve açıklama misyonunu üstlendikleri insanlığın kurucu çalışmasını iyi tanımlayan bir işlemdir bu. Nihayet, bir şema anlamlı ya da kabul edilebilir olması açısından doğrudan doğruya eşsiz bir olaya aktarılabilir: Daha ender görülen bir durumdur bu, zira bu yeniliğin asimilasyon işlevi genel olarak aradaki modellere atfedilir: Büyük kolektif çalkantılar, sömürgeci fethin yarattığı travmalar ya da uzak göçler sırasında, bilinen referans parametreleri çok özel koşul veya deneyimleri açıklamakta yetersiz kaldığında ve bu durumda daha derin şemaların devreye girmesi gerektiğinde başvurulur buna.

İkinci tip tümevarım, yani alışılmadık koşulların uyumlu hale getirilmesine yönelik bir şemanın oluşturulması, öncelikle tarihin düzenli hareketine katkıda bulunur. Kurulu bir model, daha önce görülmemiş bir olayın dikkate alınması gerekliliği sonucu elden geçirildiğinde ya da değiştirildiğinde devreye girer. Yasama etkinliği bunun iyi bir örneğini sunar: Alışılmadık bir durum özgün bir şemalaştırmaya götürür, ve bu sayede uzmanlaşmış modeller yani "kültür parçaları" eşsiz bir bileşim içerisinde yeniden ele alınırlar – antropologlar bu tür bir kurma işlemini, örneğin kehanetçi ya da milenarist hareketlerin beslendikleri "senktreizm" ya da "akültürasyon" başlığı altında iyi bilirler. Buna karşılık tekil deneyimlerin doğrudan aktarılması aracılığıyla yeni şemaların oluşturulması çok ender görülen bir durumdur, zira bu tekil deneyimler, sıradışı bir duruma olası uyumsuzlukları sonucu yukarıda sözünü ettiğimiz usule göre yeniden yapılanan modeller tarafından ayıklanır.

Bu söylediklerimiz kabul edilirse, yerel model ve yapısal model arasındaki ilişkinin gizemi biraz dağılır. Gerçekten de iyi bir yapısal analizin yol gösterici olduğu düşünülebilir, zira bir kolektivitenin üyelerinin geliştirdikleri deneyimin şemalaştırılmasını anlamak için olduğu kadar, bu şemalaştırmanın insanların kabul ettikleri açık kodlama sistemlerinin omurgasını oluşturma biçimini de kavramak için bir yol sunar. Analistin meydana getirdiği formel düzeneğin, değerlendirmeye çalıştığı toplumsal sistemin altında yatan bazı özellikleri gerçekten ortaya çıkardığından emin olmanın garantisi, bu özelliklerin insan zihninin evrensel çehrelerini ifade etmekten ziyade, sistemin aktörlerinin dünyayla ve başkalarıyla ilişkilerini düzenlemedikleri örtük nesnelleştirme usul ve çerçevelerini ortaya koyduğunu kabul etmekten gelir. Model ya da eylemle yapı arasında, şema hem somut hem de özelleşmiş bir arayüz gibi işler: Somuttur çünkü bireylerde ve pratiklerde vücuda gelip içselleşmiştir; özelleşmiştir çünkü var olanlarla ilişkilerinin şu ya da bu nesnel özelliğini ifade eder. Bir yandan da, "kolektif bilinçdışı" ya da "sembolik işlev" gibi gizemli özlere bulaşmadan güçlü bir soyutlama olarak işler, çünkü yalnızca etkileri ve sonuçlarından hareketle ortaya konabilir.

33 Piaget'den alınan kavramların iki evresini belirtmek isteyen B. Shore çok iyi görmüştür bunu: "Asimilisyon" daha önceki bir şemayla ilişkili yeni bir deneyimin örgütlenmesidir, "akomodasyon" (uyumsama) ise yeni bir deneyin arkasından gelen bir şemanın dönüşümü ya da yaratılmasıdır (*a.g.y.*, s. 367-368).

Deneyimin şematizasyonu geçici buluşların ve rastlantısal koşulların keyfiliğine teslim olmamıştır. Bunların habitus'lar gibi özel şemaların ortaya çıkışında rolleri vardır hiç kuşkusuz; bu habitus'ların büyük çeşitliliği de, içinde ortaya çıktıkları tarihsel bağlamların çeşitliliğine eştir. Pratiklere içkin, özelleşmiş çoğul yeteneklerin dışında, insanlar dünyayla ilişkilerini yapılandırmak için sayıları daha az ve daha genel olan dahil edici şemalara da başvururlar. Bunların etkileri, var olanlar arasında benzerlikleri ve farklılıkları düzenlemeye yönelik, bu dağılımların belirlediği kümelerin içinde ve bu kümelerin arasında son derece istikrarlı ilişkiler kurmaya yönelik yapılan ve sonuçta sınırlı olan tercihler yelpazesinin içinde hissedilir. Bu kitabın devamı, insanlığın kendisiyle ve dünyayla kurduğu ilişkileri belirten bütün şemaların, kısmen doğuştan gelen, kısmen de ortak yaşamın eğilimlerinden gelen birtakım önyatkınlıklar halinde varolduklarını savunan bu önermeyi daha açık hale getirmeyi amaçlıyor. Yani bu önyatkınlıklar benin ve ötekinin belirli bir çevreye dahil olmasını sağlamanın farklı pratik biçimleridir. Ama bu yapıların kendi aralarında tam anlamıyla bağdaştıkları söylenemez ve her kültür sistemi, her toplumsal örgütlenme biçimi bir seçim ve bileşimin sonucudur ve bunlar olumsal olsalar bile, tarihte çoğu zaman benzer sonuçlarla yinelenmişlerdir. Tutarlı bir antropoloji için dünyanın bu büyük mırıldanmasından gelen uyumlu seslere ve izleklere kulak vererek, kullanımların çeşitliliğinin altında beliren süreklilikleriyle ortaya çıkan düzenlere dikkat ederek, bu kompozisyon çalışmasının mantığını anlamak dışında bir yol yoktur.

5

Kendiyle İlişki, Başkasıyla İlişki

Tanıma Biçimleri ve İlişki Biçimleri

Bundan sonraki analizler için ipucu oluşturan hipotez şudur: Önceki bölümde genel anlamda işleyişlerini irdelediğimiz pratiklerin bütünleşmesini sağlayan şemalar, benim *tanıma* ve *ilişki* olarak adlandırdığım bireysel ve kolektif yapılanmanın iki temel biçimine bağlanabilirler. Tanıma, bir nesneyle duygusal bağ ya da bu nesnenin ayırt edici özelliğini tanıma olanağı veren sınıflandırıcı değerlendirmeden ibaret olan Freudien anlamı aşar. "Tanıma" terimiyle, kendime ya da var olanlara atfettiğim görünüş, davranış ve özellikler arasında yakınlık ve ayrılıklar çıkarsayarak, kendimle var olanlar arasında fark ve benzerlik kurduğum daha genel şemayı kast ediyorum. Marcel Mauss bunu başka bir biçimde formüle ederken şöyle diyordu: "İnsan kendini nesnelerle özdeşleştirir, nesneleri de kendisiyle özdeşleştirir; bu arada kurduğu farklılıklar ve benzerliklerin anlamına vakıf olur."[1] Kendi ve kendi olmayan arasındaki bu aracılık mekanizması, mantıksal düzlemde bana herhangi başka biriyle kurulan belirli ilişkinin varlığından önce ve onun dışında yer alıyormuş gibi geliyor; zira başkasıyla ilişki, etkileşimin kipleri sayesinde içeriği açışından belirtilebilir, yani burada sözü edilen başkası bir ikilinin terimlerinden biri değil, tanınma bekleyen genel bir başkalık içerisinde benim için var olan bir nesnedir: Dolayısıyla bir *alter* değil, bir *aliud*'dur.

Ayrım hiç kuşkusuz fenomenal değil analitiktir, çünkü tanıma, bir kimlik atfedilen nesneye ilişkisel bir bağlantı dayatır: Şu ya da bu ontolojik kategori içinde yer aldığından, onunla şu ya da bu ilişkiyi kurma fırsatı verecektir bana. Bununla birlikte bu ayrımı korumak önemlidir, zira tanımanın mümkün kıldığı on-

1 Mauss, M., 1974, s. 130. Ayrıca bkz. Durkheim: "İlkel insan bizim ayırt edebildiğimiz nesneleri karıştırır, buna karşılık bizim benzettiğimiz nesneleri ayırt eder", 1960 (1912), s. 341.

tolojik, kozmolojik ve sosyolojik formüllerin her biri birçok ilişki tipini destekleyebilir ve dolayısıyla bu ilişki tipleri sadece tanımlanan nesnenin pozisyonundan ya da ona mal edilen özelliklerden otomatik olarak türemez. Sözgelimi bir hayvanı bir nesneden ziyade bir kişi gibi görmek, onunla kurulacak ve yırtıcılığa, rekabete ya da korumaya bağlı olabilecek ilişki konusunda erken bir yargıda bulunmayı hiçbir biçimde mümkün kılamaz. Böylelikle ilişki, tanımanın ortaya koyduğu ilk ilişkilere ek bir belirlenimdir ve bu nedenle –yapısalcı ya da etkileşimsel pozisyonla karşıtlık içerisinde– ötekini dahil etmenin bu iki biçimini ayrı ayrı düşünmek gerekir. Bu biçimler içkinlik yargıları ve ilişki yargıları arasında mantık tarafından oluşturulan ilksel ayrıma denk düşerler. Gerçekten de özellikle terimlerden oluşan tanımayı ve özellikle bu terimler arasındaki bağlantılardan oluşan ilişkiyi eşit bir biçimde ele almak, eski antropolojik yaklaşımların aşırılıklarını düzeltmenin bir yoludur, zira söz konusu yaklaşımlar boyutlardan birine öncelik tanıyarak –ilişkiler terimlerden gelir ya da terimler ilişkilerden gelir– ontolojik dağılımların ve toplumsal ilişkilerin doğrudan incelenmesi konusunda zorluk çekiyorlardı.

Dolayısıyla burada ilişki, mantıksal ya da matematiksel anlamda değil, yani iki düşünce içeriği arasında iç ilişkiyi sağlayan entelektüel bir işlem gibi değil, tipik davranışlarıyla saptanan ve somut toplumsal normlara kısmen tekabül eden varlıklar ve şeyler arasındaki dış ilişkiler gibi anlaşılmalıdır. Bu antropolojik ilişkilerin, kimi çehreleriyle, birlikte yaşama, kalıtım, özdeşlik, tekabül etme ya da ortaya çıkma gibi bütünüyle biçimsel ilişkilere denk düşmesinde şaşırtıcı bir şey aramamalıdır, zira Aristoteles'ten bu yana bilgi felsefesinin tanımladığı ilişkilerin sayısı son derece sınırlıdır ve varlıklar arasında ilişkiler kurma biçimlerinin tümü son tahlilde mantıksal ilişkiler derlemesine indirgenebilir. Bununla birlikte bu kitabın amacı kolektif tavırları daha iyi anlamak olduğundan, bizi ilgilendiren ilişkiler mantıksal önermeleri yönlendiren biçimsel kurallardan çıkarılabilecek ilişkiler değil, gözlemlenebilen pratiklerden çıkarılabilecek ilişkilerdir. Söz konusu ilişkilerin bir anlamda öğeler arasındaki dış ilişkiler olduğunu belirtmek, tanıma ve ilişkinin konumları hakkındaki olası bir yanlış anlama durumunu da ortadan kaldırır. Tanıma terimleri ve yüklemleri tanımlasa da aynı zamanda bir ilişkidir elbette, zira ayrılamazlık ve atfetme yargılarına dayanır; ama bu ilişki, ona bu halini veren yöntem dikkate alınmadığında, tanınan nesneye içrek hale gelir. Buna karşılık, bizi ilgilendiren ilişkiler dıştan gelen ilişkilerdir, yani bu nesnenin kendi dışındaki bir şeyle kurduğu bağlantılara dayanırlar. Bu bağlantılar onun kimliği içinde gücül olarak bulunurlar, ama özellikle hangisinin gerçekleşeceği hiçbir zaman bilinemez. Beni tanıma biçimlerine ilişki biçimlerine kıyasla mantıksal bir öncelik vermeye götüren gerekçe de bu olmuştur, zira tanıma biçimleri terimlerin ontolojik özelliklerini belirlerken kısmen onları birleştirmeye elverişli ilişkiler doğasını da yönlendirirler, ama egemen olacak olan ilişki tipini belirlemezler. Dolayısıyla önce tanımanın ontolojik biçimleri (III. bölüm) ve toplumsal yaşamdaki yansımaları (IV. bölüm) incelenecek, daha sonra ilişki biçimlerine ve bunların tanıma biçimleriyle kurdukları ilişkilere geçilecektir (son bölüm).

Tanıma ve ilişki, burada ele aldığım genellik düzeyinde bile, doğa ve başkası deneyiminin yapılanmasının olası bütün biçimlerini elbette kapsayamazlar. Bu bağlamda daha fazla bütüncüllük için bunlara pratiklerin şematizasyonunda rol oynayan en az beş başka biçim eklemek gerekir: *Zamansallık,* yani sürenin bazı özelliklerinin, farklı takvim düzenlemelerine, mekânsal benzerliklere, çevrimlere, birbirlerine eklenen sekanslara ya da hatırlama ve isteyerek unutma süreçlerine göre nesnelleştirilmesi; *mekânsallaştırma,* bir başka deyişle yararlanma ve kullanmaya, yerlemler ve yönler sistemine, yerlerin şu ya da bu biçimde belirlenmesine verilen değere, bölgelerin güzergâh ve yerleşme biçimleriyle bunları düzenleyen zihin haritalarına ya da göz ve öteki duyuların kavramalarıyla oluşan ortamların manzaraları meydana getirmesine dayanan mekânı düzenleme ve bölme mekanizmaları; bir maddi dayanak sayesinde iki ya da üç boyutlu olarak gösterme aracı gibi anlaşılan farklı *figürasyon* rejimleri; *aracılık,* yani bir biçim, bir işaret ya da bir simge gibi, ortaya konması için uzlaşımsal bir düzenek gereken ve kurban, para, yazı gibi bir şeyin yerine geçen ilişki tipi; ve her türlü taksinomide var olan bütün kendilikleri ve özellikleri yönlendiren ilkeler anlamında kategorizasyon.

Ben bu çalışmanın makul sınırlarda kalması için bu biçimlere değinmeyeceğim; ayrıca daha sonraki analizlerde görüleceği gibi tanıma ve ilişkinin farklı biçimleri, bilinen ontolojilerin ve kozmolojilerin çoğunun temel ilkelerinin açıklanması için yeterlidir. Dolayısıyla okuyucudan, zamansallık, mekânsallaştırma, figürasyon, aracılık ve kategorizasyonun, ifade edilme ve tezahür etme biçimleri açısından tanıma ve ilişkinin farklı biçimleri olduğu yönündeki geçici varsayımı –elbette bu aşamada çok da inandırıcı olmayan bu varsayımı– kabul etmesini rica ediyorum. Bu ikincil biçimlerin doğurabileceği somut gerçekliklerden her biri –sözgelimi çevrimsel zamansallık, peş peşe gelen zamansallık ya da benmerkezli zamansallık– iki temel biçimin etkisiyle oluşan eklemlenmeler birinden ya da ötekinden gelebilir muhtemelen.

Bir tanıma tipi ve bir ilişki tipi arasındaki bileşimden gelen oluşumların her biri özel bir pratikler bütünleşmesi şemasının genel yapısını ortaya koyar; bir başka deyişle nasıl işlediği daha önceki bölümde anlatılan ve bir kolektivitenin bireylerine uzmanlaşmış şema sınıflarını kendi aralarında bağdaştırma olanağı veren, çıkarımlar üreten bu düzeneğin alabileceği biçimlerinden birini gösterir... Söz konusu düzenek, onlara aynı zamanda ilk şemalara yakın yeni şemalar oluşturma olanağı sağlar. Dolayısıyla tanıma ve ilişki, toplumsal yaşam araçlarının temel gereksinimlerini karşıladığı biriktirildiği bir yer, çeşitli boyut ve doğalardaki insan topluluklarının deneyimlerini günden güne şematize ettikleri –her ne kadar bu çabanın ve ürettiği nesnenin tamamen bilincinde olmasalar da– bir yer gibi görülebilir. Bununla birlikte bu şemalar kısmen nesnelleştirilebilir ve iki biçimde olur bu: Etkin toplumsal eylem onu yapılandıran bilişsel mekanizmaların silinmesine dayandığından, kaçınılmaz biçimde eksik olan yerel modeller aracılığıyla; burada anlatılacak olan ve diğeri kadar eksik olan, bu eksikliği de daha çok yerel farklılıkların sonsuz zenginliğinin açıklanamamasına bağlı olan bilimsel modellerle. Ama burada her türlü genelleştirme hırsının getirdiği risk göze alınmıştır: gündelik yaşamın çekici gelen kestirilmezliğini ve yaratıcı çoğalışını, insan davranışının dayanaklarının daha iyi anlaşılması adına feda etmek.

Öteki Bir "Ben"dir

Varlıkların ve nesnelerin taksinomilerin ortaya koyduğu kategorizasyonunun tersine bir işlem olan tanıma, çevremizin gözlem ve pratikleri aracılığıyla bize sunulan bazı süreklilik ve kesintileri değerlendirme ve bunların dağılımını yapma kapasitesidir. Bu temel ontolojik ayrım mekanizması, sürekli algımıza sunulan nesnelerin doğasına ilişin ampirik yargılara gönderme yapmaz. Burada daha çok Husserl'in bir başkasının varlığına ilişkin genel bilinci vermesi bakımından yargı öncesi (antéprédicatif) deneyim dediği şeyden söz etmek gerekir. Dünyayı ve benim için ifade ettiği her şeyi, yani bedenimi ve yönelimselliğimi bir yana bıraktığımda, sadece benim kendi kaynaklarımdan oluşan bir bilinçtir bu. Dolayısıyla deyim yerindeyse bir düşünce deneyimidir bu, ve var olup olmadığı önemli olmayan ama son derece somut sonuçlar üreten bir öznenin ortaya koyduğu bir düşünce deneyimidir, zira belirsiz nesnelere kendimize atfettiğimizle özdeş birer "içsellik" ya da bir "fiziksellik" atfederek ya da atfetmeyi reddederek onları belirlemenin nasıl mümkün olduğunu anlamamızı sağlar. Daha sonra göreceğimiz gibi bu içsellik düzlemi ve fiziksellik düzlemi ayrımı, zihin ve beden arasındaki Batılı karşıtlığın etnikmerkezci bir yansıması değildir; etnografi ve tarih aracılığıyla üzerlerinde bilgi edindiğimiz bütün uygarlıkların bunu kendi tarzlarında yansıttıkları tespitine dayanır. Dolayısıyla bu iki düzlemin gösterdiği olgu alanlarının kısa bir tanımı araştırmamızın bu aşamasında yeterlidir.

Bulanık "içsellik" sözcüğünden anlamamız gereken, bütün insan varlıklarının bildiği ve tanıdığı ve genellikle zihin, ruh ya da bilinç dediğimiz şeyle kısmen örtüşen bir özellikler yelpazesidir – yönelimsellik, öznellik, düşünüm, duygulanım, anlamlandırma ya da düş kurma yeteneği. Bunlara, nefes ya da yaşam enerjisi gibi can verdiği kabul edilen madde dışı ilkeler ve anlamı konusunda başkalarıyla hemfikir olduğum düşünce, kimi zaman bildiğimiz ortak bir ad ya da sıfatla açıklanan aynı eylem ilkesi ya da aynı köken gibi daha soyut kavramlar da dâhil edilebilir. Sonuçta, varlığa içkin ya da kaynağını ondan alan, yalnızca kendi etkilerinden ve sonuçlarından hareketle ortaya konabilecek, varlığın kimliğinden, devamlılığından ve kimi tipik davranışlarından sorumlu olan birtakım özellikler bulunduğu konusundaki evrensel inanç söz konusudur. Buna karşılık fiziksellik, dış biçim, töz, fizyolojik, algısal ve duyusal süreçlerle, hatta karakter ve dünyadaki davranış biçimiyle ilgilidir; bedensel özellikler, beslenme rejimleri, anatomik özellikler ya da özel çoğalma biçimleri aracılığıyla tavırlar ya da *habitus*'ların etkilenmesi söz konusudur bu bağlamda. Dolayısıyla fiziksellik, organik ya da yaşamdan yoksun cisimlerin basit maddiliği değildir, bir kendiliğe ait yatkınlıkların, bunların bu kendiliğin özünde bulunan morfolojik ve fizyolojik özelliklerden geldikleri kabul edildiğinde aldığı görünür ve aşikâr ifadelerin bütünüdür.

Tanımanın, insanların kendilerine atfettikleri özelliklere benzetme yoluyla tasarlanan ontolojik özellikleri var olanlara atfetmesine dayandığı varsayımı, böyle bir mekanizmanın deneysel kaynağının, kesinlik ve süreklilik güvencesinin her birimizde bulunabileceğini kabul etmektir. Bir başka deyişle bu açıdan her insan kendisini içsellikten ve fiziksellikten oluşan karışık bir bütün içerisinde algılar; ki bu da, insanın kendisinden gelen ayırt edici özelliklerin başkasında da bulunduğunu kabul etmek ya da etmemek için gerekli bir durumdur. Oysa bireylerin kendilerini her yerde ve her zaman özerk tekillikler gibi gördükleri düşüncesi, dahası bu tekilliğin bir yönelimsellik ve fizik deneyim bileşiminin bir biçimi olarak algılanmasının evrensel geçerliği şiddetle eleştirilmiştir. Kendilik bilincinin yaşanmış birliğinin genelliğine kuşkuyla bakmanın yaygın bir tavır olduğu bilinmektedir; buna örnek olarak bazı nüfusların, bedenin bir yığın temel birim içinde parçalanmış olması dolayısıyla kişinin mutlak sınırını oluşturabileceğini kabul etmemeleri verilir. Onlara göre bu birimlerin bir bölümü bedenin içindedir ya da çevresindeki insan ya da insan olmayan unsurlarla belirlenmiştir.[2] Bu düşünceler ne kadar ortak olurlarsa olsunlar, Mauss'un bir zamanlar önerdiği temel ayrımı, yani kendinin tümel duygusu olarak her insanın "ruhsal ve bedensel bireyselliği"nin bilincinde olması ile, kişiye dair geliştirilen ve mekânda büyük bir çeşitlilik gösteren kimi teoriler arasında yaptığı ayrımı geçersiz kılmazlar.[3]

Mauss'un önceden sezdiği, Peirce'ten sonra Emile Benveniste'in açıkça ifade ettiği gibi, kendiliğin ketum ve özerk bağımsız bir birim olarak algılamasının envenselliği, öncelikle dilsel işaretlerle doğrulanır, yani bütün dillerde "ben" ve "sen" tipinde zamir biçimleri ya da ekleri vardır. Bunlar sadece "ben" dilsel unsurunu içeren bir söylemde bulunan kişiye ve de "sen" sözcesinin yöneldiği "sen"e gönderme yapabilirler.[4] Bu semiyotik ben, hiçbir biçimde konuşucunun kendisini Batı bireyciliğinin her zaman önerdiği imgede olduğu gibi, bütünüyle bedeninin sınırları içinde kalan, bağımsız bir özne gibi görmesini gerektirmez. Çünkü birçok toplum kişinin mizacını, eylemlerini ve gelişmesini fiziksel görünümünün dış unsurlarına, içinde bulunduğu ve ayrılmaz bir parçası olan her türlü ilişkiye bağlar. Özellikle Melanezya örnek gösterilebilir bu konuda ve Marylin Strathern bu nedenle bu bölge insanını nitelerken bireysellik (individualité) değil, bir ağ içindeki ilişkileri ve konumuyla tanınan bir varlık anlamında bölünsellik (dividualité) sözcüğünün kullanılmasını ister.[5] Melanezya'daki "bölünsel" kişi kuramına karşı çıkmamakla birlikte, Maurice Leenhardt ve daha yakın dönemde Edward Lipuma ile birlikte, bu kavramın kesinlikle Avrupa sömürgeciliğinin özel bir sonucu olduğu söylenemeyecek, daha benmerkezci bir özne kavramıyla birlikte –ve bazı durumlarda yerini ona bırakarak– bulunduğunu hatırlamak gerekir.[6] Öte yandan, onu kişi olarak oluşturan ilkelerin tekil bir insan bedeninin dışında aranması konusunda önerilen çözümlerin çeşitliliği ne olursa olsun, kendilik bilincinin bağlamsal (indexicale) anlamının ortaya koyduğu ve "sen" zamirinin kullanımında meydana gelen özneler arası farklılaşmanın güçlendirdiği bu bireyselleşme biçimini, evrensel bir olgu olarak kabul ederek bir risk almış olmuyoruz.

2 Sözgelimi bkz. iki yeni yapıtta toplanan inceleme ve araştırmalar: Lambek, M. ve Strathern, A., 1998 ve Godelier, M. ve Panoff, M., 1998; bu son yapıtın editörleri önsözde açık seçik biçimde şu ifadeyi kullanmışlardır: "Sorun insanlığın [...] insanın niçin iki parçadan oluştuğunu, bir parçasının ölümlü, öbür parçasının yaşamaya ve ölümün ötesinde de faaliyetlerini sürdürdüğünü düşündüğünü öğrenebilmektir" (s. XIV).

3 Mauss, M., 1950, s. 355.

4 Benveniste, E., 1966, böl. XX ve XXI.

5 Strathern, M., 1988, s. 268-270.

6 Leenhardt, M., 1947; Lipuma, E., 1998.

Düşünümsel bireyleşmenin evrenselliği, bir içsellik düzlemi ve fiziksellik düzlemi arasındaki bölünmenin hissedilmesi için gerekli bir koşuldur, ama yeterli değildir. Çünkü böyle bir ayrım sıradan bir kendilik bilincinde hissedilemez, zira böyle bir bilinç zihinsel etkinliklere, duygulanımlara ve algılara canlılık ve tutarlılık kazandıran bir iç birliğin anlamı ile, mekânda bir yer işgal eden, özgül duyumlara kaynaklık eden, çevreyle bir aracılığın organı olan ve bilgi aygıtı olarak işleyen bir bedenin sürekli deneyimini, ayrılmaz bir biçimde iç içe sunar. Uçsuz bucaksız içselleştirilmeler alanında ve de bir harekette yoğunlaşmış sezgilerin daha gizemli alanında beden aracılığıyla da "düşünüldüğünü" hepimiz biliriz: Sözgelimi fiziksel-matematiksel diyagramların gösterdiği ve bilim felsefecilerinin niteliklerini kavramaya çalıştıkları "ellerle konuşmak."[7] Descartes da ilke olarak düalist olmasına ve kendilik bilincinde *cogito*'ya öncelik tanımasına rağmen, bizi "gerçek insan" yapan bireysellik duygumuzun öncelikle düşünen ruh ve duyulur beden birliğine dayandığını kesinlikle kabul eder.[8]

Böylece, madde dışı bir ben ve fizik bir ben arasında görülebilecek bir ayrılık, ortak bir deneyimde değil, ruh ve bedenin –bizim yerel terminolojimize göre– birbirinden ayrı gözüktüğü daha ender görülen bölünmeler içinde yer alır. "İç yaşam"ın etkisini gösterdiği, derin düşünceye, içebakışa, düşlere, iç monoloğa hatta duaya uzanan belirsiz ama gündelik anlarda, bedensel zorlamaların bilinçli ya da zorunlu olarak askıya alındığı durumlardır bunlar. Bellek ve düş konusunda da daha net biçimde aynı durum söz konusudur. Anı, çoğu zaman fizik bir duyumla irade dışı olarak tetiklense de, maddilikten arınmayı, zamansal ve mekânsal belirlemelelerinden kurtulmayı ve zihin aracılığıyla geçmiş bir duruma gitmeyi sağlar. Bu geçmişte aslında hatırladığımız anıya bağlı olan acıyı, zevki hatta sinesteziyi bilinçli bir şekilde hissetmemiz mümkün olmaz. Rüyaya gelince, rüya bize ruhsal kişilikteki bütünlüğün yitirilmesinden daha güçlü bir işaret sunar, zira bununla ilgili imajların canlılığı onun koşulu olan bedensel hareketsizlik durumuyla pek uyuşmaz. Ayrıca kendiliğin etinden, kemiğinden sıyırılıp, kendine uzaktan bakıyormuş gibi gözüktüğünde yaşadığı halüsinasyonlar, kendinden geçme ve irade yitimi gibi zamana bağlı duyarsızlıklar, hatta psikotrop maddelerin kullanımı ya da yarı ölüm gibi durumlara bağlı beden dışı algılama deneyimleri söz konusu olduğunda yaşanan bu uç bölünme ve ayrılma durumları ise o kadar yaygın değildir. Oysa olağanüstü bir şey yoktur burada: Dünyanın birçok bölgesinde sürekli halüsinojen kullanımı ya da alkolün, açlık veya müziğin yol açtığı translar, içsellikle fiziksellik arasındaki, tam da verdiği his için peşine düşülen bir ikiliğin son derece belirgin kanıtlarıdır. Ayrıca bu tür fenomenlerin sıklığı o kadar önemli değil, zira benim amacım burada kişinin ikilik duygusunun çok kesin bir kaynağı olduğunu göstermek değildir (Rüyayı ruh kavramının kökeni, ruhu da doğaüstü varlıklara inanç gibi gören Tylor girişmişti böyle bir işe: Bu düşünceler özerk bir

7 Özellikle merhum Gilles Châtelet (1993).

8 "[...] Ruhun bir gemi kaptanı gibi hatta belki de uzuvlarını hareket ettirebilmesi için insan bedenine yerleşmesi nasıl yeterli olmuyor; bunlar yetmiyormuş gibi bizimkilere benzeyen duygular ve iştahlara sahip olmak ve böylelikle gerçek bir insan haline gelebilmek için bedenle birleşmesine, bir olmasına ihtiyaç duyuluyor" (*Discours de la méthode* [*Yöntem üzerine konuşma*; V. böl.], *Oeuvres philosophiques*, c. I, F. Alquié, Garnier, Paris, s. 631-632 içinde).

hayat verme ilkesinin hareketsiz nesnelere yansıtılması olarak düşünülen animist dinin temelini oluşturur).[9] Bu rastlantısal köken fikirlerine çok uzak olan benim amacım ise, iç kendilik ve fiziksel kendilik arasındaki ayrımın bilincinin, normal bir yaşamda temelsiz olmadığının altını çizmekten ibaretti – ki bu düalist sezgide doğuştan gelen bir insani özellik gören gelişim psikolojisindeki son araştırmalar da doğrular bunu.[10]

Maddi ve manevi olanın ayrılmasının evrenselliğinin bir başka işareti, betimlenebilecek bütün kültürlerde bunların dilsel izlerinin bulunabilmesidir. Gerçekten de büyük olasılıkla bütün diller, belli bir organizma sınıfı düzeyinde içsellik düzlemiyle fiziksellik düzlemini ayırırlar; bu kategorinin boyutları ve bu düzeylerin Batılı gözlemcilerin diline nasıl aktarıldığı –genellikle "ruh" ve "beden" olarak– önemli değildir. Hiç kuşkusuz, "ruh" olarak çevrilen terimlerin sayısı aynı dil içinde çok fazladır ve dolayısıyla bu terimlerin yoğun biçimde yorumlanması gerekir; oysa beden kavramının karşılığı tek sözcüktür genellikle. Ancak, yalnızca içsellik –örneğin bedensiz bir ruh– ya da yalnızca fiziksellik –ruhsuz bir beden– özelliklerine dayanan, canlı ve sıradan bir kişi kavrayışı hiçbir yerde bulunmaz. Saf bir fiziksellik olgusunun düşünülebilmesi, ancak 20. yüzyılın son onyıllarında sözgelimi Antonio Damasio ya da Daniel Dennett'in materyalist bilinç teorileriyle mümkün olmuştur ve bu, insan doğasının tekilliğine olduğu kadar sağduyuya da bir hakaret sayılıp çağdaşlarımız tarafından eleştiri yağmuruna tutulmuştur.[11] Zira kişinin bu ikiliğinde söz konusu olan gerçekten de sağduyudur, yani kurumsal ifadelerinde görülen ampirik bir sezgi söz konusudur; nörobiyolojinin açıklamaya çalıştığı karmaşık kendilik bilinci mekanizmalarından kesinlikle söz edilemez bu bağlamda.

İçsellik ve fiziksel arasındaki klasik ayrımın evrenselliğini iddia ederken, içselliğin genellikle çok ve çeşitli olarak ortaya konduğunu biliyorum, ayrıca çok sayıda karşılıklı belirlemeler aracılığıyla fiziksellikle bağlantılı olduğu yönündeki varsayımının da farkındayım. Ayrıca düalizmin en eksiksiz biçimlerinin görüldüğü Batı'da da en azından üç içsellik ilkesinin –ruh, zihin ve bilinç– birlikte bulunduğu genel kabul gören bir düşüncedir ve buna bir yüzyıldan beri Freudçu üçlü (ben, üst-ben, id) ve daha yakın dönemde de Kuzey Amerika psikiyatrisinde azgın bir çoklu kişilik salgını eklenmiştir.[12] Bu alanda hayal gücünün sınırları yoktur, bazı toplumlarda bireyin iç unsurları çoğaltılmış, bedenin her bölümüne eksiksiz bir etkinlik ya da her cinsiyet için farklı bir etkinlik öngörülmüş, bunlar yaşam çevrimi içinde birbirlerine eklenmiş ya da birbirlerinden çıkarılmış, işlevleri mutlak biçimde bireyselleştirilmiş, bir bireyin de içinde bulunduğu bir durumlar yelpazesinden sorumlu hale getirilmişlerdir: Sözgelimi Meksika'da Cancuc, Tzeltal Yerlileri aynı kişide on yedi farklı "ruh" bulunduğuna inanırlar, buna karşılık Dogonlar daha mütevazıdır bu konuda ve sekiz ruhla yetinirler.[13]

Bununla birlikte kişinin maddi olmayan bileşenlerin miktarı, doğuştan ya da kazanılmış olmaları, baba ya da anne tarafından aktarılmış olmaları, rastlantısal olmaları veya iyi ya

9 Tylor, E. B., 1871, böl. XI-XVIII.
10 Bloom, P., 2004.
11 Damasio, A. R., 1999; Dennett, D., 1991.
12 Bu son konuyla ilgili olarak bkz. Hacking, I., 1995.
13 Pitarch, P., 1996; Dieterlen, G., 1973.

da kötü bir bağımsız birimin ürünü olmaları, geçici, kalıcı ya da ebedi, hareketsiz ya da değişken olmaları fark etmez, zira yaşam, bilgi, tutku ya da kader üreten bütün bu ilkeler, tanımlanması mümkün olmayan bir tözden oluşmuştur ve genellikle bedenlerin derinliklerinde saklıdır. Hiç kuşkusuz bu "ruhlar"ın genellikle bir organın içinde ya da akışkan bir madde içinde –kalp, karaciğer, ilik ya da kan– bulundukları ya da nefes, yüz veya gölge gibi canlı bedenin ayrılmaz unsurları oldukları söylenir; bunların tıpkı bağlı oldukları organizma gibi büyüdükleri, yaşlandıkları, açlık ve cinsel arzuyu da bildikleri söylenir. Ayrıca özlerinden bir şeyin, temel ya da araç işlevi gören töz aracılığıyla aktarılabildiği ya da değişikliğe uğradığı düşünülür. Ama bireyin fizik dışı bileşenlerine ne kadar sıkı biçimde bağlı olurlarsa olsunlar, bu bileşenlerin bir araya geldiği organlar ya da karakterler sadece bunların eksik kalmış yansımalarıdır ve iç kimliğin unsurlarına mal edilen yüklemlerin bütünlüğünü sadece maddilikleriyle temsil edemezler: Karaciğerin içinde bulunduğu söylenen ruh rüyalar arasında seyahate çıktığında karaciğer mekânda yer değiştirmez, aynı şekilde bir ölünün kalbi ya da akciğerleri de ölümden sonra yaşadığı kabul edilen bireyin bir parçasını serbest bıraktıklarında da yer değiştirmezler. Ruhları barındıran bu bedensel tözleri daha çok birer hipostaz gibi düşünmek gerekir: Varlıkları genellikle sadece etkilerinden anlaşılan aktörlere, özlere, nedenlere somut bir anlam yüklemenin uygun araçları.

Dolayısıyla her yerde farklı biçimlerde ortaya çıkan içsellik ve fiziksellik ikiliği, Batı'ya özgü ruh/zihin ve beden karşıtlığının etnikmerkezli basit bir yansıması değildir. Tersine Avrupa'da oluşan bu karşıtlığı ve esin verdiği felsefi, teolojik teorileri, daha sonraki bölümlerde işleyişleri ve düzenlemeleri incelenecek olan daha genel bir temel çelişkiler sisteminin yerel bir değişkesi gibi değerlendirmek gerekir. Kimileri, doğa ve kültür ikili konusunda reddedilen evrenselliğin, inandırıcılığı azalmış bir kişi ikiliğine tanınmasından ötürü şaşkınlık duyabilir. Oysa bu ayrıcalığı doğrulayan ampirik argümanlar çoktur: Özellikle de, kendinin içselliği ve fizikselliği arasındaki ayrımın bilincinin, farklı dillerin tanıklık ettiği doğuştan gelen bir yetenek gibi gözükmesi. Buna karşılık doğa ve kültür çiftinin terminolojik eşdeğerlerini, Avrupa dilleri dışında bulmak zordur ve bunların büyük olasılıkla deneylerle kanıtlanabilecek bilişsel temelleri yoktur. Ama burada özellikle şunu söylemek gerekir: Yükselişte olan bir düşüncenin tersine, ikili karşıtlıklar Batı'nın icatları ya da yapısal antropolojinin kurguları değildir ve bunlar birçok durumda, çok büyük ölçüde bütün halklar tarafından kullanılır ve dolayısıyla tartışılması gereken biçimlerinden çok içeriklerinin olası evrenselliğidir.

İçsellik ve fiziksellik bileşimlerinin izin verdiği formüller çok sınırlıdır: İnsan olan ya da olmayan bir başkasında, ya benimkilerle özdeş fiziksellik ve içsellik özellikleri bulunduğunu düşünebilirim; ya içsellik ve fizikselliğinin benimkilerden farklı oluğunu söyleyebilirim; ya içselliklerimizin aynı olduğunu, fizikselliklerimizin farklı olduğunu söyleyebilirim; ya da nihayet içselliklerimizin farklı, fizikselliklerimizin benzer olduğunu söyleyebilirim. Birinci bileşime "totemizm", ikincisine "analojizm", üçüncüsüne "animizm" ve dördüncüsüne de "natüralizm" diyorum (**Tablo 1**). Bu tanıma ilkeleri dört büyük ontoloji tipini, yani var olan-

TABLO 1
Dört Ontoloji

İçselliklerin benzerliği Fizikselliklerin farkı	*Animizm*	*Totemizm*	İçselliklerin benzerliği Fizikselliklerin benzerliği
İçselliklerin farkı Fizikselliklerin benzerliği	*Natüralizm*	*Analojizm*	İçselliklerin farkı Fizikselliklerin farkı

ların niteliklerine dair sistemlerini gösterir ve bunlar karşıt kozmoloji biçimlerinin, toplumsal ilişki modellerinin, benzerlik ve farklılık teorilerinin kök saldıkları yerlerdir.

Bu bileşimlerin her birinin özelliklerini belirtmeden önce benim bunları betimlediğim terimler üstünde durmam gerekir. Yeni sözcüklerden hoşlanmadığımdan ve aynı zamanda antropoloji kadar eski bir pratiğe uyma kaygısıyla yerleşmiş kavramlara yeni anlamlar vererek onları kullanmayı tercih ettim. Ama bu çok eski yöntem yanlışlıklara yol açabilir, zira burada önerilen animizm ve totemizm tanımları daha önceki çalışmalarımda ileri sürmüş olduklarımdan büyük ölçüde farklıdır.

Antropologların toplumsal birimlerden oluşan bir bütünün –eşler, klanlar, evlilik grupları ya da kült grupları– doğal nesnelere bağlı olduğu durumlarda ve bu bütünün ismini genellikle bir hayvan veya bikiden aldığı durumlarda totemizmden söz ettiklerini hatırlayalım. Lévi-Strauss'un *Günümüzde totemcilik* adlı yapıtında geliştirdiği düşünceye göre totemizm, "ilkel" denen toplumlara özgü bir kurum olmaktan çok, evrensel bir sınıflandırma mantığının ifadesidir ve bu mantık, toplumsal gruplar arasında kesintileri kavramsallaştırmak amacıyla hayvansal ve bitkisel türler arasındaki gözlemlenebilir ve diferansiyel farklardan yararlanır. Bitkiler ve hayvanlar karşıt duyulur nitelikler –biçim, renk, habitat, davranış– ortaya koyarlar ve dolayısıyla sergiledikleri tür farklılıkları, parçalı yapıların gelişmesi için gerekli iç farklılıkları göstermeye özellikle elverişlidir. Bazı eski totemizm kavramları daha çok terimler arasındaki yakın birliğin –bir insan grubu ve doğal bir tür arasında mistik bir ilişkinin varlığı– üstünde dururken, Lévi-Strauss burada tersine iki ilişki dizisi arasında bir benzerlik bulur: Türlerden oluşturan bir bütünü farklılaştıran benzerlik ve toplumal birimlerden oluşan bir bütünü farklılaştıran benzerlik. Birincisi, her zaman ikincisini örgütleyebilen el altındaki bir model işlevi görür. Böylece Lévi-Strauss'a göre doğa bir rehber ve bir dayanak, bir "düşünce yöntemi"dir; bazı kültürlerin bireylerine toplumsal yapılarını kavramsallaştırmak için, Avrupa armacılığının kullandığı türden basit bir ikonik temsil olanağı sağlar.[14]

Lévi-Strauss'un amacı "totemik yanılsama" dediği şeye karşı çıkmak ve onu insan zihninin tümel bir karakteristiğine indirgemekti; dolayısıyla analizlerinde kimi zaman "bireysel totemizm" denen, insan olan ve olmayanlar arasındaki ikili ilişkilere pek önem vermemiştir.[15] Bununla birlikte Açuarlarla ilgili etnografik deneyimim, beni onlar gibi birçok Amazon toplumunun da bitkilere ve hayvanlara kendilerine özgü bir ruhani güç atfettiklerini ve bu kendiliklerle, totemik gruplar ve onlara isim veren doğal kendilikler arasındaki soyut ilişkiden çok faklı kişisel ilişkiler –dostluk, düşmanlık, baştan çıkarma, evlilik, yardımlaşma– kurmalarının mümkün olduğuna inandıkları konusunda duyarlı hale getirmişti. Güney Amerika'da, ama aynı zamanda Kuzey Amerika, Sibirya ve Güneydoğu Asya'da çok sık görülen bu toplumlarda, bitkiler ve hayvanlara antropomorfik nitelikler –yönelimsellik, öznellik, bazı durumlarda konuşma– atfedildiği gibi toplumsal nitelikler de atfedilir: Statüler hiyerarşisi, akrabalık kurallarına saygıya dayalı davranışlar ya da etik kurallar, ritüel etkinlik vb. Dolayısıyla bu tür bir tanıma biçiminde doğal nesneler, kategoriyel aktarımlar sağlayan bir işaretler sistemi değil, insanların her gün toplumsal ilişkiler kurdukları bir özneler bütünü oluştururlar.

Biraz unutulmuş bir terimi canlandırarak, doğa varlıklarının bu açıklanma biçimini "animizm" olarak adlandırmayı önermiştim ve bu sözcükte Lévi-Straussçu totemik sınıflandırmanın tersi bir simetri durumu görülmesi gerektiğini söylemiştim: Bu sınıflandırmaların tersine, animik sistemler bitkilerden ve hayvanlardan toplumsal düzeni kavramsallaştırmak amacıyla yararlanmayacaklar, tersine insanların doğal varlıklarla *ilişkisini* düşünmek amacıyla toplumsal pratiğin temel kategorilerini kullanacaklardı.[16] Bu hipotez Açuarlar üzerine yaptığım etnografi çalışmasından geliyordu: Kadınlar bahçedeki bitkilere çocuklarına bakar gibi bakıyor, erkekler ise avladıkları hayvanlara ve sahiplerine akrabalık ilişkileri içinde evlilik yoluyla kazanılan normlara göre davranıyorlardı. Açuarların toplumsal sınıflandırmasını yönlendiren ve onların ötekiyle ilişkisini düzenleyen iki kategori olan yakınlık ve kan bağı, insan olmayan varlıklara karşı tavırlarda da görülüyordu. İnsanların toplumsal olarak ele alınışıyla bitki ve hayvanların da bu şekilde ele alınışı arasındaki bu denklik, Amazon'da ve başka yerlerde çok yaygındır. Bu çalışmanın birinci bölümünde birkaç örnek verdim bu konuda: Creelerde dayanışma, dostluk ve büyüklere saygı, Sibirya halklarında av hayvanıyla evlilik ilişkisi ya da Chewonglarda can yoldaşlığı. Her halükârda toplumsal yaşamda en yaygın ya da en değerli davranış normları, insanların kişi olarak kabul edilen bitkiler ve hayvanlarla ilişkilerini karakterize etmek amacıyla kullanılır.

Bununla birlikte totemizmin ters simetrisi şeklindeki bu animizm tanımının önemli bir eksikliği vardı, çünkü kurtulduğunu iddia ettiği şeye geri götürüyordu ve düalist olmayan kozmolojilerin kategorizasyonuna gizliden giz-

---

14 Lévi-Strauss, Cl., 1962.

15 Lévi-Strauss'a göre Ojibvalarda "manido sistemi"nin (bireysel hayvan ruhları) ve "totem sistemi"nin (eponim hayvanlar) bir araya gelmesinde görüldüğü gibi kimi zaman onunla birleşse de bu tür ilişkinin totemizmle hiçbir ilişkisi yoktur, a.g.y., s. 25-33.

16 Descola, Ph., 1992 ve 1996.

liye Lévi-Straussçu totemik sınıflandırmalar açıklamasına özgü analitik bir doğa-toplum ayrımı getiriyordu.[17] Ayrıca şunu kabul etmek gerekir ki Lévi-Strauss totemizmi, animizmle karşılaştırılamaz: Animizm kesinlikle insanlarla çevrelerindeki insan olmayan unsurlar arasındaki belli bir ilişkiyi nesnelleştiren bir tanıma biçimi, totemizm ise insan varlığı sınıflarıyla insan olmayan varlık sınıfları arasında bütünüyle mantıksal bağıntılar gerçekleştiren bir kategorileştirme mekanizmasıdır.[18] Kısacası bu tür bir okumaya pek uygun olmayan, fenomenlerin çok sınıflandırmacı bir yorumundan kaçmak istesem de, Lévi-Straussçu totemizm teorisine çok fazla sadık kaldığımdan tekrar bir dikotomi içine düşmüştüm. Bu nedenle ilk animizm tanımım ve Lévi-Strauss'un totemik sınıflandırmalar tanımı, tanıma biçimlerinin karakterize edilmesi amacıyla bir çıkış noktası işlevi göremezlerdi; her ne kadar, daha sonra göreceğimiz gibi, bu tanımlar insan varlıkları ve insan olmayan varlıklar arasındaki sınırları meşrulaştırma ilkeleri olarak geçerliliklerini korusalar da.

Ben özellikle tanıma biçimlerini, bir başka deyişle ontolojik matrisleri kurumlarda somutlaşmış ilişki süreçlerinden hareketle tanımlamaya çalışarak yanlış yola girmiştim. Durkheim'dan bu yana aynı yolun izlendiği düşünülürse bağışlanabilir bir hatadır bu: Zamanında insan bilimlerine özel bir pozitivite alanı açmak için toplumsallığa tanınması gereken ayrıcalık, dinsel inançların, birey teorilerinin, kozmolojilerin, zaman ve mekân sembolizminin ya da büyülü etkinlik kavramlarının, son tahlilde doğaya yansıtılan ve bu doğayı açıklayıp anlamlı kılan pratikleri biçimlendiren özel toplumsal yapıların varlığıyla açıklanmasını kaçınılmaz hale getiriyordu.[19] Lévi-Strauss toplumsal olanı psişik olandan çıkarsarken bu eğilimden kurtulmuştur hiç kuşkusuz. Ama insan zihninin kuralları konusunda içinde bulunduğumuz belirsizlik durumunda bu oluşum ancak tümevarımlı olabilirdi: Mitler analizi dışında kurumların incelenmesinden hareket ederek "akla doğru" gitmiştir ve tersi bir yol izlememiştir. Ancak bir ilişki sistemi –eğer "terim" derken, birbirlerinin yerine geçebilecek bireyler ya da oluşmuş toplumsal birimleri değil, kendi aralarında onları ilişkiye girmeye yetkin ya da yetkin olmayan hale getiren özgün niteliklerle donanmış kendilikleri kast ediyorsak–, bağladığı terimlerden kesinlikle bağımsız değildir. Dolayısıyla toplummerkezci önyargıdan kurtulmak, sosyolojik gerçekliklerin –istikrarlı ilişki sistemleri– analitik olarak ontolojik gerçekliklere –var olanlara atfedilen nitelik sistemleri– bağlı olduğunu iddia etmek gerekiyordu. Animizm ve totemizm yeni bir anlayış içinde yeniden doğmasının koşulu budur: İçsellik ve fiziksellik düzlemlerinde ben ve başkası arasındaki benzerlik ve fark oyunlarının izin verdiği dört bileşime dahil edilerek, natüralizm ve analojizm ile birlikte, insan varoluşunun farklı kurumsal rejimlerinin türediği bir dünya kompozisyonunun bir tür diziliminin temel parçaları haline gelirler.

---

17 Viveiros de Castro daha çok bu teoriyi çok aceleye getirilmiş bir formülasyon içinde kendine mal etmiş olan bir yazarı eleştirdiğini söyleme nezaketini gösterse de, benim ilk animizm teorimi kesinlikle eleştirmiştir bu noktada (1996, s. 120-123).

18 *A.g.y.*, s. 121.

19 Gabriel Tarde farklılık ontolojisiyle önemli bir istisna oluşturur bu anlamda, ama etkisi Durkheimcılar tarafından öylesine dizginlenmiştir ki 20. yüzyıl Fransız sosyolojisindeki yeri marjinal bulunabilir: Tarde, G., 1999 (1893).

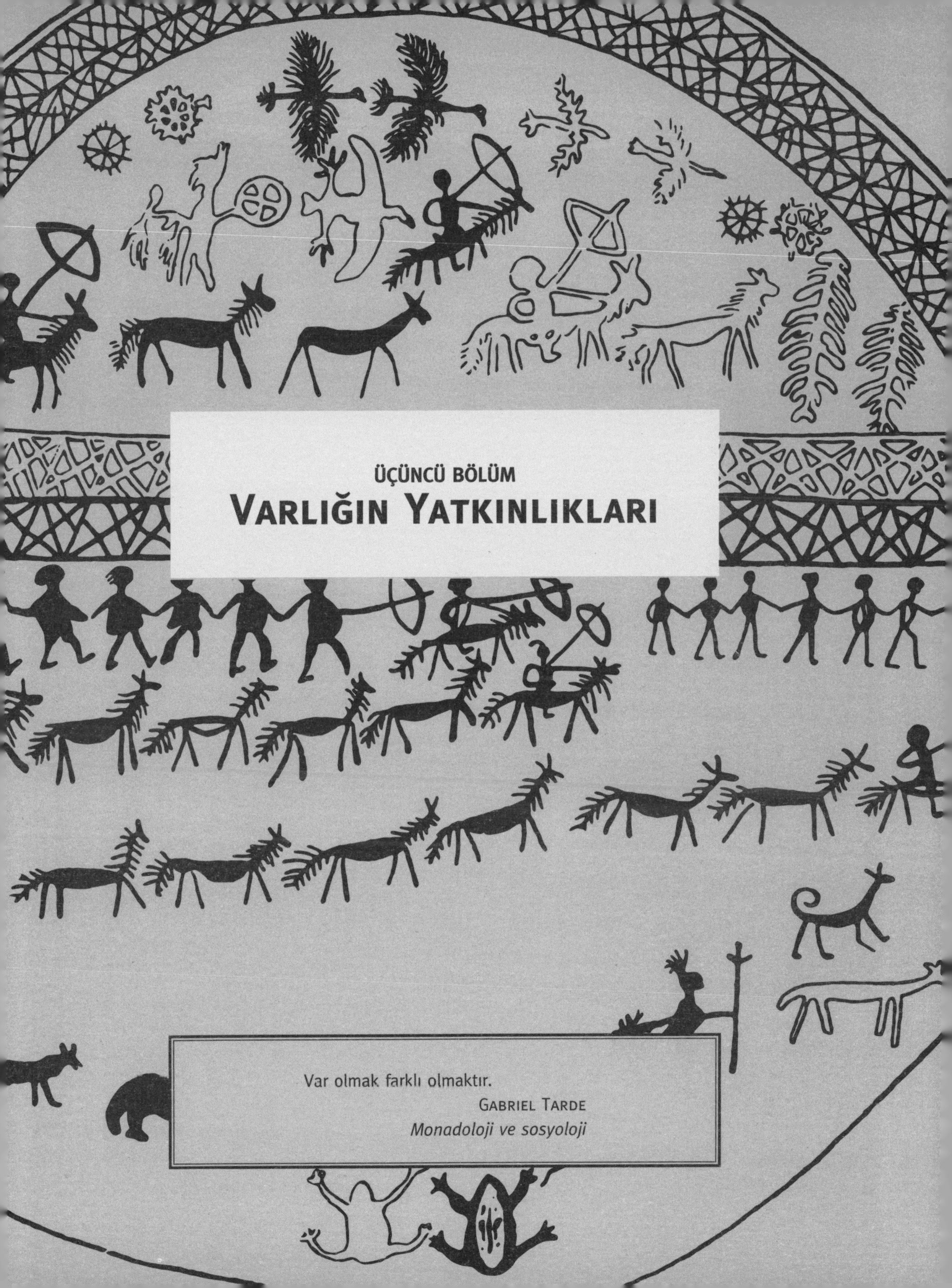

ÜÇÜNCÜ BÖLÜM

VARLIĞIN YATKINLIKLARI

Var olmak farklı olmaktır.

GABRIEL TARDE

Monadoloji ve sosyoloji

6

Yenilenen Animizm

Animizmin tanımı toplumsal ilişkilerinden soyutlanırsa geriye herkesin kabullenebileceği ve terimin etimolojisinin de gözler önüne serdiği bir nitelik kalır; ben de bu nedenle kullanımları bir zamanlar tartışılmış olsa da onu korumayı tercih ettim: İnsanların insan olmayanlara kendilerininkine benzer bir içsellik atfetmeleri. Bu düzenek bitkileri, özellikle de hayvanları insanileştirir, zira taşıdıkları ruh sayesinde sadece toplumsal normlara göre ve insanların etik kurallarına göre davranmazlar, aynı zamanda insanlarla ve kendi aralarında iletişim kurarlar. Dolayısıyla içselliklerin benzerliği "kültür" durumunun bütün özellikleriyle insan olmayanlara doğru genişlemesini sağlar; özneler arası ilişkiden tekniklere egemen olmaya, ritüelleşmiş davranışlardan uzlaşımlara saygıya kadar uzanır bu. Ancak bu insanileşme tamamlanmış değildir, zira animik sistemlerde "kılık değiştirmiş insanlar" olarak adlandırılabilecek bu bitkiler ve hayvanlar, insanlardan özellikle tüyleri, kılları, pulları ya da kabuklarıyla, bir başka deyişle fizikselliklerile ayrılırlar. Viveiros de Castro'nun Amazon konusunda söylediği gibi, insan olan ve olmayanlar ruhlarıyla değil bedenleriyle ayrılırlar birbirlerinden.[1] Ayrıca Durkheim her zamanki açık seçikliğiyle "kişi kavramı iki tür etkenin bir ürünüdür" dediğinde üstünde durmuştur bu konunun. "Biri kesinlikle kişisizdir: Cemaatin temelini oluşturan tinsel bir ilkedir. Gerçekten de bireysel ruhları oluşturan töz budur. [...] Ama öte yandan ayrı kişiliklerin olması için bu ilkeyi bölen ve farklılaştıran başka bir etkenin devreye girmesi gerekir; bir başka deyişle bir bireyselleşme ilkesi gerekir. Bu rolü oynamak bedene düşer".[2] Öğretisine sadık kalan Durkheim'ın bedenin bu ayrıştırıcı rolünü sadece insan toplumlarıyla sınırlamasının önemi yoktur, zira bu tercihiyle var olanların bireyselleşmesinin –ben buna kolektifler halinde gruplaşmalarını ekliyorum–

1 Viveiros de Castro, E., 1996, s. 129.
2 Durkheim, E., 1960 (1912), s. 386.

ancak ruh ve beden özellikleriyle ilgili özdeşlik ve zıtlık etkileri aracılığıyla mümkün olabileceği yönündeki genel ilkeye dikkat çekiyordu.

Biçimler ve Davranışlar

Animik sistemlerin, kılıkları çok farklı olsa da motivasyonları, duyguları ve davranışları son derece insani olan kişilerin dünyasına süreksizliği taşımak amacıyla yararlandığı, fizikselliklere dair bu fark tam olarak neyle ilgilidir? Bunu *biçim*'de ve tözden çok getirdiği yaşam biçiminde aramak gerekir. Gerçekten de bütün organizmaları birbirine bağlayan bir maddi süreklilik düşüncesi animik ontolojilerin çoğunda görülen ortak özelliktir. Alexandre Surrallés'in Amazon Kondoşi Yerlilerinin düşünce yapılarıyla ilgili olarak söylediği gibi, dünyadaki kendilikler "süreklilik gösteren potansiyel ve evrensel bir öze dayanır. Bu durum bütün maddenin tözsel bir cemaat olduğu fikrine götürür ve bunun sonucunda varlıklar arasındaki kategoriyel sınırlar büyük ölçüde zayıflar".[3] Marie Mauzé de, Kuzeybatı Kanada Yerlileri konusunda benzer bir gözlemde bulunurken şöyle diyor: "Hayvanların bir iç tözden oluştuklarını ve esasen insani olan bu tözün deri aracılığıyla havyan biçimine dönüştüğünü düşünüyorlar."[4] Florence Brunois, Papua Yeni Gine Büyük Platosu'nda yaşayan Kasualarla ilgili olarak şöyle bir gözlemde bulunuyor: İnsanların, ağaçların ve hayvanların bedenlerinde aynı tözler vardır: *Bebeta* (kan), *ma* (vajinal sıvı) ve özellikle bedenin her yerinde, hiç eksik olmayan, organik ve abiyotik bedenlerin maddiliklerinin kaynağı olan *ibi* ("karın bölgesindeki yağ" ama aynı zamanda humus ve lateks).[5] Birinci Bölüm'de değindiğim Leenhardt'ın Kanaklar arasındaki rehberinin cevabını da aynı şekilde, organizmaların bu tözsel sürekliliği anlamında kabul etmek gerekir belki: "Siz bize ruh getirmediniz [...], sizin getirdiğiniz bedendir." Hiç kuşkusuz ihtiyar Beosoou'nun Hıristiyan bedeninin mutlak yeniliğine gönderme yaptığı düşünülebilir –Leenhardt aynı zamanda misyonerdi–: Ruhun ve canlandırıcı ölümsüzlük yazgısının önemini ve değerini öne çıkaran ilk günahın pisliğinden etkilenmiş tensel ilke.[6] Ama bu gizemli gözlemde aynı zamanda maddesi ve iç düzenlemeleri *sui generis* olan özellikle insani bir bedenin keşfinin itirafı da bulunabilir. Böyle bir anlayış Yeni Kaledonya'da Hıristiyanlık öncesi insan bedeni anlayışıyla bir zıtlık oluşturur, zira buradaki ilke, insan bedeni ve bitkiler arasında yapı ve töz benzerliğidir (anatomik terminolojiyle fizyolojik ve eskatolojik teorilerin açıkladığı bir ilkedir bu). Bununla birlikte Leenhardt'ın belirttiği gibi, bu insan ve bitki benzerliği sadece maddeyle ilgili olup burada biçim söz konusu değildir, zira iki tip organizmanın "yaşam biçimleri" farklıdır ve dolayısıyla aynı şekilde gelişemezler, yaşayamazlar, beslenemezler ve üreyemezler.[7]

Animik ontolojilerde biçimin farklılaşmanın önemli bir ölçütü olduğu konusunda etnografi hiçbir kuşkuya yer bırakmıyor. Anne Christine Taylor Jivarolarda insan olan ve olmayanların "biçim-kişiliklerinin" çeşitliliğini yorumlarken şöyle diyor: "Çok eski dönemlerden beri görülen evrimleşme, yeni türlerin olu-

3 Surralles, A., 2003, s. 66.
4 Mauze, M., 1998, s. 240.
5 Brunois, F., 2001, s. 115, 199.
6 Leenhardt, M., 1947, s. 222. Jean-Pierre Vernant'ın önerdiği yorumdur bu (Présentation du "Corps des dieux", Le Temps de la réflexion, VII, 1986, s. 10-11).
7 Leenhardt, M., 1947, s. 31.

şumu, türlerin farklılaşması özel fiziksel biçimlerin ortaya çıkışını içerir ve bütün öteki türler gibi insanın da bir fiziksel biçimi vardır", zira "sonuçta türleri ayıran dış görünüştür."[8] Kaj Arhem'e göre Kolombiya Amazon bölgesi Makunalarında insanların, hayvanların ve bitkilerin biçimleri "fenomenolojik"tir; bunlar böylece birbirlerinden ayrılırlar ve hepsinde ortak olan "tinsel bir öz" vardır.[9] Andrew Gray Peru Amazon bölgesi Arakmbutlarıyla ilgili olarak şöyle bir gözlemde bulunuyor: "Bedenin fiziksel özellikleri bir kişiyi bütün ötekilerden ayırır"; dolayısıyla bir kişinin tek ve temel görünümünü oluşturan ruh değildir çünkü "ona farklı biçimini veren bedendir".[10] Irving Hallowell ojibva ontolojisi konusuyla ilgili son derece önemli ve aydınlatıcı yazısında, aşağı yukarı aynı şeyleri ama tersinden hareketle söylüyor: Kanada yerlilerinde kişinin temel niteliğini oluşturan özellikleri araştırırken bunun insan biçimi ve görünüşüyle ilgili olmadığını söylüyor, zira "insan dışında" olan ve insanlara benzemeyen kişiler de pekâlâ vardır.[11] Dolayısıyla insan olan ve olmayanları birbirlerinden ayıran kesinlikle bedenin biçimidir ve ruhlarının bu işlevi yerine getirmesi mümkün değildir. Signe Howell Malezya Chewonglarıyla ilgili olarak şöyle bir gözlemini aktarıyor: "Kişiliği oluşturan bilinçtir, herhangi bir dış biçim (Chewong dilinde "kabuğu, zırhı") alabilir bu: Jibon, insan varlığı, yaban domuzu, kurbağa, rambutan meyvesi, bambu yaprağı, gök gürültüsü kuşu vb". Dolayısıyla Chewonglar dünyanın "bilinçle donatılmış ya da donatılmamış bağımsız kendiliklerden, özel biçimlere sahip tür gruplarından oluştuğuna" inanıyorlar.[12]

Bedenlerin süreksizliği meselesi, Amerika yerli mitlerinde sürekli anlatılan, hiç eksik olmayan bir temadır. İnsan olan ve olmayanların farklı olmadıkları bir dönemin şaşırtıcı öyküleridir bunlar ve jivaro örneklerine dayanarak söylersek, bu dönemde çobanaldatan kuşunun yemek pişirmesi, cırcırböceğinin viyel çalması, sinekkuşunun bahçeleri talan etmesi ya da saksağanın sarbakanla avlanması normaldi. Gerçekten de bu dönemde hayvanlar ve bitkiler uygarlığın yapıp etme becerilerine hâkimdiler, birbirleriyle engelsiz iletişim kurabiliyorlardı ve toplumsal kuralların önemli ilkelerine büyük ölçüde uyum sağlıyorlardı. Anlayabildiğimiz kadarıyla görünüşleri insansıydı ve yalnızca dönüşecekleri şeye işaret eden bazı ipuçları –adları, ilginç davranış biçimleri– vardı. Gerçekten de her mit bir biçim değişikliğine yol açan, daha önce potansiyel durumda olan bir hayvanın ya da bitkinin insansı olmayan bir bedende gerçekleşmesini sağlayan koşulları aktarır. Ayrıca jivaro mitolojisi, türün nitelikleri arasında bulunan anatomik bir özelliğin ortaya çıkışıyla ya da sesli bir mesaj aracılığıyla dönüşümün tamamlandığına işaret ederek, bu fizik durum değişikliğini açık seçik biçimde belirtir. Dolayısıyla Amerika yerli mitleri doğadan kültüre geri dönüşsüz bir geçişi değil, daha çok in-

8 Taylor, A. C., 1998, s. 323-324.

9 Arhem, K., 1996, s. 188.

10 Gray, A., 1997, s. 120.

11 Hallowell, A. I., 1981 (1960), s. 368. Açık seçik biçimde şöyle diyor: "Dış görünüş varlığın sadece rastlantısal bir özelliğidir" (s. 373). Bununla birlikte Hallowell aynı zamanda birçok örnekle özellikle türün biçimine bağlı beslenme alışkanlıklarının benzerliğinin altını çiziyor; sözgelimi aynı zamanda kerkenezlerin yol göstericileri olan gök gürültüsü kuşları onlar gibi ama insani bir görünüm altında ve bir ojibva konuğa haşlanmış kunduz gibi gösterdikleri kurbağalarla, yılanlarla beslenirler (s. 371).

12 Hovell, S., 1996, s. 131.

san olan ve olmayanların ilk başta açık seçik biçimde birbirlerinden ayrı olmadıkları kültürel bir süreklilikten hareketle, "doğal" farklılıkların ortaya çıkışını anlatırlar. Ancak bu büyük belirtme hareketinin bizim aşina olduğumuz doğal düzen gibi bir düzenin oluşumuna yol açtığı da söylenemez, zira bitkiler ve hayvanlar insanlarınkinden farklı fiziksel özelliklere –ve dolayısıyla her türe özgü biyolojik donanıma denk düşen alışkanlıklara– sahip olsalar da, bunların çoğu bugüne kadar farklılaşmalarından önceki iç özelliklerini (öznellik, düşünümlü bilinç, yönelimsellik, evrensel bir dil aracılığıyla iletişim kurma yeteneği, vb.) korumuşlardır. Dolayısıyla insanlarınkine benzer kolektif bir yaşam sürmek amacıyla sıyrıldıkları hayvansal ya da bitkisel bedene yeniden giren kişilerdir bunlar: Sözgelimi Makunalara göre tapirler dans gösterisi yapmak amacıyla bedenlerini ruku denen pembe kırmızı renkli bir bitkiyle boyarlar ve yabandomuzları da ritüelleri sırasında hortumlarıyla ıslık çalarlar; Warilerin iddiasına göre ise yabandomuzu mısır birası yapar ve jaguar avladığı hayvanı eşinin pişirmesi amacıyla eve götürür.[13]

Bu tür ifadeler uzun süre, gerçeği, düş ve mitlerden ayıramayan mantığa aykırı düşünceler ya da basit dil figürleri, metaforlar veya kelime oyunları gibi görüldü. Ama Makunalar, Wariler ve birçok başka Amerika yerli halkı bizden daha kör ya da saf değildir. Jaguarın avını çiğ çiğ yediğini ve yabandomuzunun mısır yetiştirmekten çok mısır tarlalarını talan ettiğini bilirler. Onlara göre jaguar ve yabandomuzu kendilerini insanlarla aynı davranış biçimleri gösteren, insanlarla aynı teknik sistemi paylaşan, aynı inanç ve özlemler içinde olan, aynı toplumsal varlıklar gibi görürler. Kısacası Amerika yerlileri, kültürü, insanların bir ayrıcalığı olarak görmüyorlar zira bu kültüre sahip olduklarına ve onun kurallarına göre yaşadıklarına inanılan yığınlarla hayvan hatta bitki var. Dolayısıyla bu toplumlara bizim bildiğimiz bir doğa ve kültür ayrımı bilinci ya da düşüncesi atfetmek zordur – düşünce biçimlerindeki her şey bunu yalanlıyor gibidir.

Yeni Gine'yle ilgili son bir örnek bedenin ontolojik ayırıcı olarak rolünü belirginleştirme olanağı veriyor. Adré Iteanu'yu göre Orokaivalarda "*ganda*'lı domuz" miti, yaban domuzları ve insanlar arasındaki farkı belirten didaktik bir öyküdür. İki farklı türün ilişkisini ele alan klasik bir öyküdür bu: Bir genç kız ve onu tavlamak için çok süslü bir erkek kıyafetine bürünen bir domuz arasında geçen bir öykü. Söz konusu genç kadın eşinin gerçek hüviyetini ve yamyamlık niyetlerini öğrendikten sonra köyüne döner... Kocasının onu almaya geleceğini tahmin eden ailesi silahlanarak beklemeye başlarlar. Domuz-insanın gelişi şöyle anlatılır:

> "Çok uzaktan geldiğinden yolda domuz kılığındaydı ama köye girerken tekrar insan oldu. Önce derisinden sıyrıldı ve insan olduğundan bu deriyi ince bir peştemala dönüştürdü. Boynuna domuz dişleriyle yaptığı bir süs eşyası (*ganda*) astı. Yüzüne bir aletin sapı gibi bir şey bağladı ve onu bir topuz haline getirdi. Kılları süs tüylerine dönüştü ve bunları başının üstünde bağladı. Henüz kendi derileriyle kaplı olan kaburgalarını kalkan yaptı".[14]

Bir başka deyişle burada domuz biçimi bir kılıf (deri) ve değiştirilebilir özelliklerden olu-

---

13 Makunalar konusunda bkz. Arhem, K., 1990, s. 108-115; Wariler için bkz. Vilaça, A., 1992, s. 55-63.

14 Iteanu, A., 1998, s. 119.

şan bir bütündür (dişler, yüz, kıllar, kendi derileriyle kaplı kaburgalar). Bunlar çıkarıldığında insanbiçimli bir kişi ortaya çıkar ve bu değiştirilebilir özellikler, insanların göründükleri şey olduklarını göstermeye yarar. Dolayısıyla Orokaivalarda, Yeni Gine'nin ya da Amerika'nın başka bölgelerinde insan biçimi, basit çıplaklığı içinde anatomik insan görünümü değil, güzelleşmiş, zenginleşmiş, çeşit çeşit süslerle çarpıcı bir görünüm kazanmış olan bedendir: Hayvan ve bitki dünyasından gelseler bile bu süslemelerin işlevi, iç farklılıkların kimi zaman tehlikeli karışıklıklara götürdüğü yerde dış farklılıkları daha belirgin hale getirmektir. Bedenlerin biçimi hakkındaki bu çalışmanın amacı hiçbir biçimde "doğa"nın üzerine "kültür" etiketi koyarak insanı hayvandan ayırmak değildir, zira bunu sağlayan şeyler hayvan organlarıdır. Gerçekten de tüyler, dişler, deriler, gagalı maskeler, pençeler ya da kıl demetleri türlerin farklılığını gösteren özellikler sayesinde farklılaşma sağlar, ancak bu insanı hayvandan ayıran fark değil, özgün fiziksellikleriyle birbirlerine çok benzeyen çeşitli insan türlerini ayıran bir farktır. Örneğin komşu kabilelerin bireyleri karakteristik süslemelerini teşhir ederlerken, insani olmayan bireyleri kendi aralarında ayıranlara benzer görünüş farklılıklarını da teşhir ederler.

Animik ontolojilerin eyleme dönük şemalarını kısmen beslenme zinciri modeline dayandırdıkları düşünülürse, biçim farklılıklarının öz farklılıklarına ağır basması pek şaşırtıcı değildir. Gerçekten de Amazon'da, Arktik bölgede ve kutup çevresinde ya da Güneydoğu Asya ormanlarında aynı düşünceye rastlarız: Canlılık, enerji ve üretkenlik, av hayvanlarının yakalanması, mübadelesi ve tüketimi sayesinde organizmalar arasında sürekli dolaşır. Dolayısıyla bu dokuların ve akışkanların, sinekolojik süreç içinde beslenmedeki karşılıklı bağımlılığı karakterize eden şeyler gibi sürekli dönüşümü, birbirlerine karışan bütün bu varlıkların niçin oluştukları maddeler aracılığıyla birbirlerinden ayrılamayacaklarının anlaşılmasını sağlar. Ayrıca animik sistemlerde beslenme yasakları ve kurallarının amacı, heterojen oldukları söylenen maddelerin karışımını önlemek ya da desteklemekten –Çin ya da Galenis tıbbında görüldüğü gibi– çok, yasaklanmış ya da tüketilen türden hareketle bu özelliklerden geldikleri kabul edilen davranışların bazı anatomik özelliklerinin ve karakteristiklerinin aktarımını engellemek ya da mümkün kılmaktır. Ancak her varlığın besin zincirinde işgal ettiği yer organik donanımı aracılığıyla kesinlikle belirlenmiştir, zira bu donanım hem yaşanabilir ortamı -kara, su, hava– hem de hareket ve beslenme organları aracılığıyla yararlanılabilecek kaynak tipini etkiler.

Dolayısıyla bedenlerin biçimi basit, fiziksel bir uyumun ötesindedir, bir türün belli bir habitat içinde yer almasını ve orada en belirgin özelliği kabul edilen belli bir yaşam biçimini sürmesini mümkün kılan biyolojik donanımın bütünüdür. Örneğin Ingold kutup çevresi toplumlarındaki insan olan ve olmayanları bu biçimde tanımlar: "Bu bağlamda her zaman iki unsur arasında temel bir bölünme söz konusudur: Kendilik bilincinin, belleğin, yönelimselliğin ve duygunun kaynağı olan yaşamsal bir iç unsur; donanımı sağlayan ve özel bir yaşam biçiminin sürdürülmesi amacıyla gerekli gücü veren bedensel dış örtü."[15] Bu betimleme animik

15 Ingold, T., 1998, s. 194.

bir tanıma biçiminin öne çıktığı bütün toplumlar için geçerli olabilir. Her varlık sınıfı benzer bir içsellik temeline dayanır ancak kendi özel fizikselliğine sahiptir; bu fiziksellik de özel bir beslenme rejiminin ve üreme biçiminin hem koşulu hem sonucudur. Böylelikle bir etogram, yani ayrıntılı karakteristikleri yaşamlarını pek insanileşmemiş bir çevrede sürdüren toplulukların geliştirmek zorunda oldukları gözlem yeteneklerinden kaçamayan özel bir davranış kipi oluşur.

Makunalar bu anlayışı özgün bir biçimde kuramsallaştırmışlardır. Daha önce gördüğümüz gibi Kolombiya Amazon yerlileri, kendilerininki gibi bir ruhları olan ama aynı zamanda gündelik yiyeceklerini oluşturan bitki ve hayvanlara *masa* ("kimseler") diyorlardı. Dolayısıyla insanlar her türlü bitki ya da eti yemeden önce bu yiyecekleri temizlemek, yani zararlı etkilerini yok etmek için içlerinden büyülü sözler söylerler. "Silahlar" denen bu ilkeler her türün mitsel oluşum sırasında paylaştığı güçler gibidir: Beslenme alışkanlıklarını ve üreme pratiklerini habitat içinde korunma olanakları olarak belirleyen güçler. Böylece her silah grubu –kıymıklar, tüyler, zehir, salya, kan ya da sperm– bir türün kimliğinin özellikleri gibi görülen biyolojik unsurları ve etolojik koşulları nesnelleştirir.[16] Dolayısıyla bedensel biçim getirdiği davranış biçiminden ayrılamaz; bir insanın, görünümü ve tavırları bütünüyle insani olan bir topluluğa misafirliğe gitmesini anlatan sayısız mit ve anekdotta, ziyaretçi kendilerini ağırlayanların hayvansı karakterlerinin farkına ev sahiplerinin âdetlerindeki şaşırtıcı bir detay sayesinde varır: Büyük bir nezaketle ikram edilen bir hayvan leşi akbaba-kimselere işaret eder, bir oviparın (yumurtasını vücut dışına bırakarak çoğalan) doğuşu yılan-kimseler anlamına gelir, yamyamca bir iştah ise jaguar-kimseler demektir.[17]

Dönüşümün Evreleri

Hayvanların davranış özelliklerini yitirmeden kendi türlerine özgü dış kabuklarını rahatça atabilmelerinin ve içselliklerinin insani boyutunu teşhir edebilmelerinin nedeni, biçimlerin her kendilik sınıfı için sabit ama bu bizzat kendilikler için değişken olmasıdır.[18] Gerçekten de animik ontolojilerin çok klasik bir özelliği aynı içselliklere sahip oldukları kabul edilen varlıklarda görülen dönüşüm kapasitesidir: Bir insan varlığı bir hayvan ya da bitkiyle bütünleşebilir, bir hayvan başka bir hayvanın biçimini alabilir, bir bitki ya da hayvan kendi kabuğunu atıp bir insan bedeninde yansıyan ruhunu gösterebilir. Şu bir gerçek ki birçok durumda, bu tür dönüşümler sadece özellikle değişim öyküleri olduğu bilinen mitlerde görülür. Ama en azından Amerika'da mitlerdeki kahramanlar çok ender olarak belirgin özelliklerini kazandıkları söylenen belirsiz bir geçmişle ilişkilendirilir, zira dostça ya da düşmanca eylemlerinin sonuçları günümüze kadar hissedilmiştir. Jivaroların yetiştirdiği bitkilerin yaratıcısı Nunkui günümüzde de bahçelerde vesayetini sürdürmektedir ve kadın-

16 Arhem, K., 1996, s. 194.

17 Bkz. Fr.-M. Renard-Casevitz tarafından yayımlanan matsiguenga mitleri dizisi (1991).

18 Bu noktada büyük olasılıkla Hallowell'in takipçisi olan Ingold'un (bkz. yukarıda 11 nolu not) tersine: herhangi bir yerde [Kozmosta] canlı bir biçimin oluşması için bu biçimin başka bir yerde dağılması gerekir. [...] Bu nedenle hiçbir biçim asla sürekli olamaz" (Ingold, T., 1998, s. 184). Bu durum kesinlikle bireyler ölçeğinde geçerlidir ve türler bağlamında söz konusu değildir.

lar ondan yardım almak için çabalamaktadırlar. Ojibvalarda "*bütün ätiso kanakların* [mitoloji kahramanları] çeşitli biçimlere bürünebilecekleri kabul edilir"; bununla birlikte bu varlıklar kendileriyle ilgili mitleri dinlemekten hoşlanırlar, tıpkı "gökgürültüsü kuşları"nın insanlara mesaj ulaştırmaktan hoşlanmaları gibi.[19] Pek yerinde olduğu söylenemeyecek bir düşünceyle mitsel olarak nitelendirilen bu kendiliklerin sürekli varlıklarının kesinliği en belirgin biçimde, genellikle insan görünümünde ortaya çıktıkları düşlerde görülür. Hallowell gene Ojibvalarla ilgili olarak haber kaynaklarından birinin düşünü anlatır; bu rehber henüz yeniyetmelik döneminde yaldızlı kartalların "efendi"sini insan biçiminde görmüş ve bu varlık gözünün önünde aynı türden bir kuşa dönüşerek ona kendisini izlemesini söylemiştir; o zaman çocuk da bir yaldızlı kartal görünümü alır ve onun peşinden havalanır.[20]

Gerçekten de çoğu zaman tam anlamıyla "sıradan", yani mitsel geçmişleri olmayan insan kişilerin ve insan olmayan kişilerin böyle bir değişim kapasitesine sahip oldukları düşünülür ve bunlar böylelikle aynı öznelliğe sahip olan varlıklarda biçimlerin kendi içlerinde değişebilirliğinin normalliğini gösterirler. Bununla birlikte bu bağlamda tam bir esneklik söz konusu değildir ve bazı karışım biçimleri bazılarına göre daha seyrektir. Hayvandan insana ve insandan hayvana geçiş animik ontolojilerde görülen bir değişmezdir: Birincisi içselliği gösterir, ikincisi ise bir güç işaretidir ve bazı bireyler –şamanlar, büyücüler, ritüel uzmanları– bu nitelikleriyle biçim farklılıklarını istedikleri gibi aşarlar ve ayrıcalıklı ilişkiler kurdukları hayvan türlerinin bedenlerini bir araç olarak kullanırlar.[21] Bir insanın bir bitkiye ya da bir bitkinin insan varlığına dönüşümü pek olağan değildir; bir türün hayvanının başka bir türün hayvanına dönüşmesi ise çok daha az rastlanan bir durumdur.[22] Yaşayan bir insan ruhunun başka bir insanın bedenine girme olasılığı ise animik ontolojilerde kesinlikle rastlanmayan bir olaydır, dolayısıyla klasik tespit doğrulanır: Bir ruhun bedeni ele geçirmesi (*possession*) ve biraz serbest bir ifadeyle "şamanizm" denen olgu arasında ilkesel uyuşmazlık.[23] Bu kabul edilebilir ve kabul edilemez dönüşüm hallerinden çıkarılabilecek sonuç şudur: İçselliğin ortak temeli, kaynağını insanların gözlemlenebilir düzeneklerinin repertuvarından alır, oysa fizik farklılıkların modeli hayvan bedenlerinin şaşırtıcı farklılığıdır: Birinciler dünya sahnesinde paylaşımı getirirler, ikinciler ise çok çeşitli araçla müdahale olanakları sağlarlar.

Yaşamın bütünlüğü içinde bu bedensel araç çokluğunun, insanlar, hayvanlar ve bitkiler arasında yok edilemeyen bazı farklılıkları öne

19 Hallowell, A. I., 1981 (1960), s. 365, 372, 377.

20 *A.g.y.*, s. 380.

21 Hayvandan insana geçiş konusunda bkz. Makunalar (Arhem, K., 1996, s. 188), kutup bölgesi toplumları (Ingold, T., 1998, s. 185), Ojibvalar (Hallowel, A. I., 1981 (1960), s. 377), Tsimshianlar (Guedon, M.-Fr., 1994, s. 142) ya da Chewonglar (Howell, S., 1996, s. 135); insandan hayvana geçiş konusunda bkz. Chewonglar (Howell, S., 1996, s. 135), kutup bölgesi toplulukları (Ingold, T., 1998, s. 185), Ojibvalar (Hallowell, A. I., 1981 (1960), s. 374), Tsimshianlar (Guedon, M.-Fr., 1994, s. 142), Makunalar (Arhem, K., 1996, s. 188).

22 İnsandan bitkiye geçişten ve bitkinin insan biçiminde ortaya çıkışından Chewonglar bağlamında söz edilmiştir (Howell, S., 1996, s. 135); bu son olguyla ilgili olarak ayrıca bkz. Peru Amazonları Açuarları ve Yaguaları (Chameuil, J.-P., 1983, s. 74-79); bir hayvan türünün başka bır türe dönüşümü Makunalarda kabul gören bir olaydır (Arhem, K., 1996, s. 188).

23 Şamanizm ve kendinden geçme arasındaki çelişkiler üstüne bkz. Luc de Heusch'ün klasik çalışması (1971, s. 226-244).

çıkarmak dışında ne gibi bir işlevi vardır? İlişkiye girebilmeleri için terimler arasında gerekli sapmaları oluşturarak, benzer içselliklere aşırı bir süreklilikten kaçma olanağı sağlar. Gerçekten de biçimlerin farklılığı ve bunlara bağlı yaşam biçimleri, her biri bireylerinin anatomik donanımını, habitatlarını ve mümkün kıldıkları etkinlikleri tanımlayan karakteristiklerle donanmış farklı kolektiviteleri ortaya çıkarır. Sözgelimi Chewonglarda bütün "kişiler" kültürel ve toplumsal biçimde davranırlar ve türünün önemli ahlâksal ilkelerine uygun davranıldığı sürece hiçbir biçimde kınanacak, ayıplanacak bir şey yapmazlar"; Sibirya'da hayvan türleri arasındaki ilişkiler kabileler arasındaki ilişkiler gibidir; kutup bölgesinde "hayvanlar ve insanların kendi cemaatlerini oluşturdukları söylenir ve bir cemaatin bireyleri ötekinin bireyleriyle görüşebilirler; Kanada Cree'lerinde "avlanan hayvanlar Yerlilerinkine benzer toplumsal gruplar halinde yaşarlar; Oglala Siuları "istisnasız tüm hayvan kategorilerinin "bizim gibi" insan topluluklarına denk düştüğünü söylüyorlardı; nihayet Makunalara göre "hayvan toplumları insan toplumlarıyla aynı ilkelere göre örgütlenmişlerdir, [...], her hayvan türü ya da topluluğunun kendi "kültür"ünün, kendi bilgilerinin, kendi gelenek göreneklerinin ve maddi varlıklarının bulunduğunu söylerler... Bu hayvanlar bunlar aracılığıyla farklı varlıklardan oluşan bir sınıf olarak yaşarlar."[24] Dolayısıyla her türün hem toplumsal hem de ilkesel olan temel bir yapısı vardır ve biçim değişikliği her zaman mümkün olsa da, böyle bir işlem bireylerin özel kimliğini etkilemez; kısacası Howell'ın Chewonglardaki dönüşüm konusunda söyledikleri hiç kuşkusuz bütün animik toplumlar için geçerli olabilir: "Bu sadece kısa dönemler için mümkün olabilir riskli bir iştir."[25]

O zaman başka bir bedende cisimleşmek neye yarar? Bu tür bir süreç yeniden ilk biçimi alamama durumu –aynı zamanda hem çok cüretli şamanların hem de mitlerdeki bir yığın insanın kaderidir bu– dışında, sağduyunun bütün kurallarını askıya almaktır. Bununla birlikte değişimin "sembolik", metaforla ya da mecaz söylemle ilgili olduğu söylenedursun, şurada burada bir yığın insan günümüzde de bunun bitkilerin büyümesine ya da gök cisimlerinin hareketine benzer bir "doğa" olgusu olduğunu iddia etmektedirler. İlk başta farklı fiziksel özelliklerle donanmış insan olan ve olmayan kişiler arasında, aynı düzlemde etkileşim problemine gerçekten tek uygun çözümü getirir. Çünkü Açuarlar, Makunalar ya da Chewonglar hayatlarını boa yılanı, tapir ya da kaplana dönüşmekle geçirmezler ve bu hayvanların işi de insanlara gizli içselliklerini göstermek değildir. Her varlık, yaşamının çoğunu kendine özgü donanımıyla başka varlıkları yemekle geçirdiğinden çeşitli varlık sınıfları arasındaki ilişkiler fiziksellik türleri bağlamında, yani etogramlarının dikte ettiği alışkanlıklara göre gelişir. Ama yırtıcı hayvanların ve avların içselliklerinin aynı oldukları kabul edildiğinden bu ontolojik kader birliğinin, bedenler üzerinden birbirlerinden ayrılan kolektivitelerin bireyleri arasında şu ya da bu iletişim tipi içinde açık seçik biçimde ifade edilebileceği durumlar vardır. Bedenler arasındaki ilişkilerin

24 Howell, S., 1996, s. 133; Hamayon, R., 1990, s. 296; Ingold, T., 1998, s. 185; Tanner, A., 1979, s. 136; Brown, J. E., 1997, s. 13; Arhem, K., 1996, s. 190.

25 Howell, S., 1996, s. 134.

öne çıktığı anlar, ruhların birbirleriyle konuştukları anlardan bütünüyle ayrı değildir. Daha önce değindiğimiz Açuar avcısı örneği böyle bir ayrımın pek bir anlamı olmadığını gösterir: İnsan hem birleştirdiği bilgileri seferber eden bir av peşindedir, hem de av hayvanına yönelttiği büyüleyici sözlerle içselliklerini birleştiren çok ince ipi kopartmamak kaygısındadır. Bununla birlikte dönüşümün gerçek anlamda etkili olabilmesi ve dünyadaki varlıklara atfedilen özellikleri gerçek bir öznelerarası ilişki içinde gösterebilmesi için bir adım daha atmak ve biçimler engelini aşmak gerekir. Oysa bu ancak iki durumda mümkündür: Bitkiler, hayvanlar ya da onların özleri olan tinler insanları, onlarla aynı görünüm altında ziyaret ettiklerinde –çoğu zaman rüyalarda– ve insanlar, genellikle şamanlar, bu aynı bağımsız birimleri ziyaret ettiklerinde. Her iki durumda da ziyaretçi kendisini ağırlayanlarla bir iletişimin kurulabilmesi için gerekli olan eşitlik konumunda bulunur ve hitap ettiği bireylerin kıyafeti içindedir –insan olmayanlar içselliklerini insan fizikselliği biçiminde teşhir ederler, insanlar ise kendi fizikselliklerini bırakıp insan olmayan bir varlığın fizikselliğini alırlar ya da iç biçimler dünyasında serbestçe dolaşırlar–; ziyaretçi için, buluştuklarıyla aynı görüş açısında olduğunu göstermenin yoludur bu.

Dolayısıyla dönüşüm bir açığa çıkarma ya da bir kılık değiştirme değildir; her bireyin ilk eldeki fizikselliğinin kendisine dayattığı gözlem pozisyonunu değiştirerek ötekinin, kendisini tasarladığını düşündüğü bakış açısıyla örtüşmeye çalıştığı bir ilişkinin doruğudur. Ötekine atfedilen yönelimselliği kabullenerek kendini "ötekinin yerine koymaya" çalıştığı bu bakış açısı değişikliği sayesinde insan, hayvanı her zaman gördüğü gibi görmez artık, onun kendi kendini gördüğü gibi, yani bir insan gibi görür ve şaman da olağan halinde kendisini görmediği bir biçimde, görülmek istediği biçimde, yani bir hayvan olarak algılar. Sonuç olarak bir metamorfozdan çok bir anamorfoz* söz konusudur burada.

Animizm ve Perspektivizm

Bu görüş açıları geçidi söz konusu olduğunda, Viveiros de Castro'nun "perspektivizm" adını verdiği yaklaşımı anmamak olmaz: Bu kavram Amerika yerlileri kozmolojilerinin "konumlandırıcı" özelliğini tanımlıyor ve ayrıca bu kavramın özelliklerini ve yansımalarını benim daha önce verdiğim animizm tanımından hareketle anlatıyor.[26] Araştırmacı çok sayıda Amerika yerlisiyle ilgili şu tespitten hareket ediyor:

> "İnsanlar, normal şartlarda insanları insan gibi, hayvanları hayvan gibi ve tinleri de (görüyorlarsa eğer) tin gibi görürler; hayvanlar (avcılar) ve tinler ise insanları hayvanlar (yem) gibi görürler, buna karşılık hayvanlar (av hayvanları) insanları tinler ya da hayvanlar (avcılar) gibi görürler. Hayvanlar ve tinler ise kendilerini insan gibi görürler: Kendi evlerinde ya da köylerindeyken ve kültür başlığı altında kendi alışkanlıkları ve karakteristikleriyle yaşarken insan biçimli olarak görürler kendilerini (ya da öyle olurlar)..."[27]

Bu perspektiflerin heterojenliği teması, tümü insani bir öz taşıyan insan olan ve olmayan varlıklar arasındaki gerçek farkı anlamaya yar-

(*) Bir imge ya da resmin optik bir araç sayesinde daha sonra eski halini alma ihtimalini koruyarak görüntü değiştirmesi – yay.haz.

26 Viveiros de Castro, E., 1996.

27 *A.g.y.*, s. 117.

dım ederek animizm sorununu açıklayabilir mi? Viveiros de Castro bu soruya cevap verebilmek için Amerika yerlilerinin adlandırmalarına başvuruyor: "İnsan varlıkları", "kimseler" ya da "kişiler" olarak çevrilen bu yerel adlandırmalar genellikle insanlık sıfatını ancak onu taşıma hakkını kendinde gören tek kabileye atfetme arzusundaki etnik merkezli bir eğilimin işaretleri gibi yorumlanır. Bununla birlikte bu terimler, sözcükler sözdizimi açısından değil pragmatik açıdan, bir başka deyişle ad olarak değil adıl olarak ele alındığında, "bir özne konumuna işaret ederler; ad değil, sözceleme işaretleridir."[28] Kesinlikle ontolojik bir dışlamanın işareti olmayan bu yerel ifadeler, konuşucunun –burada "kimseler" "biz"le eşanlamlıdır– görüş açısını belirtmekle yetinirler, öyle ki Amerika yerlileri insan olmayanların ruhları olan kişiler olduklarını söylerken onları aslında bir sözceleme konumundan hareketle birer özne olarak tanımlıyorlar: "Bir ruhu olan ve bir bakış açısına sahip olabilen bir ruhu olan öznedir."[29] Dolayısıyla "perspektivizm" referans oluşturabilen bir bakış açısına sahip her varlığın böylelikle özne konumu aldığını ve kendisini insanlık çerçevesinde değerlendirdiğini ifade eder; buna göre insanların bedensel biçimleri ve âdetleri de, tıpkı yerel ifadeler gibi zamir atıflarıdır. Ama perspektivizm, her özne türünün, insan olan ve olmayanların yaşamı aynı değerlerle idare edildiği (zira her iki tür de avlanır, balık tutar ya da savaşır) için temelinde özdeş olan maddi dünyanın farklı temsillerini geliştirdiği bir görelilik de değildir. Viveiros de Castro'ya göre farklı olan, bu varlıkların bizzat algıladıkları şeylerdir: Hayvanların insanları avcı hayvanlar gibi ya da kanı manyok birası gibi görmelerinin nedeni, bakış açılarının bedenlerine bağlı olması ve bedenlerinin de kendilerine içrek yatkınlıkları sebebiyle bizimkinden farklı olmasıdır. Dolayısıyla animik ontolojilerin biçimlerin farklılığına dikkat çekmesi, perspektiflerin çıkış noktası olan bedende ortaya çıkan *habitus*'ların heterojenliğinin bir işareti gibi kabul edilmelidir: "Bakış açısı aracılığıyla harekete geçen ya da "hareket kazanan" [*agenté*], öznedir."[30]

Burada bu önermeleri hak ettikleri gibi incelikli bir biçimde yorumlamam mümkün değil: Hem bu özetlemelerimden çok daha fazlasını hak ediyorlar, hem de henüz gelişme safhasında olan Amerika yerlileri kozmolojilerinin daha genel bir kuramı içinde ele alınmaları gerekir. Dolayısıyla animizm ve perspektivizm arasındaki ilişki bağlamındaki yansımalarını tartışmakla yetineceğim. Ama önce, küçük bir paradoksun altını çizme eğilimine yenik düştüğümü itiraf edeyim: Viveiros de Castro'nun toplumsal merkezli "yansıtma" tezine (doğak dünya üzerine toplumsal kategorilerin yansıtılması) alternatif olarak sunduğu bu perspektivizm yorumu, söz konusu tezin en ünlü savunucusu Durkheim'ın ilginç bir gözlemiyle örtüşür. Durkheim, daha önce değindiğim bireyselleştirme ilkesi olarak bedenin rolü üstüne bu sunumda, gerçekten de bedenin bir tür çelişkili bir işlevle donatıldığını söylüyor, zira "bedenler birbirlerinden farklı olduğundan, zaman ve mekân açısından farklı noktalarda bulunduklarından, her biri kolektif düşüncelerin saptığı ve farklı renklere büründüğü özel bir ortam oluşturur." Viveiros de Castro gibi Durkheim

28 *A.g.y.*, s. 125.
29 *A.g.y.*, s. 126.
30 *A.g.y.*

da Leibniz'ten esinlenmiştir: "[Ona göre] bütün monadların içeriği aynıdır. Gerçekten de tümü tek ve aynı konuyu, dünyayı açıklayan bilinçlerdir. [...] Sadece her biri kendi açısından ve kendi tarzında açıklar. *Perspektifler*'le ilgili bu farkın nasıl monadların birbirlerine göre farklı konumlarda bulunmalarından geldiği bilinir."[31] Bu şaşırtıcı öncül Viveiros de Castro'nun çözüm önerisinin özgünlüğünden hiçbir şey eksiltmez, zira bu özgünlüğün temeli, Amerika yerlilerinin hayvanlara atfettikleri insani biçimler ve kültürlerin, bakış açısına içrek kozmolojik gösterimler olduğudur. Peki bu argümanın animik ontolojilerin tümünü kapsayabileceği söylenebilir mi?

"Standart" animizmde insanlar, insan olmayanların kendilerini insan gibi gördüklerini ve bunun nedeninin, biçimleri farklı olsa da içselliklerinin (ruhlar, öznellikler, yönelimsellikler, anlatma, bildirme tavırları) benzer olması olduğunu söylerler. Perspektivizm bir özel koşul ekliyor buna: İnsanlar, insan olmayanların insanları oldukları gibi değil, insan olmayanlar (yırtıcı hayvanlar ya da tinler) gibi gördüklerini söylerler. Sonuç olarak iki konumlu bir oyunda mantıksal bir olasılık söz konusudur; eğer insanlar kendilerini insan biçiminde ve insan olmayanları insan olmayanlar gibi görüyorlarsa, kendilerini insan biçimide gören insan olmayanların, insanları insan olmayan biçimler olarak görmeleri gerekir. Ama perspektivizmin belirgin özelliği olan bakış açılarındaki bu çapraz yön değiştirme durumu, bütün animik sistemlerde görülmez. Amerika'da özellikle mitlerde çok güzel örnekleri görülür, daha ender olarak da Asya'da bazı örneklerine rastlanır.[32] Bu noktada kaynaklarda boşluklar olabilir elbette; ancak bir toplumda perspektivizm vakalarına dikkat çekildiğinde bunu o toplum üzerine çalışmış etnologların neredeyse tamamı yapar – özellikle yerli bir grubun yalnızca bir kişi tarafından incelenmesinin ender görüldüğü Amerika kıtasında, bu durumun gözlemcilerin gözünden kaçmak için fazla dikkat çekici olduğunun sağlam bir işaretidir bu.

Animik ontolojilerin büyük bir bölümünün ortak, tipik özelliği daha çok insanların, insan olmayanların kendilerini insan gibi gördüklerini söylemekle yetinmeleridir. Ama işin içinde perspektivizm yoksa, yani insan olmayanlar insanları insan olmayanlar gibi değerlendirmiyorlarsa, nasıl değerlendirirler? Bu çok önemli noktada etnografiler çok az şey söylüyor; bununla birlikte, çok büyük olasılıkla, perspektivizmden farklı olarak cevap öylesine açık seçik gözüküyor ki, böyle bir şeyi gündeme getirmekle kimse ilgilenmiyor: İnsan olmayanlar insanları ancak insan biçiminde görebilirler.[33]

31 Durkheim, E., 1960 (1912), s. 386-387, vurgulama yazarın.

32 Bkz. Viveiros de Castro'nun çıkardığı envanter taslağı (1996, no. 3 ve 4).

33 Çoğu zaman dolaylı bilgiler verseler de bu konuyla ilgili kaynakların hiçbir açıklama getirmedikleri söylenemez. Gerçekten de hayvanların insanları oldukları gibi gördükleri ileri sürülebilir ve bunun nedeni birçok örnekle kanıtlandığı gibi hayvanların ya da temsilcilerinin insanlarla insani ilişkiler kurmaları ya da kurduklarını sanmaları ve bu amaçla genellikle kendilerini tanıtma işareti olarak insani bir biçime bürünmeleridir. Sözgelimi Peru Amazonları Yagualarında aguajal (sular altında kalmış hurma bahçesi) hayvanlarının efendisini avlanacak hayvanlar konusunda pazarlık yapmak amacıyla ziyaret edecek olan bir avcının öyküsü (Chaumeil, J.-P., 1983, s. 182-183); ya da G. Reichel-Dolmatoff'un düşlerinde desana (Kolombiya Amazonları) avcılarını ziyaret eden hayvanlarla ilgili öyküsü ... hayvanlar avcıları tavlamak isteyen güzel genç kızlar gibi anlatılmıştır bu öyküde (Reichel-Dolmatoff, G., 1971, s. 225); veya bir Açuarın aktardığı anekdot: Bu anekdotta Açuar insan biçimli bir susamuruyla (Sular Tanrısı Tsunki'nin cisimleşmiş hali) dostluk kurar (Des-

İnsanların ve insan olmayanların belirgin özellikleri toplumsallık düzenlerinden olduğu kadar çok belirgin davranış sistemlerinden –dostluk, ayartma, annelik, yakınlık ya da büyüklerin otoritesi– gelen kişiler arası ilişkiler kurdukları hatırlanırsa, şaşırtıcı değildir bu. Bilinçli bir aldatmaca söz konusu olmadıkça insan olmayanlara karşı bu tavırları benimseyen insanlar, bu davranışların karşı tarafta da bir cevap yaratacağını düşünecektir. Karşımda kendisini büyük olasılıkla insan gibi gördüğünü düşündüğüm bir maymun varsa, belirli akrabalık kurallarına göre, onun bana aynı şekilde davranmasını beklemem gerekir: Yani beni bir "jaguar kodlaması", "Amerika boa yılanı kodlaması" içinde değil "insan kodlaması" içinde görmesi, düşünmesi gerekir. Çünkü bir insan kendisini insan gibi gören bir insan olmayanla toplumsal bir ilişki kurabilir, oysa insan olmayan, kendisinin donatılmış olduğu aynı insanlığı atfetmedikçe ona aynı şekilde davranamaz ve bu insanlık en iyi biçimde onu algıladığı insani bedensellik içinde ortaya çıkar. Hiç kuşkusuz insan olmayan, insanı insan olmayan biçiminde görebilir ve buna rağmen onun kendisini insan gibi gördüğünü düşünebilir, ancak bu durumda düşünümsel dönüşüm aracılığıyla, kendisine insan biçimi atfetmekle birlikte insan olmadığını düşünmesi gerekir... Mümkün gözükmeyen ve bildiğim kadarıyla etnografinin pek doğrulamadığı bir durumdur bu.

Yeni bir soru çıkıyor ortaya burada: Eğer animik düzende en yaygın durum, insan olmayanların insanları oldukları gibi görmeleriyse, bunlar kendilerini de insan olarak gördüklerine göre onlardan nasıl ayrılabilirler? Bu soruya etnografinin verdiği tek cevap insan olmayanların insanlardan (ve kendi aralarında) her türe özgü biyolojik donanımlarla belirlenmiş davranış alışkanlıklarıyla ayrıldıklarıdır. Bu donanımlar ise bedenlerinde, bedeni insansal bir olgu gibi aldıklarında bile kaybolmayan alışkanlıklardır. Daha önce gördüğümüz gibi biçimlerin süreksizliği yaşama biçimlerindeki süreksizliklere işaret etmenin bir yoludur ve bu, insanlara ve insan olmayanlara ortak toplumsal yaşamın genel özellikleri açısından değil, hayatta kalma biçimleri, habitat tipleri ve özgül yetkinlikler açısından böyledir. Ancak, her varlık sınıfının mensupları kendilerini insan gibi görseler de, öteki sınıfların kendilerininkiyle tıpatıp aynı insanlıkla donatılmış olduklarını düşünmezler, zira her sınıfın özel yaşam biçimi belirgin biçimde faklıdır. Çok büyük olasılıkla kendisini insan olarak gören tapir, insanları kendisine atfettiği bir biçimde (yerlilerin anlattıkları gibi) görmez. Mükemmel bir dünyada (tapirler için elbette, yerliler için değil) tapirler ve Yerliler tam bir uyum içinde yaşayabilirler, belki aynı köyde oturabilirler, eşlerini ve mallarını değiştirebilirlerdi. Ama Yerlilerin tapirleri avlamak gibi kötü bir alışkanlıkları vardır ve tapirler de yerlilerle ortak insanlık değerlerine rağmen bunu farketmezlik edememişlerdir. Ayrıca tapirlere göre yerliler kendilerininkinden farklı köylerde yaşarlar, şefleri ve şamanları aynı değildir, beslenmeleri farklıdır zira tam da tapir eti yerler. Burada perspektivist çözüm takip edilirse, tapirlerin yerlilerin saldırılarına maruz kaldıkla-

---

cola, Ph.., 1993, s. 164); nihayet Cree'lerde avcıların öldürmeye hazırlandıkları ayıya davranışlarının nedenlerini açıklama alışkanlığı ve ayının anlatılanları anladığının söylenmesi (Tanner, A., 1979, s. 146). Hayvanlar insanları sadece yırtıcı hayvanlar ya da av hayvanları gibi görseydi mümkün olduğu söylenen bu tür ilişkilerin kurulabileceğini düşünmek zordur.

rından onları jaguarlar ya da yamyam tinler gibi görmesi gerekir. Amerika yerlileri gerçekten de böyle düşünürler ve av hayvanı konumunda oldukları için insanların kendilerine kurdukları imgeye tekabül eden kimi özelliklerini –fizik görünümleri, köyleri, kurumları– kavramaktan aciz olduklarını düşünürler. Buna karşılık yaygın animik çözüm bağlamında tapirler, insanların bazı toplumsal ve insani özelliklere sahip olduklarını çok iyi anlarlar. Söz konusu özellikler ana hatlarıyla kendilerine atfettikleri özelliklere benzer, ama aynı zamanda başka ölçütlerle onların kendilerinden farklı olduklarını da anlarlar: Bir Amerika yerlisinin alışkanlıklar ve farklı beden süsleriyle komşu ve genellikle düşman bir kabilenin bireylerini tanıyabilmek amacıyla dikkat ettiği ölçütler. Bir başka deyişle insan olmayan kişiler kendi bedenlerini insan morfolojisi açısından değerlendirirler, aynı zamanda bu bedenlerin çok büyük ölçüde içlerindeki donanım, alışkanlık ve yatkınlıklardan (kaçma ya da saldırı, gündüz ve gece yaşamı, yalnızlık ya da sürücüllük...) farklı olmasına da duyarlıdırlar. Ötekilerin karşısında (dış görünüş, süs, hareket, silah, alet, dil aracılığıyla) gözükme biçimleriyle de farklıdırlar. Çünkü türlerin farklılığının temeli olan fiziksellik, çıplak anatomiden daha fazla bir şeydir: Onu bedeni kullanmak, bunları göz önünde yapmak ve işlevlerini sürdürmek gibi çeşitli yollarla belirgin hale getirir. Bütün bu öğeler, dünyaya gelirken alınan biçime, dünyada olmanın belli bir biçimini ilave ederler.

Viveiros de Castro'nun kendisinin de söylediği gibi perspektivizm "animizmin etno-epistemolojik bir sonucudur."[34] Perspektivizm, bakış açılarının ters simetrisi görüşünü ileri sürerken, aslında büyük bir maharetle animizmin dayandığı fiziksel farklılığının getirdiği olasılıktan yararlanır. Ama burada animik dünyanın birçok topluluğunun hiç yapmadığı bir deney söz konusudur ve bunun nedeni hayal gücünün ya da düşünümlü dönüşüm kapasitesinin bulunmaması değil, bu deneyin belki gündelik yaşamın getirdiği bütün durumlarda birlikte yaşanan varlıklara istikrarlı kimlikler yükleyebilmenin zaten zor olduğu durumsal ontoloji içerisinde fazladan bir karmaşıklığa yol açabilecek olmasıdır. Burada varlık ve var olanın, ilk niteliklerle ikincil niteliklerin, örtü açma olarak bilgi ile uzun süreli formların rahatlatıcı dünyasından epey uzağız: Fazla tekdüze bir dünyadan sıkılmış olanlar için iyi bir haber bu.

---

34 Viveiros de Castro, E., 1996, s. 122.

7

Ontoloji Olarak Totemizm Hakkında

Animizmi içselliklerin benzerliği ve fiziksellik farklılıklarının bir bileşimiyle tanımlamak totemizm meselesini de yeniden ele almayı gerektiriyordu; *Günümüzde totemcilik*'in mükemmel ve baştan çıkarıcı bir açıklamasını sunduğu sınıflandırmacı bir yöntem olarak totemizm değil, Lévi-Strauss'un ilkel insan düşüncelerinde insan ve doğanın ayrılmazlığına dair eski spekülasyonları geçersiz kılmak üzere bu olgunun entelektüalist yaklaşımının yolunu daha iyi açmak amacıyla uzaklaştığı, gerçek anlamda ontolojik özellikleriyle totemizm. Totemizmin bir aldatmaca olduğu ilkesinden yola çıkan Lévi-Strauss'a göre bu kavramın yapay birliği, antropologların iki soruna dair kafa karışıklığından gelir:

> "Birincisi insanların sık sık bitkilerle ve hayvanlarla özdeşleştirilmesinin doğurduğu, insan ve doğa ilişkileri üstüne çok genel görüşlere varan sorun; ki görüşler sanat ve büyüyle birlikte toplumu ve dini de ilgilendirir. İkinci sorun ise, hayvan ve bitki adlandırmalarıyla ama aynı zamanda başka yollardan da mümkün olabilen akrabalığa dayalı grupların sınıflandırılmasıdır. Totemizm sözcüğü iki düzen arasındaki örtüşme vakalarına denk düşer sadece."[1]

Bununla birlikte Lévi-Strauss totemizm tanımının bu iki unsurundan özellikle ikincisiyle ilgilenmiştir, zira Franz Boas'ın kırk yıl önce öngörmüş olduğu sınıflandırmacı çözüme doğru götüren odur: Doğal bir dizi olan eponim türler ve kültürel bir dizi olan toplumsal birimler arasındaki diferansiyel farklar arasındaki benzerlik. İnsanların insan olmayanlarla özdeşleştirilmesi yönündeki ilk unsura gelince, "akrabaların ya da akraba oldukları kabul edilenlerin sınıflarının somut niteliklerinin belirlenmesi amacına yönelik olarak, insan ve varlıklar ya da doğal nesneler arasındaki çok sıkı ilişkilerin kuramsal varlığından söz etme yönündeki çok genel bir eğilimin"[2] egemen oldu-

1 Lévi-Strauss, Cl., 1962, s. 15.
2 *A.g.y.*

ğu toplumlarda, bu özdeşleştirme ancak totemik sınıflandırmaların eyleme dönük geçerliğini güçlendiren bir kendini inandırma mekanizması olarak işler. Bununla birlikte insan ve doğal varlıklar arasındaki bu "yakın ilişkiler", insan varlıklarının kategorizasyonunun basit yardımcılık işlevleriyle değil kendi içlerinde, kendileri için ele alındıklarında bazı totemik bütünler içinde bütünüyle özgün karakteristikler sergilerler. Ayrıca Lévi-Strauss da çok duyarlıdır bu konuya, zira *Yaban Düşünce* adlı yapıtında totemik klanlı toplumlara çok geniş yer vermiştir. Bu toplumlarda insanlar ve totemleri arasında derin fiziksel ve ruhsal yakınlıklar olduğu söylenir. Lévi-Strauss, Torres boğazının adalıları, Büyük Göller'in Menominileri ve daha kuzeyde Çippevalardan söz ederken, her totem grubunun kendi içinde ele alınacağını ve "öteki toplumsal gruplarla değil, kalıtımsal oldukları kabul edilen bazı diferansiyel özelliklerle sistem oluşturması açısından inceleneceğini"[3] söyler; buradan ise, kastları birbirine yaklaştıran totemik kesitlere içrek ve tam anlamıyla ontolojik bir çeşitlilik doğar. Bu tür sistemlerde ve *Günümüzde Totemcilik*'te getirilen yorumun tersine, benzerlik iki terim dizisi arasındaki diferansiyel ilişkilerde aranmamalıdır (Klan 1 ve Klan 2 arasındaki fark, kartalla ayı arasındaki fark gibidir), benzerlik terimlerin kendilerindedir (Klan 1 kartal *gibidir,* Klan 2 ayı *gibidir*); "biri toplumsal öbürü doğal iki imge yerine [...] tek ama parçalanmış *doğal-toplumsal* bir imge"[4] vardır elimizde. Kısacası totemizm, sınıflandırmacı versiyonu (ilişkilerin benzerliği) içinde ele alındığında animizmden farklı bir düzlemde yer alsa da, "birleştirici boyutu" (terimlerin benzerliği) onu bir tanıma biçimi olarak ele almak için ilginç bir yol sunabilir.[5]

Totemizmin ilginç özelliklerinin en net biçimde Avustralya'da, 19. yüzyılın sonundan başlayarak totemizmle ilgili en cüretli varsayımların geliştirildiği kıtada görülmüş olması pek şaşırtıcı değildir. Gerçekten de Avustralya çok erken dönemde gelen olağanüstü etnografik betimlemeler sayesinde, Durkheim, Frazer, Rivers hatta Freud'un yazılarıyla bir toplumsal örgütlenme sisteminin ve doğayla ilişki biçiminin mükemmel bir örneği haline gelmiştir. İlk gözlemcilere göre bu ilişki biçiminin özelliği her bireyin "insanların adlarını verdikleri bir grubun parçası olması ve bu insanların doğal bir nesneyle özel olarak özdeşleşmeleridir."[6] Gene bu dönemde Avustralya uzmanları kıtadaki totemizm biçimlerinin büyük çeşitliliğinden etkilendikleri kadar, Aborjinlere özgü toplumsal yakınlık ve kesit ilkelerinden, ayrıca kişi ve çevre anlayışlarından beslenen birlik duygusundan da etkilenmişlerdir. Bu çok açık çelişki çok uzun süren –yaklaşık yetmiş bin yıl– endojen bir evrime mal edilmiştir: Avustralya'nın ilk sakinleri uçsuz bucaksız alanlara çeşitli yollardan dağılmışlar, bölgesel yakınlıklar dışında birbirleriyle ilişki kuramamışlardır, öyle ki her grup kendisine en yakın gruplardan et-

3 *A.g.y.*, s. 154.

4 *A.g.y.*, s. 154-155, vurgulama yazarın.

5 Birkaç yıl önce Luc Racine'in çok çapıcı bir yazısını okuduğumda (1989) Lévi-Strauss'un totemizmle ilgili görüşlerinin tümelliği konusunda kesin fikirlerim sarsılmaya başlamıştı, ama dogmatik tembelliğimi aşma ve beni gerekli aggiornamiento'ya (gelişime ayak uydurma) götürecek kadar da sarsıcı olmamıştı bu okuma. Yayınlandıktan on yıl sonra tekrar okuduğum bu metin sonunda düşüncelerimi gözden geçirmeye götürmüştür beni ve daha sonraki görüşlerimi bu uyarıcı etkiye borçluyum çok büyük ölçüde.

6 Spencer, W. B. ve Gillen, F. J., 1989, s. 112.

kilenerek ya da onlarınkiyle ters bir yol izleyerek kendi kurumlarını geliştirmeye çalışmış ve böylelikle ortak olduğu varsayılan bir ilk modele göre çeşitlenmeler ortaya çıkmıştır. Toplumsal örgütlenme ve ritlerdeki bu farklılaşmanın, göçler ve yerel gelişmeler aracılığıyla bir yayılma bileşiminin sonucu olması ya da düşünüldüğü gibi mekânın işgali bağlamında toplumsal biçimlerin çok farklı çevrelere ekolojik ve demografik uyarlanmasının bir sonucu olması burada pek önemli değildir.[7] Çünkü çeşitlenmeler hangi kaynaktan gelirse gelsin sergiledikleri ortak yapısal karakterler oldukça nettir ve dolayısıyla Avustralya uzmanı etnologların ardından, bu kültür alanını bazı özellikleriyle son derece türdeş bir bütün olarak görmek mümkün olabilmiştir.

Düş

Avustralya totemizminin en özgün tarafı hiç kuşkusuz çok özel bir kozmolojik ve etiolojik bir sistem içine kök salmış olmasıdır: İngilizcede *Dreamtime* ya da *Dreaming*, Fransızcada "Rêve" (Düş). *Alchera* sözcüğüyle tanınan ve ilk kez Baldwin Spencer ve Franck Gillen tarafından Avustralya'nın orta kesiminde yaşayan Arandalar'la ilgili olarak anlatılan Düş, ilk değerlendirmeler çerçevesinde totem gösterileriyle birlikte ritüel öykülerinde anlatıldığı biçimiyle dünyanın oluşum dönemleriyle ilişkili her şeyi anlatır. Buna göre ilk varlıklar eskiden yeryüzünün derinliklerinde kesin olarak belirlenmiş yerlerden çıkmıştır ve bu varlıklardan bazıları beklenmedik olaylarla karşılaştıkları gezilere çıkmıştır; güzergâhları, dinlenme yerleri çevredeki kayalıklar, su noktaları, korular, aşıboyası yatakları gibi işaretlerden yararlanarak kolayca tespit edilebilir. Bu varlıklar nasıl birdenbire ortaya çıktılarsa, ya ortaya çıktıkları yerde ya da yolculuklarının sonunda, gene öyle birdenbire kaybolmuşlardır. Her biri arkalarında bütün çeşitlilikleri içinde bugünkü varlıkları bırakmışlardır: Totemik mensubiyetleriyle ve onlara verdikleri adlarla, ritlerle ve kült nesneleriyle, ortamın organik ya da inorganik unsurlarıyla birlikte insanlar, bitkiler ve hayvanlar. Toplumsal ve fizik gerçekliğin yaratıcıları ve prototipleri olan bu Düş varlıkları, genellikle insan varlığı ve insan olmayan varlık karışımlarıdır ve dünyaya geldiklerinde totemik gruplara dağılmışlardır. Davranışları, iletişim aracı olarak bir dile sahip olmaları, eylemleriyle kanıtlanan yönelimsellikleri, saygı duydukları ve kuramsallaştırdıkları toplum kurallarıyla insandırlar, ancak bitki ya da hayvanlara özgü bir görünümleri vardır, bitki ya da hayvan adları taşırlar; bunlar ilk başta kayboldukları yerlere bırakılmış tinlerin kökenleridir, o zamandan beri temsil ettikleri türün ya da nesnenin bireylerinin içine ya da totem olarak bu türü ya da nesneyi kabul etmiş insanların içlerine girmişlerdir.

Düş çok sayıda toplumun, varlıkların ve nesnelerin büyüleyici yaradılışının kaynakları olarak gördükleri mitolojik dönemleri Aborjinlere özgü bir biçimde açıklamaktan çok farklı bir şeydir. Çünkü Radcliffe-Brown'un deyişiyle "dünyanın şafağı" denen bu dönemde etkileri günümüze kadar gelmiş olan sürekli

7 Ortak bir çekirdekten hareketle farklılaşma yoluyla evrim varsayımı 1899'da Spencer ve Gillen tarafından ileri sürülmüştür (*a.g.y.*); dilsel ölçütlere dayalı bu varsayımın yeni versiyonu için bkz. Brandenstein, C. G. von, 1982, böl. X. Su kaynaklarına uyarlanma sonucu sınıfların çeşitlenmesi varsayımı konusunda bkz. Yengoyan, A. A., 1968.

bir doğuş hareketi başlamıştır.[8] Düş varlıklarının yerleşim yerlerinde ve güzergâhlarda bıraktıkları potansiyeller, tinlerinin çeşitli kendiliklerle birleşmesiyle sürekli hayata geçer. Bunu sağlayan bir başka şey de, Aborjinlerin, varlıklarla nesneleri düzenleyerek dünyaya anlam veren bu kendiliklerin gizli mevcudiyetini açığa vurmalarını sağlayan ritler, adlandırma yöntemleri ve tekrar edilen güzergâhlardır. Dolayısıyla Düş hatırlanan bir geçmiş ya da geçmişe, eskiye yönelik bir şimdi değil, mekânda ortaya çıkan bir sonsuzluk ifadesi, kozmosun ontolojik bölünmelerinin sürekliliğinin bir güvencesini oluşturan, görünmez bir çerçevedir. Düş varlıkları ise klasik mitsel kahramanlarla bir tutulamazlar, çünkü belli bir ortamın şu ya da bu özelliğinde kısmen donmuş olan düzenleyici atılımları, onlar yeryüzünü terk ettikten sonra sürekliliklerini korumuşlardır her şeye rağmen. *Stricto sensu* ata da değildirler, zira insan olan ya da olmayan her varlık kuşaktan kuşağa sıçrama yoluyla değil, doğrudan bir çoğalma, hatırlatma ya da biçimlendirme yoluyla onu belirleyen kendiliğe bağlıdır. Totemik örgütlenme yani insan olmayan kendilikler ve fenomenler ile insan kişilerinden menkul gruplar arasındaki birleşme, Avustralya'da toplumsal ve fiziksel bileşenlerin iç içe geçtiği sınıf ve tiplerde zaten farklılaşmış bulunan özler ve yaşam biçimlerini sürekli sabitleyen, aynı zamanda da başlangıç oluşturan bir sürecin varlığını ortaya koyar. Spencer ve Gillen'in Arandalarla ilgili olarak yazdıkları gibi "bir insan varlığının kimliği çoğu zaman soyundan geldiği hayvanın ya da bitkinin kimliğinin içindedir,"[9] ama bu karışık kimliğin kendisi de bazı özellikleri birleştirir: Davranış biçimleri, ritüel düzenek ve nesneler, sosyolojik ve biyolojik taksinomiler, adlar ve anlatılar, yerler ve güzergâhlar, yani doğa ve kültürü ayıran düşsel bir çizginin iki tarafına dağıtılması hiç de kolay olmayan bütün unsurlar.

Avustralya Envanteri

Düşün kozmolojik çerçevesi ana çizgileriyle bütün Aborjin Avustralya'sında geçerlidir, ancak hayallerin ritüel icatlara, Düş varlıklarının kişileşme derecesine ve güzergâhlarının genişlemesine izin veren totemik bir yorumuyla ilgili az ya da çok özgürlük söz konusudur. Buna karşılık bireylerin totemleriyle kurdukları ilişkiler çok çeşitlidir, aynı şekilde totemik aidiyet biçimleri ve bunların toplumsal örgütlenmede, statülerin tanımlanmasında ve evlilik ilişkilerindeki payları da son derece çeşitlidir. Avustralya totemizminin değişkelerinin ilk envanterini çıkaran 1930'larda Adolphus P. Elkin'dir: dönemin işlevselci düşüncesine göre gerçekleştirilmiş, yani esasen totemik bölünmelerin kıtada saptanan farklı toplumsal sistemler içinde bütünleştirici bir rol oynama biçimlerine dayanan bir çalışmadır bu.[10] Bununla birlikte Elkin tipolojisini ele almadan önce, bu sistemlerin doğasının ve dağılımlarının etnografisini kısaca hatırlamak gerekir.

Bazı kuzey kıyı bölgelerinde ve güneydoğu bölgesinde egzogam olan ve kendi içlerinde hiçbir iç bölünme görülmeyen yerel klan grupları halinde örgütlenmiş kabileler yaşıyorduysa da, Avustralya toplumlarının büyük bölümünün belirgin özelliği az ya da çok karmaşık sı-

8 Radcliffe-Brown, A. R., 1968 (1952), s. 246.
9 Spencer, W. B. ve Gillen, F. J., 1899, s. 119.

10 Eelkin, A. P., 1933.

nıflara bölünmüş olmaktı. En basit biçimleri yarı yarıya egzogam (dışarıdan evlilik yapan) gruplardan oluşan toplumlar oluşturur; bu toplumlarda her birey belli iki sınıftan birine aittir ve eşini karşı sınıftan seçmek zorundadır. Bunlar gruplarının anasoylu ya da babasoylu olmalarına göre farklı bölgelerde bulunuyordu: Babaya dayalı klan grupları özellikle kıtanın kuzeyinde, Dampier bölgesinden York burnuna kadar uzanan Cape York yarımadasında yaşıyorlardı, anaya dayalı klan gruplarının büyük bölümü ise güney bölgesindeydi. Bu egzogam klan grupları dışında endogam (içeriden evlilik yapan) ve belli kuşaklardan oluşan klan grupları da vardı; bunların bugünkü temsilcileri güney bölgesinde Alurica kabileleridir ve bu kabilelerde bir erkek ya da kadın yalnızca kendi kuşağından bir eş seçebilirdi ve daha üst kuşaklardan (anne ve babasının kuşağından) ve alt kuşaklardan (çocukların kuşağı) eş seçemezdi. "Dört seksiyonlu" denen toplumlar, yarı egzogam örgütlenmenin mantıksal yayılmaları gibi düşünülebilir ve buna ayrıca ev ölçütü eklenir. İki anasoylu klan grubunu –en sık rastlanan olgu– ele alalım: A ve B klan grubu olsun ve bireyleri iki yerel grup (1 ve 2) içine dağılmış olsun, Avustralya'da yaşanan evler her zaman babayerli (*patrilocal*) olduğu için, kadın ve çocuklar kocaları ile oturur. Bu durumda yerel grup 1'in A yarısından (A1) bir erkek, yerel grup 2'nin B yarısından (B2) bir kadınla evlenmek zorundadır ve çocukları B1 içinde yer alırlar, zira analarının yarısına (B) ve babalarının yerel grubuna (1) aittirler; B1 çocukları da karşı yarıdan ve kendilerininkinden farklı bir yerel grup (A2) içinde evlilik yapmak zorundadırlar. Genellikle Batı kıyısı kabilelerinden esinlenen ve Kariera denen bu dört seksiyonlu sistemler, özellikle kuzeydoğuda, kuzeybatı çöllerinde ve büyük ölçüde güneydoğuda yaygındı. Sekiz alt-seksiyonlu sistemler de aynı ilkeye göre oluşmuştur ama burada iki değil dört yerel grup vardır. Arandalar gibi anne kökenli yarılara dayanan bir toplumda, A yarısından ve yerel grup 1'den bir erkek, B yarısından ve yerel grup 3'ten bir kadınla evlendiğinde, çocukları B1 içinde yer alır, bir B4'le evlenen bir A2'nin çocukları B2'dir, bir B2 ile evlenen bir A3'ün çocukları B3'tür, bir B1'le evlenen bir A4'ün çocukları B4'tür ve yarım değiştirildiğinde bir A4 kadınıyla evlenen bir B1 erkeğinin çocukları A1'dir, bir A3'le evlenen bir B2'nin çocukları A2'dir, bir A2 ile evlenen bir B4'ün çocukları A4'tür ve bir A1'le evlenen bir B3'ün çocukları A3'tür. Bu sekiz alt-seksiyonlu sistemler ülkenin orta kesiminde yaşayan kabilelerin tümünde görülür ve Kuzeye doğru, Arheim bölgesine ve York Burnu yarımadasına kadar her yerde tekrar karşımıza çıkar. Ayrıca şunu da belirtelim ki seksiyonları ya da alt-seksiyonları belirten adlar dillere ve lehçelere göre değişseler de, genel sınıflandırma sistemi aynıdır ve bu durum, başka kabilelerde doğan bireyleri uygun sınıfa dâhil etme olanağı sağlar.

Yeni gelişmekte olan antropoloji, Avustralya olgularının üstüne büyük bir iştahla atılmış ve, bu sınıflı sistemlerle egzogamileri oluşturan totem kurumu arasında doğrudan bir ilişki bulunduğunu varsaymıştı; zira kendi totemi dışında evlenme zorunluğu çok küçük yerel grupları evlenme yoluyla daha iyi entegre etmek için çok kolay bir zorunluluktur. Bununla birlikte Elkin envanteri, Avustralya totemizmini görünüşte heterojen bir yığın tipe bölüyor ve bu tiplerden bazılarının evlilikte hiçbir işleve sahip olmadıklarını açıkça gösteriyordu. Böylelikle Elkin kıta çapında totemik sınıflandırmalar ve toplumsal örgütlenme biçimleri arasındaki sistematik bir ilişki olduğunu gösterme umudunu yok etmiş gibiydi. Lévi-Strauss onu bu yüzden özellikle çok sert bir biçimde eleştirmiştir, zira kendisi de aynı şeyin peşindeydi.[11] Benim hedefim çok farklı olduğundan, bence üstünde durulması gereken Elkin tipolojisinin bu sonucu değil, daha çok Avustralya totemizminin ontolojik özellikleriyle ilgili olarak buradan çıkan bazı karakteristiklerdir.

Elkin'in irdelediği ilk totemizm biçimi "bireysel" denen totemizmdir. Güneydoğu kabilelerinde bir büyücü ve bir hayvan türü (genellikle sürüngenler) arasındaki özel bir ilişkiyi tanımlar. Türün bireyleri büyücünün yardımcıları gibi davranırlar, acı verme ya da iyileştirme gücüne uzaktan sahiptirler ve büyücü adına casusluk yaparlar. Bir inanışa göre Kurnai büyücüsü ait olduğu türün doğaüstü gücüne sahiptir ve bu güç aynı zamanda evcil bir hayvanda dışa vurabilir ve maddileşebilir. Yualayilerde bir büyücü totemik türünün bir hayvanını (bir *alter ego* der Elkin), gücü sayesinde iyileşmesi için bir hastaya verebilir; aynı şekilde yaralanan bir totem hayvanı bu türün büyücüsüne de acı çektirir. Bu Güneydoğu Avustralya bireysel totemizmi, animik sistemlerde insanlar ve bazı hayvanlar arasındaki özel ilişkilerle karşılaştırıldığında bir yığın farklılık dikkat çeker. Bir Amazon ya da Sibirya şamanı ile bağlantılı hayvan tinleri arasındaki ilişkiler ya da Kuzey Amerika'da sıradan bir insan ile onu koruyan bir hayvan ya da evcil hayvanı arasındaki ilişkiler her zaman bireyleri ilgilendirir, türleri değil – her ne kadar hayvan kimi zaman kendi türdeşlerinin tercümanı olsa da. Buna karşılık Avustralya'da ilişki ayrılmaz bir bütün olarak türle kurulur ve büyücünün gösterdiği evcil hayvan genellikle türe özgü karakteristiklerin özel bir ifadesidir. Ayrıca animik sistemlerde insan ve hayvan kişileri birbirlerinden kesinlikle ayrıdır ve bu durum aralarında kişiden kişiye bir ikili ilişkiler yelpazesi oluşmasını sağlar, buna karşılık Avustralyalı büyücü totem olarak kabul ettiği hayvan türüyle bütünüyle birleşmiştir: Türün özü kendi özü olmuştur ve kaderini üstlendiği hayvan kolektivitesinin herhangi bir bireyini etkileyen şeyin aynısını kendisi de hisseder. Dolayısıyla burada söz konusu olan büyücü ve totemik türü arasındaki bir birlik ya da yardımlaşma değil, amacı hiç kuşkusuz toplumsal olan –insanlar arasındaki terslikler ve talihsizliklerle mücadele ve bunların dağıtılması– ama somutlaşması bir hayvan türüyle paylaşılan özellikler kazanılmasını gerektiren, bilinçli ve istenen bir melezleşme söz konusudur.

Güneydoğu kabileleri arasında da yaygın olan "cinsel" totemizm, cinsiyetleri iki totemik sınıfa ayırır. Birbirlerini dışlayan bu sınıflar, genellikle bir hayvan türüyle simgelenirler: Kamilaroilerde ya da Votjobaluklarda erkekler için yarasa ve kadınlar için baykuş, Vorimilerde yarasa ve ağaçkakan vb. Bir cinsiyet grubu ve eponim tür arasındaki ilişkinin gerçek özellikleri konusunda veriler pek açık değildir. Votjobaluklarda "bir yarasanın yaşamının bir insan yaşamı olduğu" söylenir... Yaşam biçimleri arasında yakınlık oluşturan bir şeydir bu, buna karşılık Kurnailerde daha çok ortak soy öne çıkar: Yeerung soyundan gelen her birey [bir çalıkuşu] bir erkek kardeştir, Cetgun soyundan gelen her birey [bir ötleğen] bir

11 Lévi-Strauss, Cl., 1962, s. 64-68.

kızkardeştir."[12] Burada genel bir düşünce tekrar karşımıza çıkıyor: İnsanlarla insan olmayanlar arasında paylaşılan ve kuşaktan kuşağa geçecek kadar istikrarlı özelliklerin oluşturduğu bir birlik vardır, ancak bu düşünce bireysel totemizm olgusuna göre çok daha bulanık biçimde anlatılmıştır.

Arandaların ve Aluricaların "kavramsal" totemizmi Elkin tarafından cinsel totemizmle birleştirilmiş olsa da, cinsel totemizm ilke açısından ondan çok farklı gözükür. Her çocuğun totemi cinsiyet ya da soy belirtmez, ananın gebe kaldığı yere işaret etme işlevi görür: Ana orada gerçekten bulunmuş olabilir ya da düşünde oraya gitmiş olabilir. Burada kesinlikle totemik bir yer söz konusudur, yani bir Düş varlığının totemik türünün çocuk-ruhlarını bıraktığı yer. Bu ruh-çocuklardan birinin annenin rahmine girdiği ve orada yavruyu oluşturduğu söylenir. Dolayısıyla bir Aranda çocuğunun toteminin mutlaka babası, annesi ya da erkek ve kız kardeşlerinin totemleriyle aynı olması gerekmez; işlevleri evlilik sınıfları gibi olan alt-seksiyonların burada totemik aidiyetlerle hiçbir ilişkisi yoktur. Aranda kavramsal totemizmine daha sonra daha ayrıntılı biçimde değineceğiz ama bu bağlamda daha önce de bir ders çıkarabiliriz. Cinsiyet totemizmi farklılıkların benzerliğiyle (mesela: Erkekler kadınlar için neyse, çalıkuşu da ötleğen için odur) kolektif kategorizasyonlar oluşturma olanağı sağlar, ancak kavramsal totemizm ve bireysel totemizm kesinlikle başka bir alana dâhildir: her ikisi de öncelikle totemik bir türle birtakım özel karakteristikleri paylaştığı kabul edilen insan kişisinin ontolojik tanımıyla ilişkilidir.

Peki Elkin'in daha sonra incelediği kolektif totemizmler gerçekten bundan farklı mıdır? Cinsiyet totemizminde olduğu gibi ilk bakışta yarım totemler, seksiyon ve alt-seksiyon totemlerinin işlevleri burada özellikle evlilik aracılığıyla ve evlilik için örgütlenmiş gözüken birey sınıflarını ayırdedici işaretlerle yüksek derecede belirliyor gibidir. Bununla birlikte, her durumda, totemik aidiyetler için getirilen doğrulamalar başka ilkelerin devreye girdiğini görebilme olanağı sağlar. Yarım gruplar totemizminden başlayalım. Anasoylu değişkesi içinde anneler aracılığıyla aynı beden ve kan mirasına dayalı ortak bir yaşamın paylaşılmasını simgeler... Göreceğimiz gibi kökeni bu yarıma ait eponim hayvanlara, genellikle iki kuş türüne gönderme yapan kimliksel bir tözdür bu. Baba soyuna dayanan yarı gruplar totemizmi ise daha çok iki kanguru tipine dayanır ve sorumluluğu çoğu zaman baba soyuna aktarılan yerel totemik kültlerle birleşir. Yarım grupların egzogamisi düalist örgütlenmenin göstermek isteyebileceği kadar kesin ve otomatik değildir; Elkin'e göre totemizm burada öncelikle bütün varlıkları, hayvanları, bitkileri, nesneleri ve totemleri belli başlı totemler kabul edilen iki türle yakınlıklar gösteren iki büyük sınıf içinde dağıtmanın bir yoludur.

Seksiyonlar totemizmi bu açıdan yarımlar totemizmiyle aynı özellikleri gösterir: "İnsanlar ve doğal türler arasında bulunduğu söylenen bir yakınlık temelinde"[13] kozmosun bağımsız birimlerinin dörde bölünmesini sağlar. Sekiz alt-seksiyonlu gruplar totemizmi için de aynı ilke söz konusudur, ama iki değişke ve bir istisnayla birlikte: Ya alt seksiyon totemleri doğru-

12 Elkin, A. P., 1933, s. 115 ve 116.

13 *A.g.y.*, s. 119.

dan doğruya totemik çocuk-ruh yapılanmalarına bağlıdır ve böylelikle alt-seksiyonun insan bireyleri ve yerel totemleri arasındaki birliği güçlendiren üretici bir işlevle donatılmıştır; ya da bu totemler özgül olarak kategoriyeldir, çocuk-ruhların yerlerine dair totemizm ve ve bir kült totemizmiyle birlikte bulunabilirler; ya da nihayet Arandalar'da gördüğümüz gibi, totemik aidiyetlerin alt-seksiyonlarla ve dolayısıyla evlilikle hiçbir ilgisi olmayabilir. Görüldüğü gibi farklı sınıf sistemlerindeki totem türleri çok farklı niteliklere sahiptir: Çoğunun çok açık, katı bir biçimde sosyolojik olmaktan çok, kozmolojik ve ontolojik tipte sınıflandırmacı bir boyutu vardır, zira genel olarak kabul gören düşünceye göre insanlar, insan olmayanlar ve bunları birleştiren totemler arasında tanımları bulanık olsa da ortak özellikler vardır. Ama totemler evlilik sınıflandırmaları içinde yer alabilirler ya da almayabilirler, soy zinciri aracılığıyla aktarılabilirler ya da tören yerleriyle veya Düş varlıklarının bıraktığı çocuk-ruhların bulunduğu yerlerle ilişkili olabilirler.

Bu çeşitlilik Elkin'in tasarlamış olduğu son büyük totemizm tipi, "klanik" totemizm içinde daha belirgindir. Avustralya klanları babasoylu ya da anasoyludur, ama bazıları da aynı totem bölgesi içinde doğan bütün bireyleri kapsamaları dolayısıyla "yerel" olabilirler. Anasoylu klanlar totemizmi şu ilkeye dayanır: Aralarında anasoyu ilişkisi olan bütün bireylerin bedensel tözleri (etiyle kemiğiyle) aynıdır ve bu töz son tahlilde klanın da kökünün türediği totemik bir kendilikten çıkmıştır. Aynı töz aynı bireyde birikemeyeceği için totemik türü yok etme yasağı ve sıkı bir egzogami gerektiren fizik bir cemaattir bu. İnsan olan ve olmayanların bu fiziksel ayrılmazlığı, Victoria'nın kuzeydoğusundaki kabilelerde, totem türünden bireyi öldüren birinin bireysel totemizmde görüldüğü gibi kendisinin de gerçekten yaralanacağı inancıyla doğrulanmıştır. Burada totem "bir ad ya da simgeden daha fazla bir şeydir; totemik türün yaşamında insanların yaşamından bir şey vardır ve *tersi de doğrudur bunun.*"[14] Nihayet, yarı gruplar totemizminde olduğu gibi, esas totem ve onun cisimleşmesi olan tür, bir totemler hiyerarşisinin ve ikincil türlerin zirvesini oluşturur, öyle ki aynı toplum içinde bütün totemlerin, alt-totemlerin ve ait oldukları türlerin bileşimi kozmos kategorizasyonunun kesin bir sistemi gibidir.

Anasoylu klan totemizminin zıddı olan babasoylu klan totemizmi, bir klan ve totemle ilişkisi birlikte bulundukları yer aracılığıyla ve yerde maddileşen egzogam yerel bir grup arasında tam bir çakışmayı doğrular: Tinlerin ya da yerel grubun her bir bireyinin özlerinin kuşaktan kuşağa, bekçileri oldukları yerlerden ve kendilerininkiyle aynı toteme dâhil Düş varlıklarının maceralarının alanı olan yerlerden geldiği söylenir. Anasoylu klanda, klan bireyleri ve totemleri arasındaki ilişki çok önemlidir, babasoylu klan için ise bu insan varlıkları ve totemik varlıklar arasındaki çok sıkı dayanışmaya bağlıdır... Bu dayanışma benzer tinsel bir oluşumdan ve kutsal bir coğrafyadan, yani çok doğru bir tespitle yerin dehası denebilecek bir şeyin içine aynı kimliksel kök salma durumundan beslenir ve böylelikle güçlendirilir. Son olarak "yerel" klanik totemizm, Düş varlıklarının oluşturduğu aynı totemik yerlerde, çocuk-ruhlar annelerine daha döllenme aşamasında (Arandalar'da) ya da doğumda (Avustralya'nın doğusunda) dahil

14 *A.g.y.*, s. 121.

oldukları için aynı çocuk-ruh sınıfına dahil olan bireyleri *sui generis* bir grup içerisinde bir araya getirmekten başka bir şey değildir. Bu tür totemik klanın evlilikle hiçbir ilgisi yoktur (egzogam değildir) ve daha çok etiolojik öyküler, gizli bilgiler ve bireylerinin geldikleri Düş varlığıyla ilgili ritler içeren bir kült topluluğu gibi görülmelidir. Bu bireyler bilgilerini ve önemli ezoterik özelliklerini, totemlerini yüceltmek ve kendilerininkiyle aynı yerden gelen ve özünü ve kaderini paylaştıkları totem türünün refah ve her türlü zenginliğini sağlamak amacıyla düzenledikleri törenlerde seferber etmekle yükümlüdürler. Dolayısıyla babasoylu klan totemizminde olduğu gibi, kült totemizmi –ve onun bireysel bir değişkesi olan "düş" totemizmi– insanların, totemlerin ve ait oldukları türlerin tinsel tanımına dayanır, zira bunların her biri doğada bir bedende cisimleşen aynı madde ötesi bir prototipin tekil bir ifadesidir.

Avustralya totemizmini yaklaşık bir düzine farklı biçime ayıran Elkin, bu totemizmin kıta çapında, belli bir kurum tipine ya da evlilik kuralına bağlı tek bir düzenleyici araç olabileceği düşüncesini geçersiz kılmıştır. Ayrıca çok sayıda kabilede birçok biçim bulunabilir ve bunlar farklı işlevleri yerine getirebilir. Sözgelimi Güney Avustralya'nın kuzeybatısında bir birey, çeşitli yollarla beş farklı totem sınıfına bağlanabilir: Bir ya da birkaç yarı grup totemi tarafından ele geçirilmiştir ya da bunlara sahiptir; ama ayrıca cinsiyet totemi, anasoylu klan, babadan kalma bir kültürel yer ya da ikinci olarak, annenin kardeşinden geçen ve kendi çocuklarına devredemeyeceği bir kültürel yer totemi de olabilir bunlar. Bununla birlikte bu titiz yapısökümünden, Avustralya totemizminin en azından sistematik bir bütün olarak var olmadığını; daha ziyade, aralarında mantıksal hiçbir bağ bulunmayan toplumsal ve doğal taksinomilerin, birey kavramlarının, ritlerin, mitlerin ve inançların karışımından oluşan antropolojik bir kurgunun söz konusu olduğunu söylemek doğru olabilir mi? Böylesi bir tavır biraz aceleci davranmak ve Elkin envanterinin gösterdiği bazı benzerliklere kıyasla farklılıklara öncelik tanımaktır.

Şu bir gerçek ki Elkin de, Avustralya totemizminin altında yatan dinsel birliğe inanmış olmakla birlikte ilkeleri gösterebilme konusunda çok ileri gidememiştir. Onun en belirgin katkısı, kendisinin saptamış olduğu bütün biçimlerin "insan ve doğal türler arasındaki yaşam özdeşliği [*oneness*]" inancına dayanmasıdır; ve buna totemik bir ad taşımanın, bir grup için sadece ayırdedici bir simgeye sahip olma gerekliliğine bağlı olmadığı düşüncesini ekler, zira ona göre "ad, grup ve totemi arasında bir karakter birliğini temsil eder."[15] İnsanların totemik türlerle aynı "yaşam biçimi"ne sahip olduklarını bıkmadan, usanmadan yineleyen Elkin, bunun dışında bu birliğin tam olarak ne olduğunu tanımlama bağlamında çok fazla şey söylemez. Olsa olsa, envanterinden hareketle insanlar ve totemler de dâhil olmak üzere insan olmayanlar arasında iki büyük melezleşme çeşidinin öne çıktığını anlayabiliriz. Bunlardan biri aynı tözün (et, kan, deri) paylaşılması ve özellikle yarım gruplarla klanların anasoylu totemizmleriyle ve yerel kültlere bağlı olduğunda alt-seksiyonların totemizmiyle ilgilidir; öbürü bir totem yerindeki çocuk-ruhların düzenli biçimde insan olan ve olmayanlara dâhil edilmesiyle ortaya çıkan öz birliğine ya da bireyselleş-

15 *A.g.y.*, s. 129.

me ilkesine dayanır; en belirgin olduğu yer kavramsal totemizm, kült totemizmi ve babasoylu klan totemizmidir. Sadece büyücülere özgü bireysel totemizm iki melezleşme biçimini kesin biçimde bir araya getirir büyük olasılıkla. Sonuç pek tatmin edici değildir, ancak Avustralya totemizminin olası ontolojik birliğiyle ilgili bir araştırmayı sürdürmek için yeterlidir. Çünkü Elkin kendi döneminde Aborjin Avustralyası'nın en önemli uzmanlarından biriydi ve –muhtemelen Durkheim'a karşı– geliştirmiş olduğu bir düşünceyi ihmal edemeyiz: Totemlerin bölümleri ve alt-bölümleri sadece doğanın sınıflandırılmasıyla ilgili bir yöntem değildir, "insan ve doğanın organik bir bütün [*a corporate whole*], canlı ve toplumsal bir bütün oluşturdukları düşüncesinin bir ifadesidir." Bu Anglikan kilisesi papazı, böyle bir itirafı düşünmeden yapmamıştır.[16]

Taksinomilerin Semantiği

Varsayılan bu totemik melezleşmelerin ne olduklarını daha iyi anlayabilmek için, Aborjinlerin bu konudaki düşüncelerine ve dolayısıyla öncelikle semantik işaretlere yönelmek gerekir. Dilbilimci Carl Georg von Brandenstein bir karşılaştırmalı inceleme kitabında bu konuyu ele almış ve bütün Avustralya'da totemik adların ve totemik bölünmelerin yorumlanması sorunuyla ilgilenmiştir.[17], İlk amacı Aborjinlerin bizim "totem" dediğimiz kavramı adlandırdıkları farklı terimlerin anlamlarını incelemektir; bu totem sözcüğünün Kuzey Amerika Büyük Göller Ojibva dilinden alındığını, daha sonra 19. yüzyılın ikinci yarısı antropolojik terminolojide yaygınlaştığını hatırlatmak gerekir. Bununla birlikte Brandenstein, bu genel terimlerin çok büyük ölçüde insan ve hayvan bedeninin öğelerine ya da kimileri Aborjinler tarafından ortak kimlik vektörleri gibi algılanan fizyolojik tözlere gönderme yaptığını açıkça gösterir. En yaygın terimler anatomi vokabüleri içinde yer alır ve "ten" ya da "et", "deri", "baş", "alın" ya da "yüz", "gözler", "beden tarafı", "karaciğer" (karakterin merkezi) ya da "renk" (özellikle deri) sözcükleriyle aktarılabilir; daha sonra hem mizaçları hem bedensel kapasiteleri ve bunlara bağlı nitelikleri belirten çokanlamlı terimler gelir... Sözgelimi Orta Avustralya'nın kuzeyindeki dokuz kabiledeki anasoylu totemlerin adı "iç" ya da "karakter" anlamına gelen *ngurlu* ya da onun olası kandaşı, Carpentarie körfezindeki Yanyulaların totem adları olarak ve "bir yerden gelen" yani koltukaltı teri, davranış, renk, sıvı, koku, güzel koku, deri, zevk, melodi, ses ve kimliksel öz anlamında kullandıkları *ngarlagi*.[18] Buna karşılık ilişki ya da bölünmeyi anlatan terimler çok daha seyrektir; bunlar arasında "klan grubu", "seksiyon", "dost" ve "aynı ad" vardır. Kısacası bölünme, parçalanma ya da yakınlık düşüncesinin ön plana çıktığı bazı istisnalar dışında totem dediğimiz, yani hem kendilik hem de bu kendiliğin simgelediği sınıf olan şey, Aborjin dillerinde genellikle manevi nitelikteki özler halinge görülen çok somut fiziksel niteliklere gönderme yapar.

Bu semantik tercihlerin nedeni Brandenstein'ın daha sonra yaptığı analizlerin ışığında daha açık seçik biçimde ortaya çıkar: Totem kavramını anlatan genel terimlerin analizi değil, şu ya da bu totemin belirtildiği ve esasen farklı sı-

16 *A.g.y.*

17 Brandenstein, C. G. von, 1982.

18 *A.g.y.*, s. 6-7 ve 170-172.

nıf sistemleriyle ilişkili özel terimler analizi. Peter Worsley gibi bir totemin (ve bir doğal türün) bir toplumsal gruba aidiyetinin bütünüyle nedensiz olduğunu[19] söyleyen araştırmacıların tersine Brandenstein'a göre, Avustralya totem sistemini yönlendiren bütünüyle aynı içkin mantıktır ve bu mantığın en eksiksiz ifadesi birincil özelliklerin üç çiftinin sekiz bileşimine dayanır: Her bileşim her alt-seksiyonun totem ya da totemleri ile ona bağlı insan olan ve olmayanları karakterize eder. Yöntemi evrimseldir ve dolayısıyla Kimberley ve Güneybatı'daki totemik türlerin genellikle bir çift kuş ya da yılan olduğu yarı gruplarından oluşan toplumlarda ortaya çıkmıştır. Sözgelimi Kimberley Vunamballarında ve Ngarrinjinlerinde düalist sınıflandırma şemasında iki zıt ilke söz konusudur: Biri *kurangulide* vücuda gelir, turna *Grus rubicunda*; öbürü ise*banar'da,* toykuşu *Eupotodis australis.* Bununla birlikte bu totemlerden her biri bütünüyle zıt ve yarım grup içinde bir araya gelmiş bütün insan olan ve olmayanlardan oluşan kendilikleri nitelendiren yirmi kadar manevi, maddi ve davranışsal nitelik içerir... Bu nitelikler bu kabilelerin bireyleri tarafından açık seçik biçimde tanınır ve Brandenstein belli başlı iki niteliği karşıtlıkla özetler: "Hızlı" ve "yavaş"... Bunlar bir dizi çifte gönderme yaparlar: Sözgelimi "zeki" ve "aptal", "aktif" ve "pasif" ya da "ince" ve "şişman".

Bir sonraki aşamada dört seksiyonlu toplumların totemlerin adları ve karakterleri irdelenir. Burada sistem ikiye katlanmıştır: "Yavaş" ve "hızlı" zıtlıklarına Brandenstein'ın "sıcakkanlı" ve "soğukkanlı" zıtlığı dediği yeni bir çelişki eklenir. Sözgelimi Karieralarda "hızlı" klan grubu *karimarra* denen ("hızlı hareket eden" diye çevrilebilir) ve totemi bir kanguru türü, özelliği de "sıcakkanlılık" olan seksiyondan ve "yayılmış" anlamına gelen, totemi goanna türü (sürüngen), özelliği de "soğukkanlılık" olan *pannaga* seksiyonundan oluşur. "Yavaş" klan grubu ise "esnek", "yumuşak" anlamına gelen ve totemi başka bir kanguru türü, özelliği ise "sıcakkanlılık" olan *pal-tjarri* seksiyonu ve "tıknaz" anlamına gelen, totemi başka bir goanna türü, özelliği ise "sıcakkanlılık" olan *purungu* seksiyonundan oluşur. "Hareketleri canlı olanlar" yani hızlı ve sıcakkanlı *karimarra* kanguruları "yumuşak ve esnek" olanlarla yani yavaş ve sıcakkanlı *pal-tjarri* kangurularıyla evleniyorlardı, buna karşılık "Yayılmışlar" yani hızlı ve sıcakkanlı *pannaga* goannaları "Tıknazlar"la yani yavaş ve soğukkanlı *purungu* goannalarıyla evleniyorlardı. "Sıcakkanlı" ve "soğukkanlı" nitelemeleri seksiyonların bireylerinin ve totemlerinin fiziksel özelliklerini özellikle kanın koyu ya da açık rengini ama aynı zamanda da bu özelliklerle gelen, sözgelimi güç ya da zayıflık, saldırganlık ya da pasiflik, kararlılık ya da gevşeklik gibi zıt durumları gösterirler. Bu zıtlıklar Aborjinler tarafından çok iyi bilinir ve bu bağlamda Queensland Kabileri'nin seksiyonlar arasındaki evlilik kurallarını anlatma tarzları örnek gösterilebilir: "Kan rengi açık olan klan grubunun en açık renk kanlı sınıfı koyu kanlı klan grubunun kan rengi en açık sınıfıyla evleniyordu ve kan rengi açık klan grubunun kan rengi en koyu sınıfı kan rengi koyu klan grubunun kan rengi en koyu sınıfıyla evleniyordu."[20]

19 Worsley, P., 1967.

20 Mathew, J., *Two Representative Tribes of Queensland,* Londra ve Leipzig, 1910, s. 160, Brandenstein, C. G. von tarafından aktarılmıştır, 1982, s. 14.

Brandenstein, otuz kadar alt-seksiyon grubunun totemik adlarının ve her birinin bireylerine atfedilen niteliklerin değerlendirmesinden, sekiz sınıflı bu sistemlerin üçüncü bir nitelik çifti getirdikleri ("yuvarlak" ve "düz" zıtlığı) sonucunu çıkarmıştır. Bu nitelikler çifti, daha öncekiler gibi maddi ve manevi karakteristiklere gönderme yapar: "Büyük" ve "küçük", "ön" ve "yan", "temel" ve "ikincil", "kıvırcık saç", "düz saç", "geniş yüz", "dar yüz", "öfkeli" karakter, "sakin" karakter vb. Dolayısıyla her alt-seksiyonun totemleri ve bireyleri üç özelliğin çok özel bir bileşimiyle tanımlanmıştır: Davranış (hızlı ya da yavaş), karakter tipi (sıcakkanlı ya da soğukkanlı), boyut ya da hacım (yuvarlak ya da düz). Böylelikle bir "yuvarlak-hızlı-sıcakkanlı" bir "yuvarlak-yavaş-sıcakkanlı"yla evlenir, bir "yuvarlak-hızlı-soğukkanlı" bir "yuvarlak-yavaş-sıcakkanlı"yla evlenir, bir "yuvarlak-yavaş-soğukkanlı" bir "düz-hızlı-sıcakkanlı"yla evlenir ve bir "düz-hızlı-soğukkanlı bir "düz-yavaş-soğukkanlı"yla evlenir. Böyle bir sistem ilk bakışta çok zor ve sıkıcı gözükür çünkü bireyleri tıknaz, dalgalı saçlı, geniş yüzlü, kısa boylu kabul edilen bir alt-seksiyona dahil olan kişi, eşini evlilik kurallarıyla tanımlanmış bir alt-seksiyondan seçecektir ve alt-seksiyonun bireyleri uzun yüzlü, düz saçlı, dar yüzlü ve uzun boylu olacaktır... Çocuklar babalarının ve annelerinin bazı özelliklerini alacaklardır, bu özelliklerin bileşimi anneyle babanın özelliklerinden farklıdır ve bu bileşimin, söz konusu çocukların yer alacağı alt-seksiyonun bireylerinin niteliklerine denk düştüğü kabul edilir. Gerçekten de Aborjinler bir bireyin fiziksel karakteristikleri alt-seksiyonunun normuna uymadığında çok fazla rahatsız olmazlar bundan; bununla birlikte sözgelimi Arnhem bölgesi Murinbatalarında çocukların uygun alt-seksiyonda bilinen normdan çok fazla sapma olduğunda yapılarına en uygun alt-seksiyona dâhil edildikleri olur.[21]

Dolayısıyla bir totemik sınıfın insan üyeleri, kendilerine özgü çok önemli ve madde dışı bir özellikler bütününü paylaşırlar. Peki bu ortak bütün, onlar için esas totem işlevi gören doğal türle nasıl birleşir? Bitkiler ve özellikle de hayvanlar –bilinen totem adlarının neredeyse dörtte üçünü oluştururlar– bağlamında totemin temsil ettiği insanların özel davranış, karakter ve görünüş niteliklerini örnek olacak biçimde cisimleştirdiği kabul edilir. Ama dahası da vardır: Brandenstein'e göre birçok durumda "hayvan, kendisinin temel karakteristiği olan niteliğe göre adlandırılır, nitelik hayvana göre adlandırılmaz."[22] Böylece batı Avustralya'da çeşitli değişkeler altında ortak olan, "yumuşak" ve "tatlı" anlamına gelen *padtjarri* seksiyonu aynı zamanda genel olarak bu seksiyonun totemi olan tepeler kangurusunun adıdır. Aynı şekilde Güneybatı Nungarlarında klan gruplarına *maarnetj* denir: "Yakalayıcı" ve "gözetleyici" anlamına gelen *waardar*... Bu iki sözcük aynı zamanda onların totemlerinin adlarıdır: Beyaz *kakatu, Cacatua tenuirostris* ve karga, *Corvus coronoides*. Bir başka deyişle totem sınıflarının adları, özellikleri *aynı zamanda* eponim hayvanı da belirten terimlerdir ve tersi, yani sınıfların tipik özelliklerinin çıkarılacağı zoolojik taksinomilerin adları söz konusu değildir. Bu durumda Avustralya için *Günümüzde totemcilik*'te önerilen totemik sınıflandırmaların yorumunu, yani totemlerin doğadan seçilmesinin nedeninin, türler arasındaki aleni görünüş

21 Brandenstein, C. G. von, 1982, s. 82.
22 *A.g.y.*, s. 54.

ve davranış farklarının insan gruplarının bölünmüşlüğünü kavramsallaştırmak üzere ilgi çekici bir model oluşturması olduğu yönündeki fikri savunmak zordur. Aslında burada en önemli fark, kesin farklılıklarıyla doğal olarak toplumsal farklılıkları düzenlemeye yarayan analojik bir model oluşturmaya elverişli hayvan ve bitki türleri arasında değil, soyut terimlerle belirtilen sınıflar içinde, insan olan ve olmayanların ortak nitelikler yığını arasındadır.

Brandenstein'ın Avustralya totemik özellikleri genel modelini adlandırdığı bu "Aborjin dünyası düzeni"nin bütün kıta ölçeğinde de bütünüyle sistematik ve tutarlı olduğundan kuşku duyulabilir. Bununla birlikte bu model bu haliyle Avustralya'da totemizmin doğası üstüne değerli bilgiler verir. Çok ince semantik doğrulamalar sayesinde Elkin'in dikkat çektiği bu totemik melezleşmenin *modus operandi*'sini belirler: Sınıflı sistemlerde totemik bir grubun kimliği, bütün insan ve insan olmayan bireyler arasında bir tür ontolojik prototip oluşturan maddi ve manevi niteliklerden oluşan bir bütünün paylaşılmasına dayanır; bu prototipin totemik türü de niteliklerin geldiği somut arketip değil, simgesel ifadedir. Bu durum Avustralya konusunda Lévi-Strausscu sınıflandırma kuramının getirdiği iki güçlüğün saptanmasına olanak sağlar.

Birinci güçlüğün nedeni, bazı totem adlarının bitki ya da hayvan adları olmaması, insani unsurlar (çocuk, göğüs, klitoris, ceset, öksürük, sünnet), artefaktlar (mürekkep, bumerang, eşkenar dörtgen, oyma kayık) ya da meteorlar ve doğal olgular (bulut, dolu, şimşek, ırmak, dalga) olmasıdır. Sayıları fazla değildir doğal olarak, zira Brandenstein'ın saptadığı 524 totemlik listedeki adların ancak yüzde onbeşine denk düşerler. Sayıları az da olsa genel bir totemizm yorumunda dikkate alınmaları gerekir; bununla birlikte doğal farklılıklardan toplumsal farklılıklara doğru benzeşik bir aktarım hipotezine olanak vermez bu durum, çünkü hayvan ve bitki türlerinden farklı olarak bu totemlerin referansları, kendiliğinden farklılık sistemleri gibi elle tutulur bir deneyime gelmezler. Buna karşılık bu "tür dışı" totem adlarının sadece metonimik ilişkiler kurdukları az ya da çok bir özellikler sınıfını yansıtan ikonik adlar dışında bir şey olmadıkları kabul edilirse, güçlük ortadan kalkar. Totemler arasında hayvanların önceliğine gelince, Lévi-Strauss'un, hipotezini geliştirmiş olduğu gibi bilişsel yönetim gerekçelerine denk düşer bu, ama bu gerekçeler onun ileri sürmüş olduklarından farklıdır: Hayvanların yansıttıkları davranış ve görünüş çelişkileri daha çarpıcı olduklarından ve daha kolay gözlemlenebildiğinden, referans kaynağı olmayan nitelik gruplarının gerçeğe uygun biçimde cisimleştirilmesi amacıyla bunları öteki kendiliklere tercih etmek gerekli olmasa da akla yatkındır.

Totemizmin entelektüalist yorumu, belli başlı totemler altında toplanan totemlerin ve ikincil türlerin hiyerarşik yığılmalarının açıklanmasını da zorlaştırır. Bu özellikle yarı gruplar sisteminde önemlidir. Nungar klan gruplarını yönlendiren beyaz kakatu ve karga örneğine dönersek bu kuşların, etolojileri ve morfolojileri dolayısıyla yerli düşüncesinin toplumun düalist bölünmesini simgelemek üzere sahiplendiği önemli bir zıtlık oluşturduklarını kabul etmek – adlarının anlamı bilinmezse– mümkündür.[23] Ama hayvan türleri arasında herhangi bir kar-

23 Brandenstein, C. G. von, 1977.

şıtlığın da –gündüz ve gece, gökyüzü ve yeryüzü ya da doğu ve batı– açıklayabileceği temel düalist bir şema aramak gerçekten gerekli miydi? Özellikle Nungarların bir dizi ikinci dereceden karşıtlık aracılığıyla (kartal ve karga, beyaz kakatu ve siyah kakatu, pelikan ve balıkçıl kuşu ve deniz kartalı, kaplan yılanı ve karayılan, sivrisinek ve sinek, balina ve fok, erkek kanguru ve dişi kanguru, erkek dingo ve dişi dingo) yaptığı gibi, bu çelişkiyi artırmak niçin gerekli olsun? Çok katı bir taksinomik anlayışla bakıldığında burada beyaz kakatu ve karga arasındaki temel çelişkiyi bozan ve *özgün* dikotomik işlevini belirsizleştiren yararsız bir tumturak söz konusudur. İkincil türlerin her birinin –ya da aynı tür söz konusu olduğunda iki cinsiyetten birinin– esas totemin en iyi örneğini oluşturduğu yarı grubun bazı özelliklerini sınırlı olarak açıklar. Çünkü yarın grupların insan bireyleri söz konusu olduğunda, bu nitelikler Nungarlar tarafından çok net biçimde tanımlanmıştır. "Yakalayıcı" klan grubunun bireylerinin ten rengi açık çikolatadır, kimileri iri yarı, güçlü kuvvetli, kimileri ufak tefek, çelimsiz ve sıskadır ama hepsinin yüzleri, uzuvları yuvarlak, saçları dalgalıdır, karakterleri tepkiseldir... Ateşlidirler ama bir yandan da açık ve neşelidirler. "Gözetleyici" klan grubunun bireylerinin tenleri ise daha koyu renk ve daha donuktur, kıllı ve tıknazdırlar, elleri ve ayakları küçüktür, sinirli, somurtkan, kinci ve sinsidirler. Bu özellikler beyaz kakatu ve karganın gözlemlenmesinin bir sonucu değildir; insan varlıklarına mal edilen maddi ve manevi karakeristikler düzeyinde simgesel iki türde bulundukları ve içerdikleri ikincil türlerden daha iyi temsil ettikleri söylenen özelliklerden daha soyut çelişkili özellikler repertuvarını ifade ederler. Etnobiyografik sınıflandırmalar üstüne çağdaş incelemelerin dilini dolaylı biçimde kullanırsak bizim bu iki kuşumuzun birer prototip, yani sınıflarının "en iyi örnekleri" olduklarını söylemek gerekir ve bunun nedeni –sözgelimi Brent Berlin'in iddia ettiği gibi– özellikle morfolojik değildir; aynı zamanda âdetlerinin, habitatlarının ya da beslenme alışkanlıklarının getirdiği özelliklere de bağlıdır bu.

Böylelikle Brandenstein'ın dilsel analizinin getirdiği melezleşme tipleri Elkin'in sezgilerini doğrular ve Avustralya'da fizikselliklerin ve içselliklerin türlerarası sürekliliğine dayalı bir tanıma biçiminin bulunduğunu gösterir. Farklı insan varlıklarının ve insan olmayan varlıkların maddi ve davranışsal özellikleri paylaştıkları ve eylemlerinin aynı karakter yapılarıyla oluştukları düşünüldüğünde, fizikselliğin bir yığın unsurunun benzerliği açıktır. Çünkü unutmayalım ki mizaç ya da karakter, eğer bedensel tözler ya da özel anatomik yapılarla tavır ve davranışlar üstünde etkili oluyorlarsa, kesinlikle benim tanımladığım biçimiyle fizikselliğe bağlıdırlar. Totemik topluluğu öncelikle tanımlayan da bu ortak nitelikler bütünüdür: Sınıf ve bu bağlamda organik birliği açıklayan simgesel türü –"eponim" türü değil– tanımlayan bir nitelik adı olan bütün.

İçselliklerin sürekliliğine gelince, sınıfların, çocuk-ruhların totemik grupların insan ve insan olmayan bireyleriyle bütünleşikleri yere, Düş yerlerine bağlı oldukları hallerde bu olgu çok kesindir. Bu bağlamda babasoylu yarım gruplar totemizmi (Orta Avustralya, Kimberley'in kuzeyi ve Arnhem'in doğusu) ve kült merkezleriyle ilgili olduklarında alt-seksiyonlar totemizmi (Doğu Kimberley ve Mangarrayi ve Yangman kabileleri) örnek gösterilebilir. Burada ruh totemik özlerden çıkmış kimlik ve bireyselleşme üreten bir ilke gibi anlaşılmalıdır... Bu ruh her bireye, bir Düş varlığının eskiden oluşturduğu sonsuz ontolojik paradigmaya bir tür uyum sağlama güvencesi verir. Bununla birlikte totemik grup üyelerinin ideal bir tipe uyum düşüncesi sınıf totemleri ve çocuk-ruh yerleri arasında somut bağlantılar bulunmadığında bile örtük bir biçimde görülür. Bu özellikle benzerlik, yakınlık, sempati, aynı kökten gelme metaforlarında görülür ve bir totem grubunun insan ve insan olmayan varlıklarını genel bir ad altında toplama geleneği içinde genel bir karaktere bürünür. Aslında burada paylaşılan içselliğin vektörünü ve işaretini oluşturan maddi, manevi özellikleriyle sınıfın kendisidir; gerçekten de totemik aidiyet insan varlığı ve insansı olmayan varlık sınıfının her bireyinin tür kimliğini tanımlayan aynı özel karakterlere sahip olduğu olgusunu gösterir. Dolayısıyla tümünü tanımlayan töz kısmen ortak töz işlevi görür ve vokabüler kimi zaman açık seçik biçimde gösterir bunu: Unutmayalım ki Yanyulaların totemleri adlandırdıkları angarlgi sözcüğünün maddi ve manevi yan anlamları, ama aynı zamanda da "kimliksel bir özü" vardır.[24]

Bu düşünceler ışığında, kimi zaman öne sürülen, sadece baba tarafında yer alan totemlerden gelen, tinsel bir kimliğin paylaşılmasına dayalı babasoylu totemizmi ve sadece anneden gelen kesin bir kimliğin paylaşılmasına dayalı anasoylu totemizmi arasındaki kesin karşıtlık hipotezini ihtiyatla ele almak gerekir. Bazı sınıf totemizmleri birleşirler, daha önce gördüğümüz gibi, iki tip niteliğin aktarımı, totemik melezleşme farklı biçimlerde de olsa büyük olasılıkla her yerde, eş zamanlı olarak içsellik ve fiziksellik düzleminde gelişir. Aborjin toplumların tümü konusunda kanıt getiremediğimden – Avrupa bu kıtayı fethettiğinde burada yaklaşık beş yüz dilin bulunduğu unutulmamalıdır– konuya kısaca değinmekle yetineceğim: Alt-seksiyonlu sistemlerin iki zıt etnografik olgusu... Biri yarı klan grubunun babasoylu totemizmi, öbürü "kavramsal" tipte totemizm.

Melez Değişkeleri

Francésca Merlan'ın incelediği Güney Arnhem bölgesi Mangarrayileri ve Yangmanları totemizminin belirgin özelliği, evlilik ilişkisini yönlendiren sekiz alt-seksiyona dahil olmamak, her biri içinde ilgili iki alt-seksiyonun adlarını bir araya getiren bir terimle tanımlanan iki altseksiyon barındıran dört yarı klan grubu içinde yer almaktır.[25] Dolayısıyla bu yarı klan gruplarının evlilikle hiçbir ilgisi yoktur ve babasoyu zinciriyle bağlanan iki kuşak bireylerini bir araya getiren daha kapsayıcı grupları ortaya çıkaran bir totemik bölünme biçimi oluştururlar. Genel olarak *marragwa* adıyla bilinen her yarı klan grubuna özgü çok sayıda totem bitki, hayvan, doğal olgu, mitsel figür, soyut kendilik barındırır içinde ve totemlerinin adı sorulan kaynaklar her zaman öncelikle birkaç bitki ve hayvanın adını verseler de, klan gruplarının bulunduğu toplumlardaki gibi içlerinde alt-totemleri barındıran önemli totemlerin egemen olduğu hiyerarşik bir sistemden söz edilemez burada. Totemlerin dört parçalı ağı taksinomik bir dallanmayla düzenlenmiş olmasa da, kozmos unsurlarını kapsayan bir sınıflandırma gibi düşü-

24 Kirton, J. F. ve Tikothy, N., 1977.

25 Merlan, F., 1980.

nülebilir: Sözgelimi tüm kedi balıkları yarı klan grubuna dâhildir ama yılanlar, balıklar ya da kertenkeleler gibi hepsi tipik olan başka yaşam biçimleri için aynı şeyi söylemek mümkün değildir ve bunların farklı türleri tüm klan grupları arasına dağılmıştır. Kısaca söylemek gerekirse Lévi-Strauss'un toplumsal farklılıkları doğal farklılıklar aracılığıyla kavramsallaştırma ilkesi burada geçersizdir ve dolayısıyla totem gruplaşmalarının nedenlerini anlamak için mitsel ontogeneze yönelmek gerekir.

Mangarrayilerde ve Yangmanlarda, Düş varlıkları *warrwiyan* genel adı altında toplanmış, yarı klan grupları arasında dağılmış insanlardan ve hayvanlardan oluşmuş melezlerdir. Bunların her biri yarı klan grubundan bireyleri kendi çevresine getirmiştir ve bu bireyler orada gene *warrwiyan* adı altında ağaçlar, kayalıklar ya da başka doğa unsurları olarak bulunurlar... bu bireylerin ayrıca yarı klan grubunun insan bireyleri onomastik mirasını oluşturan adları vardır. Bunların gelişmeleri mitlerde anlatılsa da *warrwiyan*lar üretici etkinliklerini miyadını doldurmuş bir geçmişle sınırlamazlar; sözgelimi Merlan'ın bir rehberi ruh-çocuğunun bir yerden başka bir yere bir tür goanna olan *wirrilmayin* ve yarı klan grubundan bir *warrwiyan* aracılığıyla nasıl götürüldüğünü anlatmıştır. Peki *Warrwiyan* Düş varlıkları *marragwa* yarı klan grupları totemleriyle ne tür ilişkiler içindedir? Düş varlıkları her zaman canlı, yaratıcı bir potansiyelin özel sonuçları gibi düşünülebilirler, oysa totemler insan varlıkları ve Düş varlıklarının oluşturduğu kozmosun kendilikleri arasında doğrudan ve sürekli bir ilişkinin ifadesidirler. Bununla birlikte Merlan'ın dediği gibi insanlar, totemler ve öteki tüm varlıklar "Düş varlıkları tarafından toplumsal –ve– doğal düzen içine yerleştirdiklerinden aralarında sürekli bir ilişki vardır... Daha önce var olan ve Düş varlıklarının aralarında farklılaşmış olduklarını belirten bir kategorizasyon sistemiyle (yarı klan grupları) düzenlenmiş *ortak köken ve töz.*"[26] Dolayısıyla mit öyküleri farksız bir ilk durumla ilgili değildir, Düş varlıkları aracılığıyla tekil kendiliklerde gerçekleşen özlere bölünmüş bir dünyayla ilişkilidirler.

Bununla Amazon animik mitolojileri arasındaki karşıtlık derindir. Her iki durumda da maceraları anlatılan varlıklar bütünüyle kültürel ve toplumsal bir düzende yaşayan insan ve insan olmayan varlık karışımlarıdır; ama Amerika yerli mitlerinde ilksel bir süreklilikten hareketle türler arasındaki farklılaşımların –ortak bir içselliği korumakla birlikte insanlardan ayrılan bitkiler ve hayvanlar– öne çıktığı düzensiz, tutarsız mitler anlatılırken, Avustralya mitolojisi daha önce oluşmuş melez sınıflar arasında geçen bir partenogenez sürecini anlatır... Bu sürecin sonunda bu sınıflardan her birinde daha çok sayıda tür oluşur ve her şeye rağmen ortaya çıktıkları yerde bir alt bölünmeye özgü ontolojik tipte tözsel ve maddi özelliklere uygun çeşitli insanlar bulunur bu türler içinde.

Şimdi Orta Avustralya Aranda kabilelerine dönelim gene. Daha önce gördüğümüz gibi bunların totem grupları, orada yaratılmış oldukları için bir Düş varlığının yerine bağlı bireylerin tamamı tarafından oluşturulmuştur ve buna göre Aranda totemizmi, Mangarrayi ve Yangmanlardakine nazaran evlilik kategorilerinden daha bağımsızdır, zira bir alt-seksiyonun bireyleri çok sayıda farklı toteme karşı ai-

26 *A.g.y.*, s. 88-89, vurgulama yazarın.

diyet hissedebilirler. Bu aidiyetler rastlantısaldır ve annelerin sürekli dolaşmalarıyla, bir Düş varlığının ruhlarının toplanmış olduğu bir yerde kalmasıyla ilişkilidir... Bu ruhlardan biri kadına girer ve onun içinde doğacak olan bir çocuğun yaşamsal ve kategoriyel kaynağı olur. Yerleşme durumu oldukça kalıcı olduğundan aynı yerde bulunan bireyler genellikle aynı totem grubunun bulunduğu yere giderler ve burada çeşitli dönemlerde törenler düzenlenir, öyle ki anneleri düzenli biçimde oraya gittiğinden büyük olasılıkla aynı alt-seksiyonun çocuklarının totemleri de aynı olacaktır. Ama bu kesinlikle sistematik değildir, zira farklı totem yerlerinin ziyaret edildiği uzun yolculuklar söz konusudur, ayrıca aynı yerde yaşayan bir grup farklı totemlere bağlı bireylerden oluşabilir.

Bu özdeşleşme nasıl kavranır? Spencer ve Gillen'e göre bir Düş "varlığı"nın bir insan varlığındaki "reenkarnasyonu" onunla totem türü arasında bir özdeşlik oluşturur: "Her insan totemini [...] kendisiyle aynı şey gibi görür."[27] Dolayısıyla ilk bakışta yaratıcı bir ilkeyle, bir totemik kendilikler kategorisiyle ve bu katagoriyi simgeleyen bir hayvan veya bitkiyle özdeşlik söz konusudur. Bu konuyla ilgili bir anekdot vardır: Kendi fotoğrafına bakan kanguru toteminden bir erkek gördüğü resimle ilgili olarak şöyle der: "Aynı bana benziyor; tıpkı bir kanguru."[28] Bununla birlikte bu özdeşlik Spencer ve Gillen'e bir sorun çıkarır, zira onlar bir yandan da Frazer'in totemcilik düşüncesini benimsemişlerdi ve bu düşünceye göre insan varlıkları ve geldikleri totem türleri arasında özel bir koruma ve saygı ilişkisi vardır. Oysa Arandalarda karşılıklı saygı ve koruma ilişkisi yoktur, zira onlarda azar azar, ölçülü bir şekilde yemeleri tavsiye edilmiş olsa da totemini öldürmek yasak değildir. Ayrıca mitlerle ilgili hikâyeler ve masallarda eskiden özellikle totemiyle beslenme âdetinin olduğu anlatılır. Dolayısıyla totemik hayvan ya da bitki, zarar vermekten kaçınılması gereken bir akraba gibi ele alınmaz. Ayrıca totem gruplarının uymak zorunda oldukları törensel zorunluluklar vardır, mesela *intichiuma* denen ritler sırasında, öteki totem gruplarının yemek için kendilerine ayırabilmeleri amacıyla, kendi totem türlerinde yer alan varlıkların sayısını artırırlar. Peki, bir insanla insan olmayan arasında bir yandan derin bir özdeşlik ilişkisi kurulurken, diğer yandan da birincisinin ikincisinin yok olmasının aktörü ya da suç ortağı olması nasıl kabul edilebilir?

Spencer ve Gillen'in Arandalarla ilgili çalışmalarında bu sorunun cevabı biraz bulanıktır. Öncelikle şunu belirtelim ki, Düş varlıklarının bir yerlere bıraktıkları çocuk-ruhlar kuramsal anlamda farklıdırlar: Kimileri insanlarda, kimileri Düş varlığının dönüşüm geçirdiği bir anda belli bir hayvan ya da bitki türünde ortaya çıkarlar. Dolayısıyla düş varlıkları insanlara dönüşen bitkiler ya da hayvanlar veya bitkilere ya da hayvanlara dönüşen insanlar değildir, ilksel ve özgün melezler, maddi ve manevi özelliklerin somut özleridir ve bu özellikleri, biçimleri açısından özelleşmiş ama her biri geldiği prototipin meşru temsilcisi kabul edilen kendiliklere aktarabilirler. Benim totem türümün herhangi bir örneği benim için kişiden kişiye ilişkiler kurabileceğim –animik ontolojide olduğu gibi– bir bireysellik değildir; onunla paylaştığım bazı maddi ve temel niteliklerin canlı ve konjonktürel bir ifadesidir... Onu yemek

27 Spencer, W. B. ve Gillen, F. J., 1899, s. 202.
28 *A.g.y.*

amacıyla öldürdüğümde etkilenmeyecek niteliklerdir bunlar, çünkü ikimizin de geldiği kalıcı bir yapı vardır temellerinde. Burada insan olan ve olmayanlar, birbirlerini karşılıklı olarak toplumsal ilişkiye girmiş özneler gibi değerlendirmezler; tekil varoluşlarını aşan nitelik kategorilerinin tekilleşmiş maddileşmelerinden başka bir şey değildirler.

Marika Moisseeff çeşitli Aranda unsurlarının deneysel incelemesinde doğrulamıştır bunu. Düş varlıklarının "yapısal melezleşmesi"nin altını çizerken bunun aslında –en azından ontogenez mitlerine inanıldığında– her varlığa özgü bir şey olduğunu söylüyor.[29] Gerçekten de düş varlıklarının gezilerini anlatan öykülerden farklı olan köken mitleri, dünyanın, yüzlercesi karışmış çeşitli bitkilerin ve hayvanların insanlara tamamlanmamış dönüşümüyle üretilen yarı çekirdek halinde kitleler dışında yaşamdan yoksun olduğu bir dönemden daha eski bir dönemi anlatırlar. *İnapatua* ("tamamlanmamış varlıklar") denen bu konglomeralar hareket edemezler, göremezler, soluk alamazlardı. O zaman *numbakulla* ("kökeni olmayan") denen ve Düş varlıklarından bütünüyle farklı, kökenleri gök kubbe, güneş, yıldızlar, akarsular olan başka varlıklar ortaya çıktı. Bunlardan ikisi taş bıçaklarla *inapatualar*'ı kesmeye başladılar, bunlardan insan taslakları oluşturdular ve onları biçimlendirdiler. Moisseeff'in dediği gibi "her insan ortak özden ayrıldıktan sonra daha önce ayrılmış olduğu insansı olmayan, bitkisel ya da hayvansı unsurla birleşir. Bu unsur [...] totemi olacaktır onun."[30] İnsanlar, karmaşık bir maddeden hareketle üretilmiş olduklarından, ayrıldıkları hayvanla totemik birliklerinin de hatırlattığı gibi, morfolojik tekillikleri kaçınılmaz bir töz melezliği içerir; bu nedenle belirli insan olmayanlarla özdeşleşmeleri kendisini iki alanda gösterir: Geldikleri ortak madde ve kendileriyle birleşen, melez düş varlıklarının özü.

29 Moisseeff, M., 1955, s. 30
30 *A.g.y.*, s. 43-44.

Algonkin Totemlerine Dönüş

Örneklerle anlattığım ontolojik totemizm formülü, her yerde aynı derecede açık seçik olmasa da Avustralya'da örnek bir karaktere sahiptir. Gerçekten de başka hiçbir yerde, insan grupları ve insan olmayan gruplar arasında maddi ve manevi bir bütünlük olduğu düşüncesini bu kadar sistematik, açık ve homojen bir biçimde geliştirmiş bu kadar geniş bir nüfus yoktur. Oysa öteki kıtalarda –hatta bir ölçüde Avrupa'da–geleneksel anlamda totemik denebilecek kurumlara rastlanır, zira buralarda açık seçik biçimde belirlenmiş toplumsal unsurları adlandırmak için tür adlarından ya da doğal olgulardan yararlanılır. Bu vakaların çoğuna, Lévi-Strauss'un diferansiyel aralıkların benzeşimi yorumu meşru biçimde uygulanabilir ve bu bağlamda doğa ve kültür arasında kesin bir ayrım getirmeye da gerek yoktur: Türler arasındaki süreksizlikler kolayca gözlenebilir bir fenomendir ve dolayısıyla çok farklı insan gruplarının belirlenmesini sağlayan bir etiketler hazinesini kolaylıkla sağlayabilen, her zaman yararlanılabilecek bir kaynaktır. Avustralya'yla karşıtlık oluşturan bu sınıflandırmacı düzeneğin çoğu zaman bütünüyle açıklayıcı bir yanı vardır ve insanlarla eponim türleri arasında maddi ya da manevi benzerlikler olduğunu hiçbir biçimde iddia etmez. Dolayısıyla Avustralya'nın modelini oluşturduğu özel ontolojiyi karakterize etmek amacıyla "totemizm" sözcüğünü kullanmam karışıklığa yol açabilir, zira Lévi-Strauss'un *Günümüzde Totemcilik*'teki analizlerinden bu yana genel kabul gören düşünceye yeni bir anlam ekler. Bu zorluğa bir çare bulmak ve Avustralya totemciliğinin özelliklerini daha iyi belirtmek için bu kıta uzmanları birkaç yıldan beri "totem" sözcüğünün yerine "Düş" sözcüğünü kullanıyorlar ki bunun kaçınılmaz sonucu kavramın içeriğini daraltmak ve ne kadar geniş olursa olsun özel bir etnografik alanla sınırlamaktır.

Bu semantik makyajlar doğru gelmiyor bana, çünkü Avustralya'ya özgü totemcilik, tutarlılık ve gelişmişliğiyle çok önemli olmakla birlikte hiçbir biçimde tek değildir. Onu daha çok kesin gerçekliklerin ya da kalıntıların dışında bulunabilecek daha genel ontolojik bir şemanın özellikle arıtılmış biçimli bir ifadesi gibi görmek gerekir. Bu bağlamda Lévi-Strauss'un totem sistemleri ve kast sistemleri arasındaki melez oluşumlar gibi gördüğü ABD'nin güneydoğusundaki totemik klanlı bazı toplumlar örnek gösterilebilir, zira burada iç alt bölünmeler eponim türlerinkinden geldiği kabul edilen fiziksel, manevi ve işlevsel özelliklerin diferansiyel bir repertuvarı aracılığıyla belirginleştirilmiştir kesinlikle.[31] Sözgelimi Çikasavlar her egzogam klana hatta her köye davranış, beslenme alışkanlıkları, kılık kıyafet, mizaç, geçim şartları, fiziksel yeteneklerde belirginleşen özellikler atfediyorlardı: Pumaların sudan tiksindikleri, dağlarda yaşadıkları ve özellikle av hayvanlarıyla beslendikleri söylenir; yabani kedilerin gündüz uyudukları ve keskin gözleriyle geceleri avlandıkları söylenir; kırmızı tilkilerin ormanlarda çeşitli bitkilerle beslendikleri ve özgürlüklerine tutkun oldukları söylenir; küçük sıçanların balık ve yabani meyveyle beslendiği söylenir vb.[32] Hiç kuşkusuz, Avustralya'daki gibi eponim türü sadece ötekilerden daha çapıcı olan ideal bir prototipin özelliklerini taşıyan bir totem kategorisinin, bütün insan olan ve olmayanları tanımlanması söz konusu değildir burada. Daha klasik bir biçimde, hayvanlar ve alışkanlıkları klan adlarını aldıkları türden geldikleri söylenen insanlar için somut paradigmalar oluşturur. Bununla birlikte totemik tanıma biçiminin genel hareketi korunmuştur, zira her insan grubu onu ontolojik bir sınıf olarak ötekilerden ayıran maddi ve manevi nitelikleri bir insan olmayan grubuyla paylaşır.

Şunu da unutmayalım ki tanıma biçimleri bazı tarihsel durumlarda öne çıkan deneyimi şematize etmenin yollarıdır, ancak kurum ve inançların ampirik sentezleri değildir. Pratiği ve doğa algısını yapılandıran bu üretici yapılardan her biri belli bir dönemde ve belli bir yerde egemendir hiç kuşkusuz, ama tek başlarına değil; gerçekten de animizm, totemizm, analojizm ya da doğalcılık öteki biçimlerin taslak halindeki gizli varlıklarıyla uyuşabilirler, zira bunların her biri, unsurları evrensel olarak var olan temel bir bileşimin olası gerçekliğidir. Dolayısıyla her biri özel bir biçimde, başat bir şema figürüne ayrıntılar ve değişiklikler getirebilir ve böylelikle genellikle kültürel farklılıklar denen birtakım özel değişiklikleri ortaya çıkarır.

Ve benim Avustralya malzemelerinden hareketle tanımladığım şekliyle totemizm bağlamında da olup biten budur. Bu konuda sadece bizi totemizmin vatanına, yani Kuzey Ame-

31 Lévi-Strauss, Cl., 1962, s. 156-159.

32 Swanton, J. R., 1928.

rika'nın kuzey bölgesine götürecek olan bir örnek vereceğim. Gerçekten de *totam* ve *totamism* sözcükleri ilk kez 18. yüzyılın sonunda, Büyük Göller'in kuzeyinde Ojibva yerlileri arasında kürk ticareti yapan John Long'un anılarında görülmüştür.[33] Bununla birlikte birçok yazar ve araştırmacının belirttiği gibi bu etimoloji karışık gözükmüştür, zira Long *totam* sözcüğünü Ojibva kabilesinden bir arkadaşının bu sözcüğü bir ayıyla ilgili olarak sarf ettiği bir anekdot bağlamında kullanmıştır ve çok büyük olasılıkla bu sözcük, onun mensup olduğu klanın eponim hayvanını değil, kendisini koruyan varlığı belirtiyordu. Burada şunu belirtmek gerekir ki Ojibva erkeklerinde de Kuzey Algonkinlerin çoğunda görülen bir alışkanlık vardı: İyi ve koruyucu varlıklarla bireysel ilişki kurmak; Hallowell'in *pawagának* adını verdiği bu varlıkları özellikle düşlerinde görürler bu insanlar, ama uyanıkken de hayvan biçiminde gördükleri olur.[34] Öte yandan, Ojibvalar Algonkin dili konuşan ve daha kuzeyde yaşayan öteki kabilelerden farklı olarak, hayvan adları (ayı, turna, dalgıçkuşu, Kanada geyiği vb.) altında babasoylu klanlar olarak örgütlenmişlerdi ve bu toplumsal altbölümlere aidiyet kökten hareketle oluşturulmuş iyelik ifade eden biçimlerle yansıtılıyordu. Yakınlık ve birlikte yaşama ilişkisini ifade eden – *dodem* kökünden hareketle yapılıyordu bu: Sözgelimi, *ododeman,* "ana baba bir kardeşim (her iki cinsiyetten) ", ya da *makwa nindodem,* "benim klanım ayıdır." Dolayısıyla Long'un aslında *pawagának* tipi bireysel ve hayvansal bir tin olan şeye *totem* – kolektif toplumsal aidiyetler anlamında kullanılan sözcük– demekle hata yaptığı kabul edilmiştir. Antropologlar bu karışıklığı ortadan kaldırmak için daha sonra, 19. yüzyılın ikinci yarısından başlayarak gerçek anlamda totemizm, yani toplumsal gruplar arasında çeşitli birleşmiş tipleri ve eponim türleriyle "bireysel" denen totemizm, yani bir bireyin hayvansal ya da bitkisel biçimli bağımsız bir birimle ilişkisi arasında ayrım yapma alışkanlığı kazanmışlardır ve bu iki biçim kimi zaman Ojibvalarda gördüğümüz gibi birlikte var olabilirler.

Raymond Fogelson ve Robert Brightman, Long'un sırtına yüklenen karışıklık sorunuyla ilgilenmeye başlayıncaya kadar mesele olduğu gibi kaldı.[35] Öncelikle şunu belirtelim ki Long Ojibvaları çok iyi tanıyan biriydi, birçok kış mevsimini onlarla birlikte geçirmişti ve Ojibva dilinin özellikle kürkçülükte kullanılan basitleştirilmiş bir biçimini akıcı bir biçimde konuşabiliyordu. Öte yandan Long kolektif totemizmi de çok iyi biliyordu; sözgelimi kitabının başında şunun üstünde durur: Irokuvaların beş "toplumu"nun her biri üç kabile ya da aileye bölünmüştür ve bunların adları Kaplumbağa, Ayı ve Kurt'tur; dolayısıyla çok iyi tanıdığı Ojibvalarda da hayvanlardan esinlenilerek adlandırılan klanların bulunduğunu anlayamamış olması pek normal gözükmüyor.[36] Kısaca söylemek gerekirse bu sözde hatayı yapan sadece Long değildir. Long'dan yarım yüzyıl sonra etnografik betimlemeleriyle ünlü bir Cizvit misyoneri olan De Smet, Ojibvaların güneydeki komşusu Algonkin dili konuşan Potawatomi kabilesinde totem sözcüğünün benzerinin ("dodeme") kullanıldığından söz eder: Sözcük

33 Long, J., 1904 (1791).
34 Hallowell, A. I., 1981 (1960), s. 369.
35 Fogelson, R. D. ve Brightman, R. A., 2002.
36 Long, J., 1904 (1791), s. 10.

bir genç adamın düşünde gördüğü bir hayvana gönderme yapar... Bu koruyucu ruhla çok yakın bir birlik söz konusudur, zira hayvanın adı özel bir ad gibi kabul edilmiştir ve metonimi yoluyla hayvanı anımsatan ayırdedici bir simge –bir hayvan ayağı, bir tür ya da bir kuyruk– taşınır sürekli.[37]

Yaygın kullanımdan farklı olduğu kabul edilen durumlarda ve hiçbir biçimde göz ardı edilemeyecek gözlemcilerin kaleminde "totem" sözcüğünün bu iki bağımsız biçimde ortaya çıkışı, Algonkin dillerinde sözcüğün anlamının daha ayrıntılı biçimde araştırılmasını gerekli kılıyor. Proto-Algonkin dilinde /*o.te./ fiil köküdür ve "bir kolektif olarak birlikte yaşamak" şeklinde çevrilebilir; genellikle iyelik ifade eden sözcükler de buradan gelmiş olabilir: Sözgelimi /*oto.t.e.ma/, "biriyle birlikte oturan." Kuzey Algonkin dillerinde ve çeşitli Ojibva lehçelerinde bu kökten gelen otuz kadar kullanım tespit eden Fogelson ve Brightman, bu kökün yer aldığı terimlerin ve anlatımların her zaman genellikle belirli ve belirgin özelliği çoğu zaman bir yakınlık olan toplumsal bir ilişkiye gönderme yaptıkları sonucuna varırlar. Sözgelimi Ojibva dilinde /-do.de.m/ aynı zamanda babasoylu klanı ve eponim hayvanını ifade eder, /odo.de.man/ ise bir bireyle her iki cinsiyetten kardeş anlamında kullanıldığı gibi, Ben'in bütün akraba bireyleri anlamında da kullanılabilir; Woods Cree'lerde /nito.ti.m/ "yakınım" ya da "dostum" demektir; Penobscotlar'da /-tottem/ "dost" olarak çevrilebilir, aynı şekilde /-tuttem/ entrika, oyun, dolap olarak; ve Fox'larda William Jones/oto.te.m.a/nın "ağabey ", "klanın eponim hayvanı" ve "doğaüstü güç veren" anlamına geldiğini söylüyor.[38] Bu son örnekte, görüldüğü gibi, sözcük bir yakınlık, akrabalık ilişkisini, bir totemik aidiyeti ve bireysel bir hayvansal tini belirtmek amacıyla kullanılmıştır. Burada şaşıracak bir şey yoktur, çünkü öteki Algonkin dillerinde gözlemlenen bütün değişkeler kişisel bir ilişkiyi yansıtırlar: Akrabalık, birlikte yaşama ya da dostluk.

Şimdi tekrar Long'a dönelim. Uzun bir yorumla anlattığı *totam* sözcüğünün kökeni Amerika yerlisi bir arkadaşının itiraflarından gelir ve kendisi bütünüyle Ojibva dilinde anlatmıştır bunu: Bu adam koruyucu varlığı *nin, O totam* adını verdiği bir ayıdır; ayı bir hemcinsini öldürdüğü için kendisine çok kızgındır ve bir daha hiç avlanamayacağından korkar. *Nin, O totam* sözcüğü hiç kuşkusuz /nindo. de.m/'nin ("yakınım", "dostum") yaklaşık çevirisidir ve burada genel olarak aynı yerlerde dolaşan insanlar arasında yakınlık ve samimiyet ilişkisi anlamında kullanılmıştır; bir insan ve bireysel koruyucu hayvanı arasındaki ilişkilerin değerini oldukça iyi yansıtır. Bir başka deyişle, Long kesinlikle *totam* terimini sözcüğe dönüştürerek bağlamından arındırma günahını işlemiştir, ama bu çokanlamlı terimin kullanımını görünüşte şaşırtıcı bir bağlama indirgerken yanılmamıştır. Tersine, De Smet'in anlattığı Ojibvalar ya da Potavatomiler bireysel totemizm ve daha sonraki antropologların sosyolojik totemizm dediği kavramı birbirinden ayıracak kadar titiz olmadıklarını düşünmek gerekir. Fox örneğinde gördüğümüz gibi klanik bir yakına, klanın eponim hayvanına ve bireysel hayvansal tinine gönderme yapmak

37 Fogelson, R. D. ve Brightman, R. A. tarafından aktarılmıştır, s. 5.

38 Jones, W., "Algonquian (Fox)", *Handbook of American Indian Languages* içinde, s. 7.

amacıyla aynı sözcüğü dönüşümlü olarak ve pragmatik sözceleme durumlarına göre kullanmak yadırgatıcı değildir.

Bu tür bir çokanlamlılık, totemik kompleksin ve koruyucu varlıklar kompleksinin iddia edildiği kadar ayrı olmadıklarının bir işareti gibi görülebilir mi? İlk bakışta hayvanla ilişkinin iki alanı çok farklıdır. Birçok vesileyle gösterme fırsatı bulduğum gibi, Ojibvalar ve daha genel olarak da Kuzey Algonkinleri insan gibi değerlendirilen insan olmayanlara kendilerininki gibi bir içsellik atfetmeleri dolayısıyla kesinlikle animik bir tanıma biçimine bağlıdırlar. Totemik gruplara gelince, onlarda Avustralya'da ya da ABD'nin güneydoğusundaki bazı kabilelerde görülen insanlar ve eponim türler arasındaki maddi ve manevi süreklilik yoktur; bunlar daha çok Lévi-Strauss'un açıkladığı mekanizmaya uyar gibidirler, yani iki farklılık dizisi arasında metaforik ve iç düzlemde zorunlu olmayan bir ilişki söz konusudur; ayrıca en kuzeydeki Ojibva gruplarında totemik klanlar olmadığından bu tür bir bölünme kesinlikle genel değildir.

Bununla birlikte her iki sistem farklı mantıkları (biri kesinlikle ontolojik, öbürü sınıflandırmacı tipte) karşılasa da, bu mantıkların bütünüyle heterojen oldukları söylenemez. Çünkü koruyucu varlık tekilleşmiş bir hayvan görünümünde olsa da, aynı zamanda türün bir aracısı ve özellikle hemcinslerinin avlanmasını kolaylaştırmasıyla yardım ettiği insanın temsilcisi gibidir: İnsan kişisiyle hayvan kişisi arasındaki tipik animik ilişkiye, insan ve hayvan türü arasındaki bu ayrıcaklıklı ilişki eklenir; bu ilişki, bir insan doğumunda (üstelik de totemik klanları olmayan) Big Trout Lake Ojibvalarındaki gibi "onomastik ikizi" (*nijotokanuk*) olan bir hayvan türünün adını aldığında, yadsınamayacak kadar totemik bir özellik kazanır.[39] Aynı şekilde bir klan ve bir hayvan türü arasındaki bütünüyle açıklayıcı totemik birlik, bir insan bireysel koruyucu varlık olarak klanının eponim türünden bir hayvana sahip olduğunda animik bir ilişkiye dönüşebilir: O zaman bu totemik birlik insan için kolektif bir adın göndermesinden daha fazla ve farklı bir şey olur, artık bireyselleşen bir insan olmayanlar kategorisiyle özdeşleşme, kendini onda tanıma durumunu açıklayan bir terim olur. Bununla birlikte, bir türde kendini tanıma fenomenlerinin bireysel olduğu doğrudur ve Avustralya'daki klasik biçimi, yani insan olanlarla olmayanlar tarafından paylaşılan bir maddi ve manevi nitelikler cemaati biçimini almazlar.

Buna karşılık insan varlıkları ve hayvanlar arasındaki gerçekten kolektif bir sürekliliğin taslağı kuzey Algonkinlerinde bulunur, ama soyzinciri gruplarından yoksun bir toplumda... Gerçekten de Maine Penobscotları Franck Speck'in av hayvanı totemleri dediği şeylere sahiptiler: 19. yüzyıl sonunda yirmi iki yerel gruptan oluşuyorlardı ve bunların on üçünün adı özellikle adını aldığı grubun kış avı bölgesinde yoğunlaşan hayvanlardan geliyordu: Kunduz, susamuru, yengeç, ıstakoz, mersinbalığı, kurt, sincap, Amerika porsuğu, yabani kedi, sarı levrek, küçük sıçan ve tavşan.[40] Yerel grup ve eponim türü arasındaki karşılıklı tanıma ve özdeşleşme, grup bireylerinin öncelikle yemek ya da satmak amacıyla, dolayısıyla geçinmek, kimi zaman da hayatta kalmak için bağımlı oldukları, adını taşıdıkları hayvanı avlamaları olgusuna dayanıyordu.

39 Desveaux, E., 1998, s. 282.
40 Speck, F. G., 1917.

Böyle bir kolektif uzmanlaşma belki de türlerin habitatlara göre son derece göreli ve farklı dağılımına kendilerini uyarlamaları yönündeki teknik zorunluluklardan gelmiyordu. Gerçekten de Speck av hayvanları konusunda Penebscotlar ve Cree Mistassaniler arasında bir paralellik kurar: Birinciler bağlamında grup "totemleri"nin ve ikinciler bağlamında koruyucu varlıkların her zaman tercihen avlanan hayvanlar oluğunu söylemiştir. Bununla birlikte Creelere göre hayvan türleri yararlanma hakkını insanlara bıraktıkları av güzergâhlarının meşru sahipleriydi ve Penobscotlarda da aynı şey geçerliydi muhtemelen; bu durumda eponim tür gruba sadece adını değil bölgenin kullanım hakkını da verecektir, yani insanların hayatta kalmalarını sağlayan maddenin günbegün kendisinden alınması konusunda bir yetke verecektir. Burada totemik adlandırmalar, doğal farklılıklar ve toplumsal farklılıklar arasındaki nedensiz bir denkliğe değil, insan gruplarının yerlere kimliklerinin damgasını vurmuş insan olmayan gruplara gönüllü kesin bağlılık ilişkisine dayanıyordu. Böyle bir durum Avustralya totemizminin bazı özelliklerini hatırlatır ve benim tanımladığım anlamda totemizmin, soyzinciri yoluyla bölünmüş gruplar bulunmadığından gerçek totem kurumları olmadığında bile minör bir biçimde ya da animik ontolojilerde taslak halinde var olabileceğini yeterince gösterir.

8

Natüralizmin Kesinlikleri

Tanımanın deneyimin şematizasyonunun temel bir özelliği olduğu kabul edilirse, kapsadığı biçimlerin hem oluşturucu parçaların özelliklerini hem de bileşimlerinden çıkan bütünlüğün özelliklerini sistematik ilişkilere göre düzenlediğini de varsaymak gerekir. Animizm ve totemizm tam anlamıyla zıtlaşmadan birbirlerinden ayrıldıklarından, tanıma taslağını tamamlayan öteki iki ontolojik formülün, onları ilk ikisiyle uyumlu hale getiren yapısal karakteristikler içermesi gerekir. Öyle ki, bütünün tutarlılığı yalnızca dönüşümün kurallarıyla sağlanabilsin. Bu açıdan bakıldığında, animizmin karşılığı daha önce düşündüğüm gibi totemizm değil, kesinlikle natüralizmdir. Çünkü bu şema animizmin formülünü tersine çevirir: Bir yandan içselliklerin süreksizliği ve fizikselliklerin sürekliliğiyle, diğer yandan da bunların hiyerarşik ilişkilerinin yönünü değiştirerek – zira insanlığın kültürel ifadelerinin çeşitliliğine atfedilen yer ve rolün kavramsallaşması, madde ve yaşamın evrensel kuralları sayesinde yapılmaktadır.

Ben natüralizmi daha önceki çalışmalarda doğanın kesinliğine karşı duyulan basit bir inanç şeklinde tanımlarken, Yunanlılara kadar giden pozitif bir tanıma uymakla yetinmiştim; bu tanıma göre bazı şeyler varlıklarını ve gelişmelerini rastlantıdan ya da insan istencinin etkilerinden bağımsız bir dış nedene borçludurlar; felsefi geleneğimiz bu ilkeyi *phusis* ve *natura* sözcükleri, daha sonra da bunların Avrupa dillerindeki türevleriyle nitelemiştir.[1] Böylece bir tespite indirgenen bu tanım, Batı kozmolojisine içrek kavramsal bir soyağacının tutsağı oluyordu ve bu yüzden tarihsel bir durumdan çok animizmle sistematik bir karşılaştırmanın sağlayabileceği avantajı kaybetmiş oluyordu. Öte yandan Viveiros de Castro benim natüralizm ve animizm ayrımı konusunda eksik kalan düşüncelerimi yorumlarken, bu iki tanıma biçiminin esas olarak bakışımlı bir ters çevirme du-

1 Descola, Ph., 1996, s. 88.

rumuna dayandığını belirtmiştir ve doğru bir tespittir bu: Ona göre animizm "mültinatüralist"tir çünkü aynı ruh ve kültürle donanmış varlık kategorilerinin bedensel heterojenliğine dayalıdır, buna karşılık natüralizm öznelliğin bireysel ve kolektif yansımalarının farklılığının tanınmasını doğanın tekliği postulatına dayandırdığından "mültikültüralist"tir.[2] Animizmdeki bir yığın doğa natüralizmin tek doğasıyla aynı özellikleri taşımadığından "mültinatüralizm" teriminin kullanımı tartışılabilir: Animizmdeki doğa daha çok insanlar da dâhil olmak üzere varlıkların bireyleşme ilkesiyle ilgili eski Aristotelesçi bir anlam ifade eder, buna karşılık natüralizmde doğa özel durumuyla doğrudan doğruya sınırları mekanist bir devrimle kesin biçimde çizilmiş olan dilsiz ve kişisiz bir ontolojik alana gönderme yapar. Ama bu karşıtlığı daha nötr terimlerle ifade etmek gerekse bile, sağlam olduğu kuşku götürmez.

Modern ontolojinin natüralist olması ve natüralizmin doğadaki kendiliklerin fizikselliğinin sürekliliğiyle ve içselliklerinin süreksizliğiyle tanımlanabilir olması, doğrusunu söylemek gerekirse bilim tarihi ve felsefe tarafından o kadar iyi bir biçimde ortaya konmuştur ki, Üçüncü Bölüm'de zaten üzerinde durduğumuz bu konuda derin açıklamalara girmek pek de gerekli değildir. Dolayısıyla bu "açık" durumu birkaç sözcükle hatırlatalım. Bize göre insanları insan olmayanlardan ayıran özellik, kesinlikle düşünümlü bilinç, öznellik, anlamlandırma gücü, simgelere hâkim olma ve bu yetileri yansıtma aracı olan dildir, aynı şekilde insan grupları da birbirlerinden bu yetileri özel bir biçimde kullanma tarzlarıyla ayrılırlar. Bu farkları düzenleyen içsel düzenek uzun süre "bir toplumun ruhu" olarak adlandırıldı ve bugün biz adına "kültür" demeyi tercih ediyoruz. Çünkü gelenek, görenek ve âdetler söz konusu olduğunda, alışkanlıkların bireylerin aynı türden gelmelerine rağmen kolektif biçimde farklılaşmalarını sağlayan nedensiz birtakım angajmanlara ve anlamlandırma durumlarına göre değiştiğini genel kanıyla birlikte kabul etmek için şaşmaz bir göreciliğe gerek yoktur. Buna karşılık Descartes'tan bu yana ve özellikle Darwin'den beri, insanlığımızın fizik temelinin bizi maddi bir süreklilik içine yerleştirdiğini kesinlikle kabul ediyoruz ve biz bu maddi süreklilik içinde örgütlenmiş herhangi bir başka varlıktan çok daha anlamlı tekillikler gibi görünmüyoruz. Hiç kuşkusuz artık hayvanlarla Vaucanson'un otomatları gibi zembereklerden ve körüklerden oluşan bir yapıyı paylaşmıyoruz, zira artık biliyoruz ki bizi en önemsiz, küçük organizmalara bağlayan şey, filogenimizden miras aldığımız metabolizma ve molekül yapısıdır; tıpkı bizi cansız nesnelere bağlayan şeyin termodinamikle kimyanın yasaları olduğu gibi. Bouvard ve Pécuchet'nin hafif bir utanç duygusu içinde açıkladıkları gibi bedenimizin "kibrit gibi fosfor, yumurta akı gibi albümin, sokak lambaları gibi hidrojen gazı içerdiği" düşüncesine alışmak gerekir. Fransız dilinde Descartes'ın yaygınlık kazandırdığı bilince gelince o, felsefe şimdi bunun yerine bir "zihin kuramı" kavramı getirmiş olsa da, insanlığın alamet-i farikası olarak gelişmeye, yayılmaya devam ediyor.

Dolayısıyla burada, öteki tanıma biçimlerinden farklı olarak natüralizmin ürettiği ayrıntılara girmek anlamsızdır, zira bunlar benim bu kitapla ilgili olarak düşündüğüm okuyucu

2 Viveiros de Castro, E., 1996, s. 116.

tipinin bildiği, hatta her zaman düşünümlü bir biçimde değerlendirdiği şeylerdir. Paylaştığımız kozmolojinin genel ilkeleriyle ilgili olarak, benim animizm ve totemizm konusunda yapmaya çalıştığım gibi muhtemelen doldurulması gereken bir bilgi boşluğu değil, daha çok ana hatlarını bulabilmek için ayıklanması gereken bir bilgi fazlalığıdır. Çünkü natüralizm eleştirel tartışmalar ve ampirik ölçütler ortamında doğmuş, insani içselliğin tekilliği ve varlıklara atfedilen maddi belirlenimlerin evrenselliği arasında yaptığı ayrımları sürekli tartışmaya açan aykırı bakış açıları geliştirmiştir; hatta bunları sürekli üretmek onun ayırt edici bir özelliğidir. Ontolojimizin doktrinal öğretisi, –en azından benim bu çalışma çerçevesinde saptadığım amaçlar çerçevesinde– daha egzotik tanıma biçimlerinin gerektirdiği türden derin bir incelemeyi gerekli kılmasa da, aynı tarihsel noktadan çıkan ve dayandığı karşıtlıklar sistemini reddederek onu kaba sadeliğinden çıkaran alternatif formülasyonlar üzerindeki hegemonya iddialarını değerlendirmek gerekir.

İndirgenemez Bir İnsanlık mı?

Öncelikle şu tespitin yapılması zorunludur: Son yüzyıllarda birçok isyankâr düşünce insanlığa atfedilen ontolojik ayrıcalığa karşı başkaldırmıştır ve kendimizi hayvanlardan ayırmaya çalıştığımız, her zaman istikrarsız kalan sınırı tartışma konusu yapmıştır. İnsana iç yetilerine bağlı olarak mutlak bir tekillik atfetme konusunda getirilen eleştiriler içinde hiç kuşkusuz Montaigne bizim öteki yaratıkları küçümsememize karşı çıkan en ünlü ve en yetenekli hatiptir. Bayle'in de altını çizdiği gibi "Raymond de Sebonde'a övgü" kısmen hayvanlara övgü amacına yöneliktir, zira Montaigne bu metinde akıldan yararlanmanın insana özgü bir şey olduğu düşüncesine karşı çıkar ve kendi gözlemleriyle Eskilerin tanıklıklarına dayanarak hayvanların, ne davranışlarıyla, ne teknik becerileriyle, ne öğrenme yetenekleriyle ne de "söylemleriyle" –burada kastedilen düşünme yetisidir– insanlardan farklılaşmadıklarını söyler. Hayvanlar da bizim gibi içgüdü köleliğinden kurtulmayı bilirler ona göre: "Bizim tercihlerimizle ve becerilerimizle yaptığımız şeylerin aynılarını havyanların doğal eğilimlerle yaptıklarını söylemek kolay görünmüyor. Dolayısıyla bu aynı sonuçlardan aynı doğal yeteneklerin çıkması gerekir ve dolayısıyla bizim konuşmamızın, bizim sesimizin aynı zamanda hayvanların konuşması ve sesi olduğunu kabul etmemiz gerekir."[3] Montaigne'den sonra gelen ve çoğu zaman ona karşı çıkarak, dış nesnelerden edindikleri izlenimleri taklit ettikleri işaretlere uyarlayamadıkları için konuşan kuşların bazı sözcükleri telaffuz etmelerinin hiçbir biçimde onların insan olduklarının işareti olamayacağını söyleyen Descartes, Locke ya da Leibniz gibi filozofların tersine Montaigne, *Denemeler*'inde karatavukların, kargaların ya da papağanların insan dilini taklit etmelerinin "bu hayvanların içlerinde bir dil yetisi olduğunun, dolayısıyla disipline edilebilir ve öğrenmeye yatkın olduklarının" kanıtı olduğunu söylüyor.[4] Son olarak, tüm çağdaş etologlar gibi hayvanların teknik işlemlerinde gösterdikleri sorunları çözme kapasitelerine hayran kalır Montaigne: "Örümcek muhakeme gücü, düşüncesi ve sonuca varma

3 Montaigne, 1950 (1580), Kitap II, böl. XII, s. 506-507; Bayle'in gözlemi (*Dictionnaire historique et littéraire*) Gossieuxtarafından belirtilmiştir, P.-P., 1995, s. 191.

4 Montaigne, 1950 (1580), *a.g.y.*, s. 511.

yeteneği yoksa niçin ağını bir yerde örüyor ve başka bir yerde çözüyor, niçin falanca saatte belli bir düğüm atıyor, filanca saatte başka bir düğüm atıyor?"[5] Dolayısıyla insanların hayvanlar üstünde entelektüel ve manevi bir üstünlüğe sahip oldukları düşüncesini ileri sürmenin bir anlamı yoktur, zira insanlar da hayvanlar da aynı doğa yasalarına tabidirler, ayrıca hayvanlar kendi küçük dünyalarını insanlardan daha akıllıca ve daha az önyargılı olarak düzenlemeleri açısından daha iyi uyum sağlarlar. Kısaca söylemek gerekirse bilgelik bizi şu tespite götürmelidir: "Bizim dışımızdaki dünyanın ne üstünde ne altındayız. [...] Bazı farklılıklar, kategoriler ve dereceler vardır; ama aynı doğanın çehresi içinde olup biter her şey."[6]

Bununla birlikte şunu kabul etmemiz gerekir ki Montaigne birçok açıdan sıradışıdır ve hayvanlarla ilgili düşünceleri, Descartes onları çürütmeden önce bile dönemin kamuoyunun ilgisini pek çekmez. *Denemeler*'in yayınlandığı aynı onyıl içinde bugün bütünüyle unutulmuş olan bir yazar, yaşadığı süre içinde birçok baskısı yapılan ve büyük olasılıkla çok ses getiren bir Kutsal Kitap antropolojisi savunması yayınlar. Pierre de la Primaudaye *Suite de l'Académie française en laquelle il est traité de l'homme...* adlı yapıtında Montaigne'in argümanlarının tersini savunur ve Yaradılışta insanın durumunun madde ve ruh karşıtlığıyla tanımlandığı görüşünü ileri sürer.[7] III. Henri'nin bu eski danışmanının rakibi Montaigne değildir, Epiküros'u referans alan ve aklın çekicini sallayarak inancın gizemlerini ayaklar altına alan Sarayın "ateistleri" de değildir. İnsanın önceliği bağlamında Primaudaye'in argümantasyonu esasen Kutsal Kitap yorumuna dayansa da bu konuda, klasik çağın şafağında kabul edilen ortodoksluğun iyi bir sentezini sunar. Tekvin'le doğrulama çok yaygındır: İnsan ve sadece insan zekâ ve akılla donatılmışsa, bunun nedeni Tanrı'nın insanı kendi benzeri son varlık olarak yaratmış olmasıdır. Benzeri olmayan bir varlık olarak yaratılmıştır insan ve yeteneklerinin yaratıcısını tanımasını ve yüceltmesini sağlaması için özel bir statü vermiştir ona: "Onunla vahşi yaratıklardan başka bir şey olmayan hayvanlar arasındaki gerçek farktır bu."[8]

Bununla birlikte Primaudaye Kutsal Kitap'ın otoritesine ayrıntıları bizim konumuz için daha ilginç olan bir ontoloji taslağı ekler. Önce melekler gibi tinsel varlıklarla bedensel varlıklar arasında bir ayrım yapar ve bu bedensel varlıkların insanlar dahil olmak üzere tümünün fiziksel süreklilik içinde birbirlerine bağlı olduklarını belirtmeye özen gösterir, zira "insan bedeni dört unsurdan oluşmuştur ve yeryüzündeki bütün varlıkların bedenleri gibi, onlardaki bütün niteliklere sahiptir."[9] Bedensel yaratıklar arasındaki gerçek fark yaşama sahip olup olmamakta ve özellikle de ruhlarının doğasında yatar. Gerçekten de canlı varlıklar içinde dört tip ruh bulunur ve bunların belirgin özelliği gittikçe karmaşıklaşan bir yaşam düzenidir: Bitkilerin "kendilerine özgü" yaşamı; süngerler ya da istiridyeler gibi basit yapılı hayvanların "duyusal" ruhu; bu şekilde dona-

5 *A.g.y.*, s. 501.
6 A.g.y., s. 506.
7 Pierre de la Primaudaye, Suite de l'Académie française en laquelle il est traité de l'homme... Yazar tarafından gözden geçirilmiş ve genişletilmiş üçüncü basım, G.Chaudière, Paris, 1588, yapıt özetlerini yayınlayan Pol-P. Grossiaux tarafından unutulmaktan kurtarılmıştır (1995, s. 112-117); referanslarımı bu kaynaktan aldım.

8 *A.g.y.*, s. 114.
9 A.g.y.

tılmış olanlara yaşamlarını koruyabilmeleri ve yaşamlarını kendi doğalarına göre sürdürmeleri ve yönlendirmeleri için "düşünce ve bilgi gibi ve de hafıza gibi belli bir erdem ve güç veren 'bilişsel' ruh. Bu ruh vahşi hayvanlarda bulunur"; ve sadece insanlara özgü olan "düşünen" ruh, "ilk türlerde olan her şey bu ruhta da vardır. Ve bu ruhun üstünlüğü ve mükemmel tarafı akla ve zekâya sahip olmasıdır."[10] Aristoteles etkisi çok belirgindir ama *De anima*'nın diyalektik inceliği sadece insanlar ve öteki varlıklar arasındaki maddi süreklilğe iç yetilerin süreksizliğinin eşlik ettiğinin olumlanmasının görüldüğü bu temel tipoloji içinde iyice kaybolmuştur. Bununla birlikte, bu sayede Descartes'ın, skolastiği reddetmesine rağmen, birkaç onyıl sonra madde ve ruh, uzam ve idrak, mekaniğe bağlı olan ve kendisine dönük idrakten gelen şey arasında kesin bir ayrım yaptığında düşüncesinin dayanaklarının boş olmadığı görülmüştür.

Montaigne'den başlayarak kademeli olarak adlandırılabilecek, yaygın ama azınlıkta kalan bir akım, Modernlerin doğada iç nitelikleri nedeniyle insana özel bir yer veren anlayışlarını sürekli eleştirmiştir. Ama bu uyumsuz seslerin önemini ve de egemen natüralist ontolojiye karşıtlıklarının yoğunluğunu abartmamak gerekir. Bu açıdan hayvan duyumu ve insan anlığı arasındaki ayrımı kaldırdığı ve bu ikisi arasında nitelik değil, derece farkı olduğunu savunduğu söylenen Condillac örnek gösterilebilir. Gerçekten de *Traité des animaux* (*Hayvanlara dair*) [1755] adlı yapıtı Buffon'un mekanizminin çürütülmesi bahanesiyle, Fransa'da Condillac'ın en ateşli temsilcisi olduğu Locke'dan esinlenerek duyumcu bir hayvan düşüncesi teorisinin geliştirildiği bir çalışmadır: "Hayvanlar karşılaştırma yaparlar, fikirleri ve hafızaları vardır", bu nedenle onları otomatlarla bir tutmak mümkün değildir.[11] Bu durumda ihtiyaçları ve alışkanlıkları aynıysa, aynı temel bilgilere sahipseler ve hepsini eğiten de sadece deneyimse, hayvanlarla insanlar arasında ne fark vardır? Kırılma noktası insanlara düşünümlü düşünce (*pensée réfléchie*) düzeyine ulaşmalarını sağlayan dille oluşur, oysa hayvanlar soyutlama yapamazlar, kendi kendilerini sorgulayamazlar. Ama insan tersine çevresindeki her şeyle karşılaştırabilir kendisini, "kendi içine girer, çıkar"; dil, içebakış, tümdengelim, tümevarım sayesinde genellemeler yapabilir, bilgilerini artırır, ortak kapasitelerin kullanımı ve gelişmesinde hayvanı aşarak ondan farklı bir duruma getirir kendisini.[12]

Kesinlikle kademeli olan ve bazı açılardan evrimci bilişsellik teorilerini önceleyen Condillac psikolojisi buna rağmen, iç yetilerin gelişmesinde sadece insanların aşmış olduğu ve geri dönüşü mümkün olmayan bir eşikten söz eder. Öte yandan, hissetme ve düşünme olanakları karşılaştırılabilir olsalar da bu olanakların kaynaklandıkları ruhların karşılaştırılabilmesi mümkün değildir: İnsanların ruhu ölümsüzdür, hayvanların ruhu ölümlüdür. Burada rahibin ilahiyata ödediği bedelin ötesinde bir şeyler vardır; burada alışkanlıkların eşitsiz gelişmesinin kökeninin daha temel bir ontolojik farklılıkta bulunduğu yönündeki daha derin bir inancı aramak gerekir: "Paylaştığımız yetiler [...] bu iki tözün [insanların ruhu ve hayvanların ruhu] doğasına nüfuz edebilseydik on-

10 *A.g.y.*, s. 117.

11 Condillac, 1947, (1755), s. 347.

12 *A.g.y.*, s. 365.

ların kesinlikle farklı olduklarını göreceğimizi kanıtlıyorlar. Dolayısıyla ruhumuz hayvanların ruhuyla aynı değildir."[13] Özgün bir düşünce için bile, egemen bir tanıma biçimine özgü algı ve düşünce şemalarının oluşturdukları yükselişten kopmak kesinlikle kolay değildir.

Condillac'ın ikircikliği, hayvanı envresel insanlık figürünün en küçük ortak paydası ve de bunun özgüllüğünün karakterize edilmesine olanak veren mükemmel bir karşı örnek gibi gören modern natüralizmin kurucu bir paradoksunun belirtisidir. Hayvanlar ve insanlar arasında fizik benzerlikler ile özellikleri ve alışkanlıkları arasındaki farklılıklar karşısında natüralist bir ontolojinin karşılaştırmacı spekülasyona açtığı yollar bellidir: Ya insanların hayvanlara biyolojik özellikleri aracılığıyla bağlandığının altı çizilebilir -gerekirse geçişin dereceli olması amacıyla iç yetilerin artırılması ya da azaltılmasıyla-, ya da bu fizik süreklilik ikinci plana atılabilir ve öncelikle insanın onlar sayesinde kendisini öteki varlıklardan ayırdığı iç niteliklerin olağanüstü özellikleri üstünde durulabilir. Batı'da uzun süre egemen olan ve insanlığın özünü tanımlamak söz konusu olduğunda egemenliğini bugün de sürdüren, ikinci tavırdır. Çünkü Ingold'un da dediği gibi[14] filozoflar şu soruyu ender olarak sormuşlardır: "İnsanı özel cinsten bir hayvan yapan şey nedir?" Bu soruya natüralizmin tipik sorusunu tercih ederler: "İnsanlar ve hayvanlar arasındaki temel ayrım nedir?" Birinci soruda insanlık *Homo sapiens* türüne aidiyetle tanımlanan hayvanlığın özel bir biçimidir, ikincisinde dışlayıcı bir durum, referansı kendisi olan bir ilke, ahlâksal bir koşuldur. Böyle bir önyargıdan en büyük natüralistler bile kendilerini sakınamamışlardır. Linnaeus *Systema naturae* (1735) adlı yapıtında *Homo* türünü çelişkili anatomik özelliklere dayalı genel bir taksinomik soy zincirine dâhil eder, ama gene de insanı *Nosce te ipsum* sloganıyla öteki bütün türlerden ayırır: İnsanlığının ayırdedici özünü refleksif düşünce sayesinde ve ruhunun kaynaklarını tanıyarak anlayacaksın.[15]

"İnsan doğası" denen Batı'ya özgü bu eski oksimoronun doğru bir yaklaşımının göz önüne serdiği mesele de buradan gelir. Bedenlerini ve iştahlarını hayvanlardan almış, ahlâki durumlarını ise tanrısallıktan ve aşkınlıktan almış, böylece ikiye bölünmüş varlıkların kendilerine özgü bir doğaları olabilir mi? Bu doğada, Condillac ve çağdaş etologların yaptığı gibi, bir yeti ve davranışlar repertuvarı, insan olmayan hayvanlarda mevcut olan ve daha kolayca gözlemlenen bir tür doğası mı görmek gerekir? Bu tür doğası fikrini genomuzun tekilliği garanti altına alır. Ya da antropologların yaptığı gibi, hayvanlığımızı aşmaya yönelik bir yatkınlık olarak mı anlamak gerekir? Elbette sahip olduğumuz bir ruh ya da tin sayesinde değil, genetik belirlenimlerden kendisini kurtarabilecek kültürel değişkeler yaratma kabiliyetimiz sayesinde. Fiziksellikte türler arası sürekliliklerin

13 *A.g.y.*, s. 371.

14 Ingold, T., 1994, s. 19. Hiç kuşkusuz sözgelimi, bir yapının denk fizik gerecinin doğasından bağımsız biçimde bir düşünce oluşturmak için bir yapıya denk düşmesi gereken minimal koşullarla ilgilenen filozof Joëlle Proust (1997) gibi çok parlak istisnalar vardır.

15 Ingold, T. tarafından aktarılmıştır, 1994, s. 27. Bu tavrın yaşamı zordur: bana söylendiğine göre kendilerinden içinde Homo sapiens'in de yer aldığı taksinomik bir dallanmayı çizmeleri istenen biyoloji öğrenimine başlayan öğrenciler bu taksonu (canlıların sınıflandırılmasında âlemden alttüre kadar bir hiyerarşi içinde düzenlenmiş tüm birimlerin ortak adı) ağaca nokta nokta çizgi işaretiyle bağlıyorlarmış.

altını çizen birinci yaklaşım, içselliğin kamusal ifadesinde (kültürler) tür içi süreksizlikleri açıklamakta çok zorlanır; hayvanların ne olmadığını her şeyden önce fark yaratıcısı olarak *anthropos*'da bulan ikinci yaklaşım ise, bu anthropos'un aynı zamanda da *Homo*, tekil bir biyolojik organizma olduğunu unutur. Bu durumda bir Jivaro'nun, bir Cree'nin ya da bir Chewong'un bu tuhaf, kaygan insanlık figürü karşısındaki şaşkınlığını tahmin etmek mümkün olabilir. Şöyle diyebileceklerdir belki: Bizim bedenlerimiz ve davranışlarımızın özleri aynı olsa da öteki organizmalarınkinden çok farklı oldukları nasıl görülmüyor? Konuştuklarını görmeseniz bile hayvanların bizimki gibi bir iç dünyaları olmadığını nereden çıkarıyorsunuz? Refleksif bilinç, yönelimsellik, ahlâk duygusu ve medenilik, durumun böyle olmadığını gösteren bir yığın işaret varken niçin sadece insan türüne mahsus olsun? Avustralyalı bir Aborjin de çok farklı nedenlerle bu konuda temkinli olacaktır. Çok önemsediğiniz Yunan filozofu gibi daha basit bir biçimde düşünmek, dünyanın çok eskiden beri fizik prototiplere ve türsel nitelikler üreten madde dışı şeylere bölünmüş bir bütün olduğunu kabul etmek, ontolojik sınıflandırmalarınız bizimkilerden farklı olduğundan melez diye nitelendirdiğiniz insan olan ve olmayanların bu doğurgan bütünlerden türediğini düşünmek dururken, varlıklar arasındaki yüzeysel biçim ve kapasite farklılıkları üstünde durmanın ne anlamı olabilir?

Hayvan Kültürleri ve Dilleri mi?

Natüralist ontolojinin bilimsel ilerlemelerle birlikte geliştiği ve yaygın kanaatlerle pek fazla bilgi sahibi olmayan bazı denemecilerin düşündüğünden farklı olarak, bilim adamlarının artık insan olan ve olmayanlar arasındaki içselliklerin süreksizliğini olumlamak konusunda pek aceleci davranmadıkları da bir gerçektir. Bu bağlamda, davranışlarını gözlemledikleri hayvanlara bilinçli ve öznel düşünceler atfetmekte bir sakınca görmeyen Donald Griffin gibi bazı etologlardan söz edebiliriz. Onlara göre eylemin, hedeflenen amaçların iç temsilinin mümkün kıldığı tam bir planlanması söz konusudur burada.[16] Öte yandan Griffin'e göre insan dili mükemmel uyarlanabilirliğine rağmen, büyük maymunların ya da bazı kuşların yararlandıkları iletişim sistemlerinden farklı değildir ve bu mesaj değişimi düzeneklerinin "dil" gibi görülmesi gerekir. Dolayısıyla Griffin Condillac'a yakındır, zira evrimci biyolojinin ve bilişsel etolojinin sağladığı çok sağlam gözüken temellere dayanarak insan ve hayvan arasındaki zihinsel yetiler arasında bir süreklilik olduğunu savunur; insan ile hayvan arasındaki doğal farklılık düşüncesini bilim dışı ve insanmerkezci bir önyargı olarak görerek reddeder.[17] Bununla birlikte bu tür düşüncelerin etologlar arasında genel kabul gördüğü söylenemez, bu meseleye daha sonra geri döneceğim. Şimdilik bu düşüncelerin en azından modern ontolojinin yorumlanmasındaki tartışmalara dikkat çekme gibi bir işlevi yerine getirdiğini söylemekle yetinelim: Özellikle modern ontolojinin, deneylerin olası yalanlamaları karşısında kaldığı durumlarda bu tartışmalar ortaya çıkar ve en önemlisi de, natüralist monizm ve kültürcü düalizm tartışmasıdır. Çünkü havyanın ve insanın bilişsel yetileri arasındaki basit derece

16 Griffin, D. P., 1991.
17 Griffin, D. P., 1976.

farklarından söz eden süreklilik yanlısı çağdaş düşünürler, evrimci sürecin karşılaştırma taraflarından biri olarak her zaman psikologların en iyi bildiği insanlık figürünü, yani Batılı yetişkini ele alıyorlar. Ve bugün artık hiçbir bilim adamı bir zamanlar "ilkel" denen halkların büyük maymunlarla insanlar arasındaki bir geçişi temsil ettiklerini söylemeye cesaret edemese de, evrimci psikologların günümüz avcı-toplayıcılarının örtük bir biçimde pleistosen dönemdeki atalarımızla bir tutulan ve dolayısıyla bir Stanford profesöründen çok insan olmayan primatlarla bağdaştırılan zihinsel işlevlerine –uzaktan da olsa– gösterdikleri ilgi şaşırtıyor.[18]

Çok uzun evrim süreci dahilinde düşünüldüğünde, insanlar ve hayvanlar arasındaki bilişsel farklar aslında derece farklarından başka bir şey değildir. Ve bu son derece meşru bir tavırdır, ancak Kalahari'de, Kanada ormanlarında ya da Amazon bölgesinde, "kültür"ün henüz kirletmediği düşünülen bilişsel adaptasyonun bio-davranışsal bir sürecini aydınlatan etnografik örnekler arayarak *Homo sapiens sapiens*'in derecelendirmesini sürdürmeye yönelik bu tehlikeli etnikmerkezcilik türüne taviz verilmediği sürece. Açıkça söylemek gerekirse, bu anlayışa göre fikirler basit ve az olduğunda, asgari normlar söz konusu olduğunda doğal seçilimin tavırları ve tercihleri nasıl dikte ettiğini anlamak daha kolaydır. Bununla birlikte bu tür önyargıları haklı olarak ifşa eden, çağdaş avcı-toplayıcıların onbinlerce yıl boyunca dönüşüm geçirdiklerini, dolayısıyla insanlaşmanın ilk evrelerinin fosilleri gibi görülemeyeceklerini hatırlatan etnologlar natüralizmin bir başka dogmasının içine düşmekten kurtulamıyorlar. Bu dogma da onların disiplini için kurucu bir dogmadır, zira insanlığın mutlak tekilliği fikrine dayanır: Kültü sayesinde kendi içerisinde farklılaşma yetisine sahip tek tür. Bir başka deyişle etnologların insanmerkezciliği, onları insanlar ve öteki organizmalar arasındaki fizikselliklerin sürekliliğini ihmal etme durumuna götürürken, bu sürekliliğin modern aşamalılık yanlıları [*gradualistes*] tarafından tanınması, onların içselliklerin süreksizliğini "kültür" denen bir dış değişken haricinde değerlendirebilmelerine olanak tanımıyor; böylece aşamalılık yanlılarına göre, kültürün bilişsel yetilere yansımasını insanların arasında daha az modern olanlar daha kolay değerlendirebiliyorlar.

Bu tür bir tartışmanın artık aşılmakta olduğu, sadece natüralist monizmin ve kültürcü düalizmin son savunucuları arasında görüldüğü söylenebilir. Gerçekten de, bu karşıtlıkların yeşerdiği natüralist uzlaşmanın, bugün bilimlerin, etiğin ve hukukun kimi gelişimleriyle birlikte epey sarsıldığı inkâr edilemez. Hiç kuşkusuz modern ontolojinin sarsılmaya başlaması, önce etolojinin, özellikle büyük maymunlar etolojisinin etkisiyle, en genel anlamda kabul gören ilkelerden birinin, yani kültürel farklılık yaratmaya elverişli bir tür olarak insan türünün mutlak tekilliği ilkesinin tartışmaya açılmasıyla olmuştur. Etnologlar bu devrimi tam olarak değerlendirmekten uzak gözüküyorlar, oysa William McGreew ve Caroline Tutin 1978'de saygın İngiliz sosyal antropoloji dergisi *Man*'da kaleme aldıkları bir yazıda yerleşik düşüncelere karşı çıkarlarken onlara seslenmişlerdir. Bu bilim insanları söz konusu yazıda şempanzeleri kültürel hayvanlar olarak tanımlıyorlardı ve bu

---

18 Sözgelimi, Cosmides, L. ve Tooby, J., 1994; ya da optimal foraging theory'ye dayanan çalışmalar (Kaplan, H. ve Hill, K., 1985.

konuda karşılaştırmalı etnografik bir inceleme yapılmasını istiyorlardı. Argümanlarına göre genetik düzlemde bize çok yakın olan bu hayvanlar, kültürün karakterize edilmesine olanak veren ölçütlerin çoğunu da tatmin ediyordu: Gözlemlere göre, yabanıl haldeki nüfuslarda yeni bireysel davranışlar ortaya çıkmakta, bu davranışlar grup içinde yaygınlaşıp kalıcı biçimde yerleşmektedir ve farklı nüfuslardaki başka davranışlardan ayrılmaktadır.[19]

Bu davranış çeşitliliği esasen'in birkaç yıl sonra titiz bir dökümünü vereceği tekniklerle ilişkilidir. *Chimpanzee Material Culture* adlı klasik eserinde McGreew, yaklaşık yirmi alet kullanma olgusundan söz etmiştir: Karınca yakalamak amacıyla burgu kullanmaktan çekiç ve örsle ceviz kırmaya, topuz kullanmaya ya da fırlatmalı silahlara kadar.[20] Ama bu *aggiornamento*'da 1999 yılı bir dönüm noktası olmuştur, zira bu tarihte aralarında McGreew'in de bulunduğu sekiz ünlü etnolog *Nature* dergisinde şempanzelerin kültürleri üstüne bir sentez yayınlar.[21] Bu bir dönüm noktasıdır çünkü bilindiği gibi *Nature*'deki bir yazı, bilimsel sonuçlar için kesin bir onaylama anlamındadır. Kesinlikle küçümsenmemesi gereken aşamalardır bunlar: birbirlerinden ayrı ve uzakta yaşayan şempanze nüfusları üstünde uzun süreli bağımsız gözlemler yapan araştırmacılar, farklı grupların çok farklı teknikler geliştirdiklerini ve bunları aktardıklarını göstermişlerdir. Bu tür çeşitlilikler büyük olasılıkla davranışların ekolojik zorunluluklara adapte olacakları bir evrimle açıklanamayacağından, araştırmacılar şempanzelere geçim ve ortak yaşam gerekliliklerine *sui generis* cevaplar yaratma özgürlüğü, yani farklı kültürler atfetmişlerdir.

Bir hayvan türünün, kültürün hususi alanına girmesi ne kadar çarpıcı gözükürse gözüksün, bu ilk örnek değildir. Hayvanlarda yeni teknik icat örnekleri ve yeni davranış biçimlerinin yayılması eskiden beri bilinir. Hatta bunların bazıları bilimsel makalelerin ötesine geçmiş, folklor alanına girmiştir: Sözgelimi bazı yerlerde sütçülerin kapı önlerine bıraktıkları süt şişelerini açan İngiliz baştankaraları ya da Japonya'da hayallerindeki bir dişiyi taklit ederek, tatlı patatesleri yemeden önce yıkayan Koşima adası makakları. Bu olgu Japon primatologları tarafından çok erken dönemde "protokültür", "prekültür" ya da "insanaltı kültür" kategorisine dâhil edilmiştir.[22] Ama *Nature*'de çıkan yazı aktardığı ayırdedici davranış özellikleri yelpazesinin yoğunluğu açısından ve aynı işlemi yapmak isteyen farklı şempanze nüfusların değişkenliğini tartışmasız biçimde gösterdiğinden daha ileri gider.

İnsanın içgüdüsel ya da çevresel belirlemelerden gelmeyen pratikleri icat edebilen ve aktarabilen tek hayvan türü olmadığı kabul edildiğinde natüralizmin bir kanadının çökmüş olduğu iddia edilebilir mi? Hiç kesin değildir bu çünkü natüralist ontolojide insanların ayırt edici özelliği, öncelikle onlara özgü iç yetileri harekete geçirerek kültürel tekillik üretme kapasitesine dayanır. Dolayısıyla natüralizmi sınırlayabilmek için şempanzelerin, kültürel faaliyetlerde bulunduklarında bizimkilerle özdeş psişik kaynaklara başvurduklarını gösterebilmek gerekir. Oysa bu noktada yabani şempan-

19 Mcgreew, W. C. ve Tutin, C., 1978.
20 Mcgreew, W. C., 1992.
21 Whiten, A., Goodal, J., Mcgreew,W. C. ve arkadaşları, 1999.
22 Itani, J. ve Nishimura, A., 1973.

ze uzmanları ketumdur. Davranış etolojisi, yabani hayvanların teknik sitemlerinde gözlemlenen değişiklikleri gösterir ve bu tekniklerin özneden özneye yayılmasını sağlayan yöntemleri büyük bir titizlikle açıklar, ama maymunlarda bir başkasının ilgisini çekmeye yönelik genel bir taklit yetisini hatırlatmanın ötesinde, bunun için gerekli olan zihinsel ve nörofizyolojik koşullar konusunda bulanıktır.[23] Buna karşılık çocuklarda ve kapalı tutulan şempanzelerde sosyal öğrenimi karşılaştıran deneyci psikologlar, bu hayvanların taklit yeteneklerine sahip oldukları düşüncesini bile reddederler; bu psikologlara göre bir alet kullanmayı öğrenen çocuklarda öğretmenlerinin amacına dair bir temsil vardır, buna karşılık şempanzeler rekabet yaratan yinelemeler sırasında, art arda gelen dengelemeler sayesinde davranışlarını birbirlerine göre ayarlamakla yetinirler.[24]

Dolayısıyla gözlemledikleri hayvanlara eylemlerini açıklayabilecekleri zihinsel özellikler atfeden saha etologları ve inceledikleri hayvanlarda bu hipotetik özelliklerin izini bulamadıklarını söyleyen laboratuvar etologları arasındaki tartışma çok yoğundur. Sorunun çözülmesi mümkün değildir belki, çünkü aynı türe dâhil olsalar da gerçekten aynı hayvanlar söz konusu değildir. Yabani şempanzelerin davranışının bazı bilişsel yetileri bizimkilerle aynı olduğu için kültürel değişkelerden etkilendiğini göstermek için, gerçekten de onlara laboratuvarda insanlarla sistematik bir karşılaştırma yapma olanağı sağlayan amaçlar koymayı gerektirir. Bununla birlikte davranışçı etologlar laboratuvar bağlamının, özgürlüklerinden yoksun hayvanların deneyi yapan insanlarla birbirlerini etkilemeleri dolayısıyla çok özel olduğunu ve bu nedenle elde edilen sonuçların yabani şempanzeler için de pek geçerli olamayacağını belirtirler. Kısaca söylemek gerekirse, şempanzelerde "kültürel" denen geleneklerin bulunduğu tespiti, natüralist ontolojinin kültürel farklılıklar yaratabilecek psişik donanımın yalnızca insan türünde bulunduğu yönündeki temel inancını kısa vadede tehdit edecek gibi gözükmemektedir.

Ancak buna rağmen meselenin açıklığa kavuşmuş olduğu söylenemez pek, zira etolojinin başka dalları da insanların ve hayvanların yetileri arasında şaşırtıcı benzerlikler ortaya koyarlar ve bu alan içsellik aracılığıyla ayrım yapmaya yönelik dogmayı çok yakından ilgilendirir: Söz konusu olan bizim dil dediğimiz iç durumların iletişimi sistemidir ve bu sistemin uzlaşımsal, yönelimsel ya da referansiyel özellikleri natüralist ontolojide uzun süre insanlığın en etkili ayırt edici işareti gibi görülmüştür. Bununla birlikte iletişim semantiği konusundaki sayısız çalışma, bu çok değerli ayrıcalığın insana mahsus olmadığı sonucuna götürür. Bu konuyla ilgili literatür çok geniş ve polemiklerle, tartışmalarla dolu olduğundan, "arıların dansı" ya da karşı cinsten hayvanlara işaret olması için bırakılan iz sistemleri gibi ses içermeyen işaretleri dışarıda bırakarak, yaklaşık bir konsensüs konusu olan kazanımlardan söz etmekle yetineceğim.[25] Peter Marler'in ispinozların dilleri üstüne öncü çalışmalarından bu yana, bazı kuşların çıkardıkları seslerin bütün türü kapsamadığı, bireysel ve bölgesel özellikli değişiklikler içerdiği kesindir. Bu nokta aynı zamanda çok sayıda kara ve deniz memelilerinin

23 Byrne, R. W., Whiten, A., 1998; Byrne, R. W. ve Whiten, A., 1988.

24 Tomasello, M. ve Call, J., 1997.

25 Bkz. Hauser, M., 1996; konuyla ilgili iddalı bir sentezdir.

sesli işaretleri için de geçerlidir. Ayrıca kuşlarda ve bazı primatlarda bir yerel dile özgü seslendirme repertuvarına uyma yeteneği bir öğrenme durumundan gelir ve bu durum ötücü kuşlarda genellikle baba olan bir yetişkine referansla gerçekleşir. Ayrıca şimdi bazı kuşların sesli ifadelerinin koşullara uyum sağladığı (aynı türden bir dinleyicinin bulunması ya da bulunmaması gibi) ve aktarılacak mesajlara göre farklılık gösterdiği (sözgelimi görülen ya da farkedilen yırtıcı hayvanın cinsine göre değişen tehlike işareti gibi) kanıtlanmış gibidir; bu referansiyel boyut aynı zamanda Kenya yeşil maymunlarının çıkardığı seslerle ilgili olarak da belirtilmiştir.[26] Dolayısıyla bazı türlerin çıkardığı sesli işaretlerde bir dış referansa –sözgelimi yiyecek bulma ya da bir yırtıcı hayvan görme– dair bir yönelimselliğin bulunması mümkündür, zira bu işaretlerin sıklığı bir hemcinsin bunları işitebilmesi ya da işitememesi durumuna göre değişir. Evcil tavuklarda ve Rhesus makaklarında yiyecek bulunduğunu haber veren çağrılarda çok açık aldatma vakalarının bunu doğruladığı söylenebilir; üstelik makaklar aldatmacası ortaya çıkan oyuncu hayvanı cezalandırırlar.[27]

Hayvanların sesli işaretleri insan dilinin anlamsal ve sözdizimsel karmaşıklığı düzeyinde olmasalar da, bunların basit, içgüdüsel ifadeler olduğunu söylemek zordur: Bir tür içinde nedensiz çeşitlemeler ve icatlar, taklit yoluyla öğrenme, sesli bir işaret ve bir gösterilen arasında istikrarlı bir denklik, mesajın olası yönelimselliği ve mesajın alınmasının sonuçlarının öncelenmesi... Bütün bunlar, bazı hayvan türlerinin iletişim sistemlerine, hiç değilse çok basit bir dil statüsü verilmesini destekleyen özelliklerdir.

Bu sınırlı simgesel üretim yetisine ulaşmak için hayvanların hangi iç kaynaklardan yararlandıkları düşünülebilir? Davranışlarını denetlemelerini sağlayabilecek ve hemcinslerine aktarabilecekleri temsiller aracılığıyla çevrelerine müdahale etmelerini sağlayabilecek bir zihne sahip midirler? Bazılarında bizimkine benzer bir içsellik bulunduğu kabul edilebilir mi? Peki böyle bir kabul natüralizmin kalesinde bir gedik açmaz mı? Gerçekten de ve Griffin'den farklı olarak, bilişsel etologların çoğu hayvanlara bilinçli bir düşünce atfetmeye yanaşmıyorlar ve hayvanların dilinde beyinde kodlanmış, genetik bir yatkınlık görmeyi tercih ediyorlar; buna Marler belirgin özellikleri türlerin genomona göre değişen bir "öğrenme içgüdüsü" adını verir. Bu olguların daha iyi gözlemlendiği ötücü kuşlarda, hemcinslerinin sesli işaretlerini tanıma yeteneği ve ötme biçimini öğrenme yeteneği büyük olasılıkla doğuştandır ve türlere göre çok eşitsiz bir dağılım gösterir... Öte yandan bir özne tarafından ses repertuvarını oluşturmak amacıyla seçilen sessel ve sözdizimsel özellikler bir tür içinde homojendirler.[28] Buna göre, hayvan dili deneyimlerle yavaş yavaş ortaya çıkan nörofizyolojik bir belirlemeden gelir ve bunu açıklamak için karmaşık temsillerin, yani hayvanın kendi iç durumlarını –heyecanları, inançları ve amaçları– ve çevresindeki başka birtakım varlıkların organizmalarının durumlarını yorumlayacağı önermelere dayalı tavırların araya girmesine gerek yoktur. Kısacası hayvan türlerinin uzlaşımsal ve referansiyel bir

26 Cheney, D. L.ve Seyfarth, R. M., 1980; Marler, P. ve Evans, C., 1996.

27 Gyger, M. ve Marler P., 1988; Hauser, M. ve Marler P., 1993.

28 Marler, P., 1984 ve 1991.

sistem aracılığıyla bilgi değiş tokuşu kapasitesine sahip olduklarını kabul etmek, hiçbir biçimde olmayanlara insanlarda bulunan bir içsellik atfetmenin sonucu değildir. Tersine, onların dil yeteneklerinin temel bir fizikselliğe indirgenmesine dayanır: Epigenezin sınırlı ölçülerde biçimlendirdiği genom fizikselliği. Natüralizm sağ salim kurtulmuştur bu işten: Kuşlara ya da maymunlara dil aracılığıyla bireyselleşme ayrıcalığı tanımak, aslında doğanın evrenselliğine yeniden kavuşmaktır.

Zihinsiz Bir İnsan mı?

Şimdi insan varlıklarına ve Modernlerin ontolojisinde çok eskiden beri ilgi gören ve desteklenen ayırt edici özellik olan içselliğe gelelim. Genel kanı dışında böyle bir ilke hâlâ kabul görmekte midir? İnsanlar, Descartes dönemindeki gibi hâlâ az ya da çok madde olmayan bir ruh, nesnel, fiziksel ve bedensel bir dünya ayrımının yapıldığı, yani özellikleri her türlü bilgi işleminden önce belirtilecek olan bir düzende mi yaşıyorlar? Bu bağamda kapsayıcı cevap, bilim adamları da dâhil olmak üzere, evettir. Bununla birlikte natüralist tanıma biçiminin dağılmasına olası katkılarını değerlendirmek amacıyla irdelenmesi gereken istisnalar da vardır. Gerçekten de düalizme kesinlikle karşıt bir bilişsel bilimler akımının kesinlikle reddettiği bir düşünce vardır: Buna göre insanların bu dünyada sadece doğuştan sahip oldukları bir ayrıcalıkla, bir tür merkezî davranış denetim birimi ve Turing makinesine benzeyen bir bilgi işlem düzeni aracılığıyla etkili olabilmeleri ve bu dünyaya çeşitli anlamlar yükleyebilmeleri düşüncesi yanlıştır. Kompütasyona yönelik bir içsellik ve yapılanmış bir dışsallık arasındaki bu çatışmayı aşmaya yönelik en özgün girişimlerden biri Francisco Varela, Evan Thompson ve Eleanor Rosch tarafından geliştirilen, vücuda gelen eylem olarak bilişim (*cognition*) kuramıdır.[29] Merleau-Ponty'nun felsefi sezgilerine dayanan araştırmacılar ve yazarlara göre bilişim, eylemleri kendi etkinlikleriyle değiştiğinden sürekli farklılaşan durumlar içerisinde, bir bedeni olan bir öznenin deneyiminin işlevidir. Buna göre öznenin referans noktası, bağımsız bir algı dünyasından gelen bilgileri işleyen özerk bir düzenek değil, ayrı olmadığı ve kendisine şu ya da bu biçimde bir etkileşim fırsatı veren bir çevrede meydana gelen olaylarla sürekli biçimlendirilen duyu-motor mekanizmalarının bütünüdür. Deneylere dayanan örnekler veren yazarlar ve araştırmacılara göre pasif bir biçimde algıladıkları uyarıları biçimlendiren temsili bir içselliğe indirgenemeyen "bilişsel yapılar, eylemin algıyla yönlendirilmesini sağlayan, yinelenen tipte duyu-motor gerekçelerden gelirler,"[30] Zihin, eğer bu durumda bir zihinden söz edilebilirse, bir organizma ve onu kuşatan ortam arasında sürekli bir etki-tepki haline gelir; her türlü özel içselliğini yitirmiş ve fizikselliğin bir niteliği ve ikincil olgusu durumuna gelmiştir.

Nörofizyolojist James Gibson'un ekolojik bakış kuramı daha radikaldir, çünkü üst zihinsel (*mental*) işlevlerin varsayımsal merkezi olarak zihnin (*esprit*) bütünüyle dışlanması durumuna götürür.[31] Klasik biçimiyle Gibson tarafından geliştirilen İngilizce *affordance* (elverirlik) ilkesi çok iyi bilinir: İnsanlar dâhil hayvanların çevresinde fizik dünyaya ya da fenomenal

29 Varela, F., Rosch, E. ve Thompson, E., 1993.
30 *A.g.y.*, s. 239.
31 Gibson, J. J., 1979.

deneyime indirgenemeyen özellikler vardır, zira bunlar bir gözlemcinin, duyu-motor kapasiteleriyle uyumlu bir etkinlikte bulunması için algıladığı olasılıklara ya da *affordance*'lara bağlıdır. Sözgelimi bir insan ya da koyun için bir yalıyarın kıyısı bir yandan bir hareket alanı, bir yandan da boşluğa düşüş gibi görülebilir, oysa bir yarasa böyle bir yeri belki uçuşa davet gibi görecektir. Böyle bir yerde bu farklı eylemlerin gerçekleştirilebilmesi, yalıyarların mesela bir jeomorfolog tarafından incelenebilecek içrek bir özelliği değildir; coğrafi yapı unsurlarının bu özellikleri ondan yararlanabilecek organizmalar için anlam taşırlar. Gibson ayrıca ışık topolojisi bağlamında iç temsillerin aracılığına gerek kalmadan çevre özelliklerini, *affordance*'ları belirginleştiren değişmez özellikler bulunduğunu ileri sürer. Dolayısıyla algı dolayımsızdır ve tıpkı belirginleştirdiği *affordance*'lar gibi bu optik değişmezliklerin bulunmasıyla ilişkilidir; hayvanın eyleminden bağımsız bir durumdur bu, zira burada *affordance*'lar her zaman algılanmaya hazır durumdadırlar. Algının bu şekilde yeniden tanımlanması, aynı zamanda zihnin işlemlerinin de yeniden tanımlanmasını gerektirir, çünkü optik değişmezliklerin bir organizma tarafından ortaya çıkarılıp soyutlanması, hem algıya hem de bilgiye bağlıdır; bilgi ise algının bir uzantısıdır. Bu durumda anı, düşünce, çıkarsama ya da önceleme için artık bir idraktan (*intellect*) söz etmek gerekli değildir; sözgelimi Gibson şöyle diyor: "Ben inanıyorum ki bunların hiçbiri hiçbir zaman zihnin bir işlevi gibi anlaşılamaz."[32] Elveda gizemli içsellik! İnsan ve insan olmayan hayvanlar arasındaki kesin ayrımlar ortadan kalkmıştır! Duyu-motor bir mekanizma ve kuşatıcı bir ortam arasındaki yapısal ikilik kaybolmuştur! Sadece özel bir alıcı tarafından güncelleştirilmeyi bekleyen optik süreklilikler kalır.

Gibson ekolojik algı teorisiyle, yüzyıllardan beri modern natüralizmin hemen hemen tartışmasız epistemolojik sistemini oluşturan bu bilişsel gerçekçilik biçimine güçlü ve tutarlı bir alternatif getirir. Doğuştan gelen yatkınlıkları ve kültürel olarak kazanılan kapasiteleri birleştiren temsiller aracılığıyla nesnel bir dünyadan aldığı duyusal bilgileri işleyebilecek bir zihinle donanmış özerk bir özne yerine, bilgiyi gündelik amaçlarının peşindeki bir organizma aracılığıyla dikkatin bir eğitimi olarak görmeyi önerir ve söz konusu amaçların gerektiği şekilde gerçekleşmesi için sadece çevre özelliklerinin araştırılmasıyla ve çevreye gitgide daha iyi uyum sağlamayla sürekli zenginleştirilen bir yetenek gerekir. Dolayısıyla bu programın, inceledikleri toplumlarda, yerel formülasyonları doğa ve zihin, özne ve nesne ya da idrak ve duyum arasındaki klasik düalizmle pek uyuşmayan çevreyle ilişki biçimlerine tanık olan Ingold ya da Berque gibi bilim insanları üstünde çok büyük etkisi olmasını anlamak mümkündür.[33] Gibson kendisinin ekolojik algı kuramının toplumsal ve kültürel sonuçları konusunda çok belirgin şeyler söylemese de, bu kuram gerçekten insan toplumsallığının değerlendirilmesi bağlamında çok farklı bir tarzın düşünülmesini mümkün kılar; kolektif temsillerin ortak bir sistemi sayesinde duyulur verilerin süzülmesiyle mümkün olan deneyimin bir biçimlendirilmesi olarak değil, aynı *affordance*'ları saptama kapasitesine sahip olan ve dolayısıyla aynı çev-

32 *A.g.y.*, s. 255.

33 Ingold, T., 2000, s. 166-168; Berque, A., 1990, s. 101-103.

rede tepki uyandıran bedenlerin pratik dahline dayalı, her tür kültürel nesnelleştirmeden önceki bir durum.

Böylece bedenin çevreye doğrudan dahil olması varsayımını ileri süren bilgi kuramları, natüralizmin tüm yapısını yıkmış gözüküyorlar; zihin artık insan eylemlerinin ve düşüncelerinin bir gerekliliği değildir; kültürler artık temsillerin ve normatif tavırların çok farklı ve tözleşmiş, bireylerin öğrenimine açık öbekleri gibi durmazlar; hayvanlar insanların düzeyine çıkabilirler çünkü onlar da bizim gibi duyu-motor yetenekleriyle dünyaya bir anlam verebilen organizmalardır; kısacası ayırt edici içsellik bütünüyle kaybolur ve yerini fizikselliklerin uyumlu sürekliliği alır. Ama zihin ölçütüyle yapılan ontolojik ayrımın ortadan kalkması yeni bir dışlama durumuna yol açar, zira var olanların yalnızca bir kategorisi söz konusudur: Algılayabilen ve hareket edebilen bir bedene sahip olacak kadar talihli olanlardan oluşur bu grup. İnsan olmayan cansız varlıklar ise, bilgisayarlar gibi bizimkilerin türevleri olan zihinsel işlemler yapabilseler de saf nesnelerdir. Düşünceyi algı ve özel bir *Umwelt*'e (ortam) dahil olmuş bir bedene yavaş yavaş yerleşen eylem arasındaki etkileşimin bir sonucu haline getiren zihinselcilik (*mentalisme*) karşıtları gerçekten de bilgisayarların insanlarla (ve de hayvanlarla) her türlü ontolojik yakınlığını reddederler; bunun nedeni zihin felsefesiyle gelişen klasik bir argümana göre yönelimsellikten ve kendilik bilincinden yoksun olmaları değil, saf beyinlere benzemeleri ve öznelliği oluşturan öz deneyim belleğinin, sinirsel ya da elektronik bir işlemcide değil bedende bulunmasıdır. Hareketlerini özerk bir öğrenme döneminden sonra biçimlendirebilmeye başlayan robotlar bile onların gözünde değersizdirler, zira mekanizmaları zihnin koneksiyonist modellerinden esinlenilerek oluşturulmuştur; oysa Ingold'un dediği gibi bu koneksiyonizm "her zaman bütün bilişsel bilim projelerinin temelini oluşturan kartezyen ontoloji içine kök salmıştır, zihnin etkinliğini doğa içindeki bedenin etkinliğinden kesinlikle ayıran bir ontolojidir bu."[34] Karmaşık organizmalar içinde bir ontolojik dışlama faktörü olan, saf dışı edilen içsellik, böylelikle bir var olanlar sınıfı olamadığı için bir nitelik olarak yeniden ortaya çıkar: Bilgisayarlarda bulunan zihin simülakrı, onları insanlara hiçbir zaman benzetemez, zira insanların belirgin bir zihni, en azından bedenden bağımsız, kompütasyona yönelik bir düzenek biçiminde bir zihni yoktur. O halde, insan olmayanları radikal bir ötekilik içerisine sokan, onlara atfedilen bu yapay içselliktir; yani bizi artık hayvanlardan ayıramayan, çünkü ne bizde ne de onlarda bulunan içsellik – yeni ontolojik farklar yaratan da bu yapay içselliktir.

Böylelikle bu yeni algı fenomenolojisi, saf dışı ettiğini söylediği natüralist ontolojinin belirgin özelliklerini dolaylı biçimde görünür kılar. Artık yok edilmiş olan bir zihnin yarattığı ayrımın bozmadığı, hayvanlarla insanlar arasındaki fizikselliklerin görünür sürekliliğinin ardında, aslında içselliklerin yeni ve çelişkili bir süreksizliği gizlenir: Söz konusu olan, üreten insanlar öyle istedikleri için içsellikle donanmış olan makinelerle, içrek canlılıkları nedeniyle bunlardan yoksun olan insan ve insan olmayan hayvanlar arasındaki süreksizlik. Bu açıdan bakıldığında animik tanıma biçimiyle bir karşılaştırma son derece öğreticidir. Bir Açuar ya da

34 Ingold, T., 2000, s. 165.

bir Cree, çevrenin bir artefakt'ının ya da inorganik bir unsurunun bir "ruhu" olduğunu söylediğinde şunu anlatmak isterler: Bu bağımsız birimlerin insanınkilerle aynı olan özel bir yönelimsellikleri vardır ve dolayısıyla bu yönelimsellik içinde yer aldıkları moleküler tipte bir öze ve sonunda yaşama geçiktikleri bir sürecin cinsine bağımlı değildirler. Biçim ve davranış farklılıkları tanınır, ama bir sarbakanı ya da bir dağı, paylaşılan içsellikler üzerinden dışlamaya yetmez bunlar. Buna karşılık bir hayvanın bedeniyle düşündüğü için insana benzediği, ama bir bilgisayarın konuşsa ve satranç oynasa da, içsellik parodisi yaşamla beslenmediği için insana benzemediği söylendiğinde, burada ön plana çıkan şey, tersine nesnelleştiren bir fiziksellik –bir makine– ve öznelleştiren bir fiziksellik –bir beden– ayrımıdır; yani bilişselcilik karşıtları ne derlerse desin, özneler ve nesneler arasındaki çok düalist varlık dağılımının çok az değişmiş bir topografisi öne çıkar.

Vücuda dâhil bilişsellik kuramların ya da ekolojik kuramların tam zıddı olan ve nörobilimlerdeki son gelişmelerden beslenen bir akım da, insan içselliğinin özerkliğinin natüralist bir şemasını fizikselliğin iç özellikleri içinde eriterek yeniden tartışmaya açmıştır. Bununla birlikte, her iki durumda da maddi özler farklıdır: Düşünce artık duyu-motor bir sistemle bir çevre arasındaki etkileşimin bir sonucu değil, uzun zamandan beri üst zihinsel işlevlere bağlı bir organ olarak düşünülen beynin etkinliğinin bir ürünüdür. Frenolojinin emekleme dönemlerinden beri zihinsel durumların beyinsel etkinliğe ve daha genel anlamda da merkezî sinir sistemi mekanizmalarına indirgenebileceği düşüncesi kesinlikle yeni bir şey değildir; bununla birlikte nörobiyolojideki gelişmeler ve psikologlarla filozofların birkaç yıldan beri bu gelişmelerle ilgilenmeleri, bu hipotezin Gall ya da Broca dönemine göre daha bilinçli ve daha temkinli bir tavırla ele alınması sonucunu getirmiştir. Gerçekten de biyologların çoğu, insani olanlar da dâhil olmak üzere tüm fiziksel kendiliklerin davranışlarının açıklanmasının, evrensel bir kuram içinde eritilmesini sağlayacak mutlak bir indirgemeciliğe kuşkuyla bakarlar. Geleneksel olarak fizikselci (*physicaliste*) olarak tanımlanan orta yol, zihinsel durumlarla birlikte gerçeğin bütün unsurlarının deneysel bir biçimde incelenmesi mümkün olan maddi süreçlere ya da durumlara bağlı olduğunu iddia etmekle yetinir, öyle ki Jean-Pierre Changeux'nün deyişiyle "zihinsel olayların fiziksel olaylarla özdeşleştirilmesi hiçbir biçimde ideolojik bir tavır değil, sadece en mantıklı ve özellikle de en verimli çalışma hipotezidir."[35] Gerçekten de bazı olaylar arasında fiziksel bir ilişki olmadan nedensel bir etkinlik olamayacağını öngören önerme kabul edilirse, düşünce oluşumu dediğimiz zihinsel olgu maddi bir özün yani beynin yardımı olmadan gerçekleşemez. Zihinsel etkinlik ve sinirsel etkinlik ayrımı ortadan kalkar: Zihinsel olgular merkezlerini oluşturan bireyin davranışına nedensel olarak müdahale ediyorlarsa (ki reddedilmesi pek mümkün gözükmeyen bir durumdur bu), o zaman bunların moleküllerle ve fiziksel-kimyasal unsurlarla açıklanabilecek fiziksel bir boyuta sahip olmaları gerekir. Fizikselciler Gibson'dan çok büyük ölçüde ayrı düşünüyormuş gibi gözükmelerine rağmen zihinsel tasarımları doğuran madde dışı bir içselliğin varlığına ondan daha fazla inanmazlar. Gene Changeux'nün dediği

35 Changeux, J.P., 1983, s. 363.

gibi: "Bundan böyle Zihin'den söz etmenin ne anlamı olabilir?"[36]

Öte yandan monistler dahil olmak üzere filozoflar, bu noktada zıt görüşleri paylaşsalar da genellikle nörofizyolojistlerden daha temkinlidirler. Analizleri materyalist zihin kuramı yanlıları arasında büyük ilgi gören Donald Davidson'a göre fiziksel gerçeklik ve zihinsel gerçeklik heterojen özelliklere sahiptir: Birincisi nedensel olarak kapalı bir teoriyle nesnelleştirilebilir, ikincisi için mümkün değildir bu, zira zihinsel durumların oluşumunun açıklanması, gözlemlenen özneye birtakım temel özellikler yüklemeye bağlıdır. Sözgelimi ürettiği sözcelerin gerçek olduğuna inanması ve bunların fiilen gerçek olması gibi: Davidson'un "iyi niyetli yorumlama ilkesi" dediği metodolojik bir zorunluluktur bu. Başkalarının düşünce içeriklerinin yorumlanması ve açıklanması her zaman bu rasyonellik ve tutarlılık ilkesinden hareketle mümkün olduğundan, yorum normlarından bağımsız hiçbir veri teoride sabit bir nokta oluşturmaz, zira bu normlar yorumlanacak verilerin temel unsurlarını oluştururlar. Bu nedenle Davidson arızi fiziksellik tezini savunur ve buna göre Changeux'nün dediği gibi zihinsel bir olay fiziksel bir olaya özdeştir, bu ancak tek tek, arızi vakalara bakarak anlaşılabilir, öyle ki bu rastlantının bir yasanın ifade edilmesini sağlayacak yinelenen bir dizi tezahürde gerçekleşeceğinden emin olamayız. Bu durumda beyinsel bir olay sonucu "ortaya çıkan" (*supervenience*) zihinsel bir olay söz edilir ve özellikleri onu ortaya çıkaran fiziksel olaya indirgenemeseler de zihinsel olayı belirleyen beyinsel olaydır.[37]

Bu ortaya çıkma kavramı, Aristoteles'ten gelse de çok çelişkili gözükür ve bu nedenle beynin bir düşünceyi belirlemesi bağlamında tatmin edici felsefi bir açıklama getirmesi mümkün değildir. Vincent Descombes'un çok iyi gözlemlediği gibi ortaya çıkan unsur tamamlaması mümkün olmayan bir şeye eklenir ve dolayısıyla iki durum arasında gidip gelir: "Fazlalık durumu ve gereksizlik durumu."[38] Bunu ancak Quine gibi minimal bir biçimde yorumlamak mümkün olabilir: Fiziksel farklılıklar üzerinde ortaya çıkan zihinsel farklılıklar: Her zihinsel farka tekabül eden bir fizik fark olduğu yolundaki düşüncenin karmaşık bir çevirisi. Ancak fiziksel bir fark ölçülebilir, buna karşılık zihinsel bir farkın her zaman değerlendirilebilmesi mümkün değildir, zira zihinsel bir durum ve fiziksel bir durum birbirlerini aynı şekilde izlemediklerinden farklı özellikler taşırlar. Beyin filmleri (MR gibi teknikler) sayesinde bazı sözcelerin oluşumunu ya da bazı problemlerin çözümünü beynin bazı bölümlerinin etkinlikleriyle ilişkilendirmek kesinlikle mümkündür, ancak kesintili zaman birimlerine bölünemeyen ve zihin filozoflarının *qualia* dediği birçok sıradan zihinsel durum için mümkün değildir bu. Bu sabah kendimi mutlu hissediyorum çünkü hava güzel ve iyi bir haber aldım (en azından durumumu böyle yorumluyorum); bu durum ne zaman başlar ne zaman biter? Sürekli midir değil midir? Ne zaman bilincimde mevcuttur, ne zaman değildir? İşte sık sık gerçekleşmesi umulan, davranışı nedensel olarak etkileyebilecek, bununla birlikte rastlantısal ve ortaya çıkma ilkesine göre de olsa nöronal bir durumla örtüştürülmesi çok zor

36 *A.g.y.*, s. 364.
37 Davidson, D., 1980, özellikle s. 207-227,

38 Descombes, V., 1995, s. 314.

gözüken zihinsel bir durum. Kısacası, fizikselci yaklaşıma şüphenin avantajı teslim edilse bile, bunların insan içselliğinin bütün özelliklerini sinirsel mekanizmalara indirgemeleri için kat etmeleri gereken yol epey uzundur.

Ancak mesele bu değildir. Amacım çağdaş bilişim kuramlarını ampirik, felsefi ya da epistemolojik düzlemde yargılamak değil; ben daha çok bu kuramların modern natüralist ontolojinin temellerini nasıl ve niçin sarsabileceklerini irdeliyorum. Biraz önce gördüğümüz gibi fizikselcilik henüz uzaktır bu amaçtan. İnsanların –sadece insanların çünkü Davidson gibi maddeci zihin filozoflarının çoğu hayvanların düşünebilecekleri görüşünü kabul etmezler–[39] ayırdedici içselliğini ortadan kaldırmak amacıyla benimsediği strateji içerisinde fizikselcilik, natüralist ontolojinin tipik bir özelliğini yansıtır. Gerçekten de natüralist ontoloji insan varlıklarının belirgin özelliğinin kendi aralarında farklılaşmaları olduğu ilkesinden hareket eder: Her özneye içrek, maddi olmayan ancak yine de her kültüre özgü değer ve temsillerle belirlenen bir iç yeti sayesinde, bireyler ve gruplar arasında bir farklılaşma vardır. Dolayısıyla, uzun süre doğrudan gözlemin dışında kalan bu içselliğin bireysel ve kolektif varlığını eleştirmenin tek yolu, zihni tekilleştirmekten vazgeçerek onu beynin evrensel maddi özelliklerine indirgemek, yani içselliği fiziksellik farklarının öze değil dereceye bağlı olduğunu iddia eden natüralizmin tamamlayıcı önermesinde eritmektir. Dolayısıyla nörobilimlerde, çalışan beynin haritasını çıkarma olanağı veren işlevsel beyin filmi (*neuroimaging*) tekniklerinde bu amaca gitgide daha fazla rol yüklenmektedir. Bu durumda beyinsel işlemlere indirgenebilir olması açısından insan içselliği gizemini ve yoğunluğunu büyük ölçüde yitirir, çünkü artık onu bütünüyle görünür kılmak ve varsayımsal varlığını doğrulayan en büyük özelliğini açığa çıkarmak mümkündür. Ancak, kesitsel görüntüler veren tomografi ya da işlevsel manyetik rezonans, kendilik bilinci, işaretlerin bireyselleştirilmesi ya da önermelerle ifade edilen bir yargı üzerinde kültürel bir temsilin etkisi gibi inatçı içsellik kalıntılarını her zaman *in vivo* görme olanağı vermez. Yani zihnin fiziksel doğasını ideografi sorgulayacısının önünde sergilemeden önce görecek güzel günleri vardır.

39 Davidson, bu noktada kendisini eleştiren Joëlle'den farklı düşünür: 1997, s. 72-79.

Doğanın Hakları mı?

Natüralist ontolojinin belki de en ciddi parçalanma, dağılma riskleri taşıdığı alanlar bambaşka alanlardır: Ahlâk felsefesi ve hukuk felsefesi. Gerçekten de insanların öteki varlıklara göre süreksizliği modern ideolojide bunların ikili bir öznelliğe sahip oldukları düşüncesinden kaynaklanır: Kendilik bilinci öznelliği oluşturur, öznellik ahlâksal özerklik getirir, ahlâksal özerklik içinde yaşadığı cemaatte hakları ve ödevleri olan bir birey olarak öznenin niteliklerini oluşturan sorumluluk ve özgürlüğü getirir. Dolayısıyla geleneksel olarak bu özelliklerden yoksul oldukları düşünülen bitkiler ve hayvanlar uygar yaşamdan dışlanmışlardır; onlarla siyasal ya da ekonomik ilişkiler kurmak mümkün değildir çünkü özne değildir onlar.[40] Bununla birlikte insan olmayanların emperyal bir

40 Ortaçağ'da ve Rönesans döneminde durum farklıydı ve hayvanlar hakkında davalar açılıyordu bu dönemlerde; bazı durumlarda tüzel kişi olarak görülebiliyordu hayvanlar; bu tür ilginç örnekler için bkz. Agnel, E., 1858.

insanlığa bağımlı olması, Kant hümanizmasının önyargılarından kurtulmuş bir çevre ahlâkının gelişmesi için çalışan ahlâk ve hukuk kuramcıları tarafından giderek eleştirilmiştir.

Özellikle ABD, Avustralya, Almanya'da ve İskandinav ülkelerinde 1970'lerden bu yana insanın doğal çevresiyle ilişkileri üstüne bir ahlâk düşüncesi gelişmiştir. Fransa ve Latin halkları esasen kuşkucu ve alaycı bir gözle baktıkları bu hareketin dışında kalmışlardır, zira onlara göre bu haraket daha çok akla ve teknik gelişmeye aykırıdır, daha da kötüsü bir gericilik teşebbüsüdür ve Aydınlanma idealleriyle bireyin vazgeçilmez, devredilemez, zaman aşımına uğramayan haklarının evrenselliğini yıkmaya yöneliktir.[41] Biz burada, bazı ülkelerde insanın topluma karşı görevleri ve toplumsal haklar bağlamında bütünüyle ahlâksal bir yaklaşımın ortaya çıkışını kolaylaştıran karmaşık nedenleri göstermeye çalışmayacağız. Burada Protestanlığın bireysel sorumluluk ve cemaat etiği ilgili değerlerinin bir payı vardır hiç kuşkusuz; aynı şekilde ABD'de ve Almanya'da çelişkili bir vahşi doğa sevgisinin ulusal bilinçlerin oluşumundaki çok özel işlevi de, *Gemeinschaft*'ın erdemlerini unutan bir toplumun yapaylığına karşı en iyi mücadele biçiminin, gösterişsiz bir çevre içinde basit bir yaşam olduğu fikrini destekleyen bir kaynaktır. Biz şimdilik basit bir tespitle yetinelim: Çevre etikleri, özellikle Anglosakson püritanizminin fethettiği topraklarda ve 19. yüzyılda Descartes ve Comte Fransası'nın inatla direndiği ve karşı çıktığı bu *Naturphilosophie*'nin doğduğu Avrupa'nın kuzey bölgelerinde gelişir.

Öte yandan çevre felsefeleri çok farklı kaynaklardan esinlenirler. Bunların içinde eskiden sadece insan varlıklarına bağlı olan sınırlı ahlâk düşüncesinin az ya da çok geniş bir insan varlıkları yelpazesi içinde yayılmasını öneren yayılmacı etikler ve ekosistemik cemaatlerin dengesinin korunmasında kendi içinde 'bireyin kendisine verdiği bir emir" gibi, yani cemaatleri oluşturan kendiliklerin statüsünden ve gelişmesinden bağımsız olarak düşünülen, insanların sorumluluklarının önemsendiği bütüncül etikler ayrımı yapma alışkanlığı yaygınlaşmıştır.[42]

Yayılmacı etikler daha çok insanmerkezlidir, ama hepsi aynı düzeyde değildir. Sözgelimi Peter Singer pratik ahlâk uygulaması alanına zevk ve acı duyabildikleri, dolayısıyla insanlar gibi dikkate alınması gereken özel birtakım yararlara sahip oldukları gerekçesiyle çok sayıda insan olmayan varlığı da dâhil eder.[43] Kökenleri hayvanları da kapsayacak insani bir özelliğe bağlı olmasa da, bu durumdan gelen haklar insanları koruyan –özellikle yaşama saygı ve kötü muamelenin engellenmesi– haklarla karşılaştırılabilir. Gerçekten de Singer'in etiği Bentham'ın yararcı öğretisine dayanır: Tüm duyarlı varlıkların acıdan korunmak ve kendi varlıkları içinde gelişmekten bir yarar sağladığı kabul ediliyorsa, bu yararı sadece insan varlıklarına tanımak *speciecism*'dir (tür ayrımcılığı, türcülük); aynı özelliklere sahip varlık sınıfları arasında hiçbir temele dayanmayan ayrımcılıklar oluşturması açısından ırkçılığa benzer bir tavırdır bu. Bununla birlikte Singer zaman içinde daha açık seçik biçimde insanmerkezli bir tavır benimser ve geldiği noktada bazı duyarlı varlık-

41 Ferry, L., 1992, güzel bir örnektir bu bağlamda; ama önemli istisnalar da vardır, sözgelimi bkz. Berque, A., 1996 ya da daha farklı bir açıdan Latour, B., 1999.

42 Sözgelimi bkz. sorunla ilgili kısa ve mükemmel bir sentez yayınlayan La Larriere, C., 1997.

43 Singer, P., 1979.

ların, natüralizmin kendilik bilinci, düşünme yeteneği veya kendini geleceğe yansıtma ya da karmaşık bilgileri ifade etme gibi insanlara atfettiği bazı yeteneklerin türevleriyle donatıldıkları için daha büyük bir içrek değerleri olduğunu söyler. İçsellikleri sebebiyle insanlara yakın olduklarından kişi statüsü verilen ve aralarında şempanzelerin de bulunduğu çok az sayıda hayvanla ilgili bir durumdur bu: Vahim beyin lezyonları ya da bozuk oluşumları nedeniyle aynı yeteneklerden yoksun insanlar gerçek anlamda kişi olamayacaklarından ve dolayısıyla kendiliğinden gelen bir yaşam hakkından yararlanamayacaklarından, şiddetle eleştirilen mantıksal bir sonuç doğurur aynı zamanda.[44]

Kişi statüsünün hukuksal avantajlarını sadece insan türü için uygun bulan insanmerkezli tezin radikal bir eleştirisi olarak sunulmasına rağmen, Singer'in etiğinin natüralist ontolojinin temel ilkelerini esaslı bir biçimde tartışmaya açmadığını söylemek gerekir. Hatta onun bütün olanaklarından yararlanır, zira yaşam hakkının duyarlı varlıkları kapsamasına yönelik "patosantrik" argüman, varlıkların fiziksel boyutunda, en azından merkezî sinir sistemiyle donatılmış organizmalarda bir benzerliğin bulunduğunun ileri sürülmesine dayanır, buna karşılık kişi niteliğinin sadece bazı hayvanları kapsaması bunların "normal" insanlarla aynı özellikleri taşıyan bir içselliği paylaşmaları olgusuna dayanır. Hiç kuşkusuz ontolojik sınırlar biraz kaymış, insan olan ve olmayanlarda yaşam hakkını doğrulayanın ne olduğu hakkında hararetli ve çok önemli tartışmalar doğurmuştur, ama bu hareket natüralizmin kuvvet çizgilerinin belirlediği kestirilebilir yönlerde ortaya çıkmıştır: Bir yanda bedenlerin sürekliliği, öte yanda zihinsel yetilerin süreksizliği. Sınırları belli olan kişi kümesinden dışlanan hayvanlar, alt bir konum içinde kaldıklarından özerk özne niteliği tanınmamıştır onlara; insan varlıkları açısından ahlâksal kaygıyla ele alınan nesnelerdir ve kendi adlarına talep edebilecekleri haklara sahip değildirler. Bitkilere ve abiyotik (yaşamın olmadığı ya da mümkün olmadığı) çevre unsurlarına gelince, bunlar, duyarlıkları olmadığından, natüralizmin daha önce insan olmayan tüm varlıklara atfettiği irade dışı ve kişisiz bir kadere mahkûmdurlar.

Singer'inkinden çok daha açık seçik biçimde insanmerkezli bir esinle çalışmasına rağmen, Tom Regan'ın geliştirdiği havyan koşulları etiği natüralizmin ontolojik uzlaşımlarından kesin biçimde ayrılır. Gerçekten de Regan çok açıkça bireyci bir tavırdan hareket eder: Ahlâkın ve hukukun kaynakları sadece bireylerde yani içkin bir değere sahip varlıklarda bulunur, zira bu varlıklar sürekli aşağılayıcı bir acıma duygusunun bulaşmış olduğu insan ahlâkının nesneleri değil, "yaşam özneleri"dir (*subjects-of-a-life*). Bununla birlikte ahlâk öznesi olabilme koşulunun tanınması için, tavırların bu duruma göre ayarlanabilmesini sağlayacak yasaları ve özgürlüğü anlayabilmek için –modern doğal hukuk kuramlarının gerektirdiği gibi– gerekli akla, hiç değilse bir eylem özgürlüğü ve bir yönelimsellik biçimi içeren kapasitelere sahip olabilmek gerekir: Kendilik bilinci, amaçlara göre davranabilme yeteneği, temsiller oluşturabilme olanağı.[45] Birçok etologdan daha yüce gönüllü olan Regan'a göre bu nitelikler sınırlı sayıda memelide, özellikle

44 Regan, T., 1983.

45 Leopold, A., 2000 (1949).

primatlarda bulunur ve bu varlıklar böylelikle merhametli insan varlıklarının sağladığı koruyucu haklardan yararlanan varlıklar değil, bütün haklara sahip tüzel kişiler olurlar.

Bu görüşe göre hayvanların Singer'in de düşündüğü gibi, insanlarla ortaklaşa sahip oldukları iç özellikleri sayesinde kategori değiştirirler. Ama sadece kendi liyakatlarıyla kazandıkları yeni statü natüralist tanıma biçiminde daha büyük bir gedik açar, çünkü sonunda insanlarla eşit olmalarını sağlayan, içrek bir özellik olarak onlara özne niteliği verilmiştir. Bununla birlikte ontolojik sınırlardaki bu hareketlenme, Regan'ın önerdiği natüralizmin yayılımcı değişkenini, animizmin özellikleri paylaştırma biçimine yaklaştırmaktan uzaktır. Öncelikle insanlarınkine benzer bir içsellik sadece birkaç hayvana atfedilmiş, onların bu özelliği taşıdığına dair bazı ipuçlarından hareketle atfedilmiştir: Animizmdeki gibi, öznelliğin ampirik sonuçları sayesinde kolayca görülemeyeceğinden yola çıkarak, bitki ve artefaktları bundan mahrum bırakmak için geçerli sebep olmadığı yolundaki ilkeden hareketle atfedilmemiştir. İkincisi Regan'ın büyük maymunlara atfettiği içselliğin, onları kolektif özneler durumuna getirdiği söylenemez pek, zira ona göre sadece bireylerin hakları olabilir. Oysa animizmin eğilimi her türlü varlık kategorisinde insanları yöneten ilkelere benzeyen ilkelere göre düzenlenmiş *sui generis* cemaatlerin bulunduğunu görmektir. Son olarak, burada fiziksellik değil içsellik ayırıcı bir rol oynar, buna karşılık animizm özne kolektifleri arasında anatomik donanımlarına ve davranışlarına göre ayrım yapar. Muhtemelen Regan'ın bu yayıcı ve genişletici eğilimleri bir Makuna ya da Montagnais'ye saçma gelecektir. Makuna bazı hayvanların oldukları gibi, yani özneler olarak korunmasını ister, bir yandan da haklarından daha iyi yararlanabilmeleri için temsil edilmeye ihtiyaçları olduğunu kabul eder; Montagnais'lere göre ise hayvanların çoğu çok eskiden beri öznedir ama ne pahasına olursa olsun onları korumak adına bu kurucu özerkliği gasp etmek saçmalıktır. Görüldüğü gibi yaban faunanın korunması yanlıları ile Amazon ya da Subarktik bölgedeki yerli avcılar arasındaki anlaşmazlıklar hemen çözümlenecek gibi gözükmüyor.

Buna karşılık bütüncül (*holiste*) etikler daha çok animizme yakın gözüküyorlar, zira onlar özel niteliklere sahip bireyler ya da türler üstünde durmuyor, bir çevrenin tüm organik ve abiyotik unsurlarını bir araya getiren bağımlılık ilişkilerini dikkatsizce alt üst etmeden, ortak yararı koruma gerekliliğini öne çıkarıyorlar. Bu bağlamda sadece parçaların bütünle ilişkisi önemlidir; bütünün her parçası ancak ve sadece yaşamsal mübadele düzeninde işgal ettiği yere göre değer ve anlam kazanır. Bununla birlikte insanların, olağanüstü tahrip kapasiteleri nedeniyle ekolojik dengelerin korunmasında çok belirleyici, ahlâksal sorumlulukları vardır ve bu rolü ancak trofik zincir* içindeki durumlarını anlayabilmek koşuluyla yerine getirebilirler. Bununla birlikte etkileşimleri bu düzeyde anlayabilmek ancak doğanın mütevazı, meşakkatli bir gözlemiyle ve devasa yeryüzü topluluğunun aktörlerinden her birine can veren gizemli teleonomiyi** bilmekle mümkündür.

(*) Besin zincirindeki beslenme basamaklarının her biri; yeşil yapraklı bitkiler birinci trofik düzeyi, otçullar ikinci trofik düzeyi, etçiller üçüncü trofik düzeyi oluştururlar – ç.n.

(**) Biyolojide Colin S. Pittendrigh'ın 1958'de ortaya koyduğu tanımıyla, varlığın kendi ereğinin yasasını belirlemesi – yay.haz.

Çevreye bütüncül bakış felsefesini esinleyen büyük figür Aldo Leopold, ölümünden sonra 1949'da yayımlanan ünlü yapıtı *Almanach d'un compté des sables'* de (Fr. çev.) bu amaca yönelmiştir.[46] Yale mezunu, orman mühendisi, doğal kaynakların yönetilmesinde deneyimli bir çevrebilimci olan Leopold aynı zamanda yeniyetmelik döneminden beri avcılık yapan biriydi ve bu alışkanlığı dolayısıyla hiçbir biçimde vicdani bir rahatsızlık içinde değildi. Çevrenin karmaşıklığı konusundaki değerlendirmeleri ve çevreyle ilgili görüşleri bağlamında onu bir filozof ya da ahlâkçı olarak değil deneyimli bir avcı olarak görmek gerekir. Bu deneyimli avcı çok temel dersler veren Amerika doğasıyla ilgili kırk yıllık çok özel ve çok farklı deneyimlerini imalı hatta alegorik bir üslupla aktarmıştır: Avlanmayı bilmek, av hayvanını bulmayı bilmektir ve av hayvanını bulmayı bilmek de aranan hayvanın bakış açısını benimseyebilmeyi bilmek, şeyleri onun gibi kavrayabilmek ve kendini onun yerine koyabilmektir; kısacası yukarıdan bakan ve egemen bir tavırdan vazgeçmek ve hareket halindeki dünyanın yapısını oluşturan yazgılardan ve arzulardan oluşan karışık yapıyı içeriden kavrayabilmek demektir bu. Böyle bir tavır Amerika yerli avcılarının insan olanlar ve olmayanlar arasındaki ilişkilerin altını çizen dönüşümleri tasarlama tarzını anımsatır: Bu avcılar bu ilişkileri ve dönüşümleri perspektif takasları gibi görürler ve bu süreçte her varlık kendi bedeninin empoze ettiği gözlem pozisyonunu bırakarak, onun görüş açısına sahip olabilmek için başkasının bedenine girer.

Bununla birlikte sadece bireysel avlanmaya özgü teknik ve bilişsel gerekliliklerle desteklenen bu anolojiyi fazla ileri götürmekten sakınmak gerekir. Çünkü Leopold'un *land ethic*'i, tersine hiç gocunmadan yenilediği natüralizmin ontolojik dağılımlarını hiçbir biçimde yeniden tartışma konusu yapmaz. Hiç kuşkusuz insan varlıklarının hayvanların ve bitkilerin etkileşimleri içinde yerleri, sorumlulukları konusunda doğru bir fikir edinebilmeleri için, canlanmalarına katkıda bulundukları bu büyük organizmanın öteki unsurlarının yaşam yönelim ve eğilimlerini kibir göstermeden düşünmeleri yararlı olabilir. Dolayısıyla Leopold'un esinlediği pedagojik gereklilik, "bir dağ gibi düşünmek" –kurtlar, geyikler ve bitkiler arasındaki dengeyi daha iyi değerlendirebilmek için– ya da yeni başlayan bir tür yönelimselliğin açıklanması aracılığıyla sürekli kendi dâhil olduğu maddelerin döngüsü içinde hareket eden bir atomun yolculuğunu düşünmek.[47] Ama burada söz konusu olan kesinlikle animik bir inanca aidiyet bildirmek değil, soyut, ekolojik bir bilgiye bir töz ve yaşanmışlıktan gelen bir aciliyet kazandırmaya yönelik sağlıklı düşünce deneyimleridir. Formülasyonlarının şiirsel taşkınlığı kimi zaman karmaşık yorumlara götürse de, Leopold insan olmayanlara insanlarınkine benzer bir içsellik, her birinde doğanın genel teleonomisinin bir metaforu olarak ortaya çıkan bir oluş bilinci atfetmez. Özellikle hayvanlarda ve bitkilerde kültürel uzlaşma ve uyuşmaların damgasını taşıyan bir tür gibi yaşama kapasitesi yoktur ona göre, bu özellikler tartışılmaz biçimde insanların ayrıcalıklarıdır. Gerçekten de Leopold natüralist şemanın ve inşacı düalizminin bilinen, sıradan versiyonunu kabul eder: "Bakir doğa ham maddedir ve in-

46 *A.g.y.*, "bir dağ gibi düşünmek" konusunda s. 168-173 ve bir atomun yolculuğunu düşünme konusunda s. 138-143.

47 *A.g.y.*, s. 238-239.

san bu ham madde içinde uygarlık denen yapaylığı zorlukla oluşturabilmiştir. [...] Doğada olağanüstü bir çeşitlilik vardır ve bu doğadan çıkan yapay şeyler de çok çeşitlidir. [...] Dünya kültürlerinin çeşitliliği ona hayat veren doğalarınkine denk bir çeşitliliği yansıtır."[48] Görüldüğü gibi çok yeni bir şey yoktur.

Hiç kuşkusuz 20. yüzyılın ilk yarısında yaşamış bir orman mühendisinden, ne kadar ileri görüşlü olursa olsun, düşünceleri ne kadar özgün olursa olsun kendisini oluşturan zihinsel çerçevelerden bütünüyle kopmasını beklememek gerekir. Ve şu da bir gerçek ki Leopold'un halefleri düalizmin aldatıcı simetrilerinden ve kimi zaman mentorlarının teslim olduğu paylaşılmış erekselcilikten kurtulmuşlardır; ama sonuç doğa bilimlerinin en güçlü kesinliklerine geri dönmek ve ekolojik bağımlılık yasalarından bir ahlâksal eylem modeli çıkarmaktır. Bunların arasında en ilginci olan John Bird Callicott, Durkheim'ın da herhalde karşı çıkmayacağı bir ekosistemik dayanışma vizyonunu savunur.[49] Biyotik cemaatin bir toplum gibi görülebileceği düşüncesini reddetse de, ona atfettiği özellikler organik dayanışmanın varlık koşullarını, özellikle bütünün birliğinin, onu oluşturan bireylerden bağımsız olduğu olgusunu ve bu bütüne aidiyetin bireyler arasında, sistem içindeki işlevleri dolayısıyla karşılıklı mükellefiyetler getirdiğini düşündürür. Ekosistem insan ve insan olmayanlardan oluşan unsurlarını aşar ve bu unsurlar da –Durkheim'la ayrıldığı nokta da budur– tüm ontolojik tözden kurtularak sürekli yeniden örgütlenen bir ilişkiler ağı içindeki çarklara dönüşür. Doğa ve kültür, biyomerkezci ya da insanmerkezci değil ekomerkezci olan, yani çevre içinde enerji alışverişlerini düzenleyen mekanizmalara bağımlı olan böyle bir kozmolojinin içerisinde varoluş nedenlerini yitirir. Bununla birlikte, bu bütünlüğün mutlak sistemik özelliğini ya da en azından unsurlarından birine karşı yenilenme kapasitesini koruyarak davranışlarında ahlâksal bir tavır benimseyebilmesi için bir değerlendirme mercii gerekir. Dolayısıyla kendi içinde bir değere sahip olmayan bir şeye bir değer verebilecek bilinçli aracılar gerekir ve bunların sadece insanlar arasında bulunması, özellikle de doğa bilimleri alanında deneyimli olmaları şaşırtıcı değildir. Bununla daha önce karşılaşmamış mıydık? Rasyonel bir içsellik ve bir ahlâk bilinciyle donanmış, doğadaki bağımsız birimlerin fizik sürekliliğinin ve karşılıklı maddi bağımlılığının temel ilkesini tanıyan insan özneler kendilerine bir misyon biçmişlerdir: Bu sürekliliği ve karşılıklı bağımlılığı çoğu zaman hemcinslerine karşı korumak ve bunu sadece ayırt etme ve düşünme yetisine sahip olanların yüksek çıkarları adına yapmak. Bu pozitif ve pratik sonuçlarıyla, natüralist ontolojinin iyi bir tanımı olabilir.

Bu eleştirel analizin anlamı konusunda yanılgıya düşmemek gerekir. Ben de dâhil olmak üzere kimileri, Callicott'unki gibi ekomerkezci bir etikte, insan olan ve olmayanların daha az çatışmayla birlikte var olabileceği bir durum yaratmak ve böylece ilk başta bizim sorumlu olduğumuz genel bir çere üzerindeki –zira bu çevre üzerindeki etki araçlarımız yeryüzündeki diğer aktörlerle kıyaslamayacak haldedir– kayıtsızlığımızın ve yırtıcılığımızın yıkıcı etkilerini engellemek için sağlam felsefi temeller görebilirler. Ama elinizdeki kitapta anlatmak istediğim bu değil. Farklı çevre etiklerinin ontolo-

---

48 Callicott, J. B., 1989.
49 Marguenaud, J.-P., 1998.

jik sonuçlarını irdelerken tek amacım, bunların, natüralizmin alışılmış normlarına (bunları alt üst etme kapasitelerini değerlendirmek amacıyla) göre olası sapmalarını ölçmekti. Oysa tıpkı etoloji ya da bilişsel bilimler aracılığıyla gerçekleşen kategoriyel yer değiştirmeler gibi, çevre filozoflarının katkıları da natüralizmin tipik işleyişini gerçek anlamda tehlikeye atmamışlardır henüz. En azından gözlemlenen değişiklikler yepyeni ya da hatta bildiklerimize benzeyen bir tanıma biçiminin bir yapısını ortaya çıkaramıyor.

Bununla birlikte bu değişikliklerin varlığı ve son onyıllarda yoğunlaşmaları bile, natüralist şemanın o kadar da yolunda gitmediğinin – böyle bir kitabın yazılmasını mümkün kılabilen bir nedendir bu– ve belki sonucunu kimsenin öngöremeyeceği ontolojik bir yeniden oluşum evresinin başladığının bir işaretidir. Bu bağlamda kanıt olarak hukuktaki son gelişmeler üstünde durulabilir: Statülerimizi, pratiklerimizi ve dünyayla ilişkilerimizi yönlendiren ilkelerin değişmesinin felsefe ya da etik kitaplarına göre daha doğru biçimde okunduğu bir alandır hukuk. Hayvan özgürlüğü yanlılarıyla Kantçı insanmerkezcilik savunucularını karşı karşıya getiren tartışmalardan çok uzak olan hukukçu Jean-Pierre Marguénaud, son zamanlarda bir tespitte bulunmuştur ve buna göre en azından Fransız hukukunda ev hayvanları, evcilleştirilmiş ya da kapalı tutulan hayvanlar tüzel kişiler gibi özel haklara sahiptir: Yasa onlarda kendilerine özgü bir çıkar ilkesi bulunduğunu kabul eder, yani onları olası sahiplerinden farklı görür ve bu çıkar savunmak amacıyla onlara teknik bir ifade olasılığı atfeder.[50] Gerçekten de yeni ceza yasası kişilere, mallara ve devlete karşı suç ve kabahatlerin yanında dördüncü bir kategori yaratmıştır bu bağlamda: Evcil hayvanlara karşı işlenen suçlar. Böylelikle hayvanlar bütün haklara sahip insanlar gibi tanımlanmasalar da, mal ya da nesne gibi görülmekten çıkarlar. Bu ara statü ceza hukukunda büyük olasılıkla daha belirgin bir kişileştirmeye doğru bir gelişmedir, zira vahşi olmayan hayvanların çıkar sahibi addedilen ve çıkarını koruyan bütün tüzel kişiler gibi hukuksal kişiliklere sahip olmalarının önünde bir engel yoktur. Hukuk sahnesinde yazarımızın "hayvan kişisi" dediği şeyden farklı bir çıkarı ve de sözgelimi bir hayvan sahibinin çıkarlarına karşı bir çıkarı temsil edebilecek örgütler ise, hayvanları koruma dernekleri adı altında faaliyetlerini sürdürmektedirler. Bu konuda pek bir şey bilmeyenler bilinçlenmeden ve bir hukuk mevzuatı yürürlüğe girmeden de köpekler, kediler, danalar –deli ya da değil– hayvanat bahçelerindeki papağanlar ya da şempanzeler bizim gibi yaşam ve iyi yaşam haklarını talep etme durumundadırlar. Bu taleplerini artık eski Grammont yasasını haklılaştıran hümanist gerekçeler, yani hayvanlara kötü muamelelere karşı insanların ayaklanması durumu söz konusu değildir; hayvanlar bütünüyle tam ve gerçek anlamda kişi durumuna gelmemiş olsalar da, en azından yarı-birey olmuşlardır ve onların ayrıcalıkları da hiç kuşkusuz bize tanınmış olan ayrıcalıklardan türetilir. İnsanlara bağımlı olarak yaşayan hayvanlara hukuksal bir kişilik tanımak natüralist ontolojiyi yeniden tartışmaya açmaz, zira ahlâki yetilerde süreksizlik durumu sürmektedir; ama özne statüsünün bu şekilde insan olmayan bazı varlıkları da kapsaması en azından daha önce karşı karşıya bıra-

50 Darwin, C., 1981 (1871).

kıldıkları ayrımcılığın kesinlikle ve hiçbir biçimde "doğal" olmadığını gösterir.

Çünkü natüralizmin en büyük kurnazlığı ve onu nitelediğim sözcüğün çıkış noktası "doğal" (natürel) gözükmektir; zira dünyadaki kendilikleri onun yaptığı gibi bölmek, deneyimin şematizasyon ilkesi olarak onu kullananların gözünde tamamen doğaldır – bu da elbette başka tanıma kipleriyle paylaştığı bir özelliktir. Ama bunun başka bir sebebi de, bu kesinliklerin tartışılmazlık özelliğinin onların temellerinin doğadan aldıklarının söylenmesidir – başka ontolojileri devre dışı bırakmak gerektiği zaman eşsiz bir argümandır bu. Bu nedenle natüralist formülasyon, animik formülasyonun bütünüyle tersidir: Animik formülasyon ahlâki öznenin koşullarının evrenselliğini ve bunların müsaade ettiği insan ve insan olmayanlar arasındaki ilişkileri, var olanların sınıflarının fiziksel heterojenliğinden üstün tutarken, natüralist formülasyon ise insan toplumunu ve kültürel potansiyellerini doğa yasalarının evrenselliğine bağlar. Darwin *The Descent of man*'de (*İnsanın soyu*) [1871] doğanın kültürü içine almasının kanonik versiyonunu önerirken, doğal seçilim aracılığıyla değişen soy kuramını insan toplumlarına da yaymak istemiş ve doğal ayıklanmanın sadece organik değişikliklerle değil toplumsal içgüdülerle özellikle de özgecilik (*altruisme*) denen yardım göreviyle ilişkili olduğunu ileri sürmüştür.[51] İnsanlığın bu kültürel özelliklerinin doğa tarihine girmesinin farklı yorumları elbette verilmiştir. Spencercı sosyobiyoloji ya da sosyal Darwincilik bağlamında sınırlayıcı ve indirgemeci olan yorum, Patrick Tort'un kaleminde daha liberal ve daha inceliklidir; Tort Darwin'de "evrimin geri döndürülebilir etkisi" yani doğal seçilimin insana uygulanan özel bir işlevini bulmuştur: "'Uygarlık' denen şeye doğru kademeli ilerleyişin, ahlâkın ve kurumların etkisiyle ayıklanan davranışları gitgide saf dışı bıraktığı bir toplumsal yaşam biçimini"[52] destekleyen bir işlev. Ama burada bu çeşitlemeler pek önemli değildir, zira kültürün ancak doğa referansıyla anlaşılabileceğini öne süren genel kabul gören düşünce Darwinci formülasyonunun çok ötesine geçmiş, antropolojik etkileri Üçüncü Bölüm'de kısaca ele alınan natüralist ontolojinin temel ilkesine dönüşmüştür. Ve "doğanın kültürel inşası" gibi ters bir düşüncenin günümüzde belli ölçüde destek görmesinin nedeni, böyle bir kavramın içerdiği geriletici paradoks konusunda umursanmayan bir cehalettir: Doğayı kültür içinde inşa etmek için böyle bir inşayı kabul edebilecek kültüröncesi bir doğanın bulunması gerekir, onu toplumsal bir gerçekliğe dönüştüren anlamlardan ya da yasalardan bağımsız olduğu düşünülebilecek ham bir veri gerekir, düalist şemanın değerleri alt üst edilerek uzlaşımsal bir düşünceye indirgendiği sanıldığında inatla her sefer yeniden ortaya çıkan bir ön koşul gerekir. Çünkü doğa bütünüyle kültürel olmuş olsaydı var olması için bir neden kalmayacaktı, bu sürecin tamamlanmasının aracı olduğu kabul edilen kültür de olmayacaktı, zira dolaylı olacak yansıtılacak nesnenin ortadan kalkmasıyla aracı da ortadan kalkmış olur. Böylelikle doğalayan ya da doğanan (natura naturans ya da natura naturata) doğa tersten hareketle egemenliğini, kültür de bağımlılığını yeniden ilan etmiş olur.

51 Tort, P., 1992, s. 26.

52 Latour, B., 1999, s.77 ve Ingold, T., 2000, s. 40-42, her biri kendi tarzlarında bu gerileyici paradoksu açıklamışlardır.

9

Analojinin Yarattığı Baş Dönmesi

Natüralizm ve animizm tersyüz edilmiş hiyerarşik şemalardır ve kutupları ters dönmüş gibidir: Birinde evrensel fiziksellik içselliğin olumsallıklarını kendi düzenine bağlar, öbüründe içselliğin genelleşmesi fiziksellik farklarını hafifletmenin bir aracı gibi gösterir kendisini. Totemcilik, tersine, belirgin özelliği içselliklerin ve fizikselliklerin ikili bir sürekliliği olan simetrik bir şema şeklinde ortaya çıkar. Bunun mantıksal tamamlayıcısı ise ancak başka bir simetrik şema olabilir, ama burada eşdeğer olan ikili bir fark dizisinin ortaya çıkması gerekir. Ben buna "analojizm" diyorum ve bu terimle şunu kastediyorum: varlıkların tümünü öz, biçim ve töz çokluklarına bölen bir tanıma biçimi. Söz konusu özler, biçimler ve tözler birbirlerinden küçük farklarla ayrılır, kimi zaman da kademeli düzenlenmişlerdir, öyle ki ilk çelişkiler sistemini farklı kendiliklerin özelliklerini bir araya getiren sıkı bir analoji ağı içinde yeniden oluşturmak mümkün olur. Yeryüzünün okunabilen fark ve denkliklerinin bu biçimde dağıtılması çok yaygındır. Bu, sözgelimi toprak falı ve Çin falının mikrokozmos ve makrokozmos arasında kurduğu bağlantılarda kendisini gösterir. Afrika'da yaygın bir inanca göre toplumsal düzensizlikler doğal felaketlere yol açabilmelerinde yine bunun izlerini görürüz. Son olarak, etiyolojinin ve hastalıkların tedavisinin, insan bedenindeki belirti ya da kısımlarla ortaklık gösteren doğal nesnelerde ya da tözlerde bulunması da örnek olarak gösterilebilir. Bu tür sistemlerde dikkat çeken şey, gözlem yoluyla çıkarsanmaya müsait bütün benzerliklerin ve yansımaların peşine pratik amaçlarla düşülmesidir: Mutluluğun ya da talihsizliğin nedenlerini aramak, bazı varlıkların niteliklerinin, hareketlerinin ya da yapısal değişikliklerinin insanların kaderlerinde etkili olduğu ya da bu varlıkların insanlar tarafından etkilendikleri varsayımına dayanır. Analoji takıntısı başat bir özellik durumuna gelir ve gündelik yaşamdaki etkilerinin daha belirleyici oldukları kabul edildiğinden daha da ısrarla ifade edilir; bu nedenle "analoji" nitelemesi bu şemayı belirtmek için en uygun sözcük gibi geldi bana.

Bununla birlikte analoji burada sadece bir sonuç ya da gelişmedir; ancak ilişkiye soktuğu taraflar ilk başta ayırt edilebildiğinde, nesneler arasındaki benzerlikleri saptama ve böylelikle izole olmalarını kısmen önleme kapasitesi tekilliklere uygulanabildiğinde mümkün olabilir ve düşünülebilir. Daha önce ayrı olan bir şeyi düşünce işlemiyle birleştiren benzerlik, farklılığı bir süre kesinlikle askıya alır, ama nesnelerin kendi aralarındaki ilişkilerinde yeni bir fark yaratır, çünkü bu nesneler tekabüliyet ve taklitin aynasında birbirlerine karıştıklarında ilk kimliklerine yabancılaşırlar. Kısacası analojizm bir tatminsizlik tespitinden gelen, yorumsal (herméneutique) bir eksiksizlik düşüdür: Dünyayı oluşturan öğelerin genel olarak küçük farklarla bölünmüş olduğundan yola çıkarak, kısmen heterojen olan bu öğeler arasında süreklilik görünümü içeren anlamlı yakınlık ve çekimler bulma ümidi besler. Dünyanın sıradan durumu sonsuz farklılığıdır ve benzerlik de onu kavranabilir ve yaşanabilir kılma umudunun bir aracıdır.

Varlığın Zinciri

Analojik ontoloji diyebileceğimiz şeyin ilk taslağı, Avrupa'da Ortaçağ ve Rönesans boyunca neredeyse hegemonik biçimde etkisini sürdüren dünyanın planı ve yapısı kavrayışıyla karşımıza çıkar: Genellikle "varlığın büyük zinciri" diye bilinen kavram. Arthur Lovejoy bu ilginç oluşumun ortaya çıkışını anlatırken kökenlerini Platon'a, onun "doluluk ilkesi"ne dayandırıyordu: Bu ilkenin kaynağını, her maddi ya da maddi olmayan varlığın küçük bir kopyasını oluşturduğu değişmez arketipleri oluşturan sonsuz İdeaların sonsuz çokluğuyla, bu İdealardan birine, özellikle dünya yaşamının temelini oluşturan ve içindeki bütün kendilikleri mükemmelliğiyle besleyen İyi'ye atfedilen birleştirici birlik arasındaki bir gerilim oluşturur.[1] Bu dinamik öz sayesinde ne kadar anlamsız olursa olsun hiçbir varlık potansiyeli gerçekleşmeden kalamaz; kozmos daha iyi oldukça yani Güzel, İyi ve Gerçek idealine yaklaştıkça, daha çok miktarda ve daha çeşitli ayrı şeyler içerir. *A priori* olarak tasarlanabilur varlıklarla dolu bu kozmosa Aristoteles kendi doğa tarihinin kesin hiyerarşilerini ekler: Cinsler değişmez, türler bölünmez, canlı varlıklar mükemmellik derecelerine göre dağılır ve her birinin her organizmada bulunan ruh tipine bağlı olarak farklılıklar da ortaya koyan bir *scala naturae*'de bir yeri vardır. 17. yüzyıl başına kadar Batı'nın *Weltanschauung*'unu yönlendirecek olan bu ontolojik ve kozmolojik varlık zinciri şemasının eksiksiz formülasyonunu Plotinus ve Yeni-Platonculara borçluyuz. Varlık zinciri, "yokluktan güçlükle ayrılan, en küçük var olan çeşitlerinden *ens perfectissum*'a (en yetkin varlık) kadar bütün düzeylerden geçen hiyerarşik bir düzene yayılan sayılamayacak kadar çok bağdan oluşur [...], bu var olan çeşitlerinden her biri hemen üstündeki ve hemen altındaki var olanlardan olası en küçük derece farkıyla ayrılır."[2]

Varlığın zinciri kuramı muhtemelen analojizmin tipik sorununu oluşturan tekil bir problem koyar ortaya; süreksiz olanla sürekli olanın eklemlenmesi. Gelişmesinin bütün kapsamı

1 Lovejoy, A., 1961 (1936).
2 *A.g.y.*, s. 59.

içinde ele alındığında yeryüzünün kendiliklerinin derecelenmesi sürekli gibi gözükür ve her parçanın dizi içinde bir yeri vardır, zira arkasında ve önünde olduğu öğeden biraz büyük ve biraz küçük bir mükemmellik derecesine sahiptir. Bu yakınlıkta hiçbir boşluk ve kopukluk olmadığından, zinciri yukarıdan aşağıya, aşağıdan yukarıya doğru kat eden genel bir dayanışma görülür. Ama en yakın komşularına göre hiç kuşkusuz çok küçük olan her ontolojik halka arasındaki fark, bu halka daha uzaktaki halkalarla karşılaştırıldıkça daha fazla büyür; böylelikle aralarında kesintili olandan gelen kurucu bir eşitsizlik oluşturur. Zaman içinde ve kişisel eğilimlere ya da eski ve genel kabul gören ilkelerin ağırlığına bağlı olarak, kimi zaman her şeye tekil bir kimlik veren nitelik farklılığı, kimi zaman da tümünü aralarındaki sınırları belirsizleştirecek kadar, çok sıkı bir biçimde birbirine bağlayan yakınlık öne çıkarılır.

Böylelikle çokluk teması, Yeni Platoncu felsefede ve Ortaçağ teolojisinde egemen gözükür. Sözgelimi Plotinus'ta varlık zincirini yayılma yoluyla eyleme geçiren üretici yaşamın ruhunun esas özelliği farklılık yaratmaktır; çünkü parçaları çoğu zaman çatışma halinde olsa da, evrenin kendi içinde uyumlu olmasının nedeni akla uygun olması ve aklın birliğinin zıtlıkları içinde barındırmasıdır. Akıl varlıkları farklılaştırır hatta olabildiğince farklı kılar; "farklılığı en uç noktaya götürerek kaçınılmaz bir biçimde zıt hale getirecektir; sadece farklık değil zıtlık da oluşturduğunda mükemmel bir akıl olacaktır."[3] Plotinus'un yaratıcının yaratıcısı olduğu düzene bir içkin olduğu yönündeki argümanını kabul etmeyen –Hıristiyanlığın Tanrı'sıyla pek bağdaşmayan bir durumdur bu– aziz Augustinus, düzenli şeylerin çeşitliliği tezini yineler: Eşit olacak olsalardı hiçbir şey var olamazdı (*non essent omnia, si essent aequalia*) ve yalnızca ilahi tasarıma göre sadece parçalardan oluşan bütün mükemmeldir.[4] Yaşamın kendilikleri arasındaki bu farklılık gerekliliği, Ortaçağ teolojisi için çok önemlidir, zira kötü şeylerin varlığının dikkate alınmasını sağlar. Eğer her şey mükemmel, iyi ve Eserini mutlak biçimde aşan bir iradeden geliyorsa, bu dünyada sürekli tanık olduğumuz olumsuzluk, kötülük ve acı nasıl açıklanacaktır? Kuzuyu parçalayıp yutan bir aslanı Tanrı mı istemiştir? Ever, der Aziz Tomasso, zira ilahi rasyonellik, sonsuz bilgeliğiyle her türün kendi doğasına göre davranmasını ve parçaların hiçbiri baskın çıkmayacak bir biçimde dengelenmesini istemiştir: "Yaratıklar arasında farklılık ve eşitsizlik rastlantının ürünü değildir [...], Tanrı'nın iradesidir ve Tanrı her varlığa sahip olabileceği mükemmelliği verir[5]." Bir dünya oluşturmak için her şey gereklidir; dolayısıyla olası bütün farklılıkların düzenli doluluğu içinde gelişebilmeleri için varlıklar arasında fark olması gerekir.

Daha geç bir dönemde, 17. ve 18. yüzyılda ortaya çıkan varlıklar zinciri anlayışlarında, tersine, süreklilik düşüncesi öne çıkar: Bu bağlamda özellikle Leibniz ve aynı zamanda Spinoza'dan söz etmemiz gerekir. Leibniz'in Tanrısı hiç kuşkusuz Ortaçağ filozoflarına göre dünyayı elinden geldiğince çok fazla şeyle doldurmuştur: "Bir yığın olası bileşim ve dizi arasında var olan, olabildiğince çok sayıda öz ve olasılık aracılığıyla yaratılmış olandır."[6] Bu-

3 Plotin, *Enneades*, t. III, II, 16, s. 45 (Fr. çev. E. Bréhier, Les Belles Lettres, Paris, 1925).

4 Sözgelimi bkz. Les *Confessions,* livre VII, chap. XII.

5 *Summa contra gentiles,* livre II, chap. XLV, 9.

6 *De rerum originatione radicali* (1697), *in* Leibniz, G. W.,

nunla birlikte çok sayıda monad çizgisel bir zincirin derecelenmelerinden çok daha sıkı biçimde birbirlerine bağlanmışlardır; örülmüş bir ağ gibi düzenlenirler ve bu ağ içinde "evrenin sürekli canlı aynası olan" her düğüm, düzeneğin bütün noktaları arasındaki bağlantıların tümünü açıklar ve birleştirir. Öte yandan her konumun bir yığın etkinin buluşma noktası olduğu bu kozmolojide süreklilik ilkesinin gücüne göre bütün doğal varlıklar "birbirlerine o kadar sıkı biçimde bağlanmışlardır ki içlerinden birinin bittiği ve öbürünün başladığı noktayı kesinlikle belirleyebilmek için duyular da hayal gücü de yetersiz kalır."[7] O kadar kesin ve geleceğe yönelik bir özgünlük içermemekle birlikte Locke, Bolingbroke, Buffon ya da Kant'ta da bulunan bu uyumlu birliğin ağır basması düşüncesi, dünyanın genel planının niteliği konusunda çok güçlü bir iyimserliğin ve aynı zamanda da yeni bir ontolojinin işaretidir: Bu yeni ontoloji içinde, kısa bir süre önce ortaya çıkan insan doğası ve insana yabancı doğa karşıtlığı, var olanlar arasındaki bir maddi sürekliliğin kabul edilmesiyle yumuşamıştır. Ve gerçekten de 17. yüzyıl başından itibaren varlıkların aşamalı merdiveni fikri analojik boyutunu yavaş yavaş yitirir ve kısa süre sonra sadece natüralist ontolojinin hizmetinde bildik bir metafor haline gelir: Tanıyan ve bilen özneye, zihninin mutlak tekilliğini kuşku ve pişmanlık duymadan ifade edebilmesi için büyük olasılıkla gerekli olan fizikselliklerin sürekliliği ilkesinin uygun bir formülasyonu.

Çünkü analojizm Avrupa'da belki en parlak dönemini Rönesans'ta yaşamış, daha sonra yeraltına inerek silinmiş ve buradan zaman zaman belirsizlikleri azaltma işlevini görmüştür, zira analojizm, pozitivistlerin şaşkın bakışları altında, eski astroloji, numeroloji, alternatif tıplar, benzerlikleri okunma ve çözmenin bütün teknikleriyle birlikte, natüralizme kırılgan statüsünü ve yeniliğini anımsatır. Foucault'nun dediği gibi "16. yüzyıl sonuna kadar benzerlik Batı kültürü bilmesinin inşasında önemli bir rol oymamıştır."[8] *Kelimeler ve Şeyler*'de "dünyanın dili"ni çözme biçimlerinin anlatıldığını biliyoruz ve burada bu benzerliğin biçimleri üstünde çok fazla durmaya gerek yok. Bununla birlikte taslak ya da eğilim halinde de olsa, bu biçimlerin her analoji sistemi içinde yer aldığı düşünülebilecek bazı özelliklerine de değinmemiz gerekir.

Gerçekten de benzerlik, analojizmin kavranamayan dünyasına düzen getirmenin tek yoludur: *A priori* olarak kaotik ve şişkin bir dünyadır bu, zira sonsuz sayıda farklı şey içerir ve bunların her biri tekil bir yerde konumlanmış, özel bir ağ içinde yer almışlardır. Bu atomist şaşkınlığı yok etmek, yinelenebilecek güzergâhlarda anlamlı bir yolculuğu mümkün kılan benzerlik ağlarının bilinmesini gerektirir. Bu tür bağlar, ilişkinin tarafları arasında bir benzerlik getirirlerse metaforik, ilişkiler arasında bir benzerliğe sahip olduklarında metonimik olabilirler. Birinciler arasında mekânda bağlantı sayılabilir ve bu bağlantı aracılığıyla bir yakınlık, "uyum" ilişkisi içinde yer alan şeyler, yakın komşuluk ilişkisiyle birleşmiştir; aynı zamanda, genellikle farklı düzeylerde de olsa birbirlerine karşılık geliyormuş gibi gözüktükle-

1966, s. 85.

7 Leibniz'in bir mektubu, bkz. Lovejoy, A., 1961 (1936), s. 145, Bucheneau ve Cassirer edisyonu, *Leibniz: Hauptschriften zur Grundlegung der Philosophie,* II, 1903, s. 556-557.

8 Foucault, M., 1966, s. 32.

rinden dağınık şeyleri birbiriyle birleştiren taklit de vardır bunlar arasında. Metonimik bağlar öncelikle gerçek anlamda analojidir ve nesneler arasındaki benzerlikleri değil, ilişkileri arasındaki benzerliği ele alır: Simetri ve de yer değiştirme, birleştirme ya da bölmenin farklı biçimleriyle ilgili esnek ve çok biçimli bir benzerlik üretim düzeneği. Buna belki çekim, çekme gücü ya da sempati, kendisi de metonimik olan mesafeli eylemi de eklemek gerekir – en azından mesafeli eylemin her unsurun komşularıyla dağınık ilişkisini *sui generis* bir ilişkide birleştirdiği kabul edildiğinde. Ayrıca bu görünmeyen benzerlikler ağı somut işaretlerle saptanabilmelidir, öyle ki Batı tıbbının tarihöncesine indirgenemeyecek olan işaretler (*signatures*) doktrini analojik tanıma biçimi içinde hoş yaratıcılığını her yerde gösterebilir; özellikle nesnelerin yüzeylerinde ortaya çıkan ve böylece birçok görünümün genellikle benzer ve farklı olanın kutupluluğuna göre düzenlenebilen gizli özelliklere indirgenmesine vesile olan işaretleri gösteren repertuvarlar sayesinde. Makrokozmos ve mikrokozmos arasındaki ilişkilere verilen istisnai önem konusunda da aynı şey geçerlidir. Bu önem özellikle Rönesans'ta, yeni Platoncu biçimi altında öne çıkmıştır, ancak Foucault'nun 16. yüzyıl *episteme*'si konusunda tespit ettiği aynı nedenlerle, bunun bütün analojik sistemlerde aynı erekselliği ortaya koyduğunu düşünebiliriz. İnsan ve kozmos arasındaki denklikler takıntısı, gerçekten de ayrıcalıklı bir yaratıkta daha yoğun bir merkezin varlığının bulunduğunun saptanmasına olanak sağlar ve merkez, işaretlerin kendi ölçülerine göre çoğalmasını ve kapalı bir dünyada sınırsız biçimde yansımalarını engeller: Düzenli bir bilginin ve onarıcı bir pratiğin mümkün olmasının, sonu gelmeyen benzerlikler güzergâhında bireyin kendini bulması amacıyla bir yön tablosu bulunduğunun güvencesini verir.

Marcel Granet'ye göre eski Çin'de "toplum, insan, dünya sadece analoji yoluyla oluşan global bir bilginin konusudur."[9] Bu uygarlığın deneyimlerinin dökümünü çıkarma biçiminde analojik tanıma biçiminin, okumuş kişiler arasındaki binlerce yıllık spekülasyonla çok yüksek düzeyde bir incelik ve değer kazanmış güzel bir örneğini görmemek gerçekten de zordur. Ancak karmaşıklığının hakkını teslim etmek için uzun uzadıya geliştirilmesi gereken bu örnek üzerinde fazla duramayacağız. Sadece şunu belirtelim ki Çin felsefesi her analojik ontolojinin temel özelliği gibi gözüken şeyi, yani varlıkların unsurlarında içselliğe bağlı olanla fizikselliğe bağlı olan arasında ayrım yapmanın pratikteki güçlüğünü mükemmel biçimde açıklıyor. Aristoteles'le neredeyse çağdaş bir elkitabından alınan bir aforizma açıklıyor bunu: *Hi ts'eu*, "*wou*'lar (varlıklar) *tsing* ve *k'i*'den oluşmuştur."[10] *Wou* canlı ve cansız şeylerin tiplerinin her biridir; bunların toplamı yaygın olarak "On bin Öz" (*wan wou*) olarak adlandırılır, ama kehanet için kullanılan 64 heksagrama göre hesaplanan tam sayılarının 11.520 olması gerekiyor – bu sayıda tekil durum, hal

9 Granet, M., 1968 (1934), s. 297. Bu klasik yapıtın okunması bir noktayı çok iyi göstermektedir: Durkheim ve Mauss'un düşüncelerinin tersine "sempatik" eylemler ya da Çin falının karakteristikleri yıldızların etkileri "az ya da çok eksiksiz belirli kavramların olmadığını" göstermez kesinlikle (Durkheim, E., ve Mauss, M., 1903, s. 15) ve burada söz konusu olan inatçı bir iradedir: Gerçeğin bütün kesikliklerini sıkı bir anolojik doku içinde yeniden daha iyi inşa etmek amacıyla yok etmek.

10 Granet, M. tarafından aktarılmıştır, 1968 (1934), s. 330; aynı zamanda *Hi ts'eu* yorumu için de yararlandım.

ve özelliğe tekabül ediyorlar. Her *wou* gökyüzünden ve yeryüzünden gelen şeylerden oluşur; Gökyüzünde Soluk (*k'i*) hüküm sürer, Yeryüzü besleyici özler (*tsing*) üretir, öyle ki her "doğa" (*sing*) bir bileşimin ve Su, Ateş, Ağaç, Metal ve Topraktan gelen heterojen unsurlar arasındaki az ya da çok uyumlu ve dengeli bir ayarın sonucudur. Kısacası var olma biçimi, kişilik, karakter, özellik, yani bir varlığın *sing*'i, ruh ve madde arasındaki dinamik bir karşıtlıktan gelmez, öğelerin durumuyla ve karışımların ölçüsü arasındaki farkları ifade eder. Yaşamın temel unsurlarının ölçüsüz haldeki bu çoğalması ve parçalarının –kendileri de birçok bölüme ayrılan unsurlardan meydana gelen insanlar da dâhil olmak üzere– her birinde yansıması, analojik ontolojinin ayırt edici bir özelliği ve onu saptama olanağı veren en güvenilir işarettir. Burada yönelimsellik ve bedensellik ender olarak özerk kendilikler gibi ortaya çıkar, zira mikrokozmos ve makrokozmosun her düzeyinde maddi ve maddi olmayan birleştiren zincirler içinde dağılmışlardır. Öte yandan benim içselliklerin farkının ve fizikselliklerin farkının bileşimi olarak tanımladığım analojizm, bu iki bütünün sınırları çok belirsiz gözüktüğünden sözcüğü sözcüğüne anlaşılmamalıdır; burada daha çok, sıkı bir biçimde birleştirebilmek amacıyla maddi ve manevi olanın kesinliğini paramparça eden az ya da çok uyumlu tekilliklerin bu şekilde fışkırmasını açıklayan yaklaşık bir tarz söz konusudur.

Bir Meksika Ontolojisi

Analojizm araştırma ve incelemelerimiz Çin'i atlayarak ve Çin konusunda yapılması gereken büyük çalışmayı de bir yana bırakarak, Orta Meksika platolarına doğru yöneliyor. Amerika'nın bu bölgesiyle ilgili etnografik bilgilerin daha kesin olması tercihimin bir nedenidir elbette, ama bu tercih daha az olumsal sebeplere de dayanıyor. Han uygarlığını ya da benzer özellikler gösterdiği hissedilen Hindistan'ı analojik ontolojinin temel örneği kabul etmek öncelikle bir risk getirir: Bu tanıma biçimini "yüksek Asya kültürleri"nin geniş ve varsayımsal alanıyla aynı gelişme çizgisinde yer alan "oryantal" bir paradigmaya indirgeme ve bu bağlamda fazla kolaya kaçan bir birlik oluşturma riski (gene de bizim eski "varlığın zinciri" hatırlatmamız böyle bir coğrafi özelliğin yalanlanması için yeterlidir). Güney Amerika'nın alçak bölgelerinde ve Kuzey Amerika'nın kuzey bölgelerinde birçok animizm örneği topladıktan sonra Orta Amerika'ya –Andlar Amerikası da aynı işlevi görebilirdi pekâlâ– yönelmek *tersinden hareketle* ontolojik şemaların bütün yeryüzüne dağıldığını gösterme olanağı sağlamıştır. Burada bu şemaların büyük kültürel dallanmaları ortaya çıkarmaları ya da rastlantısal bir biçimde yeniden oluşturulan fikirlerin dağılmasının bir sonucu olmaları değil, halkların dünyayla ve ötekiyle ilgili pratiklerini şu ya da bu biçimde örgütleme eğilimi söz konusudur. Yerli Amerikası'nın büyük bölümünde bazı ideolojik gerekçeler vardır hiç kuşkusuz, ama bunlar çelişkili yapıları büyük ölçüde olası bir ortak tözden kopmuş, daha temel tanıma biçimlerine ayrıntılar ya da zenginleştirmeler olarak katılırlar. Ayrıca fetih dönemi Meksika'sı, bizzat kendileri büyük ölçüde anolojik tipte bir anlayışı benimsemiş gözlemciler aracılığıyla onun bilgisine ulaştığımızdan ötürü analojik sistem içerisinde sıradışı bir vakadır; söz konusu anlayış 16. yüzyıl Avrupa'sına özgüdür ve buna göre, kim ne derse desin, Aztekler modern bilim adamları için oldukları kadar gizemli değildir. Öte yandan analojik ontoloji her yerde o kadar sıradan ve yaygındır ki, herhangi bir tezahürünün ayrıntıları üstünde durmak daha doğru olacaktır. Bu da bize, dağınık olgulardan hareketle soyut bir tip inşa etmekten ziyade, karşılaştırma için faydalı olacak sürekli ilişkileri ortaya koyma imkânı verecek.

Orta Meksika platosunda yaşayan Nahua halkları, muazzam büyüklükteki Mexico-Tenochtitlan kentine siyasal düzlemde az ya da çok bağımlı olan çok sayıda site-devlet, senyörlük ve prensliğe dağılmış olmalarına rağmen, Fetih sırasında, makrokozmos ve mikrokozmosun çok sıkı biçimde birbirine bağlı olduğu bir evren anlayışı açısından ilginç bir homojenlik göstermişlerdir. Bu iki yaşam alanından biri pek tanınmıyordu; çünkü Aztek kozmolojisi üstüne çok fazla yayın bulunsa da, Nahuaların beden ve kişi teorileri ancak son zamanlarda Alfredo López Austin'in çalışmalarıyla hak ettiği sistematik ilgiye kavuşmuştur.[11] Nahuatl dilinde filolojik kaynakların analizlerine, 16. yüzyıl İspanyol etnografisinin verilerine, özellikle Fransisken misyoner Bernardino de Sahagún'un (Bernardo Ribeira) mükemmel yapıtı *Histoire naturelle des choses de la Nouvelle-Espagne*' a (*Yeni İspanya'nın tabiat bilgisi tarihi*) ve modern Nahuaların etnolojisine dayanan ve burada büyük ölçüde yararlanacağımız López Austin'in çalışmaları, eski Meksika ontolojisi üstüne eşiz bir hazinedir.

Nahualar insanın dört temel bileşeninin varlığını kabul ediyorlar: *Tonacayo, tonalli, teyolia* ve *ihiyotl*. Bunların ayrıntılı biçimde incelenmesi gerekir, zira birincisi dışında basit bir çeviriyle karşılanmaları pek mümkün değildir bu kavramların. *Tonacayo,* "bütün bedenimiz", bedeni hafif bir bütünlük oluşturan tözsel bir gerçeklik olarak belirten, kullanımı yaygın bir sözcüktür; insanlar kadar bitkiler, öncelikle de mısır için de kullanılan bir sözcüktür bu. López Austin öteki üç unsuru "animik merkezler" olarak tanımlıyor: İnsanlarda ve insan olmayanlarda yaşamı, hareketi, farklılaşmayı ve psişik işlevleri yöneten organizmada belli merkezler.

Bir varlığın en özel unsuru büyük olasılıkla *tonalli*'sidir. İnsan varlıklarının kafalarında yer alır ve etkisini bütün bedende hissettirir (çağdaş Nahualara göre kan aracılığıyla). Kimi zaman solukta görülen, maddi olmayan bir dışavurumdur ve içinde bulunduğu bedenden ayrıldığında sınırları, çevre çizgileri belli değildir, ama bedenin dışında bulunduğu sırada koruyucu bir zırh olmadan uzun süre yaşayamaz ve bir sığınak arar. Eğer insan varlığı *tonalli*'si ise havyanlara ya da bitkilere sığınır. *Tonalli* "ışın saçma, parlama" olarak de çevrilebilir ve aynı zamanda, bağlama göre "bir insanın doğum gününe göre kaderi" ve "özellikle birine ait bir şey" anlamına da gelebilir.[12] Her birey için doğduğu güne denk düşen burca ve bunun sonucunda kendisine verilecek ve gizli tutulan ada göre tekilleşse de, yeryüzünde sıcaklık ve ışık biçiminde ortaya çıkan bir güç ya da bir özdür söz konusu olan. *Tonalli* doğuş sırasında mevcut değildir ve bedene bir törenle katılır: Yeni doğanın kişiliğini bütünleyen ve gelecekte yapacağı işlerin çerçevesini belirleyen bir banyo ritüeli.

11 Lopez Austin, A., 1988; özgün basımı 1980'de Mexico'da yapılmıştır.

12 *A.g.y.*, s. 204.

Basit astrolojik bir kader tayin etme olgusuna çok benzeyen ve kimlikleri belirlemeye yarayan bu terim, aynı zamanda bir can verme kaynağı ve zihinsel yetidir: Güç, kararlılık ve gelişme kapasitesi sağlar, beden ısısını ayarlar ve kendilik bilincini mümkün kılar. *Tonalli* geçici olarak bedenden ayrılabilir –sarhoşluk, hastalık, rüya ve cinsel ilişki sırasında– ya da bir daha geri dönmemek üzere terkedebilir bedeni. Ölümün yakın olduğunun işaretidir bu, çünkü *tonalli*'si olmayan insanın çok az ömrü kalmıştır. Nahua kaynakları *tonalli*'den özellikle insanlarla ilişkili olarak söz ederler, ancak insanlara özgü bir ayrıcalık değildir bu: Tanrıların, bitkilerin, hayvanların, hatta cansız varlıkların da *tonalli*'leri vardır. Meksika'nın Nahua olmayan yerli grupları arasında *tonalli*'nin modern eşdeğerlerinin benzer karakteristikleri vardır. Sözgelimi Sierra Madre Otomi'lerinin *šüti* ruhu ve birçok Orta Amerika cemaatinin *sombra*'sı (gölge) bedenden ayrılabilirler, ancak tehlikeli bir durumdur bu, çünkü bir büyücü tarafından ele geçirilebilirler.[13] Maya dili konuşan Tzotzil'lere göre, her şeyin bir *ch'ulel*'i vardır, yani o şeyin biçim ve niteliklerinin dokunulması mümkün olmayan bir kopyası; bu bireyleşme ilkesi insanlarda cinsel ilişki, rüya görme ve sarhoşluk sırasında mevcut değildir ve o zaman öteki varlıkların *ch'ulel*'iyle ilişki kurabilir; özellikle ve *ch'ulel* ve *tonalli* bütün organizmaya yayıldıklarından, bedenden ayrılan parçalar (tırnak kırpıntıları, saçlar) bedenle özel ilişkilerini sürdürürken bir yandan da kendilerine has bir *ch'ulel* barındırırlar.[14] Nihayet şunu da söyleyelim ki her bireyin özgül bir *tonalli*'si vardır. Kimi zaman, aynı gün doğanların, aynı gezegenin etkisiyle benzer *tonalli*'leri ve kaderleri olabiliyordu; bu rastlantısal bağ dostça ve ritüelleşmiş bir yakınlığa götürebiliyordu. Buna karşılık aynı *tonalli*'ler evlilikte uyuşmuyordu –birbirlerini yok ediyorlardı– ve bir evlilikten önce müstakbel eşlerin *tonalli*'lerinin farklı olduğundan emin olmak için uzmanlara danışmak gerekiyordu.

Teyolia'nın yeri yürektir ama yine de yürekle karışmaz. Rahip Alonso de Molina'nın Nahua kaynaklarından birinin dediği gibi: "Biri öldüğünde, ağzından, bir insana benzeyen bir şey çıkar [...] ve oraya gider [tanrılarla birlikte]. Giden bu yürek can verendir ve o gittikten sonra sadece ceset kalır. Yürek gitmez, sadece burada birini hayatta koruyan gider."[15] / Yolia/ ("can veren") ve /-te/ (iyelik eki) şeklinde ayrılan *teyolia*, gerçekten de ölülerin dünyasını birleştiren kişinin parçasıdır ve bu kavram çok erken bir dönemde İspanyollar ve İspanyollaşmış Nahualar tarafından Hıristiyan ruhu *ánima*'yla bir tutulmuştur. *Teyolia tonalli*'den farklıdır ve yaşam boyunca bedenden hiç ayrılmaz; kişinin embriyosunda bulunur ve bunu sağlayanlar da, bağlanacağı soy zinciri grubu *calpulli*'nin koruyucu tanrılarıdır. Sürekliliği ve özellikleriyle, bir içsellik düşüncesine en uygun gözüken insan bileşenidir: Duyarlığın, belleğin, "ruh hallerinin" ve fikirlerin oluşmasının kaynağını oluşturur – "düşünmek" "içerideki bir şeye can vermektir."[16] Ama *teyolia* aynı zamanda yaşamla gelen "yürek" tipiyle bir tutulan özel bir davranışta yansıyan kalıcı bir ka-

13 Otomiler konusunda bkz. Galinier, J., 1997, s. 229; *sombra* konusunda bkz. Aguirre Beltran, G., 1963, s. 109-110.

14 Guiteras Holmes, C., 1965, s. 249 ve s. 240-242; Holland, W., 1963, s. 99.

15 Fray Alonso de Molina, Vocabulario (I. böl.), fol. 119 r., Lopez Austin, A. tarafından aktarılmıştır, 1988, s. 199.

16 Lopez Austin, A., 1988, s. 201.

rakterin ifadesi olan duygulanımları yönetir; bireye atfedilen *teyolia* türüne göre onun "beyaz", "katı", "yumuşak", "acı", "hüzünlü", "çiğ" ya da "soğuk" bir yüreği olduğu söylenir. Sözgelimi "acı" yürek, çaba, hüzün, pişmanlık eğilimidir ve büyücülerin saldırılarından korur. Dolayısıyla *tonalli*'de de olduğu gibi her insan, bu kurucu unsurun çeşitliliği nedeniyle kendisine has bir *teyolia* ile donanmıştır. Bununla birlikte *tonalli* için olduğu gibi, bir *teyolia*'ya sahip olmak da insanlara özgü bir ayrıcalık değildir: hayvanlar, bitkiler ve hatta dağlar, kentler ve göllerde de mevcuttur o ve bugün ise yüksek yerleşim yerlerindeki Mayalar ve Totonaklarda haçlarda ve evlerde *teyolia* bulunur. Dolayısıyla insan yüreği sadece *teyolia*'nın bir tözü, hatta metaforudur ve bir yeteneğin tözsel anlamda somutlaşması değildir.

İnsan bedeninde *ihiyotl* karaciğere ve safraya bağlıdır, ancak burada da organ sadece bir işlevi belirlemenin bir yoludur, zira inorganik kendiliklerin de bir *ihiyotl*'u vardır. Ayrıca ihiyotl "soluk" anlamına da gelir ve genel olarak yüz anlamında kullanılır. Bir insandan, bir hayvandan ya da bir nesneden çıkan ve çekici, çevresini etkileyen bir merkez şeklinde, çok yoğun, parlak bir ışık gibi betimlenir. Embriyo evresinden başlayarak ortaya çıkan ve ölümden sonra tehlikeli bir akış gibi kaybolmayan *ihiyotl,* duygulanımları doğurur ve herhangi bir amaca –arzu, öfke, iştah, zarar verme isteği– doğru yönlendirir; solunan hava ve sindirilen yiyecek aracılığıyla sürekli canlandırılması gerekir. İnsanların *ihiyotl*'u eylem üreten duygular alanıyla onlara bağlı erdemler alanını birleştirir; "yüz" olarak her bireye hastır; Nahualara göre fizyonomi topluluğun bildiği özel nitelikler yansıtır ve bu nitelikler toplumsal hiyerarşide şu ya da bu statünün simgeleridir: Görkem, ün, alçakgönüllülük, parlaklık, deney, asalet.

Varlıkların Nahualara özgü bileşenlerini illa içsellik ve fiziksellik kategorilerine dağıtmak istenseydi, herhalde en saygılı çözüm *tonalli* ve *teyolia*'yı madde dışı bir kategoriye koymak olurdu; buna karşılık *tonacayo, ihiyotl* ve özel bir yere aidiyet bir bireyin maddi özelliklerini gösterir. Canlı varlıklarda organlara bağlansalar da *tonalli* ve *teyolia*'nın tözleri yoktur; birincisi bir zırhın koruması olmadan uzun süre varlığını sürdüremeyen bir yansıma, parlama, ikincisi Hıristiyan ruhunu hatırlatan, can veren bir kaynaktır; her ikisi de içselliğe özgü işlevleri mümkün kılar ya da açıklar; kendilik bilinci, duyarlık, düşünce, bireysel öz, yaşamsal enerji. Buna karşılık *tonacayo* bütünüyle tözseldir, adı "beden"den (*nacatl*) gelir: İnsanların beslendiği bazı organizmaları oluşturan madde. *İhiyotl*'u sınıflandırmak daha kolaydır. Normal biçimiyle anatomik bir parça gibi maddi değildir kesinlikle, ama gene de *tonalli* ve *teyolia*'dan çok daha somuttur: Bir aura'ya benzeyen buğulu bir akıştır ve doğum ile ölümden sonra çıkardığı pis kokudan tanınır; Maya dili konuşan bir grup olan Guatemala Chortileri *hijillo*'nun (*ihiyotl*'un İspanyollaşmış versiyonu) pis kokusunu doğrularlar ve bu kokunun yoğun olması dolayısıyla kimi zaman çerçevesinin çizilebileceğini söylerler.[17] *İhiyotl* ayrıca bireylerin fizikselliğinin karakteristik bir biçimde biçimlendirilmesine katkıda bulunur ve karakterlerin başat özelliklerini fizyonomi ve

17 Charles Wisdom, *Los Chortis de Guatemala,* Guatemala, Editorial del Ministerio de Education Pública, 1944, s. 375, Lopez Austin, A. tarafından aktarılmıştır, 1988, s. 233.

tavırlarda, davranışlarda görünür kılar. Ontolojik nitelik olarak topografik simge ise her varlığın fiziksel ve toplumsal alanda kimliğine uygun bir yere sahip olması olgusundan gelir... "yerinde olmayan bir şeyin durumu" olarak tanımlanan "terslik" (*aompayotl*) sözcüğünün çok iyi ifade ettiği bir durumdur bu.[18] Şunu da belirtmek gerekir ki doğadaki bağımsız birimlerin kendilerine uygun görülen yere göre fiziki tanımı eski Çin'de görülen bir olgudur; eski Çin'de mekân homojen parçaların birleşmesinden gelen basit bir uzam değil, varlıkların ve nesnelerin eyleme göre sınıflandırılmasına yarayan somut alanlardan oluşan bir bütün gibi düşünülür.[19] Gerçekten de uzamda, her varlığın bireyselleşmesinin ek bir aracı olarak konumlanma olgusu analojik sistemlerin çoğunda görülen ortak bir özellik gibidir.

Ancak burada önemli olan, bireyi oluşturan bileşenlerin maddi olup olmamalarına göre dağılımı değildir. Nahua ontolojisinin ve tüm analojik sistemin başat özelliği gerçekten de her varlıkta bir yığın parçayı birleştirmektir ve bunların doğru koordinasyonu varlığın bireysel kimliğinin istikrar kazanması, yeteneklerinin ve eğilimlerinin hayata geçmesi, "doğa"sına uygun bir gelişme biçimi için gereklidir. *Tonacayo, tonalli, teyolia, ihiyotl* tiplerinin olağanüstü çeşitliliği ve bu tipler arasındaki bileşimlerin neredeyse sonsuz değişkelerinin sonucu doğadaki insan ya da insan olmayan her kendiliği tek örnek durumuna getirmektir. Bu sürekli farklılaşma eski Nahualarda insanlar arasındaki ayrılıklara sürekli dikkat edilmesiyle kendini gösteriyordu. Yaşları, cinsiyetleri, ten renkleri ve kokuları, enerji ve ateşlilik durumları, fiziksel normalliğin kurallarına uygunluk, tehlikeye ve büyücülerle kötü niyetli tinlerin saldırılarına karşı kırılganlık gibi ayrılıklar her bir varlığı oluşturan bileşenlerin ve bunların bir araya gelme biçimlerinin karakteristiklerinin işaretleridir. Farklılık düzeyi öteki varlıklarda da belirgindir: Sıcaktan soğuğa doğru giden bir süreklilik içinde dereceli bir dağılım söz konusudur burada ve insanlar dışında bitkiler, hayvanlar, mineraller, göksel cisimler, besin maddeleri, hastalıklar, tanrılar vb. vardır; kısacası Orta Amerika'da daha kesin olan evrensel bir sınıflandırma sistemi söz konusudur – bu meseleye ileride yine değineceğiz.

Nahua analojizmi öncelikle animizme çok yakındır: İçlerinde animik merkezlerin bulunduğu hayvanlar, bitkiler, taşlar ve dağlar; içsellikleri rüyalarda kendi aralarında iletişim kuran her çeşit varlık; kesilmeden önce özür dilenen ve kesildikten sonra kült adanan ağaçlar;[20] bilinçli bir yaşamın hışırdadığı ve yönelimsel nesnelerle dolu böyle bir dünya Amazon ya da Kanada yerlilerinin dünyasından gerçekten farklı mıdır? Öncelikle şunu söyleyelim ki, eski Nahualar ya da çağdaş Tzotziller, çevrelerindeki tüm görünür ve görünmez kendilikler en azından insanlara öznellik, bellek, yaşam gücü ya da irade veren oluşturucu bileşenlerden birine sahip olduklarından, Jivarolar ya da Cree'lere göre daha rahatlıkla içsellik atfederler. Varlıklardan her biri ayrıca oluşturucu bileşenlerinin fazla olması ve bileşim biçimlerinin değişik olması nedeniyle tüm öteki varlıklardan farklıdır: Animik ontolojilerin insan olan ve olmayanlarda bulduğu iç kapasitelerin birliğine ters düşen bir durumdur bu. Analojik bir düzende

18 Lopez Austin, A., 1988, s. 347.
19 Granet, M., 1968 (1934), s. 77-99.
20 Lopez Austin, A., 1988, s. 346.

insanlar ve hayvanların kültürleri, etikleri, kurumları farklıdır; insanlar ve hayvanlar, aldıkları bir yığın önlem sayesinde bir yere kök salmış, hiçbir biçimde etkili olmadığı bir denklikler labirenti içinde ister istemez başkalarına bağımlı olan her bireyin kendisine düşen yeteneklere göre kaderin belirlediği amaçların peşinde koştuğu kapalı bir dünyada bitkiler, tanrılar, evler, mağaralar, göller ve bir sürü karmakarışık şeyle birlikte yaşarlar. Animizmin benzer içselliklerle donattığı varlıklara tanıdığı eylem özgürlüğünün tersine analojk dünyalar *fatum*'un ağırlığı altında ezilirler.

Öte yandan her kendilik çok sayıda istikrarsız bileşenden oluştuğundan her birinin yer değiştirmesi de daha kolaydır. Ruh göçleri, reenkarnasyon, metampsikoz ve özellikle bir ruhun bedene girmesi (possession) durumları kesinlikle ontolojik analojilere işaret ederler. Gerçekten de yabancı bir içselliğin bir varlığa girmesi, girdiği içsellik içinde geçici ya da kalıcı egemenliği –ruhun bedene girmesinin *a minima* tanımı–animik sistemlerde pek görülmez. Hiç kuşkusuz, kimi zaman Amerika'daki bazı yerli şamanların ya da Sibiryalı şamanların içlerinde "yardımcı tinler" bulunduğu söylenir, ama burada şamanın yardım istediği ve dolayısıyla eylemlerini denetlediği *alter ego*'larla kurduğu gönüllü iletişimi ifade etme biçimi söz konusudur ve bireyin, kimliğini değiştiren bir gücün etkisiyle tam anlamıyla yabancılaşmasından söz edilemez.

Nahualar'da ruhun bedene girmesinin getirdiği kişilik silinmesiyle ilgili sayısız örnek vardır. Ortaya çıkan sonuçlar genellikle yıkıcıdır: Sözgelimi bazı delilik nöbetleri küçük yağmur tanrıları aracılığıyla kötü bir ruhun istilasına atfediliyordu –Bu durumda bu kişiye *aacqui,* "içine bir şey girmiş olan" deniyordu–buna karşılık *cihualpipiltrin*'lerin, doğuşundan batışına kadar güneşe eşlik eden, doğum sırasında ölen kadınların *teyolia*'sı da kurbanlarında felç olaylarıyla "ortaya çıkıyordu."[21] Ama ruhun bedene girmesi olaylarında aynı zamanda yararlı sonuçlar da gözlemleniyordu. Nergisgillerden bir bitkiden yapılan alkollü içki pulque içildiğinde, içkide bulunan dört yüz tavşan-tanrıdan (*centzontotochtin*) biri içkiyi içenin bedenine giriyordu; içkiyi içen kişi pulque içebilecek yaşa gelmiş (elli iki yaş) biriyse, bu içkiyi ölçülü ve geçerli bir ritüel gerekçesiyle içmişse, o zaman tanrı ona güç ve güzellik veriyordu; tersi durumda tanrı öfkeleniyordu ve kurallara uymayan, itaatsizlik eden kişiyi onursuz bir yaşam sürmekle cezalandırıyordu. Bu ruhun bedene girişi son derece kişiye özeldi, zira aynı tavşan-tanrı her seferinde aynı içen kişiyi eline geçiriyordu ve sarhoşluğuna kendi kişiliğinin özelliklerini aktarıyordu: Neşe, melankoli veya saldırganlık.[22] Peyotl ya da halüsinojen mantar tüketimi bağlamında da aynı durumlar söz konusuydu, zira bunların içinde de tanrılar vardı ve bu yolla insanların bedenlerine sahip oluyor, bir süre de kalıyorlardı orada. Animik Amazon'daki benzer uygulamalara göre önemli bir farklılık görülür burada: Bu bölgede *ayahuasca (Banisteriopsis sp.)* gibi halüsinojen maddeler tüketmek hiçbir biçimde dışarıdan, var olan içselliği etkileyebilecek bir içsellik getirmez; tersine, içselliği fiziksel baskıdan kurtarır, öngörüsünü, görüş keskinliğini güçlendirir ve büyük olasılıkla, hemcinsleriyle rahat ilişkiler kurabilmesi için bedenden kurtulmasını sağlar.

21 *A.g.y.*, s. 354-355.
22 *A.g.y.*, s. 356.

Eski Nahualarda örneklerini gördüğümüz, kişiyi oluşturan bileşenlerin yabancı bedenlerde dolaşması "nagualizm" diye bilinen tipik bir Orta Amerika olgusudur ve üzerinde biraz durmak gerekir. Bu kavram çok uzun zamandan beri antropolojinin bütün kurucu babaları tarafından o kadar sık kullanılır ve o kadar farklı olguları içinde barındırır ki, bu konuda bir ön açıklama gereklidir. *Nagual* (ya da *nahual*) sözcüğü eskiden beri aşağıdaki şeylerin tümünü ya da bir bölümünü belirtir: Yaşam döngüsü, onunla aynı zaman dilimi içinde doğup öldüğünden ve birinin bütünlüğünü zedeleyen bir şey aynı şekilde öbürünü de etkilediğinden bir insanınkine eşit olan ikili bir hayvan; bir çocuğun karakterini ve niteliklerini belirleyen burç (ve doğum günü); genellikle zarar vermek amacıyla hayvana ya da bir ateş topuna dönüşebilen büyücüler; büyücünün içine girdiği hayvan; bir insanı oluşturan bileşen. "Nagualizm" dosyasını yeniden inceleyen George Foster'a göre, Meksika ve Guatemala *nagual* büyücüleriyle özdeşleştirilen bir hayvanda cisimleşme kapasitesinin, bir hayvanla insan arasında doğuştan kurulan özel bir ilişki inancıyla hiçbir ortak yanı yoktur ve ayrıca bu inanç Orta Meksika platosu Nahuaları'nda yoktur.[23] Ayrıca *nagual* (ve "nagualizm") sözcüğünü hayvana dönüşebilme yeteneğine sahip büyücü anlamında kullanmak ve *tona* için de bir insanın hayvan *alter ego*'su demek tercih edilmelidir, zira sözcük Orta Amerika'nın birçok bölgesinde yaygın olarak kullanılır.

İnsanlar ve hayvanlar arasındaki sınırları silmiş gibi gözüken bu ontolojik birleşme ve karışma süreçlerinde harekete geçirilen mekanizmalar nelerdir? *Tona* (ya da Tzotzil'lerde *wayjel*) bir insanla aynı gün ve aynı burçta doğan vahşi bir hayvandır ve insan bu hayvanın karakteristik özelliklerini paylaşır: Söz konusu hayvan bir jaguar ise (Tzotziller için) insan inatçı, kaprisli, sert ve huysuz olacaktır; söz konusu hayvan bir sinekkuşu ise insan, tersine sabırlı, yumuşak ve anlayışlı olacaktır.[24] Bir bitkiyle karışma ve birleşme durumu ise daha karmaşık ve ender görülen bir durumdur: Sözgelimi Huakstek Teenekler'inde küçük ağaçlar üfürükçüler tarafından çocukların "ebeveyni" olarak seçilirler ve misyonları bu çocukları, genellikle kendilerinin haberi olmadan korumaktır; ancak doğum tarihleri ya da ağaca atfedilen özellikler ile çocuğa atfedilen özellikler arasında örtüşme ya da denklik söz konusu değildir.[25] Kaderleri ortak olsa da bir insan ve *tona*'sı arasında hiçbir bilinçli ilişki yoktur, zira tona'nın kimliği bilinmez genellikle ve ona zarar verme riski –dolayısıyla kendine zarar verme– her zaman vardır; Jacques Galinier'nin Otomiler'le ilgili olarak söylediği gibi: "Her insan çalılıklarda avlanırken yanlışlıkla can yoldaşını [hayvan] yok edebilir ve dolayısıyla kendi ölümüne de sebep olabilir."[26] Bununla birlikte *tona* kaprisli tanrıların ya da ataların, yaşamını daha belirsizleştirmek amacıyla bir insana atfedecekleri bir tür ahlâksal ve biyografik benzerlik bağlamında adsız ya da adı bilinmeyen bir kopya değildir. Çünkü onları, iradelerinden bağımsız olarak birleştiren kaderin dayandığı bir olgu vardır: İnsanın bir parçası – López Austin'e göre *tonalli*'sinin bir bölümü– onun hayvan *alter ego*'suna yerleşecek, ölünce-

23 Foster, G. M., 1944

24 Guiteras Holmes, C., 1965, s. 243.

25 Ariel de Vidas, A., 2002, s. 253-259.

26 Galinier, J., 1997, s. 240.

ye kadar orada kalacaktır.[27] Dolayısıyla bir kişiliğin balmumundan kopyası olmayan, birçok kez yinelenen niteliklerin somutlaşması da olmayan *tona,* insan ikizinden hem farklıdır hem de benzeridir onun, zira bir yazgı olduğu için bilinçli denetimden kaçan yer değiştirmiş bir içsellik parçasını barındırır ve bir yandan da ayrılmaz bir parçası olduğu bireyi etkilemeyi sürdürür.

Nagual ise sayısız örneğini oluşturduğu bir hayvana dönüşebilen büyücü figürü ile sınırlanmaz. Eski Nahualarda ve bugünkü Orta Amerika'nın çok büyük kısmında tanrılar, ölüler ve hayvanlar da hayvan biçimi –hayvanlar başka bir hayvan türünün biçimini alırlar– alabilirler ve bunun için görünümlerinin değişmesi şart değildir, geçici olarak başka bir varlığın bedenine girmeleri yeterlidir. Dolayısıyla bir değişim söz konusu değildir; López Austin'e göre burada "insanların, tanrıların, ölülerin ve hayvanların ruhlar tarafından ele geçirilmesi söz konusudur ve bu bağlamda bu varlıklar animik bileşenlerini (*ihiyotl* ya da *nahualli*) çeşitli varlıklara özellikle hayvanlara gönderirler ya da kendileri doğrudan doğruya kurbanlarının bedenlerine yerleşirler."[28] Bu anlamda *nagual* (ya da *nahualli*) hem *ihiyotl*'undan ayrılabilen ve ona zırh olarak başka bir varlık verebilen hem de ondan başka birinin *ihiyotl*'unu alabilen bir varlıktır.

Dolayısıyla yerel tezahürleri içinde "tonallizm"in ve "nagualizm"in neden birbirine bu kadar sık karıştırıldıkları anlaşılıyor. Her iki durumda da bir varlığı oluşturan bir bileşenin başka bir varlığa taşınması söz konusudur ve bunun sonucunda bu varlıkların kaderleri birbirlerine o kadar sıkı biçimde bağlanır ki, biriyle ilgili olan her şey öbürünü de etkiler. Ama öte yandan farklılıklar da söz konusudur: Taşınan bileşen *tonalli* ya da *ihiyotl* olabilir; kurulan ilişki istemeden ve sürekli ya da geçici ve yönelimsel biçimde olabilir; alıcı tek bir hayvan ya da herhangi bir kendilik olabilir; bütün insanlar farkında olmadan *tonalli*'lerinin bir bölümünü dışarı gönderdiklerine göre yeni nitelikleri kazanmaları ve kendilerinden bir parçanın yer değiştirmesi mümkündür, buna karşılık sadece uzmanlar *ihiyotl*'larını başkasına aktarabilirler. Bununla birlikte bu iki dışsallaştırma biçimi arasındaki farklılıklar, animik ontolojiler içinde etkin olan değişimin mekanizmasına göre gösterdikleri büyük çelişki dikkate alındığında önemli değildir. "Nagualizm" daha çok fizikselliğe bağlı (*ihiyotl*) yabancı bir bileşenin bir kendiliğin içine girmesiyse, o zaman kökenleri farklı ontolojik ilkelerden oluşan aynı gerçeklik içinde kalıcı ya da geçici bir birliktelik söz konusudur. Bireyleri oluşturan çok çeşitli unsurlar arasında çok sayıda bileşim aracılığıyla normal durumda ortaya çıkmış olan yavaşlamanın etkisini yoğunlaştıran bir durumdur bu. Buna karşılık değişimde insan olan ve olmayanların düzenlenmeleri açısından aynı olan içsellikleri, süreklilik, üniterlik ve özerklik kazanarak sadece bedensel kabuklar değerlendirildikleri görüş açısına göre değişir. Meksika *nagual*'i gibi, bir varlığın kendinden bir parçayı yabancılaştırdığı bir hayvana aktarması, bir hayvan görünümüne bürünmek ya da Amazon şamanının yaptığı gibi hayvan biçiminde algılanmak değildir: Birincisi kişiliğinin unsurlarını kendi isteğine göre ayrıştırır ve dağıtır, ikincisi içselliğinin istikrarlı kimliğine uygun biçimde kalır.

27 Lopez Austin, A., 1988, s. 374.
28 *A.g.y.*, s. 37.

Sürekli dolaşım halindeki, dağınık malzemelerle kurulan tekilliklerden oluşan ve sakinlerinin şaşırtıcı çoğulluğuyla her geçen gün düzensizleşen bir dünyanın, bu dünyada yaşayanlar için anlamlı ya da sadece yaşanabilir olabilmesi için güçlü bir araya getirme, yapılandırma ve sınıflandırma mekanizmalarına ihtiyacı vardır. Ve burada analojiye başvurmak, her anlamda dayanışma ağları ve süreklilik bağları yaratma olanağı veren telafi edici bir entegrasyon yöntemi olarak devreye girer. Kozmosun katmanları, insanların, bitkilerin ve hayvanların görünen ve görünmeyen parçaları, aile bireyleri arasındaki ilişkiler, toplumsal katmanlar, meşguliyetler ve uzmanlıklar, meteorlar, besinler ve ilaçlar, tanrılar, göksel cisimler, hastalıklar, zaman dilimleri, yerleşim alanları ve yönler... Bütün bu unsurlar eski Nahualarda bir denklik ve karşılıklı belirleyicilik labirenti içinde birbirlerine bağlıydı; bugün de Orta Amerika'nın birçok halkı için hâlâ böyledir bu. Meksikabilimcilerin üzerine sayısız kitap yazdıkları bu bilme tarzının bütünlüğü ve yapısı, ancak kâhinlik, astroloji ve tıp konusunda uzmanlaşmış bir grup uzman tarafından değerlendirilebiliyordu; ama herhalde halktan kimseler, *macehualtinler* de buna biraz aşinadır, zira gündelik yaşamın ritüellerine yararlı ve evreni oluşturan unsurlar arasındaki ilişkilerin yoğunluğunu değerlendirme bağlamında yeterli bilgilerdir. Konuya yabancı olanların yeterince güven verici, hatta ünlü uzmanların, üfürükçülerin, falcıların, *hechicero*'ların ya da ebelerinki kadar kesin bilgiler edinebildiklerini gösteren çağdaş yerli cemaatler etnografisinden çıkarılabilecek bir sonuçtur bu.

Birbirlerine denk düşen bu işaretler labirentinin Rönesans Avrupası'nda, Çin'de ya da Fetih dönemi Nahuaları'nda gelişmesi, analistler tarafından genellikle makrokozmos ve mikrokozmos arasındaki klasik denklik formülüne indirgenmiştir. Ama aslında bu formülün kullanımı son derece zorludur. Çünkü en yüksek genelliği içinde ele alındığında evrenseldir: Her yerde insan bedeninin parçaları ile bitkilerin, hayvanların ve inorganik çevrenin parçaları arasında benzetmeler yapılır –dillerde bunların örnekleri görülür–; her yerde ev, uzantısını oluşturduğu bedenle küçük bir kopyasını oluşturduğu dünya arasında ara düzeyde bir mikrokozmos olarak değerlendirilir; her yerde işlevler, işlevsizlikler ve biyolojik tözler ile iklimsel ya da mevsimsel olay ve döngüler arasında kimi zaman son derece bulanık yakınlaştırmalar yapılır. Kısacası bedenimiz anatomik ve fizyolojik özelliklerinden doğrudan doğruya yararlanmanın mümkün olduğu o kadar zengin bir depodur ki, çoğu zaman gökyüzüne kadar uzanan benzerlikler ve metaforlar ağları oluşturmak amacıyla bütün yeryüzünde yararlanılması şaşırtıcı değildir. Ama sadece analojik ontolojiler bu dağınık anlam zincirlerini düzenli, bağımsız ve esasen pratik etkinliğe yönelmiş bütünlükler içinde sistematize edebilmeyi başarmışlardır: Tersliklerin çözümlenmesi, yapıların durumu, takvim, kader, ahiret, kehanetler, eşler arasında uyum, iyi yönetim... Bütün bunlar son derece sıkı ve yüklü tanımlamalar içinde birbirlerine öylesine yakın biçimde eklemlenirler ki evreni yansıtanın insan mı olduğu, yoksa evrenin mi insanı model olarak aldığını kestirebilmek mümkün olamaz. Böylesine uzun süreli ve yoğun geçişli nedensellik zincirleri animik ya da totemik ontolojilerde yoktur ve günümüz natüralizminde de ancak fragmanlar halinde bulunur: Alternatif tıp yandaşları ve *New Age* felsefelerine bağlı yıldız falı meraklılarının yıldızının parladığı mutlu bir dönemin nostaljik kalıntıları.

Dolayısıyla analojizmin insanı, şeyleri birbirine bağlayan bütün anlam çizgilerinin kesişme noktasına oturttuğu söylenemez. Foucault'nun Rönesans'la ilgili olarak söylediği gibi makrokozmos ve mikrokozmos denkliği daha çok yüzeysel bir etkidir; analojizmin yorumlama modeli olarak insana tanıdığı ayrıcalıklı durum, insanın kişiliğine atfedilen özelliklere dayandığı için egemen olunabilen bir yorum rehberi aracılığıyla benzerliklerin çoğalmasını engelleme olanağı sağlar. Öte yandan şunu da söyleyelim ki az çok uyumlu bir birliktelik içinde çok sayıda yer değiştiren unsurdan oluşan bir organizmanın ekolojisi sadece minyatür bir dünyanın imajını verebilir; ama öteki ontolojilerin yararlandığı daha basit bileşimlerden dahi iyi bir biçimde yapar bunu. Bununla birlikte analojik sistemlerin hiçbir antropomorfizm özelliği yoktur. İnsanların bağlı oldukları baskın epistemik konuma rağmen onları oluşturan parçaların farklılığı o kadar büyük ve yapıları da o kadar karmaşıktır ki, bu bağlamda tek bir yaratık model oluşturamaz.

Tekilliklerle dolu bir dünyaya düzen ve anlam vermenin başka bir yolu, bunları iki kutup içindeki büyük yapılar arasında dağıtmaktır. Böylelikle sayısız özellik, duyulur niteliklerin basitleştirilmiş bir sınıflandırmasıyla sınırlandırılabilir. Bu sınıflandırmalar içinde ikisi çok yaygındır –sıcakla soğuğu karşıtlaştıran sınıflandırma ve kimi zaman bununla birleştirilen kuruyla yaşı karşıtlaştıran sınıflandırma– ve bunlar analojik bir ontolojiyi ayırt etmek için en dolaysız işaretleri oluştururlar belki. Eski Nahualar sadece birinci sınıflandırmayı kullanıyorlardı, ama bütün varlıkları iki sınıfa dağıtmak amacıyla sürekli ve eksiksiz biçimde yararlanıyorlardı ondan. Böylece gökyüzünü, ışığı, erili, üstü, gücü, ateşi, kartalı, gündüzü, 13 rakamını, yaşamı vb. sıcak sınıflandırmasına dâhil ediyorlardı; soğuk tarafında ise cehennem, karanlık, dişi, alt, zayıflık, su, benekli yaban kedisi, gece, 9 rakamı, ölüm vardı... Orta Amerika'da her zaman canlı olan bu ikilik, görünen ve görünmeyen oluşumların tümünü yönlendirmeye devam etmektedir orada: Bitkiler, hayvanlar, madenler, göksel cisimler, haftanın günleri, aylar, ruhlar, besinler, psikolojik durumlar... Bunların tümü sıcak, soğuk kutuplarına indirgenebilir.

Sınıflandırılan unsurların doğasında görülebileceği gibi bir şeyin şu ya da bu sınıfa dâhil edilmesi gerçekten soğukluğuna ya da sıcaklığına değil, ona atfedilen özelliklere, durumunun ve işlevinin esinlediği çağrışımlara bağlıdır. Sıcak ve soğuk, son derece öznel ve çelişen nitelikler olsalar da, burada maddi bir durumun ampirik göstergeleri değil, zıt çiftleri kapsayacak kadar soyut ve uzlaşımsal kategorilerdir. Sözgelimi Yucatan Mayaları'nda bir fırının harareti, yemeğe fırının alt dünyayla benzerlikler göstermesi nedeniyle bir "soğukluk" özelliği verir, buna karşılık doğrudan doğruya ocağa konan pişmiş toprak kap, *comal*'da pişirilen yiyecekler gökyüzününkine uygun bir "sıcaklık" özelliği kazanırlar.[29] Sıcak ve soğuk kutuplaşması dikotomik olmasına rağmen, özellikle organizmaların genellikle bitkilerden yararlanılarak, özel yöntemlerle ısıtılarak ya da soğutularak termik dengelerinin sağlanmasının söz konusu olduğu tıp alanında derecelenmeleri de

29 Redfield, R. ve Villa Rojas, A., 1964 (1934), s. 130.

kabul eder: Dolayısıyla bunlara çoğunlukla "sıcak" ya da "soğuk" denir ama bazıları kullanım amaçlarına göre her iki özelliğe de sahip olabilirler. Bu bağlamda Tzotzil'ler örnek gösterilebilir: Kimileri çok az sayıda bitkiyi hem *sik* (soğuk) hem de *k'ixim* (sıcak) olarak sınıflandırmıştır.[30] Nihayet her iki özelliği özel bir biçimde barındıran oluşumlar da vardır... Sözgelimi Sierra de Puebla Totanaklarında mısır.[31] Nesnelere ve durumlara atfedilen sıcak ve soğuk derecelerinin işlevleri değişken parametreler gibidir; yeryüzünün benzer ya da farklı olanı merkez kabul eden bir taksinomi içinde yapılandırılmasını ve eylemi yönlendirmek amacıyla göreli ve konjonktürel konumların tanımlanmasını sağlarlar.

Sıcak ve soğuk kutuplaşmasının gerçek anlamda Orta Amerika'ya özgü karakteri genel kabul görmemiştir ve bu konuda, üstüne birkaç kelime edilmesi gereken önemli bir polemik gelişmiştir. Bu kavramlar çiftiyle, aynı zamanda önemli bir rol oynadığı eski Avrupa dört sıvı teorisindeki karşılığı arasındaki örtüşme, Foster'ı ünlü bir makalede sıcak ve soğuğa göre dikotomik sınıflandırmanın Yeni Dünya'ya İspanyollar tarafından getirilen Hippokrates tıbbının bir mirası olduğunu söylemiştir.[32] Söz konusu tez kısa sürede birçok Meksikabilimci tarafından benimsenmiş ve Yeni İspanya'nın oluşturduğu büyük kültürel ve toplumsal *melting pot*'un oluşmasında İber yarımadasının katkıları üstüne araştırmaların gelişmesini çok büyük ölçüde desteklemiştir; söz konusu kültürel ve toplumsal alan uzun süre ihmal edilmiştir, ancak günümüzde egemen olan akım kimi zaman Orta Amerika yerlilerinin Kolomböncesi geçmişlerini çok canlı tuttuklarını unutturmaktadır. Yüzyıllarca süren sömürge egemenliğinin yerli düşünce sistemlerinde önemli değişiklikler yaptığını ve bunların bazılarının, özellikle Sahagún ve meslektaşlarının en önemli bilgi kaynağını oluşturan Meksika eliti içinde, ilişkinin ilk onyıllarından itibaren hissedilmeye başladığını kimse inkâr edemez. Bununla birlikte sıcak/soğuk karşıtlığının İspanyol öncesi bir kökeni olduğu savını destekleyen argümanlar ithal edilmiş bir inançtan daha inandırıcı gözükmektedir. Burada polemiğin ayrıntılarına girmeden, bu kutuplaşmanın yerli bir unsur olduğu görüşünün hararetli savunucusu López Austin'in düşüncelerini benimseyebiliriz; López Austin'e göre dört sıvı teorisinin sadece bir bölümünün Atlantik'i aşmış olması ilginçtir ve Avrupa dört unsur öğretisinde çok önemli olan tamamlayıcı kuru ve yaş karşıtlığı Orta Amerika'da fazla önem taşımaz; gene López Austin'e göre nahuatl dilinde yazılmış ilk kaynaklarda sıcak ve soğuk sınıflandırmaları yer alır, bunların sağlıkla ilgili sorunlarla doğrudan ilişkisi yoktur ve İspanyol tıbbının henüz etkili olmadığı bir dönemde yazılmışlardır; López Austin ayrıca bu kavramlar çiftinin oluşturduğu alanın, her şeyi kapsayabildiğine göre Fetih dönemindeki ve bugünkü tıp alanından daha geniş olduğunu söylemiştir.[33] Biz de şunu ekleyebiliriz: Hippokrates etkisinin dışlandığı –Çin, Hindistan'da Ayurveda sistemi– çok zayıf bir ihtimalle mümkün olabileceği – Batı Afrika– dünyanın başka bölgelerinde sıcak/soğuk kutuplaşmasına verilen önem daha

30 Berlin, E. A. ve Berlin, B., 1996, s. 62-63.
31 Ichon, A., 1969, s. 41-42.
32 Foster, G. M., 1953.
33 Bu tartışmada iki tarafın ileri sürdüğü argümanlar ve çürütmelerin ayrıntılı bir incelemesi için bkz. Lopez Austin, A., 1988, s. 270-282.

çok aynı zamanda Orta Amerika bağlamında bağımsız bir köken savını destekler.[34]

Duyumsal nitelik çiftleri aracılığıyla yapılan büyük kapsayıcı sınıflandırmaların analojik ontolojilerin en tipik özellikleri olduğu kabul edilirse, sıcak/soğuk kutuplaşmasının kökeniyle ilgili tartışmalar boş gözükür. Burada sadece benzer sınıflandırma biçimleri arasında kısmi bir örtüşme söz konusudur –kuru ve yaş dikotomisi Orta Amerika yerlileri arasında yerleşmemiştir– çünkü her ikisi de coğrafi açıdan ayrı olmalarına rağmen benzer analojik ortamlarda doğmuşlardır. Dolayısıyla yerli sınıflandırmasının ve Avrupa sınıflandırmasının bir bölümünün yapısal örtüşmesi hiçbir önemli sorun çıkarmıyordu.[35] Bilindiği gibi Avrupalılar İncil öğretisine kesinlikle karşı çıkan eski Meksikalıların uygarlığının bazı özelliklerini kesinlikle hazmedememişlerdir. Buna karşılık kendi âdetleriyle benzerliklerini gösterdikleri kehanet ve tıp teknikleri hiçbir biçimde şaşırtmamıştır onları. Bir *Codex Borgia* yorumcusu açıkça şöyle diyor: "Her şey çok iyi düzenlenip ayarlanmıştı ve bizdeki astrologlar ve hekimlerle aynı yöntemleri uyguluyorlardı."[36] Ve fatihler kimi zaman yerli tıbbının bazı özelliklerini saf dışı etmek istedilerse de, bunun nedeni hiçbir zaman etyolojik ve nozolojik belirleyiciler olarak sıcak ve soğuk karşılığından yararlanılması değil, bunun sonucu olan bazı tedavilerin Hippokrates tıbbı kurallarına karşı olmasıydı[37]. Dolayısıyla tartışmalar, niteliksel fizyoloji ilkelerini paylaşan uzmanlar ile özellikle Rönesans dönemi tıp kitaplarında da görüldüğü gibi özellikle şu ya da bu durumda çıkarılacak klinik sonuçlar konusunda anlaşmayan kişiler arasında çıkıyordu.

Nasıl makrokozmos ve mikrokozmos arasında her yerde denklik taslakları bulunuyorsa, dünyanın her yerinde de, en azından dönem dönem, insanlar nesneleri sıcak ya da soğuk, kuru ya da yaş olmalarına göre sınıflandırma eğilimleri içinde olmuşlardır. Yine de ender olarak gözüken metin ve sınıflandırmalar içinde yer alan bu karşıtlıkların, analojik ontolojilerin kendi dünyaları içindeki sayısız kendiliği düzenlemek amacıyla başvurdukları tipte kapsayıcı ve açıklayıcı sistemler oldukları söylenemez. Gerçekten de totemik Avustralya'da, özellikle animik bölgeler olan Sibirya, subarktik Amerika ya da yerli toplulukların bulunduğu Amazon bölgesinde genel sıcak/soğuk kutuplaşmasından hiçbir iz bulunmaması ilginçtir.[38] Natüralizm halkın rağbet gösterdiği taksinomilerde bunun bazı izlerini korumuştur ve eski dört sıvı teorisinin mirası bilimsel düşünceye de sızmıştır kimi zaman: Bachelard'a göre

34 Çin'de *yin* ve *yang*'ın belirgin özelliği çoğu zaman tamamlayıcı sıcak ve soğuk zıtlığıdır; Ayurveda tıbbı için bkz. Zimmermann, Fr., 1989; Batı Afrika konusunda bkz. Samoalar'da örnek olgu, Heritier, Fr., 1996.

35 Bu aynı zamanda Ryesky, D.'nin de yorumudur, 1976, s. 33.

36 Lopez Austin, A. tarafından aktarılmıştır, 1988, s. 349: *Comentarios al Códice Borgia* (yay. E. Seler), c. I, s. 207.

37 Sözgelimi Francisco Hernandez'in alay ettiği (*Historia natural de Nueva España* [Bkz. Lopez Austin, A.'nın yorumu, 1988, s. 274]) organizmanın termik dengesini sağlamak için soğuk su banyoları ya da çok sıcak bir ortam.

38 Jean Chiappino'ya göre Venezuella Amazon bölgesinde ve Guyanalar'da bazı halklar arasında Şamanların uyguladıkları tedavilerde sıcak ve soğuk ölçütlerinden yararlanıldığına dair işaretler vardır (şaman nefesiyle hastalık bulaştırabilecek besinleri "soğutur", soğuk su banyoları ya da bir ateşin harareti bedenin dengesini sağlar) ama öte yandan yeterince açık olmayan bu uygulama sadece sağlık alanını kapsar ve kesinlikle sözgelimi Meksika, Çin, Batı Afrika'nın bazı bölgeleri ya da Ayurveda tıbbındaki gibi genel, termik bir sınıflandırmaya dayanmaz (Chiappino, J., 1997).

yiyeceklerin besleyici değerinin "kaloriler"le ölçülmesi bu teorinin sürekliliği sayesinde gerçekleşebilmiştir.[39] Sıcak ve soğuk ya da kuru ve yaş karşıtlığında evrensel bir sabit yan görmekten ziyade, bunu, elbette evrensel olarak kabul edilen ayırt edici özelliklere dayanan ama ancak uzmanlaşmış sınıflandırma sistemlerinin düşünce ve eylem için gerçekliği düzenleyemeyecekleri kadar çeşitlenmiş bir ontoloji olduğu hallerde ve farklı sınıflandırma düzeneklerinin entegrasyonu için daha genel bir ilke gerektiği zaman kapsayıcı bir sınıflandırma sistemi içinde de gerçekleşebilen bir özellik olarak görmek gerekir.

Afrika Yankıları

16. yüzyıl Avrupa analojizmiyle kesişen bu Meksika analojizmi örneğine, dünyanın başka bir bölgesinden alınmış ikincil nitelikte ama kendine özgü bir gerçekliği olan bir olguyu eklemek gerekir. Bu çalışmada şimdiye kadar pek az yer tutan bir kıta olan Afrika'ya yönelmek için bir fırsattır bu. Malili antropolog Amadou Hampaté Ba'nın bir anısı bu tercih nedenlerinin anlaşılmasına ışık tutacaktır:

> "Annem ne zaman benimle konuşmak istese önce karımı ya da kız kardeşimi çağırır ve şöyle derdi onlara: 'Oğlum Amadou'yla konuşmak istiyorum ama daha önce şu anda hangi Amadou'nun onun içinde olduğunu bilmem gerekiyor'."[40]

Batı Afrika'nın bir parçasında, kabataslak Mali, Burkina Faso, Senegal'in doğusu ve Fildişi Sahili'nin kuzeyine denk düşen bölgede, gerçekten Meksika yerlilerininkine çok benzeyen bir insan anlayışı egemendir: Her birey hareket halindeki bir yığın unsurdan oluşur ve bunların çok farklı bileşenleri biricik özdeşlikler oluşturur. Hampatê Ba tarafından gözlemlenen örnek çok belirgindir. Birey için iki sözcük vardır: *Maa*, gerçek anlamda kişi ve *maaya* "kişinin kişileri" yani onda bir araya gelmiş *maa*'nın çeşitli çehreleri; "kişi içinde, kişinin kişileri çoktur"[41] geleneksel sözü buradan gelir. Dünyanın yaratılışında başlar bu durum: Demiurgos Maa-nala hiçbiri kendisinin muhatabı olamayan varlıklar yaratınca, bütün varlıklardan küçük bir parça aldı ve bu parçaları melez bir varlık yaratmak amacıyla karıştırdı: Evrendeki kendiliklerin bütününden bir parça taşıyan insan. Bir bireyin içinde var olan kişilerin her birinin ruhsal ve ahlâksal özellikleri yüzde okunur: Yüzdeki bu işaretler alın, kaşlar, gözler, kulaklar, ağız, burun ve çene arasında dağılmıştır.[42]

Burkina Samoları'nda da insanı oluşturan bir yığın unsur vardır. Françoise Héritier'ye göre her insan aşağıdakilerden oluşur: Eti anneden gelen bir beden (*mɛ*); babadan gelen kan (*miya*); yürekteki kan aracılığıyla oluşan nefes (*sisi*); beden ateşiyle terin (*tàtare*) açığa çıkardığı, her canlı varlıkta bir kısmı bulunan ve bedenin kanı"yla dağıtılan yaşamsal atılım (*nyìni*); her kişiye has olan ancak kimi zaman bir atanın yeniden canlanması biçimini de alabilen, idrak, kendilik bilinci, bellek ve hayal gücünü kapsayan psişik bir kişilik (*yúri*); kişinin gölgesinin (*nysilɛ*) özelliklerinden fark edilen, aynı zamanda bitki veya hayvanlarla, kil ve demir gibi inorganik maddelerin de sahip

39 Bachelard, G., 1938, s.173.
40 Hampaté Ba, A., 1973, s. 182.
41 *A.g.y.*
42 *A.g.y.*, s. 187-188.

olduğu, her bireye özgü ölümsüz bir öz, aynı zamanda bir "ikiz" (*mɛrɛ*); kısmen annenin kaderiyle belirlenmiş ve yaşam süresini belirleyen "bireysel bir kader" (*lɛpɛrɛ*); ve de sözgelimi bir çocuk doğduğunda bir kâhinin belirlediği, çalılık tanrısının onayıyla gelen ad ya da "gerçeküstü eşses" gibi tekil nitelikler (*tõma*).[43] Dolayısıyla her varlık çok farklı maddi ve maddi olmayan unsurlardan oluşan özel bir karışım gibidir ve bu unsurlar bu varlığa özgün bir kimlik kazandırırlar. İnsanlar öteki varlıklara göre daha karmaşık bir bileşimin ürünüdür ve Héritier buradan hareketle bireyi, samo'yu temel unsurların bir "yapraklanması" gibi tanımlar.[44]

Afrika'nın bu bölgesinde varlıkların bileşenlerinin çeşitlenmesini en ileri noktaya götüren Dogon'lardır. Germaine Dieterlen'e göre her insan varlığında bir beden (*gódu*), sekiz "ruh" (*kikinu, kindu kindu*'nun kaynaşması), sekiz "köprücük kemiği" tanesi ve çok sayıda "yaşam gücü" (*náma*) parçası bulunur ve bunlara bir hayvan ikiz eklenir.[45] Sekiz ruh (*kikinu*) dört "beden ruhu"na bölünür, bunlar da karşı cinsten iki ikiz ruha bölünürler – *kikinu sáy*'lar ya da "akıllı ruhlar", bütün bedene yayılmış olan ve bedenden kopabilen zihinsel yetilerle ilişkilidir; *kikinu búmonɛ*'ler ya da "tırmanan ruhlar" ise öncekilerin yansımalarıdır, varlığın gölgesinde bulunurlar ve ender olarak ayrılırlar bu gölgeden. Dört "cinsiyet ruhu" "beden ruhları"nın kopyalarıdır, dölleme işlevleriyle ilgilidir ve bunlar da karşı cinsten iki ikiz ruh çiftine bölünmüştür. Her insan varlığının sekiz ruhu, *kikinu* bütünüyle özeldir ve soya aktarılmaz; çocuk, ana rahmine düşer düşmez suyun efendisi ve insanlığın yaratıcısı Nommo tarafından verilen ve de suyun içerisinde, özellikle de her geniş soy içinde dağılmış, "ailevi" denen kutsal su birikintilerinde yaşayan *kikinu* stoklarından gelen, ölünceye kadar muhafaza edeceği özel bir bütüne sahip olur. İki köprücük kemiği ise sekiz temel tanenin simgelerini içerir: Bir köprücük kemiğinde dört tane bulunur ve Yaratılış sırasında ortaya çıkmışlardır bunlar –küçük tane, beyaz tane, gölge tanesi, dişi tane, fasulye, kuzukulağı, pirinç ve *Digitaria*–, bunların tümü bireye tükettiği bitkilerin *náma* enerjisinden yararlanma olanağı veren minyatür bir ambara benzetilir. Köprücük kemiği muhtevası ve düzenlenmesi her bireyde cinsiyet, kabile, kast, işlev vb.'ye göre değişir; ayrıca kemiğin içindeki tanelerin konumu da taşıyıcının bir yığın geçiş riti sonucunda statüsünün değişmesiyle ve de kolektif bir törene katılmasıyla değişir. Nihayet "yaşam gücü" (*nama*) doğrudan doğruya *kikinu* ruhlarının etki alanında bulunur. Marcel Griaule'e göre şöyle tanımlanabilir: "Gelişmekte olan, belirsiz, içgüdüsel, bütün hayvanlarda, bitkilerde, doğaüstü varlıklarda, doğada bulunan ve varlığı içinde geçici olarak biçimini aldığı (ölümlü varlık) ya da ebediyen biçimini aldığı (ölümsüz varlık) maddeyi muhafaza eden bir enerjidir."[46] Bununla birlikte bir insan varlığının *náma*'sı farklılaşmamış bir akışkan değildir; kökenleri farklı, her bireyde özel olarak bulunan, onu doğrudan ve dolaylı biçimde soyuna bağlayan seksen tanenin bileşiminden oluşmuştur; eril "bedenin" *kikinu*'sunun koruması altında kırk *náma* toplanmıştır ve başlarında baba *ná-*

43 Héritier, Fr., 1977.
44 *A.g.y.*, s. 65.
45 Dieterlen, G., 1973.
46 Griaule, M., 1938, s. 160.

ma'sı bulunur; dişi "bedenin" *kikinu*'sunun koruması altında da öteki kırk *náma* toplanmıştır ve bunların da başlarında ana *náma*'sı vardır. Her iki grup da köprücük kemiklerine yerleşmiştir ve her gün bu iki diziden çıkan yeni bir *náma* tanecikleri çifti, gelip bireyi gözetler, kırk günlük dönüşümlü bir döngüye göre bedenine tümüyle yerleşir. Ayrıca her insan, kendisine bir kült adadığı güçler tarafından verilen ek parçalar kazanır ve bu parçalar ilk baştaki parçalarla karışmaz. Dolayısıyla kökenleri farklı bir yığın *náma* barındırır içinde ve bunlar onun kendisine yaşam gücü parçaları aktaran bir yığın varlıkla ilişki kurmasını sağlarlar... "Bu parçalardan her biri tinsel bütünlüğünü sağlamasına ve fizik güçlerinin dengesini sağlamasına katkıda bulunur."[47] Yani her Dogon farklı ve kesinlikle bir eşi bulunmayan bir maddi ve maddi olmayan bileşenler karışımı oluşturur; kendine has ekolojisi, uyuşabilirlik ve uyuşmazlık kurallarıyla gerçek bir minyatür dünya meydana getirir, ayrıca temel bilşenlerinin sürekli hareketliliği onu her gün değişen bir varlık haline getirir.

Ele aldığımız Afrika örneklerinde, insan olmayanlara insanların niteliklerine benzer nitelikler atfetme konusunda, neredeyse bütün varlıkların farklı bir düzenlenmeyle de olsa benzer unsurlarla donanmış olduğu Orta Amerika örneğine göre daha temkinli olunduğu görülür. Bununla birlikte natüralizmin içsellik imtiyazına sahip insanlarla, bilinçsiz ve de özgür iradeden yoksun genel varlık kitlesi arasında yaptığı kesin ayrımcılığa dayanan ontolojik bölünmelerinden uzağız henüz. Şunu unutmayalım ki Tireli Dogonları'na göre, bazı ağaçlar ve mezarlıkların yakınlarındaki taşlar geceleri konuşmak için yer değiştirirler.[48] Ayrıca, genel can ve kimlik verme ilkesi *náma* daha önce gördüğümüz gibi insan olan ve olmayanların çoğuna serbestçe dağıtılmıştır. Mali ve Burkina Bololarıʼnda da benzer bir kavram vardır: Bütün Mande halklarının tanıdığı ve bütün evreni işgal eden, insanlarda, hayvanlarda ya da doğaüstü güçlerde yoğunlaşan *nyama*.[49] Samolar'da *mɛrɛ* insan varlığının ya da insan olmayan varlığın kimliğinin gerecini sağlayan istikrarlı ve ebedi bir özdür ve tekilleştirdiği varlığın fizik olarak ortadan kaybolmasından sonra bireyleşme ilkesi olarak yaşamını sürdürür. Böylece bir insanın ölümü, ölüler köyünde ikinci bir yaşama başlayacak olan ve bu amaçla yeni unsurlarla yeniden tam bir kişilik yaratan *mɛrɛ* dışındaki temel bileşenlerini yok eder; ölüler dünyasında bu yaşamın sonunda süreç ikinci bir "ölü yaşamı"nda yenilenir ve bunun sonunda ölünün *mɛrɛ*'si gene bir *mɛrɛ*'ye sahip olan büyük bir ağaca geçer.

Meksikalılarda gördüğümüz gibi varlıkların kurucu bileşenleri çok hareketlidir, sürekli yeniden oluşurlar ve kısmen fiziksel dış kabuklarının dışında bulunurlar. Sözgelimi farklı fizikselliklerde yer alan samo *mɛrɛ*'si kimi zaman başka organizmaların *mɛrɛ*'siyle birlikte bulunur. Dogonlar'da daha açık seçik biçimde görülür bu. "Beden ruhları" arasında bir erkeğin dişisi "akıllı" ruh (*kikinu say*) bir dişinin erkeği *kikinu sáy* gibi kimi zaman aileye ait su birikintilerinde yaşar; "tırmanan ruhlar" bir insanın *kikinu búmone*'si atalar kültü tapınağında ve klanın yasaklanmış hayvanında yaşayabilir. Her geçiş riti –ad koyma, sünnet, vücu-

47 Dieterlen, G., 1973, s. 215.

48 Van Beek, W. E. A. ve Banga, P. M., 1992, s. 68-69.

49 Le Moal, G., 1973, s.198-199.

da kesik atma, düğün ya da cenaze– veya kolektif bir törene katılma, bireyin bir ya da birçok temel unsurunun yer değiştirmesine yol açar. Griaule'ün ünlü kaynağı Ogotemmêli'nin anlattığına göre, Dogonların sekiz insan atası yaratıldığında gökyüzünde aynı anda sekiz hayvan doğmuştur; her insan ve hayvan çiftinin ortak bir ruhu vardır. Meksika *tona*'sı gibi "hayvan insanın ikizi gibidir [...] insandan farklıdır tabii ki, başka bölgelerde doğmuştur, biçimi kesinlikle farklıdır ama özü aynıdır."[50] Her ikiz hayvanın başka bir cinsten bir ikizi vardır, onun da aynı şekilde ve bu dizi de bitkilere kadar uzandığından, ilk ataların sekiz soyundan birinin üyesi her insan, doğumunun ortaya çıkardığı insan olmayan bir bireyler zincirine bağlıdır ve bu zincirin dünyadaki bütün canlı varlıkların sekizde birini kapsar.

Orta Amerika'da olup bitenler gibi, muazzam ağlar her insanı az sayıda ortak öğe aracılığıyla bir yığın varlığa bağlar ve bu ortak öğeler gerçek anlamda varlık zincirleridir, her türlü farklılığı ataların denetimi altında yansıtan bir belirlenimler ve nitelikler ağıyla kuşatır. Hiç kuşkusuz Dogonlar makrokozmos ve mikrokozmos arasındaki denklikler takıntısını çok ileri götürmüşler ve bunu o kadar titiz bir tutarlılıkla – Griaule ve arkadaşlarının da çok titiz bir şekilde aktardıkları gibi– yapmışlardır ki, içlerinden herhangi birinin, hatta Ogotemmêli'nin sayısız analojinin ve anlamlı yansımanın ağına düşmüş bu dünyanın bütüncül bir vizyonunu oluşturabildiği ya da bütün eylemlerini her an bu çok kalabalık kozmolojinin iyi işleyişini düzenleyen kurallara uygun hale getirebildiği konusunda kuşku uyandırmıştır bu tutarlılık. Ama Dogonların aşırıya götürdükleri şey mande-voltaik alanının geri kalan bölümünde de görülür. Sözgelimi bedenlerinin "bütün varlıkların karşılıklı ilişki içinde bulunduğu bir mabet" olduğu düşünülen Bambaralar'da; ya da bireyin "yolların kesiştiği bir yerde, iki dünyayı, evreni ve insanlığın dünyasını kesen gerçeküstü ve gerçek çizgilerin kesiştikleri yerde kesin bir somutlaşma olarak ortaya çıktığı"[51] Samolar'da. Aynı şeyi, ontolojik örgütlenmeleri güven veren bir ikiliğe uygun düşen ve insan olmayanlarla kurdukları ilişkiler, kişiliklerinin çeşitli katmanlarının kozmosun şu ya da bu alanıyla sayısız bağlantısına değil, sadece toplumsal yaşam içinde yer alan gündelik içselliklere dayanan Jivarolar, Naskapiler ya da Chewonglar için söylemek çok anlamsızdır. Buna karşılık Meksika ya da Çin ontolojisinden söz ederken neredeyse benzer terimler kullanılmıştır ve nedenler de aynıdır: Afrika'nın bu bölgesi, yeryüzünde hiçbir dağıtım ağının, yapısını bu kadar tekbiçimleştiremeyeceği bir yığın ada ve adacık biçiminde dağılmış büyük analojik takımadaya bağlıdır.

Birleştirmeler, Hiyerarşi, Kurban

Bu takımadada yaşayanlara ayırt edici karakterini veren tanıma biçiminin özelliklerini birkaç kelimeyle hatırlayalım. Burada içsellik ve fiziksellik her varlıkta sayısız hareketli ve kısmen beden dışında bulunan oluşturucu bileşen arasında bölünmüştür; bunların istikrarsız ve koşullara bağlı olarak bir araya gelmeleri de sürekli bir farklılıklar akışı doğurur. Benzerleri ol-

50 Griaule, M., 1966 (1948), s. 121.

51 Hampatê, Ba, A., 1973, s. 187; Heritier, Fr., 1977, s. 65.

mayan varlıklardan oluşan bu dev koleksiyon içinde insanlar ayrıcalıklı bir grup oluştururlar, zira onlar dünyanın mekanizmasını yöneten ilişkilerin ve sürecin minyatür, dolayısıyla denetlenebilir ve açıklanabilir bir modelini oluştururlar. Dolayısıyla özellikle sistematik biçimde dozaj teorilerine, sıvıların ve fizyolojik tözlerin uyuşumuna dair teorilerine başvurma yoluyla kendini ortaya koyan, bireyler arasındaki oluşturucu parçaların her zaman tehdit altındaki dengesini korumaya yönelik sürekli bir endişe de buradan gelir. Buna bir de, kendi kimliğinin temel bir öğesini elinden kaçırma ya da yabacılaştırıcı bir kimlik tarafından ele geçirilme korkusu eklenir. Ayrıca yine, varlıkların her parçası ve bunlara istikrar ve iyi bir işleyiş sağlayan oluşumlar ve belirlemeler arasındaki iletişim kanallarını etkin ve etkili kılma gerekliliği de buradan gelir. Bu bağımlılıkların ağırlığı birtakım yasaklara ve kurallara saygı gösterme yönünde olağanüstü bir dikkati gerekli kılar: Bu yasaklar ve kurallar o kadar zorlayıcı ve baskıcıdır ki, genellikle işaretlerin yorumuyla, ritüellerin doğru düzgün yapılmasıyla ve de astroloji ya da kehanet gibi özel kader okuma tekniklerinin gelişmesiyle ilgilenen uzmanların yardımı gerekir. Gerçekten de farklılıklar ormanında buluşabilmek için karmaşık bir ağın içindeki farklılıkları çözme olanağı veren bir simgeler ve işaretler deposundan yararlanmak gerekir; işte bu yüzden çok karmaşık bir kozmosu eklemlenmelerini ve kuvvet çizgilerini manipüle edilebilen figürler içine sokarak küçültmeye yönelik yarı otomatik hesap ve bileşim mekanizmaları, ama aynı zamanda da çoğu etnografi müzelerimizde bulunan artefakt'lar devreye sokulur.

Dolayısıyla analojizm, analojiyi, parçalarının çok sayıda olmasıyla dağılabilir duruma getirilmiş bir dünyayı birleştirmek amacıyla kullanır ve bunu hayranlık uyandıran bir sistematiklik içinde yapar. Yerler ve zamansal yakınlıklar arasındaki bağlantı, nesneleri bir dizi içindeki konumlanmalarına dayalı sınıflandırmalar sayesinde yeniden gruplandırma olanağı verir; bu da mekânsal oluşumların ve süre bölünmelerinin olağanüstü bir biçimde çoğalmasını doğurur: Yönler, semtler, kesin topografik ayrımlar, takvimler ve özellikle uzun soy döngüleri. Kuşaklararası dayanışmanın büyük ağı, özellikle bu uzun soy zincirleri aracılığıyla örülür. Bu tür bir ağ, kesintisiz biçimde aktarılan özelliklerin ve yeteneklerin zaman içindeki sürekliliğini doğrulamanın kolay bir yolu olduğu gibi, bu tanıma biçiminde ataların sahip olduğu önemli rolü de açıklar – bu kişiliklerin bulunmadığı animizm ve totemizmle bazen bir tezat içerisindedir. Öte yandan burada ikili (ya da dörtlü) büyük sınıflandırmaların da, varlıkların niteliklerine göre değerlendirilmeleri ve görünen farklılıkların arkasındaki gizli benzerlikleri göstererek en etkili çözümü getirmelerinden dolayı genelleştirildiği görülmüştür. Burada da Avustralya'daki ortak totemik düalizmlerle farklılık büyüktür. Bu totemik düalizmler değişmez özelliklerin birincil sınıflarını oluştururlar; buna karşılık sıcak-soğuk tipinde ikili sınıflandırmalar unsurları onlara atfedilen özelliklere bağlı olarak düzenlemenin bir biçiminden başka bir şey değildir. Birinci durumda sınıf ilkseldir ve içerdiği şeylerin ontolojik özelliklerini belirtir, ikinci durumda ise sınıf güçlü bir taksinomik araçtır ve ontolojik kompozisyonları kendilikleri şu ya da bu gruba dâhil etmek amacıyla yararlanılan göstergelerden bağımsız olan özlerin nitelikleriyle ilişkilidir.

Bu çok sayıda farklılığın düzenlenmesinde

yararlanılabilen başka bir yöntem de, bunların hiyerarşik bir düzene göre sınıflandırılmasıdır. Böylece varlıklar zinciri modeli hiyerarşik yayılma ölçütleri çok değişken olsa da *ana hatlarıyla* bütün analojik ontolojilere uygulanabilir. Burada animizm ve totemizme göre çok önemli bir farklılık söz konusudur; animizm ve totemizmde yapısal olarak eşdeğer varlıklar arasındaki ayrımlar yatay bir düzlemde gelişir ve analojik uygarlıklarla onların çoktanrıcılıklarının bize öğretmiş olduğu bu güçler ve tanrısallıklar yığışmasında bir kastlar, sınıflar ve işlevler yığışması söz konusu değildir. Bununla birlikte çok kapsamlı ve ayrıntılı hiyerarşilerden yararlanmak zordur. Ayrıca bunların çizgisel derecelenmelerini yapılandırmak ve süreksizliklerini yumuşatmak için çeşitli araçlar ve yöntemler gereklidir. Louis Dumont'un Hindistan'da kastlar ve varna'lar hiyerarşisi analizlerinde açıkladığı düzenleyici şemalar bu kategori içine alınabilir: Sözgelimi her alt bölümde hiyerarşinin genel yapısını yönlendiren ilkeler hiyerarşisinin yinelenmesi – her kast kendisini oluşturan birimler düzeyinde kendisinin de sonuçlarından biri olduğu global dağılım modelini yeniden üretir.[52] Dumont'un holizm dediği şey, yani bir hiyerarşi içinde her varlığın yerini ve bunun tutarlılığını, parçalarını aşan bir bütünlüğe bağlayan bir değer sistemi, modern olmayan toplumların genel olarak modern bireycilikten ayrılmalarını sağlayan ayırt edici bir özellik değildir. Daha ziyade, bir tekillikler birikimini denetlenebilir kılmak amacıyla sadece analojik ontolojilerin yararlandığı bir araçtır. Çin'de düzey değişiklikleriylc birlikte görülen bu egemenlik değişiklikleri bağlamında da aynı şey geçerlidir – toplumun ve kozmosun üst kısmında solun sağa üstünlüğü ve alt kısmında sağın sola üstünlüğü.[53] Analojiye, ters çevirmeye ve ikili hale getirmeye dayanan bir kurallar bütünü sayesinde, çoklu süreksizliklerle parçalara ayrılmış bir evren bütün bağlantılarıyla kavranabilir hale gelmiştir; bunun bedeli ritüel kurallarına herkesin yer ve statü karışıklığı söz konusu olmaksızın sahip olabileceği etiket gerekliliklerine tam bir saygıdır.

Sadece hipotez özelliği taşısa da ve okuyucunun hoşgörüsüne sığınarak, burada son bir birleştirme düzeneğinden daha söz etmek gerekir. Gerçekten de kurban analojik ontolojilerin egemen olduğu bölgelerde görülür –özellikle Brahman Hindistan'ında, Batı Afrika'da, eski Çin'de (özellikle siyasal işlevlerle bağlantılı olarak), Andlar bölgesinde ve Kolomböncesi Meksika'da–, buna karşılık totemik Avustralya'da ve animizmin egemen olduğu bölgelerde, özellikle Amazon'da ve subarktik Amerika'da bilinmez. Hiç kuşkusuz bu bölgelerde, Kuzey Amerika bağlamında köpek dışında hayvancılık yapılmadığı ya da bu faaliyet yeni başladığı söylenerek karşı çıkılabilir buna: Kurban edilecek evcil hayvan olmasa kurban mümkün olmaz.[54] Ama bu pratik nedenin ortaya konması soruyu saptırmaktan başka bir işe yaramaz, zira bu durumda hayvanların evcilleştirilmesi ile animik ve totemik ontolojiler arasında niçin kaçınılmaz bir uyumsuzluk olduğunu açıklamak gerekir: Bu kitabın son bölümünde ele alınacaktır bu sorun. Ayrıca bu gibi durumlarda

52 Dumont, L., 1966.

53 Gerçekten de subarktik bölgenin tam güneyinde Irokiler, Foxlar ve Winnebagolar köpekleri ritüellerle öldürürlerdi ki kurban olayına çok benzeyen bir durumdur bu: Schwartz, M., 1997, s. 83-85.

54 Kaşibolarla ilgili olarak bkz. Frank, E., 1987; Giliaklarla ilgili olarak bkz. Sternberg, L., 1905, özellikle s. 260-274.

teorik olarak insanların da kurban edilmesi mümkündür; Veda Hindistanı'na özgü bir ilkenin genelleştirilmesi mümkün olabilir bu bağlamda: Bu ilkeye göre tek gerçek kurban rit inisiyatifini kullanan ve bundan bir sonuç bekleyen kurban eden kişidir... Kurban edilen hayvanlar kurban eden kişinin yerini doldururlar sadece ve bu işlevi gören hayvanların yerini başka şeylerin alması da pekâlâ mümkündür.

Ayrıca evcil hayvanların bulunmaması durumunda bu amaçla yakalanan ve köy ortamında nispeten sosyalleşen yabanıl hayvanların de belli ritüellerle kurban edilmesini engelleyen bir durum olamaz. Bu hayvanlar bu evcilleşme döneminde kendilerine bakan, kendilerini besleyen insanları bütünüyle temsil edebilir duruma geleceklerdir... Besi hayvanları gibi. Animik dünyada da görülen olgulardır bunlar. Sözgelimi Peru Amazon'unda yaşayan Kaşibolar düzenli biçimde büyük törenler düzenleyerek bu törenler sırasında evcilleştirilmiş tapirleri öldürürler ve bu hayvanların etleri daha sonra birçok yerel topluluğun bir araya geldiği şölenlerde yenir: Bu hayvanı yetiştiren aile ona övgüler yağdırır ve hayvanın ölümüne ağlar, insan bir ebeveynin göstereceği bütün yas davranışlarını gösterir bu aile. Amur ve Sahalin havzası Giliakları'nda (ya da Nivks) "ayı bayramı" benzer bir ilkeye dayanıyordu: yakalanan ve yıllarca yalnız başına yetiştirilen bir ayı yavrusu ritüellerle öldürülüyor ve düzenlenen bir şölende yeniyordu... Bu şölen sırasında öldürülen hayvandan geri kalan kemiklere ve derilere, saygı ve sevgi işareti olarak kendi etinden bir parça sunuluyordu.[55] Bununla birlikte tipik animik toplumlarda görülen bu iki durumda hayvanın öldürülmesi tam anlamıyla bir kurban sayılmaz: Ayı ya da tapir barışılmak istenen bir tanrıya adanmış bir kurban değildir; tören sonunda hiçbir çıkar, hiçbir yarar beklenmez. Özellikle hayvanı yetiştiren ya da öldürenlerin durumlarında hiçbir değişiklik olmaz; nihayet şenlik sırasında hayvanın yerini, aynı cinsten de olsa başka bir varlık alamaz.

Gerçekten de kurbanın belirgin özelliği başlangıçta aralarında hiçbir bağ olmayan iki durum arasında bağlantı kurmasıdır. Bu işlemin amacı konusunda Lévi-Strauss şöyle der: "Her iki yönde de gelişebilecek bir tanımalar dizisiyle benzerlik değil, yakınlık ilişkisi kurmak [...]: Kurban adayandan kurban edene doğru, kurban edenden kurbana doğru, kutsallaşan kurbandan tanrıya doğru; ya da tersi yönde."[56] Bu tür bir dolayımlar zinciri tapir ve ayı konusunda hem yararsız hem de anlamsızdır, zira her iki hayvanda da insanlarınkine benzeyen bir içsellik bulunur, bilinçli olarak öldürülen insan muamelesi yapılır onlara ve yerleri hiçbir biçimde doldurulamaz, var olmayan aşkın bir güçle bağlantı kurma rolü yoktur hiçbir biçimde. Başlangıçta ayrı olan kendilikler arasında bu tür bir yakınlık ilişkisi kurmak için kurbandan yararlanmak, tersine, bütün varlıkların, aralarında köprüler bulunması gereken bireysellikler olarak görüldüğü analojik bir ontolojide gerekli gözükebilir: Yapısal bütünlüğüne zarar vermeden varlık zincirindeki halkaları atlamak mümkün değildir, aynı şekilde uzak ve heterojen iki bağımsız birim, kurban adayan ve tanrı arasındaki bağ da ancak aracı unsurlar arasında dereceli ve geçişli özdeşleştirmelerin mekanizmasıyla mümkündür.

55 Lévi-Strauss, Cl., 1962, s. 297-298.

56 *A.g.y.*

Ama bir dizi özdeşleştirme sayesinde istenilen bağlantı, böyle çarpıcı bir biçimde bozulur gibi gözüktüğüne göre, kurbanı öldürmenin ne anlamı olabilir? Burada da Lévi-Strauss'un cevabı dâhicedir. Kurbanın kutsallaşması aracılığıyla kurban adayan kişi ve tanrı arasında bir ilişki kurulduğunda, kurbanın insan eliyle yok edilmesi daha önceki sürekliliği ortadan kaldırır ve kendisi için kurban adanan varlıkta umduğu iyiliğin yerini tutacak bir ilişki kurma arzusu yaratır. Böylece "insan rezervuarı" ve "tanrısal rezervuar"ı bağlayan parçanın kopması, yakınlıkta büyük bir boşluk doğurur: Telafi edici bir yenilenmeyi başlatacağı düşünülen bir boşluk.[57] Bu yorum son derece ilginç olmakla birlikte, burada bir iletkenle bağlanacak, bütünüyle özerk iki alan söz konusuymuş gibi "rezervuar"dan söz etmek fazla ileri gitmek olabilir. Çünkü kurbansal düzeneğe atfedilen verimlilik, tersine kurbanın içinde farklı özellikler bulunan bir paket gibi görülmesidir: Bu özelliklerden bazıları kurban adayan kişinin özellikleriyle aynıdır (kurbanın yaşama kabiliyeti ve toplum içinde sosyalleşmesi...), bazıları tanrısal özelliklerle aynıdır (bedenini biçimlendirebilir, ondan gelebilir, onun tözüne katılabilir) nihayet bazıları da onun yerini doldurabilecek özelliklerle aynıdır (kurban insanlar tarafından yetiştirilir, yenebilir). Aslında kurban tam da niteliklerinin bu şekilde niteliklerinin ayrışması yoluyla –ki bunun arka planında, var olanların genel olarak bir dizi bileşene bölünmesi vardır–, ritin aktörlerinin her birinin onun en azından bir özelliğiyle özdeşleşmesi yoluyla, bir aracı işlevi görmeye başlar. Öte yandan ritin sonuçlarından yararlanan kişinin bir insan değil, kurban adayan tarafla (bir insan ya da bir grup olabilir bu) sadece konjonktürel ilişkiler kuran somut ya da soyut bir kendilik olduğu durumlar, özellikle Afrika'da sıkça görülür. Hatta kimi zaman söz konusu olan bir durumu sağlamlaştırmak ya da bir yardım sağlamak değil, Nuerlerin bir ensest nedeniyle sundukları bir kurban gibi eski bir ilişkiyi çözmektir: Kurban bir salatalık, bir keçi ya da sığır olabilir, ama hangisi olursa olsun ortadan ikiye bölünür: *Bakene rual* denen bu işlem "ensestin ikiye ayrılması"dır ve burada amaç istenmeyen veya ölümcül olabilecek bir ilişkiyle bir araya gelen iki akraba grubunun birbirinden ayrılmasıdır. Dolayısıyla kurban, içrek olarak farklı tekillikler arasında eyleme dönük bir süreklilik oluşturmak amacıyla, analojik ontolojiler bağlamında geliştirilen bir eylem aracıdır; bunun için de ya birleştirici –tersten kurulan bir bağ– ya da ayırıcı –başka bir düzeyde var olan ve koparılmaya çalışılan bir bağ– olarak işleyen bir dizi düzenek kullanır.

57 Evans-Pritchard, E. E., 1956, s. 183-185.

10

Terimler, İlişkiler, Kategoriler

Bu egzotik ya da bildik ontolojiler gezintisinin sonunda, şimdi artık tanıma biçimleri tablosunu belirginleştirmek ve zenginleştirmek mümkündür. İnsanların kendi bireyselliklerinin maddi ve manevi özellikleri hakkındaki fikirleri uyarınca diğer varlıklarda buldukları özelliklere göre, dünyadaki kendilikler arasında eşitsiz süreklilik ve süreksizlikler oluşmuş; özdeşlik ve benzerlik temeline dayanan gruplaşmalar meydana gelmiş ve yerleşmiş; ayrı var oluş rejimlerinde farklı varlık kategorilerini belirginleştiren sınırlar oluşmuştur. Benzerlik ve farklılıkların dört bileşiminin dağılımı, iki dikey eksenden hareketle oluşur. Birinin belirgin özelliği, sürekliliğin süreksizlikten önce gelmesi ve hiyerarşik kutupların tersine çevrilmesiyle oluşan büyük dikotomik sapmalardır: Aynı "kültür"ü paylaşan insan olan ve olmayanların içselliklerinin sürekliliği animizmde tümellik değeri kazanır (biçim farklılıkları ve biyolojik donanımların getirdiği tikel ve göreli olanla tezat halinde), buna karşılık natüralizmde bu rolü oynayan, birleşmiş "doğa" alanındaki fizikselliklerin sürekliliğidir (bu da kültürel farklılıkların getirdiği tikel ve göreli olanla tezat halindedir). Öteki eksen ise kromatik yakınlıkları öne çıkarır ve ikili bir simetri içinde özdeşliğe doğru giden bir benzerlikler sistemi olarak totemizm ile sürekliliğe doğru giden bir dereceli farklılıklar sistemi olarak analojizmi yan yana getirir (**Tablo 2**).

Dünyanın ve onun kullanımlarının bu tür temel bir bileşime indergenemeyecek kadar karmaşık olduğu konusunda haklı bir itiraz gelebilir. Dolayısıyla tanıma biçimlerinin kültürel modeller ya da yerel olarak egemen haldeki *habitus*'lar olmadıklarını, algı akışını ve ötekiyle ilişkiyi seçici bir biçimde yapılandırmaya yarayan deneyim entegrasyonu şemaları olduğunu hatırlatmak gerekir; bunun yolu da, şeylerle benzerlik ve farklılık ilişkilerini herkesin kendinde taşıdığı kaynaklardan, yani bedenden ve yönelimsellikten yola çıkarak yapmaktır. Bu şemaları yönlendiren ilkeler tümel

TABLO 2
Var Olanların İçsellik ve Fizikselliğe Göre Dağılımı

Büyük sapmalar (birleştirme)		Küçük sapmalar (simetri)	
• İçselliklerin benzerliği (ruhların sürekliliği) • Fizikselliklerin farklılığı (biçimlerin, görüş ayrılığına varacak bir süreksizliği)	*Animizm*	*Totemizm* Avustralya modeli	• İçselliklerin benzerliği (ruh-özlerin özdeşliği ve bir sınıfın üyelerinin bir tipe uygunluğu) • Fizikselliklerin benzerliği (töz ve davranışların özdeşliği)
• İçselliklerin farklılığı (tinlerin süreksizliği) • Fizikselliklerin benzerliği (maddenin sürekliliği)	*Natüralizm*	*Analojizm*	• İçselliklerin farklılığı (var olanların aşamalı süreksizliği) • Fizikselliklerin farklılığı (var olanların aşamalı süreksizliği)

olduklarından, birbirlerinden soyutlanamazlar ve bütün insanlarda güç halinde birlikte bulundukları varsayılabilir. Elbette her bir tanıma biçimi şu ya da bu tarihsel durumda ağır basar, dolayısıyla da pratik etkinlikte ve de sınıflandırmacı yargılarda öncelikli olarak seferber olur; ancak bunun için öbür üçünün bir temsilin oluşumuna, bir eylemin örgütlenmesine ya da birtakım alışkanlıkların tanımlanmasına rastlantısal olarak sızma kapasitesinin yok olması gerekmez. Böylelikle Avrupalıların çoğu formel ve enformel eğitimleri dolayısıyla kendiliklerinden natüralisttir – ben de payıma düşeni alıyorum bundan. Bununla birlikte, bunların arasından kimileri bazı durumlarda kedilerine bir ruhu varmış gibi davranabilirler, Jupiter'in ertesi gün yapacakları şeyler üstünde etkili olacağına inanabilirler, ya da herhangi bir yerle, orada yaşayan insan ve insan olmayanlarla o kadar özdeşleşirler ki, bunun dışında kalan dünya bağlı oldukları kolektifin dünyasından bütünüyle farklı gözükebilir onlara. Ancak bu nedenle animik, analojik ya da totemik oldukları söylenemez, zira varoluşlarını çevreleyen kurumlar ve zamanla kazanılan otomatizmler, zaman zaman öteki taslaklara kayma durumlarının onları çevrelerindekinden bütünüyle farklı bir ontolojik ağla donatmalarına izin vermeyecek kadar ket vurucudur.

Öte yandan iki büyük tanıma ekseninin doğa itibariyle aynı olmadığı söylenebilir. Birincisi, ortaya çıktıkları alanları tersyüz ederek benzerlikleri ve farklılıkları bir araya getirir, ikincisi ise benzerlikler çiftiyle farklılıklar çiftini birleştirir: Totemizmde her türlü süreksizlik durumu, analojizmde de her türlü süreklilik durumu kaybolmuş gibidir. Bununla birlikte bu tür bir yaklaşımda söz konusu olan sadece benimsenen perspektifin biçimini bozarak, tanıma biçimlerini soyut bir bireyden hareketle, doğadaki düzenli durumların ortaya çıkardığı nitelikleri nesnelleştirerek tanımlamaktır. Bu açıdan bakıldığında bir Avustralya Arborjininin kökensel tanıma çerçevesi kendi totemik sınıfıdır, bu da aynı prototipten gelen bir insan ve insan olmayanlar grubunun paylaştığı maddi ve manevi özelliklerin iç sürekliliğiyle kendisini ortaya koyar. Bununla birlikte bu çerçevenin kendiliğinden yaşaması mümkün değildir ve toplumsal bir yaşamın gelişebilmesi için, her biri bu birimlerin bir kabilede hatta daha geniş bir oluşum içinde oluşturdukları bileşim hiyerarşisinde tamamlayıcı olan farklı özelliklere dayanan başka totemik gruplar gerekir. Dolayısıyla bazı görünür farklılıklarına kayıtsız kalan melezlerle dolu homojen bir kendi içindelik özlemi, ancak bu kolektiflerden her biri ötekilerle tezat içerisinde var olabilirse ve aralarında hepsinin onayını almış bir koda uyan işaretlerin, birey ve değerler dolaşabilirse anlamlı ve işlevsel olabilir. Süreksizlik durumu, totemik parçaların birbirlerine uyum sağlamaları ve kendilerine içrek farklılıklarıyla sistem oluşturmaları için bir koşul olarak burada haklarına kavuşur (**Tablo 3**).

Analojizmde de tersi yönde aynısı söz konusudur. Başlangıç durumu kesinlikle var olanların ve bileşenlerinin genel bir bölünmesidir, ancak bu süreksizliklerin birikimi baştaki atomculuğun ayırıcı etkilerine karşı durmaya yönelik geniş bir yeni oluşum hareketi için mantıksal açıdan kesinlikle gerekli görülebilir. Tekilliklerle ağzına kadar dolu bir dünya neredeyse kavranamayan bir dünyadır ve her halükârda pek de konuksever değildir; ayrıca bu dünyanın, denkliklerin ve analojilerin farklı unsurları arasında oluşturabileceği rahatlatıcı süreklilik aracılığıyla, ontolojik farklılıkların sonsuzca çoğalmasını dengeleme olanağını da öncülleri içinde barındırması gerekir (**Tablo 4**).

TABLO 3
Totemizmde Sürekli ve Süreksiz Olanın Birbirine Eklemlenişi

Süreksizlik ↑ Süreksizlik ↑ Süreksizlik ↑

	A kümesi	B kümesi	C kümesi	*n* kümesi
Totemizm	• İçselliklerin benzerliği • Fiziksellikleriń benzerliği	• İçselliklerin benzerliği • Fiziksellikleriń benzerliği	• İçselliklerin benzerliği • Fiziksellikleriń benzerliği	• İçselliklerin benzerliği • Fiziksellikleriń benzerliği
	Süreklilik	Süreklilik	Süreklilik	Süreklilik

↓ Süreksizlik ↓ Süreksizlik ↓ Süreksizlik

TABLO 4
Analojizmde Sürekli ve Süreksiz Olanın Birbirine Eklemlenişi

	Ontolojik süreksizlikler	Analojik süreklilikler	Ontolojik süreksizlikler
	İçsellik		Fiziksellik
	Fiziksellik		İçsellik
Analojizm	İçsellik		Fiziksellik
	Fiziksellik		İçsellik
	vb.		vb.

Birleştirmeler ve Simetriler

Tanıma biçimlerinin sınırlarını belirlediği kendilik sınıfları şimdiye kadar sadece içrek nitelikleri açısından ele alınmış olsa da, bunları kendilerine has özelliklerinden ve birbirleriyle kurabilecekleri bazı ilişkiler dolayısıyla alacakları çelişkili konumlarından hareketle çıkarsamak mümkündür. Sözgelimi animik şemada çeşitli varlık kategorileri arasındaki fiziksellik farkları, bireylerin kendi aralarında öznelerarası ilişkiler kurmalarını engellemez kesinlikle: Gerçekten de insan ve insan olmayanların özel biçim ve davranışlarla tanımlanan belirgin heterojenliği, bu varlıkların içselliklerine başvurarak kurabildikleri simetrik bağlarla büyük ölçüde yok edilmiştir. Bir insan bir hayvana yakını gibi ya da saygıdeğer bir dost gibi davrandığında, bu davranışın yöneldiği insan olmayan varlık tarafından anlaşılacağını ve karşılığında aynı muameleyi kendisinin de göreceğini düşünür. Böylece insan olmayan varlıklara, insan davranışları atfetmenin –ki bunu mümkün kılan içselliklerin benzerliğidir– sonucu bellidir: Doğa dediğimiz şeyin büyük bölümünü toplumsal yaşama dâhil eder, böylece karşılıklı bir ilişkiyi paylaşmanın, ilişkinin yakınlaştırdığı taraflar arasındaki fizik farklılığa üstün geldiği hiyerarşik bir kendine katma hareketi oluşturur. Maymun ve ayının bedensel donanımıyla benden farklı olduğu bir gerçektir, ancak bu onlarla başka bir düzlemde kişiden kişiye ilişkiler kurmamıza engel değildir. Ayrıca bu durum, Yerli Amerikası, Asya, Melanezya toplumları etnograflarının tümünün, betimledikleri kozmolojilerin ilişkisel özelliklerinin üstünde durmalarını ve burada bireysel kimliklerin öncelikle çelişkili konumlarla tanımlanmalarını da açıklar: Bu tanıma biçiminde ilişkiler taraflardan önce gelir.

Natüralizmde ise tersi öne çıkar. Fizikselikleri açısından bütün var olanlar aynı temel fiziksel-kimyasal mekanizmalara bağlıdır, ayrıca bunların büyük bölümü filogenetik sürekliliklerin uzun evrim dizisi içinde yer alır. Doğanın evrenselliği bunların tümünü, moleküler ve sistemik düzenlemeler içinde sadece karmaşıklık düzeylerine göre ayrıldıkları ortak bir belirlenimler ağı içinde toplar. Dolayısıyla hiçbir varlık biçim, davranış ve iç düzenlerindeki farkların ötesinde, maddenin yasaları dışında kalamayacağı için, bütün kendilikler birbirine benzer. Üstelik bu kendilikler doğa tarihi müzeleri koleksiyonlarında yer alır: Sistematiğin kurallarına göre düzenlenmiş bu dev ontolojik envanterlerde, her bitki âleminin, her dallanmanın, her düzenin, her sınıfın, her familyanın, her türün, sinekolojik* etkileşimlerin gerçek dünyaya getirdikleri rastlantılardan korunmuş halde, çekmecelerde, vitrinlerde, kavanozlarda birlikte istirahat ettikleri minyatür bir kozmos bulunur. Bağlamlarından arınmış bu varlıklar repertuvarı içinde, sınıflandırmaya özgü kapsama durumu dışında, ilişki yoktur. Ama bu müzelerin çoğunda bazı etnografi salonları da vardır: insan varlıkları ve artefakt'larının –tümü "ilkel"dir bunların– ayrı ayrı yerleri vardır orada ve bütün varlıkları aynı taksinomik düzen içinde toplama amacına yönelik birleştirici hedefle zıtlık oluştururlar. Çünkü ırksal, dinsel, kültürel, teknolojik, coğrafi ve stilistik sınıflandırmaların örtüştüğü ve karıştığı, kültür ve ürünlerinin doğa bilimlerinin dikte ettiği düzene karşı direnişini yansıtan bu belirsiz yerlerde, büyük bir karışıklık hüküm sürer. Benzersizlikler de burada çoğalmaya başlar: Bir yandan insan olan ve olmayanlar arasında, zira insanlar, akılları ve nesne, ilişki veya işaret yaratma kapasiteleriyle farklılaşmışlardır; öte yandan insanlar arasında, zira onları da bir kurumlar, semboller ve teknikler kaledeiskopu ayırır. İnsan türü, bireyleri arasındaki fiziksel farkların belli belirsiz olduğu, kesinlikle büyük "doğa" kategorisi içinde yer alan ama yine de, dünyayı kullanma ve onu anlamlandırma biçimleri incelendiğinde her açıdan farklılaşan, ilginç bir türdür. Bu tekillik hiçbir ilişkinin aktarılabilir olmasına izin vermez, bu bağlamda hiçbir ilişki insan olan ve olmayanlar için bir model oluşturmaz, her ilişki sadece belli bir varlıklar alanı içindeki belli bir etkileşim alanını belirler. Armağan, beslenme zincirindeki bağımlılık, adalet, parazitlik, simbiyoz,* hiyerarşi, her şey farklılaşmıştır, ortak hiçbir şey yoktur: Animizme zıt olan bu tanıma biçiminde ilişkiler heterojen olduklarından, öne çıkan, bu ilişkilerin maddi sürekliliğidir.

Animizm ve natüralizme özgü hiyararşik bütünleştirme hareketlerinden farklı olarak totemik şema tam anlamıyla simetriktir. Bir varlık sınıfı içinde yer alan bütün insan olan ve olmayan kendilikler, benzer nitelikleri paylaşırlar; bu nitelikler hem içselliğe hem de fizikselliğe bağlıdır ve biçimsel farklılıklar sınıfların iç ontolojik ayrımlarının ortaya çıkarılabilmesi için yeterli değildir. Her totem grubunun insan olan ve olmayan üyelerinin de ortak ilişkileri vardır –köken, yakınlık, benzerlik hatta sadece içindelik– ve bütün gruplar bir eşdeğerlilik ilişkisi içinde yer alırlar, zira bir kabile ölçeğinde yan yana gelmeleriyle oluşan daha kuşatıcı bir topluluğun benzer unsurlarını oluştururlar. Burada animizmin fiziksellik farklarıyla getirdiği ve natüralizmin içsellik farklarıyla dogmaya dönüştürdüğü ontolojik ikilikten hiçbir iz yoktur. Avustralyalı etnograflar "toplumsal – ve– doğal" bir düzeni (Merlan), insan ve doğal türler "özdeşliğini" (Elkin) ya da "kültür ama aynı zamanda doğa olarak" Düşü (Glowczewski) hatırlattıklarında, doğa ve kültür bütü-

(*) Ekolojinin, farklı türler arasındaki ilişkileri bir canlı organizmalar cemaati inceleyen alt kolu – yay. haz.

(*) İki farklı türden organizmanın arasındaki yakın ve sürekli ilişki – yay. haz.

nüyle "saf dışı" olmuştur. Lévi-Strauss'un bazı totemik örgütlenmelerin "biricik ama parçalanmış bir toplumsal-doğal imaj"[1] sunduklarını söyleyerek katkıda bulunduğu bu kavramlar, totemizmi eski düalist kutupluluk içine yerleştirmekte çekilen semantik sıkıntıya işaret eder. Dolayısıyla Avustralya totemizmi hep birlikte oluşturduğu genel sistem açısından değil sadece her sınıfın bakış açısından ele alındığında, belirgin özelliği çifte özdeşlik olan eşdeğerli bir yapı ortaya koyar: İçselliklerin ve fizikselliklerin çift ontolojik özdeşliğine cevap veren, tarafların ve ilişkilerin özdeşliği. Animizmde ilişkiler taraflara baskın çıkar, natüralizmde taraflar ilişkilere baskın çıkar, Avustralya totemizminde ise birbirlerine bağımlı taraflar ve ilişkiler eşittir. Bu durum antropologları şaşırtır ve muhtemelen bu nedenle olgunun iki zıt açıklaması arasında gidip gelirler: Bu açıklamalardan biri tarafların özdeşliğini öne çıkarır –"katılımcı" yorum–, öbürü daha çok ilişkilerin benzerliğinin altını çizer – Boas ya da Lévi-Strauss'un sınıflandırmacı mantığı.

Analojizm simetriyle de ilgilenir, ancak benzerliklerin değil, farklılıkların simetrisidir bu. Bütün varlıklar beden ile yönelimselliğin öznel düalitesini bozan ayrı bileşenlerden oluşmuş ve böylece farklılaşmışlardır: İçsellik çoğu zaman kısmen dışsallaşmıştır ve fiziksellik de tinsel özellikler kazanmıştır. Bununla birlikte hafif ontolojik sapmalar bu sayısız tekilliği ayırır ve bir yığın eşleştirme düzeneği bunları ortaya koydukları bazı niteliklerden yararlanarak bir denklikler ağı içinde birleştirmeye çalışır: Uzamda yan yanadırlar, biri ötekinin taklidi gibidir, birbirlerini karşılıklı olarak çekerler. Hepsi de içrek olarak farklıdırlar, ancak bunlarda ortak noktalar bulmak mümkün, hatta kimi zaman gereklidir. Ve analojizmin paradoksu tam da budur: Bazı yanlarıyla benzerlik gösteren taraflar arasında ilkesel bir farklılık bulur. Bununla birlikte analojinin imkânları boldur, hatta o kadar boldur ki, iki kendilik arasında her zaman çok sayıda olası güzergâh, bir yığın denklik zinciri bulur. Birleştirdikleri şeyler gibi, ilişkiler de çok çeşitlidir, ancak aralarından birçoğu aynı varlıklara uygulanabilir. Birbirlerine benzeyen taraflar ve aynı tarafların ilişkileri arasındaki bu iki fark sisteminin bileşimi, analojik tanıma biçimine ilginç ve çekici bir ikirciklilik kazandırır: Mümkün kıldığı kozmolojiler öylesine bütüncül ve tutarlıdırlar ki, totaliter bir düzene yaklaşırlar ve bir yandan da sakinlerinden her birine çok büyük bir yorum özgürlüğü bırakırlar. Totemizmde olduğu gibi burada da taraflar ve ilişkiler birbirlerine bağımlıdır, ancak söz konusu olan düzey, onu tamamen anlamlı kılma yolundaki boş ve muhteşem umutla bütün yansımalarının dökümü çıkarılan, parıltılı ve daha geniş bir dünyadır.

O halde sözünü ettiğimiz dört tanıma biçimi, taraflar ve ilişkiler arasında farklı bağlantılar öngörür ve bu biçimlerden her birinin şematizasyon ilkesini oluşturduğu somut kozmolojik ve sosyolojik nesnelleştirmelerde bunları görmek mümkündür. Bu düzenlemeleri sentetik bir biçimde betimleyebilmek için Roman Jacobson'un metafor ve metonimi arasında önerdiği verimli ayrım örnek alınabilir: Birincisi taraflar arasındaki benzerlik ilişkisidir –anlam örgütlenmesinde sözcüklerin seçimi ve yerlerinin değiştirilmesi konusundaki yetenekle il-

1 Merlan, F., 1980, s. 88; Elkin, A. P., 1933, s. 121; Glowczewski, B., 1991, s. 44; Lévi-Strauss, Cl., 1962, s. 154-155.

TABLO 5
Var Olanların Taraf ve İlişkilere Göre Dağılımı

Büyük Sapmalar		Küçük Sapmalar	
• Taraflar arasında fark (fiziksellik farkları yüzünden ve içsellik benzerliklerine rağmen) • İlişkiler ararsındaki benzerlik (fiziksellik farklarını silmenin yolu) *İlişkiler taraflara baskın çıkar*	*Animizm*	*Totemizm*	• Taraflar arasında özdeşlik (ortak köken yüzünden ve biçim farklarına rağmen) • İlişkiler arasındaki özdeşlik (sınıflar arasındaki süreksizlikler yüzünden : diferansiyel sapmaların tekabüliyeti) *Her sınıf içerisinde ilişkiler ve taraflar birbirlerinden bağımsızdır*
• Taraflar arasında benzerlik (fiziksellik benzerlikleri yüzünden ve içsellik farklarına rağmen) • İlişkiler arasında fark (içsellik farklarının parçası olarak) *Taraflar ilişkilere baskın çıkar*	*Natüralizm*	*Analojizm*	• Benzeyen taraflar arasındaki fark (iyelik analohileri yüzünden ve içsellik ile fiziksellik farklarına rağmen) • Aynı taraflar arasındaki ilişkiler arasındaki fark (aynı taraflar arasında bir çok analoji tipi mümkündür) *Genel sistem bağlamında ilişkiler ve taraflar birbirlerinden bağımsızdır*

gilidir–; ikincisi ise ilişkiler arasındaki dışsal bir benzerlik bağlantısıdır ve burada referansiyel ilişki içindeki dil birimlerinin bileşimi rol oynar.[2] Animizmde varlıklar arasında (fiziksel farklılıkları nedeniyle) metaforik benzerliklerin olmaması, (oluşturdukları ilişkilerdeki) metonimiyle telafi edilir, buna karşılık natüralizmde metonimik benzerlikler (ilişkilerin heterojen olması) metaforik ilişkiyle telafi edilir (maddi süreklilik dolayısıyla). Oysa totemizm ve ana lojizmde, metafor ve metonimi birbirlerini desteklese de, bu farklı bir biçimde olur. Totemik bir sınıf oluşturan öğeler arasındaki benzerlik, bu sınıfların bütününü karakterize eden (aynı farklılaştırıcı sapmalar dizisi) ilişkinin temelini oluşturur; dolayısıyla sınıf ölçeğindeki metafor sistem ölçeğinde metoniminin koşuludur. Analojizm ise farklı öğeler arasında ilişkiler bulma çabası içindedir ve taraflar arasında bir benzerlik bulabilmek için benzemez ilişkileri çoğaltır; dolayısıyla burada metafor olmaması metonomiye götürür ve metonominin olmaması da metafora götürür (**Tablo 5**).

2 Jakobson, R., 1963, s. 43-67.

Farklılıklar, Benzerlikler, Sınıflandırmalar

Tanıma biçimleri sınıflandırma mekanizmaları açısından da farklılıklar gösterir. Etnobilim alanında, niteliklere göre kategorileştirme ve prototipik kategorileştirme arasında bir karşıtlık oluşturma alışkanlığı gelişmiş ve birinin öbürüyle uyuşmasının mümkün olamayacağı şeklinde bir algı gelişmiştir. Birincisi *componential analysis,* yani bileşenlerin analizi yöntemiyle 20. yüzyıl ortalarına doğru rağbet görmeye başladı: Bir sınıflandırmanın taraflarını nitelik yargılarında kullanıldığı varsayılan çelişkili özellik matrisleri halinde bölmekten oluşan bir yöntemdi bu. İkincisi Rosch'un renkler kategorizasyonu üstüne çalışmalarıyla ve Berlin'in etnobiyolojik taksinomiler üstüne çalışmalarıyla öne çıkmış olan bir hipotezdir: Belli bir görüşe göre sınıflandırmaların, algılama düzleminde daha çarpıcı olması dolayısıyla bir sınıf oluşturabilecek tipik örnekler ya da "doğal prototipler" çevresinde oluştuğu iki çalışma alanı.[3] Bununla birlikte bu iki bilişsel mekanizmayı birbirini dışlayan iki çözüm gibi görmekten çok, onları etkinlik kökeni ya da alanı, mekânsalbitişiklikler gibi öteki sınıflandırma şemalarının yanında, sınıflandırılacak nesne alanlarına göre dönüşümlü olarak kullandığımızı düşünmek daha doğrudur. Böylece yaygın bitki taksinomilerinde bir sınıf içinde yer alma durumu büyük olasılıkla her yerde prototipik sınıflandırmaya başvurur: Fransızcada *chêne commun* (basit yapraklı meşe) *Quercus pedunculata, chêne* ("meşe") taksonunun prototipidir, zira bir alt sınıf içinde yer alan ve fazladan belirleyici bazı özelliklerle ayrıldığı bodur meşe, yeşil meşe, cüce meşe ya da mantar meşesine göre bu sınıfın en belirgin örneği kabul edilir. Ama kimi zaman bitkiler habitatlarına (kamış sorgun, söğüt, kızılağaç ve nemli yerlerde yetişen bütün bitkilerle birlikte), kökenlerine (zeytin, üzüm, incir, servi ya da çam Akdeniz bitkileridir) ya da kullanımlarına (sebzeler, meyveler, ilaç olarak kullanılan bitkiler, süs bitkileri vb..) göre gruplandırılırlar; kimi zaman da özel bir adla belirtilen bu gruplandırmalar genellikle dilbilimsel düzeyde belirgin değildirler.

Bu bağlamda sayıları çok fazla olmamak koşuluyla çeşitli ölçütler kesişebilir ve bu durum niteliklerine göre sınıflandırmaya götürür. Sözgelimi Fransızcada *agrume* (narenciye) taksonu. Hangi prototipe uygun olabileceği pek bilinmez: Greyfurt, mandalina ya da ağaçkavununa oranla portakal ya da limonun bu sınıfın en belirgin örneklerini oluşturdukları söylenemez. Buna karşılık "narenciye", "meyve" anlamsal alanı içinde çelişkili bir biçimde tatla –ekşilik (sözcüğün etimolojisine girer ama anlamlarını yok etmez)–, kökenle –Akdeniz çevresi–, habitatla –meyve bahçesi–, zamansallıkla –kışın olgunlaşma durumu–, hatta başat bir görünümle –sarı ve portakal rengi– tanımlanabilir; bu ölçütlerin çoğu taksonu belirlemek için gereklidir ancak sınıflandırmacı düşüncede kendiliklerinden akla gelmezler. Sonuç, bileşenlerin analizi aracılığıyla elde edilen çelişkili matrislere tam olarak benzemez, zira bunun tersine zıtlıklar örtük kalır: Burada ekşiyle tatlı, Akdeniz ve kuzey, meyve bahçesi tarla ya da kış yaz zıtlıkları düşünülebilir pekâlâ. Yine de burada geniş anlamda ve son

3 Komponansiyel analiz örneği konusunda bkz. Lounsbury, F. G., 1956; prototipik sınıflandırma için bkz. Rosch, E., 1973 ve Berlin, B., 1992.

derece ortak bir cinse ait bir nitelik sınıflandırması söz konusudur.

Animik şema büyük ölçüde prototipik genellemeye gönderme yapar gibidir. Etnobiyolojik sınıflandırmalarda olup bitenlerden farklı olarak, prototipin burada belirgin özelliği bir biçim ya da görünüş değil bir koşul ya da durumdur: Varlıkların değerlendirilmesine ve sınıflandırılmasına olanak sağlayan ontolojik örneği sağlayan öğe, duygulanımlardan, yönelimsellikten, düşünümlü bilinçten, dilsel ve teknik yeteneklerden, nedensiz, keyfi normlar yaratabilme kapasitelerinden oluşan insanlıktır; insan olmayanların gizli kimliklerinin kanıtlanmasından sonra katıldıkları bireyler sınıfının en iyi örneklerini oluşturan öğe, biyolojik tür olarak insan değil, fethedici içselliğiyle insandır. Duyarlık düzleminde hiç kuşkusuz sezgiye ters bir prototip söz konusudur ve bu tür bir nesnenin tanımına ters düştüğü söylenebilir bunun: Yaşam dediğimiz biraz bulanık bu nitelik dışında, ilk bakışta benimle ve bir ayı ya da bir tukan veya bir fidan arasında ortak olan ne vardır? Ancak bunun sebebi, prototipin algısal boyutuna, daha az görünen öteki boyutlarına göre çok fazla önem verme yolundaki alışkanlığımızdır. Bir maymuna ya da tatlı patatese benimki gibi bir içsellik atfetmek, sadece algısal bir belirginliğin yerine, bir görünüp bir kaybolan, sadece düşlerde ya da insan olmayanlarla ilişkilerimiz vesilesiyle teslim olduğumuz yönelimsellik durumlarında gerçek olabilen psikolojik bir belirginlik getirmek istemektir. Ayrıca bu ikame etme işlemi kesin ve eksiksiz değildir, bir bağlam meselesidir: Herkes gibi Açuarlar, Makunalar ya da Naskapiler de çarpıcı bir algılamanın prototipik genellemesine dayanan, bitki ve hayvanları içeren taksinomiler kullanırlar, ancak bu, bazı durumlarda bitkileri ve hayvanları kendilerinin de prototipini oluşturdukları bir içsellik modelinden hareketle değerlendirmelerini engellemez.

Totemik tanıma biçimi bir prototipten hareketle genelleme yoluyla da gerçekleşebilir. Avustralya etnograflarının bu "prototip" terimini çok sık kullanmaları, totemik grubun yapılanma biçimini anlama konusundaki veriminin bir işaretini oluşturur. Buna göre animizmde görülen prototipten daha soyut bir prototip söz konusudur, zira fenomenal bir nesne biçiminde görülmez bu. Gerçekten de bir insan olan ve olmayanlar sınıfı içinde yer alan bir prototip gerçek anlamda, bu sınıfın modelini yaratan bir Düş varlığı değildir, belirgin özelliğini öne çıkaran totem de değildir, bireylerinin her birinin kimliğini oluşturan maddi ve manevi özelliklerin çekirdeğidir ve bu özelliklerden biri genellikle sınıfa ya da toteme adını verir, bütün ötekilerin belirgin özelliklerini birleştirir. Brandenstein terminolojisine göre bir totem sınıfı içinde yer alan bütün insan olan ve olmayanlar "yuvarlak" yani "büyük", "öfkeli", "vazgeçilmez", "geniş yüzlü" vb.. olabilirler; ya da "düz" yani "küçük", "sakin", "ikincil", "dar yüzlü" vb.. olabilirler. Bu görüşe karşı çıkılabilir ve bu listenin niteliklerle ilgili olduğu, dolayısıyla daha ziyade bir nitelikler sınıflandırması olduğu söylenebilir. Bu karşı çıkış, niteliklere göre sınıflandırmada niteliklerin çelişkili olduğunu gözden kaçırmaktadır; tam bir totem sisteminde gerçekten de böyledir durum, ama bizim için tanıma sürecinin hareket noktasını oluşturan sınıf için söz konusu değildir bu, zira bu niteliklerin her biri bu sınıfa tutarlılığını veren ilk prototipten gelen tamamlayıcı bir belirgin özellik gösterir. Bu özellikle niteliklerin bir envanterdeki gibi ayrılabileceğini unutmaktır. Oysa totemik tanıma biçiminde, ilk yaklaşımda ortak özelliklerinin dökümünün çıkarılması söz konusu değildir –her ne kadar koşullar gerektirdiğinde bu özellikler ifade edilebilse de–; hepimiz aynı ontolojik kalıptan çıktığımızdan, hepimiz aynı yaratıcı modelin maddileşmeleri olduğumuzdan, şu ya da bu varlığın benimle aynı olduğunu kesin ve tartışmasız, sorgusuz sualsiz kabul etmeyi gerektirir totemizm. Sadece bu koşulla Spencer ve Gillen'in kaynağının söylediği gibi, bir kangurunun tam anlamıyla bize benzediğini söyleyebiliriz. Burada kesinlikle sezgisel olmayan bir prototip söz konusudur, zira biçim farklılıkları gözden kaçırılmıştır; ama öte yandan da soyutlanma düzeyi deneyim yoluyla geçersiz kılınabilmesini engellediği için, son derece normatif bir prototiptir. Bu durumda bizim genellikle benimsemiş olduğumuz bazı ideal varlık kavramlarına yakınlaşır: Sözgelimi "yüce Tanrı'nın yarattıkları" ya da "hümanist kültür."

Analojik tanıma biçimi ise niteliklere göre sınıflandırır ve çok başarılıdır bu konuda. Her varlık birçok unsura ve karaktere bölünebilir, bunlar başka öğe ve karakterlere yakın olabilir ya da onlarla zıtlaşabilirler, öyle ki bir denklikler tablosu aynı zamanda bir zıtlıklar tablosudur. Sözgelimi Çin felsefesinin en eski kitabı *Hong fan*'da yer alan öğeler, insani yetenekler ve göksel simgeler arasındaki denklikler: Beş unsur –Su, Ateş, Ağaç, Madde ve Toprak– kesinlikle bir çelişkiler alanı oluştururlar ama bunların her biri beş insani faaliyetten –hareket, söz, görme, işitme, irade– birine ve beş göksel simgeden –yağmur, *yang*, sıcak, soğuk, rüzgâr– birine bağlanırlar; bunlar da çelişkili bir bağıntı içinde öteki iki semantik alanı oluşturur.[4] Bu sınıflandırma son derece basittir; Çin ritüalist ve filozofları çeşitli unsurlardan oluşan diziler ekleyerek bu sınıflandırmayı genişletmekten geri durmamışlardır. Gerçekten de analojiler ve çelişkiler repertuvarı, dünyanın bütün bağıntılarını tüketmek isteyen biri için teorik olarak sınırsız olabilir. Ayrıca, böyle bir bilme tipine şu da söylenebilir: Eğer kapsayıcı olma iddiasında ise, hafızayı fazla zorlamadan nitelik tablolarını arttırmak için, yazı araçlarına ya da en azından grafik düzenlemelere ihtiyaç duyması kaçınılmazdır.

Niteliklere göre sınıflandırma işlemi natüralist tanıma biçiminde de geçerlidir, ancak bu nitelikler son derece basittir: İnsanlar oldukları gibidir zira fiziksellikleri *artı* bir içsellikleri vardır; insan olmayanların ise bir fiziksellikleri *eksi* bir içsellikleri vardır. Hiç kuşkusuz gücünü inandırıcı basitliğinden alan bu çelişkili karşıtlık içine bir yığın incelik sokulabilir; ama bu incelikler esasen fizikselliklе ilgilidir. İnsan dünyadan manevi özellikleriyle bir kez ayrılınca, onu başka varlıklarla ortaklaşa paylaştığı öğeleri (anatomisi, fizyolojisi, işlevleri) sayesinde doğanın genel örgütlenmesinin içine yeniden katmak gerekiyordu. Sözgelimi bir Bouffon, bir Linné'nin muazzam taksinomik sınıflandırmalarında insanın yeri, bütün organizmalar gibi, insan olmayan en yakın komşularına göre fizik niteliklerini belirginleştiren bir dizi çelişkili özelliklerden oluşan dikotomilerle belirlenmiştir. Ayrıca farklılıklar yoluyla sınıflandırmanın taksinomik etkisinden kurtulmanın mümkün gözükmediği 18. yüzyılda, bizzat insan türü içerisinde de farklılıklar özellikle fiziksel değişiklikler bağlamında tasarlanmıştır:

4 Granet, M., 1968 (1934), s. 308.

Sözgelimi Blumenbach'ın sınıflandırmasında beş ırk vardır ve bu sınıflandırmada deri rengi, saçlar, yüz biçimi zıtlık oluşturur. Niteliklere göre sınıflandırma sistemleri içinde örnek niteliğindedir bu ve daha sonraki kuşaklar da bu sistemden yararlanmıştır, zira bazı kategorileri ABD'de her zaman resmî bir statüye sahip olmuştur (ünlü "Kafkas", "Afrikalı" ya da "Amerika yerlisi tipleri"). Ulusal karakter tabloları uzun zamandan beri vardı –İspanyol kibirlidir, İtalyan aşka düşkündür...–, ama burada hiçbir bilimsellik iddiası söz konusu değildi; her ne kadar Buffon ırklar arası farklılık ölçütleri içinde "doğal"ı da sayarken bundan etkilenmiş olsa da. Yeryüzündeki bütün çelişkili tipolojilerde insan kurumlarını yöntemsel olarak sınıflandırma çalışmaları ancak antropolojinin emekleme dönemiyle birlikte başlamıştır; ancak o zaman daha az yüzeysel ve evrimle hiyerarşize olmuş karşıtlık çiftleri ortaya çıkmıştır: Sınıflandırmacı yakınlık ve betimleyici yakınlık, kandaş aile ve *gens* (aynı atadan gelen eski bir köke dayanan geniş aileler) ya da *gens* tipi örgütlenme ve devlet. Dolayısıyla insan olan ve olmayanların birbirinden ayrılmasında yalnızca içsellik ölçütüne dayanan natüralizm, sanki kendi ontolojik temellerinin ilkelliğini unutturmak için çaba sarf etmiş gibidir. Bunun için de, insanları doğa tarihine dahil eden ve kendi aralarında da içsellik farklarıyla ayırmayı sağlayan çeşitli ölçütlerle dolu sınıflandırmaların sayısını arttırmıştır. Öte yandan natüralist düşünce nitelik tablolarıyla sınıflandırmalara öncelik tanır; sözgelimi Comte ya da Ampère'in büyük geriye dönük tarihçilik örnekleri oluşturan bilim sınıflandırmaları buna dâhildir. Okuyucunun gözünden kaçmayacağı gibi, bu çalışma da aynı çabaya dâhildir.

DÖRDÜNCÜ BÖLÜM

DÜNYANIN HALLERİ

> "Her halkın doğaya bakışı kurumlarının tümünü de belirler."
>
> RALP WALDO EMERSON, *English Traits*

11

Kolektiflerin Kuruluşu

Varsayımımız gereği evrensel yatkınlıklara bağlı olduklarından çok işlevli olan tanıma biçimleri, bunlardan herhangi birini varlıkları örgütleme ilkesi olarak öne çıkaran ontolojilerde kamusal bir görünüm kazanır. Bu ontolojilerden her biri, ayırt ettiği varlık tiplerini ve bunların özelliklerinin pratik yaşamdaki tamamlayıcı ifadesini ortak bir kaderde birleştirmeye uygun bir kolektif türünü belirler. Bu şekilde anlaşılan bir kolektif, toplumsal sistem dediğimiz şeye kısmen ama sadece kısmen denk düşer.[1] Halkların tarih boyunca kurumlarıyla ilgili olarak geliştirdikleri çok farklı düşünceler ciddiye alındığında, bunların toplumsal olanı sadece insan faaliyetleri dünyasını yöneten kurallardan ve varoluştan ayrı bir düzen olarak göstermeyi ender olarak tasarladıklarını kesinlikle belirtmek gerekir. Gerçekten de bazı özel disiplinlerin toplumsal olanı nesne olarak ele almaları ve bunun sonucunda bu pratik alanını, sanki sınırları ve içeriği her yerde bizim saptamış olduklarımızla tıpatıp aynıymış gibi, yerel anlayışlarla pek ilgilenmeden araştırmaları ve nesnelleştirmeleri için natüralizmin olgunlaşma dönemini beklemek gerekmiştir. Öte yandan, yerli "sosyolojik teoriler" dikkate alınsalar bile, genellikle içleri boşalmıştır ve sadece insanların yönetimini ilgilendiren şeyler kalmıştır bunlardan: Akrabalık, iktidar, iş bölümü, statüyle ilgili hiyerarşiler. Bütün bu kavramlar ancak Modernlerin siyaset felsefesi ve sosyolojisi temelinde anlam kazanır, o yüzden de böyle bir çaba için hemen verimsizleşirler; dolayısıyla antropolojinin, yerleşik anlatımlarının görünür farklarının arkasındaki toplumsal düzenlemelerin birliğini haklı göstermek amacıyla üretmeyi üstlendiği sayısız açıklama devreye girer burada. Bununla

1 Kolektif terimi burada B. Latour'un popülerleştirdiği anlamıyla ele alınmıştır, yani insan olan ve olmayanların ozel bir iç ilişkiler ağı içinde toplanması, bir araya getirilmesi yöntemi olarak; gerçek anlamda sadece insan olmayanların dünyasıyla kurdukları ilişkilerden kopmuş insanlarla ilişkili olan klasik "toplum" kavramından ayrılır (Latour, B., 1991).

birlikte kesinlikle her şeyin kendisinden türediği kurucu bir varsayım olmayan "toplumsal", tersine her tanıma biçiminin özne ve nesneleri ontolojik olarak bir araya getirip paylaştırmasından doğar. Dolayısıyla açıklayan değil, açıklanması gereken şeydir. Bu kabul edilirse, insanlığın büyük bölümünün yakın bir tarihe kadar doğal ile toplumsal arasında kesin ayrımlar yapmadığı ve insan olan ile olmayanların ele alınmasının bütünüyle ayrı düzeneklere bağlı olduğunu düşünmediği kabul edilirse, o zaman farklı toplumsal *ve* kozmik örgütlenme biçimlerini, var olanların kolektiflere dağılım meselesi gibi görmek gerekir: Kim kiminle, nasıl ve ne amaçla birliktedir?

Her Türe Kendi Kolektifi

Animik tanıma biçimi insan olan ve olmayanları, ne kadar davranış biçimi varsa o kadar "toplumsal" türe ayırır; öyle ki insanlarınkine benzer bir içsellikle donanmış türler, yapıları ve özellikleri aynı olan topluluklar içinde yaşarlar: Bunlar liderleri, şamanları, ritüelleri, konutları, teknikleri, artefaktlarıyla tam teşekküllü toplumlardır: Bir araya gelirler, toplanırlar, birleşirler, dayanışma içine girerler, tartışırlar, birbirlerinin ihtiyaçlarını giderirler, kurallara göre evlilik ilişkilerine girerler ve insanların anlattığı biçimiyle ortak yaşamları, etnolojik bir monografinin tüm alışıldık bölümlerini doldurmaya yetebilir. Öte yandan burada "tür" dendiğinde sadece insanlar, hayvanlar ve bitkiler anlaşılmamalıdır, zira hemen hemen tüm varlıkların toplumsal bir yaşamı vardır; Waldemar Bogoras'ın Doğu Sibirya Çuktuçları konusunda yazmış olduğu gibi, "duvardaki gölgeler bile birtakım kabileler oluşturur ve kendi ülkeleri vardır, bu ülkelerde kulübelerde yaşarlar ve avcılıkla geçinirler."[2] Tüm animizm bölgesinde her tür-kabilenin üyeleri aynı görünümü, aynı habitat'ı, aynı beslenme ve cinsellik düzenini paylaşırlar, esasen de endogamdırlar. Hiç kuşkusuz özellikle mitlerde farklı türler arasında evlilikler de yapılır, ama bunun için eşlerden birinin kendi türünün niteliklerini bırakıp partneriyle türdeş olması gerekir.

Bir tür-kabile bireyinin, başka bir tür-kabileye bir tür ek aidiyet durumu da söz konusu olabilir ve bu bağlamda insan kolektifleri ve hayvan kolektifleri arasında aracılık eden şamanlardan söz edilebilir. Sözgelimi Brezilya Warileri'nde bir hayvan ruhu (*jami karawa*) bedeninde taşıdığı besin maddelerini insana aktardığında, bu insan şaman olur: Genellikle roku kabukları, taneler ya da meyveler. Birliktelik ilişkisi kurma anlamına gelen bu eylem aracılığıyla, hayvan ruhu bir insanla güçlü bir bağ kurar ve insan bu sayede ilgili türün desteğini sağlar. Gerçekten de *jami karawa*'lar sıradan hayvanlardır ama bedenlerinde taşıdıkları insana benzer ruh, normal kişiler tarafından görülmez; ancak şaman herhangi bir Wari biçiminde (en azından kendisini seçen temsilcisi olarak) görebilir bunu. Besin aktarımından sonra *jami karawa* şamanın dostu ve potansiyel kayınpederi olur, zira insan öldükten sonra yoldaşıyla aynı türden bir hayvana dönüşecek ve kızlarından biriyle evlenecektir. Bu şekilde kurulan bağ sonucu, şamana kendisini kabul eden türün hayvanlarını öldürmesi ve yemesi yasaklanmıştır; buna karşılık onlar tarafından gönderilen bir hastalık kendi cemaatinden bir insanı etkiledi-

2 Bogoras,W., 1904-1909, s. 281.

ğinde müdahale hakkına sahip olmuştur.[3] Ekvador Amazonu Huaoraniler'inde ise tersine, hayvan kolektifine katılmak isteyen insanlar değil, insan kolektifine katılmak isteyen hayvanlar söz konusudur: Şamanlar (*meñera*, sözcüğü sözcüğüne çevrildiğinde "jaguarın akrabaları") bu niyetini rüyada açıklayan ve daha sonra yeni ailesini geceleri düzenli biçimde ziyaret eden, meramını şamanın diliyle açıklayan bir jaguar ruhu tarafından, manevi babalar olarak seçilmişlerdir.[4] Her iki durumda da bir tür onursal yurttaş olarak bir tür-kabile içine dâhil olma, bireyin kendi asıl tür-kabilesine aidiyetini yok etmez; bu aidiyetle ilgili biçimsel ve davranışsal niteliklerin kaybedilmesi gibi bir şey söz konusu değildir.

Dolayısıyla animik "doğa" ve "doğaüstü" toplumsal kolektiflerle doludur ve insan kolektifleri bunlarla herkeste ortak olarak bulunduğu varsayılan normlara uygun ilişkiler kurarlar. Çünkü insan olan ve olmayanlar sadece perspektiflerini değiştirmekle yetinmezler; aynı zamanda ve özellikle kimi zaman bedensel alışverişin habercisi olan, her halükârda pratik ilişkilerinde anlaşma belirtileri olan işaret alışverişleri de yaparlar. Ve iki taraf ta bu işaretleri ancak bunları meşrulaştıran ve anlamlandıran kurumlara güvendikleri takdirde yorumlayabilirler; böylece farklı türler arasındaki iletişimde anlaşmazlıklar, yanlış anlamalar en aza indirgenir. Huaorani jaguarı damat olarak değil, evlat olarak kabul edilmeyi ister; Wari jaguarı bir şamanı baba olarak değil kayınpeder olarak seçer; tüylü maymun avcı bir Açuar'a kardeş gibi değil kayınbirader gibi gösterir kendisini. Bu özel durumların her biri iki tarafın da anlayabileceği düşünülen söylemlerle ifade edilir ve nedeni sadece aynı dilin kullanılması değil, ilişkide olan iki topluluğun bireylerinin paylaştıkları tavır ve mükellefiyet sistemine uygunluklarıdır.

Bu eşbiçimli toplumsal kolektifler hangi modele göre tasarlanmıştır? Tabii ki insan toplumu modeline göre, en azından birlikte hareket ettiği insan olmayanlar kolektiflerine iç örgütlenmesini, değerler sistemini ve yaşam biçimini ödünç veren belirli toplum modeline göre. Bununla birlikte bu cevap herkes için özellikle bu bağlamda örtük toplum merkezciliği kabul etmeyenler için çok açık değildir. Özellikle de Ingold, avcı toplayıcıların insan olmayanlarla ilişkilerini kavramsal olarak biçimlendirmek amacıyla insanlar arasındaki ilişkilerden yararlandıkları düşüncesine şiddetle karşı çıkmış ve şu gerekçeyi ileri sürmüştür bu konuda: "İnsanlar arası ilişkiler alanında dünyaya dair pratik bir *angajmanın* tezahürleri olarak düşünülen eylemlerin, çevreyle ilişkiler alanında bu angajmanın *inşasının* metaforik yansımaları gibi düşünüldüğü sonucu çıkar."[5] Ingold bu gözlemini Nurit Bird-David'in bir yazısının eleştirisi vesilesiyle açıklamıştır; bu yazıdaki hipoteze göre avcı toplayıcılar ortamlarını geçimlerini sağlayan nötr bir yer olarak değil, bir aile ferdi gibi, hiçbir karşılık beklemeden çocukların beslenmesi için ihtimam gösteren bir kendilik olarak görürler; onların çevre algılamasını yönlendiren şey "orman bir akraba gibidir" olarak ifade edilen bilinçdışı bir metafordur – bu da Tamil Nadu Nayakalarının ve Kongo BaMbuti Pigmelerinin açıkça dile getirdikleri bir düşüncedir.[6] Ancak Ingold bu durumda bir

3 Conklin, B. A., 2001, s. 120-121
4 Rival, L., 2002, s. 79.
5 Ingold, T., 1996, s. 125-126, vurgulama yazarın.
6 Bird-David, N., 1990.

metafordan söz edilemeyeceğini söyler: Avcı toplayıcılar için bir toplum dünyası ve bir doğa dünyası yoktur, birincisi ikincisinin üstüne örgütleyici bir ilke olarak yansımaz; onlar için tek bir dünya vardır ve bu dünya içinde insanlar tüm öteki var olanlarla fark gözetmeden ilişki kuran kişi-organizmalardır. Bu farklı ilişkiler dünyasında kesin çizgiler çizebilmek mümkün değildir, ancak tek bir ilişkiler alanı içinde bağlamsal olarak belirlenmiş parçalar oluşturulabilir; dolayısıyla bitkiler ve hayvanlar arasındaki etkileşimleri yönlendiren ilişkiler, insanlar arasındaki faaliyetleri, ilişkileri yapılandıran metaforlar gibi değerlendirilemez.

Bu eleştiri kayda değerdir ve benim animik dediğim toplumların bazı yorumları için de geçerlidir. Bu toplumların insan olmayanlarla (ya da insan olmayanların kendi aralarındaki) ilişkileri nitelemek amacıyla ilişkiler alanından aldıkları kategorilerden yararlanmaları hiçbir biçimde metaforik projeksiyona bağlı değildir; Ingold'un da söylediği gibi, böyle bir yorum doğa ve toplum arasındaki yerel düşüncelere yabancı olan ayrımı yeniden gündeme getirmekten başka bir işe yaramaz. Animik topluluklarda toplumsal kategoriler, ilişkiye soktukları tarafların ontolojik statüsünden bağımsız bir biçimde, bir ilişkiyi karakterize etme olanağı veren uygun etiket işlevi görürler yalnızca. Varlıklarla kurmanın mümkün olduğu sınırlı sayıdaki ilişki içinde, her insan grubu bazı ilişkileri seçerek bunlara dünyayla etkileşimleri konusunda düzenleyici bir işlev yükler. Ancak animik toplumların etnografisi, bu çokişlevli ilişkilerin insan olmayanlar arasındaki dilde değil, insanlar arasında tesis edilen ilişkilerin dilinde sistematik bir biçimde formüle edildiklerini kesin biçimde gösterir. Amazon bölgesinde, subarktik Amerika'da, Kuzey Amerika'da hayvanlar ya da tinler ve insanlar arasındaki bağlar, insanlar arasındaki toplumsallık alanından alınmış bir vokabülerle belirtilir her zaman: Dostluk, evlilik ilişkisi, büyüklerin küçükler üstündeki otoritesi, evlat edinme, kabileler arasında rekabet, yaşlılara saygı vb.. Ingold, metaforik yorumun tersine şu tespiti yapmıştır: "Orman akraba gibidir" yerine pekâlâ "akraba orman gibidir" de denebilir; tek sorun şu ki böyle bir ifade aslında kullanılmamaktadır (tam da metaforik kullanımlar hariç); insanların ormanla ilişkisinin, parazitin içinde yaşadığı varlıklarla ilişkisine benzediği ya da bitkilerin onları yetiştiren toprakla ilişkisine benzediği de söylenmez.[7]

Antropologların toplum merkezciliğini eleştirmek bütünüyle meşru olsa da, inceledikleri nüfuslara bunun günahını yüklemek saçmadır. Çünkü gerçekten de animik toplumlarda, insanlar arasındaki ilişkilerin insan olmayanlar arasındaki ilişkileri belirten ifadelerle anlatıldığı örnek yoktur; bunun tek istisnası, iki tip ilişkinin ortaya koydukları eylemlerinin benzerliği sebebiyle tam anlamıyla örtüştüğü ender durumlardır: Sözgelimi savaş vokabüleri kimi zaman yırtıcı hayvanların davranışlarını hatırlatan bir terminolojiye gönderme yapar. Genel olarak bu toplumlarda insan olmayanlar arasında kolayca gözlemlenebilen parazitizm ya da simbiyoz gibi ekolojik ilişkileri belirten özel terimler bulunmaz ve bu ilişkilerin gerçekte mitlerde çelişkili özellikleri ve analojik nitelikleriyle tanınıp değerlendirilmeleri durumu değiştirmez; zira isimlendirilmezler, birleştikleri hayvan ya da bitkinin isminin geçmesi onları

7 Ingold, T., 1996, s. 134.

metonimi ile çağrıştırmaya yeter.[8] Kısacası animik dünyada, insan olmayanlar arasındaki ilişkiler ve insanlarla insan olmayanlar arasındaki ilişkiler, insanlar arasındaki ilişkiler olarak tanımlanır ve tersi söz konusu değildir.

Şu bir gerçek ki yakınlık, dostluk ya da saygıyı insanların tipik davranışları olarak tanımlamak, belirli kuralları olan davranışları gösteren yerel terimlerin ya da ifadelerin ilk başta sadece insanlarla ilgili bir alanda uygulanabilecekleri izlenimi uyandıran insan merkezci bir önyargı gibi düşünülebilir. Acaba bunların semantik alanlarının insan olmayanlarla ilişkileri daha baştan kapsayabilecekleri ve böylece bu alandaki faaliyetin birincil uygulama alanının bir genişlemesi olduğu düşünülemez mi? Bu pek mümkün gibi gözükmez, zira insanlarla insan olmayanlar arasındaki ilişkileri tanımlama olanağı veren insanlar arasındaki bütünüyle somut ilişkiler, bu özellikleriyle (yani bütünüyle insan içerikleri içinde) insanların bitkiler ve hayvanlarla kurdukları ilişkiler veya insan olmayanların kendi aralarındaki ilişkiler içinde gözlemlenemez.

Bu konuyla ilgili olarak Açuarların durumuna bir göz atalım şimdi. Açuarlara göre insanlar ve insan olmayanlar arasında üç önemli ilişki tipi vardır: Kadınlar ve ektikleri bitkiler, özellikle de manyok arasında analık ilişkisi; erkekler ve avladıkları hayvanlar arasında bir yakınlık ilişkisi; av sırasında ya da yuva bozma sırasında toplanan yavru hayvanlarla evcilleştirme ilişkisi. Birinci ilişki bağlamında analık davranışlarının insan olmayan bazı varlıklarda da görüldüğü bir gerçektir. Bununla birlikte Açuar kadınlarının manyokla kurduğu ilişki ve yapraklardan oluşan çocuklarının ruhlarına sürekli okuyup üflemeleri, kendi çocuklarıyla ve çevreyle olan ilişkilerinden çok farklı bir ilişkidir: Bitkileri çelikleme yoluyla çoğaltsalar da bitki doğurmazlar; bitkileri emzirmezler, tersine bitkilerin vampirlik eğilimlerinden sakınırlar kendilerini çünkü manyokun, yapraklarıyla temas edenlerin kanını emdiği söylenir; insan yavrularını bitkisel yavrularını yedikleri gibi yemezler, hatta insan yavrularını bitkisel yavrularıyla beslerler. İki ilişki gerçekten eşit değildir: Biri, insan yavrularıyla ilişki, ikincisini, ilgi ve kararlılık durumlarının eşit biçimde görüldüğü bir analık tavrı gibi niteleme olanağı veren genel havayı yansıtır. Akrabalar arasındaki tipik ilişkiye benzeyen yakınlık ilişkisi ise insan olmayanlarda görülmez: Avcı genel olarak akrabası olduğu türün dişileriyle cinsel ilişkiye girmez, kayınpederine bağlı olduğu gibi av hayvanının tinlerden oluşan efendilerine bağlı değildir ve tüylü maymunların ya da tukanların dikkatli bir gözlemi, bunların söylendiği gibi kız kardeşlerini mübadele ettiklerini çıkarsamaya izin vermez – oysa Açuarlarda mevcuttur bu. Burada da insanlar arasında rekabet, pazarlık, gerçek ya da mümkün olabilecek bir düşmanlıktan oluşan bir yakınlık ilişkisi söz konusudur ve bunlar av hayvanıyla ilişkilere özel bir hava verirler.

Evcilleştirme özel bir durumdur. Gerçekten de bu çok sıradan ve yaygın yakınlaşma ilişkisi, sadece evlerde evcilleştirilen yabanıl hayvanlarla ilişkili değildir, aynı zamanda şamanların hayvanlarıyla ve yardımcı tinlerle ilişkilerinin de belirgin özelliğidir. Carlos Fausto'ya göre bütün Amazon bölgesinde yaygın bir an-

8 Sözgelimi bkz. Birinci Bölüm'de anılan çelişkili durum: Mai Huna'ların insan varlıkları arasındaki cinsiyet ayrımını belirtmek amacıyla yararlandıkları Amazon papağanı ve oropendola arasındaki çelişki.

layıştır bu.[9] Ayrıca insanların insan olmayan çeşitli varlıklara dayatmayı başardıkları bu göreli bağımlılık ve denetim ilişkisi, bazı bağlamlarda insanlar arasındaki ilişkileri belirtmek için de geçerlidir: Uzun evlilik yaşamında eşler arasındaki şefkat ve birbirlerine yavaş yavaş alışma bu süreçle belirtilir. Bu tür bir alışkanlık sadece her zaman Yerlilerin inisiyatifiyle hayata geçen evcilleştirme ilişkisinin insani boyutunu belirginleştirir: Bu evcilleştirme ilişkisi ya onları evcil cemaat –havyanlar burada birdenbire yetimlere yapılan muameleyle karşı karşı kalırlar– içine dâhil etme amacıyla hayvanlara yönelik olabilir, ya da insan dünyasının dışındaki yeteneklerini hizmetine vermeyi kabul etmeleri amacıyla şamanların yardımcılarına yönelik olabilir. Özgür hayvanlar arasında bir türün yavrularının başka bir tür tarafından evlat edinilmesi çok istisnai bir fenomendir ve insanların uyguladıkları evcilleştirmeye benzer bir model oluşturabildikleri söylenemez. Açuarlara göre av hayvanının tinlerden oluşan efendileri, korudukları türleri kendilerine eşlik eden hayvanlar gibi görürler; ama hiçbir Açuar bana hiçbir zaman zaten görülmesi mümkün olmayan bir tini, bir yabandomuzu sürüsünü evcilleştirirken seyredebilme fırsatını bulduğunu söylememiştir. Dolayısıyla Açuarlar ve tüm animik toplumlar bağlamında, hem insanlara hem de insan olmayanlara uygulanan genel ilişki şemalarının, hayvan davranışları ya da bitki sosyolojisi alanından gelen ifadelerle değil, ancak insanlar arası ilişkilerde ortaya çıktıkları yaygın biçimler üzerinden temsil ve ifade edilebileceğini kabul etmek gerekir.

Animik halkların insan olmayan bireylerle ilişkilerin "toplum merkezci" formülasyonuna yönelik eğilimlerinin haklı nedenleri vardır. Öncelikle insanlar arasındaki ilişkiler doğrudandır, gündeliktir ve dil düzleminde, akrabalık vokabüleri içinde de olsa her zaman belirgindir, buna karşılık insan olmayanlar arasındaki ilişkiler ya kesinlikle insanlar arasındaki ilişkilere benzerler ve aynı terimlerle açıklanırlar (annelik, evlilik, rekabet, yırtıcılık...), ya da kesin biçimde nitelendirilmeleri daha zordur. Bilindiği gibi parazitizm, komensalite,* biyotik kalıtım, beslenme zinciri ya da iç içe geçmiş yuvalar gibi olguların bilimsel ekoloji tarafından tanımlanmaları ve adlandırılmaları için 20. yüzyılı beklemek gerekmiştir. Daha sonra insanlar arasındaki ilişkiler daha iyi formalize edilmiş, içerikler belirtik kurallar almış ve normları da belirli davranışların öngörülebilir tekrarıyla belirlenmiştir. Nihayet bu ilişkiler, kamusal değerlendirmeye tabi bir kurala uygunluklarıyla ve pratikler olarak incelenebilmeleri sayesinde insan olmayanların arasındaki gözlemlenebilir etkileşimlerin daha geniş değişimlerine de yol açarlar; tesis edilmiş ifade farklılıkları da, yakın komşularında bu ifadelerin aldıkları biçimlerle eleştirel bir bakışla karşılaştırıldıklarında daha belirgin hale gelirler – bütün halklar bu karşılaştırmaları seve seve yaparlar. Böylelikle insanlar arasındaki ilişkiler, insan olmayan bir çevrede görülebilecek ilişkilere göre manipüle edilmeleri, hatırlanmaları, daha yaygın bir yararlanma durumuna yönelik olarak devreye sokulmaları daha kolay, soyut ve düşünümsel taslaklar biçiminde ortaya çıkarlar. Bütün bunlar sayesinde insanlar arasın-

9 Fausto, C., 2001, s. 413-418.

(*) Bir canlının diğer bir canlıdan ona zarar vermeden yararlanma hali – yay.haz.

daki ilişkiler, animik ontolojilerde esnek ve etkili bilişsel modeller olarak işlev görürler ve bu modeller insanların kendilerininkilere benzer içselliklerle donanmış bütün varlıklarla ilişkilerini kavramsallaştırma olanağı verirler.[10]

Dolayısıyla animik kolektif, ilişkilerinin insanların kendi aralarındaki ilişkiler aracılığıyla nitelendirilen bir tür gibi gösterir kendisini, ama bu çok özel bir türdür ve natüralistlerin tanımlamalarına pek uymaz. Her iki durumda da bir tipe uygun bir bireyler topluluğu söz konusudur kesinlikle. Bununla birlikte doğa bilimleri bağlamında, niteliklerinin ve taksinomik sınırlarının belirlenmesinde, üreyen ve çoğalan topluluğun minimum *düzeyde* karşılıklı tanıma biçimi dışında, türün bireylerinin görüş açısını işin içine katmak söz konusu değildir. Dolayısıyla, içselliğinin verdiği düşünüm ayrıcalığı sayesinde kendisini bu biçimde nesnelleştirebilen insan türü dışındaki tüm öteki doğal türlerin üyelerinin, sistematik bakışın dışarıdan seçtiği sınıflandırmacı ölçütlere göre canlılar ağı içinde izole ettiği soyut bir bütünlüğe dâhil olduklarını bilemeyecekleri düşünülür. Buna karşılık animik bir türün bireylerinin, ayırdedici biçim ve davranış özellikleriyle tekil bir kolektif oluşturduklarının bilincinde oldukları söylenir. Bir bütünün unsuru olan bu kendilik bilinci ayrıca kendi dışındaki dünyaya bağımlıdır, zira öteki türlerin bireyleri bu bilinci onlarınkinden farklı bir bakışla değerlendirirler ve bu bireylerin de gerçekten kendileri olduklarını hissetmeleri için bu farklı bakışa sahip olmaları gerekir. Natüralist sınıflandırmada A türü B türünden ayrılır, zira C türü insanlığından gelen rasyonel özel ayırdetme yetenekleriyle böyle buyurmuştur; animik tanımada kendimi A türünün bir bireyi olarak görüyorum, zira B türünün bireylerinden belirgin özelliklerle farklı olmamın ötesinde B'nin varlığı da farklı olduğumu gösteriyor bana çünkü beni kendimden farklı görüyor. Sonuç olarak, burada varsayılan sınıflandırmacının bakış açısı gerçekten farklı olduğunu anlayabilmesi için sınıflandırılan tarafından kabul edilmelidir.

Bu kurucu farklılık mekanizması başkasının gözünden kendini düşünme olgusundan çok başka bir şeydir: Bireysel ve kolektif kimliğe sahip olmanın evrensel bir aracıdır, zira bazı koşullarda ötekinin bakış açısıyla tam bir özdeşleşmeye götürür. Amazon bölgesinde örnek bir biçim alır; Viveiros de Castro Tupi gruplarını anlatırken "cogito yamyam" deyimini kullanmıştır: Tupi-Guaranilerin ritüel yamyamlığı niteliklerin ve özelliklerin narsisik bir biçimde kabul edilmesi ya da çelişkili bir farklılaştırma işlemi değildir (ben yediğim şey değilim), tam tersine düşmanın bana göre aldığı konumu içselleştirerek "bir başkası olma" girişimidir; bu bana kendi dışıma çıkma olanağı verir ve böylelikle dışarıdan kendimi bir bireysellik olarak değerlendirebilirim (kim

10 Daha önce Durkheim'dan bu yana antropolojik geleneğin onayladığı ve doğal nesnelerle ilişkilerin insanlar arasındaki ilişkilerin metaforik yansımaları olduğunu belirten düşünceyi değil, insanların bitkiler ve hayvanlarla ilişkisi bağlamında toplumsal yaşamın temel kategorilerinin işleyişi olarak animizmi tanımladığımda özellikle bu mekanizmadan söz etmek istemiştim. Bu bağlamda açıklık ve kesinlik gerekli gözüküyor, çünkü T. Ingold benim bu formülasyonu doğru kabul ederek tekrar "projektif" (yansıtmalı) yorumların peşinden gideceğimi söylüyor (Ingold, T., 2000, s. 107). Oysa ben Ingold'un iddia ettiği gibi yönelimselliğin insan olmayanlara yansıtılmış özellikle insani bir kapasite olduğunu söylemedim hiçbir zaman... Bilişsel gerçekçiliğin en keskin yandaşlarının şimdi hayvanlara, davranışları üstünde nedensel bir etkisi olan bir yönelimsellik ve tasarım kapasitesi atfeden tümel sezgici düşünceyi kabul etme eğiliminde oldukları dikkate alındığında daha da anlamsızlaşan bir tavırdır bu.

olduğumu tanımlayan, yediğim şeydir).[11] Başka bir grubun canlı varlıklarını yeme, kelle avcılığı, düşmanın bedeninin çeşitli parçalarına sahip olma, komşu kabilelerin insanlarını kaçırma gibi Güney Amerika'nın alçak bölgelerinde kesinlikle savaşa bağlı olarak ortaya çıkan bütün bu fenomenler aynı gerekliliği karşılarlar: Bireyin kendisi olabilmesi için yabancı bireyleri ve bedenleri somut biçimde özümsemesi gerekir, ancak yaşam veren tözler, saygınlık sağlayan ganimetler ya da işgücü sağlayan esirler olarak değil, geldikleri yer sayesinde üzerimdeki dışsal bakışın işaretleri olarak özümsemesi gerekir.

Bu sonuca ulaşmanın tek yolu savaş değildir. Gene Amazon bölgesinde pano dili konuşan farklı kabileler *nawa* sözcüğünü genel bir terim olarak kullanırlar. Bu kabilede bu sözcük yabancıları aşağılamak amacıyla *ve* otonimler (kendisini belirten terimler) oluşturmak amacıyla kullanılır: Aynı zamanda karşı çıkılan ve özdeşleşilen şeyi belirtir. Pano gruplarının toplumsal yaşamının birçok unsuru bu paradoksal durumu doğrular; Philippe Erikson şöyle diyor bu konuyla ilgili olarak: "Bununla birlikte şunu da söyleyebiliriz ki yabancı sadece sosyalleştirilmesi gereken bir tür ham güç deposu değil, daha çok toplumun temel erdemlerinin bir modeli, hatta güvencesidir."[12] Viveiros de Castro'nun geliştirdiği perspektivizm tematiği gerçek anlamını burada bulur. Çünkü kendilerini insan gibi gören hayvanların, insanları insan olmayanlar gibi değerlendirdiklerinin tam olarak söylenmediği animik topluluklarda bile, kimliğin öncelikle dış gözlemci-ölüler, Beyazlar, av hayvanı, tinler, hatta kimi zaman tümünün yerini alabilen etnolog – konumuna konan olan öteki topluluk bireylerinin benimsemiş oldukları kendine bakış aracılığıyla tanımlandığının çok sayıda işareti vardır. Dolayısıyla kendini başka bir kabilenin gözüyle görebilmek için savaşçı olmak ve düşman sahibi olmak gerekmez. Hayvanların ya da tinlerin dünyayı ve kendilerini farklı bir gözle gördüklerini söyleyen çok barışçı Malezya Chewonglarının tavrı budur. Bir Chewong'a göre, kaplan ve fil kendisini olmadığı bir şey gibi gördüklerinde belki yanılıyor olabilirler, ancak bu yanılgı, tam da kendinden başka bir bakış açısıyla bakma yetisinin örneği olduğu için, kendi kolektifi içinde onun yerini belirtmek için vazgeçilmezdir. Sonuç olarak bu tür yanılgı, bir şeyi, birini başkasıyla karıştırma animik türün kolektif olarak nitelendirilmesinin temelini oluşturur, tersine her şeye rağmen bir sınıfın kesin ve tartışmasız biçimde tekilleştirilmesinin istendiği doğal tür tanımıyla zıtlık oluşturur.

Asosyal Bir Doğa ve Dışlayıcı Toplumlar

Natüralizmin sosyolojik formülü çok basit ve sezgiseldir, zira modern *doxa*'nın yavaş yavaş içimize sindirdiği mutlak kesinlik duygusuna denk düşer. Okulda öğrenilen, medyaların aktardığı, bilimsel düşüncenin geliştirdiği ve yorumladığı bir şeydir bu: İnsanlar dilleri ve âdetleriyle farklılaşmış kolektifler –kültürler– içine dağılmıştır ve kendilerinden bağımsız olarak var olanları –doğa– dışlarlar. Felsefe, bilimler ve genel kabul gören düşüncelerin paylaştığı bu temel ve ender olarak sorgulanan

11 Viveiros de Castro, E., 1986, s. 623-700; benim yorumum karmaşık ve göz kamaştırıcı bir inceliği basitleştiriyor.

12 Erikson, Ph., 1996, s. 79.

dogma konusunda örnekler vermenin bir anlamı yoktur, zira bu kitabın birinci bölümü onun tarihsel oluşumunu ortaya koymuş ve özelliklerinin altını çizmiştir. Sadece 21. yüzyılın şafağında canlılığını koruduğunu gösteren birkaç dağınık olguyu hatırlatmakla yetineceğiz biz.

Daha önce gördüğümüz gibi birçok etnolog şempanzelerin kendi aralarında teknik "kültürleriyle" farklılaştıklarını kabul eder, oysa daha eski "hayvan toplumları" kavramı çekince ve tartışmalar yaratır. Hiç kuşkusuz bazı istisnalar dışında, bireylerinin ancak kolektif biçimde yaşayabilmeleri ve hayatta kalabilmeleri açısından "toplumsal" olan türler vardır, ancak bu yığınlar uyumlu ve dayanışma içinde olsalar da bir insan toplumuyla eşdeğer değildir, zira düşünümlü bir araya gelme tercihinin bir sonucu olan bir bütünlük oluşturma bilincinden ve özgür iradeyle gelen yeni kurallar oluşturma kapasitesinden yoksundurlar. Primatların üst familyasını inceleyen etologların takıntısı da zaten büyük maymunların davranışlarını insan varlıklarınınkiyle analoji içerisinde yorumlayarak antropomorfizme düşmektir. İnsanların sosyolojisinden havyan etolojisini ayırt etmeye yönelik *ad hoc* kavramların kaynağı da budur: Egemenlik tahakküm anlamına gelmez, işbirliği karşılıklılık değildir ve karmaşıklığına rağmen özgecilik de tam olarak toplumun yararı için kendini kahramanca feda etmek değildir. Buna karşılık sıradan ırkçı düşünce, ırkçı teorilerin eskiden öne sürdüğü insanlar arasındaki doğal farklılıkları referans göstermekten vazgeçmiştir artık –korkunç sonuçlarının herkes tarafından mahkûm edilmesinin rolü olmuştur bunda belki–. Artık amacı, farklılığa ve başkalığa karşı oluşunu sadece uyuşmaları mümkün olmayan kültürlerin karışma tehlikesi biçiminde doğrulamaktır: Herkes kesinlikle kendi dünyası ve âdetleriyle yaşasın, ama farklı topraklarda. Büyük maymunların kültürleri olduğunu ifade etmeye en fazla eğilimli olan etologların savundukları ilkeye göre doğada insan toplumlarıyla eşdeğer toplumlar yoktur, buna karşılık insanlar arasındaki farklılığa en az açık olan Batılı yabancı düşmanları, kültürlerin heterojenliğini de insan türünün biyolojik birliğini de birer olgu olarak kabul ederler.

Kolektiflerin paradigması burada hiç kuşkusuz insan toplumudur; özellikle 18. yüzyılın sonundan başlayarak Avrupa ve ABD'de gelişmiş olan ve düzensiz bir doğayla *tezat içindeki* insan toplumu. İnsanlar özgürce bir araya gelirler, karşı çıkabilecekleri kurallar getirebilirler ve uzlaşmalar yapabilirler, çevrelerini dönüştürebilirler, geçimlerini sağlayabilmek amacıyla aralarında görev dağılımı yapabilirler, aralarında çeşitli işaretler ve değer sistemleri yaratabilirler, bir otoriteyi kabul edebilirler, ortak sorunları tartışabilmek için toplanabilirler; kısacası hayvanların yapmadıkları her şeyi yaparlar. İnsan toplumlarının donandığı ayırt edici özelliklerin birliği de bu temel farklılıkla ortaya çıkar. Hobbes'un kesin bir biçimde ifade ettiği gibi "hayvanlarla uzlaşma mümkün değildir."[13] Hiç kuşkusuz toplumsal evrimcilik, insan olmayanların dünyasıyla bu ilksel kopuş olgusuna birtakım derecelenmeler getirmiştir ve bunlar önyargı düzeyinde kalmıştır: Bazı kültürler çevrelerini çok az değiştirdikleri ve devletler, toplumsal bölünmeler veya zorlayıcı enstrümanlardan oluşan ağır bir mekaniz-

13 *Leviathan*, I, 14.

maya sahip olmadıkları için doğaya daha yakın oldukları kabul edilir (bugün olumlu bir özellik haline gelmiştir bu). Ama kimse, en koyu bir ırkçı bile bunların kurumlarını hayvanlardan aldıklarını söyleyemez.

Animizm ve natüralizm insan toplumunu kolektiflerin genel modeli olarak inşa eder, ancak yöntemleri çok farklıdır. Animizm toplumsallık atfetme bağlamında sınırsız liberaldir, buna karşılık daha temkinli ve tutumlu davranan natüralizm toplumsallık ayrıcalığını doğal olmayan her şey için uygun bulur. Klasik antropoloji şöyle formüle eder bunu: Birinci durumda "doğa" analoji yoluyla kültürle birlikte düşünülür, ikinci durumda "kültür", "doğa"dan farklılaşan şey gibi düşünülür. Burada genellikle bu iki tavrı ("yansıtıcı" açılma ve düalist kapanma) insanmerkezciliğin iki değişkesi gibi görme eğilimi vardır. Ama insan olmayanların totolojik biçimde insani özelliklerden yoksun olma özellikleriyle tanımlanmaları ve ötekilerin yoksun olduğu manevi özelliklerin insan ve niteliklerinde bulunması açısından bakıldığında sadece natüralizm gerçek anlamda insanmerkezcidir. Animizm bunlardan çok uzaktır kesinlikle, zira insan olmayanlar insanlarla aynı koşullardadırlar ve insanların ayrıcalığı artık sadece ortak davranış biçimlerine dayalı ilişkiler kurabilmek amacıyla öteki varlıklara kendilerininkilere benzer oluşumlar atfetmektir. Dolayısıyla animizm insanmerkezci olmaktan çok "insankökenli"dir, zira insan olmayan varlıkların insan varlıkları gibi görülmeleri için gerekli her şeyi insandan çıkarır.[14]

14 E. Viveiros de Castro ise animizmin antropomorfik olduğunu söyler ve bu anlamda Batı evrimciliğinin narsisik antroposantrizmine ters düşer (2002, s. 375-376).

Farklı ve Tamamlayıcı, Melez Kolektifler

Yaklaşık bir yüzyıldır totemizm, insanların ayırdedici özellikleri doğal türlerden gelen bağımsız gruplar halinde dağıldığı bir toplumsal örgütlenme biçimi olarak değerlendiriliyor: Ya bu türlerin bazı niteliklerinin onlara miras kaldığını düşünürler ya da eponim türlerin ortaya koydukları çelişkili sapmaları kendi içsel farklılaşmaları için ilham kaynağı olarak alırlar. Bununla birlikte bu toplum merkezci bakışın bir sakıncası vardır: Toplumsal sistematik ve doğal sistematiğin arasına, özellikle Avustralya Aborjinleri gibi tam anlamıyla "totemist" olanların ontolojik anlayışlarında bulunmayan analitik bir ikilik sokar. Bu nedenle totemizmi, insan olan ve olmayanların eşbiçimli ve birbirlerini tamamlayan kolektifler (totemik gruplar) içinde *birbirleriyle bağlantılı olarak* dağıldıkları bir sistem olarak nitelemek daha doğrudur. Bu durum animizmle tezat oluşturur, zira animizmde insan olan ve olmayanlar gene eşbiçimli ama özerk kolektifler içinde *birbirlerinden ayrı olarak* dağılmışlardır. Avustralya'nın güneybatısında Nungar kakatularında, yarısı insanlardan oluşan bir kabile olduğu gibi, kartallar, pelikanlar, yılanlar, sivrisinekler, balinalar,yani çevrede gözlemlenebilecek topluluklar içinde eşdeğeri bulunamayacak farklı türlerden oluşan bir yığın vardır. Buna karşılık Açuar kabilesi içinde Açuar bireyleri, Pekari kabilesinde sadece Pekari bireyleri, Tukan kabilesinde de sadece Tukan bireyleri vardır. Animik kolektiflerin yapısı ve özellikleri insan kolektiflerine atfedilen yapı ve özelliklerden gelir, ancak totemik kolektiflerin yapısı insan olmayanların ikonik biçimde gösterdikleri nitelikler arasındaki farklılaştırıcı sapmalarla tanımlanır, buna karşılık bireylerine atfedilen özellikler doğrudan doğruya insan olan ya da olmayanlardan değil, onlardan daha önce var olan prototipik bir nitelikler sınıfından gelir.

Animik kolektifler, nüfuslarının tek tip oluşumu dolayısıyla birbirlerinden ayrılmalarına rağmen, örgütlenme ilkeleri açısından türdeştirler. Makunalar için tapir kabilesinin şefi, şamanı ile ritüel sistemi Pekari kabilesi ya da uluyan maymun kabilesi ve tabii ki makuna kabilesininkiyle aynıdır. İçerikleri açısından melez ve özellikle oluşum ilkelerinde heterojen olduklarından sistemleri açısından türdeş olmalarına rağmen farklılık gösteren totemik kabileler için aynı şey söylenemez. Çünkü en azından Avustralya'da çok sayıda totemik kolektif çeşidi bulunur: İnsanlar bir ya da birçok totemin himayesinde cinsiyet, kuşak, kült, ana rahmine düşme ya da doğum, klanik aidiyet, birliktelik cemaatleri halinde bir araya gelebilirler ve çoğu zaman birçok kolektife birden ait olabilirler. Bu totemik birimlerden bazıları ilke düzeyinde ya da gerçekten egzogamdır –birliktelik durumlarına göre gruplar, cinsiyetlere göre gruplar, klanlar–; bazıları egzogam değildir –kült grupları ve genellikle kült gruplarına çok benzeyen, bireyleri çocuk-ruhlarını aynı yerden almış gruplar– nihayet bazıları da kesinlikle endogamdır – kuşaklara göre ayrılmış gruplar. Bu durum doğal türün ya da türler arasındaki doğal farklılıkların totemik gruba *sui generis* bir bütünlük özelliği verebilecek analojik modeli oluşturmadığını kanıtlar, zira tür içinde endogam olan bitkilerin ve hayvanların tersine, totemik bir topluluğun bireyleri çoğu zaman eşlerini başka bir topluluktan seçmek zorundadırlar. Hatta insan olan ve olmayanlar birlikte, birey kolektifleriyle ortak yanları olmayan farklı türler arası bir bütün oluştururlar... Bu birey kolektifleri, aralarında birliktelik oluşturamayan farklı bitki ve hayvan türlerine çok yakın olan insan grupları arasında birlikteliklerin mümkün olduğu türlerdir.

Burada da tersine, temelinde türe ait bir bedensellik olan animik kolektiflerle ciddi bir tezat söz konusudur, zira bir "toplum"a ait olma, aynı fiziksel görünüm, aynı habitat, aynı beslenme düzeni, aynı üreme biçiminin paylaşılmasına ve *ipso facto* öteki kabile türleri tarafından aynı bakış açısıyla değerlendirilmelerine dayanır. Biyolojik türün kolektifler meydana getirmek için model teşkil ettiği düzen totemizm değil, kesinlikle animizmdir; bu da, kolektifler ve türler hiçbir zaman yüksek düzeyde işlevsel bir bütünlüğe entegre olmadıkları için mümkündür: Açuar, Tukan, Pekari kabile türlerinin üstünde antropologların "kültür" dedikleri soyut nitelik dışında ortak hiçbir şey yoktur. Totemizmde böyle bir şey söz konusu değildir ve Lévi-Strauss'un çok iyi görmüş olduğu gibi çeşitli totemik grupların bir araya getirdiği bütün, doğal modelin oluşturduğu gruplandırmalardan hareketle düşünülemez: Yararlanılabilecek tek model türdür, zira cins taksinomik bir varsayımdır ama tür totemik kolektiflere benzeyen zıt parçalara ayrılamaz.

Bununla birlikte burada, insan olan ve olmayanları ayırmayan totemik kolektifler içinde ontolojik gruplandırma ilkesiyle çeşitli kolektif türlerinin farklı işlevlerini birbirinden ayırmak gerekir. Avustralya'da bu işlevler tutarlı bir bütünlük gösterir: İnsan olmayanların insanlar tarafından araçsallaştırılmasından insanların insan olmayanlar tarafından araçsallaştırılmasına, insanlar ritüel aracılar oldukları ve kozmik doğurganlıktan yararlandıkları için, hem insani hem de insani olmayan bir erekselliğin aktörü oldukları bir ara duruma kadar. Evlilik yapan gruplar birinci tip totemik gruplarının en çarpıcı örneğidir: Gruplarda, topluluklarda, seksiyonlarda ya da alt seksiyonlarda insanlarla birlikte yer alan totemik varlıkların ve gene bunlar arasında yer alan bitki ve hayvanların taksinomik dağılımlar içinde olmalarının bir yararı yoktur. Bu egzogam birliktelikler arasındaki ilişkiler insanların inisiyatifine ve sadece onun yararına hizmet eder: Kangurularda, bandicootlarda ve goannalarda bir dişi kangurunun bir erkek bandicootle birlikte olması ve goanna yavrular doğurması önemli değildir. Bitkiler, hayvanlar, totemler, Düş varlıkları kolektiflerin insan unsurunun farklı totemik grupların olanaklarını bir araya getirerek ürediği bu evlilikle birleşme ve soy olgularına yabancıdırlar. Çünkü tersine hayvanlar ve bitkiler türlerinin içinde, yani totemik kolektif içinde ürerler; birlikteliklerin uygun olduğu grupların yönlendirdiği egzogam ilişkilerin karmaşık mekanizmasının sınırında yaşamlarını sürdürdüklerinden, bu ilişkiler içinde işlevleri kesinlikle ikincildir. Bu ikincil işlevlerini, totemler söz konusu olduğunda insanların evlilik bağlarında öne çıkan zıt nitelikleri birleştiren elverişli göstergeler olarak, totemle ilgili türler söz konusu olduğunda ise evlilik sınıflarının gerçekleştirdiği kozmosun genel sınıflandırmasının tutarlı ve kapsayıcı örneklemeleri olarak yerine getirirler.

Farklı doğurucu (*conceptionnel*) totemizm biçimlerinde durum farklıdır. Gerçekten de bu totemik grup cinsi içinde, kolektife dâhil olan insanlardan totemlerine bağlı türün üretkenliğini sağlamaya yönelik periyodik ritler gerçekleşmeleri beklenir; bunu da bir Düş varlığının daha önce görüldüğü ve totemik kimliklerinin kökenini oluşturan aynı yerde yaparlar, zira bunların her biri, Düş varlığı tarafından söz konusu türün çocuk-ruhlarıyla birlikte oraya bırakılmış olan stoktan gelen aynı çocuk-ruhun gerçekleşmesinin bir sonucudur. Bütün kıtada çok yaygın olan bu "üreme" ritleri Arandalarla (*intichiuma* derler bu olguya) ilgili olarak Spencer ve Gillen tarafından ayrıntılı biçimde anlatılmıştır. Onların amaçlarını anlayabilmek için iki örnek yeterlidir. Strangways Range bölgesi Avustralya tepeli devekuşu toteminin üreyerek çoğalması ritinde, inisiyeler totemin bulunduğu boş ve temiz bir yere kanlarını akıtarak kırmızı bir yüzey oluştururlar ve bu yüzeye bir tepeli devekuşunun iç organlarının – yağları, barsakları, yüreği– ve gelişmelerinin çeşitli evrelerindeki yumurtalarının şekillerini çizerler; bu işlemle birlikte şarkılar söylenir ve amaç bir tepeli devekuşunun gebelik sürecini taklit etmek suretiyle türün üremesini desteklemektir. Alice Springs bölgesi Larve-Witchetty totemi ritinde ise inisiyeler, bu türün kökenini oluşturan Düş varlığının somut ve bedensel varlığı ile yansımasını temsil eden kayalıkları ziyaret ederler ve yüceltirler; farklı biçimlerdeki kayalıklar böceğin yumurtalarını, krizalitini, yetişkin bireyi ya da Düş varlığının bedeninin çeşitli kısımlarını gösterirler. Daha sonra krizalit biçiminde bir kulübe yapılır ve bu kulübeye giren inisiyeler gelişmesinin bütün evrelerinde böceğe övgüler düzerler.[15] İlgili türün yumurtadan çıkma döneminden ya da çiftleşmeden önce gerçekleştirilen bu ritler, türün biyolojik üremesini yoğunlaştırarak gelişip büyümesine katkıda bulunurlar.

---

15 Spencer, W. B. ve Gillen, F. J., 1927, s. 154-157 ve 148-153.

Doğurucu bir totemik grubun insan üyelerinin, kolektiflerinin hayvansal ya da bitkisel bir unsurunun yayılmasını gözetme sorumluluğu vardır: Bu hayvansal ya da bitkisel unsurla aynı ontolojik kökeni paylaştıkları ve aynı prototipik nitelikler sınıfı içinde yer aldıkları için onlara düşen bir sorumluluktur bu. Kısmen aracılık yoluyla gerçekleşen bu çoğalma ve üreme bağlamında insan olmayanların kendi amaçlarına ulaşmak için insanlardan faydalandıklarını söylemek doğru olmaz – çünkü bitkilerin ve hayvanların çoğalma ritleri aynı zamanda onlardan beslenen öteki totemik grupların insan üyelerinin yararına da gerçekleşir ve ayrıca bu kolektif cinsi, özellikle insanların farklılaşmasına yönelik ritüeller çerçevesi içinde yer alır. Ama insanlar ve insan olmayanlar en azından, burada oluşturdukları her sınıf içinde canlının sürekliliğini sağlamak amacıyla dayanışma gösterirler.

Üreme ve çoğalma ritleri klanik totemizm bağlamında da gerçekleşebilir ve bu bağlamda klanik totemizmle doğurucu totemizmin birleştiği Warlpiriler örnek gösterilebilir. Baba soyuna bağlı bir klanın tüm insan ve insan olmayan unsurlarının "Düş Babaları" aynıdır ve dolayısıyla aynı kökten gelirler. Sözgelimi siyah Opossum-Prune klanına mensup insanlar, keselilere ve meyvelere "babalar" ya da "erkek kardeşler" derler ve ortak "Düş Baba"larının çocuk-ruhlarını bıraktıkları yerlerde bunların çoğalma ve üreme ritüellerini gerçekleştirme gibi bir misyonları vardır; bunu, aynı şeyden sorumlu oldukları türler için aynı şeyi yapan öteki klanların yararına yaparlar. Buradaki çoğalma ve üreme mekanizması Arandalarınkinden farklıdır: Klanın insan ve insan olmayanlarının içlerinde kendilerine özgü metaforik ve dinamik totemik özler bulunur: Harekete geçirilmeleri ritüel gösterilerine bağlı olan *kuruwarriler;* bitki ve hayvan *kuruwarriler*'i de böylelikle etkin olurlar ve yayılmaları sağlanır.[16]

Totemik bir soyun ya da doğum yerinin paylaşılmasına dayanan kolektifler, sadece insan olmayan unsurlarının gelişmesini sağlamazlar, aynı zamanda totemik kendiliklerin insanların üreme sürecini sahiplenerek kendi varlıklarını sürdürmek için seçtikleri bir araç işlevi görürler. Gerçekten de bütün kıtada bu doğurma kavrayışları, Ashley Montagu'nun uzun zaman önce altını çizmiş olduğu bir noktada birleşir: "Canlı varlığın yaşamına ana da baba da maddi ya da manevi bir biçimde kesinlikle katılmaz."[17] Merlan'ın insan üremesiyle ilgili karşılaştırmalı Aborjin teorileri incelemesinde belirttiği gibi, çocuklar her zaman bir Düş varlığının bir totem bölgesine bıraktığı bir çocuk-ruhun anne tarafından alınmasıyla dünyaya gelirler. Çocuk-ruhlar fetüs haline gelmeden önce çoğu zaman anne tarafından yenen hayvan ve bitki biçiminde özerk bir yaşam sürerler; zira burada anne basit, küçük bir depo gibidir, çocuk-ruhun doğuncaya kadar gelişmesini sağlayan bir tür kuluçkadır. Sevimli, hoş şeyler oldukları söylenen bu tohumlar içinden çıktıkları Düş varlığına özgü totemik özelliklerle donatacakları bir insan bedeni beklerler ve esasen "kendilerini yeniden doğuracak anneler aramakla" meşgul olurlar.[18] İnsanların, totemik bir varlığı hayata geçirmeye yarayan basit vektörler olmaları etnologların betimlemelerinde her zaman yer almıştır. Elizabeth Povinelli Cox yarımadasındaki Belyuen cema-

16 Glowczewski, B., 1991, s. 32-33.
17 Montagu, M. F. A., 1937, s. 8.
18 Merlan, F., 1986, s. 475.

ati totemik bölgeleri çocuk-ruhları *maroiler*'le ilgili olarak şöyle diyor: "Çocuğu doğurmadan önce bir imgesini tasarlarlar." İnsanların nispeten pasif rollerinin tersine, bu üretici mekanizmada çocuk-ruhlara atfedilen yönelimsellik çok önemli bir rol oynar: "*Maroiler* bilinçli olarak besinlerin içlerine gizlenirler ve çocukları yaratırlar. Erkekler ve kadınlar da bunları bilerek bulurlar ve yerler."[19] Ayrıca *maroilerin* özerkliği doğumdan sonra da sürer, zira avladıkları hayvanlar, tükettikleri besinler ve yaşadıkları yerlerin seçiminde, birlikte yaşadıkları varlıklar üstünde direnilmesi mümkün olmayan etkileri vardır. Arandalar bağlamında da aynı şeyi söyleyebiliriz; onlar için "bir çocukruhun, bir *kuruna*'nın ete kemiğe bürünmesi öncelikle bir yeniden doğma arzusundan kaynaklanır"[20] Dolayısıyla ebeveynler baba olarak kabul edilmiş biri ve taşıyıcı bir annedir; bir Düş varlığının daha önce oluşturduğu kendiliğinden melez kolektifin, tam da bu sebeple her zaman mevcut bir unsuru haline gelen bir insanda nesnelleşen bir totemin boyutlarından birinin sürekliliğinin gönüllü araçlarıdır anne ve baba.

Klanik soy aracılığıyla aktarılan totemizmlerde de aynı süreç geçerlidir. Bir dişinin döllenmesi genellikle klanın çocuk-ruhlarının dolaştığı yerde gerçekleşir ve yeni doğan bebek doğal olarak, kendisinden önce ana ya da baba soyunun ortak olarak sahip oldukları totemik kendiliğin gelişmesi için sürekliliğini sağladığı kolektife katılır. Aynı şekilde Belyuen cemaatinde *durlg* adı verilen soyun totemleri "yeni bir kuşakta gerçekten doğmadan önce kendi soylarını insan biçiminde önceden tasarlarlar."[21] Dolayısıyla böyle bir durumda bir insan soyundan söz edilebilmesinin mümkün olup olmadığı sorusu dahi sorulabilir; çünkü insan yaşamı soy zinciri totemlerinin her kuşakta tezahür etmek amacıyla ele geçirdikleri bir araç gibidir. *Durlg*'lar tüm babasoylu totemler gibi klan bölgesine dağılmış yerlere kök salmıştır ve çok eskiden beri bunların, bireylerinin yaşadıkları yerlerde bulunan kaynaklardan yararlanma haklarını (özellikle arborjin olmayanlarla arazi anlaşmazlıkları bağlamında) meşrulaştırdıkları söylenir. Bununla birlikte insanların yaşamlarını sürdürerek bir Düş varlığının getirdiği özelliklerle dolu bir alanla özdeşleşmeleri için bu tür haklardan yararlanmaları ve bu hakların daha sonraki kuşaklara aktarılmasının hayati önemini inkâr etmeksizin, klan bireylerinin sadece totemlerinin geldiği yerlerin bekçileri ve bu totemin gezerek oluşturduğu yerlerle biçimlenen bölgelerin kulanım hakkına sahip kişiler olmadıklarını belirtmek gerekir; tıpkı manzara gibi, onlar da totemin yaratıcı etkinliğinin belli bir yerde canlılığını korumasını sağlayan aracı kanal ve bu etkinliğin vücuda gelmiş halidirler. Povinelli'nin dediği gibi, "yerleri kuşaktan kuşağa aktaranlar insanlar değildir; bundan ziyade, yerlerin içindeki mitsel güç insan bedenleri aracılığıyla kendisini sürdürür."[22] Burada insanların kendilerini hem birleştiren hem de aşan, içkin ve farklılaşmış bir yönelimselliğin gayretli yardımcıları lduklari bundan daha iyi ifade edilemez.

Avustralya totemik kolektif tiplerinin ve işlevlerinin çok fazla olması, aynı şekilde bu çe-

19 Povinelli, E. A., 1993, s. 151 ve 152.
20 Mıisseeff, M., 1995, s. 100.

21 Povinelli, E. A., 1993, s. 151 ve 152.
22 *A.g.y.*, Warlpiriler ve Pintupilerle ilgili benzer formülasyonlar konusunda bkz. Munn, N. D., 1970 ve Myers, F. R., 1986, s. 50.

şitlilik bağlamında çok fazla aidiyet olması, bunları oluşturan her insan ve insan olmayanın işine gelir: İnsan olmayanlar aracılığıyla temsil edilen protitipik nitelikler taşıyan bir yer ve sınıfla özdeşleşmek insanların işine gelir, insanların bilinçli ya da bilinçsiz aracılığı sayesinde üreme güvencesi ise insan olmayanların işine gelir. Bu melez birimlerin her unsuru ötekilere bağımlıdır, aralarında çok canlı bir ilişki, bir alışveriş söz konusudur ve yardımlaşmalar sonunda birbirlerine karışırlar, zira onları ortak bir alana kök salmış ontolojik bir bütünlük içinde bir araya getiren çimento çok güçlüdür. Bu açıdan bakıldığında antropolojik literatür bu kurumlara çok fazla önem verse de, bu evlilik birlikteliği seksiyonlarından menkul olan totemizm türü, alt –ve muhtemelen çok geç devreye giren– bir olgu düzeyine indirgenmeli gibi gözüküyor. Akrabalık alanında çalışan ve sekiz alt-seksiyonlu sistemlerin olağanüstü biçimsel karmaşıklığına haklı olarak çok şaşıran uzmanlar, bu modellerin Arborjinler için kolektiflerin gündelik yaşamını ve çoğalmalarını örgütlemeye yönelik bir yöntemden çok bir entelektüel ustalık alıştırması olduğunu yeterince dikkate almamışlardır. Çünkü evlilik birlikteliği sınıfları, tıpkı öteki totemik kendilikler gibi, insan olmayanlarla paylaşılan maddi ve manevi niteliklerin belirli birer sentezi olsalar da, Avustralya kolektiflerinin temel boyutuna, yani bir yer ilişkisi, kimlik oluşturan bir alan ilişkisine yabancıdırlar. Bunlar toplumsal bir yaşamın gelişmesini sağlayan ve bir bölge ile kaynaklarına bağlılığı oluşturan birleştirici ilkeler değil, nominal kategoriler, insanların genel sınıflandırma –ve dolayısıyla izin verilen veya verilmeyen birlikteliklerinin, çift oluşturabilme koşullarının– ölçütlerini belirleyen antropometrik bilgi fişleridir. Buna karşılık doğurucu totemizm ve klanik totemizm somut kolektiflerin gerçek temelini oluştururlar, zira bunlar insanların küçük gruplar halinde bir araya gelmesinin koşullarını oluştururlar. Bu gruplar, hayatta kalmalarını sağlayan ve insanların bedenleriyle orada icra ettikleri ritüeller sayesinde bizzat kendi sürekliliklerini garanti altına alan yerlere dair sorumluluk ve hak sahibidir.

Öte yandan çeşitli totemik türlere atfedilen işlevlerden ziyade, bu tür parçalı bir örgütlenmenin amacının sorgulanması ilginç olabilir. Bu örgütlenme ilk bakışta tuhaftır ve ilk bakışta sezildiği gibi değildir, zira ortak çıkarlara sahip insanlarla insan olmayanları, özerk kalabilecek belirli bütünlükler halinde birbirine karıştırır ve bir yandan da kendi kendilerine yeterli gibi gözüken bu birimleri, bileşimleriyle oluşan daha geniş kolektiflere girmeye zorlar. Var olanların bu dağılma ve bir araya gelme biçiminin en önemli işlevi hiç kuşkusuz pratik alandadır, ancak bu onu açıklamaya yeterli olduğu anlamına gelmez kesinlikle. Lévi-Strauss'un çok iyi görmüş olduğu gibi, totemik bağlamda işlevsel uzmanlaşma kastlarınkine benzer ve yaşam için gerekli olanakların düzenlenmesinde en iyi randımanın alınmasını sağlar; tüketmeden özdeşleştikleri belli yerlerdeki kaynakların üretiminde ve yeniden üretiminde tamamlayıcı nitelikleri olan gruplar arasındaki ontolojik çalışma alanına kesin bir ayrım getirir bu.[23] Çünkü, muazzam bir alan ölçeğinde genelleşmiş bu delme düzeninin paradoksu, kendisini, doğal olarak verilmiş gibi gözüken şeyi üretip korumak için sürekli bir çalışma olarak ortaya koymaktır. Hem yaşam

23 Bkz. Pensée Sauvage'ın (Yaban Düşünce) IV. Bölümü'nde totem ve kast ilişkisi tartışması (Lévi-Strauss, Cl., 1962).

için gerekli ürünler (türlerin çoğalması ritleriyle birlikte), hem de bunların üretilmesi için gerekli insanlar (her totem grubu kendine ait "kuluçka" dişileri ötekilerin hizmetine verir). Bir başka deyişle Aborjin totem kolektifleri bazı kaynak tiplerinin yaratılması ve korunmasında son derece uzmanlaşmış makinalar gibidir; bu faaliyet başka kolektiflerin yararına olabildiği gibi (çocuk-ruhların taşınması için "karınlar", beslenmeleri için bitkiler ve hayvanlar), aynı kolektif içinde insan ve insan olmayan unsurlarının karşılıklı çıkarına yönelik de olabilir: İnsanların sorumluluğunda olan totemik türlerin üremesi, totemlerin yaşamlarını dişiler aracılığıyla sürdürmeleri, totemik aidiyet aracılığıyla av ve toplama bölgelerine girebilme. Burada zorunlu bir işlevsel adaptasyon durumunun söz konusu olduğunu söyleyecek kadar ileri gitmemekle birlikte, bir avcılık ve toplayıcılık düzeninde rastlantısal kaynakların yönetiminin stratejik özelliği karşısında bunların her birini, kaderiyle özdeşleşerek uzmanlaşmış organlara emanet etmenin doğru bir yol olduğunu düşünebiliriz.

Totemik ontoloji, kolektif boyutuyla ele alındığında, hem bu örgütlenme biçiminin özel morfolojisiyle ilişkili, hem de işlevsel olabilmesi için gerekli olan fazladan bir özellik daha kazanır. Gerçekten de tanıma biçimi olarak totemizm tek bir temel birimi, yani insani bileşenlerinin tanıma çerçevesini sunduğu için kendi içinde yeterli bir bütün oluşturan totem sınıfı kabul eder: Tepeli devekuşu-insan olarak Tepeli Devekuşu Düş varlığından gelen maddi ve manevi özellikleri kendime atfederim – bu özellikler aynı zamanda kökenleri manzaranın çehrelerinden gelen tepeli devekuşunda ve ortak köklere sahip olduğum başka varlıklarda da bulunur. Kim olduğumu, nereden geldiğimi ve dünyanın hangi unsurlarıyla birlikte olduğumu öğrenmem için ihtiyaç duyduğum her şey buradadır. Ama totem sınıfı bana prototipik bir kimlik veren temel bir unsur olsa da, benim dünyada etkin bir yaşam sürmemi sağlayacak yeterli bir koşul değildir. Benim bu amaçla başka varlıklarla ilişkiler kurmam gerekir ve bunun mümkün olabilmesi için de bu ilişkinin taraflarını benim açık seçik biçimde saptamam, yani bu tarafların benim kendi sınıfıma dâhil insan olan ve olmayanlardan oluşan ontolojik cemaatin dışında olmaları gerekir. Dolayısıyla bu esas birlik, yani bu totem sınıfı solipsizmden kurtulmak ve etkinliğini *eidos*'unun kendisine tanıdığı sınırların ötesine taşımak istediğinde kendi kendine yeterli değildir; üretici etkileşimlerin oluşması ve Düş varlıklarının eskiden dünyaya can verip onu çeşitlendirmek üzere kendi aralarında kurdukları ilişkileri anımsatan sosyokozmik bir dinamizmin harekete geçmesi için, aynı türden ama oluşumları farklı unsurlara ihtiyaç duyar.

Bununla birlikte totemik kolektiflerin sadece yan yana gelmeleri, *ipso facto* tekil bir kendilik olarak düşünülebilecek yüksek düzeyde bir bütünlüğe yol açmaz. En azından Avustralya'da nüfusun azalması, seyrekleşmesi ve Avrupa işgaliyle gelen göçler yoğun bir etnik yeniden oluşuma yol açmıştır; bu durum dil ve bölgesel kökenler bağlamında heterojen klanların oluşturdukları yerel birlikteliklerin "kabile" tipi bir bütünlük olarak nitelendirilmelerini engeller. Öte yandan Düş varlıklarının güzergâhları ve dayanaklarını oluşturdukları totemik bağlar büyük mesafelerde adeta ağlar oluşturarak gelişirler; öyle ki aynı güzergâhın farklı yerlerinden hareket ettiklerinden aynı olan totem sınıfları mutlaka komşu olmaları gerekmeyen farklı kabilelerde bir araya gelirler. Totemik sınıfları içeren "kabile" gibi bir makro kolektifin kendi içine başkalarını kabul etme ilkelerini belirleyecek kriterlerin bulanıklığı karşısında, her parça, daha geniş bir bileşim içerisinde onlarla bütünlüğünü tasarlamasını sağlayacak parçaları başka parçalarda bulmalıdır.

Bununla birlikte totemcilik, bu parçaları önceden belirlenmiş bir bütünlüğe dâhil etmeksizin onların işlevsel uyumunu sağlamanın bir yolunu sunar. Çünkü kolektif içinde bireyin kimliği değil, çoğullaşmış birey olarak kolektifin kendisinin kimliği, ayrıldığı şeyin, yani diğer kolektiflerin bilincine vararak gelişir. Bu tür bir tezatlı belirleme ilkesi onu oluşturan öğelerin düzeyinde gerçekleşmez, zira bu öğeler varlıklarının tanımlanması için gerekli tüm belirgin özellikleri prototipik sınıftan alırlar. Böylece parçaların bireyleşmesinin koşulu, parçanın farklılaştırıcı özelliğinin ve dolayısıyla unsurlarının her birinin öteki parçaların unsurları karşısında açık seçik görüldüğü bir farklılığın tanınmasıdır. Stéphane Breton'un totemizmin sınıflandırıcı yorumlanmasının eleştirisinde belirttiği gibi, totemizmin toplumsal sistem olarak etkili olmasının nedeni, tanım olarak kapalı bir totemik grubun bireylerinin, işlevi onlara kendi imgelerini geri göndermek olan üçüncü bir parçayla özdeşleşerek, kendilerini dış bir bakışla değerlendirmeleridir.[24] O zaman bu kolektif *alter ego,* tekilleşmesini sağladığı parçayla totemik birimlerin düzeyinden daha yüksek düzeyde işlevsel bir bütünlük oluşturur; farklılıklarını ve eşdeğerliliklerini daha geniş bir ölçekte meşrulaştıran bir düzenlemeyi başlatan ilke meydana getirir. Totemizm tezatlı kimlik *clinemen*'ine başvurarak, ilk başta referansları kendileri olan sınıfların özerklikleriyle ortaya çıkmış olan engeli aşar; böylelikle sadece ilk başta konulmuş ontolojik öncüllerle kavranması mümkün olmayan birleştirici bir bütün içinde, aynı tip kolektiflerin karşılıklı bağımlılığına dayalı sosyolojik bir varoluşa kavuşur.

Totemizm, insan toplumunu kolektifler paradigmasına bağlayan animizm ve natüralizmden farklı olarak, birbirlerinden yararlanarak toplumsal bir bağ, genel bir kimlik, yerlere bağlılık, maddi kaynaklar ve kuşaklar arası bir süreklilik oluşturan insan olan ve olmayanları, *sui generis* melez bütünlükler içinde karıştırmak suretiyle yepyeni bir kaynaşma durumu oluşturur. Ama bunu yaparken oluşturucu birimleri her birinin özellikleri birbirlerini tamamlayacak şekilde ve bütünlükleri de ortaya koydukları farklılaştırıcı sapmalara bağımlı olacak bir biçimde parçalar. Dolayısıyla klasik antropoloji böyle bir sistemi niteleme bağlamında doğa ve kültür arasındaki sürekliliği ön plana çıkaran bir tanım ("katılımcı" mantık) ile bu fenomenin bilişsel okumasına ağırlık veren bir tanım ("sınıflandırmacı" mantık) arasında gidip gelmiştir. Burada sorun şudur: Totemik kolektifler evreni örgütleyen düzeneğin temel birimleridir, ancak en azından Arborjinler söz konusu olduğunda, insanların yaşamlarını düzenleyen toplumsal kategorinin genişlemesinden gelmedikleri gibi (Durkheim sosyosantrizmi), doğal türler arasındaki süreksizliklerin getirdiği modelden de gelmezler (Lévi-Strauss'un entelektüalizmi). Arborjinlerin bir yığın insan olmayan varlıkla birlikte ortak yaşamını oluşturan ilkelerine bağlı kalmaya çalı-

24 Breton, S., 1999.

şırsak, onların totemizminin "kozmogenetik" olduğunu söylemek daha doğru olur. Animizm antropogenetiktir, zira insan olmayanları insan gibi görmek için gerekli asgari koşulları insanlardan alır; totemizm ise kozmogenetiktir, zira kolektiflerin yaşamındaki bu iki bütünün payları birbirlerinden ayırt etmek için gereken şeyleri, doğa ve kültürü önceleyen kozmik nitelik gruplarından türetir.

Karma, Kapsayıcı ve Hiyerarşikleşmiş Bir Kolektif

Analojik tanıma biçimi kolektif biçiminde ifade edilmez, zira bu biçim animizm ve natüralizme olduğu kadar ona has değildir. Gerçekten de analojik bir ontolojide bütün varlıklar bir yığın merci ve tanımlamalara bölünmüştür ve bu tekilliklerin birleşimi çok farklı biçimlerde meydana gelebilir. Analojizmin dayandığı insan olan ve olmayanlar morfolojisi ne kadar çeşitli olursa olsun, bu varlıklar dünyayla birlik içinde bulunduklarından her zaman daha geniş bir kolektifin oluşturucu birimleri olarak görülürler. Bu kadar yaygın bir bütün etkili olabilmek için ne kadar çok iç bölünme gösterirse göstersin, burada kozmos ve toplum eşdeğerlidir, birbirlerinden ayrılmaları mümkün değildir neredeyse. Bu bağlamda Andlar'ın güneyinde, Bolivya Çipayaları bir yığın örnekten daha belirgin olduğunu söyleyebileceğim bir örnektir ve Nathan Wachtel çok önemli bir monografi çalışması yapmıştır bu konuda.[25]

Komşuları Aymaraslar tarafından "dışlanan ve küçümsenen" bu insanlar Carangas bölgesinin yaklaşık dört bin metre yükseklikteki yarı-kurak yaylalarının birinde izole bir yaşam sürerler, nüfusları yaklaşık bin kişidir; Çipaya köyü sakinleri sefaletlerine ve terk edilmişliklerine karşın çok zengin bir mikrokozmos içerisinde yaşarlar: Görkemli ve çok kalabalık benzer kolektiflerin bütün yapısal karakteristiklerinin görülebileceği küçük ölçekli bir örneği. Puquina dili konuşan Çipayalar Bolivya'da kalan son Uruslar'dır; Uruslar Conquista döneminde ülkenin yerli nüfusunun yaklaşık üçte birini oluşturuyorlardı ve daha sonra da özerk bir bütün olarak kaldılar. Yaşadıkları yer dikdörtgen biçimindedir: Doğudan batıya doğru yaklaşık otuz kilometre uzunluğunda, yaklaşık yirmi kilometre genişliğindedir ve güneyinde Coipasa gölü bulunur. Kuzey-Güney ekseninde yüzölçümleri aşağı yukarı eşit iki bölge yer alır: *Tuanta* ("doğu") ve *Tajata* ("batı")... Bu bölgelerde iki ayrı topluluk yaşar ve her biri Andlar'da *ayylu* denen ve ikiyanlı soydanlık özelliği taşıyan bir gruba denk düşer (**Tablo 6** ve **Tablo 7**). Bölgenin hemen hemen ortasında yer alan Çipaya köyü de kuzey-güney ekseninde ikiye ayrılmıştır ve buralarda yaşayan topluluklar ayrıca bir batı-doğu eksenine göre iki mahalleye ayrılmışlardır. Dört mahalle –*Uşata, Varuta, Tuançajta* ve *Tajaçaşta*– dört klan oluşturur ve bunların her birinde ataları ortak olan soylar vardır. Bu dörtlü örgütlenme çok küçük bir farklılıkla bütün bölgede geçerlidir: Gruplar içindeki iç alt bölümler dikey bir köy düzeni oluşturmazlar, coğrafi sınırları (bu örnekte dere yatakları) vardır. Dolayısıyla *Tajata* topluluğunda *Tajaçaşta* ve *Tuançaşta* grupları bir kuzey-güney ekseninde toplanmışlardır, buna karşılık *Tuanta* topluluğunda *Uşata* ve *Varuta* grupları kuzeybatıdan güneydoğuya uzanan bir eksende yer alırlar. Kö-

25 Wachtel, N., 1990.

TABLO 6
Çipaya Köyünün Dörtlü Örgütlenme Biçimi

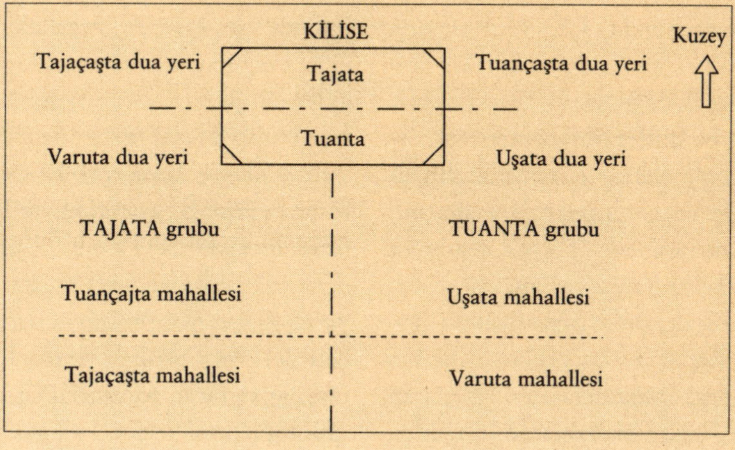

yün her mahallesinin soylarının kendilerine düşen bölgelerde birkaç kulübeden oluşan köyleri vardır ve yılın bir bölümünde burada yaşarlar bu insanlar, ait oldukları *ayylu* grubu tarafından kendilerine bırakılan çevredeki otlaklardan yararlanırlar. Nasıl ki yer köyün örgütlenmesinin bir yansıması ise, kilise de küçük bir modelidir bu örgütlenmenin. Çipaya azizesi Santa Ana'ya adanmış olan kilise her iki grubun da ortak kilisesidir ve köyün kuzeyinde, iki grubu birbirinden ayıran alanda bulunur. Kapısı doğuda bulunan, dikdörtgen biçiminde basit, devasa bir binadır: *Tuantalar* her zaman doğuya göre sağ tarafta, *Tajatalar* ise sol tarafta yer alırlar, her grubun erkekleri solda, kadınları ise sağda otururlar. Kilisenin çevresinde duvarlar içinde bir iç avlu bulunur, daha büyük bir avlunun eklendiği bu iç avluda bir kule yükselir; bu avluların dört köşesinde ve kulenin dört payandasının üstünde her mahallenin özel kurban sunakları bulunur, bunların mekânda düzenlenmeleri (yani doğuya göre) köyün ve bölgenin genel dörtlü şemasına uygundur (**Tablo 6**).

İç içe geçmiş bu birimlerin farklı düzeyleri arasındaki ilişkiler, klasik bölünmüş aidiyetler mantığını izler: Bir soyun bireyleri başka bir soyun bireylerine karşı dayanışma içindedirler, bir mahallenin soyları başka bir mahallenin soylarına karşı dayanışma içindedirler, bir grubun mahalleleri öteki grubun mahallelerine karşı... ve bütün Çipayalar Aymaraslara karşı birleşmiştir. Bu toplumsal ve mekânsal aidiyet birimlerinin farklı düzeylerinde çelişkili bir yapının yinelenmesi teması Çipaya kolektif örgütlenmesinin temeli gibidir; Wachtel'in söylediği gibi "evreni düzenleyen belli sayıda kategorinin eklemlendiği gerçek bir zihinsel şemanın ilkesini oluşturur."[26] Bununla birlikte bütün birimler eşdeğer değildir. Hiç kuşkusuz bir

26 *A.g.y.*, s. 36.

yarının ötekine siyasal üstünlüğü söz konusu değildir ve otorite Andlar'da yürürlükte olan geleneksel bir ilkeye göre düzenli olarak birinden diğerine geçer; aslında hiçbir biçimde dişe dokunur olmayan zenginlikler ise dörtlü yapıdan bağımsız olarak dağılmıştır. Buna karşılık ikili örgütlenme bir çiftler dizisi çevresinde örgütlenmiş yarı bölümlerin ve mahallelerin sınıflandırmacı bir düzenini içerir; bu düzenin birinci unsuru öteki unsur üstünde sembolik bir üstünlüğe sahiptir: Doğu ve batı, sağ ve sol, eril ve dişil, üst ve alt. Dolayısıyla *Tuanta* grubu (doğuda ve sağda) *Tajata* grubuna (batıda ve solda) üstündür, *Uşata* mahallesi (doğunun doğusunda) ise *Varuta* mahallesine (doğunun batısında) üstündür ve *Tuançajta* mahallesi (batının doğusunda) *Tajaçajta* mahallesine (batının batısında) üstündür.

İnsan olmayanlar da bu bölünmüş dağılımın dışında değildirler. Öncelikle her *ayylu* her yıl kendi bölgesinde kinoa tarlalarını ve domuz otlaklarını belirler, düzenler ve yeni dağılımını yapar; ortaklaşa set çekme, sulama ve akaçlama çalışmaları söz konusudur ve bu çalışmalarda karşı grubun yardımı talep edilmez. Ama Çipaya alt toplulukları arasında çeşitli tanrılar, özellikle de *silo*'larda ve *mallku*'lardaki tanrılar adil bir biçimde paylaşılmıştır. *Silo*'lar (İspanyolca *cielo*) azizlere adanmış küçük dua yerleridir ve dört ana noktaya göre düzenlenen ve alanda, kesişme noktasında köyün yer aldığı görkemli bir haç oluşturan dört dik çizgi boyunca düzenli aralıklarla sıralanmışlardır (**Tablo 7**). Her *silo* çizgisi mahallelerden birine denk düşer, son *silo* (yani köyün en uzağındaki) dizinin en önemlisidir, zira mahallenin azizine ayrılmıştır. Bu dua yerlerinin görünüşte Hıristiyan değerlere gönderme yapması, Wachtel'le birlikte *silo* dizilerinin İnka dönemindeki Cuzco *ceque*'ler sistemiyle aynı ilkeye uyduğu ve onlar gibi Güneş tapınağına bağlı oldukları kabul edilirse, kısmen geçersizleşir.[27] *Ceque*'ler Güneş tapınağından yayılan kırk bir düşsel çizgiden oluşuyordu ve bu çizgilerin üstünde üç yirmi sekiz kutsal bölge (*huaca*) bulunuyordu; kırk *ceque*'ten her biri (İnka ailesine bağlı kırk birincisi dışında) ayrıcalıklı bir İnkalar grubuna (İnka olmayan ama evlilik ilişkileriyle hükümdara bağlı olan yerliler) bağlıdır ve bu grubun yaşadığı yere yönelmiştir. Cuzco *ceque*'leri yöneticileri tarafından kozmolojik bir sistem gibi tasarlanan bir imparatorluğun merkezinin coğrafi, toplumsal ve ritüel alanını düzenliyorlardı ve ayrıca zamanı belirlemeye yarıyorlardı: Yere çizilmiş ve sulama düzenine bağlı gerçek bir takvim söz konusuydu. *Silo* dizileri bağlamında da daha mütevazı bir ölçekte aynı şey söz konusudur. Gerçekten de azizler mahalle mahalle dolaşan düzenli kafileler tarafından anılır ve yüceltilir; bu anma ve yüceltme törenleri akrep ve yelkovan yönünde bütün yıla yayılmıştır: Yaz (yağmur mevsimi) *Tuanta*'yla, kış ise (kuru ve çok soğuk mevsim) *Tajata*'yla birleşmiştir.

Bu *silo*'lar kültü, Çipayaların tanrılarıyla kurdukları ilişkilerin göksel bölümünü oluşturur. Tipik bir Andlar bölgesi özelliği olan öteki bölümü ise yeryüzüyle ilgili unsurları içerir ve *mallku* kültü çevresinde örgütlenir: *Mallku*'lar eril, belirgin özellikleri olan ve *pokara* denen pişmiş tuğladan koni biçimindeki küçük anıtların içinde eşleriyle birlikte yaşayan yeraltı tanrılarıdır. Her topluluk kendi dört *mallku*'sunu anar ve yüceltir, bunlara denk düşen *pokara*'lar ise mahalleler arasında dağılmıştır. Ayrı-

---

27 Zuidema, T., 1964.

TABLO 7
Çipaya Bölgesinin Dörtlü Örgütlenmesi

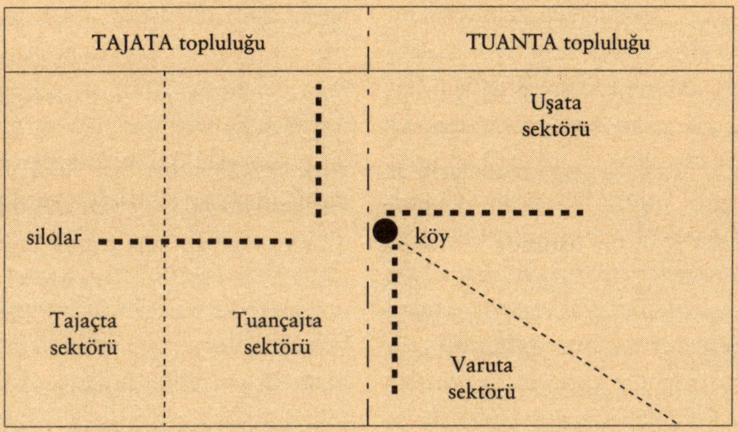

ca gruplar arasında bölünmüş olan ama aralarında bütün *Çipayalar*'ın ortak iki *mallku*'sunun da bulunduğu *pokara*'lar vardır: Toprak Ana Paçamama'yla bir tutulan dişil tanrı *Marka Quollu* ve yeryüzü sularının eril tanrısı *Lauca Mallku.* Nihayet en büyük tanrı *Torre Mallku* iki grubun ortak tanrısıdır. Karnaval sırasında kilise kulesinde kurbanlar ve bağışlar sunulur; iki topluluğun işbirliği yaptığı ender durumlardan biridir bu. *Torre Mallku* öteki *mallku*'ların babasıdır ve öteki *mallku*'lar özellikle her unsuru gruplardan birine dâhil olan çiftler halinde bir araya gelmiş olmalarına rağmen aralarında kardeştirler. İki *pokara*'dan her birinin paylaştığı tek zenginlik olan *Marka Quollu* ve *Lauca Mallku*'ya gelince, bunlar her grup içinde temsil edilmeleri bağlamında birbirlerinin ikizi gibi düşünülür; *Mallku*'lar Aymaraların dağ tanrılarına benzer ve onlar gibi etkili bir içsellikle donatılmışlardır ve Çipayaların bu minyatür unsurları *(pokaralar)* dikmelerinin sebebi, eskiden sığındıkları ıssız yaylada hiç yükseklik olmamasıdır.

Burada anılan yerlerin her birinde gerçekleşen karmaşık ve titiz ritüellerin ayrıntısına girmemiz mümkün değildir. Sadece bunların en önemli işlevlerinin çok sayıda Çipaya tanrısının birbirleriyle ilişki kurmalarını sağlamak, "evrenin kendisiyle uyum içinde olması için aralarında diyalog kurmaları"nı mümkün kılmak olduğunu söylemek yeterlidir."[28] Gerçekten de tanrıların toplumsal birimlere, mekânsal alt bölümlere ve bölgelere, yılın çeşitli dönemlerine ve teknik özelliklere atfedilmeleri litürjik bir düzenlenmeyi öne çıkarır ve bunun etkisi o dönemde, her seferinde farklı insan alt grupları bağlamında dönemin yaygın faaliyetleriyle doğrudan ilişkili insan olmayan varlıkları seferber etmektir. Çünkü her tanrı türü özellikle kozmosun şu ya da bu parçasıyla ya da nüfusuyla bir

28 Wachtel, N., 1990, s. 187.

aracılık işlevini üstlenmiştir ve bu kozmos insan etkinliğinin dört büyük alanından birinde destek sağlar: Tarım, göl kenarlarındaki kaynaklardan yararlanma, besicilik ve avcılıktır bu dört alan. Dolayısıyla bazı tanrılar göklerdeki suyla, bazıları da yeraltındaki suyla ilgilenirler, bazıları rüzgârları denetler, bazıları sürüleri korur ya da Çipayaların ağlarına takılan su kuşlarının efendileridir. "Dünya her şeyin her şeye yanıt verdiği muazzam bir güçler ve akışlar alanı"[29] olduğundan, insanların sunuları ve dilekleri sayesinde, kendileri gibi kesinlikle heterojen olan ve oluşturdukları toplumun çok farklı alanlarına dağılmış durumdaki tanrılar ile bir işbirliğini kurabilmeleri gereklidir. İnsan olmayanların yararlı tamamlayıcılıkları ve düzenleyicilikleri, Çipayaların farklılıklarına rağmen kendilerini ortak bir kaderde bütünlemek umuduyla harcadıkları çabaları ancak bu şartla güçlendirecek ve etkili kılacaktır.

Bu en genel ilkeleri içinde ele alınan Çipaya dünyasının örgütlenmesi, Bolivya, Ekvador ve Peru'daki Aymaras ve Quichuas cemaatlerininkinden, hatta çok farklı bir düzlemde Tawantinsuyu İnka imparatorluğununkinden pek farklı değildir. Gerçekten de bu örgütlenme benzer her kolektifin yapısal karakteristiklerini son derece açık seçik bir biçimde gösterir. Onu oluşturanların gözünde bu tür bir kolektif kozmosun tamamının ölçülerine göre düzenlenmiştir, ancak parçalar halinde iç içe geçme mantığının yapılandırdığı birbirlerine bağımlı temel birimler biçiminde oluşmuştur. Soylar, yarı gruplar ve kastlar, insanların diğer varlıklarla bağlarını yeraltından göğün en üst katına kadar genişletirler; ancak bu bağlantıları kurmayı sağlayan çeşitli kanallar birbirinden ayrı tutulur ve çoğu zaman zıtlaşır. Kolektifin dışı bütünüyle bilinmese de, "dünya dışı" bir yer haline gelir: Düzensiz, kimi zaman ihmal edilen, kimi zaman korkulan bir şeydir; kimi zaman ise merkez düzeneğe, boş bırakılan yeri önceden hazırlanmış yeni bir parça gibi katılır. Sözgelimi eski Çin'in, bölgelerinden birine bağladığı barbar kabileler ya da Tawantinsuyu'nun Amazon bölgesinde yaşayan ve hiçbir zaman kimseye boyun eğmemiş olmakla birlikte esasen dörtlü İnka yapılanmasının *Anti* grubuna bağlı olan "yabanıllar" bu son statüye sahipti. Beyaz Volta havzasındaki Moogo krallıkları da düzenli biçimde özellikle kral soylarının hizmetine bağlamak istedikleri tutsakları almaya gittikleri kendi "insan altı" çevrelerini böyle görüyorlardı.[30] Evrenin yapısına güç ve istikrar kazandıran parçalar birbirlerine karışmaz; ama her biri kendi hesabına boşlukları doldurmak üzere her zaman hazır bekler.

Benzer kolektiflerin mutlaka imparatorluklar ya da devlet yapılarını andıran yapılar olmaları gerekmez, Çipaya örneğinde gördüğümüz gibi bazıları çok mütevazı bir insan sayısı içerir ve bu insanlar iktidar tabakalarından ve zenginlik farklılıklarından habersizdirler. Her şeyleri ortaktır, bununla birlikte temel unsurları siyasete doğrudan etkisi olmayan sembolik bir düzeyde de olsa hiyerarşize olmuştur. Burada her parçanın içindeki hiyerarşik dağılım çoğu zaman daha yoğundur, böylelikle birbirleriyle ilişkileri, üst düzeydeki birimlerle olduğu gibi eşitsiz olan alt gruplar oluşmuştur. Bu bağlamda klasik örnek Hindistan'daki kast sistemidir; bu sistemde genel bağımlılık şeması alt

29 *A.g.y.*, s. 192.

30 Izard, M., 1992.

düzeyde iç içe geçme durumlarıyla yinelenir (kastları oluşturan alt kastlarda, alt kastları oluşturan klanlarda, klanları oluşturan soylarda). Tzotzillerin ve Çiapas Tzeltallerinin endogam "grupları" ya da *kalpul*'leri örgütlenmesinde de aynı yöntem görülür: Bu birimlerin gerçek anlamda birer yarı grup oluşturdukları söylenemez, çünkü bazı cemaatlerde üç ya da beş yarım vardır ancak bunların tüm niteliklerine sahiptirler. Bunlar Çipaya'daki gibi içlerinde insan olan ve olmayanları, yetki alanları içindeki malları ve toprakları denetleyen tüzel kişileri denetleyen, içinde barındıran toplumsal ve kozmik bölünmelerdir. Sadece iki topluluk söz konusu olduğunda –ki en sık görülen durumdur bu–, sınırları köyün ortak kullanım alanının dikey yokuş çizgisi belirler; öyle ki ritüel, sembolik ve demografik düzlemlerde öncelikli grup yukarı bölgelerde yaşar, dağlarla ve yerli tanrılarla birlik oluşturur, aziz şefi bütün cemaattir, buna karşılık aşağı bölgelerdeki grup nispeten alt bölgelerde, tarım ürünlerinin bol olduğu yerlerde, şeytanlarla ve yerli olmayan unsurlarla birlikte yaşar. Yukarılarda yaşayan grubun sayısal ve törensel önceliği daha genel bir şemanın yansımasından başka bir şey değildir: Evrenin birbirlerini tamamlayan "büyük" ya da "majör", "küçük" ya da "minör" adı verilen çift unsurlara bölünmesi: Her "majör" dağın yanında bir "minör" dağ vardır, her "büyük" mağaranın yanında da "küçük" bir mağara vardır ve *kalpul*'lar içinde dağılmış çeşitli unsurlar için de aynı şey söz konusudur... Çeşmelerden kiliselerdeki aziz heykellerine, cemaatler hiyerarşisinin bütün basamaklarındaki siyasal ve dinsel sorumluluklara kadar.[31] Daha az biçimsel olan bazı Batı Afrika toplumları soydaşlıkları da aynı ilkelere uyarlar: Soylar kök oluşturan soya göre sürekli bölünmeler düzeyine göre hiyerarşize olurlar ya da şeflerin, toprak sahiplerinin, demircilerin ve esirlerin soylarının ayrıldığı soy kastları vardır ve burada büyük küçük ayrımı her düzeyde tezat yaratan bir işlemci rolü oynar. Nihayet "standart" hiyerarşi, siyasal bir egemenlik ya da ekonomik bir üstünlükle ortaya çıktığında bile genellikle başka bir düzeyde tersine çevrilebilir: Otoriteye dinsel bir bağımlılık eşlik edebilir, öne çıkmış bir bölgeyle bir tutulan bir birim ritüel çerçeveleri içinde ikincil konuma düşebilir, egemen unsurlar önemli anma ritlerinde yerli gruplara bağlı olabilirler.

Benim analojik olduklarını söylediğim bazı kolektiflere kimi zaman "totaliter" denmiştir: sözgelimi İnka imparatorluğu ya da Batı Afrika'daki soy toplumları.[32] Bireysel manevra alanının sınırlı olduğu, bütünün parçalar üzerindeki kontrolünün en azından bizler için dayanılmaz bir hal kazandığı, holist ama çok parçalı toplumlarda, öğeler arasındaki inanılmaz geçişliliği anlatmanın bir biçimidir bu. Ama aynı zamanda varlıkların çeşitli katmanlar ve gruplara dağılımında hiçbir şeyin rastlantıya bırakılmadığını dile getirmenin de bir biçimidir. Bu dağılım içinde her varlık her zaman beklentilerine uygun olmasa da kendisinden beklenen şeye uygun bir yer bulur. Bu nedenle insan olmayanlar, kolektifi oluşturan topluluk içinde kendilerine uygun bulunan yerde çıkarlarına hizmet ederler. Lamalar, darı ya da yağmur hiç kuşkusuz özellikleri herkes tarafından bilinen

31 Sözgelimi bkz. Favre, H., 1971, böl.II.

32 Françoise Héritier-Augé'nin Zuidema, T.'nin kitabına yazdığı önsöz, 1986; monografisinin başlığında bile sözcüğü kullanan Maurice Duval (Duval, M., 1986).

bağımsız kendiliklerdir; ama bunların özgün bir anlam ve pratik bir kimlik kazanabilmeleri ilişkili oldukları toplulukla mümkündür: Lama sürüsünün şu ya da bu soydan gelmesi, darı tarlalarının şu ya da bu soya ait olması, yağmurun uygun zamanda şu ya da bu güç tarafından yağdırılması. Bu işlevsel ve mekânsal tekilleşme, insan olmayanlar içinde özel bir yere sahip olan tanrılar açışından daha belirgindir. Gerçekten de analojik tanrılara, Animik dünyadaki Avustralya totemlerinden ya da "tinlerden" farklı olarak belli yerlerde belli kültler adanmıştır: Bu tanrılar armağanları kabul ederler; belli dönemlerde kurbanlar adanır ve dualar edilir onlar için; buna karşılık bu tanrılardan inananların, kendi yetki ve uzmanlık alanına giren dileklerini kabul etmeleri istenir. Dolayısıyla bunların içkinlikleri, belli bir yer ve nesneye maddi olarak bağlanmalarıyla, onları yüceltmek ve anmakla görevli litürji uzmanlarının çıkmış olabileceği belli bir kolektif grubuna dâhil olmalarıyla ve kendilerine genel olarak tanınmış özel müdahale alanlarıyla kısmen dengelenmiştir. Tektanrıcılık mucizesi bütün bu özellikleri hiçbir yere ve hiçbir topluluğa bağlı olmayan çokişlevli bir Tanrı'da bir araya getirmiş olmaktır: Bu öylesine yeni bir işlemdir ki Katolikliğin azizler kültüyle birlikte analojizme özgü işlevsel dağılıma geri dönmesi çok da uzun sürmemiştir.

Dolayısıyla gerçek panteonlar sadece analojik kolektiflerde bulunabilir ve bunun nedeni "çoktanrılı" (neredeyse içi boş bir kavramdır bu) olmaları değil, birçok kez belirttiğimiz gibi tanrıların küçük dünyasının örgütlenmesinin insan dünyası örgütlenmesini, bir süreklilik çözümü söz konusu olmaksızın devam ettirmesidir. Gerçekten de benzer bir iş bölümüyle, etkinlik alanlarının benzer bir bölünmesiyle, topluluklar arasında benzer rekabet ve çatışmalarla aynı dünyadır söz konusu olan. Dolayısıyla Çipayalarda olduğu gibi, kolektifin farklı birimlerinin, kült aracılığıyla belirli tanrılarına yapmaları gereken şeyleri yaptırmaya çalışmalarının ve onlarla işbirliğinin kaçınılmaz olduğu tüm çabalar için tekilliklerini seferber etmelerinin nedeni de anlaşılabilir. Öte yandan analojik panteonların neden bu denli esnek oldukları da anlaşılır: Bir imparatorluğun içinde barındırdığı halkların tanrılarını benimsemesi hiç kuşkusuz akla yakın bir şeydir, zira bu imparatorluğu oluşturan farklı unsurları kozmik bir bütünlük içinde daha iyi entegre edebilmesi için destek ve yardımları gereklidir; ama buna karşılık Hıristiyanlaştırmaya maruz kalan analojik toplulukların Katolik azizleri ve bunların her birine tanınan yetileri büyük bir hevesle kendilerine katmaları ve her grubun içinde hazır bulunan insan olmayanlar kümelerine dâhil etmeleri de bir o kadar normaldir. Ve belki de bu anlamda tanrıları olmadığı için, onları barındıracakları bölümleri olmadığı için Amazon bölgesinde, dağ eteklerinde yaşayan Yerliler birçok fetih girişimine rağmen analojik İnkaların büyük ilhak harekâtlarına karşı direnmişlerdir, aynı şekilde Germenler de Roma imparatorluğunun asimilasyon hareketlerine karşı direnmişlerdir.

Çipayalarda görülen son belirgin özellik: Yaşamın tüm boyutlarında mekânsal ve zamansal simetriler ve iç içe geçmiş yapılar. Mahalleler, yönler, katlar birbirleriyle bağlantılı olması, kozmosun periyodik olarak kendi eksenine dönmesi ve geçmişin gelecekte yinelenmesi, onları yaşanan zamana bağlayan ilişkiyi canlı tutmak amacıyla kalıntıları ya da ikonları teşhir edilen tanrısallaşmış atalar... Her şey, hiçbir tekilliğin büyük analojik bağlantılar ağı dışında kalmaması amacına yöneliktir. Bu tür kolektiflerde yalnızlık, tek başına kalma durumları söz konusu değildir; ya da sözgelimi Hindistan'da vazgeçenler ya da beşiği olan Yakındoğu'da tek Tanrı durumlarında olduğu gibi, kişinin kendisini hızla herkesin paylaştığı kölelikten ve hiyerarşilerden kurtarması gerekir. Bütün ötekilerin artan farklılıkları, ancak insan olan ve olmayan herkesin kaçınılmaz biçimde kendini içinde bulduğu koordinatların sağladığı iç içe geçmeler ve izomorfi durumlarında yeniden yapılanması koşuluyla anlam kazanabilir. Bu durumu sağlayan, tekabüliyetler yaratma ve katlara bölme takıntısıdır: Bir düzeyde benzemez olan, yeni bir farklılıklar oyunu sayesinde benzer görünmeye başlar, bununla birlikte içrek farklılıklar bütünüyle kaybolmaz, zira her zaman bir perspektif sorunu söz konusudur. Dolayısıyla çoğu zaman hiyerarşinin tepesinde, bütün bakış açılarının toplandığı ve bu bütünleyici tabakaların birleştirilebilmesi amacıyla bütün parçaların yöneldiği tek bir yapı bulunur: İnka, Firavun, yaratıcı bir tanrı ya da belki daha mütevazı bir biçimde Altiplano'nun muazzam büyüleyiciliği içinde beliren Çipaya kilisesi kulesi.

Analojizmin mümkün kıldığı varlık grupları animik ve totemik topluluklar kadar kendilerine has ya da natüralist topluluklar kadar saflaşmış olmamakla birlikte, bazı dikkat çekici özellikler gösterirler (**Tablo 8**). Buna karşılık, insan ve insan olmayanlardan oluşan homojen bileşimli (animist tür-kabileler) ya da heterojen bileşimli (totemik sınıflar), birbirleriyle ilişkiye geçmeye yatkın, çoklu ve eşit statülü kolektiflerle tezat oluşturacak bir biçimde, analojik kolektif biriciktir, hiyerarşik haldeki bölümlerden oluşur ve kendisiyle arasındaki ilişki dışarıya kapalıdır. Dolayısıyla yaşaması ve faaliyet içinde olması için gerekli bütün ilişkileri veya belirlenimleri kendi içinde barındırdığı için kendi kendine yeterlidir; ontolojik kimlik açısından kesinlikle özerk olan ama işlevsel olabilmek için kendi tipinde kolektiflere ihtiyacı olan totemik gruptan bu anlamda farklıdır. Gerçekten de analojik bir kolektifte temel birimler hiyerarşisi tezat içerir, yani sadece karşılıklı pozisyonlarla tanımlanabilir ve bu nedenle bölümler totemik kolektifler gibi bağımsız topluluklar oluşturamazlar – totemik kolektifler ayırt edici karakterlerinin maddi ve manevi temellerini kendi yerlerinden ve prototipik öncülerinden alırlar. Doğu yarısı ancak batı yarısını tamamladığı ölçüde mevcut olabilir, Kanguru totem grubu ise birçok durumda Tepeli devekuşu totem grubuna ihtiyaç duysa da, kendi mutlak tekilliğinin meşrulaştırmasını, yalnızca tezahürünün koşullarından alır.

Böylelikle analojik bir kolektifin parçaları sadece tam anlamıyla özerk olan bütünle oluşturdukları ilişkiler açısından bir anlam ve işlev kazandıkları için bütünüyle heteronomiktir. Şu bir gerçek ki animik topluluklar da daha önce gördüğümüz gibi bir heteronomi ölçüsünü kabullenirler; ama bu heteronomi bütünüyle farklıdır, zira bu durumda belirgin bir dış özellik kazanmanın yolu, bunları düzenleyen yapı aracılığıyla öğelerin belirlenmesinden değil, kökenleri farklı olan bireysel ve bireylerarası başkalıklarla özdeşleşmekten geçer. Bir Jivaro ya da Vari'nin bir düşmanın kafasını kopararak ya da vücudunu yiyerek başkalığını –yani onlar üzerindeki bakışını– ortadan kaldırdığı düşman, kimi zaman aynı bakış açısını benim-

TABLO 8
Ontolojik Dağılımın Kollektiflerin Yapı ve Özellikleri Üzerindeki Sonuçları

• İnsan olan ve olmayanlar, aynı yapı ve özelliklere sahip farklı kolektiflere ayrı ayrı dağılmıştır ("toplumsal" kapalı kollektifler). → İnsan olmayanların homojen kolektiflerinin yapısı ve ozellikleri, insan kolektiflerine göre düzenlenir. • Modernist çevirisi: "doğa", özelliklerini "kültürden" (yansıtma) alır. • Antropolojik etiket: ANTROPOJENİZM	*Animizm*	*Totemizm*	• İnsan olan ve olamaynlar, kapalı kolektiflere birlikte dağılmıştır ("toplumsal" kolektiflerin birbirlerini tamamlayan kısımları). → Melez kolektiflerin yapısı, insan olmayanların nitelik farklarına göre düzenlenir ; bunların özellikleri ise insan olanlar ve olmayanlar arasındaki bir nitelik özdeşliğine göre düzenlenir. • Modernist çevirisi: "doğa", ve "kültür" süreklidirler ("katılım"), fakat insan olmayanların taşıdıkları özellikler tarafından içten içe parçalanmışlardır (diferansiyel sapmalar arasındaki tekabüliyet). • Antropolojik etiket: KOZMOJENIZM
• İnsanlar, insan olmayanları (doğa) dışlayan farklı kolektiflere (kültürler) dağılmıştır. → İnsan kolektiflerinin yapısı ve özellikleri insan olanlar ve olmayanlar arasındaki farka göre düzenlenmiştir ("düalizm"). • Modernist çevirisi: "kültür" özelliklerini "doğa" ile arasındaki farktan alır. • Antropolojik etiket: İNSAN MERKEZCİLİK	*Natüralizm*	*Analojizm*	• İnsanlar ve insan olmayanlar, hiyerarşi içindeki ve melez bölümlere göre düzenlenen tek bir kolektif (dünya) içinde dağılmıştır. → Kolektifin yapısı ve özellikleri, analoji temelinde birbirlerini tamamlayan gruplara ayrılmış olan var olanlar arasındaki ontolojik farklara göre düzenlenmiştir. • Modernist çevirisi: "doğa" ve "kültür", bir toplum gibi örgütlenmiş bir kozmos içerisinde süreklilik halindedir. • Antropolojik etiket: KOZMOS MERKEZCİLİK

semek istedikleri birey-hayvan, kesinlikle farklı topluluklara aittir; bununla birlikte düşmana ya da hayvana bir bireyi tekilleştirme kapasitesi veren şey, bu toplulukların belirgin özellikleri değil, sadece bu bireye göre dışsallık konumudur. Bu nedenle A kabile türünün bireyleri, B, C ya da D kabile türleri bireylerinden farklılaşırlar, çünkü kendilerini, bu öteki kabile türlerinin kodlanmış kimi etkileşimler sırasında onlara bakışları sayesinde, ayrı kendilikler olarak görürler. Dolayısıyla animizmde, bu dışarısı aracılığıyla belirgin özellik kazanma işlevini yerine getirebilen toplum türüyle ilgili olarak hiçbir önceden belirlenme söz konusu değildir: Bağlamlara göre bir ya da birçok hayvan tür-kabilesi, bir ya da birçok tin tür-kabilesi, bir ya da birçok insan tür-kabilesi söz konusu olabileceği gibi, bunların bir bileşimi söz konusu olabilir.

Dış bir bakış açısının tamamen fiziksel bir biçimde içselleştirilmesi ise beklenmedik bir lükstür ve sadece en yaygın örneği yamyamlık olan bazı animik kolektiflerde görülür bu. Buna karşılık analojik bir toplulukta, A parçasının bireyleri B parçasının bireylerinden bir bütün halinde ayrılırlar; A ve B hepsini birleştiren hiyerarşik bir yapının unsurlarıdır; felsefe dilinde bunların pozisyonlarının ve ilişkilerinin ifadeli bir nedenselliğin *(causalité expressive)* sonucu olduğu söylenebilir. Dolayısıyla analojik parçaların onları tanımlayan topluluğa bağımlılığı varlık biçimlerinin temelini oluşturur: Kendilerine göre dışarısını, topluluk içindeki iç unsurlarla oluşturabilmeleri gerekir.

Analojik kolektifler ve natüralist kolektifler arasındaki ilişkiler, natüralist kolektiflerin ortaya çıkışını analojik kolektiflerin ortadan kalkmasına bağlayan tarihsel ilişki dolayısıyla daha karmaşık ve daha belirsizdir. Son iki yüzyılın en kıvrak zihinlerinin analizlerini yaptığı bu modern düşüncenin doğuşu sırasında, konumlara dayalı düzenleri olan kolektiflerin hiyerarşikleşmiş bölümleri çözülmüş, hukuk düzeyinde eşit olan ancak bir bireyler çokluğu ortaya çıkmıştır. Ancak bu bireyler, dağıldıkları tekil cemaatler içerisinde olduğu kadar "milletler konserinin" içerisinde bu cemaatlerin formel biçimde meydana getirdikleri bütün içerisinde de, somut eşitsizliklerle birbirlerinden ayrılmaktadır. Her kolektifin kendi ölçülerine göre oluşturduğu karma kozmoslar dağılmış, yeryüzündeki konumlarından bağımsız olarak dünyayı yöneten insani olmayan yasaların evrenselliğini kabul edenler tarafından tanınan sonsuz bir evren ortaya çıkmıştır; özellikle Tanrı'nın ülkesi, insan olmayan varlıkların – hukuken hatta gerçekten– dışlandığı bir yığın "topluma" bölünmüştür ve böylece aynı özellikleri taşıyan ve dolayısıyla karşılaştırılabilir kolektifler ortaya çıkmıştır. Bununla birlikte uzun süre boyunca bu kolektiflerin evrimsel ölçekte kendi aralarında eşit olmadıkları düşünülmüş ve bunun nedeni olarak da özellikle bazılarının bitkileri, hayvanları, dağları ve gölleri, hayaletleri ve tanrıları toplumsal yaşamlarından dışlamaktaki yetersizliği gösterilmiştir.

Analojizme özgü özelliklerin bu yeni dağılımı kolaylaştırmış olması mümkündür. Gerçekten de analojik kolektiflerin kendi bölümleri içinde bir araya getirdikleri insan olmayan varlıklar, insanlarla kaynaştıkları totemizmden ve de tabii ki tek tür "toplumlara" dağılmış oldukları için biçimsel ve davranışsal farklılıklarının açık seçik biçimde görüldüğü animizmden farklı olarak özelliklerini korurlar. Dolayısıyla analojik bölümler melez değil karışıktır:

Bir araya topladıkları kendilikler içrek ontolojik farklılıklarını korurlar –ve bu tanıma biçiminin doğasında olan bir şeydir–; ama bu farklılıklar parçanın ortak yönelimselliklerinin oluşturduğu bir yığın denklik ve işbirliği ilişkileriyle yumuşamıştır. Bir soyun tanrılaşmış atası bir mumyada ya da insan biçimli bir heykelde canlandırılsa da, bütünüyle insan değildir artık; bir dağa kült adayan insanlar ondan dualarına duyarlı olmasını ve mutluluklarına katkıda bulunmasını isteseler de gerçekten insan değildir bu dağ. Analojik kolektifi oluşturan gruplar gevşediğinde, her birinin insan ve insan olmayan mensupları, dayanışmalarının kısmen yok ettiği ontolojik tekilliklerini çarpıcı bir biçimde yeniden kazanırlar; böylece radikal farklılaşmalara ve natüralizmin bir bölme mantığına düşmeksizin bu tekillikler kaosunu düzenlemek için başvurmak zorunda olduğu yoğun birleştirmelere yatkın hale gelirler. Hiyerarşik düzenini temsil edebilecek ara oluşumlar olmayınca, eski kozmosmerkezli düzen kaybolur ve yerine insanlığın doğrudan, temsil yoluyla var olduğu ya da hiç gözükmediği bir dünyanın ve temel unsurlarının ortaya çıktığı, insanmerkezli bir düzen gelebilir. Ve nihayet aklın aydınlığı içinde ve muazzam koruyucu güçler biçiminde, toplumlar ve uzlaşım kuralları, din ve tanrıları, insan eliyle üretilen nesneler, Doğa ve belirlediği şeyler, kısacası rahatlatıcı sıradanlığını değerlendirmeyi öğrendiğimiz bütün bildik şeyler ortaya çıkar.

12

Gelenek Göreneklerin Metafiziği

Marx "insanlık sadece çözebileceği problemleri ortaya koyar" derken haklıydı.[1] Ama özel problemlerin ve bunlara denk gelen çözümlerin sadece maddi yaşamın ve çelişkilerinin tarihsel gelişimiyle ortaya çıkmadığını belirtmek koşuluyla: Benzer durumlar karşısında insanlığın her parçasının bütünüyle aynı soruları sormamasını ya da en azından bu soruları öteki parçaların, kendilerinin açıklamaya çabaladıkları şeylerle karşılaştırıldığında anlamakta zorluk çekebilecekleri kadar farklı biçimlerde formüle etmesini de hesaba katmak gerekir. Bununla birlikte bu sorunların büyük bölümü kökenlerini oluşturan ontolojik, kozmolojik ve sosyolojik bağlamlara göre bütünüyle farklı biçimlerde ifade edilebilecek problemler içinde bir araya gelebilirler. Varlıkların özelliklerinin dağılımının tablosu çizilen tanıma biçimlerine göre değiştiği kabul edilirse, o zaman bunların bilinme koşullarının, onları mümkün kılan epistemik konumların ve bir problemi ele almanın bütün bunlardan kaynaklanan biçiminin de aynı ölçüde değiştiklerinin de kabul edilmesi gerekir. Lévi-Strauss insanlığa ait olup olmadıkları sorusuyla iki taraflı olarak karşı karşıya kalan İspanyolların ve Amerika yerlilerinin araştırma yöntemlerini karşılaştırdığında, bunun bir örneğini sunar: Din adamları Amerika yabanıllarının ruhları olup olmadığını sorgularken, Portoriko yerlileri yakaladıkları Beyazları değişime uğrayıp uğramadıklarını görmek amacıyla haftalar boyunca suya daldırıp çıkarıyorlardı. Birinciler insan doğası problemini manevi niteliklerle, ikinciler ise maddi niteliklerle sorguluyorlardı.[2]

Modern epistemoloji, reform iddiaları göz önüne alındığında son derece mantıklı bir biçimde, araştırmalarının çıkış noktası olarak soyut ama bireyselleşmiş, dönemin bilgi ve teknikleri temelinde, dünyanın durumu ve yapısı

1 Marx, K.'ın önsözünde, 1972 (1859), s. 5.

2 Lévi-Strauss, Cl., 1955, s. 82-83; bu pasajla ilgilenmemi sağlayan E. Viveiros de Castro olmuştur.

konusunda kabul edilebilir tezler ileri sürebilecek düzeyde algılama, kavrama ve akıl yürütme yetenekleriyle donanmış bir özne öngörür. Biz burada farklı bir yol izleyeceğiz. Bu bağlamda evrensel bir öznenin varlığını varsaymaktan çok, her tanıma biçiminde onun yerini tutan şeyin, yani şeylerin durumuyla ilgili meşru bir sözcelem konumunu işgal eden ve bir edimin dünyada kendisini ortaya koyabilmesi için gereken çekirdeği oluşturan kendiliğin doğasını belirtmek gerekir. Tekil bir ontolojiden çıkmış olan ve özel bir kolektif içinde etkili olan bu çok biçimli öznelerden her biri, kaçınılmaz bir biçimde farklı epistemolojik ve metafizik sorunlarla yüz yüze gelecek, bunları kendi tarzında ve elindeki olanaklarla çözmeye çalışacak, dolayısıyla nesnellik, öznesizlik bölgeleri oluşturarak bunlara uygun çözüm yöntemleri bulmaya çalışacaktır. Kimi zaman tuhaf, kimi zaman trajik olan, "kültürel" olarak adlandırılan birçok yanlış anlaşmanın kaynağında çeşitli kolektiflerin başka kolektifleri harekete geçiren temel sorunları gerçekten anlamamaları vardır; ya da burada kendilerinin ortaya koydukları bir problem biçimini görürler ve bu problemi çözebilmek için kendi yarattıkları çözümü uygulamakta bir beis görmezler. Bu çözümlerden bazıları hiç kuşkusuz evrensellik eğilimindedir –sözgelimi insan hakları ya da bilimsel etkinlik– ama bunların başka yerler ve başka bağlamlarda tahmin edilmesi güç gizemler konusunda ifade edilen sorulara cevap getirebileceklerini düşünmek hayaldir. Bunları akıl banyosunda eritmek, bu tür sorgulamaların onları mesele edenlerin gözündeki geçerliğini ortadan kaldırmaz; en azından onlar da, mesele ettikleri her şeyle birlikte insanlık sahnesinden silinene dek.

Yakadan Düşmeyen Bir Ben

Animik özne her yerdedir: Öfkelenerek uçan rahatsız edilmiş kuşta, kuzey rüzgârında, tehditkâr ve boğuk sesler çıkararak çözülen buzlarda, kovalanan ve birdenbire geri dönerek avcıya meydan okuyan Kanada geyiğinde, hafif bir rüzgârın yapraklarını hışırdattığı tropikal bölgelerde yetişen büyük bir ağaçta, çürük bir dalın üstünde titreyerek kendini belli eden beceriksiz hayalette. İnsanlarınkine benzeyen bir içsellikle donatılmış varlıkların tümü öznedir ve kendilerine özgü iradeleri vardır bunların; enerji alışverişlerindeki konumlarına ve sahip oldukları maddi yeteneklere göre, neyi gerçekleştireceklerine, tanıyacaklarına ve önceleyeceklerine izin verildiğini ifade eden bir bakış açısına sahiptirler. Variler'e göre avını pişirmesi için eve getirdiğine inanan jaguar, Chewonglar'a göre yaşadıkları yerlerde kendilerini insan gibi gören ve insan gibi yaşadıklarına inanan filler, Tsimşianlar'a göre vücutlarına bir ok isabet ettiğinde bir şamana başvuran denizaslanları, Çukçlar'a göre köylerde yaşayan, büyücülük yapan, kızaklarla dolaşan *Ke'let* tinleri... Kendilerini insan sanan ve insanların yaptıkları işleri yaptıklarına inanan bütün bu varlıkların taklit ve hayal dünyasında yaşadıkları da söylenemez pek. Bunların kişiler olduklarını söylemek, aslında onların da insanlarınki gibi ama her birinin kendisine özgü pratik ve anlam dünyaları içinde yer alan birer özerkliği, yönelimselliği ve bakış açıları olduğunu kabul etmektir, zira bunların her biri von Uexküll'ün *Umwelt* dediği şeyi, yani bir hayvanın sahip olduğu maddi kozlarla değiştirebileceği, yaşanmış ve etkili olmuş bir dünyayı hemcinsleriyle paylaşır. Animik varlıkları özneye dönüştüren, organlarının ve ihtiyaçlarının bir devamı olan dünyayı öznel biçimde algılama yetisidir ve onların ruhlarının olduğunun kabul edilmesinin nedeni de özne olarak tanınmalarıdır.

Böyle bir içselliğin insanlarınkine benzediğinin söylenmesi ya da bu içselliğin toplumsal kolektiflerde "kültürel" bir yaşamın gelişmesini sağlaması kimseyi şaşırtmaz. Çünkü özerk eylemleri, algıları ve sözcelemleri mümkün kılan bir farklılık olarak özneyi gösterebilecek en belirgin model insanlarda ve kurumlarında bulunur. Dolayısıyla ruh, öznelliklerin somut ve neredeyse evrensel bir dayanağıdır, ancak bu öznellikler son derece tekildir, zira sadece bu ortak fiziksel özellikleri almış olan kolektif-türün bireylerine özgü bir dünyada bir durumu ve var olma biçimini belirleyen davranışlardan-biçimlerden gelirler. Bu içselliği neredeyse bütün herkesin paylaşması tuhaf bir paradokstur, ama bu içselliğin özneleştirilme biçimi organik kılıflara bağlıdır – Viveiros de Castro Amazon bölgesini anlatırken çarpıcı bir biçimde açıklar bu olguyu: "Hayvanlar bizim gördüklerimizden *farklı* şeyleri bizim *gibi* görürler, zira bedenleri bizim bedenlerimizden farklıdır."[3] Nesnelerin kesinlikle nasıl görülüyorlarsa öyle olduklarının çok rahat bir biçimde ifade edilmesi, burada çok güçlü bir kanıtlamanın kuşku götürmez kuvvetinden kaynaklanmaz, sonunda kendi kendimize inanacağımız retorik bir argümanın getirdiği kanıtlamanın bir sonucu da değildir. Bu, dünyanın onu kullanma biçimine uygun olduğuna dair, bir algı mekanizmasına, bir *ethos* ve belirli bir duruma kök salmış bir inançtır: Dünya, bir temsil değil, bedenin duyumsal bir uzantısıdır.

Bedenlerin farklılaştırdığı bu genel öznellikle animik bilgi kuramı, çoğumuz öğretisini her zaman formüle edemesek de kendiliğinden katıldığımız bilişsel gerçekçiliğin kesinlikle zıddıdır. Batı'da pozitif bilimlerin gelişmesine eşlik eden, sözcükler ile nesneler, anlığın soyut fikirleri ile kavradıkları gerçeklik, zihinsel tasarımlar ile tasarlanan nesneler arasında radikal bir kopuş varsayan özne felsefelerinden farklı olarak animizm, tanıma faaliyetini daha önce var olan bir tözler dünyasının biçimlenmesi gibi tasarlamaz. Hiç kuşkusuz bu konuda daha önce Açuarlarla ilgili olarak yazdıklarım genelleştirilebilir: "Bu anlamda sözgelimi bir Berkeley'nin maddecilik karşıtlığına (*immatérialisme)* daha yakın olduklarından, bilen kendiliklerin varlığını ve çevrelerinin unsurlarını neredeyse bütünüyle algıya dayandırırlar: İrlandalı papazın ünlü formülünü yeniden kurarsak, duyulur nitelikler aynı hareket içinde nesneleri ve onu algılayan özneyi oluştururlar." Bana göre Açuar kozmolojisi tümüyle bu ilişkisel inanç kavramından doğar: "Bu bağlamda canlı ve cansız nesnelerin hiyerarşisi, varlığın mükemmellik derecelerine ya da özelliklerin gittikçe birikmesi olgusuna değil, eşitsiz biçimde dağılmış duyulur niteliklerin değerlendirilmesinin sağladığı iletişim biçimlerinin değişmesine dayanır."[4] Kısaca söylemek gerekirse bilme etkinliği ve bu etkinliğin sağladığı özne ve nesnelerin belirlenmesi, Açuarlarda kayıtsız bir gerçekliğin çeşitliliğini kendi bakışı altında düzenleyen sabit bir noktadan kaynaklanmaz; durumlarıyla ve karşılıklı kavrayışlarıyla harekete geçirebildikleri algılama tipiyle ayırt edilen

3 Viveiros de Castro, E., 1996, s. 128, vurgulama yazarın; benim animik epistemoloji üstüne düşüncelerim konusunda bu yazı çok ufuk açıcı olmuştur.

4 Descola, Ph., 1993, s. 408.

varlıklar arasındaki bir iletişim pragmatiğinden kaynaklanır bunlar. Çok fazla alıntı yaptığımın farkında olmakla birlikte o dönemde Açuarlarla ilgili olarak yazdıklarım genel olarak Amazon bölgesinin daha sonraki durumuyla doğrulanmıştır; sözgelimi Viveiros de Castro'nun yazdıklarına bakalım: "Amerika yerlisi insan varlıkları ya da hayvan varlıkları "ruhları" tasarlanan kategoriler, kozmolojik deiktiklerdir ve bunların analizi bir gösterge kuramı ya da epistemolojik bir pragmatik gerektirir."[5]

Biraz daha genelleştirelim. İlk yaklaşımda animizm göreli bir bilgi yaklaşımına yol açıyormuş gibi gözükür, ancak bunun sebebi onun hakkında kendisini ifade eden bakış açısının kaynağı değil –insan olmayanlar adına da konuştukları için her zaman insanların bakış açısı ön plandadır–, onu mümkün kılan koşullardır: Her fiziksellik tipine bir algı ve edim tipi, yani bir *Umwelt* tipi tekabül eder. Bunun anlamı, şeylerle ilişkilerin mutlak özellikler aracılığıyla değil, onlarla ilgilenen öznelerin cinslerine ve bu öznelere sağladıkları nesneleştirme imkânlarına göre değişen algı ve kullanımlar tarafından tanımlanmasıdır. Ama animizm aynı zamanda öznelleştirmeyi sadece insanlarla sınırlı tutmadığında çok kesin bir evrensellik gösterir: Ruhu olan her kendilik özne olur ve anlam açısından *Homo sapiens* kadar zengin bir toplumsal yaşam sürebilir. İçselliklerin genelleşmesi ve fizikselliklerin tikelleşmesi... Kesinlikle gizemli bir bileşimdir bu, zira bizim kendi *doxa*'mızı tersine çevirir: Kabul gören ifadelerle söylemek gerekseydi, burada doğal bir görecelikten ve kültürel bir evrenselcilikten söz etmek gerekirdi – kendine saygısı olan her tür modern epistemoloji için aşılmaz bir çelişki.

Bu denli tekil öncülleri dikkate alındığında animizm sürekli gnoseolojik ve etik bir problemle karşı karşıyadır: İnsanlaşmış insan olmayanların gerçekten insan olmadıklarından nasıl emin olabiliriz? Hiç kuşkusuz bedenler çok açık biçimde farklıdır, aynı şekilde organik bütünlükten gelen davranışlar ve gelenek, görenekler de farklıdır. Ve insanlar özellikle bu fiziksel kılıf farkları sayesinde her gün yamyam durumuna düşmeden bu hayvansal ve bitkisel bireylerle beslenirler. Ama içsellik benzerlikleri çok güçlüdür ve insan olmayanlarla temasın söz konusu olduğu her koşulda çok canlı biçimde yansır, dolayısıyla bu benzerliği kazan kaynarken ve yemek aşamasında bütünüyle askıya almak çok zordur. Her zaman bir kuşku vardır: Yediğim hayvanın ya da yediğim bitkinin bedeninin altındaki insani öznelliğinden geriye ne kalır? Bana benzeyen bir özneyi dişlerimin arasında çıtırdatmadığımın (ya da daha fazlası) bir garantisi var mıdır? Daha önce değinmiş olduğum Ivaluarcuk inuit şamanının gözlemi de bu anlama geliyordu: "Yaşamda en büyük tehlike insanların yiyeceklerinin bütünüyle ruhlardan oluşmasıdır." Gerçekten de ciddi bir tehlikedir bu, zira kabul etmek gerekir ki tüylerle, kıllarla ya da yapraklarla kaplı bir bireyi yemek sembolik bir hokkabazlığa indirgenemez.

İnsanlar bu sorunla genellikle iç içe geçmiş olan çeşitli yöntemler sayesinde baş etmek isterler. Öncelikle besinin öznellikten arındırılmasına, şeyleştirilmesine çalışılır ve kaynağını oluşturan varlığı hatırlatan unsur, bir türe özgü nitelikleri birleştirdiklerinden yapıların içinde bulunan tüm içsellik kırıntıları saf dışı edilmek istenir. Bu bağlamda daha önce gördüğü-

5 Viveiros de Castro, E., 1996, s.126.

müz gibi yiyeceklerini arındırmak için her türün "silahları"nı türün kökenine göndermeye yönelik büyülü sözler söyleyen Makunalar örnek gösterilebilir. Öte yandan Piaroalar ya da Barasanalar örneğinde görüldüğü gibi av hayvanını bitki gibi görme durumu da olasıdır. Biraz ikiyüzlü bir tavırdır bu ve tehlikeli besin maddelerini insanlarla yakınlık gösteren kendilikler hiyerarşisinde bir iki basamak aşağı indirmektir.[6] Bununla birlikte bu yeni yamyamlığı hayvanlara ya da sahiplerine sunulmuş şeylerle dengeleme koşuluyla, insan olmayanları yemenin riskli olduğunu kabul etme düşüncesi daha yaygındır. Dengelenme durumu kimi zaman şamanın ölü insanların ruhlarını av hayvanına dönüştürmesi için hayvanların sahibine verdiği Desanalar'da görüldüğü gibi bütünüyle simetriktir: Bir yanda ete kemiğe bürünecek, yenebilir bir ruh; diğer yanda ise büründüğü et ve kemikle yenmiş bir ruh.[7] Buna karşılık öznelliğin yeme olgusunun dışında kaldığı ve hayvan bireyinin içselliği var olduğu sürece yaşadığı söylenebilir. Bu bağlamda da Kuzey Sibirya avcıları örnek gösterilebilir: Öldürdükleri hayvanın türüne törenler düzenleyerek teşekkür ederler ve çeşitli *ongon* (içinde ruhların ya da putların bulunduğu kaplar ya da yerler) tiplerini özenle besleyerek hayvanlara onlardan almış olduklarına inandıkları şeyi, bedenlerini iade ederler. Malezya Ma'Betisekleri de yedikleri hayvan ve bitki türlerine yiyecek verirler, "çünkü haksızlık ettikleri insanlar olarak algılarlar bunları;"[8] ancak bu durum, bağışlanan kurbanların insanlarda yara ve hastalıklara varan zararlara yol açarak, her şeye rağmen uğradıkları haksızlığın öcünü almalarını engellemez. Ne kadar iyi niyetli olursa olsun bütün dengeleme önlemleri bu tespitin acımasızlığını bütünüyle yok edemez: İnsan yaşamının sürmesi, insan olmayan kişilerin yenmesinden geçer. Öte yandan animik dünyada insanların besledikleri insan olmayan varlıkların, çoğu zaman av hayvanının kaderlerini yönlendiren ve Sibirya veya Amazon bölgesinde açlıklarını doyurmak amacıyla insan ruhu avlamada uzman olan kimi tinler aracılığıyla hastalık, talihsizlik ve ölümden sorumlu tutulmaları çok yaygındır. Sonuçta aynı yazgı söz konusu: Bir kişiyi (basit bir hayvanı değil) yemek *aynı zamanda* onun ruhunu yemekse, o zaman misillemeler yerindedir.

Dolayısıyla benzer oldukları kabul edilen varlıkların öldürülmesi ve yenmesi metafizik bir sıkıntıya yol açar ve bu sıkıntı et yiyen bazı Batılıların hissedebilecekleri geçici suçluluk duygusunu aşan bir durumdur.[9] Çünkü bir hayvanın yaşamına son veren Amazonlu ya da Sibiryalı bir avcıda ortaya çıkan durum bir suçluluk duygusu değil, ontolojik sınırların geçirgenliğinin açık seçik biçimde yenilenmesinin verdiği belli belirsiz endişedir: Bedenlerin farklılığı ya da ruhların benzerliği arasında hangisi baskın çıkacaktır? Metamorfoz, bütün anlamını animizme özgü bu sıkıntıdan alır. Bu metamorfozun bir tür anamorfoz olduğunu gördük, yani insan ve insan olmayan arasındaki bir ilişkinin *experimentum crucis*'idir:* Bedensel ka-

6 Hugh-Jones, S., 1996, s. 129; Overing Kaplan, J., 1975, s. 39.

7 Reichel-Dolmatoff, G., 1971.

8 Karim, M. J., 1981, s. 8.

9 "Suçluluk duygusu"nun yansımaları olarak Amazon av ritüellerinin yorumunun bır eleştirisi konusunda bkz. Descola, Ph., 1999.

(*) Bilimde, bir hipotez ya da teorinin bilim adamları topluluğunun kabul ettikleri diğer hipotez ya da teorilerden daha üstün olduğunu gösteren deney – yay.haz.

buk değiştirilerek, bedene kök salmış öznelliğini paylaşmak amacıyla başkasının bedenine girilebilir. Dolayısıyla metamorfoz, fizikselliklere kapanmış içselliklere ve heterojen bakış açılarına bir uzlaşma alanı bulma olanağı sağlar ve bu alanda toplumsal etkileşimler gerçeğe uygunluk baskılarından çok fazla kurtulamadan yer alırlar: Sonuç olarak hayvan bireyleriyle bitkilerin insanlığını ortaya çıkaran metamorfozdur ve dolayısıyla yenmiş olan kendiliğin gerçek özelliği konusundaki animik ikilemi öncelikle besleyen de odur. Ama metamorfoz bir yandan kuşku getirirken bir yandan da bu kuşkunun dağılmasına katkıda bulunur, çünkü içsellik ve fizikselliğin birbirlerinden ayrılabilirliğini en yüksek noktada görünür kılar. İnsanlar hayvan görünümü alabiliyorlarsa ve hayvanlar da öznelliklerini insan görünümü altında göstermek için dış kabuklarından sıyrılıyorlarsa, o zaman av hayvanının bedeni ve bitkilerin tözü içlerinde barındırdıkları ruhlardan ve maddesini sağladıkları biçimlerden-davranışlardan çok daha açık seçik biçimde ayrılırlar. Ayrıca bu fenomen, Avustralya düş varlıklarının manzara unsurlarına ve totemik varlıklara dönüşümü gibi ya da Antikitenin kıskanç tanrılarının kimi zaman ölümlülere dayattıkları, insandan hayvana biçim değişiklikleri gibi öteki metamorfoz tiplerinden farklı olarak yinelenebilir, geçici ve geri dönüşlü olabilir.[10] Aynı duyulur deneyim düzleminde iki görüş açısının bağlamsal buluşması olan animik metamorfoz, periyodik gizlenme hareketiyle içsellik ve fiziksellik ikiliğini daha çarpıcı biçimde gösterir ve her birine açılan özerklik alanlarını ayırır.

Ama ruhların özerkliği görelidir, zira hepsi birbirine benzer. Öte yandan animizm başkalık işaretlerini biçim, işlev ve kullanım potansiyellerindeki farklılıklarla daha çok bedenlerden alır ve varlıkların çoğunun ortak manevi koşulu temelinde kendi'yi kendi olmayandan ayırmaya çalışır. Farklılığın nesnel yeri, bilginin hem kaynağı hem maddesi olan beden, özellikle spekülatif bir nesne haline gelir, dünyanın çeşitliliğini tersine çevirmek ve dünyayı örgütlemek için en iyi randımanı sunar. Karşısında sınırlar çizilmesi gereken bu *alter* yığınının en ön safında hayvanların bulunması pek şaşırtıcı değildir; fizyolojileri, huyları ve hareketlerinden anlaşılabildiği kadarıyla yönelimsellikleri insanlarla aynı türden özneler olduklarını gösterir, buna karşılık insanlardan bir yığın anatomik ve davranışsal ayrıntıyla ayrılırlar; bu özellikleri de onların insanlarla özdeşleştirmelerini engeller. Brightman'ın Creeler konusunda belirttiği gibi hayvanlar *social others*'tır. Kanada Grand Nord bölgesinde ve bütün animik bölgelerde simgesel bir biçimde toplumsal farklılığı temsil ederler.[11] Özellikle geniş bir beslenme rejimleri yelpazesi sunarlar, yani başka bedenlerle beslenen bedenlerdir bunlar: Bu yelpaze yine trofik zincir modeli üzerinden, yiyenler ve yenenler arasındaki çoklu etkileşim ve hiyerarşiler aracılığıyla ontolojik taksinomileri belirleme olanağı sağlar. Burada söz konusu olan beslenme alışkanlıklarının çarpıcı farklılığı aracılığıyla kolektif bir kimliğin belirlenmesi yönündeki evrensel fenomen değildir, benzerliği yaratan şeyin kommensalite (birlikte

10 Avustralya totemizminde dönüşümün özellikleri üstüne bkz. Munn, N. D., 1970.

11 Brightmann, R., 1993, s. 3; ayrıca bkz. Yu'pik Eskimolarıyla ilgili olarak A.Fienup-Riordan'ın gözlemi: "Melanezya'yı anlamak için cinsiyet (*gender*) ilişkileri esas anahtardır, aynı şekilde insanlar ve hayvanlar arasındaki ilişkiler bazı Arktik bölgelerde benzer bir anahtar işlevi görebilir" (Fienup-Riordan, A., 1990, s. 9).

yaşam) ya da aynı besinlerin sürekli paylaşımı olduğu yönündeki genel kabul gören düşünce de değildir, daha çok her varlığın öncelikle kimileri için yırtıcı hayvan, kimileri için yem kabul edilen bir ilişkiler ağı içindeki konumuyla tanımlandığı yönündeki postulattır.

Daha önce gördüğümüz gibi insanlar bu kaderden kaçamazlar, zira yuttukları insan olmayan bedenlerin karşılığını sürekli "kendi benlikleri"yle ödemek zorundadırlar: Hayvan sahipleri hastalıkla canlı bedenlerini tüketirler; ekilen bitkiler her gün kanlarını çeker onların (sözgelimi Açuarlarda); Kuzey İnuit bölgesinde ya da Kuzey Sibirya'da hayvanlar cesetlerini yerler ve *ongon*lar cesetlerini yemesi için Orman tanrısına götürürler; soylarının bedenlerinin yararlanacağı yeni bir hayvan bedeninin yemini onların ruhları sağlayacaktır. Dolayısıyla bu düzene uyan insanların kendi aralarında benzerlik ve farklılık bölgeleri oluşturma girişimlerinin çoğu zaman yamyamlık ya da onun metaforik değişkenleri aracılığıyla yansıması pek de şaşırtıcı değildir. Komşu kabilelerin bireylerinin ruhu onları benim gibi özneler haline getirir ama bedenleri onları benden farklı biçimde nesnelleştirir: Başka bir biçimde süslenmiş, boyanmış, dövmelenmiştir; uzantılarını oluşturan silahlar, alet, edevat benimkilerden farklıdır (sivri dişlerin, gagaların, pençelerin biçimi gibi); bu bedeni barındıran ev benim oturduğum ev gibi değil; faaliyetlerine aracı olan dil benim konuştuğum dil değil (ben de yabandomuzu ya da ayının konuştuğu dili konuşmuyorum... En azından bu dillerin özgül biçimini). Burada toplum bir soyutlama değildir, aynı şekilde karışmış, birleşmiş öznelerden oluşan organik bir cemaattir... Terry Turner'ın Brezilya Kayapoları konusunda söylediği gibi "öznelliklerini somut bedensel etkinliklere içrek olarak görürler."[12] Ve bu hiç kuşkusuz animik kolektiflerin genel karakteristiğidir: Her insani çeşitlilik *sui generis* bir bedensellik olarak algılanır ve böylelikle bir tür bağımsız tür oluşturur, öyle ki bir düşman yemek mutlaka yamyamlıktan söz etmek demek değildir, zira av hayvanına dönüştürülen hayvan kişisi gibi kurban da fiziksel özellikleriyle ayırt edilen bir komşu kabileden gelir. Düşman insan dışı bir safa indirgenmemiştir –bütün dünya insanlığın damgasını taşır– ama özel tip bir insandır ve onu avlayandan ayrılma biçimi, tapir-kişinin kendisini kovalayan avcıdan ayrılmasına benzer: "Kültürü" sayesinde değil, bedeni sayesinde.

Animik bir düzende bir insanı nesnelleştirmek öncelikle içinde bulunduğu fiziksel dış görünüşün tekil özelliklerini tanımakla ilişkilidir. Bu bağlamda en belirgin örnek Güney Amerika alçak bölgeleridir: Burada öteki üzerinde eylemde bulunmak, eski bir misyoner takıntısına uygun olarak ruhunu değiştirmekten değil, bedensel özelliklerini sahiplenmekten geçer: Kimi zaman onu gerçekten yiyerek, çoğu zaman kimlik oluşturan unsurlarını (kafa, ayak, kafa derisi) koparарak, genel olarak da doğurmaya yarayan karınlarını ve ürünlerini tutsak ederek (entegre olmaları ancak görünümlerini ve ilk *habitus*'larını değiştiren bir biçimlenme sonucu gerçekleşen tutsak kadınlar ve çocuklar, bir tür geri dönüşü olmayan dönüşüm hali sergilerler). Bütün bu pratiklerin amacı güç ve enerji kaynaklarına sahip olmak amacıyla tözleri ve akışkanları yakalamak değildir, zira etin, kemiklerin, saçların bunları ele geçirenlere metonimik

12 Turner, T., 1995, s. 168.

bir tarzda sağladıkları şeyler, fizik bir duruma has yatkınlıklar, bir türe özgü var olma biçimidir.[13] Dolayısıyla bedenlerle "emilen" başkalık, ne uzaklardan geldiği için arzu edilen yaşamsal bir güç, ne zaferini göstermek için yok edilmesi gereken ikincil bir kimliktir, tersine kendini farklı algılamak için gerekli olan şeydir. Ebediyen aldatıcı biçimler ve gizli ruhlarla kuşatılmış, bulunması mümkün olmayan bir eksiksizlik peşinde koşan animik özne tek bir şeyden emin olabilir ancak: Yer ve yenecektir.

Düşünen Kamış

Natüralizm epistemolojisi konusunda daha önce binlerce kez tekrarlanmamış ne söylenebilir? Her şeyi aşırı basitleştirme riskine rağmen, çok kısa bir sentezle yetineceğiz bu konuda. Bilen özne *–ve* bir araya gelindikten sonra politik özne– mantık yürütebilen ve özgür iradeye sahip soyut bir insan varlığına dönüşerek, insan olmayanları bilgi ve eylemin (duyular üstü olan) üstün biçimlerinden dışlar. Ayrıca bu alanda bütün insanlar aynı yeteneklere sahip değillerdir: Bu bağlamda antropolojinin "yaban düşünce" kavramının bazı açılardan rasyonel bir düşünce olduğunu ve "somut olanın bilimi"nin önemli bir iş olduğu düşüncesini dayatma çabalarını düşünebiliriz! Animizm ahlâki ve epistemik özne konumunu bir yığın varlıkta genelleştirirken, natüralizm bunları tek bir tür içine alır ve fark ettirmeden bu türün derecelerini hiyerarşik hale getirir. Ayrıca bu durumdan uzak durmayı bildikleri söylenen bilim adamları ve filozoflar dışında az çok rasyonel özneler kitlesi çoğu zaman alışkanlıklar ve önyargılar içine hapsolmuşlardır; bu özneler de alışkanlıklarına, dillerine, kendi kurallarına göre gruplar halinde ya da her kültürün içinde eğitimlerine, kökenlerine ve yeteneklerine göre farklılık gösterirler. İnsan olmayanlarla ilişkiler bağlamında öznelerarası ilişki söz konusu olamadığı gibi, bu insanlar arasında da zordur, zira inançları, değerleri, kurumları farklıdır; ayrıca bu belirsiz yapıların her zaman yanlış anlamaların tehdidi altındaki bir iletişim içinde aktarılmaya çalışıldığı gösterge sistemleri de farklıdır. Bereket versin önemli ve hoş bir kesinlik, bu Babil kulesinin en bilge sakinlerini birleştirir: İnsanın sürekli yarattığı tikellikler yığınının arkasında bir gerçeklikler alanı vardır ve bu alan uygulanan yöntemlerle kanıtlanmış ve doğrulukları keşif süreçleriyle bozulamayacak doğal yasalara indirgenebilen kesinliklerle doludur. Kısacası kültürel görececiliğin kabul edilebilir ve hatta irdelenmesinin ilginç olabilmesi için, gerçeği arayan zihinlerin yardım ve teselli arayabilecekleri doğal bir evrenselcilik temelinde ortaya çıkması gerekir.

Bununla birlikte her şeyin çözümlenmiş olduğu da söylenemez, zira kültürel keyfiliğin sürekliliği, bilimin daha önce dinin yaptığından daha iyi ve daha eksiksiz biçimde var olan her şeyi açıklama iddiası bağlamında sürekli bir endişe kaynağıdır. Kültür neden kimya, fizik ya da biyolojinin çok başarılı bir biçimde yararlandığı açıklama modellerine ve nedensellik zincirlenmelerine karşı direnmektedir? Bu durumla yetinmek ya da bu karışıklığa, keşmekeşe son vermeleri için insan bilimlerine ve toplum bilimlerine güvenmek mi gerekir? Görüldüğü gibi natüralizmin epistemolojik problemi animizminkinin kesinlikle tam tersidir. Ani-

---

13 E. Viveiros de Castro'nun tupi yamyamlığı analizlerinden (1986, s. 646-678) ve A. C. Taylor'un Jivaro kelle avcılığından (1993) açık seçik biçimde çıkarılan sonuç budur.

mizm neredeyse bütünüyle kültürel olan bir dünyada "doğal olan"ın, yani fiziksel farklılıkların yerini araştırırken, natüralizm Kültürü, yani manevi farklılıkları doğanın evrenselliği içinde nereye yerleştireceğini pek bilemez. Bu bağlamda önerilen çözümler kesinlikle yetersizdir, tıpkı animizmdeki metamorfozda görüldüğü gibi. Bu çözümler sorunu ortadan kaldırmanın iki biçimi arasında gidip gelirler inatla: Natüralist monizmin, genetik ya da çevresel zorlamalarla belirlenmiş bir sistem haline gelen kültürün özerkliğini yok etmek hırsı ve radikal görececiliğin, nesnel göndergesi bulunmayan tam bir göstergeler sistemi haline gelen doğanın özerkliğini yok etme hırsı. Bu sağırlar diyaloğu üstünde yeterince durdum ve geri dönmeye gerek görmüyorum bu konuya. Bir üçüncü yol bulma umudu boştur, en azından temelleri bağdaşmayan iki fenomen alanı arasındaki uzlaşmaz bir düaliteye dayanan natüralist bir epistemoloji içinde kaldıkça. Ama insan olmayanların insanlığı probleminin animizme bitmez tükenmez ve büyüleyici bir spekülasyonlar konusu sağlaması gibi, maddi determinizmler içindeki ahlâki fenomenlerin statüsü problemi de natüralizme bitmez tükenmez felsefi tartışmalar yaratma fırsatı verir. Düşüncenin inceliklere ve iyi sunulmuş argümanlara meraklı olanlar yakınmayacaklardır bundan.

Animizm bedenlerin süreksizliğindeki başkalık işaretlerini çözerken, natüralizm bunları zihinsel süreksizliklerde bulur. Başka bir dil konuşan, başka değerlere inanan, başka kategorilere göre düşünen, başka bir "dünya vizyonu"na göre algılayan biri benden farklıdır, benimle aynı kişi değildir, zira içinde yer aldığı ve eylemlerini belirleyen "kolektif temsiller" benimkilerden çok farklıdır. Bu durumda tuhaf bir alışkanlık, gizemli ya da itici bir pratik şöyle açıklanır: Bunları yapanlar, belli bir amaca ulaşmak için böyle yapılması gerektiğine inanmaktan (düşünmekten, kendilerini böyle temsil etmekten, tasarlamaktan, yargılamaktan, varsaymaktan) başka bir şey yapamıyorlar. Bu bir "mantalite" meselesidir –tarihin çok bereketli bir alanı– ve bu mantaliteler toplumun genel söylemleri aracılığıyla bıraktıkları izlerle belli bir noktaya kadar bilinebilseler de, bütün niteliklerine nüfuz edebilmek mümkün değildir, zira en yakınım da olsa başkasının beynine girebilmem mümkün değildir. Natüralist bireyler bağlamında ne yazık ki metamorfuzun tinsel eşdeğeri yoktur; bu bağlamda sadece şiir, psikanaliz ya da mistisizmin yarım kalmış çabalarından söz edilebilir. Bu koşullarda radikal farklılığın zihinden yoksun olanlarda ya da zihinlerinden yararlanmayı bilmeyenlerde görüldüğü söylenebilir: Eskiden yabanlar, bugün akıl hastaları ve özellikle insan olmayanların büyük çoğunluğu, hayvanlar, nesneler, bitkiler, taşlar, bulutlar... insanın bilgeliğiyle oluşum ve işleyiş yasalarını belirlemeye çalıştığı, bir makine gibi var olan bütün bu maddi kaos.

Kolektifi Temsil Etmek

Amazon'u bilen bir etnolog için Avustralya totemizminin en şaşırtıcı özelliklerinden biri, bu bölgedeki organik çevre unsurlarının birer kişi gibi görülmemesidir; Aborjinlerin ontoloji ve toplumsal düzenlerinde fauna ve floranın çok önemli olmasına rağmen bu eğilim egemendir. İntikamcı bir av hayvanının bağışlanmasına yönelik ritüeller yoktur, insan toplumlarıyla hayvan toplumları arasındaki ilişkileri düzenleyen şamanlar yoktur, avcı ve avı arasında ruhlar diyaloğu yoktur, kanguruların, tepeli devekuşlarının ya da yabani hintpatateslerinin dikkate alınması gereken bir içsellikle donanmış olduklarına ilişkin en küçük bir işaret yoktur.[14] Aborjinler bu tür varlıklarla ilgilenmediklerinden değil. Av, balıkçılık ve toplayıcılığa dayalı bir yaşam biçiminde bitkilerin ve hayvanların çok gelişmiş bilgilere konu olması anlaşılır bir şeydir... Bitkiler ve hayvanlar arasında yaşayanlar sürekli dikkatlidir bu konuda ve yaşam olanaklarını bu dünyadan alırlar: Bu varlıkları tanımak gerekir çünkü bazılarını yemek için iyidir; totemik sınıflandırmalardaki önemli konumlarıyla değerlendirildikleri takdirde bunları "düşünmek için iyidir"; ama en azından insanlarınkine benzer kurumlara sahip olan *alter ego*'lardan oluşan özerk topluluklar biçiminde "toplumsallaştırılmaları"nda bir yarar yoktur. Hayvan ve insan türleri hiç kuşkusuz totem kolektifleri içinde yer alır, zira şu ya da bu hayvan veya bitki türünün şu ya da bu insan sınıfıyla ortak bir kökeni ve ortak prototipik nitelikleri vardır; bunlara mensup olanlar, aşağı görülen tanıklar oldukları durumlar dışında toplumsal etkinliklere davet edilmezler: Eskiden Düş varlıklarının kurdukları dekorun temel unsurları gibi, "çoğalma" ritlerinde değiştirilmesi gereken yiyecek maddeleri gibi, tıpkı insanlar gibi konjonktürel nesnelleştirmelerini temsil ettikleri özgün demiurgosların varlık ve amaçlarının kişisiz işaretleri ve vektörleri gibi. Kısacası Avustralya'da ve modern Batı'da hayvanlar ve bitkiler özne olma şerefine nail olamamışlardır.

Böyle bir ayrıcalığın insanlara özgü olduğu anlamına mı gelir bu peki? Dünyayla ilgili olarak ve dünyayı değiştirme kapasitesi açısından sadece insanların mı görüş ve düşünceleri vardır? Bu son derece kuşkuludur, zira Aborjinlerin yaşamak için bedenlerini aldıkları çeşitli totem varlıkları karşısında bağımsızlıkları çok sınırlıdır. Unutmayalım ki soya bağlı totemler, yaratılan totemler, çocuk-ruhları, hatta totem bölgeleri insanları dinamizmlerinden ve yaşamsallıklarından yararlanarak araçsallaştırırlar ve bu bağlamda amaçları, kuşaktan kuşağa her zaman etkili olan güçlerin yaratıcıları, güvenceleri ya da somut ifadeleri oldukları büyük parçalı düzeni yeniden üretmektir. Bu bağlamda insanlar karınlarından konuşan totemlerin oynattığı kuklalar değildir, ancak öznellikleri büyük olasılıkla ve büyük ölçüde Düş varlıklarının, biçim ve anlam verdikleri dünyaya bıraktığı bir yığın gerçek ve potansiyel nesnenin özelliklerinden gelir. Çöl bölgesi kabilelerinin mitsel düşüncesi üstüne çalışmasında, Nancy Munn çok çarpıcı biçimde yansıtmıştır bunu.[15]

Varlpirilere ve Pitjantjatjara'lara göre içinde yaşadıkları bütün çevre Düş varlıklarının bıraktıkları bir yığın iz barındıran bir tür alan oluşturur ve bu alandaki her tekillik son derece üretken bedenlerinin değişmiş bir parçasına, bağlandıkları bir eylem kalıntısına ya da hayal etmeyi sevdikleri bir amacın kendiliğinden gerçekleşmesine indirgenebilir. Buna göre her varlık özsel ve eştözlü bir ilişki aracılığıyla bu prototipik figürlerin birine ya da ötekine bağlıdır: Basit bir su kaynağına herhangi bir Düş varlığının "bedeni" denebilir ve aynı şey bu yere bıraktığı çocuk-ruhlar ve varlığını temsil eden ritüel nesneler biçimindeki soyuyla da kanıtlana-

14 Alain Testart'ın çok iyi gördüğü bir çelişkidir bu (1987).

15 Munn, N. D., 1970.

bilir.[16] Dolayısıyla manzaranın, "doğal" denen türlerin ve insanların ortaya çıkışı gerçek anlamda bir yaratılış sürecinin sonucu değildir – yaratılış, üretilmiş şeylerin onları yaratana göre özerk olmasını gerektirir; bu süreç ise daha çok bir nesnelleştirme hareketinin sonucudur ve bu nesnelleşme sırasında kökensel özneler kendilerinden hareketle sınıflar oluşturmuşlardır– kısmi metamorfoz, ayrılma ya da kalıcı biçimde etkileme aracılığıyla; öyle ki bu sınıflar bugüne kadar somut bir sonucu oldukları etkin öznelliğin işaretlerini taşırlar. Bu totemik hareketin ve oluşturmuş olduğu canlı düzenlemenin gerçek özneleri Düş varlıklarıdır, yani bir zamanlar hareketli olan ve kendilerinden hareketle, yaradılış koşulları dolayısıyla ortak özellikler içeren melez bütünler içinde varlık ve nesne yığınları yaratan etkenlerdir. Bununla birlikte maceralarını yeniden canlandıran anlatıların gerçekçi havasına rağmen Düş varlıklarının özgün melezlik durumlarının tam bir betimlemesi mümkün değildir; ayrıca biçimsel açıdan gösterilebilir tekillikler olarak değerlendirilebilmeleri çok zor olan varlıklar içine sokulmuşlardır. Dolayısıyla parçalı bir yaradılış süreci olan etkin özne aslında bir soyutlama, bir yığın şey içinde nesnelleştirilmiş bir kavramdır: Kökenleri aynı olan ve adı konmuş belli bir kolektifin temsil ettiği, insan ve insan olmayan unsurlardan oluşan prototipik sınıftır.

Bu açıdan bakıldığında insanların türeme ya da vekâlet dışında özne oldukları iddia edilemez, maddi ve manevi kimlikleri geldikleri temel kendiliklere bağlıdır. Bu gerçekten de sözgelimi bir Pitjantjaranın kendi doğum yerinin Düş varlığıyla özdeşleşerek, onu belirtmek için "ben" demesinde belirgindir. Aynı şekilde yüzdeki benler ve doğum lekelerinin (*cugurica*, "atalara ait olan") insanların bedenlerinde ayırt edici işaretler oldukları söylenir: Onları dünyaya getiren Düş varlıklarının sergiledikleri işaretler; bu varlığın dönüştüğü manzaranın bir çehresinin özelliklerinde hâlâ gözlemlenebilen işaretler.[17] Dolayısıyla her insan bireyinin özneleşmesi esasen özü itibariyle olarak dayanışma içinde olduğu nesneler (manzara unsurları, çocuk-ruhlar, kutsal eşyalar) aracılığıyla gerçekleşir, zira bu nesneler Düş varlıklarının henüz daha emekleyen öznelliğini ve bundan beslenen kendi öznelliğini ortaya koyar ve etkin hale getirirler. Böylelikle bir Aborjinin kimliği tam anlamıyla "yabancılaşmıştır", zira içinde yer aldığı sınıfı oluşturan kendiliklerin nesnelerde bıraktıkları izlerde bulunur; dolayısıyla söz konusu kendiliğin varlığını gerçekleştirmesine ritüel etkinliği aracılığıyla katkıda bulunur. Munn'un dediği gibi "insan özneleri için, sonunda kendi varlıklarının işaretlerini birleştiren nesneler öteki varlıkların işaretlerini içerirler – zaman açısından önlerinde oldukları bu varlıklara bağlıdırlar."[18] Materyalist ya da idealist olup olmadığı gerçekten bilinmeyen bu diyalektik içinde, doğayı öznellikleri sayesinde nesnelleştirerek nesnelerin durum ve diyalektiğini oluşturanlar ilk öznelerdir, buna karşılık insanlar Düş varlıklarının öznelleştirdiği nesneler aracılığıyla özneler olarak nesnelleşirler.

Dolayısıyla insanlar, onları maddi ve manevi açıdan belirleyen bir gerçekliğin bireyselleş-

16 *A.g.y.*, s. 6.

17 *A.g.y.*, s. 146.

18 A.g.y, s. 157; çeviri çabalarına meydan okuyan ilk cümlenin aslını vermekte yarar görüyoruz: For human subjects, objects which come to embody "intimations of themselves" already contain "intimations of others"-who are superordinate to them and precede them in time.

tirmelerinden başka bir şey değilse, hayvanların ve bitkilerin de kişi olmamalarında şaşırtıcı hiçbir şey yoktur. Doğada her şey Düşe ait bu öncelikli figürlerle ilişkilidir; varlıkların ve nesnelerin sınıflara dağılımını gerçekleştiren Düştür ve her şey, özü ve maddi özellikleri ifadelerini en anlamsız nesnelerde bulan bu düzenleyici aracılara sürekli bağımlılık içinde yer alır. Dolayısıyla bitkilerde ve hayvanlarda gerçek anlamda içsellikleri olmayan, bu nedenle, yok edilmeleri ve yenmeleri sessiz bir ontolojik dolaşımın görüldüğü kalıcı bir alanı hiçbir biçimde etkileyemeyeceğinden yiyeceğe dönüşebilen totemik özlere ve genel tözlere gönderme yapan yığınla nitelik bulunmasının önünde bir engel yoktur. Opossum yiyen bir opussum-insan, her biri kendi tarzında geçici karışımı içinde yer aldığından her ikisini de niteleyen "opossum niteliği"ne hiçbir zarar vermez. Buna karşılık her ikisinin de çıktığı Opossum yerinin –bir golf sahasının ya da süpermarketin altı da olabilir– kesinlikle yok olması, sadece dinamik kaynağından yoksun kalan genel kimliklerinin yok olması sonucunu doğurmaz, aynı zamanda ve özellikle burada büyüyen totemik tohumların yok olması nedeniyle soylarını sürdürmelerini de engeller. Bu bölünmüş ontolojik yığınlar içinde yapılandırıcı bir yönelimselliğin, her şeyde içkin olan ve her şeyde görülen yaratıcı bir projenin sonucu olabilecek bütünüyle nesnel maddi bir özellik bulmak çok zordur. Öznelere gelince onlar hem her yerde hem hiçbir yerdedirler. Her yerdedirler, zira her yerde Düş varlıklarına atfedilen etkin bir öznelliğin somut işaretleri görülür; hiçbir yerdedirler çünkü varlıkları bedenlerinden kopararak daha somut bir görünüm alan bu ilk özneler, kendilerini temsil edilebilir bireysellikler olarak göstermezler artık. Maddenin özelliklerinde evrensel hiçbir şey yoktur, dolayısıyla nesnelerin içindeki bir yığın öznede de türdeş hiçbir şey yoktur: Bu ilginç metafiziği bizim epistemolojimizde Prokrustes'in yatağına yatırsaydık, hiç kuşkusuz doğal ve kültürel olmak üzere çifte bir görecelilik olarak nitelemek gerecek, üzerine bir de olağanüstü bir sınıflandırmacılık takıntısı eklemek gerekecekti.

Burada yerinde bir tespitle "kolektif temsiller" denebilecek şey aracılığıyla bilinçlerin üstündeki kişisizleştirici etki açısından, totemizmin çözmek zorunda olduğu problemi anlamak kolaydır: Bir kolektif içinde kaynaşmış olan ve olmayan bireyler birbirlerinden nasıl tekilleşecektir? Farklılıkları minimize eden bir tanıma biçiminin etkisiyle karma bir sınıf içinde bulunan varlıklar birbirlerinden nasıl ayrılacaktır? Bir yere bağlı totem grubu bir Düş varlığıyla bir tutulan tüzel kişilik olarak öznenin mükemmel bir biçimini oluşturuyorsa, o zaman herhangi bir bütün içinde bir araya gelen unsurların ayırt edilmeleri özellikle zorlaşır, zira bunların tümü aynı prototipik matristen gelirler ve bunların her biri biçim farklılıklarının ötesinde bu biçime atfedilen niteliklerin belirsiz bir biçimde gerçekleşmesinden başka bir şey değildir. Bununla birlikte kolektifin içinde birbirlerine çok benzeyen unsurlar arasındaki etkileşimi mümkün kılan minimum bir farklılaşma ve başkalık eşiğinin bulunması gerekir.

Fauna ve flora bağlamında çözüm, bir totem kolektifinin temel unsuru olan türün niteliklerinin, biyolojik bir türünün tekil üyesi olarak bireyin niteliklerinden ayrılmasıyla ilişkilidir. Benim totem türümün bir örneği benim için birebir ilişki kurduğum bir özne değil, onunla paylaştığım bazı maddi ve temel niteliklerin canlı bir ifadesidir. Bu nedenle daha önce değindiğim Spencer ve Gillon'un kaynağı, bir kangurudan söz ederken "bütünüyle benimle aynı"[19] diyebiliyordu. Ama bu özdeşlik mutlak değildir ya da en azından ontolojik bir genelleme hakkındaki bir nitelik yükleme bağlamında belirleyici oldukları söylenen bazı yüklemler için mutlaktır sadece: Bu durumda aynı köken, aynı öz ve ortak tözler, bazı ortak görünüş ve davranış özellikleri, çoğu zaman bir tür adından çok soyut bir özellikten gelen aynı taksinomik tanımadan söz etmek gerekir. Bunun dışında morfoloji beslenme alışkanlıkları, iletişim biçimleri ve başka birçok şey gibi farklılık gösterir. Bu tür farklılıkların kökeni aynı totem sınıfının çocuk-ruhlarının açık seçik biçimde ayrılmış olmasıdır: Kimileri insanlara, kimileri bitkilere, kimileri de hayvanlara can verirler. Bunlar farklı, ontolojik tanıma bağlamında silinmiş ve totem topluluğu içinde farklılık üreten pratik deneyimde dikkat çeken niteliklerdir; koşullar gerekli kıldığında aslında aynı bütün içinde bulunan insan olan ve olmayanların farklı kendilikler olarak görülmelerine yol açar.

Totem topluluğunun içinde insanları bireyselleştirmek söz konusu olduğunda bu tür bir işlemin gerçekleştirilmesi çok daha zordur, zira aynı çocuk-ruhlar rezervuarından çıkan her bir totem aynı şekilde kişiliğinde nesnelleştirdiği prototipik sınıfın özelliklerine uygundur. Bu durumda çözüm bireyin kimliğinin somut unsurunu yani çocuk-ruhun belirgin özelliklerini tikelleştirerek niteliklerinin kendi sınıfının niteliklerine göre birçok etkenle belirlenmesiyle ilişkilidir. Bu inisiyasyon törenlerine ve bu törenlerde yararlanılan ritüel nesnelerine atfedilen amaçlarından biridir ve bu bağlamda Arandalarda *çuringaların* işlevi çok çarpıcı bir örnektir.[20]

Çuringa (ya da *curunga*) sözcüğünün çeşitli anlamlarından biri de farklı kült nesneleridir; bu nesneler bir kült yerinde bulunur ve bu yere kaynaklık eden Düş varlığının kimliğine dayanak oluşturur. Bunlar arasında kolektif *çuringalar* (*knanjalar*), insan olmayanların totem türlerinin çocuk-ruhlarını içlerinde barındıran, esas olarak "çoğalma" ritlerine hizmet eden dokunulmaz taşlar ve kayalar ile birbirlerinden çok farklı olan, her biri insan varlığı olan bir çocuk-ruhunu temsil eden bireysel *çuringaları* (*indulla-irrakuralar*) ayırt etmek gerekir. Bunlar tahtalar ya da oval veya dikdörtgen biçiminde şist yapraklarıdır ve üzerlerinde oyma ya da boyalı soyut motifler bulunur; normal zamanda bir ağaç kovuğunda ya da totem yerindeki bir çukurda saklanırlar. Her bireysel *çuringa*'nın süs motifi bütünüyle özgündür ve bağlı olduğu bireyin farklılığını da, bir totem kolektifinin farklılaşmış bireyi olarak kendisine can veren bir çocuk-ruhunu da temsil etmez. Burada şöyle bir soru sorulabilir: Bir totem bölgesinden çıkmış bütün insanların çocuk ruhları aynı Düş varlığından geldiklerine göre, dolayısıyla aynı olduklarına göre böyle bir farklılaşma nasıl mümkün olabilir? Çok basittir bu sorunun cevabı: Çünkü her *çuringa* ve dolayısıyla her insan varlığı çocuk-ruhu nesnelleştirme koşullarının farklı bir aşamasının örneği olması açısından kendi totem sınıfının özelliklerinin genel yapısının bir tür kırık yan-

19 Spencer, W. B. ve Gillen, F. J., 1899, s. 202.

20 Bireyselleştirme araçları olarak *çuringalar* analizi konusunda Moisseeff, M.'nin çok önemli çalışmasına (2002) çok şey borçluyum.

sıması gibi ortaya çıkar. Ve Moisseeff'in deyişiyle "temsil edilemeyenin temsil edilmesi" olanakların ve araçların çok çarpıcı biçimde kullanılmasıyla mümkün olur. Gerçekten de *çuringaların* yüzeylerindeki çember, yarım çember, spiral, düz ya da kesikli çizgiler biçimindeki motiflerin her biri bir Düş varlığının güzergâhın bir bölümünü ve şu ya da bu olaydan sonra şu ya da bu yerde bıraktığı izleri gösterir, öyle ki her birey yani çocuk-ruhun ete kemiğe bürünmesi, parçası olduğu bütüne özgü kolektif kimliğin oluştuğu peş peşe gelen durumlardan birinin somutlaşması, gerçekleşmesidir. Ortak bir ontolojik özgüllükten yola çıkan bireyler, totemik sınıfın her insan üyesi arasında bir dağılım sayesinde birbirlerinden farklılaşırlar. Bu dağılım da, kurucu bir ani olayla canlanan minyatür bir manzara ya da onların hepsini homojen bir sınıf olarak kuran başlangıçtaki bir hareketin bölümü biçiminde ortaya çıkar.

Yaratıcı eylemlerinin nesnelleşmiş etkileri içinde her yerde var olan, ama ilksel farklılıklarının fenomenal görünümü altında değerlendirilmeleri mümkün olmayan öznelerle bezeli böyle bir düzende başkalık nasıl bir biçim alabilir? Öncelikle şunu belirtelim ki, totemcilik ben ve öteki arasında süreksizlik eşiklerini tanımlama açısından kendi içinde uygun bir düzenektir, zira en önemli amacı varlık sınıfları arasında çelişkili özellikleri dağıtmaktır: Dolayısıyla başka bir totem topluluğunun üyesi olarak benimkilerden farklı maddi ve manevi niteliklere sahip olan, benden farklıdır. Bununla birlikte her halükârda insanlar arasındaki ontolojik farklar daha geniş bir bütün içindeki ortak yaşamı engelleyemez; farklı totem grupları bireyleri arasındaki egzogam birliktelikleri ise hiç engelleyemez. Totemik parçalar arasındaki maddi ve içsel farklılıkların bağdaşmaz olmaları mümkün değildir ve bunlar tersine uyumlu bir biçimde birbirlerini tamamlarlar; heterojen topluluklar arasında birlikte yaşama herkes için gerekli bir hayatta kalma koşuludur, zira her totem grubunun insan üyeleri ötekilerin yaşamlarını güvence altına almak için çaba harcarlar, sorumlu oldukları bitkileri ve hayvanları kendi yararlarına çoğaltırlar ve doğdukları bölgelerle ilişkili yerlerden beslenmelerine izin verirler. Farklı totem türlerine ait olan doğuran varlıklar arasında da uyumsuzluk ve bağdaşmazlık yoktur, zira doğurdukları varlıkların maddi ve manevi özellikleri onlara bağlı değildir, kendilerini doğuran ve kendilerine gebe kalan totem varlıklarına bağlıdırlar. Gerçekten de burada "ontolojik ırklar" arasında ilginç bir rasyonel birliktelik söz konusudur; bu ırklar kendilerini özleri, tözleri ve bağlı oldukları yerler itibariyle bütünüyle farklı görmek amacıyla kendilerine tamamlayıcılık nitelikleri veren değerlere ve normlara katılırlar; taksinomik ayrılıkla organik bir dayanışma içinde olabilmek amacıyla içine yerleşmiş oldukları farklılık çerçevesinden yararlanırlar.

Bitkiler ve hayvanlar konusunda aynı şeyi söylemek mümkün değildir. Bitkiler ve hayvanlar da insanlar gibi birbirlerinden totemik aidiyetlerine göre ayırt edilirler, bununla birlikte bu ilksel bölünmeyi aşamazlar ve istedikleri gibi birbirleriyle karışamazlar, zira insanların tersine farklı totem birimlerinden olanlar aynı totem grubu içinde farklı türlere ait olsalar da birleşemezler. İnsan olmayan her biyolojik tür onu başka varlık kategorilerine bağlayan totemik bağlara rağmen sadece kendisiyle yüz yüze kalır. Ayrıca insanlar kendi totem türleriyle derin bir öz ve töz özdeşliği içine girmek isteseler de, bu türlerin bireylerini, kendilerinin sahip oldukları (bu nedenle Düş varlıklarının gerçek temsilcileri olduklarına inanırlar) yaratıcı içsellik tipinden yoksun bulurlar. İnsanlara göre "bütünüyle kendileri gibi olan" bu bitkiler ve hayvanlar, tümünün belirgin özelliklerinin rastlantısal taşıyıcılarıdır, ortak bir yaşam projesi içinde bir arada bulunulabilecek bireyler değildir. Başkalığın totemik kategorisi, birey düzeyi ile tür düzeyi arasında ince bir diyalektik eklemlenme gerçekleştirir: Onları birey olarak, yani toplumsal partnerler olarak değil de tür olarak, yani totem aidiyeti açısından ele almak tercih edildiğinde insanlar ile, ya totemik grubun içerisinde bir türe dâhil olmalarına rağmen şeyleştirilmiş bireyler olarak, ya da hem yabancı türler hem de kendi kimliği olmayan bireyler olarak ele alınan insan olmayanlar, bu totemik kategoride karışık bir biçimde yer alır.

Nesnelerin Damgası

Animik kozmolojiler farklı görünüşleri ve süsleriyle açık seçik biçimde bireyleşmiş ve kolayca tanınabilen kişilerle doludur: Bir hayvan bana küçümseyerek bakar, büyük bir ağaç rüyamda benimle konuşmaya gelir, uzaklardan bir insan ziyaretime gelir. Analojik öznellikler de çoktur etrafta, ama çok daha belirsiz ve ikircikli bir biçimde: Beklenmedik somut unsurlar içinde kırılmış, sapmış halde bulunurlar ve onları bu unsurların içinden çok ince, fark edilmeyen belirtilerden ve çözülmesi zor işaretlerden yararlanarak çekip çıkarmak gerekir. Dengesiz ve hareketli mercilerden meydana gelen inanılmaz miktarda tekil varlığa doymuş bir dünyada, herhangi bir nesneye sürekli bir kimlik atfetmek zordur: Hiçbir zaman hiçbir şey göründüğü gibi değildir; görünüşlerin ve aldatıcı durumların sislerinin arkasındaki bir bireyi her zaman konjonktürel bir biçimde kuşatabilmek için çok becerikli, zeki, kurnaz olmak, bağlama çok dikkat etmek gerekir. Hiç kuşkusuz insanlar anlam oluşturma çabalarında kendilerini model gibi görerek ve yorum yapma ayrıcalığına sahip olduklarına inanarak daha belirgin bir tekillik iddiasında bulunabilirler. Ama bir insanla şu ya da bu biçimde ilişki kurulduğunda onun gerçek doğasını çok iyi bilmek gerekir. Amadu Hampate Ba'nın teşhisi çok çarpıcıdır: "Şu anda Amadulardan hangisinin burada olduğunu bilmek isterdim." Amadu aslında kimdir? Kendisiyle konuşulduğunda birçok kişiliğinden hangisini taşımaktadır? Küçük sarhoşluk tanrısının çarptığı, içinde şeytanı bulunan büyücüsü *Orişa*'nın gizlediği kült yeri inisiyesi yaşlı Nahua'yla ilgili olarak ne söylemek gerekir? Bunların hepsi özerk, hatta değişken ve farklı bireyler midir? Yoksa onları yabancılaştıran varlık onlarda sürekli öznellik izleri bırakacak kadar müdahaleci mi olmuştur? Meksikalıların bir insan varlığının içselliğinden bir parça taşıyan çift hayvanı, *tona*'sı konusunda ne söylemek gerekir? Bölünmüş bir varlık mıdır, kaderini paylaştığı bireyin ikiz kardeşi midir? Yoksa kısmen yer değiştirmiş başka bir öznellikle birlikte yaşayan bağımsız bir varlık mıdır? Sonuç olarak analojik bireylerin Pascal'in Tanrısının ters figürleri oldukları söylenebilir: Bunların çemberleri, çevre çizgileri her yerde, merkezleri hiçbir yerdedir. Var olmaları ancak yüzeydeki etkileriyle mümkündür, değişken, yoğun, iç içe geçmiş dalgalar halinde yayılırlar ve birbirleriyle etkileşimlerini hiçbir zaman kaybetmezler; ama onlara sürekli yinelenen bir merkez bile atfetmek çok zordur: "Her yerde bir olmaları ve her yerde bir bütünlük oluşturmaları" kesinlikle mümkün değildir, muazzam bir parçalanma gösterirler ve son derece kararsız bir bütünlük içindedirler.

Varlıkların parçaları belli oranlar ve bileşimler içinde sürekli değişkenlik gösterseler de, bu varlıkları oluşturan maddeler çok kesin bir istikrar içindedirler. Burada biçimlerin farklılığı ve kompozisyonların tekilliği o kadar önemli değildir, yeter ki küçük bir töz ve maddi durum yelpazesi, hem varlıkların temel fiziksel sürekliliğini, hem de bunları oluşturan tözleri yakınlık ve uyuşmazlıklarına göre birleştirip ayırma imkânını sağlasın... Analojik fizik basittir, en azından malzemelerinin dökümü bağlamında: Eski dört öğe öğretisi, Çin ya da Ayurveda beş madde teorisi –ki bunlar tam aynı değildir–, eril ve dişi karakterler, bitkilerin ve hayvanların yapıları arasındaki zıtlıklar temelde her zaman aynı tözlere dayanırlar; tıp bilgileri, beslenme reçeteleri ve ritüel düzenlerin rekabetleri arasında bir yığın yakınlık, uyum ve uyumsuzluk içinde aynı çekim ve itme ilkeleri söz konusudur. Bu temel bileşenlerin basitliği analojik dünyaların kavranabilmesi ve işlenebilmesi için gereklidir belki. Her şey neredeyse biricik bir örnek olarak ortaya çıktığında bunun doğasını tanımlayarak başka şeyler karşısındaki tavrını açıklayabilecek belli unsurlara ayrıştırmak suretiyle tekilliğini azaltmak gerekir. Ayrıca tedavi uygulamalarına ve metalürji alanında kazanılan deneyimlere dayanan çömlekçilik ya da pigmentler kimyasına sırtını yaslayan bu niteliksel fizik, ampirik inandırıcılıktan da kopuk değildir. Özellikle ve Lévi-Strauss'un genel olarak büyü düşüncesi konusunda geliştirdiği bir varsayımı aktarırsak, bu temel bileşenler arasındaki sözde yakınlıkların ve nedenselliklerin yansıttıkları kesinlik ve belirginliğin "determinizmin *tanınmasından ve kabul edilmesinden* önce onu bütünüyle *kuşkulu* ve *sahte* bir kavram haline getirecek şekilde, bilimsel olguların varlık biçimi olarak *determinizmin hakikatinin* bilinçdışı bir ele alınışını ifade ettikleri" düşünülemez mi?[21]

Bu bağlamda analojizm ve natüralizm arasındaki geçiş o kadar gizemli olmayabilir. Rönesans ve Klasik Çağ arasında görülen bütün "paradigma değişiklikleri"ne ve "epistemolojik kopuşlar"a rağmen bir inanç değişmemiştir: Dünyanın temel malzemeleri her yerde aynı tanınabilir özelliklere sahiptir ve bunların getirdiği farklı bileşimler her yerde geçerlidir. Bununla birlikte benzerlik burada kalır. Çünkü analojizm, zorlukla "doğal" olarak nitelendirilebilecek bu evrenselciliği bir yığın tekil toplum üzerinden elde etmemiştir. Bu evrenselcilik başka bir düzeydedir: Her şeye keşfedilmesi gereken bir amaç, yorumlanması gereken bir anlam, açıklanması gereken bir bağlantı yükleyen bir yığın parçalı öznellikten oluşan bir evrenselcilik; dolayısıyla gerçek anlamda "kültürel" olamadığından "tinsel" olan bir evrenselcilik. Büyüsü bozulmuş bir Batı'da "doğu bilgelikleri"nin ısrarla başarılı olmasının bir nedeni de büyük olasılıkla burada gizlidir: Rahatsız edici kültürel görececilik sorununu bir çırpıda saf dışı eden Zen, Budacılık ya da Taoculuk, Modernlerin sakatlanmış evrenselciliğinden daha tamamlanmış bir evrenselci alternatif sunarlar. Burada insan doğası geleneklerin ve alışkanlıkların baskısıyla parçalanmamıştır, zira her insanın, derin düşünceler aracılığıyla daha önce te-

21 Lévi-Strauss, Cl., 1962, s. 19, vurgulama yazarın.

melleri olmayan, yani yerel bir geleneğin atfedebileceği tikel temellerden kurtulmuş bir dünyanın mükemmelliğini hissetme kapasitesini kendi içinden devşirebileceği kabul edilir. Monist özlemler içindeki biyolojistlerin ya da fizikçilerin, Asya felsefelerinin son derece gelişmiş, düşünülmüş bir biçimini sunduğu analojizmin bu çehresine ilgi duyabilmiş olmaları anlaşılır bir şeydir – ama öte yandan bilim adamları için de kendi bilgi dallarının oluşmasıyla karşıtlık oluşturan Rönesans'ın analojik öğretilerini kabul etmekten daha kolaydır bu.[22]

Analojizmin "her şey her şeyin içindedir ve her şeyin içinde her şey bulunur" ilkesine göre işlediği kabul edilirse karşı karşıya kalacağı epistemolojik sorun totemizm sorununun tam tersidir: Karışmış varlıkları tekilleştirmemek ama tekilleşmiş varlıkları karıştırmak. Bu zorluğun pek de kolay aşılamayacağını kabul etmek gerekir. Varlıklar süreksizliklerini öne çıkaran bir tanıma biçimine nasıl dâhil edilecektir? Farklılaşmış içkinliklerden oluşan bir kozmosta birleştirici bir görüş açısı nasıl saptanacaktır? Kendi kendini doğrulayan bir bütünlük içinde parçalara bölünme nasıl açıklanacaktır? Bu karışıklığa, keşmekeşe son verecek sınıflandırma, bölme ve düzenleme düzeneği vardır kesinlikle; bunun farklı analoji figürlerine, iki niteleme kutbu olan büyük sınıflandırmacı yapılara ya da hiyerarşik dağılıma atfedildiğini gördük. Ama bu iç düzenleme mekanizmaları kendi kendilerine yetmezler; etkili ve kabul edilebilir olmaları için onları aşan ve pozisyonu ya da statüsü özel öznelliklerin dağılmasını aşan bir kurum tarafından meşrulaştırılmaları ve motive edilmeleri gerekir. Çipaya dünyasının ikiye bölünmesini ve bunların insan ve insan olmayanlardan oluşan sakinleri arasındaki tamamlayıcı ilişkilerin varlığını kime ya da neye atfetmek gerekir? Bir Otomi yerlisiyle hayvan *tona*'sının çiftleşmesini sağlayan nedir? Yerli kastlarının ve eşitlikleri bozan niteliklerinin hiyerarşik derecelenmesi neye dayanır? Varlık zincirinin sürekliliğini ve bölünmelerinin istikrarını garanti eden kimdir, nedir? Tek bir cevapları olmadığını görmek için soruları sormak yeterlidir: Analojizm büyük bir kolektif çeşitliliği içinde ifadesini bulduğu gibi, bir perspektifler çoğulluğunu da geçerli kabul eder.

Bununla birlikte analojik hiyerarşiye anlamını veren ve düzenli bir biçimde işlemesini sağlayan bütünleyici kurumun oluşma tarzında bir kurallılık, bir süreklilik görülebilir. Gerçekten de hangi figürü benimserse benimsesin, istikrarının sağlanması ve bölünmesinin sürdürülmesi gereken bir kolektif-dünyanın hipostaz haline getirilme sürecinin sonucudur her zaman. En yaygın hipostaz metonimik tiptedir: Olağanüstü bir tekillik, diğer tekilliklerin bütününden ziyade onları yapılandıran düzenli bütünlüğün sürekliliğini örnekler. Kozmosun canlı merkezi ve her şeyin özgün modeli kutsal varlık, İnka'dır; adaletin, refahın ve zaferin güvencesi, tanrılar ve insanların aracısı, Güneş'in oğlu, Firavun'dur; varlık zincirinin mimarı ve varlığın bütünlüğünün koruyucusu Tanrı'dır. Sosyokozmik düzenin temellerini temsil etme ya da koşullarını sağlama görevi kolektifin bir parçasına yüklendiğinde aynı metonimik hareket söz konusudur. Burada akla gelen Batı Afrika ya da Japonya'da atalara atfedilen rollerdir: Bunlar her zaman yaşayanların hayatında etkin olan ölülerdir; normlar ile değerlerin çok titiz güvenceleri ve bekçileridir; sürekliliğini

22 Ünlü nörobiyolojist ve inançlı Budacı Francisco Varela çok önemli bir örnek oluşturur bu konuda.

sağladıkları, torunlarının hak ve ayrıcalıklarının geldiği kolektifin farklı parçalarının ileri gelen bireyleridir. Ayrıca sözgelimi Hindistan'daki brahmanlar gibi dünyayı ayinleriyle ayakta tutma misyonuna sahip özel bir insan sınıfı da söz konusu olabilir. Daha ender de olsa, nihayet kozmik düzene, onu bir ilke hatta bir sözcük içinde sıkıştırarak gerçeklik tanıma girişimi de söz konusudur: Bu durumda alegorileri ve ilkeleri örnekler dışında tanımlamak zorlaşır; bu bağlamda sözgelimi Tao'yla Çinlilerin benimsemiş oldukları yöntemden söz edilebilir, bununla birlikte onlar da atalara başvurmuşlardır. Çünkü bu bağlamda çoğu zaman, üstlenilen görevin zorluğu da hesaba katılırsa akıllıca bir önlem alınması gerekir: Çok sayıda bütünleştirici ilkeyi bir araya getirmek.

Bununla birlikte bu bir araya toplama ve bağlama düzeneklerinin çoğu, tekillikleri etkili bir hiyerarşi içinde her gün birleştirme gerekliliği karşısında çok soyut kalır. Bu nedenle analojik kolektiflerde siyasal işlev, özellikle kalabalık kolektiflerde belirleyicidir: Siyasal işlev ve getirdiği baskıyla her dünyanın her çehresi, her birey, her parça kendine ayrılmış olan yerde kalır. Bu açıdan eski Hindistan örneği çok eğiticidir. Bilindiği gibi brahmanlar sınıfı monarkların geldiği savaş prensleri olan *kşatriyalar* (savaşçılar) sınıfından yüksektir ve bu egemen konum sosyokozmik düzenin düzenli biçimde işlemesindeki özverili çalışmayla haklılaştırılır. Bununla birlikte brahmanı hükümdarın da üzerine yerleştiren bu resmî ideolojiye rağmen, brahman ortodoksisinin bizzat kendisi gücü ellerinde tutan monarklar, yani "yiyenler" ile kendilerini itaat ve üretime adamış uyruklar, yani "yenenler" arasındaki daha temel bir ayrımı öne çıkarır. Bu bağlamda Charles Malamoud'nun *Çatapatha-Brâhmana*'nın bir pasajıyla ilgili yorumu örnek gösterilebilir: Bir ateş sunağının yapımında iki tür tuğla kullanımı.[23] Bazı tuğlalar farklılaşmıştır ve savaşçı (asker) monarklar sınıfını temsil eder, öteki tuğlalar aynıdır ve "yenenler" kütlesini temsil eder. Ama monark tuğlaları, her biri tekil olmakla birlikte bunlar yerleştirilirken aynı sözcükler kullanıldığından birleştirilmişlerdir. Bir şekilde bu farklı varlıklar arasında ortak olan şeyi açıklamaya yarar bu: Krallar ve prenslerin her birinin kendine özgü güçleri vardır, ancak gücün kullanımında birbirlerine benzerler ve dayanışma içindedirler. Buna karşılık sıradan ve basit tuğlaların her birinin farklı özelliklerini gösteren bir formülü vardır; daha belirgin bir ifadeyle "kitle birey olmayan ama öte yandan benzer özelliklerden de oluşmayan ve dolayısıyla bir bütün oluşturamayan unsurlardan meydana gelir... "mekânı dolduran" monark tuğlalarından ibaret olan destek görevi olmazsa bir bütün oluşturamazlar."[24] Brahmanlara atfedilen gösterişli işlevin arkasında açıkça görüldüğü gibi, farklılıkların bütünleştirilmesi ve düzenlenmesi konusunda gerçek çalışmayı baskı gücünü ellerinde bulunduranlar yapmaktadır.

Hiç kuşkusuz yukarıda aktardığımız Granet'nin "ancak bir ev gibi kapalı olduğunda düzen içinde olan" Çin kozmosu konusundaki gözlemi, rahatça analojik kolektif-dünyaları da kapsayabilir. Dolayısıyla bu bağlamda aynı ve öteki arasındaki sınır çok çarpıcı bir basitlik içinde görülür: Genel olarak fiziksel anlamda çizilen evin sınırlarının ötesinde, özne olmayan varlıklarla dolu bir dış dünya uzanır; barbarlardan, yabanıllardan, marjinallerden

23 Malamoud, Ch., 1987.
24 A.g.y., s. 175.

oluşan belirsiz bir kitledir bu, aynı zamanda sürekli bir tehdit kaynağı ve evcilleştirilmesi gereken potansiyel bir hemşeriler ortamıdır da. Bunlar dağların arkasında, çöllere yakın yerlerde, ırmakların ötesinde, balta girmemiş ormanlarda analojik bir kolektifin seçtiği bütünleştirici bakış açısını ve kendisine belirlediği bilgece yasaları paylaşmayı inatla reddederler, zira kutsal kralın otoritesini tanımazlar, ataların iyi niyetli mevcudiyetini görmezler ya da ilahi ışığın yardımını reddederler. Öteki tanıma biçimlerinde görülenlerden farklı olarak burada başkalık bütünüyle mekânsaldır. Çünkü Hint kast sistemindeki gibi en belirgin hiyerarşik düzenlenmelerde bile parçalar arasındaki eşitsizlikler çok belirleyici ve önemli değildir, dolayısıyla işlevsel tamamlayıcılıklarla ve onları örgütleyen dağılım şemasının bütünleyici etkisiyle telafi edilmeleri gerekmez. Hiç kuşkusuz her kast özelleşmiş durumu, yaşam biçimi, öncelikleri ve üretici endogamisiyle öteki kastlardan farklıdır, ama bu kastlar birlikte uyumlu bir bütünlük oluştururlar zira birbirleri için üretirler, birbirlerine hizmet ederler ve her birinin bir yüzünü açıkladığı büyük sosyokozmik model dayanışmasına bağlıdırlar. Buna karşılık, animizm, natüralizm ve totemizm, başkalığı kolektiflerin içlerine taşımışlardır ve bu bağlamda animizm fiziksel süreksizlik, natüralizm tinsel süreksizlik, totemizm ise birey ve tür arasındaki süreksizlik düzeyleri üstünde yoğunlaşmıştır (**Tablo 9**).

*

Geriye, okuyucunun haklı olarak soracağı bir soru kalmıştır. Başkalarının bakış açısını sadece sizin dışında kalabileceğiniz bir yığın bileşim halinde düzenleme hakkını nereden alıyorsunuz? Bütün insanlığın ortaya koyduğu farklı türdeki meseleleri düzenlediğiniz, bu sırada kendi yaklaşımınızın getirdiği sorunlardan kaçtığınız bu yukarıdan tavın kaynağı nedir ve onu nasıl tanımlıyorsunuz? Öncelikle benim hareket noktam tartışmasız bir biçimde bildik natüralizm alanının içinde yer alır. Natüralizmin, eğitimle kazanılan ve bir pratikler topluluğuna dâhil olununca güçlenen gerçekliği ele alma şemalarından ve kökenlerinden kurtulmak kolay değildir. Öteki tanıma biçimleriyle gelen ontolojik paylaştırma biçimlerine zaman zaman meyil edebilse bile, modern bir bireyin tam anlamıyla animik ya da totemik olması söz konusu olamaz –etnografik deneyimler göstermiştir bunu–, hatta tutarlı bir biçimde analojizmin eski büyülerine geri dönmesi bile mümkün olamaz. Dolayısıyla bedenselliğin göreliliğini zihnin evrenselliğiyle karşıt olarak düşünen ya da nesnel maddiliği manevi öznellikle iki görececilik ya da iki envrenselcilik içinde birleştiren bilgi felsefelerine katılması mümkün değildir. Dolayısıyla doğal evrenselciliğin monist umudu ve kültürel görececiliğin çoğulcu çekiciliği arasında çok rahat biçimde öngörülebilen bir dalgalanma olan natüralizm ikileminden kurtulmak nasıl mümkün olacaktır? Özellikle de avuntu veren bir düşünceden, yani kültürümüzün doğanın gerçek anlamda anlaşılmasına açık tek gerçek kültür olduğu, öteki kültürlerin ancak doğanın temsillerine –insancıl zihniyetler için yaklaşık ama ilgilenmeye değer, pozitivistler için ise bulaşıcılıklarıyla yanlış ve zararlı temsillerine– ulaşabileceği düşüncesinden vazgeçmek nasıl mümkün olacaktır? Latour'un "tikel evrenselcilik"[25] dediği bu epistemolojik düzen antropo-

25 Latour, B., 1991, s. 142.

TABLO 9
Ontolojik Dağılımın Öznenin Tanımı ve Özellikleri Üzerindeki Etkisi

• Toplumsal öznenin konumunun genelleşmesi ve nesnel maddiliğin görelileşmesi (her özne dünyayı kendi konumu üzerinden görür). → Doğal görelilik + Kültürel evrenselcilik • Animizm sorunu: insanlaşmış insan olmayanların insan olmayan biçiminin farkına nasıl varılacak ("doğa"nın yeri) ? → Çözüm: dönüşüm. • "Öteki"nin tanımı: fizikselliklleri farklı insan olan ve olmayanlar.	*Animizm*	*Totemizm*	• Totemik grupların yaratıcılarının taşıdığı özne konumunun görelileştirilmesi ve maddilik formlarının görelileşmesi (insan olmayanlar hem içsellikten mahrum bedenler, hem de totemik özlerdir). → Kültürel görelilik + doğal görelilik. • Totemizmin sorunu: melez bir kolektifin içinde insan olan ve olmayan bireyler nasıl tekilleşecek? → Çözüm: bireyin niteliklerini türün niteliklerinden ayırmak. • "Öteki"nin tanımı: tür olarak değil birey olarak insan olmayanlar, birey olarak değil tür olarak insanlar.
• Özne konumunun görelileşmesi (insanlara özgü ve kültürlere göre değişken) ve nesnel maddiliğin evrenselleşmesi. → Kültürel görelilik + Kültürel evrenselcilik • Natüralizmin sorunu: doğanın evrenselliği içinde kültüre nasıl bir yer verilecek ? → Çözüm: natüralist monizm (kültürün reddi) ile mutlak görelilik (doğanın reddi) arasında gidip gelmek. • "Öteki"nin tanımı: içselliği farklı olanlar ile içselliği olmayanlar ("doğal" nesneler).	*Natüralizm*	*Analojizm*	• Özne konumunun ve nesnel maddiliğin birlikte genelleşmesi: her şey birbirinin içindedir. → Doğal evrensecilik + Kültürel evrenselcilik. • Analojizmin sorunu: tekil içkinliklerle kurulu bir dünya üzerinde birleştirici bir bakış nasıl kurulacak? → Çözüm: dünyayı, bir tekilliği ya da bir kolektif parçasını dondurmak. • "Öteki"nin tanımı: aynı birleştirici bakış açısını paylaşmayanlar.

lojinin bütün gelişmesinin temelini oluşturur ve başarılarını meşrulaştırır, öyle ki insan düşmanlıkla karşılaşmadan ve tekilliklerin mucizeleri içinde kısır ve büyüleyici bir aylaklık tehlikesine düşmeden rahatından nasıl vazgeçebileceğini tasavvur edemez.

Bununla birlikte bilimsel araştırmanın gereklilikleriyle dünyanın hallerinin çeşitliliğini dikkate almayı uzlaştırma olanağı verecek bir yol, biraz belirsiz olan ama bu kitabın belirginleştirmeye çalıştığı bir yol vardır. Ben buna *göreli evrenselcilik* diyorum. Herhangi bir kışkırtma, meydan okuma ya da zıt anlam zevki söz konusu değildir burada, ben sadece "göreli" sıfatını "ilgi adılı" anlamında, yani ilişkisel, bir ilişkiyle bağlantılı anlamında kullanıyorum.. Göreli evrenselcilik doğadan ve kültürlerden, tözlerden ve tinlerden, birincil nitelikler ve ikincil nitelikler arasındaki ayrılıklardan hareket etmez, insanların her yerde, varlıklar arasında filogenezlerinden (soyoluş) gelen araçlar aracılığıyla kurdukları süreklilik ve süreksizlik, özdeşlik ve farklılık, benzerlik ve benzemezlik ilişkilerinden hareket eder. Bu araçlar şunlardır: Bir beden, bir yönelimsellik, ayırt edici sapmaları kavrama yeteneği, herhangi bir ötekiyle düşmanlık, egemenlik, bağımlılık, alışveriş, sahiplenme, öznelleştirme ya da nesnelleştirme ilişkileri kurabilme kapasitesi. Göreli evrenselcilik herkes için eşit maddi gerçeklikler ve olumsal anlamların önceden verili olmasını gerekli kılmaz, nesnelerde ve değerlendirme mekanizmalarında öne çıkan süreksizliklerin tanınması ve bu bağlamda olgusal bir farklılığı doğrulayarak ya da bir benzerliği geçersiz kılarak bir yarar sağlayabilmek için sınırlı sayıda formülasyon bulunduğunun en azından varsayım olarak kabul edilmesi yeterlidir.

Bu projede yeryüzündeki bir unsurun ancak öteki unsurlarla tezat içerisinde anlam kazandığını savunan yapısal analize dair bir miras görmek kolayca mümkündür; ancak bu proje bu öğe ve ilişkileri kültür ve doğa isimli kara kutulara hapsetmek yönündeki yöntemsel çabadan arınmıştır. Burada aşkın bir özneye ya da içkin ve anlam katalizörü işlevi gören madde dışı bir tine hiç ihtiyaç yoktur. Bu program için gerekli olan sadece bilincinin yaşanmışlığından hareketle ötekinin bilincinin yaşanmışlığını önceden yargılamayan ve bununla birlikte dünyanın herkese bilişsel ve pratik kullanımları ne olursa olsun aynı tür "ele alma biçimleri"ni sunduğunu kabul eden bir öznedir; ürünlerini incelediği çok farklı öznelliklerin yönelimsel etkinliğiyle oluşmuş gerçeğe karşı, hatalı bir filtrenin boyutlarına indirgenmiş, hiçbir *epokhe*'nin yok edemeyeceği tarihsel belirlemelerden etkilenmiş kendi kurucu yönelimselliğinin aldatıcı kesinliklerinden daha dikkatli olan bir özne; hiç kuşkusuz bu filtre gereklidir, ancak biricik ayrıcalığı erişilebilir tek filtre olmasıdır ve içinde bulunduğu konjonktür nedeniyle geçici olarak bütünleyici bir bilgi işleviyle donatılmış, öteki varlık düzenleri arasında basit bir değişken olarak dışarıdan nesnelleştirilmesi gereken bir filtredir bu.

BEŞİNCİ BÖLÜM

İlişkiler Ekolojisi

Bir tane gerekiyor, iki tane gerekiyor... daha da gerekiyor. Hiçbiri, kendisinin mutlak çağdaşı olacak kadar her an her yerde bulunamaz.

RENE CHAR, *Birlikte yol almak...*

13

Bağlılığın Biçimleri

Tanıma biçimleri yapısal özelliklerini irdelediğimiz varlık düzenlerine göre dağılmış ontolojik özellik grupları oluşturarak şeylere dair deneyimleri ana hatlarıyla şematize ederler: Varlıkların niteliklerine göre dağılımı, sosyokozmik kolektiflerin düzenlenme ilkeleri, egemen bilgi ve eylem düzenleri, özdeşlik ve başkalık sınırları. Böylece tanıma biçimlerinin her biri, dünyayla ilişkinin, yansımaları kimi zaman muazzam coğrafi bölgelerde ve kimi uzun çok uzun dönemlere yayılmış biçimde görülebilecek özel bir stilini belirler. Ancak bu tanıma biçimlerinden, tarihçilerin, etnologların ya da sosyologların genellikle araştırma konuları gibi gördükleri türden, mekânsal ve zamansal çerçeveleri sınırlı tekil kolektifleri belirleme ölçütü olarak yararlanabilmek mümkün değildir. Bu deney üsluplaştırmalarında, genel olarak "dünya görüşleri", "kozmolojiler" ya da "sembolik biçimler" olarak adlandırılan şeyi görmek gerekir – bunlar elbette epistemolojik statüsü belirsiz terimlerdir, ama yine de "Modern Batı" ya da "Şamanist toplumlar" gibi, somut tezahürlerinin çeşitliliğine rağmen yakınlıkları aşikâr olan pratik ve mantalite topluluklarına dair basit sentezlere ulaşmak için sıkça başvurulan sezgisel dayanaklardır. Ortaklaşa paylaşılan bir tanıma biçimiyle belirginleştirilen bu büyük takımadaların içinde, sayısız ve kendilerini diğerlerinden çok farklı algılayan –bunları inceleyenlerin, araştıranların da aynı biçimde algıladıkları– çok çeşitli kolektifler bulunur... Ve bunlar sadece dilleri, kurumları ve çoğu zaman bölgesel farklılıklarıyla değil, ilişki biçimlerindeki çarpıcı çelişkilerle de ayrılırlar birbirlerinden. Çünkü varlıkların ontolojik dağılımı ve bir arada bulunma biçimleri aynı ilkelere dayandığında bile, bu varlıkların aralarındaki ilişkiler, birbirleri üstündeki etkileri, birbirlerine karşı davranışları bütünüyle değişebilir. Dolayısıyla kolektiflerin aralarında farklılaşmalarını sağlayan ve böylece her gözlemcinin çok kısa sürede ilgilendiği *ethos*'larının bir özelliğini gösterme olanağı veren, öncelikle aynı tanıma süreciyle ayırt edilen varlıklar arasındaki ilişkiyi kısmen yapılandıran *ilişki*nin genel biçimidir.

Tanıma biçimleri gibi, ilişki biçimleri de bütünleyici şemalardır, yani otomatik çıkarımların üretimini kanalize eden, pratik eylemi yönlendiren ve nispeten basmakalıp hale gelmiş ağlara göre düşünce ve duygulanımların ifade edilmesini düzenleyen bilişsel, duygusal ve duyu-motor yapılara bağlıdırlar. Bir ilişki şemasının bir kolektif içinde egemen olabilmesi için çok farklı koşullarda, insan varlıkları ve insan olmayan varlıklarla ilişkiler içinde etkinleştirilmesi gerekir ve bunun sonucu öteki ilişkileri kendi mantığına bağımlı kılmasıdır: Bu bağımlı kılma, etkinlik alanlarının sınırlandırılmasıyla ya da bu etkinlik alanlarının egemen şemanın temsil ettiği amaçların doğru ve etkili biçimde gerçekleşmesi amacına yönlendirilmesiyle olabilir. Ama egemen ilişki biçimleri, tanıma biçimlerinden farklı olarak, çoğu zaman kendilerine en yakın durumlara göre olası en büyük farklılıklarıyla ayırt edilebilirler. Adeta her kolektif kendisini çevresindeki kolektiflerden ya da birlikte yaşadığı kolektiflerden en etkili biçimde ayırabileceğini sandığı şey konusunda, yani insan bireylerinin etkileşim ve davranış üsluplarının gündelik yaşamdaki durumlara uyarlanmaları konusundaki çaba ve gayretini öne çıkarır. Bununla birlikte bu tür bir kolektifin doğası ve sınırları hiçbir zaman *a priori* belli değildir, çünkü tersine, bunları belirleyen öncelikle egemen ilişki şemasının yayılma alanıdır. Bu şekilde tanımlanan bir kolektif mutlaka bir "toplum", bir "kabile" ya da bir "sınıf"a denk düşmez –anlamsal kuşatıcılıklarıyla zor, hassas terimlerdir bunlar–; bu kolektifin belirgin özelliği, varlıklar arasındaki ilişkilerin öteki şematizasyon ilkelerine açık seçik benzerlikleri açısından onu kuşatan sınırların süreksizliğidir. Dolayısıyla varlığı içsel değil konuma dayalıdır, açıklanması da karşılaştırmacı yönteme bağlıdır.

Ben ve herhangi bir öteki arasındaki pratik ilişkiye bir biçim ve içerik veren araçlar oldukları kabul edilen ilişki şemaları, bu ötekinin ontolojik düzlemde ben'le eşdeğer olup olmamasına göre ve onunla kurduğum ilişkilerin karşılıklı olup olmamasına göre sınıflandırılabilirler. Dünyadaki varlıklar arasında kurulabilecek ilişki sayısı o kadar çoktur ki, bunların hepsinin gözden geçirilmesi mümkün değildir doğal olarak. Biz burada sadece altı ilişki üstünde duracağız. Bunların tümü büyük olasılıkla insan varlıklarının kendi aralarındaki ilişkilerde ve insan olmayan varlıklardan oluşan çevreleriyle ilişkilerinde belirleyici bir rol oynarlar. Benim adlandırmamla olsun, başka adlandırmalarla olsun, bu ilişkiler uzun zamandan beri toplum bilimlerinin de ilgi alanındadır ve hatta kimileri anahtar kavramlar olmuşlardır bu bağlamda. *Mübadele, predasyon (av-avcı ilişkisi), armağan, üretim, koruma* ve *aktarım.* Her tanıma biçimini yapılandıran bu ilişki biçimleri iki gruba ayrılabilir: Birincisi benzer unsurlar arasında ters çevrilebilecek ilişkileri karakterize eder, ikincisi ise eşdeğer olmayan unsurlar arasındaki bağlantıya dayanan tek yönlü ilişkilerdir. Mübadele, predasyon ve armağan birinci grupta yer alırlar; üretim, koruma ve aktarım ikinci grupta yer alırlar.

Vermek, Almak, Mübadele Etmek

Birinci grupta yer alan ilişkiler, aynı ontolojik statünün iki unsuru arasındaki herhangi bir değerin hareketini sağlayan üç formüle denk düşer, ayrıca söz konusu iki unsur da bu değeri kendi içlerinde taşıyabilirler; öyle ki bu dolaşım içinde biri fiziksel olarak kaybolabilir ve öbürü tarafından özümsenebilir. Birincisinin, yani "mübadele"nin belirgin özelliği simetrik bir ilişkidir ve bu ilişki içinde bir varlıktan öbürüne her aktarım bir karşılık gerektirir: Sözgelimi bir A kendiliği B kendiliğinin bir değerini aldığında (bu değer onun yaşamı, bedeni ya da içselliği olabilir) ve karşılığında ona bir değer vermediğinde, bu negatif asimetriyi "predasyon" olarak adlandırıyorum; tersine bir B kendiliği bir A kendiliğinden bir değer aldığında (bu varlığın kendisi olabilir bu) ve hiçbir karşılık beklemediğinde, bu pozitif asimetriyi ise "armağan" olarak adlandırıyorum. Bu ilişkileri nitelendirmek amacıyla kullandığım terimlerin en azından ikisinin antropolojide uzun bir tarihi vardır ve dolayısıyla içeriklerini eski tanımlarla karşılaştırarak belirtmek gerekir.

Lévi-Strauss'un toplumsal yaşamın doğuşu ve işleyişi içinde mübadeleye ne kadar önem verdiği bilinir. Ensestin yasaklanması karşılıklılık içeren bir kuraldır, zira bir erkekten başka bir erkeğin yararı için bir kadından vazgeçmesini talep eder; bu erkek de başka bir kadınla ilişki kurmayı yasaklar kendine ve bu başka kadın da birinci erkeğin ilişki kurması için serbest kalır. Dolayısıyla ensestin ve ensestin pozitif yanı olan egzogaminin yasaklanması, mübadelenin oluşturulmasının ve güvence altına alınmasının bir aracıdır sadece. Mübadele, kültürün temeli ve yeni bir düzenin kurulmasının işaretidir; bu yeni düzen içinde gruplar arasındaki ilişkiler özgürce kabul edilmiş uzlaşmalarla yönlendirilir. Ama bu bağlamda kültür bütünüyle yenilikçi değildir. Lévi-Strauss'a göre kültür kendilerini güncelleştiren normlardan önceki evrensel zihinsel şemaları kodlamakla yetinir; bunların açıklanmasına olanak sağlayan sembolizmin ortaya çıkmasından önceki zihinsel yapı içinde yer alan bu kategorik emperatifler (kesin buyruklar) arasında, "ben ve öteki [ile] armağanın birleştirici karakterini, yani bir bireyin değerinin başka bir bireye aktarımı olgusunun partnerleri değiştirmesi ve aktarılan değere yeni bir nitelik eklemesinin bir araya getirebilecek en doğrudan biçimi kabul edilen karşılıklılık kavramı"[1] vardır. Böylece karşılıklılığın ve armağanın önceliğinin nedeni, toplumsal ilişki kurmanın ve bu ilişkiyi sürdürmenin bu iki aracının insan filogenezinin bir mirası, kültürün örgütlediği varlık bütününün yapılanmasında doğal yatkınlıkların işlevinin bir devamı olmasıdır.

Hiç kuşkusuz kendisiyle birlikte bu iki ilişki şemasının gerçekten de insan davranışlarını yönlendirdiğini kabullenmek için Lévi-Strauss kadar uzağa gitmeye, yani karşılıklılığa ve armağana kalıtsal bir zihinsel dayanak atfetmeye gerek yoktur. Ayrıca eski bir düşüncedir bu: Tüm toplumsal yaşamın gerçek çimentosu olarak mübadele ve armağan, Batı siyaset felsefesinin bir leitmotivi gibi ortaya çıkar; burada neyin ampirik saptamadan, neyin eşitlerden oluşan bir kolektifin bir arada kalmasını sağlamaya yönelik ahlâki bir idealden geldiğini ayırt etmek zordur. Lévi-Strauss açık seçik biçimde gönderme yapmasa da Antikite'den bu yana örnekleri olan bir geleneğin devamında yer alır: Sözgelimi Aristoteles mübadele ilişkilerinin "insanlar arasında birliği sağladığını" söyler, ya da Seneca armağandan söz ederken "insan toplumunun en güçlü bağını oluşturur"[2]

1 Lévi-Strauss, Cl., 1967 (1949), s. 98.

2 Aristoteles, *Ethique à Nicomaque* (*Nikomakhos Ahlâkı*) V, 8, 30: "Ama mübadele ilişkilerinde karşılıklılık biçimin-

der. Bununla birlikte bu haşmetli öncüller şu iki soruyu sormaktan vazgeçirmemelidir bizi: Karşılıklılık ve armağan fenomenlerini bir bütün içinde toplamak meşru mudur? Her kolektifin, bu iki değeri toplumsal yaşamın temeline oturttuğu söylenebilir mi?

Birinci soruya cevap verebilmek için Marcel Mauss'un ünlü *Armağan üzerine deneme* eserine ve bu metnin Lévi-Strauss üstündeki etkisine kısaca değinmek gerekir.[3] Lévi-Strauss denemeyi kısmen eleştirse de, Mauss'un burada geliştirdiği armağan kavramını, yani belirgin özelliği vermenin, almanın ve geri verme zorunluluklarının üç değeri olan bir "bütüncül karşılık sistemini" benimser ve kabullenir. Lévi-Strauss'un karşı çıktığı bu tanım değil, Mauss'un armağan ve karşı armağan mübadelesini özellikle Polinezya *hau* kavramını merkez alan yerel bir teoriye dayanarak açıklamasıdır: *Hau* verilen şeyde yatan gizemli bir güçtür ve armağan alanı baskı altında tutarak bu şeyi geri vermeye zorlar. Mauss, bir grup yerli uzmanın bilinçli yorumunu ele alarak hataya sürüklenmiştir; oysa mübadelenin saklı gerçekliğini, bulunduğu yerde ortaya çıkarmayı denemeli, yani "kurumlar aracılığıyla ulaşılabilecek bilinçdışı zihinsel yapılardaki"[4] halini aramalıydı. Lévi-Strauss'a göre mübadelenin toplum yaşamında kurucu bir rolünün olmasının nedeni gerçekten de kesinlikle ilksel bir olgu olmasıdır: "Sembolik düşünceye sembolik düşünce aracılığıyla doğrudan doğruya verilmiş bir sentez."[5] Bununla birlikte bu ünlü eleştirinin bir paradoksu vardır: Lévi-Strauss hiçbir eleştiri getirmediği Mauss'un armağan tanımının, aslında en az *hau* kadar yerli olsa da kesinlikle Batılı olan başka bir teoriye bağımlı olduğunu görmemiş gibidir. Çünkü Mauss armağanın verme, alma ve geri verme zorunluluklarından oluştuğunu söylerken örtük bir biçimde kendi kültürel geleneğini yansıtır: Denis Vidal'in belirttiği gibi, yaygın ve Antik Çağ'a kadar giden (çok iyi bilinen üç kharis ([zarafet tanrıçası]: Aglae, Thalia, Euphrosyne) bir yorum söz konusudur bu bağlamda. Bu tanrıçalar Seneca'nın da açıkça söylediği gibi üç zorunlu armağan alegorisidir: "Birileri şuna inanmamızı ister: Biri iyilik yapmak, bir başkası almak, üçüncüsü de geri vermek için vardır."[6] Mauss, engin klasik kültürüne rağmen Khrysippos'tan Pico della Mirandola'ya kadar Kharis yorumlarında görülen armağan tematiğiyle ilgili bu düşünce akımından hiç söz etmez. Bununla birlikte bu gizli kaynağın, Mauss'taki armağanın doğası (üç zorunluluk) konusunda ve belki de ona bağlı değerleri, özellikle arkaik toplumlarda görülen ve daha otantik olduğu kabul edilen bir toplumsallığa tanıklık eden, ileri gelenlerin cömertliği [*évergetisme*] gibi yüce gönüllük tavırlarını yeniden canlandırma arzusu üzerinde bir rol oynamamış olduğunu düşünmek zordur.[7]

---

de haklı olan, insanlar arasında birliği sağlayan şeydir (J. Tricot çev., Aristote, 1959); Seneque, Des bienfaits, I, IV: "İyilik söz konusudur; dolayısıyla insan toplumunun en güçlü bağını oluşturan pratiğin kurallarını koymak söz konusudur" (F. Préchac çevirisi, Seneque, 1926, c. I, s. 10).

3 Année sociologique, 1923-1924, ayrıca bkz. Mauss, M., 1950, s. 145-279.

4 "Introduction à l'oeuvre de Marcel Mauss", *a.g.y.*, s. XXXIX.

5 *A.g.y.*, s. XLVI.

6 Des bienfaits, I. III, a.g.y., c. I, s. 7-8.

7 Vidal, D., 1991. Maurice Godelier Mauss'a (ve de Lévi-Strauss'a) başka bir eleştiri yöneltiyor: Verilen şey veren kişi bu şeyde var olmaya devam ettiğinden ve bu şey aracılığıyla armağan alan kişi üstünde aldığı şeyi geri vermesi için değil, kendisinin de bir armağan vermesi için baskı uyguladığından, verilen şeyin verme olgusuna yabancılaşmamış olduğu tespitinden sonuçlar çıkarmamış olmaları. Bu-

Dolayısıyla öncüllerine bakıldığında antropolojinin Mauss'un izinden giderek benimsemiş olduğu ve Eskilerden miras kalan bu armağan anlayışının, karakterize ettiği pratiğe gerçekten tekabül edip etmediği sorusu sorulabilir. Gerçekten de, mübadeleden farklı olarak armağan her şeyden önce tek yanlı bir eylemdir: Alacak olanın olası bir minnet ve şükran duygusundan başka bir şey beklemeden, bir şeyi birine bırakmak. Çünkü bu kavram gerçek anlamıyla ele alındığında, armağan olgusunda iyiliğin geri döneceğinin bir garantisi yoktur: Hiç kuşkusuz zımni bir dilek ya da bir hesap olarak hoş bir beklentidir bu, ama gerçekleşmesi de kendiliğinden verme eyleminden bağımsızdır. Kendiliğinden vermek, karşılık olarak bir şey elde etme buyruğuyla koşullandığı takdirde anlamını *ipso facto* yitirirdi. Alain Testart mübadeleyi armağandan kesin olarak ayırırken haklıdır: Birincisi bir şeyi belli bir bedel karşılığında bırakmaktır, ikincisinde ise karşılık umudu yoktur.[8] Sözgelimi doğum günüm vesilesiyle yakınlarımdan aldığım armağanlar onlara kendi yaş günlerinde verdiğim armağanlar, daha sonra gelebilecek bir karşılığın yerine geçemezler hiçbir biçimde, çünkü bu zarif mübadeleleri yönlendiren gelenekler içinde bana verilen armağanı verdiğim armağanların bir koşulu durumuna getirecek hiçbir özel mükellefiyet söz konusu değildir. Armağanın armağanı alan kişiye "bir yük yüklediği" [*obli-ge*] doğrudur. Ama Mauss'un söylediğinin tersine "yükü taşımak" hiçbir biçimde bir karşı-armağan verme durumu konusunda bir baskı oluşturmaz. En azından ilk başta yapılan iyiliğin, lütfun, yerine getirilmemesi durumunda olası bir yaptırıma yol açabilecek –bir sözleşme ya da sorumlulukta olduğu gibi– zorlayıcı bir baskı yaratması anlamında. Bu durumda armağan verene karşı yükümlülük bütünüyle ahlâksaldır: Böyle bir yükümlülükten kaçmak muhtemelen itibar yitirme, gözden düşme ya da armağan verenin gözünde cimri biri gibi tanınma durumlarına yol açar, bununla birlikte armağan veren kişi özgürce, kendi iradesiyle vermiş olduğu bir şeyin karşılığını almasını sağlayacak bir çareye başvurmaz, böyle bir yola gitmez ve düşünmez bile böyle bir şeyi. Armağan bir yük doğursa da bu ne zorunludur ne de borçlu kılar kişiyi.[9]

Burada armağan mübadeleden çok farklıdır. Gerçekten de her armağan bağımsız bir aktarımdır, zira karşılığında hiçbir şey istenemez, beklenemez. Hiç kuşkusuz bazı toplumlarda, sözgelimi "Armağan üzerine deneme"de üstünde çok durulan Kuzey Batı yerlilerinin potlaç fenomeninde olduğu gibi, armağana başka bir armağanla karşılık verme durumu görülür: Bir şölen sırasında sunulan zenginlikler daha sonraki bir şölen sırasında uygun bir karşı armağan için fırsat oluşturuyordu. Bununla birlikte gerçek anlamda hiç kimse bir armağana karşı armağan vermek zorunda değildi; değer sistemlerinin en üst noktasına cömertlik etiğini yerleştirmiş olan toplumlarda, armağana karşı armağan vermemek kesinlikle onur zedeleyici bir davranıştı ve bunu yapan insanın, çok bü-

nunla birlikte Godelier'ye göre böyle bir muamma ancak verilen şeylerin verilmeyen şeylerden hareketle tanımlanmasıyla anlaşılabilir ve bunlar arasında en ön sırada kolektif kimliklere ve bunların zaman içindeki sürekliliklerine sahip olan kutsal eşyalar vardır: Mübadeleyi mümkün kılan bu tür nesnelerdir: "Dolayısıyla toplumsal olanın özelliği [...] ver(ebil)mek için saklamak, saklamak (saklayabilmek) için vermektir" (Godelier, M., 1996, s. 53).

8 Testart, A, 1997.

9 *A.g.y.*, s. 43.

yük ölçüde cömertlik ve yüce gönüllülük şöhretine dayalı olan siyasal saygınlık mertebesine yükselmesi de ağır bir yara alırdı. Ancak gözden düşme korkusu bu toplumda ve başka birçok yerde armağana karşı armağan verme konusunda çok güçlü bir gerekçe oluştursa da, armağan kabul etme karşılıklı bir mükellefiyet ve neredeyse hukuksal bir zorunluluk değildi kesinlikle. Buna karşılık mübadelenin gerekli koşulu kesinlikle karşılıklılıktır: Karşılık olarak verilen armağanın alınan armağana eşdeğer olmasının fazla bir önemi yoktur, mübadelenin amaç ve aracı bu karşılık olarak verilen armağandır. Anında ya da ileride bir tarihte verilebilir, değerli olabilir ya da olmayabilir. Çünkü niteliği açık seçik belirtilmiş olmasa da, bu konuda belli bir tarih olmasa da karşılık vermek her zaman gereklidir: Herkes elindekini vermeye ancak bir şey karşılığında vermeye razı olur. Testart'ın dediği gibi, bu anlamda mübadelenin temeli karşılıklı bağımlılık içindeki iki aktarımdır ve bunların her biri varlık nedeni öteki olan bir mükellefiyetten kaynaklanır; tamamlanmış, dolayısıyla bir dizi benzer ilişki içinde yer alabilecek ama her biri birbirlerini yansıtan iki temel işlemin bağımsız bileşiminden oluşan bir bütünsellik.[10] Bir ihtimalle, kendisini mümkün kılan serbestlik ilkesinden farklı amaçlardan beslenen bir karşı aktarım durumu doğuran armağandan farklı olarak, mübadele aktarımlarından her biri ötekinin nedeni ve sonucudur. Bu tür bir karşılık sistemine içrek bir belirlenim ilişkisidir bu ve sadece bu yükümlülükte bulunur: Senin de bana vermen için veriyorum ve karşılıklı olarak.

Bu nedenle aktarım ilişkileri analiz edildiğinde bu fazlasıyla bulanık karşılıklılık kavramı saf dışı edilmelidir. Gerçek anlamda karşılıklılık sadece birinci unsurdan ikincisine ve ikinci unsurdan da birincisine yansıyan şeyi gösterir ve bu iki unsuru birbirine bağlayan zorunluluklarla ilgili hiçbir işaret yoktur. Bu nedenle armağan, arkasından bir karşı armağan geldiğinde karşılıklı olabilir ve karşılıklılık bu alışveriş tipinin belirgin özelliğini oluşturmaz, zira armağanın geri dönüşü mübadeledeki gibi zorunlu değildir. Buna karşılık mübadele zorunlu olarak karşılıklılık gerektirir, zira onu tanımlayan kesinlikle bir karşılıklılık zorunluluğudur. Dolayısıyla Lévi-Strauss'un kimi zaman "karşılıklılık" dediği şeye ben burada "mübadele", yani karşılıklılık içeren bir aktarım diyeceğim ve Mauss'un getirdiği kullanımın tersine bir karşı aktarım zorunluluğu olmadan gerçekleşen aktarıma da "armağan" diyeceğim. Nesneler ya da kişilerle ilgili alışverişleri hareketlerin yönüne göre karakterize eden kinematik yanılgıdan bütünüyle kaçınmak zor olsa da –mübadele, predasyon ve armağanla ilgili ilk tanımımda ben de kaçınamamıştım– bunlardan gelen zorunluluklara göre aktarımların biçimini dikkate almak bu açı sapmasını çok büyük ölçüde düzeltme olanağı verir. Her halükârda aynı kategori içinde nedensiz bir biçimde ve sadece parçalar arasındaki unsurları yayma gerekçesiyle bir araya gelmiş fenomenleri ayırt etmeye götürür. Dolayısıyla bütün biçimleriyle mal mübadelesini, dildeki işaret mübadelesini, evlilik ilişkisi içinde kadın mübadelesini, intikam olaylarındaki ölü mübadelesini ya da armağan ve karşı armağan mübadelesini aynı düzlemde düşünmek mümkün olmaz artık.

Lévi-Strauss'un atfettiği genel anlamıyla ya da benim burada atfettiğim daha özel anlamıy-

10 *A.g.y.*, s. 51.

la mübadele kesinlikle bütün toplumlarda görülür ve biçimleri o kadar farklıdır ki, burada "insanların kendi aralarındaki birliğin" temel aracını görmek isteyenlerin bakış açısını anlamak zor değildir. Armağan da bütün coğrafyalarda görülen ortak bir alışkanlıktır. Stoacılardan Mauss'a kadar birçok araştırmacı ve yazar bu çıkar gözetmeyen pratiklerin daha yaygın olduğu varsayımsal bir altın çağa dair nostalji beslemişler, insanların birbirlerine karşı saygılarını artıracak iyiliklerin ve hayır işlerinin yaygınlaşmasını arzulamışlardır. Yine de hiçbir ahlâkçı hiçbir zaman armağanın gerçek bir toplumu yönlendirici kurum olabileceğini gerçekten düşünmemiştir. Peki ben armağanın bazı toplumlarda ilişkileri bir araya getiren bir şema oluşturabileceğini nasıl söyleyebiliyorum? Zarafet, görgülülük amacıyla gerçekleştirilen aktarım ilkesine dayanan davranışların insan toplulukları tarafından ideal bir norm olarak benimsenmiş olduklarını ileri sürerek mübadelenin egemenliğine saldırmak nasıl mümkün olabilir? Bu retorik sorulara bir hatırlatmayla cevap vermek gerekir: Bir ilişki biçimi kendi mantığını kabul eden etkileşim şemalarını saf dışı ettiği için egemen olmaz. Sadece davranışların çoğunu değil, aynı zamanda ve özellikle bir toplumda hem müdahiller hem de gözlemciler tarafından en iyi ayırt edilebilir olan davranışları da basit ve kolayca hatırlanabilecek bir biçimde birleştirmek amacıyla en uygun bilişsel modeli sağladığı için egemen olur. Tanıma biçimlerinde olduğu gibi, hiçbir ilişki şeması baskın değildir; söylenebilecek olan sadece, bu şemalardan birinin ya da diğerinin bazı yerlerde yapısal bir işlev kıldığı, insan olan ve olmayanlarla ilgili olarak birçok tavrı doğrudan doğruya fark edilebilecek biçimde yönlendirdiğinde ise her zaman adlandırılmasının mümkün olmadığıdır. Dolayısıyla mübadele armağanın *ethos*'u etkin olduğunda yok olmaz, sadece ona katılır.

Bu kabul edildiği takdirde, armağan mantığını pratiklerinin temeline yerleştiren toplumların bulunduğu da kabul edilmelidir. Daha sonraki bölümde ele alınacak olan etnografik örnekler üstünde durmadan, iç ilişkilerini olduğu kadar bitkiler ve hayvanlarla kurdukları ilişkileri de nitelemek için, avcı-toplayıcı toplumlar üstüne son çalışmalardaki "paylaşım" (*sharing*) kavramının önemini göstermek istiyorum. Bird-David Tamil Nadu Nayakalarının ormanları kavrayış biçimlerini sentetik hale getirmek amacıyla "verici çevre" (*giving environment*) deyimini ortaya attığında, en azından terminolojik düzlemde çok belirleyici bir rol oynamıştır: İnsanlar nasıl geri dönüş diye bir şey düşünmeden her şeyi aralarında paylaşıyorlarsa, aynı şekilde çevre de sakınmadan her şeyini Nayakalara verir, öyle ki toplumun insan olan ve olmayan fertleri tek ve aynı "kozmik paylaşım düzeni"nde birleşirler.[11] Nayakalarda armağan düşüncesi ve pratiği derinlere kök salmış bir *habitus* oluşturur, hatta birinin istediği bir şeyi anında vermemek diye bir şey tasavvur bile edilemez; istisnai bir şekilde bir şeyden ayrılmayı istemediklerinde "paylaşımın sürekliliği anlayışını –sosyal yaşamın gündelik ritmi– bozmaktansa onu saklamayı ya da insanları atlatmayı tercih ederler.[12] Bird-David'e göre paylaşım ve armağan değerleri genel olarak avcı-toplayıcılarda görülen karakteristiklerdir ve Ingold da belirginleştirerek benimsemiştir bu görüşü. Gerçekten de ona göre bu

11 Bird-David, N., 1990.
12 Bird-David, N., 1999, s. 72.

toplumlarda "paylaşım" denen ilişkileri (insanlar arasındaki ilişkiler ve insan olmayan varlıklarla ilişkiler) karakterize eden "güven" duygusundan başka bir şey değildir, yani özel bir özerklik ve bağımlılık bileşimidur. Şöyle düşünür o: Birisine güveniyorsam bu güvendiğim kişinin bana karşı aynı şekilde iyi niyetli olacağına peşin peşin inanmam demektir ve onun özerkliğini, yani farklı biçimde davranma kapasitesini engellemek için bir şey yapmadığım sürece geçerlidir bu; dolayısıyla özgürce kabul edilen bir bağımlılık durumu söz konusudur burada ve başkasının tercihi de önemlidir: Benim ona karşı tavrım neyse onun da bana karşı tavrı aynıdır. Sonuç olarak, "her türlü yanıt *empoze etme* girişimi, başkasına koşullar ve mükellefiyetler getirme durumu bir güvensizlik ifadesi ve ilişkinin olumsuzlanmasıdır."[13] Armağan (ya da paylaşım) mübadeleden açık seçik biçimde ayrılmıştır böylelikle: Armağan koşulsuzdur ve sadece böyle olmadığını en hafif biçimde sezdirmesi bile ikincisi karşısında anında yitip gitmeye mahkûm olması için yeterli bir sebeptir; bu durumda yarar ve çıkar gözetmeyen güven yerini zımni ya da karşılıklı anlaşmaya dayalı bir mükellefiyete bırakır.

"Avcı-toplayıcılar" –geçerli terminolojiyi kullanırsak– paylaşımın bütünüyle öne çıktığı kolektiflerin tek örneği değildir. Joanna Overing ve bazı öğrencileri de Amazon bölgesindeki yerli toplumsallığını kendilerine göre en anlamlı düzeyde, yani yerel grup ve babadan hısımlık ilişkileri çerçevesinde değerlendirdiklerinde bu değerlerle analiz ediyorlar. Ev ve köy dünyasının belirgin özellikleri üretici işbirliği içinde yansıyan karşılıklı güven ilişkileridir, gündelik ve keyifli kommensalite, başkalarına yakınlık gösterme, sürekli armağan alıp verme, hesap kitaptan ve bulanıklıklardan uzak bir tür yakınlaşma durumu bu insanları birleştirir ve birbirlerinden ayrılmaları mümkün olmaz, sonuçta aynı türden hissederler kendilerini. Bu "birlikte yaşam" estetiği içinde başkalarına yüce gönüllülük ve duyarlılıkla yaklaşma yatkınlığını göstermesi bakımından paylaşımın rolü çok önemlidir: Bütün toplum yaşamını yönlendiren koşulsuz yardımlaşma etiğinin gerekliliğinin somut eylemlerle yansımasıdır bu durum.[14] Burada bir son verebiliriz örneklere. Çünkü andığımız bütün etnografik yorumları doğrulamak gerekli değildir: Gerçekten de araştırmamızın bu safhasında, antropologların bizim burada bireylerarası ilişkilerde karşılıklı armağana atfedilen önem olarak anladığımız bir paylaşım ideolojisini benimsemiş olduklarını söyledikleri çok farklı toplumlar bulunduğunu saptamış olmak yeterlidir.

*

Armağanın zıddı bir şeyi karşılığını vermeden ele geçirmektir; yapan kişi açısından, armağanın kendisinden yararlanan kişi için yol açtığından daha fazla yükümlülük getirmez. Eylemin yasak ya da genel olarak onaylanmayan özelliği ön plana çıkarılmak istenirse buna hırsızlık, el koyma ya da haksız sahip olma denebilir. Bununla birlikte burada bu tür bir alma olgusu kötülükten ya da gelip geçici bir istekten kaynaklanmayabileceğinden, hayvansal yaşamın temel, zorlayıcı bir kuralından geldiğinden predasyon sözcüğü tercih edilebilir gözüküyor. Her hayvan enerji rezervini belirli

13 Ingold, T., 2000, s, 70, vurgulama yazarın.

14 Sözgelimi bkz. Overing, J. ve Passes, A., 2000, özellikle önsöz ve giriş.

aralıklarla başka bir hayvanı, kendisinden farklı bir bedeni kendi içinde yok ederek yenilemek zorundadır; kendi içinde yok ettiği bu bedeni özümseyerek kendi organizmasının bir parçasına dönüştürür. İnsanlar da onbinlerce yıldır tabi oldukları bu zorunluluktan kaçamazlar ve yaşam tekniklerinin evriminin, tarım ve hayvancılığın dönüşmüş ürünlerinin stoklanmasının ya da geç tüketilmesinin gelişmesi dolayısıyla el koyma ve bir hayvanı yiyip yutma arasındaki özel ilişkinin anısını kısmen gizleyebilmiş olması, bu durumu değiştirmez. Predasyon canlı varlığının korunmasının temel mekanizmasıdır. Hayvanların çevreleriyle temel ilişkisidir bu ve René Thom matematik bir model geliştirmiştir bu konuda: Sayısız biyolojik sürece uygulanması mümkün gözüken "predasyon düğümü."[15] Dolayısıyla predasyon bir bireyin yaşamını sürdürmesi için gerekli üretici bir yok etme fenomenidir; nedensiz bir vahşet ya da sapkın bir yok etme arzusuyla hiçbir ilgisi yoktur ve tam tersine yenen hayvanı yiyen açısından çok önemli bir nesneye, yani bizzat yaşamını sürdürmesinin koşuluna dönüştürür.

Bununla birlikte biyolojik olanı toplumsal alana aktarmak ve toplumların predasyon tavırlarını egemen ilişki şemasına çevirmiş olabileceklerini iddia etmek doğru mudur? Öncelikle şunu hatırlamamız gerekli olabilir: Mübadelenin ve paylaşımın önceliği siyasal yaşamın temelleri konusunda düşünce geliştirenlerin oy birliğiyle kabul ettikleri bir şey değildir. Plautus'tan sonra, insanın ilk koşulunun hemcinsleri için bir kurt olmak olduğunu ve çıkarlarının onu sürekli başkalarını yoksun etmeye ittiğini iddia eden Hobbes, bu konuda hiç de yalnız değildir. Ve Hobbes'un kötümserliği özellikle –ve pek de yanlış olmayan bir biçimde– doğmakta olan bir pazar ekonomisi içinde bireyler arasında rekabet ilişkilerinin bilinçsiz biçimde özümsenmesi gibi yorumlansa da, bu kötümserliği sadece buna indirgemek mümkün değildir. Çünkü zorla el koymanın ve ötekinin yok edilmesinin burjuva toplumu tarafından biçimlendirilmiş bireyin kuşkulu ayrıcalıkları olmadıklarının kabul edilmesi şarttır. Her yerde, her dönemde izleri bulunur bunların ve toplum sözleşmesinden gelen kurumlar aracılığıyla yumuşatılmadan önce bu predasyon eğiliminin insan doğasının temel bir parçası olduğunu söylemek de, onu reddetmekten daha inandırıcı değildir. Burada söz konusu olan filogenezimizden gelen bir özelliktir ve bazı kolektifler bunu karakteristik bir *ethos* gibi benimsemiş olsalar da, bunun sebebi bu toplumların ötekilerden daha yabanıl ya da daha ilkel olması değildir; söz konusu toplumlar bir yandan kendilerine sadık kalırken bir yandan da en derin başkalığı içselleştirmenin paradoksal bir yolunu bulmuşlardır.

Ben bu kanıya Açuarlar arasında yaşadığım etnografik deneylerimler sayesinde ulaştım ve birkaç yıl önce de bu bağlamda "predasyon" kavramını, insan olan ve olmayanlar arasındaki, ben'in yaşamını sürdürmesi için gerekli bulunan özdeşlik ilkelerinin ve yaşamsal tözlerin ele geçirilmesine dayanan bir ilişki üslubunu nitelendirmek amacıyla kullanmaya başladım. Savaş ve savaş ritüellerinde olduğu kadar gündelik yaşamın birçok alanında da görülen bu predasyon eğilimi sadece Jivaro topluluklarına özgü değildi: Çok kısa sürede fark ettim ki, bu işaretleri Amazon bölgesinin öteki Yerli toplumları arasında bulmak da mümkündü ve

15 Thom, R., 1990, s. 222-231 ve 526-530.

Amazon *socius*'unu uzun süre tek başına tanımlamış olan eşit mübadele felsefesiyle tam bir tezat söz konusuydu. Ayrıca ben burada hegemonik bir ilişkinin yerine başka bir ilişkiyi koymak istemiyordum, zira bu çok geniş kültür alanında yaşayan bazı halkların mübadelenin empoze ettiği zorunluluklara bütünüyle uydukları kesindi.[16] Aynı dönemde ve paralel bir biçimde Viveiros de Castro da tupi dünyasında yamyamlığın ve savaşın ontolojik temelleri üstüne kendi düşüncesini geliştiriyordu: Bu düşünce sonunda ulaştığı "predasyonun sembolik yönetimi" modeli ile, Amazon bölgesinde Dravida'lardaki akrabalık ilişkisinin sosyolojik özelliklerini açıklamaya çalışacaktır. Dravida sistemlerinde görüldüğü gibi simetrik olmaktan çok uzak olan yakınlık ve akrabalık karşıtlığının belirgin özelliği, burada çapı açısından ele alınan bir yapı aracılığıyla hiyerarşik ve dinamik bir ters yüz oluş içermesidir: Yakınlık, yerel bir grup düzeyinde kandaşlığa bağlı tavırlar ve değerler aracılığıyla silinmiş olmakla birlikte, öteki yerel gruplarla ilişkilerde egemendir ve özel kodlanışı düşmanların yamyamca predasyonu olan daha bütünleştirici bir ilişkiye bağımlı duruma gelecektir.[17]

Zamanla ve bazı küçük yorum farklılıklarına rağmen, predasyon düşüncesinin birçok toplumda ötekiyle ilişkinin çok önemli bir şemasını oluşturduğu fikri, çok yaygın ve sıradan bir düşünce haline gelmiştir.[18] Öte yandan bu düşünce direnişlerle de karşılanmış ve yanlış anlamalara yol açmıştır. Burada daha sonraki bölümde inceleyeceğimiz ayrıntılara girmeden, predasyonun öncelikle insan olanla olmayanın başkalığının bütünleşmesinin bir aracı olduğunu belirtmek gerekir, zira bu ben'in tanımı için gereklidir: Gerçekten kendim olmam için bir başkasını ele geçirmem ve onu kendimle bütünleştirmem gerekir. Bunun yolu savaş, av, gerçek ya da mecazi anlamda yamyamlık, kadın ve çocuk kaçırma olabilir, şiddetin sembolik düzeyde kaldığı ideallerle kurulan bir dolayımdan gelen incelikler de olabilir. Predasyon vahşetin azgın bir biçimde yansıması değildir, kolektif erdem mertebesine yükseltilmiş bir ölüm itkisi ya da ne olduğu belli olmayan bir ötekini insanlık dışına atma girişimi de değildir; bu ötekinin bedeni, kimliği, benimle ilgili görüş ve düşüncesi olmadan eksik kalacağımı kabul etmektir. Söz konusu olan bazı etnologların fantazmalarını Amerika yerlilerine yansıtarak sorumluluğunu taşıdıkları karmaşık bir şiddet övgüsü değil, bazı kolektiflere özgü metafizik bir tavırdır.

*

Armağan, mübadele ve predasyon üçlüsü Marshall Sahlins'in kabile toplumlarında ayırt ettiği üç karşılıklılık biçimi düşüncesiyle yakınlık gösteriyor: "Genelleşmiş" karşılıklılık yerel bir toplum içinde özverili aktarımları niteler ve otomatik bir karşılığı yoktur; "dengeli" karşılıklılık kabile içinde eşdeğerlerin doğrudan mübadelesine denk düşer; "negatif" karşılıklılık kimi zaman yalan ya da şiddet yoluyla karşılıksız bir şey elde etme girişimidir ve kabileler arası ilişkilere özgüdür.[19] Ama benzerlik sadece yüzeyseldir. Nedeni de öncelikle armağanın da predasyonun da karşılıklılığa bağlı olmaması-

16 Descola, Ph., 1990, 1992 ve 1993.

17 Viveiros de Castro, E., 1993.

18 Bkz. Taylor, A. C., 1993 ve 1996; Fausto, C., 2001, Surralles, A., 2003.

19 Sahlins, M., 1968, s. 82-86; Service, E.'nin tipolojisinden yararlanır.

dır. Gerçekten her iki durumda da tek yanlı bir işlem söz konusudur: Armağan iyiliğe, lütfa karşılık verme zorunluluğu doğurmaz ve bir predasyon eyleminde bunu gerçekleştiren açısından çok ender olarak şiddetli bir karşılık verme arzusu vardır. Karşılık her zaman mümkündür ve gerçekten de misilleme biçimi altında oldukça yaygındır, ama eylemin gerçekleştirilmesindeki yönelimin temelini oluşturmaz hiçbir biçimde. Öte yandan üç tür karşılıklılık aktarım türlerinin her birinde bulunan ve heterojen olgu sınıfları olarak mübadele, predasyon ve armağanı kesinlikle ayırt etmeye yarayan nedenlerle ve zorunluluklarla değil, hareketlerin yönü ve nesne akışının pozitif, negatif ya da dengeli bilançosuyla ilişkilidir. Nihayet karşılıklılık tipolojisi, her yerde görülebilen ve aynı toplum içinde bir araya geldiklerinde, özellikle aktarım aktörleri arasındaki mekân ve akrabalık mesafeleriyle tanımlanan bir süreklilik içindeki konumlarıyla birbirlerinden ayrılan malların dolaşım biçimini betimler. Buna karşılık mübadele, predasyon ve armağan, benim burada anladığım anlamda genel ilişki şemalarıdır ve malların dolaşımından daha fazlasıyla ilişkilidirler, zira her ikisi de bir toplumun *ethos*'unu ayırt edici bir biçimde oluştururlar.

Üretmek, Muhafaza Etmek, Aktarmak

Birinci grubun ilişkileri unsurlar arasındaki hareketin tersine dönüşebilmesini sağlar: Bu tersine dönüşebilirlik bir mübadele için gereklidir, predasyon ve armağanda mümkün olduğu gibi arzulanan da bir şeydir. Buna karşılık ikinci grup ilişkileri her zaman tek yönlüdür ve hiyerarşize olmuş unsurlar arasında gelişir. Bu, özellikle üretim fenomeninde çok belirgindir. Üretkenin ürününe göre genetik önceliği, ürüne üreticisini (onu destekleyebilse de) üretme olanağı vermez ve böylece onu yaşamını borçlu olduğu varlığa en azından ilk başta bağımlı kılar. Marx hiçbir kuşkuya yer bırakmaz burada. Üretim insanların kendi aralarında, yaşam araçları ("üretim ilişkileri") sağlamak amacıyla belli biçimlere göre kurdukları bir ilişkidir ve aynı zamanda da belli bir amaç için yaratılan bir nesneyle özel bir ilişkidir. Gerçekten de Marx *Ekonomi Politiğin Eleştirisine Katkı*'nın girişindeki meşhur sayfalarda, "üretim faaliyetinin, her aşamasında aynı zamanda bir tüketim faaliyeti olduğunu"[20] belirtir. Bunun nedeni öncelikle üreterek yeteneklerini geliştiren bireyin bu faaliyet içinde enerji harcaması ve ham madde ile üretim araçlarını tüketmesidir; bu "üretici tüketim"dir. Ama tüketim aynı zamanda dolaysız biçimde bir üretimdir, zira her tüketim, besin tüketimi ya da başka bir tüketim üreten bireyin bedeninin ve yaşam koşullarının üretilmesine katkıda bulunur; bu, "tüketici üretim"dir. "Birincisinde [üretici tüketim] üretici nesnelleşir; ikincisinde [tüketici üretim] tersine kişileşen, yarattığı nesnedir."[21] Üretim ve tüketim arasında bir benzerlik olmasına rağmen tüketim ancak iki unsur arasındaki aracı bir faaliyet sayesinde mümkündür: "Üretim tüketimin aracısıdır ve tüketimin maddi unsurlarını yaratır; tüketim olmasaydı hiçbir nesnesi olamazdı. Ama tüketim de üretimin de aracıdır, zira ürünlere, kendisi için yaratıldıkları öz-

20 Marx, K., Introduction générale à la critique de l'économie politique (1857), Oeuvres, editör M. Rubel, c. I, Economie, Gallimard, Bibl. de la Pléiade, Paris, 1965, s. 243.
21 *Ag.y.*, s. 244.

neyi sunar."[22] Nesnelleştiren üretim ve öznelleştiren tüketim arasındaki bu çok özgün diyalektik benzerlik birkaç satır sonra, Marx açık seçik biçimde üretimin tüketime üstünlüğünü belirttiğinde yok olur. Gerçekten de tüketim üretimin bir anından başka bir şey değildir, zira bir nesne üreten birey onu tüketerek kendine geri döndüğünde, bu şekilde kendini yeniden üreten birey olarak geri döner; sonuç olarak "üretim gerçek hareket noktasıdır ve de aynı zamanda baskın gelen etkendir."[23]

Marx'ın tavrı aslında modern düşüncenin daha genel bir eğilimine işaret eder ve bu eğilim, toplumsal yaşamın maddi koşullarının belirleyici unsuru, insanlara doğayı dönüştürme ve böylelikle kendilerini de dönüştürme olanağı veren temel araç olarak üretimi ön plana çıkarmaktır. Gerçekten de Marksist olanlar arasında olduğu kadar olmayanlar arasında da yaygın olan düşünceye göre, insanlık tarihi öncelikle çevrenin sağladığı malzemelerden hareketle kullanım değerlerinin ve mübadele değerlerinin üretim biçimlerinin getirdiği dinamizme dayanır. Bununla birlikte bu üretici nesnelleştirme sürecine mal edilen önceliğin bütün toplumlar için geçerli olup olmadığı meşru bir sorudur.[24] Hiç kuşkusuz her yerde ve her zaman üretim vardır: İnsanlar her yerde birtakım amaçlarla, kendilerine yaşam olanakları sağlamak için maddeleri değiştirmiş ya da biçimlendirmişler ve böylelikle kendilerinden bağımsız bir malzemeye biçim ve amaçsallık dayatan aktörler olarak davranma kapasitelerini icra etmişlerdir. Bununla birlikte bu tür bir eylemin her yerde, bizim için son derece paradigmatik ve bildik olan, çok çeşitli bağlamlarda son derece heterojen işlemleri betimlemek için kullandığımız "üretim" denen dünyayla ilişki modeline göre değerlendirildiği söylenebilir mi?

Öncelikle genel anlamda avcı-toplayıcıların çoğunun yaşam tekniklerini tasarlama tarzını tanımlamak için üretim fikrinin pek uygun olmadığını belki hatırlatmaya bile gerek yoktur. Bu nedenle bu toplumları inceleyen bazı uzmanlar, "üretim"den çok "elde etme, sağlama" (*procurement*) terimini kullanırlar ve bu bağlamda amaçları bizim av ya da toplayıcılık dediğimiz faaliyetlerin her şeyden önce insanlara benzeyen bilinçli kendiliklerle dolu bir çevrede gelişen özel etkileşim biçimleri olduğunu belirtmektir.[25] Ama üretim kavramının uyumsuzluğu Batılı olmayan büyük uygarlıkların nesnelerin oluşturulduğu süreci kavramsallaştırma biçimini açıklamak söz konusu olduğunda da aynı derecede çarpıcıdır. François Jullien Çin konusunda Wang Fuzhi'nin yapıtını yorumlarken işaret etmiştir buna.[26] Çin düşüncesinin temel duygularını sistematize eden bu 17. yüzyıl Yeni Konfüçyüsçü aydını için, her gerçeklik birbirinden daha önemli ve özgün olmayan iki merci arasındaki etkileşime bağlı bir süreçtir: Sözgelimi *ying ve yang ya* da Gökyüzü ve Yeryüzü. Buradan hareketle, başlangıcı ve sonu belli olmayan, her türlü temel dışsallığı, ilk neden ya da ilk hareket ettirici olarak her türlü yaratıcı aracılığını, tüm aşkın başkalık referanslarını reddeden bir karşılıklı ilişki mantığı ortaya çıkar. Gelişme dinamiği, hareketin önceliği olan hareketsizlik ve hareketin birbirinin yerini alması tümüyle kişisiz ve yönelimsel-

22 *A.g.y.*
23 *A.g.y.*, s. 247.
24 Chris Gregory Melanezya'da malların dolaşımı incelemesinde çok iyi görmüştür bunu: Gregory, C. A., 1982, s. 31-32.

25 Bird-David, N., 1992, s. 40; Ingold, T., 2000, s. 58-59.
26 Jullien, F., 1989.

lik dışı biçimde meydana gelir: "Dolayısıyla belli bir plana göre hareket eden herhangi birinin bilinçli eylemi dışında düzen empoze edilemez [...], düzen nesnelerin doğasında bulunur ve nesnelerin sürekli gelişmesinin bir sonucudur."[27] Yani dünya amacı ve iradesi olan bir aktörün müdahalesiyle üretilmemiştir, sadece "iç" eğilimlerinin (*lişi*) sonucudur ve bu eğilimler sürekli bir dönüşüm akışı içinde kendiliklerinden ortaya çıkarlar.

Batı'da Kutsal Kitap geleneği ve Yunan düşüncesinin ikili etkisiyle, hiç sorgulanmayan apaçık bir şey gibi gelişen kahramansı yaratılış fikrinin, bu kendi kendini düzenleyen süreç fikrinden ne kadar derin bir uçurumla ayrıldığı kolayca anlaşılacaktır. Bir biçimin hareketsiz bir maddeye bir düzen vermesi olarak üretim düşüncesi, karşılıklı bağımlılık içindeki iki öncüle dayanan bu eylem şemasının hafiflemiş bir ifadesidir: Varlıkların ve nesnelerin düzeninin nedeni olarak bireyselleşmiş ve yönelimsellikle hareket eden bir aktörün önceliği ile, yaratıcı ve yarattığı arasındaki ontolojik statünün radikal farklılığı. Yaratım-üretim paradigmasına göre özne özerktir ve doğaya müdahalesi kişisel özelliklerini yansıtır; Tanrı, demiurgos ya da basit ölümlü bir varlık olsun, eserini önceden yapılmış bir plana göre ve belli bir erekselliğe göre üretir. Bu tip ilişkiyi başından beri nitelemeye yönelik zanaata dayalı eğretilemelerin kökeninde bu vardır. Mezmurlarda Yaratıcı kuyucuya, bahçıvana, çömlekçiye, mimara benzetilir; *Timaios*'ta demiurgos dünyayı bir çömlekçi gibi biçimlendirerek yaratır: İşleyeceği karışımı özenle oluşturur, ona küre biçimi verir, yuvarlaklaştırır ve yüzeyini parlatır.[28] Burada üretimin, *poiêsis*'in imajı esastır ve bu üretici ile ürettiği arasındaki modern ilişkide de baki kalır . Öte yandan aralarında mutlak bir heterojenlik düşüncesi de vardır: Yaratıcı, zanaatçı, üretici var edecekleri şeyin planına sahiptirler ve iradelerini üstünde çalıştıkları maddeye yansıtarak amaçlarını gerçekleştirme yolunda teknik olanaklar kazanırlar. Hıristiyan dogmasında Yaratıcı ile eseri arasında bir ölçülemezlik durumu olması gibi, Batı geleneğinde de üretici ve ürettiği nesne arasında ontolojik bir eşdeğerlilik yoktur.

Bu anlayışa herhalde en yabancı olan şey, Amazon Yerlilerinin beslendikleri varlıklarla ilişkilerini tasarlama biçimidir. Sözgelimi Açuarlar için sanki bunlar ontolojik olarak içinden çıktığı bir maddeden ayrılmış, tüketilebilen bir ürünü var etmeye yönelik faaliyetlermiş gibi, "tarım ürünü" ya da "av ürünü"nden söz etmek son derece anlamsızdır – öte yandan bu tür işlemler nicelendirilebilirler ve de benim daha önce yaptığım gibi kaynakların potansiyel üretkenliğiyle ilişkilendirilebilirler.[29] Açuar kadınları yetiştirdikleri bitkileri "üretmezler": Bunlarla alışverişleri iki kişi arasındaki ilişkiler gibidir, her birinin ruhunu etkilemek amacıyla konuşurlar ve böylelikle onu kazanırlar, büyümesini, yetişmesini desteklerler, bir annenin çocuklarıyla ilişkisinde görüldüğü gibi yaşamın tuzaklarına karşı yardımcı olurlar ona. Açuar erkekleri avladıkları hayvanları "üretmezler": Onlar da kişisel ilişkiler kurarlar bu hayvanlarla. Kurnazlık ve kandırmacanın olduğu temkinli ve bilgelik dolu bir ilişkidir bu... Okşayıcı sözlerle ve aldatıcı vaatlerle yumuşatılmaya çalışılır bu hayvanlar. Bir başka deyişle burada,

27 *A.g.y.*, s. 85.
28 Platon, Timaios, 33a-34c.
29 Descola, Ph., 1986, böl. V-IX.

yaşam araçlarının "üretimi"ni koşullandıran özneler (insanlar ve insan olmayan varlıklar) arasındaki ilişkilerdir; özneler (insanlar) arasındaki ilişkileri koşullandıran ise nesnelerin üretimi değildir.

Amazon bölgesindeki artefaktların üretimi bile klasik zanaatçı demiurgos modeliyle uyuşmaz. Lúcia van Velthem'in Kuzey Pará Wayanalarının sepetçilikleri üstüne araştırmalarından anlıyoruz bunu. Wayanalar komşuları bazı Aravaklar ve Karibler gibi çok çeşitli nesneleri teknik ve estetik açıdan büyük bir incelikle üretirler.[30] Sepetçilik erkeklerin yaptığı itibarlı ve itibar kazandıran bir iştir; bu işin ustası olmak, en azından en zor parçaları, sözgelimi *katari anon* denen ve her birinin hem dışı hem içi farklı motiflerle süslenen küfeleri üretebilmek için uzun zaman gerekir. Bununla birlikte Vayanalar sepet üretimini bir ham maddenin ustalıkla biçimlendirilmesi gibi görmezler, onlara göre bu iş insan bedeninde bulunan bitkisel ipliklerden ürettikleri hayvan ruhlarının bedenlerinin eksik ve biraz farklı bir biçimde canlandırılmasıdır. Çeşitli sepetler, küfeler, tepsiler, hasırlar ya da manyok fırınları van Velthem'in deyişiyle "dönüştürülmüş bedenlerdir."[31] Bunların bir anatomisi –bir baş, eller ayaklar, bir göğüs, bir gövde, kaburgalar, kalçalar, üreme organları– vardır ve üzerlerindeki süs motifleri dönüşmüş bir biçimi oldukları varlığın stilize edilmiş figürleridir; hatta sepetlerin içlerini süsleyen resimler bunların iç organlarının resimleridir: Söz konusu olan, böylelikle hayvan ruhlarının predasyona dayalı özümseme kapasitesidir ama bu kapasite, eksikliği nedeniyle artefakt içinde zararsız hale getirilmiştir. Çünkü iplik beden, canlandırdığı prototipin tehlikeli bedeninden farklıdır, bütünüyle aynı şekilde oluşturulmamıştır ve bu nedenle ilksel yönelimselliğinden yoksundur. Bununla birlikte bu sadece gündelik kullanımında bir tür "cansızlaşma" gerektiren ev sepetçiliği için geçerlidir. Buna karşılık tören amaçlı üretilen nesnelerin hayvan ruhlarının bedenini bütünüyle canlandırdığı söylenir... En usta sepetçiler yapıtlarına prototipin, hareketler, sesler ve kokular gibi görsel olmayan karakteristiklerini verme kapasitesine sahiptirler. Bu tür bir ontolojik mimetizm, bu nesnelerin dönüşüm etkenleri işlevi görmelerini sağlar ve bu etkenlerden tedavi ritlerinde büyük ölçüde yararlanılır, zira dönüştürülmüş bir biçimini oluşturdukları varlığınkine benzer özellikler taşırlar. Özerk bir etkenin projesinin ve sanatın biçimlendirdiği cansız bir maddeden hareketle yeni bir şeyin yaratımı-üretimi gibi değerlendirilmeyen Wayana sepetçisinin faaliyeti, gerçek bir dönüşümü, yani bir özne gibi var olan ve işlemde niteliklerinin tümünü ya da bir bölümünü koruyan bir kendiliğin durum değiştirmesini mümkün kılar.

Dolayısıyla dünyada bir eylem, bir özne ve bir nesne arasında özel bir yaratım ilişkisi gibi anlaşılan üretim hiçbir biçimde evrensel değildir. Üretim, biçim vermek için belirsiz bir maddeye kendi içselliğini yansıtan, son derece bireyselleşmiş bir aktörün varlığına gerek duyar; böylece tek başına sorumlu olduğu bir varlık üretecek, bu varlığı kendi kullanımı için sahip çıkacak ya da aynı türdeki başka gerçekliklerle mübadele edebilecektir. Sadece bu iki örnekte bile şunu görüyoruz: Çin düşüncesine özgü kendini yaratmaya yönelik kesintisiz bir süreç anlayışı ve Amazon bölgesinde *ex nihilo* yaratmaya dayalı karşılıklı dönüşümün önceliği bu

30 Vav Velthem, L., 2000 ve 2001.
31 Vav Velthem, L., 2001, s. 206.

formüle denk düşmez. Bu nedenle antropologlar maddi ya da maddi olmayan bir gerçekliğin kurulmasına vesile olan çok farklı fenomenleri bildik "üretim" dilinde yorumlama kolaylığına teslim olduklarında pek temkinli davranmıyorlar belki de. Bu kavramın binlerce yıldan beri bütünüyle özgün bir ilişki tipiyle örtüştüğü Batı bağlamı dışında, kişinin, toplumsal ilişkinin, öznenin ya da cinsiyet ayrımının "üretimi"nden söz etmek, genellikle benzer yanılgılara götüren bir dil aşırılığıdır.

*

Benzer bir biçimde, koruma da korumayı sağlayan kişi ve bundan yararlanan kişi arasında geri dönüşü olmayan bir tahakküm getirir. Kesinlikle karşılıklı olmamakla birlikte ilişki zamanla tersine dönüşebilir: Ailelerin çocuklarına yetişkinlik dönemine gelinceye kadar gösterdikleri sevgi, şefkat ve özenin karşılığını çocuklar onların yaşlılık dönemlerinde vereceklerdir belki. Öte yandan, kimi zaman koruyucunun kendisinden daha güçlü biri tarafından korunduğu da olur... Özellikle çoğu zaman, ikili kliantelist bağların hiyerarşik zincirlenme biçimini alan patronaj ilişkilerinde. Nihayet, koruma çoğu zaman karşılıklı yarar sağlama durumudur: Korumayı sağlayan kişiye korunan kişinin gerçek ya da itibari minnet ve şükran duygularından oluşan bir güvence sağlar, ayrıca bu kişinin bağımlılık durumunun yarattığı avantajlar olarak onun destek ve yardımlarını görür. Ama karşılıklı çıkar söz konusu olduğunda bile ilişki eşit değildir, zira her zaman belli bir olguya dayanır: Yardım, destek ve güvence sağlanması biçiminde yansıyan koruma bunu sağlayan kişinin inisiyatifine bağlıdır. Reşit olmayan çocuk ana babasının korumasını reddedecek durumda değildir, yurttaş devletin korumasını geri çeviremez, aynı şekilde pandalar da çevrecilerin korumasına karşı çıkamaz.

İnsan olmayan varlıklarla ilişkilerde, hem bir bitki ve hayvan topluluğu yeniden üremesi, beslenmesi, yaşaması için insanlara bağımlı olduğu için, hem de insan topluluğun kabul gören ve gerçek bir unsuru durumuna gelmiş olduğu için, koruma belirleyici bir şemadır. Bu bağlamda en mükemmel model hiç kuşkusuz Avrasya ve Afrika'daki kırsal topluluklarda görülen yaygın besiciliktir. Hiç kuşkusuz hayvan insanların dolaylı ya da dolaysız beslenmesine yarar, ama hayvanlarla her gün birlikte olan çobanların kafasında bu yararcı işlev ender olarak öne çıkar. Öncelikle hayvanın sorumluluğunu üstlenmek, yaşamın her alanında ona yardımcı olmak, bakmak, onu gözetmek söz konusudur, zira yabanıl hayvanın kendi yazgısı üstündeki denetimi burada insanlara geçmiştir. Dolayısıyla sırf otlakların ve su kaynaklarının seçimi konusunda da olsa hayvanın beslenmesiyle ilgilenmek gerekir; soyunu en iyi biçimde devam ettirmesi için gerekli koşulları sağlamak gerekir. Damızlıkların seçimi, dölle(n)meye nezaret etme ve yavrulara yardım; hayvanı yırtıcı hayvanlara karşı korumak ve hastalıklarını tedavi etmek gerekir. Hayvanın yaşam koşullarının bu biçimlenmesine kimi zaman üretim faaliyeti denmesine rağmen, bu sözcük pek uygun değildir, zira hayvan üstündeki doğrudan etki inorganik bir maddeden bir artefakt üreten bir zanaatçının ya da işçinin faaliyetinden çok farklıdır. Seçilim yoluyla ulaşılan standartlaşma düzeyi ne olursa olsun her hayvan kendi karakteri, kaprisleri, fantezileriyle farklıdır. Böylelikle koruma düşüncesi, çobanın hayvanıyla ilişkisini tanımlayan sürekli ilgi, bireyselleşmiş denetim, iyiniyetli zorlama karışımını hatırlatır – bu ilişki de, Nil bölgesi toplumlarını örnek verirsek, insanların hayvan muhataplarının tüm isteklerini karşılamasına yönelik tam bir boyun eğme hali alabilir: Evans-Pritchard'a göre "tüm yaşamlarını bu hayvanı rahat ettirmekle geçiren Nuerler'de inek, bir parazittir."[32]

Göçebe çobanların ünlü *cattle complex*'inin de en iyi biçimde anlatıldığı yer Doğu Afrika'dır, zira burada hayvan çok fazla önemsenir ve bunun sonucunda her türlü yararcı ereğin kaybolmuş gibi gözükmesi, tek zenginlik kaynağının tüm toplumsal ilişkilerde aracı rolünü oynaması söz konusudur: İnsanlar hayvan aracılığıyla adlandırılır, toplumsal katılım ve aktarım ilkeleri olarak mübadele enstrümanlarını sağlayan unsur hayvana sahip olma durumudur. Evans-Pritchard Nuerler'le ilgili olarak şunu da söylüyor ayrıca: "Tüm süreçleri ve toplumsal ilişkileri hayvansal terimlerle tanımlama eğilimi görülür onlarda."[33] Godfrey Lienhardt Dinkalar'la ilgili olarak aynı şeyi söylüyor ve komşuları Nuerler'in de "kendi yaşamlarını ve hayvanlarının yaşamlarını [...] aynı modele göre tanımladıklarını"[34] ekliyor. Evcil hayvanlar ve toplum arasındaki bu tür bir karşılıklı bağımlılık, insan olmayanlarla ilişkileri insanlarla ilişkilerin dayanakları gibi gören klasik fetişizm yorumuna indirgenemez. Buna göre havyanlar kesinlikle topluluğun tüm haklara sahip bireyleridir ve doğanın, kendi dışında kalan insanlar arası ilişkiler bağlamında metafor ve deyim işlevi gören toplumsallaşmış bir parçası değildir. Lienhardt ayrıca şunun da altını çiziyor: Dinkalar hayvanlarını insanlaştırmazlar, tersine her yerde ve her şeyde hayvanların bütün karakteristiklerini ve davranışlarını taklit etmeye çalışırlar, bu nedenle hayvanlar insanların olası en iyi vekilleridir. Bir başka deyişle ilişki şeması burada çoğalır; insanların hayvanlara karşı koruyucu tavrına, insanlar arasında farklı olan bir doğanın ilişkileri eklemlenmiştir ve bu ilişkiler paradoksal bir biçimde hayvanların dünyasını oluşturan ilişkilere dayanır: Sürünün örgütlenmesi, boğalar arasında rekabet, erkekler ve dişiler arasındaki rekabet siyasal ve mekânsal örgütlenmeyi, insanların savaşçı *ethos*'unu ya da cinsiyetler arasındaki ilişkileri düşünmek için bir model oluştururlar. Bu nedenle bu Doğu Afrika çobanları arasında besiciliğin rolü çok önemli olsa da burada koruma, kolektif içerisinde çok sıkı biçimde birbirlerine bağlı olan insan olan ve olmayanlar arasındaki ilişkileri belirleyen genel bir eylem ilkesi rolü oynamaz.

Haudricourt'un insanın "pastoral biçimde ele alınışı" dediği şeyin daha belirgin örneklerini bulmak için daha çok eski Akdeniz uygarlıklarına bakmak gerekir. Sözgelimi Roma dünyasında, *pater familias*'ın buyurgan ama koruyucu vesayeti altında yaşayan insanlardan oluşan küçük bir topluluk vardır: Kadınlar, çocuklar, köleler, sürüler, bunların tümü kendilerine yaşam güvencesi veren otoritenin sağladığı göreli düzen ve güvenlik içinde yaşarlar. Bu otorite bunları, kendi olanaklarını yaratarak ortak refaha katkıda bulunmalarını sağlayacak araçlarla donatır. Bu tarım Arkadiası'nın ideal tablosunu Vergilius'tan daha iyi çizen kimse görülmemiştir; bu Arkadia'da gayretli çiftçi, sorumluluğunu yüklenmiş olduğu ve kendisine bağımlı insanları akıllıca yöneterek "yaşadığı

32 Evans-Pritchard, E. E., 1940, s. 36.
33 *A.g.y.*, s. 19.
34 Lienhardt, G., 1961, s. 16.

yeri ve insanları, sürüleri, boğaları besler... Hak etmişlerdir bunu çünkü."[35] *Georgica*'nın dört kitabından ikisi hayvan bakımı, hayvanları tehlikelere karşı korumak amacıyla alınacak önlemler, hayvanların verdikleri hizmetler, sağladıkları faydayla ilgilidir; erdemleri ve görevlerine bağlılıklarıyla semiz öküzler, güçlü boğalar, diri savaş atları, çalışkan arılar sahibinin akıllıca gözetim ve denetimi altında, sorumlu yurttaşlar gibi davranırlar. Söz konusu sahip de Campania topraklarında gücün ve devletin zenginliğinin savunucusu Augustus'un yönetiminde kendini geliştirir, zenginleşir. Bir efendinin sağladığı güvene karşı mübadele etmek gereken şey sadece biraz itaat ve çok çalışmaksa, Vergilius'un kaleminde bağlılık çok hoş bir şeydir – hatta kölelik bile kabul edilebilir bir durumdur!

Korumanın sağladığı kabul edilen karşılıklı çıkarlar, çoğu zaman birçok ontolojik düzeyi asimetrik ilişkilerin bir dizi kopyasıyla birbirine bağlayan uzun bir bağımlılıkla birlikte gelişirler. İnsanlar geçimlerini sağladıkları hayvan ve bitkilerle ilgilenirler, onlara bakarlar, aynı şekilde onlar da insan olmayanlar, yani kutsal varlıklar tarafından korunurlar ve bu varlıklar himayeciliklerinden büyük yarar sağlarlar: Varlık nedenleridir bu koruma. Kimi zaman yerel ekonomide çok önemli bir yer tutan bir bitkinin ya da hayvanın hipostazları olan bu tanrılar, insanların refahının temellerini ve güvencelerini sağladıkları gibi, aynı zamanda da insanların yararlandıkları ve korudukları insan olmayan varlıklar üzerindeki etkili tahakkümlerinin koşullarını oluştururlar – hatta doğrudan yaratıcılarıdır bunların. Bu bağlamda Baykal gölünün doğusunda, güneyinde ve batısında yaşayan Buryat çobanları Eksirit-Bulagatlar örnek gösterilebilir.[36] Nispeten yeni bir pratik olan besicilik onlar için en önemli faaliyet haline gelerek toplumsal ve törensel yaşamın itici gücü olmuştur, öyle ki göksel bir sığırdan (*Buxa nojon*) ya da kendisinden gelen ataların ikinci derecede figürlerinin bağlı olduğu kabilenin en önemli tanrısı olan soylu bir boğadan doğduklarına inanırlar. Her yıl, birçok vesileyle Soylu Boğa'ya atalara şans ve zenginlik dağıtmaları, sürüleri korumaları ve çoğalmalarını sağlamaları için kısraklar kurban edilir: Kurbanlar tanrıya etlerini ve bu etler aracılığıyla onları yiyecek olan insanları kutsaması için sunulur. Ayrıca her besicinin sürüsünde "kutsal" bir boğa vardır ve bu boğaya kötü muamele edilemez, binilemez, bu boğa satılamaz, iğdiş edilemez. Soylu boğanın ve tükenmez erilliğinin temsilcisidir bu boğa, evcil hayvanların doğurganlığının güvencesi ve desteğidir. İnsanların bu boğaya gösterdikleri özen, ataları olan boğaya ve onun doğurucu güçlerine teşekkür amacıyla bir tür hizmettir; bu tanrıya sunulan, insanların ruhlarının yerini tutan kurban kısrakların ruhları ise günah bağışlatan bir kurbandır, böylelikle insanlara iyilik ve sürülere koruma sağlayacağı umulur. Tanrı'ya sunulan kurbanların birbirinden ayrılmasıyla –bir yanda kutsal hayvanın bakımı ve beslenmesiyle yaşamın kurtarılması, diğer yanda kısrakların ölümüyle ruhların kurtarılması– insanların, onun hipostazına olan borçları boğaya ödetilmiş olmaz. Böylelikle koruma, iki asimetrik ilişkiyi bir araya getiren bir etkileşim sisteminin kuşatıcı değeri olabilir: Bir predasyon iliş-

35 *Géorgiques*, livre II.

36 Hamayon, R., 1990, böl. XII.

kisi (bu ilişki içinde bağımlı, insan olmayanlara sahip olunur ve karşılığında hiçbir şey ödenmez) ve bir armağan ilişkisi (bu ilişki içinde korunan insan olmayanlar koruyucu insan olmayanlara sunulur: Burada amaç koruyucu insan olmayanların, korunan insan olmayanlar üzerinde insanların kurduğu tahakkümü devam ettirmelerini sağlamaktır).[37]

*

Benim burada anladığım biçimiyle aktarım, öncelikle ölülerin soy zinciri aracılığıyla canlılar üstündeki etkisidir. Bizden öncekilere çok şey borçlu olmamız mümkündür: Miras kalan menkuller ve gayrimenkuller; veraset yoluyla gelen yükümlülükler, statü ve görevler, isim ya da bazı bilgilere sahip olma durumu; fiziksel, zihinsel özellikler ya da soyaçekim yoluyla gelen davranış biçimleri. Uygarlıklara ve toplumsal durumlara göre değişkenlik gösteren, daha önceki kuşaklara borçlu olduğumuz bu maddi ve manevi mirasın yoğunluğu sadece aktarılan şeylerin niteliğine değil, aynı zamanda az ya da çok uzak akrabalara karşı bilinçli bir bağımlılık ilişkisi olarak aktarım fenomenine atfedilen öneme bağlıdır. Her toplumda şeyler kuşaktan kuşağa belli ve bilinen normlara göre geçer. Bununla birlikte bu aktarım sürecinin yaşayanların ölülere karşı gerçek bir borcu gibi kabul edilebilmesi sadece bazı koşullarda mümkündür. Burada, yaşayanlar neredeyse yaşamlarını belirleyen her şey konusunda kendilerini ölülere borçlu hissederler: İçinde yaşadıkları düzen ve değerler sistemi, yararlandıkları araçlar, farklı avantajlar, hatta kişilikleri – bu kişilik doğrudan doğruya ana babadan ve atalardan gelen ilkelerden, özlerden ve kimi zaman da kaderden oluşur. Bunların aktarılması için hiç kuşkusuz göreli bir biçimde zamana yayılmış gerçek ve kurgusal soyağaçları ile, her bireyin geçmişe atılmış köprüler aracılığıyla kimlik, ayrıcalıklar ve mükellefiyetler konusunda alacaklarını, alması gerekenleri belirleyen düzenlemeler gerekir. Bununla birlikte burada başlangıç koşullarından ziyade, belirli bir başkalarıyla ilişki şemasının yavaş yavaş baskın çıkmaya başlamasının söz konusu olduğu düşünülebilir. Soyağacıyla ilgili derinlik, ana ya da baba tarafından kesin bir soyağacı getiren kurallar, tüzel kişiler olarak davranan soy gruplarının ortaya çıkması, bütün atalarla ilişkili olarak hakların meşruiyeti... Antropologların hiçbir biçimde evrensel olmadıklarını çok uzun bir süreç sonunda kabul ettikleri bütün bu mekanizmaların, aslında bazı kolektiflerin, ölülerin aktarım ilişkisi yoluyla canlılar üzerinde kurdukları hâkimiyetlerini dogmatik bir sistem içinde sürdürmek amacıyla yararlandıkları araçlar olarak düşünülmesi gerekir.

Bu ilişkinin en açık seçik ifadesi ölülerin kült adanan atalara dönüşmesinde yansır. Uzlaşma sonucu "atalar" olarak adlandırılan bu kişiler, kimi zaman klan ve kabilelerin kökü olarak kabul edilen ama yarattıklarının kaderi üstünde doğrudan bir etkileri olmayan uzak ve az ya da çok mitsel kişiler değil, aslında yakın akrabalardır. Doğrudan atalara aile ya da sülale sunaklarında bireysel özellikler, adlar verilir; bunlar evlerde bulunan mihraplar sayesinde maddileştirilir ve canlılarla ilgili hiçbir şey bunların titiz yargılarından kaçamaz. Batı Afrika bunların ayrıcalıklı ülkelerinden biridir ve bu bağlamda Gana Tallensileri örnek gösterilebilir.

Sınırları belirlenmiş, hiyerarşize edilmiş ve

37 Exirit-Bulagatlarla ilgili olarak daha derin bir analiz için bkz. böl. XV.

siyasal anlamda göreli bir bağımsızlığa sahip olan Tallensilerin baba soyları, kimliklerinin ve erkek soyundan en fazla on ikinci kuşağa kadar giden erkek akrabalardan oluşan bir atalar grubuna adadıkları kült dayanışmalarının kökenlerini oluşturur. Fortes, *Oedipus and Job in West African Religion* adlı yapıtında ataların yaşayanlar üstündeki despotik hâkimiyetini anlatır. Bir babanın oğlu üstündeki tartışmasız otoritesine benzeyen bir hâkimiyettir bu: Babası sağ oldukça bir erkeğin hiçbir ekonomik hakkı, yasal statüsü ya da ritüel özerkliği yoktur; aynı şekilde bir soyun bireyleri de toprağa sahip olmak, siyasi sorumlulukların icrası ve her birinin refahı için atalara bağımlıdırlar.[38] Öte yandan bir erkek çocuğun babasından gelen hak ve ayrıcalıklara kavuşabilmesi için, babasını bir ata durumuna getiren ve böylece yaşayan bir bireye bağımlılığını daha önceki kuşaklar tarafından seçilen bir otoriteye aktaran ölüm ritlerini gerçekleştirmesi gerekir. Ataların gücü iki düzeyde belli olur. Kolektif anlamda yaşayanların ahlâk kurallarına uymalarını ve sosyopolitik örgütlenmenin dayandığı değerlere saygılı olmalarını isterler: Böylece her ölüm bireyin, hatta babasının ya da bir erkek akrabasının çoğu zaman dikkatsizlikle işlemiş olduğu bir günahı nedeniyle ataların bir yaptırımı gibi yorumlanır. Ama her bireye de özel bir ata refakat eder ve bu atanın, bir kâhin tarafından belirtilen iradesine boyun eğme koşuluyla ona göz kulak olduğu kabul edilir. Atalara kurbanlar, dualar ve içkiler biçiminde adanan kültlerin önemi buradan gelir; Fortes'in dediği gibi "onların ilgi, dikkat ve destekleri sevgi gösterileriyle değil liyakat kanıtlarıyla sağlanabilir."[39]

38 Fortes, M., 1959.
39 *A.g.y.*, s. 50.

Soy çerçevesi içinde yararlanılabilecek ayrıcalıklar, avantajlar, her bireyin hissesine düşen mutluluk ya da mutsuzluk payı... Bütün bunlar yaşayanlara, bunalan ve sıkılan Eyüp'ün sonunda Tanrısına atfettiği tartışılmaz, korkunç ve insan idrakinin anlayamayacağı bir adalet örtüsü örten atalar tarafından belirlenmiştir.

Dolayısıyla başka birçok Batı Afrika uygarlığında görüldüğü gibi Tallensiler'de de, atalara adanan kült onları verdiklerinden dolayı onurlandırma ya da onlara minnet ve şükran sunma biçiminden çok onlarla uzlaşma, öfke ve gazaplarını yatıştırma girişimidir. Başarılı olup olmayacağı kesinlikle belli olmayan bir girişimdir bu. Kuşaklararası hareket tek yönlüdür, zira ataların verdiklerinin iadesi, özellikle de hepimiz için ana babalarımızdan aldığımız yaşamı iade etmek mümkün değildir. Bu bağlamda ataların tavrında özgürlük söz konusu değildir, çünkü ataların da aldıklarını aktarmama gibi bir özgürlükleri yoktur ve aktarırlarken soylarını kendilerini kurtaramayacakları bir bağımlılık sarmalı içine atarlar. Dolayısıyla yaşayanların üstlendikleri borç kaçınılmaz bir biçimde kuşaktan kuşağa geçer ve bu arada toplumdaki borçlular ölülerin saflarına geçerek alacaklılar olurlar; ve kendilerinin ödemek zorunda oldukları borcu soylarına ödetirler: Sahip oldukları güce kesin itaat karşılığında yaşama ve yaşamı mümkün kılan şeylere hak sağlamak, onlar için yaşamlarını sürdürmenin bir biçiminin çok değerli güvencesidir. Troya'dan kaçan Aeneas gibi burada her insan babasını sırtında taşır, ama aynı zamanda babasının sırtındaki babayı da taşır... Sonra da babasının babasının babasını ve bu böyle kesinlikle metaforik olmayan, yaşayanların hareket özgürlüğünü ağırlığı altında ezen bir soylar piramidinde sürüp gider. Ataların yaşamsal ve ölümcül yükünün soy zinciri yoluyla geçtiği bu toplumlarla ilgili olarak Pierre Legendre'ın genel anlamda aktarım konusunda kimsenin reddedemeyeceği çok yerinde tespitine katılmaktan başka yapacak bir şey yoktur: "Soyağacı kurumu öznenin mutsuzluğu temeline dayanır."[40] Ama bu mutsuzluk Afrika'da, karşısında kaprisli tanrıların ya da Hıristiyanların Tanrısının belirsiz amaçlarının bulunduğu bireyin tekil kaderine çöken trajik boyutlarda değildir, çünkü atalar da dâhil olmak üzere herkes iyisiyle kötüsüyle daha önceki kuşaklara bağlı olma kaderini paylaşır. Öte yandan Fortes'in kitabının başlığındaki Oidipus referansına rağmen bir, Tallensi'nin Sophokles'in Laios'un oğlunun çevresindeki koronun ağzından aktardığı "dünyaya gelmemiş olmak yüz kez yeğdir"[41] gibi lanetli sözleri söyleyebileceği kuşkuludur.

Aktarım sadece bir kolektifin atalar haline gelmeye adanmış canlıları ile, güçleri ve iradeleri her durum ve koşulda hissedilen yaşayan ölülerini bağımlılık zinciri içinde bir araya getiren parçaları arasındaki iç ilişkilerden ibaret değildir. Aynı zamanda kolektifleri ve unsurlarını birbirlerinden ayıran bir etkinliktir: Gerçekten de bunlar tezatlı özdeşliklerinin belli başlı kaynağı olarak, özerk bir topluluk anlamında meşruiyetlerini ve buna bağlı olarak başta yerleşme hakkı ve yerleştikleri yerlerdeki kaynaklardan yararlanma hakkı olmak üzere –yansımaları vatan kavramında görülen– kalıtımsal maddi ve manevi özellikleri paylaşma bilincine kadar bütün niteliklerini aldıkları özel atalara sahip olmak isterler. Toplulukların ve özelliklerinin tanımında bu aktarım sözcüğünün kullanımı dünyanın bazı bölgelerinde çok özel bir anlam taşır ve kuşaktan kuşağa bazı maddi ve manevi zenginliklerin aktarımıyla ilgili evrensel fenomenle karıştırılmamalıdır. Sözgelimi Amazon yerlileri arasında Batı Afrika ya da Çin'de görülen ata hâkimiyetine tanık olunmaz. Hatta buralarda ata düşüncesi bile tuhaf kaçar: Ölenlerin canlıların hafızalarından olabildiğince kısa sürede silinmesi gerekir ve onlardan bir süre daha belli şeyler kalmışsa eğer, bunlar uzak durulması gereken az ya da çok zararlı tinlerdir. Ayrıca soyağaçları çok ender olarak büyük babaların kuşağının ötesine kadar gider ve ender görülen soy zinciri grupları ne yaşam olanaklarına sahip olmayı, ne de bunların kuşaktan kuşağa geçmelerini denetleyebilirler; Brezilya Sanumaları'nda görüldüğü gibi toplumun sadece küçük bir bölümüyle ilgilidir bunlar. Ölülere adanan kült yoktur ve onlardan bir şey miras kalsa da, bunlar, küçük bir maddi mirastan –nesneleri yok edilmiştir genellikle– çok simgesel niteliklerdir: Adlar, şarkılar, mitler, bazı süs eşyalarını üretme hakkı ya da bazı süsleri taşıma hakkı.[42] Kısaca söylemek gerekirse ölüler insan topluluklarının dışına atılmıştır ve hiçbir biçimde etkili olamazlar insanlar üstünde.

Burada söz konusu olan hiç kuşkusuz genel anlamda animik düzendir. Sözgelimi Ingold ağaç biçimindeki soy zinciri modelini ve yerli halkların kendi kendileriyle ve yaşadıkları yerle ilişkilerini açıklama modeli olarak eskiliğe öncelik verilmesini eleştirirken, örneklerinin

40 Legendre, P., 1985, s. 80.

41 *Oedipe à Colone,* 1244'e doğru. (çev. R. Pignarre, Garnier Frères, Paris, 1964).

42 Yaklaşık yirmi yıl önce yayınlanmasına rağmen A. Seeger, R. Da Matta ve E. Viveiros de Castro (1979) tarafından tanıtılan Amazon Afrika aktarım modeli güncelliğini bütünüyle korumaktadır.

çoğunu benim animik dediğim toplumlardan almıştır: Malezya Chewongları, Tamil Nadu Nayakaları, Ojibwalar, Kuzey Amerika Creeleri ve Yup'ikleri gibi. Gilles Deleuze ve Félix Guattari'den alınan köksap [*rhizome*] imajı, ona göre, tek yanlı soy zinciriyle ilgilenmeyen bu halkların çevrelerindeki çeşitli unsurlarla ilişkileri tanımlamak için çok daha verimlidir.[43] Ters bir aşırılığa düşmemek ve "yerli halklar"ın kendileri hakkındaki fikirleri doğru biçimde yansıtılmak isteniyorsa, tüm aktarım ve ata referanslarını dışlamamak şartıyla doğru bir gözlemdir bu.[44] Çünkü Tallensileri ya da Malgaşları yerlilikten veya ayırt edici bir kimlikten dışlamanın, ya da Batı'ya özgü soyağacı ilkesinin koruyucu ruhlar ilkesini kabullenmek gibi bir sapkınlığa düştüklerini düşünmek için bir neden yoktur. Ölülerine ve onların aktardıkları ve denetledikleri şeylere çok fazla önem vermeyi tercih eden bazı kolektifler, atalarıyla olan bu temel ilişkiden ortak yaşamlarını düzenleyen gerekçeler ve değerler çıkarırlar. Kimileri de insan yaşamının bu boyutunu ihmal etmeyi tercih etmişler, bireysel ve kolektif kimliklerini hem çağdaş hem de aynı statüye sahip bir yığın kendilikle çok kutuplu ilişkilerden oluşan bir ağa dayandırmayı tercih etmişlerdir. Antropolojinin uzun süre bu ikinci grupta yer alanların pratiklerini, birinci grupta yer alanların kurumlarını ölçü alarak yorumlama eğilimi, birinci grupta yer alanların yeryüzündeki farklılıklara getirdiği katkıya kuşkuyla bakılması ve unutulması için bir neden değildir.

43 Ingold, T., 2000, s. 140-146.

44 T. Ingold: "Bana göre temel imaj olarak ağaçtan çok kökle ilişkisel bir model sözde yerli halkların kendileriyle ve dünyadaki konumlarıyla ilgili anlamı daha iyi açıklar" (a.g.y., s. 140).

*

Gözden geçirdiğimiz ilişki biçimleri iki bütün içinde yer alırlar: Birincisi aynı ontolojik düzeyde birbirlerinin yerini alabilen unsurlar (mübadele, predasyon ve armağan) arasında potansiyel olarak geri çevrilebilir ilişkileri içerir, diğeri ise birbirlerine göre içrek bir biçimde hiyerarşize olduklarından birbirlerinin yerini almaları mümkün olmayan unsurlar (üretim, koruma ve aktarım) arasında konumları belli ve tek yönde gelişebilen ilişkileri içerir. Birinciler kimlikleri ya da özleri, onları birleştiren ilişkinin somutlaşmasıyla değişmeyen, statüleri eşit özneler arasındaki bir değerin simetrik ya da asimetrik hareketini karakterize ederler, ikinciler ise bir eylemin aktörleri ve nesneleri arasında genetik, mekânsal ya da zamansal düzeyde bir bağlantıyı tanımlarlar ve söz konusu eylem bunların konumlarının farklılığını yaratmış ya da sürdürmüştür (**Tablo 10**).

Bu sınıflandırmada hiç kuşkusuz birçok başka ilişki biçimi de yer alabilir. Bununla birlikte bunların çoğu burada değerlendirilen ilişkilerin tamamlayıcısı ya da boyutlarından biri olabilir. Bağımlılık olmadan koruma olmaz, tanıma olmadan yüce gönüllülük olmaz, mükellefiyet olmadan mübadele olmaz. Tarihteki rolleri göz önüne alındığına eksiklikleri tartışılabilecek tahakküm ve sömürüye gelince, bunlar unsurlarının biri gibi öteki ilişkiler içinde yer alırlar: Tahakküm koruma ve aktarım durumları içinde yer alır, sömürü ise üretim ya da mübadele koşullarına egemen olma vesilesiyle ortaya çıkan güç ilişkileri içinde tezahür eder. Ayrıca ele alınan ilişkilerden farklı olarak sömürü ve tahakkümün ilişkide olduğu unsurlar bağlamında oldukları gibi ortaya çıkmaları en-

TABLO 10
İlişkilerin, Taraflar Arasındaki İlişki Bağlarına Göre Dağılımı

Eşit taraflar arasında benzerlik ilişkisi		Eşit olmayan taraflar arasında bağ ilişkisi	
Simetri	*Mübadele*	*Üretim*	Genetik bağ
Negatif asimetri	*Predasyon*	*Koruma*	Mekansal bağ
Pozitif asimetri	*Armağan*	*Aktarım*	Zamansal bağ

der görülen bir durumdur; bunlar çoğu zaman bir hizmet mübadelesi ilişkisi görünümündedirler ve temel eşitsizlikleri kısmen bu ilişkinin ardında gizli haldedir: Emeğe karşı ücret, angaryaya karşı koruma ya da bağımlılığa karşı refah. Ama sorun bu değildir. Çünkü hatırlatmam gerekir ki benim amacım, belirli biçimleri olan varlıklar arasındaki bütün ilişkileri sınıflandırmak değil, sadece daha önce ortaya koyduğum tanıma biçimleriyle olası uyum ve uyumsuzluk ilişkilerini irdelemek amacıyla kolektiflerin yaşamını oluşturan bazı büyük eylem şemalarını göstermektir. Dolayısıyla bu tipolojinin dünyaya müdahale biçimlerinin değişkenliğinin bazı temel yapılarını bir araya getirmekten başka bir iddiası yoktur; Bu bağlamda bir sentaks taslağından daha fazlasını önermenin boş olacağı bir zenginliktir bu.

Şematik tümevarım, alanlar arasındaki analojik aktarım ya da duygulanımların hafıza üstündeki etkisi gibi belirli bilişsel mekanizmalara dayansalar da, ilişki şemaları insan zihnine kazınmış kategorik buyruklar değildir. Bunların daha çok her kolektif yaşamın nesnelleştirilmiş özellikleri gibi düşünülmesi gerekir ve bunlar davranışları ayırt edici eylem biçimleri içinde istikrara kavuşturan zihinsel, duygusal ve duyu-motor yatkınlıklarla bütünleşirler. Başkalarına vermek ya da kendini adamak, başkalarından almak, başkalarından bir şey kabul etmek, başkalarıyla mübadele yapmak ama aynı zamanda başkalarını sahiplenmek, başkalarını korumak, başkalarını yaşatmak ya da başkalarına bağımlı olmak, toplumsal primatların filogenetik evrimine içrek edimlerdir ve tüm insanlar bunları aile içinde olduğu gibi daha geniş bağlamlarda da pratiğe geçirirler. Bunlar her topluluğun yararlandığı bir bileşimler repertuvarı oluştururlar ve her kolektif kamusal davranışlarını yönlendirmek amacıyla hâlâ pek bilinmeyen nedenlerden ötürü şu ya da bu ilişki alanına ayrıcalık tanır. Ama bu pratik şemalarından hiçbiri bir topluluğun *ethos*'unu tek başına belirleyemez. Bunların her biri daha çok, dile gelmemiş bir etik ufuk oluşturur: Yani, varlıklara ve şeylere dair gündelik bağları belirgin nüanslarıyla bezeyen, sayesinde komşulardan farklı hale gelinen ve sevilmeye başlanan bir töreler stili – yine de, bireysel mizacın, duyguların kestirilemezliğinin ve uzlaşmaların keyfiliğinin, daha az tektipleşmiş durumlarda ifadesine izin verdiği, başkasıyla ilişkinin farklı biçimleri tamamen ortadan kalkmaz.

14

Ruhların Alışverişi

Varlıkların özelliklerini belirginleştirme biçimi olan tanıma ve bunların aralarındaki bağların genel biçimini belirleme aracı olan ilişki arasında iki tip yakınlık mümkündür: 1) Bir ilişki şemasının esnekliği, onun farklı ontolojilerdeki etkileşimlerin yapılandırılmasını sağlar ve dolayısıyla bu ontolojiler kurucu ilkelerinin heterojenliğine rağmen bir aile havası görünümü verirler; 2) tanıma biçimlerinden biri birçok farklı ilişki şemalarını uyumlu hale getirebilir, dolayısıyla mekânda – sözgelimi bir "kültür alanı"nda– geniş bir dağılımı olan ontolojik bir çerçeve içinde etnologların ve tarihçilerin yararlandıkları alışkanlıkların ve normların somut bir farklılığı görülür. Biz burada bu sonuncu konuyu ele alacağız. Bununla birlikte bir tanıma biçimiyle bir ilişki biçiminin sağladığı bileşimler o kadar çoktur ki bunların sistematik ve ayrıntılı bir biçimde gözden geçirilmesi mümkün değildir; ayrıca bu bileşimlerden bazıları daha önce ele alınacak olan mantıksal uyumsuzluklar nedeniyle mümkün değildir. Böylece farklı ilişki şemalarının aynı tanıma biçimine, bizim konumuzla ilgili olarak animizme damgasını vurduğu *ethos* varyasyonlarını değerlendirmekle yetinilecektir. Bu sunum hiç kuşkusuz eksiktir, ama en azından antropolojinin, karşılaştırmalı saha incelemelerinin ayrıntılarına girdiğinde yararlanabildiği bir kanıtın taslağını sunar: Mauss'un Stuart Mill'i kendi yanına çekerken söylediği gibi "iyi bir deney bir yasanın kanıtlanması için yeterlidir."[1]

Bu deneyle ilgili olarak daha çok animizmin tercih edilmesinin nedeni, coğrafi varyantlarının birinde bizi ilgilendiren sorunla ilgili olarak tam anlamıyla örnek bir yorum problemi ortaya koymasıdır. Kuramsal olarak hangi tarafa bağlı olurlarsa olsunlar tüm Amazon Yerlileri uzmanları, inceledikleri toplumların etnografik bir tablosunu çıkarırlar ve bu tabloda animik ontolojinin belirgin özellikleri açıkça görülür. Bütün Amazon bölgesinde belirli bir toplumsal

1 Mauss, M., 1950, s. 391.

felsefe üslubu söz konusu olduğunda ise durum farklıdır: Burada tam bir uyumsuzluk görülür ve her uzman, özel bir etnografik bağlam içinde gözlemleyebildiği değerleri ve pratikleri bölgenin öteki halklarına yansıtma eğilimi içindedir. Lévi-Strauss'un ilk yazılarından birinde kabileler arası ilişkiler ve Güney Amerika'nın alçak alanlarındaki çatışmalar arasında bir paralellik kurmasından beri bu bölgenin paradigmatik ilişkisinin mübadele olduğunu söylemek âdet olmuştur: Erkekler evlenebilecekleri kadın (model kız kardeş mübadelesidir), mal (çoğu zaman aynı mallar) ve ölü (intikam ve savaşta) mübadelesi yaparlar; kadınlar da kendi aralarında çelikleme dalları, bitki ya da evcil hayvan mübadelesi yaparlar; şefler cömertlik, yüce gönüllülük, çokeşlilik hakları mübadele ederler; avcılar av hayvanı, et, çeşitli armağan mübadelesi yaparlar; kısacası her şey büyük bir karşılıklılık çemberi içinde sürekli dolaşır.[2] Daha önce gördüğümüz gibi, daha yakın dönemlerde bazı antropologlar özveriye dayanan bir mübadele varyantı üstünde durmuşlar ve Amazon toplumsallığını insanların cömertliğin egemen olduğu bir birliktelik içinde karşılıklı üretimi olarak tanımlamışlardır; buna karşılık başka bazı antropologlar ise karşılıklı faaliyetlerin tipik bir biçimi olarak ötekinin asimile edilmesinin yamyamlık boyutu üstünde durmuşlardır. Viveiros de Castro ile birlikte, yaygınlaşmış predasyon olgusunun "Amerika yerlileri kozmolojilerinde İlişkinin prototipik modalitesi" olduğu mu kabul edilmelidir?[3] Yoksa Amazon *socius*'unun baskın özelliğini paylaşım olgusunda ortaya çıkan yakınlıkta bulan Overing ve öğrencilerine mi inanmak gerekir? Bu halkların etik ufukları, eşit partnerler arasında eşitliğe dayanan bir mübadele, yardımlaşma ve armağan aracılığıyla beslenen ideal bir kendi arasında olma hali midir? Kesin olan, bütün bu ilişki biçimlerinin mevcut olduğu ancak farklı topluluklara dağıldıklarıdır.[4]

2 Lévi-Strauss, Cl., 1943.

3 Viveiros de Castro, E., 2002, s. 164.

Predatörler (Avcılar) ve Avlar

İlişkinin baskın bir şeması haline geldiğinde predasyonun neye dönüşebileceği ile ilgili örneği, okuyucu için yavaş yavaş aşina olduğu bir halkta arayacağım. Jivaroların çeşitli kabileleri 1950-1970 arasında misyonerler tarafından "pasifize" edilinceye kadar savaşçılıklarıyla ve toplumsal yaşamlarında sürüp giden anarşiyle ünlüydüler. Bununla birlikte gözlemciler için belirsizlik kaynakları ve aforoz gerekçeleri oluşturan bu sürekli savaşlar, toplumsal dokunun dağılmasına ya da şiddetin önlenemez biçimde yayılmasına tanıklık etmiyorlardı; tersine bireysel yazgıların ve dayanışma bağlarının belli başlı mekanizmasını oluşturuyorlardı ve temel bir değerin en açık seçik ifadesiydiler: Ben'in yaşamını sürdürmesi için gerekli olduğu kabul edilen özellikleri ve kimlik ilkelerini başkalarından edinme zorunluluğu. Gerçekten de Jivaro kabileleri –Şuarlar, Açuarlar, Huambisalar ve Aguarunalar– arasında kelle avcılığı, aynı kabile bireyleri arasında hiç bitmeyen kan

4 Bu nedenle daha önce yapılabildiği gibi olası Amazon toplumsallığının iki uzlaşmaz yaklaşımını karşıtlaştırmak boş bir çabadır: Viveiros de Castro ve benim çevremde bir araya gelen ontolojik predasyon yandaşları "şahinler" kanadı ve Overing çevresinde toplanan birlikte yaşama estetiği savunucuları "güvercinler" kanadı (Santos Granero, F., 2000). Çünkü ben kendi payıma hiçbir zaman Amazon bölgesinde ötekine karşı özel bir davranış biçimi olduğunu iddia etmedim.

davaları aynı gerekliliğin ifadeleridir: Yakın akrabalar içinde az ya da çok yakın komşulardan gerçek ya da düşsel kişilerin yakalanması yoluyla baş gösteren her ölüm olayının telafi edilmesi. Düşmanların kafalarının alınması uzun ve karmaşık bir ritüel aracılığıyla ölüyü ilk kimliğinden sıyırmaktır ve burada amaç bu kimliği, öldüren kişinin kendi yerel grubuna aktarmaktır: Orada doğacak çocuğun yaradılış ilkesi olacaktır bu kimlik. Ölünün fizyonomisini, dolayısıyla bireyselliğini koruma olanağı veren kafanın kesilmesiyle muzaffer savaşçı bakir bir kimlik kazanır ve bu kimlik evlilik mükellefiyetleri söz konusu olmadan akrabalarının, yakınlarının genişlemesini sağlar. Sonuç olarak kafaları kesilen düşmanların ne çok yakın ne çok uzak olmaları gerekir, zira bu insanlar farklı algılanmakla birlikte kültürel olarak yararlanılabilen bir kimliğe sahiptirler: Bunlar genellikle Jivarolardır, ama başka bir lehçe konuşan ve yakın bir geçmişte hiçbir akrabalık bağı kurulmamış olan bir komşu kabileden seçilirler.

Öç alma savaşlarında kelle alma söz konusu değildir, ama burada da benzer bir ilke vardır. Akrabalar arasında silahlı çatışmaya hangi intikam gerekçeleri yol açarsa açsın, aynı kabileden bir düşmanın öldürülmesinin arkasından genellikle eşlerinin ve küçük yaştaki çocuklarının kaçırılması gelir. Eşler öldüren kişinin kadınlarına katılır, çocuklar ise aynı kişi tarafından evlat edinilir ve öz evlat muamelesi görürler. Böylece komşu topluluklar içinde kadınların ve çocukların tutsak edilmesi bir öç alma girişimi için açık seçik ve yeterli bir neden olmaz hiçbir zaman, çoğu zaman beklenen, hatta umut edilen bir sonuçtur. Muzaffer savaşçı için çifte bir yarar söz konusudur burada: Düşmanın ölümüyle gerçek ya da hayali bir hakaretin öcünü alır ve evliliğin temelini oluşturan karşılıklılık zorunluluğundan kurtularak hanesinin nüfusunu artırır. Hiç kuşkusuz kelle avcılığı ve de öç alma genellikle misillemeler doğurur, ama misilleme özellikle istenen ve aranan bir şey değildir ve sonuçlarından kaçınabilmek için bütün önlemler alınır. Dolayısıyla bir Jivaro topluluğu içinde başkalarına şiddet uygulama ve karşılığında da şiddet görme barışçı mübadele olgusunun olumsuzlanmasının bir sonucudur ve savaşçı bir etkileşim aracılığıyla insan yaşamlarının mübadelesi yönünde yapılmış bilinçli bir tercih değildir.[5]

Ayrıca öç alma olsun, kelle avcılığı olsun, bu eylemler Jivaroların genel olarak yakınlar sınıflandırmasına dâhil ettiği kişilere karşı gerçekleştirilir ve çatışmalarda öldürülen düşmanların baba tarafından akraba olmaları ya da tersine katilleriyle hiçbir soy ilişkisi içinde olmamaları durumu değiştirmez. Evlilik yoluyla akraba olan bu hasımların tanımlanmasını daha iyi anlamak için toplumsal örgütlenme konusunda birkaç söz söylemek gerekiyor. Klasik Jivaro habitatı çok dağınıktır, her evde tek aile yaşar ve bu aile genellikle çokeşlidir, komşularından ayrı özerk, siyasal ve ekonomik bir birim oluştururlar; komşularından uzaklıkları yaya olarak ya da kayıkla birkaç saat veya bir ya da iki gün olabilir. Bununla birlikte bir ırmak boyunda dağınık halde bulunan on ya da on beş evde yaşayan yerel topluluklar da vardır ve bu evlerde yaşayan bireyler babasoylu akrabalık ve evlilik ilişkileri gibi daha sıkı bağlar

5 Jivaro kelle avcılığının bu yorumunda Taylor, A. C.'nin çalışmalarından (1985, 1993) yararlanılmıştır; Jivaro çatışmaları konusunda daha ayrıntılı analizler için bkz. Descola, Ph., 1993.

oluştururlar. Evlilik ilişkisinde çift yanlı çapraz kuzenler arasında evlilik kuralı geçerlidir. Bununla birlikte, bu küçük endogam yapılar aynı tipteki öteki Amazon toplulukları gibi kendilerini ideal anlamda babasoylu topluluk olarak görürler ve içlerindeki yakınlık bağları akrabalık terminolojisi manipülasyonları nedeniyle pratikte görülmez. Bu manipülasyonlar yakınlığın ve baba tarafından akrabalığın cinsiyet ayrımları içinde dağılmasına katkıda bulunurlar, öyle ki özellikle eril bir yakınlığa paradoksal bir biçimde babasoylu birleşmelere dayalı bir evlilik ilişkisi denk düşer.[6] Dolayısıyla Jivarolar evlilik yoluyla oluşan akrabalığı serbest bırakırken bu akrabalığın mantıksal bir işlemciye dönüşmesinin aracıları oluyorlar. Sözgelimi endogam ağın dışında olduğunda uzak babasoylu akrabalıkların dönüşümünün gösterdiği gibi dışarıyla ilişkilerin düşünülmesi bağlamında. Gerçekten de yerel topluluğun ütopik bir biçimde kendi içine kapanması simetrik bir terslik oluşturur: Açık seçik biçimde nesnelleştirilmiş bir yakınlıktır bu, çünkü her tür babasoylu etkiden uzaktır. Bununla birlikte çok genel anlamda düşmanca olsalar da endogam yapının dış ilişkileri, toplumsal bir mesafe ölçeğine göre ya da ifadesini bir akrabalık ilişkisinin evliliği gerçekten yönlendiren aile ocağından uzaklaştıkça gitgide belirginleşen şematikleşmesinde bulan göreli bir başkalığa göre derecelenmiştir.

İç savaşlar genellikle komşu toplulukları karşı karşıya getiren çatışmaların arkasından gelir ve nedeni de evlilik kurallarına –gerçek anlamda ya da sözde– uyulmamasıdır. Endogam bir topluluk içinde kadın hakları konusunda bir anlaşmazlık çıktığında genellikle bir tazminat ve büyük bir savaşçının aracılığı yakın akrabalar arasında öç alma girişimlerinin engellenmesi için yeterlidir. Karşılıklı uzlaşma yoluyla sulh mümkün olmazsa bunun da nedeni genellikle çatışmanın sorumlusunun ya da kurbanının kökenlerinin başka bir endogam yapıya ait olmasıdır. Çünkü endogam kapalı yapı ideal bir eğilimdir; gerçekten de egzogam evliliklerle ilgili değişken bir oran titiz bir kadınyerlilik ilkesinin uygulanması sayesinde bir yerel gruba komşu bölgede doğmuş birinin dâhil olmasını her zaman mümkün kılar. Bu yabancı damatların yaşamı zordur, zira uzak atalarla evlilik yoluyla kurulan yakınlık zorunlu, kural haline gelmiş yakınlıktan çok daha mesafelidir. Ayrıca önemli bir olay olduğunda "dışarıdan eklenen unsur" doğal olarak kaçacak, doğrudan ve aralarında kan bağı bulunan akrabalarından yardım ve koruma isteyecektir. Böylece her yerel topluluk, evlilik ilişkisi aracılığıyla komşu gruplarla ince yakınlık ve akrabalıklar oluşturur; bunlar konjonktürel bir birlikteliğe temel oluşturabilecekleri gibi, tersine bazı küçük gruplar arasında bir çatışmaya bahane olabilirler. Kısaca söylemek gerekirse komşular arası çatışmalarda hasımlar kesinlikle gerçek yakınlar olarak tanımlanır, kimi zaman ise toplu olarak "kadın verenler" olarak belirtilirler.

Öç alma durumuyla zıtlık oluşturan kabileler arası savaşta tek amaç *tsantsa ritüeli* için komşu Jivaro kabileleri arasında kelle avcılığı

---

6 Bu amaçla en yaygın biçimde yararlanılan mekanizmalar çapraz aynı ana baba ilişkilerinin ve evlilik ilişkilerinin bir tutulması, erkekler tarafından erkek akrabalıklarının oluşturulması, kadınlar tarafından her iki cinsten akrabalıkların oluşturulması, birlikte yaşayan aynı kuşaktan karşı cinsler arasında evliliklerin yasaklanması ve bunun daha sonraki kuşaklar için de geçerli olması; bu konuda bkz. Taylor, A. C., 1983.

yapmaktır. Sıradan Amazon ganimet kelleleriyle kesilen Jivaro kelleleri arasındaki fark Amazon kellelerinin çok kısa sürede her türlü özel fizyoloji referansını yitirmeleridir, buna karşılık Jivaro kelleleri sadece bir yüz imajını temsil etmeyi -en azından bir süre- sürdürürler: Kafatasının çıkarılması, dokuların kurutulması, kurbanla benzerlik oluşturan özelliklerin yeniden biçimlendirilmesinin başka bir amacı yoktur. Dolayısıyla *Tsantsa,* hazırlanması sırasında uygun biçimde aktarılabilen yoğun bir kimlik rolü oynar. Bununla birlikte *tsantsa* özel bir kişinin minyatür bir resmi değil, katıksız, yaşamsal bir özelliğin kesin ifadesidir ve akraba olmayan bir Jivaro'dan gelen herhangi bir yüzden farklıdır. Gerçekten de bütün Jivarolar için bireysel kimlik yüzün belirgin özelliklerinden çok *persona*'nın (kişilik) bazı toplumsal özelliklerinde yatar: Ad, konuşma, paylaşılan ortak yaşamlar ve görünüşler. Bu durumda *tsantsa*'nın ritüelde yer almak için genel bir Jivaro kimliğini temsil etmesine engel olan son kalıntılardan da kurtulması gerekir: getirmiş olduğu soyadıyla hitap edilmez kendisine artık; belleğinde yer alan çeşitli unsurların silinmesi için yüzü büyük bir özenle karartılmıştır ve bütün delikleri dikilmiş, böylece duyu organları ebedi bir unutma olgusuna mahkûm edilmiştir.

Tsantsa'nın kişiliksizleştirilmesi kesintili safhaları bir yılı aşkın bir süreye yayılan bir rit için yararlanılabilir bir duruma getirir onu; burada unsurlar ve değişken değerlerden etkilenen ilişkiler arasında mantıksal bir işlemci rolü oynar -unsur ve ilişki olarak-. İlk başta "profil", daha sonra "yumuşak şey" denen şey baş, cinsiyet ya da akrabalık açısından eşzamanlı ya da almaşmalı olarak öldüren kişi, her iki cinsten yakınları ve müttefikleri ve öteki birçok tören gruplarıyla bir yığın tek yönlü ya da karşılıklı, zıt ya da tamamlayıcı ilişkiler içinde farklı konumlar alır. Bu topolojik balenin sonunda *tsantsa* sembolik bir doğurma olayının bütün rollerini üstlenir: Yakın ya da akraba olmama, kadın veren, kadın alan, eş ve de embriyo. Dolayısıyla bu hayali birlikteliğin son derece gerçek meyvesi -öldüren kişinin yakınları içinde doğacak bir çocuk- bütünüyle babasoyludur ve enseste bağlanamaz. Yabancılardan alınmış potansiyel bir yaşam olarak doğuşunu ideal bir yakınlık mizansenine borçludur... Jivarolar için tek, gerçek doyurucu yakınlıktır bu, zira her türlü karşılıklılık zorunluluğundan kurtulmuştur; kısacası yakınların bulunmadığı bir yakınlık. Bu açıdan bakıldığında kabileler arası savaşın mantıksal hatta tarihsel bir sonucu olan gerçek anlamda kabileler arası savaştan ayrılması mümkün değildir; gerçekten de birleşen yerel gruplar arasındaki sürekli çatışmaların sonucu sadece zıt bölgesel kimlikleri güçlendirmek ve böylelikle kelle avcılığı için gerekli kabilesel farklılaşma sürecine sürekli bir katkıdır. Yakın ve akraba topluluklarından dışlanan potansiyel yakınların ve akrabaların kadınları ile çocuklarını çalmak ve hayali, ideal bir yakınlık kurulan akraba olmayanların çocuklarını doğuranların kimliklerini çalmak arasında doğal bir farklılık yoktur, derece farkı vardır.

İster yakın ister uzak düşmanlara karşı yapılsın, Jivarolarda savaş kolektif kimliklerin üretiminin itici gücüdür. Lidersiz, köysüz ve soysuz bir toplumda hiziplerin geçici olarak etkinliklerinin kaybolmasını, dağınık habitat nedeniyle genellikle gevşemiş olan dayanışmaların güçlenmesini, aynı düşmanın paylaşılmasıyla oluşan birleşme duygularını sağlayan toplumsal ilişkinin canlanmasını sağlar. Böylelikle yakınlar, akrabalar, av gibi görülen gerçek ya da sembolik yakınlar arasında ender rastlanan değerli kişilikler ile kimlikleri avlayarak özlerine dönerler ve kendilerini yenileme ilkelerine kavuşurlar. Silahlı çatışmalar hiç kuşkusuz sürekli değildir, ama savaş bu insanların zihinde hiç eksik olmaz. Her an, her durumda çatışma çıkabilir ve bu müzakerelerin belli başlı konusunu oluşturur; birlikteliklerin ve hiziplerin oyunlarının siyasal dinamiğini yönlendirir. "Barış" sözcüğünün bilinmediği, kolektif ritüellerin sadece kolektif şiddeti bildirdiği ya da bitirdiği bir toplumda savaş kesinlikle talihsiz bir olay değil, toplumsal yaşamın özüdür.

Erkeklerin bireysel kaderleri de savaş aracılığıyla belirlenir. Gençler yeniyetmeliklerinden başlayarak bir tinle (*arutam*) ilişki kurmaya çalışırlar ve bu amaçla çok katı bir perhiz yaparlar, nikotin almak için tütün yaprakları çiğnerler ve halüsinojen içkiler içerler. Bu ürküntü veren deneyim yeniyetmeye kayıp bir Jivaro savaşçısı hayaletiyle gizli ve özel ilişkiler kurma olanağı sağlar... Bu hayalet ona güç verecek ve onu koruyacaktır. *Arutam* ilk başta, dokunulduğu anda büyük bir gürültüyle dağılan ve daha sonra bir yardım mesajı vermek üzere insan biçiminde geri gelen korkunç bir avatar –sıçrayan, titreyen, ışıklar saçan bir kafa, çöreklenmiş iki dev anakonda ya da dev bir kartal– biçiminde ortaya çıkar. Delikanlı bundan sonra yüzünü özellikle tinin kendisine ilk başta göründüğü ucube yüzünü anımsatan bir motife uygun biçimde boyayarak *arutam*'ıyla özdeşleşir. Bu tanımlamanın en doğrudan sonucu, bastırılması mümkün olmayan bir yiğitlik, kahramanlık gösterme arzusudur ve koruyucu tinle buluşma bu arzuyu iyice artırınca bedenini unutarak savaşa verir kendini delikanlı. Bununla birlikte *arutam* arayışı sürekli yinelenmelidir, zira bir insanın ondan aldığı güç, zaferle sonuçlanan bir savaşa katıldığında ya da bir düşman öldürdüğünde kaybolur ve onu savunmasız bırakır. Bir savaşçının fiziksel olarak hayatta kalması öznel olarak öldürme yeteneğini canlandırmaya bağlı olduğundan, *arutam*'ın kazanılması ve yitirilmesi mekanizması bireyin şiddet uygulayarak kaderini gerçekleştirmesinde bir tür denetimsiz gelişmeye katkıda bulunur.

Bununla birlikte Jivaroların başkalarıyla ilişkilerinde sergiledikleri predatör tavrı, kendi olma konusunda ısrarcı bir tavrı sürdürme amacıyla komşuların bedenlerini ve kimliklerini sürekli birleştirme gerekliliği, öte yandan da kısmen yakalanmış ve özümsenmiş olanla belirlenme durumu, özgürce üstlenilmiş karşılıklılığı inatla reddetme... Bütün bunlar insan olmayanlarla ilişkilerde de mevcuttur. Jivarolar bu konuda varlıkların şiddet yoluyla ele geçirilmesini ve serbest dolaşımını öne çıkarırlar. Oysa bu kitabın başında değindiğimiz gibi birçok bitki ve hayvan akrabalık ve soy ilişkileri içinde oldukları insanları bazı ontolojik niteliklerini paylaşan bireyler gibi görürler. Ama insan olmayanlar insanlarla aynı mübadele ağına katılmazlar ve bunların yaşamları alındığında hiçbir biçimde karşılık verme hakkı tanınmaz onlara. Hiç kuşkusuz Jivaro avcıları zımni anlaşmalar yapmak amacıyla av hayvanına, hayvanların efendileri doğaüstü güçlere ve her türün prototiplerine büyülü sözler (*anent*) söylerler: Sonu ölüm olan ve evlilik yoluyla akrabalar arasında işbirliğinin bir ifadesi olan av birtakım oyun formülleriyle gizlenir. Av *anentleri* son derece açık seçiktir bu konuda: Bu bağlamda hayvanlar akrabalar gibi görülür ve onlara hafif şakacı bir tavırla ve zorunlu bir kibarlıkla hitap edilir... Bu ilişki içinde olağandır bütün bunlar ve hatta av kız kardeşleri kimi zaman avcının potansiyel eşleri gibi görülür. Ama av hayvanını bir yakın, bir akraba gibi görmek kesinlikle yanılgıdır ve insanlar ile hayvan kurbanları arasındaki kesinlikle eşit olmayan ilişkiyi gizlemeye yarar. Bu bağlamda söz konusu olan av hayvanlarının avcının oklarından kaçamaması için temkinli tavrını dağıtmak ve kendisinin yamyamlık eğilimlerini bağışlamalarıdır. Avın çok önemli bir rolünün olduğu birçok toplumda kimi zaman aşırılıklar cezalandırılır: Gereksiz yere çok fazla hayvan avlayanları yılan sokabilir ya da ormanda başlarına bir kaza gelebilir bunların. Ama bu durumda hayvanların öç alması gündeme gelir –bizim konumuzla ilgili olarak efendilerinden ya da koruyucularından–... Bu bağlamda amaç bir avcının *hybris*'ini cezalandırmaktır ve partnerler arasında rekabete dayalı gönüllü bir mübadele sürecinden söz edilemez.

Bitkiyle ilişkiler bile bu predatörlük ideolojisinin dışında değildir ve bu yüzden bu ideolojiyi her türlü ava özgü üretici yok etmenin basit bir rasyonalizasyonu gibi görmek mümkün değildir. Jivaroların temel besin kaynağı ve yakın çevrelerindeki en yaygın bitki manyokun yapraklarının dokunanların kanını emdiği ve öncelikli hedeflerinin bu bitkiyi yetiştiren kadınlar ve küçük çocuklar olduğu söylenir. Bu tehdit hafife alınmaz ve bir süt bebeğinin ölüm nedeni olarak çoğu zaman manyok vampirizminin neden olduğu kansızlık gösterilir. Dolayısıyla kadınların, bu bitkiye, bahçenin istenmeyen ziyaretçilerinin kanına susamışlığından vazgeçirmek amacıyla özel büyülü sözler (*anent*) söylemeleri gerekir. Bununla birlikte, manyok kadınlar için bir çocuk gibi olsa da, sonunda onu yetiştirenler tarafından yenecek olan ve yıllarca manyok püresiyle beslenmiş insan yavrularını yok etmeye çalışan bir çocuktur bu. Hayırlı ve yararlı bir iş gibi gözüken bahçıvanlık, aslında insan olan ve olmayanların yavruları arasında ölümüne bir rekabet gerektirir: Kadınların etleri tüketilecek olan ve buna karşılık temas ettikleri insan yavrularının kanını emmeyecek olan yavru bitkiler üretip büyüttükleri bir faaliyet.

Yakın ya da uzak düşmanlar arasından gerçek ya da potansiyel kişilerin yakalanması, av hayvanının gizlice kaçırılması ve yamyam manyokla sinsi savaş, başkalarıyla ilişkilerde mübadelenin aynı biçimde reddedildiğini farklı alanlarda gösteren durumlardır. Bu predatörlük gerilimi Jivaroların her türden bir yığın özneyle ilişkilerini yapılandırır; zira insan olan ve olmayanlara, akrabalık ilişkilerine ve geçinme tekniklerine, yerel örgütlenmelere ve ritüellere uygulanan düalizmin aldatıcı analitiğinin genellikle birbirlerinden ayırdığı alanlardaki dünya deneyimlerini birleştirir. Gerçekten de ontolojik statülerine ya da onları ilişkiye sokan durumlara bağlı olarak unsurlar arasında ayrım yapmadan geniş pratik alanlarını kucaklamak ilişki şemalarının bir özelliğidir; bu şemalar böylece kendisininkinden farklı bir "kültürü" gözlemleyen kişinin üslup farkının kaynağında yer alırlar – belki ifade edilemez ve yanıltıcı bir histir bu, ama her insan grubunun komşularıyla kurduğu ilişkilerde geliştirdiği tektipleri besleyen davranışların tematikliğine gönderme yapar.

Bu örnek, bir *ethos*'un hiçbir zaman açıkça söze dökülmeyen davranış kurallarına göre hareket etme yatkınlığı olarak içselleştirilmesi meselesine dönmek için bize bir fırsat sunuyor. Çünkü predasyon ve yakınlık kavramları bu dilde bulunmadığı için, yakınların predasyonu şeması Jivarolar için açık seçik biçimde aktarılan bir norm değildir; çok küçük yaştan başlayarak zaman içinde içselleştirilmiş ve bir "kolektif temsiller" sisteminin özümsenmesinden çok yetişkinlerin davranışının gözlemlenmesinden hareketle sürekli çıkarsamalar yapmak üzerine kurulmuş bir başkalarına yönelme durumudur. Çocuklar için önceden hissettikleri davranışları sezme fırsatları hiç eksik olmaz: falanca ya da filancaya farklı muamele, düşmanlık ve ittifakların hareketli coğrafyasının fark edildiği hiç bitmeyen öç alma tartışmaları, av hikâyelerini süsleyen ya da avlanan hayvanın kesilmesiyle ilgili yorumlar, gizemli ama çelişkili karşıtlıklar doğuran törenlere katılım, ısrarla yapılan bir şaka, hatta zihne kazınan, önemsiz bir gözlem; bütün bunlar işaret noktaları verir, otomatizmler çağrıştırır, bazı tavır ve davranışların benimsenmesine götürür – kısacası bireyin, içine doğduğu dünyada yetenekli bir aktör gibi yaşamasını sağlar.

Başka yerlerde görüldüğü gibi Jivaralor arasında da bu süreç, duygulanımların gelişmesi, öncelikle doğurdukları heyecanlar aracılığıyla dikkat çeken olaylar vesilesiyle ortaya çıkan ilişki ve etkileşim modellerinin öğrenilmesi ve öğrenilenlerin pekiştirilmesiyle beslenir. Bu durum savaş ve getirdiği yaslar veya zaferler konusunda da geçerlidir hiç kuşkusuz; ayrıca ilk sürek avlarının ve ilk başarıların sarhoşluğu içinde henüz sıcaklıklarını yitirmemiş hayvan derilerinin soyulmasıyla oluşan avlanan hayvanlarla girilen ölümcül suç ortaklığı ilişkisi bağlamında da geçerlidir; hatta, zaman zaman bedenin talihsizlikleri aracılığıyla tanık olunan şamanik saldırı takıntısı yüzünden "doğal" ölümleri bilmeyen insanlar için de geçerlidir. Burada başkalarının predasyonu davranışın sentetik bir normu ya da antropolojik anlamda ideal bir varlık değildir; bireyin bunu çok küçük yaşta bedeninde ve ruhunda hissetmemesi mümkün değildir. Öte yandan etnografinin çok düzenli bir biçimde kaydettiği bu yakınlıkları ve zıtlıkları geliştirmeyi herkes, kaybın acısını ve öç alma arzusunu, zaferin kışkırtısını ve öfkenin hazzını hissederek öğrenir.

Bugün Jivaro örneğinin artık istisnai görünmemesi için elimizde yeterince etnografik veri var: Güney Amerika'nın alçak bölgelerinde yaşayan şu ya da bu etninin eylem mantığını genelleşmiş predasyon şemasına göre yorumlayan zengin ve ayrıntılı etnografiler bunlar. En belirgin örnekler arasında Xingu havzası Jurunaları ve Aravetelerinden, Tocantins havzası Parakanãlarından, Tapajós havzası Mundurucúlarından, Madeira havzası Pirahãlarından, Rondônia Warilerinden, Brezilya ve Venezuella Yanomamilerinden ya da daha güneydeki Gran Chaco Nivaclelerinden söz etmek yeterlidir.[7] Bütün bu halklar kozmosun çok sayıda sakinini yönelimsel özneler olarak değerlendirirler ve bunlar ontolojik düzlemde kesin bir eşitlik konumundadırlar, buna karşılık ilişkileri, tersine konjonktürel bir asimetriyle tanımlanır. Bu insan bireylerinin ve insan olmayan bi-

---

7 Jurunalarla ilgili olarak bkz. Lima, T. S., 1996; Aravateler konusunda bkz. Viveiros de Castro, E., 1986; Parakanãlarla ilgili olarak bkz. Fausto, C., 2001; Mundurucúlar konusunda bkz. Menget, P., 1993; Pirahãlar için bkz. Gonçalves, M.A., 2001; Wariler için bkz.Vilaça, A., 1992; Yanomamiler konusunda bkz. Albert, B., 1985; Nivacleler için bkz. Sterpin, A., 1993.

reylerin her biri karşılıklılığı sürekli reddederek başkalarının özünü ve kimliğini kendilerine katmaya çalışırlar. Böyle bir çerçeve Kuzey Amerika'da da bilinir ve bu bağlamda Ovalarda yaşayan Siular ya da Büyük Göllerin Güneybatısındaki Chippewalardan söz edilebilir.[8] Bu örneklere başka bölgelerde de rastlanır: Sözgelimi Yeni Gine'de Bosavi bölgesi Kasuaları ya da Sarawak Ibanları.[9] Amerika kıtasındaki daha yoğun predatör animizminin bu kapalı kıtanın gelişme özelliklerine bağlı olup olmadığı ya da yerli halkların bitki ve hayvanlarla kurdukları ilişkilerin bazı ayrıntılarını inceleyen etnografların keskin gözlemlerinin sonucu olup olmadığı konusunda bir şey söylenemez. ancak bu olguların daha seyrek olduğu söylenebilir.

Zorunluluklar Simetrisi

Jivaroların tam karşıtı bir örnek bulabilmek için pek uzağa gitmeye gerek yok: Jivarolar mübadelenin zorunluluklarından kaçmak için ellerinden gelen her şeyi yaparken, Kolombiya Amazonu Tukanoları tersine kozmos sakinleriyle ilişkilerinde bunlara titizlikle uyarlar.[10] Bununla birlikte her biri çok sayıda kabileden oluşan bu iki etnik topluluğu yakınlaştıran birçok ortak özellik vardır. Öncelikle mekânsal yakınlık, zira aralarında ancak beş yüz kilometre vardır – Amazon bölgesi için gülünç bir mesafe. Ve aynı yaşam ortamı, yani bazı kaynaklara ulaşabilme konusunda yerel farklılıklara rağmen, her bir grup için aynı ekolojik gereklilikleri getiren bol yağışlı Ekvator ormanları. Tukanolar ve Jivarolar bu kurallara birlikte uyum sağlamışlardır: Habitatın nüfusları düşük yerleşim yerleri halinde dağılımı; ormanda açılan arazide özellikle tatlı ve acı manyok tarımına dayalı gezici bahçıvanlık; avcılık ve balıkçılık yoluyla protein alma... Avcılığın Jivaroların beslenmesinde çok önemli bir yeri vardır, balıkçılık ise Tukanoların beslenmesinde çok önemlidir. Nihayet bunların çevrelerini algılama biçimleri de benzerdir; her iki topluluk da insanları, bitkileri ve hayvanları "kişiler" (Tukano dillerinde *masa*) ya da "insanlar" (Jivaro dillerinde *aents*) olarak kategorize ederler. Bunların benzer içsellikleri vardır ve bu içsellik türlerin çoğuna özel fiziksel farklılıklardan ayrı olarak aynı toplumsal ve törensel yaşamı sürme olanağı verir. İnsanlar bu temel üstünde bitkilerle, hayvanlarla ve kendilerini koruyan tinlerle yerlilerinkine benzeyen bir davranış kodunun yönlendirdiği bireysel ilişkiler kurabilirler.

Jivarolar ve Tukanolar kesinlikle animizmin ontolojik düzenine bağlı olsalar da, her iki grupta da başkalarıyla ilişkileri yönlendiren ilkeler ve değerler olabileceğinin en farklısıdır. Tukano toplululuğunu oluşturan on altı kabileden biri olan Desanalar bu farklılıkları inceleme bağlamında iyi bir hareket noktası oluştururlar, zira Reichel Dolmatoff'a kitabın başında anılan ve bugün Kuzeybatı Amazon'un birçok topluluğunu tanıtan kozmosun "termodinanik" modeli gerecini sağlayan bunların et-

8 Siularla ilgili olarak bkz. Brown, J. E., 1997 ve Desveaux, E., 1997; Chippewalar konusunda bkz. Ritzenthaler, R. E., 1978.

9 Kasualar için bkz. Brunois, F., 2001; Ibanlar için bkz. Freeman, D., 1979.

10 Burada söz konusu olan Doğu Tukanoları'dır (Desana, Makuna, Tatuyo, Barasana vb.); bunlar Batı Tukanoları'yla (Koreguaje, Siona, Sekoya, Mai Huna vb.) birlikte Tukano dil ailesini oluştururlar. Metnin devamında "Tukano" sözcüğü özellikle Doğu Tukanoları'nın tümü anlamında kullanılacaktır.

nografik incelemesidir.[11] Bu modele göre evren her yerde hâzır ve nâzır, çok uzaklarda olan ve bugün gördüğümüz gündüz yıldızının bu dünyada temsilciliğini yaptığı Güneş Baba tarafından yaratılmıştır. Güneş Baba'dan gelen dölleyici enerji bütün kozmosa can verir ve insanların, hayvanların ve bitkilerin zenginleştirilmesi, iyileştirilmesi, yönetimi ve büyütülmesi döngüsü sayesinde yaşamın sürekliliğini sağlar; bu enerji aynı zamanda gök cisimlerinin evrimi, mevsimlerin değişmesi, besin kaynaklarının değişmesi ve insan fizyolojisinin periyodik yinelenmeleri gibi başka döngüsel olguların da kaynağını oluşturur. Bununla birlikte Güneşin ürettiği enerji miktarı sınırlıdır ve tüm biyosferin katıldığı muazzam bir kapalı devre içinde yayılır. Çeşitli sakinler ve dünyanın çeşitli bölgeleri arasında enerji mübadelesi, enerji kayıplarının engellenmesi amacıyla, insanların aldıkları enerji dolaşıma yeniden enjekte edilebilecek şekilde düzenlenmelidir. Sözgelimi bir Desana avda bir hayvan öldürdüğünde yerel fauna potansiyelinde bir enerji yitimi olur ve av hayvanı besin maddesi olduğunda bu enerji insan dünyasına aktarılır. Dolayısıyla insanların beslenme gerekliliklerinin dünyanın çeşitli bölgelerindeki sağlıklı enerji dolaşımını tehlikeye düşürmemesi gerekir ve insanların neden oldukları bu enerji kayıplarının telafisinin sağlanması Desanaların sorumluluğundadır.

Bu sonuca ulaşabilmek için en yaygın çare cinsel perhizdir. Avcı tensel isteklerini dizginleyerek cinsel enerjiyi tutar ve biriktirir; bu da evrende dolaşım halinde olan genel bir dölleyici stokla birleşebilir, böylece avlanan hayvanların yeniden üremeleri gibi bir yarar sağlanır. Bunun karşıtı da daha doğrudan biçimler alabilir. Gerçekten de Desanalar için avcı ve av hayvanı arasındaki ilişki öncelikle erotiktir: Avlamak "hayvanlarla aşk yapmaktır."[12] Dolayısıyla insanlar avlarının ilgisini çekmek isterler ve bu amaçla aşk şerbetleri içerler, afrodiziyak kokular sürerler ve baştan çıkarıcı, ayartıcı konuşmalar yaparlar. Bu numaralara kanan hayvanlar hiç korkmadan avcıların yaklaşmasına izin verirler ve ayrıca onlarla çiftleşmek amacıyla insanların hayallerine ya da rüyalarına girerler. Bu dölleme olgusu ait oldukları türün bireylerinin çoğalmasına katkıda bulunur. Jivarolar ve Tukanolar hayvanlarla ilişkilerini yakınlık kurallarına ve ilkelerine göre algılamakla birlikte onlara göre bu ilişkilerin içeriği daha farklı olamaz: Jivaro avcısına göre hayvan hiçbir borcu olmadığı, potansiyel düşman bir akraba gibidir, Desana avcısına göre ise soyun kalabalıklaşmasına vesile olan bir eştir.

Enerjiyle ilgili belli başlı *feedback* süreci daha da doğrudandır: İnsan ruhları ve av hayvanları mübadelesi yapılır. Bir Desananın ruhu ölümden sonra genellikle "Süt Evi"ne gider: Bir tür uterus (dölyatağı) cenneti olan bir kozmos bölgesi. Buna karşılık egzogamik kurallara uymayan insanların ruhları büyük yer altı ya da su altı evlerine gider; buralarda av hayvanları ve balıkların kaderlerini yönlendiren tinler, *Vaí-mahsë*'ler yaşar; bunlar oralarda hayvana dönüşürler – insanlar arasındaki mübadele kuralına saygılı olamayanlar için bir tür zorunlu denge durumu. Bununla birlikte burada faunanın yenilenmesiyle ilgili en yaygın mekânizma söz konusu değildir. Bitkisel narkotiklerle sağ-

11 Özellikle Reichel-Dolmatoff, G,1971-1996.

12 Reichel-Dolmatoff, G., 1971, s. 220.

lanan bir trans durumunda *Vai-mahsë*'yi düzenli biçimde ziyaret eden şamanlar onunla topluluklarının bireylerinin avlamaları amacıyla ormanda bir hayvanın serbest bırakılması için pazarlık yaparlar. Av için serbest bırakılan her hayvanın karşılığı ölen bir insanın ruhu olmalıdır: Bu ruh aynı türden bir hayvana dönüşecek ve hayvanların efendisinin rezervinde bulunacaktır. Ölümden sonra hayvanların kaderini paylaşacak olan insanlar genellikle komşu topluluklardan gelirler, ama bir konsensüsle seçilmişlerdir. Gerçekten de çeşitli tukano kabilelerinin şamanlarının *Vai-mahsë*'nin evinde toplanıp aralarında avın bereketli olması için topluluklarından kimin ölmesi gerektiğine karar verdikleri söylenir. Böylece birçok kabilenin şamanları arasında uzlaşma yoluyla gerçekleştirilen ölü mübadelesi her şamanın hayvanların efendisiyle yaptığı ruh av hayvanı mübadelesini belirler.

Şamanın *Vai-mahsë*'yle yürüttüğü pazarlığın amacı alışveriş nesnelerinin kesinlikle denk olmasını sağlamaktır. İki taraf anlaştıktan sonra şaman hayvanların barındığı eve girer... Hayvanlar burada soğuk hava depolarında çengellere asılmış et parçaları gibi durur. Kendi topluluğu için gözüne kestirdiği bir hayvanı seçtirmek amacıyla direklerden birini sallar. Kirişleri çok fazla sallarsa ve gerekenden çok fazla sayıda hayvan düşerse eşitliğin sağlanması için yeni bir pazarlık söz konusu olur. Dolayısıyla canlının enerjisi açısından insanlar ve hayvanlar eşit statüdedir, akışkanlar dengesinin sürdürülmesine katkıda bulunurlar ve işlevleri aktarımların kesin eşitliğine dayalı mükemmel homeostazi arayışı içinde iki yönlüdür. Özgürce kabul edilen karşılıklı bağımlılık zorunluğu insan olmayanlar arasında da önemlidir. Böylelikle kara hayvanlarının efendisi ve balıkların efendisi ailelerindeki şenlik ve oyunlara düzenli biçimde katılırlar: Eşlerini değiştirme ve topluluklarının üretkenliğini artırma fırsatıdır bu. Görüldüğü gibi Desanaların insan olmayanlarla kurdukları ilişkilerin temelinde eşit mübadele vardır ve bu mübadele olgusu çevredeki bütün faaliyetleri etkiler.

Reichel-Dolmatoff'un önerdiği Tukano kozmolojisi modelinin bazı özellikleri tartışılabilir ve özellikle sınırlı enerjiden oluşan bir kapalı devreyle ilgili termodinamik düşünceyle ilgili Desaena *bogá* ("akım") kavramını kesin biçimde aktarma konusu tartışılabilir. Yakın zamanda başka bir Tukano uzmanı Makunalarla ilgili çalışmasının bir sonucu olan alternatif bir model getirmiştir ve bu modelde yenilenebilir enerjinin yerini açık seçik bir biçimde artabilen ve eksilebilen "tinsel" güç akışı alır.[13] Luis Cayón'a göre Tukanolarda her kabile bölgesi ortak, mitsel kahraman Yurupari'nin bir görünümü gibi algılanan bir öz taşır; bu öz somut bir biçimde periyodik Yurupari ritinde kullanılan müzik enstrümanları içinde yer alır ve bunun dışında sürekli bir akarsu içinde korunur. Bu öz her bölgenin ırmaklarında seyahat eder ve böylece hidrografik ağ aracılığıyla öteki kabilelerin özleriyle birleşir. Bütün kabilelerin aynı dönemde yaptıkları Yurupari törenı sırasında ırmaklarda dolaşan doğurganlık güçleri yüksek bir konsantrasyon düzeyine ulaşırlar ve ormanı, suları ve kozmosun insan olmayan varlıklarını döllerler. Dolayısıyla Makunalar için yaşamsal güç Güneş Baba'dan değil Yurupari'nin su altındaki enstrümanlarından gelir. Yağmur rejimine göre dalgalı bir se-

13 Cayon, L., 2002.

yir gösteren suların getirdiği enerji miktarını dengeli bir biçimde paylaştırmak ve bu enerjiden insan olmayan varlıkların da yararlanmasını sağlamak insanlara düşen bir görevdir. Ritüel uzmanlarının rolü önemlidir bu faaliyette, zira "dünyanın iyileşmesi" (*ümüãri wãnõre*) töreninde insan olmayan varlıkları dölleme misyonu onlarındır. Büyük bir şenliğin örgütlenmesi fazla gelen av hayvanları konusunda hayvanların efendisiyle pazarlık yapmak da onların görevidir; bunun karşılığında koka ve tütün alırlar ve efendi bunları anında hayvanlar için doğurganlık gücüne dönüştürür.

Hayvan yaşamının üremesine sıradan insanlar da etkin biçimde katılırlar. Hatırlanacağı gibi öldürülen hayvanın ruhunu yeniden doğması için türünün evine göndermek Makuna avcısının görevidir. Bu, av hayvanının yenmesinden önce insanların büyülü sözlerden oluşan ilahiler okumaları aracılığıyla gerçekleşir ve bu ilahileri söyleyenler, yemeye hazırlandıkları ve simgesel anlamda, geçici olarak hemcinslerinden alınan bireyin özünü yeniden oluşturacak biçimde özel türün kolektif yaradılışının mitsel kökenini canlandırırlar.[14] Hatta bu yöntem sayesinde öldürülen her hayvan için bu hayvan türünün iki yeni bireyinin doğduğu söylenir: Reichel-Dolmatoff'un homeostatik modelinin tasarlama olanağı vermediği bir çoğalma durumu. Dolayısıyla insan olmayan varlıklarla mübadele de Makunalara getirilen bir zorunluluk biçimini alır: Bu yok ettiklerini yeniden yaşatma zorunluluğu hayvanlar için yaşamlarını sürdürebilme ve insanlar için de beslenmeyi sürdürebilme olanağıdır. Sonuç olarak Cayón ve Reichel-Dolmatoff etnografik ayrıntılar konusunda farklı düşünürler, Tukanolar ve insan olmayan varlıklardan oluşan komşuları arasında eşit mübadele olgusunun yaşamın sürmesi için gerekli olduğu konusunda kesinlikle anlaşırlar; Cayón'un dediği gibi "sistemin ekseni olarak karşılıklılık tartışılmaz bir noktadır."[15]

Doğu Tukanoların toplumsal örgütlenmesi hayvanlarla ilişkilerini yönlendiren aynı karşılıklı bağımlılık ilkesine uyar. Geleneksel habitat biçimi içinde erkekler aracılığıyla bir soy zinciri (bölge İspanyolcasında *maloca*) barındıran çok aileli büyük bir ev gibidir. Bununla birlikte yerel toplulukların fiziksel ve sembolik çoğalmaları evlilik yoluyla ve benim şimdiye kadar kolaylık olması açısından "kabileler" adını verdiğim en az on altı egzogam birimlik bir bütün içindeki ritüel işlevlerin dağılımıyla gerçekleşir.[16] Bununla birlikte sözcüğün gerçekten uygun olduğu söylenemez, çünkü bu egzogam birimlerin her birinin belirgin özelliği ayrı bir dil ve özel bir ad (Desana, Makuna, Tatuyo, Barasana vb..), referansı özel kurucu kahramanlar olsa da ve bazı ritüel nesneleri üretme ve kullanma ayrıcalığına sahip olsa da son derece katı ve titiz bir egzogami kuralına uyar; buna göre eşlerini başka bir Tukano dili konuşan gruplardan hatta aravak ya da karib dili konuşan gruplardan seçmesi gerekir. Ayrıca bugün bu "kabileler"den hiçbirinin sürekli bir yerleşim bölgesi yoktur. Dolayısıyla bir *maloca* kendi dil grupları içinde iletişim kuran erkeklerden ve birçok komşu dil gruplarından gelen kadınlardan oluşur... Bu gruplar kendi dillerini konuşmaya devam ederler çünkü bölgede çokdillilik yaygındır.

14 Arhem, K., 1996 ve Cayon, L., 2002, s. 206.

15 Cayon, L., 2002.

16 Jackson, J., 1983, özellikle böl. V.

Doğal olarak her egzogam dil grubu öteki on altı dil grubuyla evlilik ilişkileri kurmaz ve bunun nedeni öncelikle evliliklerin yasak olduğu (klan grupları) çift dil grupları olması ve evliliklerin özellikle komşu gruplar arasında yapılmasıdır: Sözgelimi Desanalarla Pira-Tapuyalar, Baralar ve Tuyukalar ya da Barasanalarla Tatuyolar ve Tuyukalar. Böylece evlilik ilişkisi kabileler arası sistemin tümünü oluşturur, zira kadınlar hem kocalarının grubuna hem kendi gruplarına aittir; dolayısıyla bütünlüğünü sağladıkları çok farklı yerel birimler arasında aracılık ederler. Dil gruplarının bu çok sıkı tamamlayıcılığı her birinin sahip olduğu iktisadi özellik (av, balıkçılık, bahçıvanlık) düşüncesiyle güçlendirilmiştir... Aslında geçim faaliyetlerinde tümü çokdeğerli olsalar da ötekileri tamamlayan bir özelliktir bu: Böylelikle Desanalar kendilerini "avcı" gibi görürler ve evlilikte "balıkçı" olarak gördükleri Pira-Tapuyaları tercih ederler. Ayrıca mübadele yapan birimlerin her biri belirgin özelliğine bağlı bir cinsiyetle özdeştir, öyle ki Desana "avcılar"ı bütün Pira-Tapuya balıkçılarını dişi bir unsur gibi görürler, oysa bunlar kendilerini eril bir birim olarak değerlendirirler.[17]

Dilsel egzogami dışında başka birtakım etkenler de Kuzeybatı Amazon halklarının bölgesel bir örgütlenme içinde bir araya gelmesine katkı sağlar. Öncelikle, bütün dil gruplarını ortak bir kökende bir araya getirip onlara yaradılış sırasındaki yer ve düzenine göre hiyerarşize olmuş bir bölge ve yer veren mitoloji. Bu yaratılış olgusu, yapıları tümünde aynı olan, kayalıklarda ve uçurumlarda mola veren bir grup anakondanın ırmakların kaynaklarına doğru mitsel yolculukları anlatan anlatılarda yer alır: Bu mola yerlerinin her birinde bir anakonda doğmuş ve bedeninin bir parçası bir grup insan atasına dönüşmüş, sonuçta her dil grubunu oluşturan bir yığın babasoyu oluşmuştur. Sürekli gelişen ve yer değiştiren bu bölünme süreci çoğu zaman bir kayığın yol alması gibi anlatılır... Kayıktan sürekli çeşitli Tukano "kabile" gruplarının bütün ataları inerler ve sembolik hiyerarşide bunların en saygın olanları su ağının gittiği yere doğru bir yerde kayıktan ilk inenlerdir.

Öte yandan Tukano dil grupları (ve Tukano olmayan bazı dil gruplarının) Yurupari'ye tapınırlar: Bu amaçla erkek inisiyasyonlarının yapıldığı, ama esas amacı kurucu kahramanlarla ve bunların daha önce oluşturdukları yaşam idealleri normlarıyla ilişki kurmak olan törenler düzenlenir.[18] Bir *maloca,* bir tören düzenlediğinde mutlaka komşu "kabileler"den insanlar davet edilir ve bunlar törene içlerinde Yurupari'nin kendi soy zincirleriyle birlikte yer aldığı özünün bulunduğu çalgılarıyla katılırlar; bu dil gruplarının onları kuşatan bütünlük etyolojisini yeniden oluşturan bir rit içinde bir araya gelmeleri, gene onları birleştiren içrek bağların gücünü yeniden vurgular. Öte yandan zanaatsal iş bölümünün bölgelere ayrılması, her "kabile"yi özel bir biçimde onurlandırır ve herkesin gündelik yaşamı için gerekli amacın oluşturulmasında bir ayrıcalık sağlar: kayıklar Baralar'dan, manyok sıkma aygıtları Tuyukalar'dan, ilaç pipetleri Tatuyolar'dan, tabureler Tukanolar'dan vb. gelir. Bu uzmanlaşma olgusu Amazon bölgesinde çok yaygın olan yapay bir yetersizlik sistemi doğurur ve herkesin her-

17 Reichel-Dolmatoff, G., 1971, s. 17-18.

18 Hugh-Jones, S., 1979.

kese gönüllü bağımlılık duygusunu güçlendiren artefaktların genel dolaşımına katkıda bulunur. Nihayet karşılıklı bağımlılıklar, uzun süreli –kimileri haftalar süren– ziyaretlerle ve sürekli düzenlenen, davet edilen yakınların kendilerine verilen çok miktardaki balık ve eti ev sahiplerine iade etttikleri içki şölenleriyle güçlendirilir. Yiyecek düzleminde bütünüyle özerk olan sakinler arasındaki bu sistematik besin ve konukseverlik mübadelesi, toplumsallığı ve ortak bir bütüne aidiyet duygusunu güçlendirmeye katkıda bulunur. Dil farklılığına rağmen her *maloca,* her soy grubu, her Tukano dil grubu bir metasistem içinde bir unsur olduğunun, maddi ve manevi ölümsüzlüğünü bütünün öteki parçalarıyla düzenli mübadeleye borçlu olduğunun bilincindedir. Hayvan dünyasıyla ilişkilerde olduğu gibi, burada da insanlar arasındaki ilişkileri belirleyen denge mantığıdır.

Hiç kuşkusuz Doğu Tukanoları ve Güneybatı Amazon bölgesi komşularının, işi, dünyalarını oluşturan bir yığın insanla eşit ilişkiden oluşan bir yapıyı sürdürme takıntısına kadar götürmeleri ender rastlanan bir durumdur. Farklı yerlerde ve durumlarda biraz daha az sistematik bir özellik taşısa da, eylemin temel şeması olarak bu aktarımların dengeli bir karşılıklılığına gösterilen sürekli ilgi animizm dünyasında ender rastlanan bir olgu değildir. Bu örnekler Guyanalar'da boldur: Özellikle Wayãpiler'de ve Akuriyólar'da ya da daha geniş bir ölçekte Yukarı Xingu Yerlilerinin oluşturduğu bir tür konfederasyonda... Bu konfederasyon birçok bakımdan Kuzeybatı Amazon bölgesel sistemine benzer.[19] Bu bağlamda Sibirya ormanlarında yaşayan avcılar da başka örneklerdir. Hamayon şöyle diyor bu konuda: "Avlamak eyleminde, av hayvanını öldürme eyleminde bir insan partneriyle olana benzer bir ittifak mantığı vardır"; gerçekten de iki ilişki aynıdır çünkü "av sistemi evlilik sistemine benzer."[20] Vietnam'ın iç bölgelerindeki yüksek orman alanlarında yaşayan Moi kabilelerinde de aynı ilkeler görülür: Sözgelimi Reungaolar hayvan ruhları, bitkiler ve meteorlarla çok kesin birliktelikler oluştururlar ve bu birlikteliklerin bazılarının belirgin özellikleri akrabalık ilişkilerinden ya da insanların kendi aralarında yaptıkları anlaşmalardan gelen kurallara benzeyen, uyulması gereken zorunlu kurallardır.[21] Bütün bu vakalarda, insan olan ve olmayan öteki, ancak titiz bir mübadele ilişkisi sayesinde uyumlu bir birlikteliğin sağlanabileceği bir *alter ego*'dur.

Paylaşımın Dışarıya Kapalı Oluşu

İkinci karşı örneğimizi Jivaroların yaşadığı yerden birkaç yüz kilometre uzakta, ama bu kez güneyde bulunan bir kolektiften verelim: Cömertliğin, yüce gönüllülüğün, dayanışmanın ve ortak çıkarın, tarafların ve kişilerin çıkarlarına ağır bastığı çok etnili bir kolektif olan Campalarda, bu değerler eşitlik ve mübadelenin önüne geçerler. "Campa", Peru'daki Yukarı Orta Amazon bölgesinde Aravak dili konuşan bir grup kabilenin –Aşaninkalar, Matsigengalar, Nomatsigengalar– genel adıdır ve bu kabileler Pirolar ve Amueşhalar (ya da Yaneşalar) ile birlikte Aşağı Andlar bölgesi Aravaklarıyla bir

19 Wayãpiler konusunda bkz. Grenand, P., 1980; Akuriyólar'la ilgili olarak bkz. Jara, F., 1991; yukarı Xingu konusunda bkz. Franchetto, B. ve Heckenberg, M., 2001.

20 Hamayon, R., 1990, s. 374.

21 Kemlin, E., 1999, s. 165-283.

bütün oluştururlar. Bütün kabileler Urubamba ve Perene çukurlarında Jivarolarınkini andıran Ekvator ormanlarında yaşar. Gene bütün kabileler küçük özerk yerel kolektifler halinde yaşarlar ve ormanda açtıkları alanlarda bahçıvanlık, avcılık, balıkçılık ve toplayıcılıkla geçinirler. Campalar, hayvanların, bitkilerin ve onları koruyan ya da bütünleştikleri tinlerin toplumsal varlıklar oldukları konusunda mutabıktırlar; bu kişilerin bir içsellikleri ve insanlarınkine benzeyen idrak yetenekleri vardır. Görünümleri farklı olan bu kişiler öncelikle *kuşma*'lara (genel olarak bölge yerlilerinin giydikleri uzun pamuklu tünikler) benzeyen çıkarılabilir giysileriyle dikkat çekerler. Bu benzerliklere rağmen Campa *ethos*'unu Jivaro *ethos*'undan ayıran farklılık inanılmaz boyuttadır.

Campa kabileleri kozmolojilerinin tümü aynı düalist ilkeye göre düzenlenmiştir: Bu ilke insan toplumlarını, hayvanları ve tinleri iki farklı ve zıt ontolojik alana ayırır.[22] Bu alanlardan birinin değeri pozitiftir ve ortak bir özü paylaşan varlıkları bir araya getirir: Campa kabileleri ve çevrelerindeki bazı orman kabileleri (özellikle Kaçibolar ve Çipio-Konibolar, Pano dili konuşan), gök tanrıları (Güneş ve babası Ay) av hayvanlarının efendileri olan tinler ve av hayvanının kendisi. Öteki alan bütünüyle negatiftir ve birincisine göre radikal bir farklılık gösterir; Yerli ya da Beyaz Andlar'dan gelen bütün insanları, büyü yapan hayvanları ve efendilerini, kötü tinleri kapsar. Avlanan türler ve efendileri esasen Campaların "bizimkiler" ya da "hemcinslerimiz" (*aşaninka*) dedikleri ve Yerlilerle iyi ilişkiler içinde olmakla ünlü iyi tinler ırkına bağlıdır. Bilinen dünyada, yeryüzü katmanının hemen üstünde ve altında, yeryüzü yakınlarında ve dağların doruklarında yaşarlar. Bazıları önemli kaynaklara hâkimdir. Susamurları, külrengi balıkçıl ve tepelibalıkçılkuşu balıkların efendileridir ve her yıl yumurtlama mevsiminde, Campaların, yağmur yağmadığı dönemde alçak sularda avlayabilmeleri için ırmakların ağızlarına doğru götürürler balıkları. Çatalkuyruklu çaylak ise yenebilen böceklerin babasıdır; şaman düzenli bir biçimde eşini ziyaret ederek yavrularına –şamanın erkek kardeşleri olarak bilinir– insanların beslenebilmeleri için kendisine eşlik etmelerine izin vermesini ister. Campaların avladığı kuşların çoğu iyi tinlerle karışmıştır. Öldürülmeleri yalnızca bir hayaldır: Avcı merhamet ederek, "dış kabuğu"nu ister ondan ve kuş bilinçli olarak ona etini sunmak suretiyle maddi olmayan içselliğini korur. Bu içsellik anında benzer bir bedende can bulur ya da görünmeyen bir insan haline gelir. Dolayısıyla hiçbir zarar görmez hayvan ve bu lütuf belki bir minnet ve şükran duygusu dışında bir karşılık beklemez. Çok yaygın bazı tüylü av hayvanları özellikle tukan, penelope ve hinthorozu, kendilerini avlamaları için insanlara veren iyi ruhlar tarafından felakete sürüklenmezler, tersine korunurlar. Bu iyiliğin açıklaması, iyi tinlerin hayvanlara dönüşme biçimleri ve yönettikleri türler açısından ontolojik anlamda insanlarla olmasıdır: Campalar onları çok yakın akrabalar gibi görürler, avlanan bu canlı varlıkların armağan edilmesi akrabalar ve yakınlar arasında kaçınılmaz olan cömertlik veya yüce gönüllülük ödevinin basit, sıradan bir örneği olarak kabul edilir. Bu tür bir bağın getirdiği dayanışma, avla özdeşleşmiş

22 Aşaninkalarla ilgili kaynaklarım Weiss, G., 1975, Rojas Zolezzi, E., 1994 ve Varese, S.'dir (1973); Matsigengalar konusunda Renard-Casevitz, Fr.-M., 1985 ve 1991, Baer, G., 1994 ve Rosengren, D., 1987.

olan görünmez ve iyi tinlerin birlikte dans etmek ve şarkılar söylemek amacıyla insanlar arasına inmesiyle çok çarpıcı bir biçimde gösterir kendini: Onların meselesi vermiş oldukları herhangi bir hizmetin karşılığını almak değil, mükellefiyetlerin ve ödevlerin olmadığı, olumlu bir ortamda duygusal yakınlıklarını ve paylaşma kaygılarını göstermektir.

Pekarilerin efendi statüsü, Tukano kolektifleri arasında avın belirgin özelliğini oluşturan mübadele zorunluluğuyla bu yüce gönüllülük ödevi arasında bir çelişki doğurur. Bu bağlamda pekarileri bir dağın tepesinde hapseden Campaların ortak kız kardeşi gibi görülen bir dişi varlık söz konusudur.[23] Kimi zaman bir şaman, sürüsünden bir bireyi serbest bırakmasını ister ondan; o zaman bu dişi varlık bir hayvanın sağrısından bir tutam kıl koparır ve üfleyerek dağıtır bunları. Bu sayede pekarilerin sayısı artar ve dişi varlık da bunları, avlamaları için insanların arasına gönderir. Dolayısıyla bu eylem katıksız bir iyiliktir. Hiç kuşkusuz avcılara ahlâksal zorunluluklar getirir ve onlardan özellikle pekarileri, acı çekmemeleri için tek bir okla öldürmelerini ister; ama Tukanolar arasında olup bitenlerden farklı olarak hiçbir karşılığı gerekli kılmaz. Balıkçılık konusunda da aynı şey söz konusudur: Uzun süre eli boş kalan ve başarısız olan balıkçı yalvaran bir ses tonuyla "torbam boş kaldı, torbam boş kaldı" dedikçe balıklar merhamet göstererek oltaya takılırlar.[24]

İyi tinlerin hiçbir cinsel etkinliği yoktur – Amazon bölgesinde ya da genel olarak animik dünyada av hayvanı efendilerini bilinen figürlerden ayıran çok çarpıcı bir özelliktir bu. Tukanolarda hayvanların efendilerinin belirgin özellikleri aşırı cinsel enerjidir ve daha önce belirttiğimiz gibi bunlar himayelerindeki varlıkları düşlerinde birlikte olmaları için avcılara gönderirler: Anlaşılabilir bir tavırdır bu, zira bu varlıkların görevi hayvan türlerinin çoğalmasıdır ve bunun için insanların cinsel güçlerine ihtiyaçları vardır. İnsanlar bu güçlerinin bir bölümünü onlar için gönüllü olarak harcarlar ve karşılığında hayvanları yiyerek yaşamsal güç kazanırlar. İki cinsiyet olarak yaşayan ama cinsel birleşme olmadan üreyen Campa iyi ruhları için böyle bir şey söz konusu değildir: Bunların insan varlığına dönüşmüş olanlarının üreme organlarının körelmiş olduğu ve dişilerinin tüniklerini sallayarak partogenez yoluyla doğurdukları söylenir. Ayrıca erotikliği güçlendiren büyü ve kokularla kendini çekici kılarak hayvanların ilgisini kazanmaya çalışan Tukano avcısından farklı olarak, Campa erkekleri tersine ava gitmeden önce kadınlarla ilişkilerinin sonucu olan kalıntılardan, özellikle regl dönemi kanının dolaylı da olsa temasından olabildiğince arınmaya çalışırlar. İyi tinlerin üreme fizyolojisi ve döngülerini hatırlatan her şeyden nefret etmelerinin, denetlenemeyen arzulardan ve yaşam için gerekli madde akışlarından tiksinmelerinin açık seçik biçimde gösterdiği bir şey vardır: İnsanlar ve onlara av hayvanı sağlayan varlıklar arasındaki ilişkiler, Kuzeybatı Amazon bölgesindeki gibi dölleyici enerji mübadelesine ve bu enerjinin yeniden ayarlanabilmesine bağlı değildir. Campa iyi tinlerinin avcılara verdikleri bedenler sadece dış kabuklardır ve bunlar her türlü öznellikten ya da hareket ilkesinden yoksundur. Bu yüce gönüllülüğün teza-

23 Bu kişi Weiss, G'ye göre dişidir, Rojas (ve J. Elick) ise geyikgiller gibi erkek olarak tanıtırlar onu (Rojas Zolezzi, E., 1994, s. 180, n. 24).

24 Rojas Zolezzi, E., 1994, s. 205.

hürü, organik yaşamın olumsallıklarına kesinlikle yabancı olan bu varlıkların sürekli birliğini hiçbir biçimde etkilemez.

Bununla birlikte Campa dünyasında da negatiflik vardır. İnsanların yanı başında bulunan ve sürekli tehlike oluşturan bir yığın kötü tin söz konusudur. Bunlar (*kamariler*) iyi tinler gibi farklı görünüşlere sahiptirler. Bunların çoğu ölçüsüz cinsel özelliklere sahiptir; bazılarının penisleri çok büyüktür ve bunları gören erkeklerin ya da kadınların ölümlerine sebep olmaktadır, bazıları ise cinsel ilişkiden sonra partnerlerini ölesiye döven erkek ya da dişi şeytan kılığındadır. Ayrıca birçok kötü tin de hayvan kılığındadır ve bu kılık sürekli –Campaların yaklaşmak ve öldürmekten çekindikleri böcekler, yarasalar, kedigiller– ya da geçici olabilir. Geçici olanlar genellikle yenebilen türlerdir – tukanlar, maymunlar, kuşlar. Bunlar *kamari* görünümünde olabilirler ve insanların alaylarına, küçümsemelerine maruz kaldıklarında erkek ya da dişi şeytana dönüşürler; hatta içinde *peári* denen sınıftan bir kötü ruhun kılık değiştirmesi ve yenmesi ölüm getiren, sıradan, herhangi bir av hayvanı da söz konusu olabilir. Her halükârda insan kurban kendisine saldıran tür içinde yer alanlarla aynı kötü tin olur, daha da kötüsü Beyaz'a dönüşür. Sonuç olarak *kamari*'ler büyücülüğün efendileridir ve bu büyücülük aracılığıyla Yerlilere saldırırlar, onları taciz ederler. Şamanlar bu Yerlileri şurup içirerek ve bedenlerine şifalı otlar sürerek tedavi etmeye çalışırlar.

Campaların insan olmayanlarla ilişkileri yakın hayvan ruhlarının sağladığı beslenme yararlarıyla sınırlı değildir, zira bir yığın kötü tin zararsız, masum görünümleri içinde hayvanların içine girerek bunları kurban ederler kendilerine. Avcılar karşılıksız istedikleri etleri armağan olarak alabilirler ya da av hayvanı yazgılarından kaçamadan avlanırlar. Bununla birlikte bu dönüşüm burada predasyon ya da mübadelenin meşru olabileceğinin işareti gibi yorumlanamaz. Bunun için ya Campaların bu şiddetli yabancılaşmanın kurbanları oldukları halde aktif yönlendiricileri olmaları ve ondan korunmak için ellerinden gelen tüm çabayı harcamaları gerekir, ya da gördükleri kötü muamelelerin kendilerine verilen av hayvanıyla telafi edilebilecek gibi görülebilmesi lazımdır ki böyle bir durum söz konusu değildir. İyi tinler ve kötü tinler, Campalar ve Andlar'da yaşayan insanlar, bol yiyecek ve büyüleyen hayvanlar... Bunların tümü iki kapalı ve sürekli çatışan iki ontolojik alana dağılmıştır: Bu alanlardan biri sürekli paylaşım ve dayanışma değerleriyle yönlendirilir, öbürü ise her açık zihnin dünyada fark ettiği kötülüğün çıkış yoludur ve hiçbir şeyin hafifletemeyeceği acımasız, anlamsız ve aşırı bir başkalık gösterir.

İnsanlar arasındaki hiçbir ilişki sistemi yalnızca bir armağan mantığıyla yönlendirilemez ve Campalar da bu kuralın dışında değildir. İyi hayvan tinlerinin ölü bedenlerinin armağan edilmesinde gösterdikleri fedakârlık ve cömertlik, Dravid akrabalık sisteminin ya da kabileler arası mübadelenin simetrik kurallarından çok güven, yüce gönüllülük ve baskıdan nefret etmenin öne çıktığı gündelik yaşamın karakteristiği *ethos* tipinde görülür. Gerçekten de Campalar kendi içlerinde karşıtlık ve farklılığa karşı mücadele iradesini çok ileri noktalara götürmüşler ve bir ilişki, karşılıklılık ya da predasyonun oluşması için bireyler arasında gerekli olan farkları minimuma indirgemişlerdir. Matsigenga etnografları özellikle bu nokta üstünde durmuşlardır. Sözgelimi France-Marie Renard-Casevitz onlarla ilgili olarak "toplumsal alanı kat edebilecek ben ve öteki karşıtlıklarını zayıflatma konusunda hiç eksik olmayan bir kaygı"dan söz eder; ya da Dan Rosengren "paylaşım çok önemlidir [...], neredeyse bir buyruktur" ve "uyulması gereken pozitif değerler olarak toplumsal uyum ve denge önemlidir" der.[25]

Campalar kalıcı hınçların kaynağı ve toplumsal bağları parçalayan iç şiddete karşı getirdikleri şiddetli yasakla dikkat çekerler. Bu bağlamda anlaşmazlığa düşen ve aralarında sözlü kışkırtmaların ve yatıştırıcı tavır ve davranışların görüldüğü Matsigengalar arasındaki ağız dalaşları örnek gösterilebilir... Bu kavgalar taraflardan birinin, saldırganlığının nedenini düşünüp kendi kendini dövmeye başlaması ve bunu karşısındakinin de taklit etmesiyle son bulur. Sert, dar kafalı ya da tavır ve davranışları rezilce olan insanlar hakaretlere maruz kalırlar. Önce söz konusu kişinin adını vermeyen bir kadın tarafından aşağılanırlar; eğer ayıplanacak davranışlar devam ederse, öteki kadınlar da bu aşağılama ve hakaretlere katılır. Durum sürüp giderse bir dışlama gerçekleşir ve dayanışma ağından kendiliğinden kopan birey, içinde yaşadığı toplumda adeta bir hayalet haline gelir. Bu önlemlerden bir sonuç alınamazsa suçlamaları yapma inisiyatifini alan kadının intihar etmekten başka çaresi kalmaz – burada amaç bu suçlamaların yarattığı mesafe ve düzensizliği kendi ölümüyle yok etmektir.[26] Av hayvanlarının davranışlarını yönettiği kabul edilen cömertlik ve yüce gönüllülük ilkesi burada bir anlamda *tersinden hareketle* ifade edilir: Arkasından sonuçların gelmediği her beklenti başkasını, benim iddiamı çürüterek benden farklı olma gibi bir duruma düşürme biçiminde uygun düşmeyen bir inisiyatifin neden olduğu kişisel bir başarısızlığın işareti olarak yorumlanır.

Amueşhalar bu paylaşım ve uyumlu birliktelik felsefesine özellikle açık seçik bir biçim vermişlerdir, zira Aristoteles gibi sevginin her şeyin yaşam kaynağı ve ilkesini oluşturduğunu düşünürler. İki tip sevgi söz konusudur: *Muereñets* yaşamın yaratılmasında kendini verme anlamına gelir ve tanrılar ile dinî liderlerin tavırlarını karakterize eder, buna karşılık *morrenteñets* her türlü toplumsallık için gerekli olan karşılıklı sevgidir ve karşılık beklemekten uzak sürekli bir cömertlik veya yüce gönüllükte ifadesini bulur.[27] Burada Tukanolar gibi ötekini karşılıklı bir ilişkinin parçası olarak ya da Jivarolar gibi ben'in çoğalması için gerekli bir yem olarak görme olanağı veren tasarlanmış ve kabul edilen sapmadan uzağız. Amueşhalarda ve Campalarda ayrıcalıklı davranış modeli daha ziyade akraba ilişkisi gibi görülür ve bu ilişki içinde size bağımlı olanlara sevgi, şefkat ve koruma sağlarsınız.

Doğal olarak yerel kolektifler içinde, yardımlaşma ve gündelik ilişkiler içinde kenetlenmiş akrabalar arasında cömertlik ve paylaşım şeması daha açık biçimde görülür – örneğin çocuklara aşılanan davranış kuralları ve her birinin sıradan davranışlarında. Bununla birlikte Aşağı Andlar'da yaşayan Aravak kabilelerinde, iki tür insan olmayan varlık ile kurdukları farklı ilişkilerde şaşırtıcı bir benzerlik göze çarpar: Hayvan tinlerinden gelen armağan ve kö-

25 Renard-Casevitz, Fr.-M., 1985, s. 88; Rosengren, D., 1987, s. 63-64 ve 161.

26 Renard-Casevitz, Fr.-M., 1985, a.g.y.

27 Santos Granero, F., 1994, s. 273-291.

tü tinler tarafından uygulanan predasyon ve birbirine düşman iki insan grubuyla çelişkili bağlarını karakterize eden ilişkiler. Gerçekten de dağ eteklerinde yaşayan bu halklar kendi sınırlarında sürekli savaş halinde olmalarına karşın, büyük ölçüde dilsel yakınlıkları olan, aynı erdem anlayışıyla toplumsal uyumu paylaşan etniler arasında karşılıklı ilişkiler ve bölgesel ittifaklar kurmak suretiyle kendi aralarında çatışmaktan kaçınmışlardır. Mübadele ürünlerinin etniler arasındaki tamamlayıcılığı Kuzeybatı Amazon bölgesinin zanaatsal uzmanlaşmasını hatırlatır: Çipibolar boyalı kumaşları, Matsigengalar yayları ve okları, Pirolar kayıkları, Nomatsigengalar zarif pamuklu kumaşlarıyla ünlüdürler, Amueşhalar ve Aşaninkalar ise değerli süs eşyaları ve tuz üretirler. Maddi ürünlerin dolaşımı aracılığıyla geliştirilen ilişkiler bu mozaiği ve ortak değerlerle bir araya gelmiş bir cemaate aidiyet duygusunu güçlendirirler. Kâşif Olivier Ordinaire'in "tinsel farklılıklar" adını verdiği bu duygunun en belirgin örneği farklı Campa kabilelerinden iki bireyin buluşması vesilesiyle okunan bir ritüel duasıdır: Bu dua aynı topluluğa aidiyetleri dolayısıyla herkesin birbirine karşı yerine getirmesi gereken görevlerinden söz eder.[28]

Fernando Santos'un önerdiği gibi, iç savaşa şiddetle karşı çıkılmasının bir pan-Aravak *ethos*'unun özelliği olması da mümkündür.[29] Ama Peru Aravaklarında iç barışa ilave olarak, Campa kabilelerini ve Panolardan bazı müttefiklerini savaşçı koalisyonlarda bir araya getirerek dış düşmanlara karşı savaşma kapasitesi de söz konusudur. Bu dış savaş bütünüyle savunma amaçlıydı ve 16. yüzyıl başındaki İnka ordularından bugünkü Maocu gerillalara, kraliyet naipliği seferlerine, genç cumhuriyetin asi Yerlilerin merkezî iktidarın egemenliği altına girmesi için dağ eteklerindeki ormanlara düzenledikleri başarısız seferlere kadar, And-lar'dan gelen istilacıların emellerine karşı toprak bütünlüğünü korumaya yönelikti. Dolayısıyla "yüksek yerlerde yaşayan insanlar", *puna runa*'ların kötü tinler ve onların hayvanlara dönüşmüş halleri, radikal ve de kötü, farklı bir karakterin ete kemiğe bürünmüş halleri gibi algılanmış olmaları hiç şaşırtıcı değildir. Mitsel kökenleri aynı olduğu için ontolojik olarak aynı olan İnkalar, İspanyollar ve düşman hayvanlarla mücadele edilmesi ve bunların belli sınırların dışında tutulmaları gerekir; olumsuzluklarının homojen bir mahremiyete bulaşmaması gerekir. Burada borçsuz, hesapsız kitapsız bir yakınlık ideali sürdürmenin bir bedeli vardır: Sizi av gibi gören öteki komşular tarafından yok edilmemek için ihtiyaç duyulabilecek önemli ve değerli komşularla mübadele ve eksikleri tamamlama kurallarına saygı gösterme.

Campalar animizm dünyasının bu ideali gerçekleştirmek isteyen tek temsilcileri değillerdir kesinlikle ve kimileri bu konuda onlardan çok daha başarılı olmuşlardır. Sözgelimi Peru'nun yağmur ormanlarından binlerce kilometre uzaklıktaki Kuzey Algonkinleri, insan olan ve olmayanlarla ilişkilerinde aynı örnekleri sunarlar, ama burada predasyon tehdidi yoktur ve mübadelede zorlayıcı kurallara karşı koyabilme olasılığı söz konusudur.[30] Kitabın

28 Ordinaire, O., 1892, s. 144-145.

29 Santos Granero, F., 2002, s. 44-47; bununla birlikte sürekli öç alma peşinde koşan Guajirolar istisna oluştururlar bu bağlamda.

30 Şu bir gerçek ki predasyon takıntısı Kuzey Algonkinleri arasında hiç eksik olmaz; burada Windigo (ya da Wiitiko) görümündedir: Yerlileri korkutan insan biçiminde, ucube

başında gördüğümüz gibi Cree ve Ojibwa grupları, subarktik ortamı görünüşte insan yaşamına çok kesin sınırlamalar getirmesine rağmen uygun ve insanların ihtiyaçlarına duyarlı varlıklardan oluşmuş bir çevre gibi görürler. Av hayvanı kendini avcıya her zaman bir cömertlik ve yüce gönüllülük duygusuyla teslim eder: Açlık çeken insanlara acıdığından hiç karşılık beklemeden etini armağan eder. Bu iyilik gösterisinin bir sonucu yoktur, zira Campalarda olduğu gibi hayvanın ruhu bir süre sonra aynı türden bir bireyle yeniden bütünleşir – yeter ki ölüsü gerekli ritüellerden geçirilsin! İnsanlar arası ilişkiler de aynı şemaya uyar. Montaignais, Naskapi, Cree, Ojibwa toplulukları arasında savaş yasaklanmıştı ve mallar ile kaynakların paylaşımı özellikle küçük kış avı kamplarında bir arada yaşayanlar arasında kesinlikle uyulması gereken bir kuraldı.[31] Emmanuel Désveaux'nun Kuzey Ontario Ojibwaları konusunda yazdığı gibi "Yerlilerin sosyolojik ufkunda başkalık diye bir şey yoktur kesinlikle."[32] Daha kuzeyde İnuitlerde ya da onların da uzağında Malezya Chewongları'nda ve Filipinler Buidleri'nde aynı tavır öne çıkar.[33] Bird-David'in Nayakalar ya da Pigmele atfettiği özelliklerden biri olan, avcı-toplayıcıların insan olan ve olmayanlardan oluşan çevreleriyle ilişkilerinin tipik özelliklerinden biri olarak gördüğü paylaşma kaygısı, çıkar gözetmeyen güven, cömertlik ve yüce gönüllülük anlayışına gelince, burada belli bir geçinme biçiminin olası sonucundan farklı bir şey görmek gerekir kesinlikle: Bunlar animik ontolojilerin, ortamdan yararlanmak konusunda kullandıkları teknikler ne olursa olsun, başkasıyla ilişki konusunda ortaya koydukları genel bir şemaya işaret eder.

Kolektiflerin *Ethos*'u

Bir kolektifte bir ilişki şemasının yaygınlığı bireylerinin tipik davranışlar benimsemesi sonucunu doğurur. Bu davranışların yinelenmesini ve sıklığını gözlemleyen ve yorumlayan etnograflar, bunları bireşimci bir biçimde ele alarak toplumsal yaşamı yönlendiren normatif "değerler" olarak niteleyebilmişlerdir: Matsigengalar'da ya da Ojibwalar'da paylaşma gerekliliği, Jivarolar'da savaşçılık anlayışı, Tukanolar'da mübadele zorunluluğu. Ama hiçbir ilişki kesinlikle hegemonik değildir, zira bunlar hep birlikte insanların aralarındaki ilişkileri düzenlemek amacıyla yararlandıkları bir depo gibidir.

Sözgelimi Jivarolar'a dönersek, gündelik yaşamlarında her şeyin şiddet kullanarak el koymaya dayandığını iddia etmek saçmadır. Predasyon yoluyla el koyma daha çok her biri kendi tarzında ortaya çıkan çok sayıda pratik alanını yönlendiren ahlâki bir ufuktur. Başka yerlerde ağır basan, burada ise özel birtakım alanlarla sınırlanmış haldeki ilişki şemalarını tolere eder ve içerir; ancak bu şemalar egemen şemanın ve yönlendirici etkisinin sinsi bulaşıcılığının sürekli tehdidi altındadırlar. Böylelikle Dravid tipi Jivaro akrabalık sistemi, çapraz kuzenler arasında kız kardeş mübadelesinden oluşan ideal modele dayanır. Pratikte çok yay-

---

bir yamyam. Bununla birlikte çok açık kötülüklerden sorumlu tutulan kötü Aşaninka ruhlarından farklı olarak anekdotlarda Windigo onunla karşılaşan insanlar tarafından her zaman yenilgiye uğratılır (Desveaux, E., 1988, s.261-265).

31 A. I. Hallowell'e göre sahip olunan şeylerin paylaşımı Ojibwa kültürünün "yüce değerleri"nden biridir: 1981(1960), s. 385.

32 Desveaux, E., 1988, s. 264.

33 Rasmussen, K., 1929, Howell, S., 1989 (1984); Gibson, T., 1986.

gın olan bu birliktelik biçimi, yerel akrabalıklar düzleminde gerçek yakınlıklar arasında bir karşılıklılık ve dayanışma ağı oluşturur ve bu da, hiç kuşkusuz uzak, gerçek, potansiyel ya da ideal yakınlara karşı bir predatör tavrının geliştirilmesi için gereklidir. Gerçekten de yaklaşık bir günlük yürüyüş mesafesinde bulunan her şeye karşı beslenen genel düşmanlığın, simetrik mübadelenin göreli bir güvenlik umudu verdiği barışçı bir merkez gerektirdiği düşünülebilir. Oysa sistem içinde başarısız olanların sayısı çok fazladır: kardeşler aynı potansiyel eşlere talip olduklarında ya da Musa'nın getirdiği yasalara göre dulların aralarında paylaşımı sırasında zararlı çıktıklarında birbirlerine amansızca düşman olabilirler; bir damat, ilk karısının kız kardeşiyle evlenme izni vermediği takdirde kayın pederine saldırabilir. Böyle durumlarda cinayetlere ve kadın kaçırma olaylarına çok sık rastlanır. Yerel çevrede yakınlığın zedelenmesini minimize etmek amacıyla alınan tüm önlemlere karşın, bu zedelenme olgusu bir akrabalık içinde en yakın bireyler arasındaki karşılıklılığın hassas dengesini parçalayabilen bir unsur olarak her daim mevcuttur. Dolayısıyla eşitlikçi mübadele evlilik sistemi mantığı içinde her zaman mevcuttur, ama Jivaro *ethos*'una uzak kalır.

Buna karşılık Tukano topluluklarında, belki de daha çok barışçı ilişkilerin öne çıkarılması konusunda yaptıkları ortak bir tercihin ardından savaş uzun zamandan beri görülmese de, predasyon hiç eksik değildir. Her halükârda Tukanoların normal olarak kadın alıp verme ilişkisi içinde olmadıkları farklı diller konuşan topluluklar arasına kadın kaçırmak amacıyla akınlar düzenleme ve daha uzak mesafelere kanlı saldırılar düzenleme arasında açık seçik bir ayrım yaptıkları bilinir. Birinciler oldukça yaygındı büyük olasılıkla: Genellikle kan dökülmüyordu bu amaçla, av seferleri gibiydi bunlar ve sıradan egzogam kadın alıp verme durumunun olası bir alternatifiydi. Bu seferlerden sonra çoğu zaman taraflar arasında müzakereler yapılırdı ve sonunda klasik tipte bir evlilik ilişkisi çevrimi başlatılırdı. Böylelikle rastlantısal predasyon eyleminden sonra mübadele ilişkisi öne geçerdi.[34] Çok ender görülmesine rağmen, uzak yerlerde yaşayan Tukano kabilesinden birinin öldürülmesi çok daha kesin ve kararlı bir şiddet uygulaması olarak kabul edilirdi, zira başka bir grubun çoğalma, üreme gücüne zarar vermekti bu ve böylelikle sistemin bütününe zarar verilmiş oluyordu. Jivaro kelle avcılığından farklı olarak bu nedensiz eylem bir predasyon eylemiyle bir tutulamaz, zira öldüren kişinin mensup olduğu topluluk için üreme, çoğalma bağlamında hiçbir yarar sağlamaz, dolayısıyla savaşçı "insan öldüren" (*masa sĩari masa*) Tukanolar arasında tüm olası ilişkilerin en negatif figürü olarak kabul edilir.[35]

Tukanoların insan olmayanlarla ilişkilerinin bir predasyon boyutunun olmadığı da düşünülemez. Hatta Arhem bu özelliğin üstünde durarak Makunaların ekokozmolojisi adını verdiği kavramı ortaya atmıştır: Bir avcının bakış açısından, yani yiyenler ve yenenler ağı gibi görülen dünya.[36] Burada sistemin sınırları iki

34 Hugh-Jones, C., 1979, s. 223; Arhem, K., 1981, s. 160.
35 Hugh-Jones, C., 1979, s. 64.
36 Arhem, K., 1996; Arhem Makuna kozmolojisinin predasyon özelliğinin üstünde dururken benim daha önce Tukano modeliyle ilgili olarak getirdiğim ve kendisinin açıkça eleştirmeden aktardığı mübadeleci yoruma örtük bir biçimde uzak duruyor (Descola, Ph., 1992). Bu nokta benim ileri sürdüğüm düşünceye karşı Arhem'le aynı görüşte olduğunu söyleyen Peter Rivière'in gözünden kaçma-

kutupla tanımlanmıştır: Her türlü canlı varlıkla beslenen ve hiçbir canlı varlığa yem olmayan yüksek düzeyde predatörler (jaguarlar, anakondalar, bazı yırtıcılar, Yurupari tinleri) ve beslenme zincirinin en altında bulunan yenebilen bitkiler. Kaderleri hem predatör hem yem olmak olan organizmaların çoğu ikisi arasında yer alır; bu bağlamda özellikle ruhları başka bir biçimde yeniden doğabilmeleri için klanlarının kurucu ruhları tarafından ölüme teslim edilen (gerçek anlamda "ölüm tarafından tüketilen") insanlar örnek gösterilebilir. Bu tür formülasyonlar o kadar şaşırtıcı değildir, zira animik kozmoloji işleyiş ilkelerini, kendi içindeki özel ilişki şemasının özelliklerinden bağımsız olarak, büyük olasılıkla bütünüyle beslenme zinciri modelinden alır. Oysa Arhem'in kendisinin de söylediği gibi Makunaların yiyenler ve yenenler arasındaki bu ilişkileri pratikte yaşamaları kesinlikle bir mübadeledir ve bir predasyon eylemi değildir: "Bütün ölümlülerin ontolojik açıdan "eşit" olduğu bu kozmik toplumda insanlar ve hayvanlar karşılıklılık anlaşmasıyla bağlıdırlar birbirlerine. [...] Böylece insan avcıyla avı arasındaki ilişki yakınlar arasındaki ilişkiye göre biçimlenmiş bir mübadele gibi yorumlanır."[37] Predasyonun mübadeleye bağımlılığı daha iyi açıklanamaz. Nihayet, tekrar Campalara dönmek yararlı olacaktır: Hatırlanacağı gibi armağan şemasının insan toplulukları içinde egemen olması, ancak kendilerine benzeyen komşularla mübadele sayesinde korunabildikleri predasyona dayalı yakınlıklar ve akrabalıklar içinde mümkün olabilir.

*

Bu bölümde irdelenen üç olgu, benim "kolektif" dediğim şeyin doğasıyla ilgili olarak daha genel bir ders çıkarma çağrısı yapar. Böyle bir kendilik görünüşteki homojenliğinin bir parçasını kendisini karakterize eden ontolojik tanıma biçiminden alsa da bu, onu, bu açıdan öteki benzer kendiliklerden ayırmak için yeterli değildir. Dolayısıyla bir kolektifin sınırları öncelikle kendi içinde özel bir ilişki şemasının etkili olmasıyla tanımlanır ve bunun sonucu olan birliğin etniler, kabileler, dil grupları vb.. gibi bilinen ayrımlarla benzerlik göstermesi gerekli değildir.

Bu konuda Jivarolar örnek gösterilebilir. Benim şimdiye kadar onları anlatırken söylediklerim doğrultusunda, birtakım iç dilsel ve kültürel farklılıklara rağmen Jivaroların ölçülü bir bütünlük oluşturdukları düşünülebilir. Bununla birlikte Çapralar ya da Kandoçiler gibi bazı güney komşularıyla predasyon şemaları ve onunla ilişkili kurumları aynıdır – dil ve toplumsal örgütlenme ya da maddi kültür aracılığıyla birçok farklılık göstermeleri engellemez bu durumu.[38] Buna karşılık Jivarolar, doğu sınırlarında Keçua dili konuşan ama kendileriyle predatör *ethos*'u paylaşmayan topluluklar olan *sacha runa*'larla sürekli ticari ilişkiler içindedirler ve bunlara kimi zaman kadın alıp verir-

mıştır. Benim, karşı çıktıkları düşüncem şuydu: Başkalarıyla ilişki şemaları açısından Jivarolar ve Tukanolar ters düşerler birbirlerine, Amazon kozmolojileri predasyon ve mübadelenin iç içe geçtiği temel bir modelin dönüşümleridir (Riviere, P., 2001). Arhem de Rivière de bir noktayı kavrayabilmiş gözükmüyorlar: Bana göre bir predasyon ya da mübadele kolektifi başka bir şemayı dışlamıyordu kesinlikle ama baskın şemaya bağımlı konumdaydı.

37 Arhem, K., 1996, s. 191-192. Belirsizliği yok etmek amacıyla ekliyor: "İnsanlar hayvanların efendilerine "manevi gıdalar" (koka, tütün, balmumu) sağlar. Buna karşılık bu efendiler de insanlara av hayvanı ve balık verirler" (a.g.y.).

38 Surrales, A., 2003.

ler.[39] Orman Keçuaları ve Jivarolar arasındaki farklılıklar ilk bakışta bunların Kandoçiler ya da Çapralarla olan farklılıklarından ne fazla ne eksiktir. Bununla birlikte Kandoçi ve Çapraların "jivaro" grubuna dâhil oldukları, buna karşılık Keçuaların bir yığın benzerliğe rağmen farklılığın üst sınırını aştıkları söylenebilir. Söz konusu toplulukların yaşam biçimlerinin gösterdiği budur: Jivarolar evlilik yoluyla, pasif bir biçimde "Keçualaşabilirler" ve tersi de mümkündür bunun, ama bütünleşme durumu her zaman kişisel bir girişime bağlıdır; buna karşılık Kandoçiler ve Çapraların Jivarolarla her iki topluluğun da kurban ya da saldırgan olarak kelle avcılığı ve kadın kaçırma döngüsüne dâhil olduğu, kolektif ve başkalık yaratan ilişkileri vardır. Dolayısıyla Çapralar ve Kandoçiler Jivaro kimliğinin oluşumunda taraftırlar, buna karşılık Keçualar daha çok kimlik değiştirmek isteyenler için bir 'başkası olma" alternatifi sunarlar.

Baskın bir ilişki şemasının paylaşılması yoluyla halklar mozaiğinin birleştirilmesi Kuzeybatı Amazon bölgesinin etniler arası bütünlüğü içinde daha nettir. Hatırlayacağımız gibi bu bölgeye özgü karşılıklılık hareketleri sadece Doğu Tukanolarına özgü değildir ve Aravak gruplarını (Banivalar, Vakuenailer, Tarianalar, Bareler, Kabiyeriler ve Yukunalar) ve bir Karib grubunu (Karijonalar), bağımsız bir dil konuşan, yerleşik bahçıvanlar, kıyı topluluklarıyla av hayvanları tarım ürünleri mübadelesi yapan avcı-toplayıcılar Makuları da kapsar. Kabul etmek gerekir ki dilsel egzogami Cubeolar dışında sadece Tukano grupları içinde yaşanan bir olgudur; ama öte yandan bu metasistemin bütün unsurları aynı inancı paylaşırlar: Kozmosun armonisi ancak malların sürekli ve dengeli bir dolaşımı, insan olan ve olmayanların oluşturduğu farklı kolektifler arasındaki bireyleşme ilkeleri ve cinsellik unsurları sayesinde sürdürülebilir. Peru dağ eteklerinin çeşitli Aravak toplulukları söz konusu olduğunda, onların aynı dayanışma ağına ait olduklarını bildiklerini hatırlatmaya bile gerek yoktur: Bu ağ ortak yüce gönüllülük, eşitlikçilik ve başkalarına açık olma gibi değerlerden oluşur ve bu değerler de And istilacılarına mal edilen negatif özelliklere kesinlikle karşı olduğundan daha da önem kazanmış ve saygınlaşmıştır.

Kısacası bir kolektifin çerçevesini dil sınırları, ticari bir ağın çevresi ve hatta yaşam biçimlerinin homojenliği değil, az ya da çok sayıda bireyden oluşan bir bütünün paylaştığı deneyimin şematize edilme biçimi belirler. Ayrıca söz konusu bütün iç çeşitlikler –diller, kurumlar, pratikler– gösterebilir ve bu çeşitlilikler, bu bütünün başka bir ölçekte zayıf birimlerden oluşan bir dönüşüm birliği olarak anlaşılmasını sağlayabilir. Böyle bir tanım, başka analiz bağlamlarında yararlı olabilecek bilinen kategorilerin –kültür, etni, uygarlık, dil grubu, toplumsal ortam vb.– yerini tam olarak alamasa da, bizi en azından saptanımcılığın (fiksizm) tuzaklarından ve insan topluluklarını yakın komşularından farklı gözükmek amacıyla sergiledikleri özelliklerden hareketle değerlendirme yönündeki neredeyse kendiliğinden gelişen eğilimin aldatıcılığından korur. Benedict'in kültürün *pattern*'lerini ortaya çıkarmaya dayalı yöntemi bunun tersidir: Daha önceden belirlenmiş, davranış ve temsillerdeki sürekliliklerin gizemli kaynağı olarak aşkın ve soyut bir birlik atfedilmiş bir bütün yerine, daha ziyade pratik-

39 Bkz. Whitten, N. E., 1976.

leri çok çeşitli tür ve ebattaki kolektifler içinde birleştiren şemaların kapsadığı alanla ilgilenmek gerekir – bu kolektiflerin sınırları töre ya da yasayla değil, dünyada var olmanın başka biçimlerine oranla görünür kıldıkları kopuşlar tarafından belirlenir.

Bu şekilde anlaşılan, her türlü işlevsel ya da –birlikte yaşama arzusunda olduğu gibi– ereksel boyuttan yoksun kolektif kavramı, Latour'un verdiği tanımdan da (belli bir dönemde ve belli bir yerde, bir ağ içerisinde oluşan ya da "toplanan" insan olan ya da olmayanların özgül birlikteliği) bir hayli uzaktır. Benim için de bir kolektif her türlü kendiliğin bir araya geldiği bir bütündür, ancak kesinlikle araştırma alanının çerçevesini hâkim olabileceği verilerle çizen analistin keyfi kararına bağlı olan –ve bütün dallanmalarına bakarak karar verilecek olursa aslen var olmayan– sınırların belirlediği bir ağ gibi örgütlenmemiştir. Bir kolektifin sınırlarının şu ya da bu pratik şemasının etki alanıyla birlikte genişlediği kabul edildiği takdirde, bu sınırların belirlenmesi de özellikle insanların insan olmayanlarla ilişkilerinde deneyimlerini örgütleme biçimine dayanacaktır.[40] Antropolojinin çok eskiden beri amacı olan yeryüzünün ürkütücü çoğulluğunu düzenlemek ve karşılaştırmak belki daha az zahmetli çabalar olacaktır – böyle bir misyonun bir temeli olduğuna inananlar için bir umut ve kendilerini bu çabaya adamak isteyenler için yüreklendirme işareti.

---

40 Bu kolektif kavramı, yayılımında hatta anlaşılması bağlamında L. Boltanski ve L. Thévenot'nun "siteler" diye nitedikleri kavrama yakınlık gösterir... Siteler sanayi toplumları içinde bireylerin oluşturdukları ve farklı ortak dünyalar oluşturmalarını sağlayan alt-bütünlerin paylaştıkları uzlaşımlara dayanan toplumsal modellerdir (Boltanski, L. ve Thevenot, L., 1991). Tanıma ve egemen ilişki şemalarının bileşimleriyle belirlenen kolektifler gibi "siteler"in belirgin özellikleri toplulukların kabul edilen sınırlarını karıştıran ve ayrım ölçütlerini yeniden dağıtan klasik sosyolojinin kategoriyel varlıkları –sınıflar, cinsiyetler, gelir düzeyleri, meslekler ya da siyasal düşünceler–, birlikte yaşam ve toplumsal ilişkinin çelişkili biçimleri –"mistik site", "basit site", "inanç sitesi"vb.– içinde ortaya çıkar.

15

Yapı Hikâyeleri

Şimdiye kadar incelemiş olduğumuz yüklemleri istikrarlı, yerleşimleri kesin kendiliklerden oluşan, pratikleri birleştiren büyük ilişki şemalarıyla homojen hale getirilmiş, özgün cevaplar getirdikleri tekil problemlerle karşılaşan bütün kolektifler beklenmedik biçimde zamana direnmiş gözüküyorlar. Burada yöntem seçimi büyük bir rol oynar: Seçilen örnekler, gözlemcilerin onları betimlediği sırada bilgisine ulaştığımız olumsal olaylar değil, tarihsel güzergâhlarının herhangi bir safhasında bağlamlarından soyutlanan ideal tipler gibidir. Ama "dünya vizyonları", davranış stilleri ve ayırt edici karakterlerini gösteren kurumsal mantıklar açısından ele alındıklarında kültürlerin ve uygarlıkların ilginç bir süreklilik gösterdikleri de doğrudur; bu açıdan bakıldığında onları eşzamanlı analiz alanında birbirlerinden ayıran çelişkili konumları saptamak, her birinin oluşumunun iki aşaması arasında sürekli maruz kaldıkları yapısal kopuşları göstermekten daha kolaydır. Bununla birlikte bu kopuşlar gerçektir ve uzun süren dönemleri inceleyen tarihçiler bunları saptamaktan geri kalmazlar: Varlıkların ve niteliklerinin belli bir dağılımı yerini başka bir dağılıma bırakır; başkalarına karşı davranmanın bir biçimi geçerliliğini yitirir ve o zamana kadar marjinal olan başka bir biçim alır yerini; o zamana kadar normal kabul edilen şey artık mümkün görülmez ve hayal etme cesareti gösterilemeyen şey sonunda ortak akla damgasını vurur. Çoğu zaman birçok kuşağa yayılan bu tür dönüşümler genellikle onları yaşayanlar tarafından fark edilmezler. Yeni bir sisteme girildiğini anlama olanağı veren "eşik etkisi", ancak dönemlere ayırma bağlamında gözü pek bir tarihçi tarafından algılanabilir, ya da başka bir biçimde, karşılaştırılabilir toplumları sanki birbirlerinin dönüşümleriymiş gibi mekânsal bir süreklilik içinde ele almayı seçen –ancak bu toplumların bazılarının, ötekilerin gelişmesini sağlayan daha basit biçimler oluşturduğu kanısına varmayan– bir antropolog tarafından anlaşılabilir. Bu durumda yaratılış ve ilk nedensellik sorunları bir yana bırakılıp, tereddüt etmeden eşzamanlı bir yöntemi seçildiğinde, ele alınan bileşimlerin yapısal özellikleri ve bunların dönüşümlerinin pozitif ya da negatif koşulları açıklanabilir.

Bu koşullardan biri, baskın ilişki şemalarından birinin yerini başkasının almasıdır. Daha önceki bölümde görüldüğü gibi aynı tanıma biçimi bütünüyle farklı ilişkisel halleri tarafından biçimlendirilebilse de, bu tolerans mutlak değildir: Başkalarıyla ilişki kurmanın bir tanıma biçiminde ikincil düzeyde yer alan kimi biçimleri, kimi zaman gitgide ağır basan bir rol oynar ve bu rol onları kısa süre içinde geliştikleri ontolojik dağılımla uyuşmaz duruma getirerek, bu ontolojik dağılımın yeniden düzenlenmesini ve onların faaliyetlerine daha uyumlu başka bir tanıma biçimine doğru bir geçişlerini gerekli kılar. Bu dönüşümler çoğu zaman çok önemli teknik sistemlerdeki değişimlerle birlikte görülür, bununla birlikte bu teknik değişmeler dönüşümleri tam olarak belirlediğini söylemek de mümkün değildir. Hatta birçok durumda tersine, daha önce ikincil olan bir ilişkinin genelleşmesi dünyanın bileşenleri arasındaki etkileşimleri yeniden yönlendirerek, pratikler ile bunları kavrama biçimleri üzerinde yeni ilişkilerin hâkimiyetini perçinleyen teknik icatlara yol açar. Burada tek bir örnek verilecektir bu bağlamda: Hayvanlarla ilişkilerdeki değişikliklere bağlı olarak koruma ilişkisini etkileyen farklı durumlar.

İnsan-Karibu'dan Soylu Boğa'ya

Kimi zaman yüzlerce başlık sürüler oluşturan karibular, subarktik Amerika'nın yerli halklarının tercih ettiği bir av hayvanıdır. Bunlar hem ormanlara hem daha güneydeki tundra bölgelerine çok iyi uyum sağlayan göçmen hayvanlardır ve belli bir bölgeden geçmeleri, bol et sağlamaları dolayısıyla bunların gelişlerini gözleyen avcılar için çok önemli bir olaydır. Ayrıca hayvanların düzensiz gözüken göçlerinin bir efendi, yani onların çobanı olan bir tin tarafından denetlendiği düşüncesi hiç şaşırtıcı değildir – aynı kolektif amaca yönelik bir yığın davranışa tekil bir yönelimsellik atfetmektir bu. Montagnais'ler bu tine İnsan-Karibu diyorlar. İnsan görünümünde, beyaz ve sakallıdır; dar bir boğazdan geçerek ulaşılabilen bir tepedeki bir mağarada oturur ve burada tıpkı Polyphemos gibi muazzam sürüsüne göz kulak olur. Ve gene bulunduğu yerden hayvanlarını yıllık göçlere gönderir, bu arada hangi hayvanın ve kaç hayvanın şu ya da bu kişi tarafından öldürüleceğine de karar verir. Öldürülen karibuların ruhları mağaraya döner ve orada başka bir vesileyle avcılara gönderilecek olan yeni hayvanlarla bütünleşirler. Avcılar hiçbir biçimde mağara yakınlarında ve çevresinde dolaşmasalar da, bir ritüel uzmanı bir insan-karibuya müdahale eder, kıtlık çeken insanların yararı için hayvanlarından uzaklaşmasını ister.[1]

Dolayısıyla burada tipik bir "armağan veren" animizm durumu söz konusudur: Dünya insanların iyiliğini isteyen yönelimsel kendiliklerle doludur. İnsan-karibu ve öteki av hayvanı, türlerini yöneten bütün tinler iyilik yapmak amacıyla ve av etiğine saygılı olunması koşuluyla karşılık beklemeden hayvanlarını sunarlar. Karibular ise –efendileri, Rock Cree'ler ta-

1 Speck, F. G., 1935, s. 82-86; göçler konusunda bkz. Clement, D., 1995, s. 280-281; İnsan-karibu ve av hayvanının öteki efendileri için bkz. Bouchard, S. ve Maillot, J.,1972, s. 61..

rafından dev bir erkek gibi tasvir edilen bir tür hipostazdır– âşık bir kadın gibi avcılara teslim ederler kendilerini; Cree Mistassinilerin dediği gibi karibular dişildir ve avcıları bir genç kız gibi tavlarlar. Ölüm cinsel ilişkinin gerçekleşmesiyle bütünleşmiş bir olgudur ve karibular avcıların düşlerine bir genç kız görünümde girerler.[2] Bu erotik av sembolizmine dünyanın birçok bölgesinde çok sık rastlansa da burada son derece ayırt edici bir özellik söz konusudur, zira yeni bir hayvanın can bulması ancak bir insan aracılığıyla gelen ölümle mümkündür. Ama armağan dünyadaki varlıklar arasındaki ilişkinin genel bir biçimi gibi öne çıksa da İnsan-Karibu ve sorumluluğunu üstlendiği hayvanlar arasındaki ilişki bağlamında yerini çok farklı bir davranışa bırakır. Onların kaderlerinin mutlak efendisi olarak her gün ilgilenir kendileriyle, onların rahatlığı için elinden geleni yapar, üremelerine, çoğalmalarına göz kulak olur, ölecekleri zamanı sadece o belirleyebilir; kısacası bir besici gibidir, onları korur ve bu koruyuculuk ona denetlediği hayvanlardan istediği gibi yararlanma hakkı verir.

Kuzeydoğu Sibirya'da, Bering boğazının öte yakasında yaşayan Çukçiler de karibu avcılarıdır. Avrasya'da görüldüğünde Fransızlar bu hayvana daha ziyade "ren geyiği" demek istediler ama kesinlikle aynı türdür bu: *Rangifer Tarandus*. Yabani ren geyiği Sibirya taygasının en önemli av hayvanıdır: Ob'dan Pasifik'e, Moğol platosu eteklerinden Kuzey Kutbu kıyılarına kadar her yerde bu hayvana rastlanırdı ve zor bir av olarak kabul edilir, büyük bir heyecanla avlanırdı. Aynı şekilde, Kuzey Amerika'da da ren geyiklerinin kaderi tinlerin elindedir. Çukçilerde yabani ren geyiklerinin efendisine Pičvučin denir: Ufak tefek bir insandır, kızağı otlardan yapılmıştır ve kızağı çeken fareleri ren geyikleri gibi görür. O da av peşinde çok zaman harcar ve favori av hayvanı lemmingdir; bu hayvan bu efendiye ayı gibi görünür, zira her iki tür de arka ayakları üstünde dikilebilir – hoş bir "perspektivist" animizm örneğidir bu. Pičvučin ren geyikleriyle birlikte yerin altında bir inde yaşar ve buraya derin ve dar, küçük bir vadiden geçilerek ulaşılır. Sürülerini, avlamaları için oradan insanlara gönderir, ancak kendisine saygı gösterilmediği takdirde ve koruduğu bu hayvanlara vahşice muamele edildiğinde hayvanları göndermez. Ama Pičvučin aynı zamanda bir besicidir ve Çukçilere gönderdiği yabani ren geyiklerinden bu insanların evcil hayvanlar gibi (sağmal hayvan ya da binek hayvanı) yararlanmalarını ister.[3]

Çünkü Sibirya halklarının hemen hemen tümü, yerlilerin karibuyu hiçbir zaman evcilleştirmedikleri Kuzey Amerika'dan farklı olarak ren geyiğini evcilleştirmişlerdir. Bu evcilleştirme büyük olasılıkla av aracılığıyla ve av için yapılmıştır: Hayvanlar hemcinslerine yem olarak atılmak amacıyla canlı yakalanırdı ve sürü bulmak amacıyla dolaşan küçük insan gruplarının yüklerini taşırlardı.[4] Binilen, semer vurulan ya da hafif kızaklara koşulan ren geyikleri ayrıca insanların et ve süt ihtiyaçlarını karşılar. Hiç kuşkusuz genellikle bir yarı evcilleştirme durumu söz konusudur ve burada hayvan üzerindeki etkiler minimuma inmiştir. Tundra bölgelerinde Nenekler, Yakutlar, Dolganlar ya da Tunguzlar tayga bölgelerinde göçlerini izledikleri büyük sürülere sahiptir ve bu sürüler

2 Tanner, A., 1979, s. 136-138.

3 Bogoras, W, 1904-1909, s. 268-287.

4 Hamayon, R., 1990, s. 294 ve 323.

ancak birkaç düzine hayvandan oluşur. Yıl içinde belli bir süre kendi başlarına bırakılır bu hayvanlar: Batıda Ksantlar ve Selkuplarda yazın serbest kalırlar ve ilk karın yağmasıyla birlikte av mevsimi için toplanırlar; doğuda Evenksler dişileri sağarlar ve dolayısıyla sürüyü yaz boyunca kampların yakınlarında tutarlar. Hayvanlar kışın ormana salınır ve karların erimesiyle birlikte vahşi hayvanlar gibi yeniden yakalanır. Bununla birlikte hayvan üstündeki egemenlik gevşek ve düzensiz olsa da önemli bir adım atılmıştır bu bağlamda: Subarktik Amerika'da koruma ideal bir ilişkidir, av hayvanını denetleyen tinlerin hayvanlarıyla kurdukları bağlarla sınırlıdır, buna karşılık Sibirya halkları bu ayrıcalığı ren geyiklerinin efendilerine bırakmakla yetinmezler ve kendileri bizzat bunu deneyimlerler.

Çukçi ren geyiklerinin efendisi genel adı *ke'let* olan ve tümü kızaklara koşulan evcil ren geyikleri sürülerine sahip olan bir tinler sınıfına dâhildir; en azından inançları böyledir, zira doğru perspektivist mantık içinde bazıları gerçekten cehennem tanrısı dünyasına gitmek amacıyla mamutları koşum hayvanları olarak kullanırlar. Dolayısıyla evcilleştirme sadece bütün Sibirya'da tinler tarafından yetiştirildiği söylenen yabani ren geyikleriyle ilgili değildir. Sözgelimi Evenkslere göre insanların beslendikleri bütün yabani hayvan ve balık türleri efendilerinin kontrolünde sürüler halinde yaşarlar.[5] Yukagirler ise av hayvanı efendilerini keyifli yoldaşlar gibi görürler ve onlara göre bu efendiler bütün vakitlerini içki içmek ve kâğıt oynamakla geçirirler ve sorumluluklarını üstlendikleri hayvanların kılıklarında dolaşırlar; dolayısıyla bir tür şansa, kadere göre sahip değiştirebilirler ve ani göçlerin nedeni de budur.[6]

Hayvanların efendileri insanlar gibi özellikle avcılıkla geçinirler, ama insanların hayvanların efendileriyle kurdukları ilişkiler besicilerle ilişkiler biçimini alır. Pičvučin'lerin onlara gönderdiği yabani ren geyiklerine karşılık vermek adına, Çukçiler onlara tütün, şeker, un ve Ruslardan aldıkları süs eşyaları verirler. Hiç kuşkusuz karşılıklar tam anlamıyla alınan hayvanlarla eşdeğer değildir; buna karşılık İnsan-Karibunun Montagnais'lere gösterdiği koşulsuz cömertliğin tersine burada çok kesin bir düşünce öne çıkar: Ren geyiklerinin efendisinin, sürüsünün av dolayısıyla uğradığı zararın sembolik anlamda da olsa tazmin edilmesi gerekir. Öte yandan, Pičvučin'in yabani ren geyikleri cinsel isteklerin azdığı dönemlerde çok değerlidir. İnsanların sürülerindeki dişiler bunları çeker ve Çukçilerin kamplarının yakınlarında dolaşırlar. Dolayısıyla daha önceden dişilere yönelik kışkırtıcı ritüellerle daha kolay çekilir bu hayvanlar ve bu döllenmelerin çok güçlü ürünler vereceği kabul edilir. Sonunda erkekler öldürüldüğünde onlara teşekkür edilir ve yiyecek verilir, kafaları müzikli şenliklerin düzenlendiği çadırlara taşınır.[7] Oysa Sibirya'da ve Kuzey Amerika'da büyük baş hayvan avı cinsel ilişki gibi görülür: yabani ren geyikleri erkeklere düşlerinde cinsel ilişkiye girdikleri geyikgillerin efendisinin kızları, güzel genç kızlar gibi görünürler. Dolayısıyla yabani erkek hayvanların Çukçilerin sürülerine sundukları cinsel hizmet Çukçilerin ren geyiklerinin efendisinin kızlarına sundukları hizmetin aynısıdır: Sürünün çoğalmasına katkıda bulunan karşılıklı bir gebe

5 Anisimov, A. F., 1963, s. 108.

6 Bogoras, W, 1904-1909, s. 287-288.

7 *A.g.y.*, s. 380-381.

bırakma olgusu.[8] Sibirya'da insan olmayanlarla ilişkilerde çok önemli olan evlilik ilişkisi teması burada dengeli bir simetri mükemmelliğine ulaşır: insanları yabani erkeklere sürülerini döllemeleri için evcil dişiler bulurlar, buna karşılık ren geyiklerinin efendisi için kendilerinin dölledikleri yabani dişiler alırlar. Montagnais avcısı İnsan-Karibunun gönderdiği armağan cinsel tatmin sağlamakla yetinirken Çukçi avcısı bazı art niyetlerin eksik olmadığı bir karşılıklılık içinde dişi hayvanlarını sunar.

Çukçilerin evcil ren geyikleri, yabanıl ren geyikleri gibi insan olmayan bir koruyucuya (ren geyiği varlığı) bağlıdır: Misyonu sürülerin refahına göz kulak olmak olan ve nitelikleri oldukça belirsiz varlıklardır bunlar. Yabani ren geyiklerinin efendisi Pičvučin'den çok farklı olan ren geyiği varlığı iyi güçler sınıfına dâhildir: İnsanlar da dâhil olmak üzere dünyaya hayat veren bir genel ilkenin hipostazları ya da tekil ifadeleri olan *Va'Irglt*'lar. *Va'Irglt*'lar adlarını da taşıyabildikleri yönlere bağlıdır, özellikle öldürülen evcil ren geyiklerinin adandığı başucu ve ayakucu. Gerçekten Çukçiler de Yunanlılar gibi ancak bir kurban çerçevesi içinde yetiştirdikleri hayvanları öldürürler ve yerler. Bununla birlikte kurban kesinlikle bir tanrıya sunulmaz. Çünkü insanlar gibi davranan, kimi zaman kabileler halinde örgütlenen ve insanlarla düşmanlık ya da mübadele ilişkileri içinde olan iyi ya da kötü çeşitli tipte *ke'let ruhlarından* –efendileri yabani ren geyikleridir– farklı olarak *Va'Irglt*'lar bağımsız, bireysel özellikleri olmayan ve hiçbir ilişkinin mümkün olmadığı kozmik bir yaşamsallıkla belirlenmişlerdir. Dolayısıyla evcil ren geyiklerinin Va'Irglt'lara kurban edilmesi bir karşılıklılık doğuran bireyden bireye aktarımlar (yabani ren geyiklerinin efendisine verilen yiyecek gibi) oluşturmaz ve bu olgu insanlar için kurbanların kanıyla gelen yaşam akışının genel dolaşımına bir katkıdır. Bu akış *Va'Irglt*'lara yönelmiştir, onlar da bu akışı yeniden canlandırarak sağlık, bolluk, bereket ve sürünün zenginliği için tekrar insanlara yönlendirirler.[9]

Öte yandan her sürü, belli belirsiz, insan biçiminde ve sadece aileye mahsus olarak üretilmiş parlak bir tabletle korunur. Çukçilere göre bu tablet bu işlevinin dışında ayrıca ren geyiği varlığının özel bir yansımasıdır: Delgi aletinin oluşturduğu delikler gözleri ve çıkan gıcırtılar da sesi kabul edilir. Kurbanlar sırasında her evcil birimin üyeleri tabletlerine hayvan kanı sürerler ve ayrıca bu kanla yüzlerini kendilerine özgü motiflerle süslerler; böylece sürülerini koruyan ren geyiği varlığına benzediklerini söylerler.[10] Dolayısıyla Çukçilerin evcil ren geyiklerini gözeten vasi güçle ilişkisi yabanıl ren geyikleri besicisiyle kurdukları ilişkiyle çelişir. Her yerde ren geyiği varlığıyla özdeşleşmenin yollarını ararlar, sürülerin daha iyi korunması için onların çabalarıyla kendi çabalarını birleştirirler, ren geyiği varlığının yansıması olan ve kendilerinin de kurban yoluyla harekete geçirdikleri iyi gücün bir parçasının kendilerinde yoğunlaştırılmasını isterler. Buna karşılık kesinlikle farklılaşmış bir ruh olan ve bütünüyle

8 T. Ingold Kuzey Amerika avcılarının ve Sibirya halklarının yabanıl hayvanlarla ilişkilerini karşılaştırdığı bir çalışmasında (1986, böl. X) çok iyi tespit etmiştir bu durumu; bununla birlikte bakış açısı burada benimsenmiş olan bakış açısından farklıdır çünkü ona göre subarktik Amerika'da av hayvanının öldürülmesi Sibirya'da evcil ren geyiklerinin kurban edilmesinin bütün özelliklerini taşır, oysa bana göre iki olgu farklı mantıklardan hareket eder.

9 Bogoras, W., 1904-1909, s. 368-370.

10 *A.g.y.*, s. 348-361.

insani niteliklerle donanmış olan Pičvučin konusunda daha çok hizmet değişimine ve karşılıklı ilişkilere dayalı bir dengeyi sürdürmek söz konusudur.

Gerçekten de insanların egemenlik alanı dışında kalan bütün varlıklarla, özellikle de geyikgiller ve onları denetleyenlerle ilişkiler bağlamında Çukçi dünyası, Kuzey Amerika avcıları dünyasından pek farklı değildir. Her iki durumda da söz konusu olan kolektifler halinde örgütlenmiş yönelimsel varlıklardan oluşan animik kozmolojilerdir, bu kolektifleri sadece Bering boğazının doğusunda "armağancı", batısında mübadeleci tipte olan baskın ilişkisel şema ayırır. Bununla birlikte Çukotski'de bazı insan olmayan varlık sınıflarıyla ilişkiler, insanların onların üstündeki etkilerine (hafif de olsa) göre belli belirsiz değişmiştir. Koruma alanı, ren geyiği yetiştiricilerinin ve onları destekleyen varlığın devreye girmesiyle av hayvanı tinleri çevresinin dışına taşmıştır – belki görünen şeylerin çoğunun, gök kuşağından kürk yapımı için hazırlanmış malzemelere kadar, insan olmayan bir varlığa bağlı olması olgusunun kolaylaştırdığı bir genişlemedir bu.[11] Ayrıca analojik tanıma biçime özgü bazı özellikler de taslak halinde görülebilir: Dünyanın bileşenleri çoğalmaya ve özellikle nitelik açısından değişiklik göstermeye başlar; kimileri, *Va'Irglt*'lar öteki varlık kategorilerinin etkin olduğu özerk kolektifler çerçevesi dışına taşarak tekilliklerini hatta türsel tekilliklerini yitirmiştir. Bunlar aktif, akışkan ve hareketli ilkeler haline gelmişlerdir; belirsiz süreklilikleri̇ni nesnelerde ve farklı iklimlerde aramak gerekir. Bu unsurları kurban aracılığıyla aktarmak da insanlara düşer.

Çukçilerde henüz tohum halinde olan bağımsız varlıkların ontolojik farklılaşması durumu güneye doğru inildikçe daha belirgin hale gelir. Bu olgu Sibirya uzmanları tarafından gözlemlenmiştir: Toplumsal örgütlenme ve kuzey ile güney halklarının dinsel inançları arasındaki bir dizi çelişki biçiminde. Ben burada Morten Pedersen'in saptadığı karşıtlıklar üstünde duracağım, zira önerdiği tipolojinin gene benim önermiş olduğum analitik kategorileri çağrıştırmak gibi bir yararı vardır.[12] Bu araştırmacıya göre kuzey sınırında animizm egemendir. Kuzeydoğu Sibirya'nın ve Rusya'nın uzak doğusunun tundra ve tayga bölgelerinde nüfus paleoasya etnilerinden (Çukçiler, Koryaklar, Yukagirler...) ve Türk (Yakutlar) ve Altay (Tunguzlar ve evenk ve even dalları) soylarından oluşur. Güney bölgesi, yani Moğol platosu stepleri ve ormanlık alanları özellikle Ural-Altay soylarının (Buryatlar, Halkslar, Darksadlar vb.) yaşadığı yerlerdir. Kuzeyde insanlardan ve insan olmayanlardan oluşan kolektifler arasındaki eşitlikçi ilişkiler burada kaybolmuş ve yerlerini Pedersen'in "totemik" dediği dikey farklılaşma ilişkileri almıştır. Sibirya'da belirgin totemizm vakaları olmadığını belirtmek gerekir: Klanlar ve gruplar çoğu zaman hayvan adları alsalar da, bireyleri ve eponim tür arasında hiçbir benzerlik izi yoktur. Bununla birlikte incelemeler ve gözlemlerde Kuzey Sibirya'ya özgü "totemik" karakteristikler aslında benim analojik sistem dediğim şeye çok yakındır.

Pedersen, bir Moğol etnisi olan Darksadlar etnografisine ve Caroline Humprey'nin gene

11 *A.g.y.*, s. 281.

12 Pedersen, M. A., 2001; ayrıca bkz. R. Hamayon; Hamayon tayga insanlarının "av şamanizmi"ni güney Buryatlarının "besicilik şamanizmi"nden ayırır (Hamayon, R., 1990); ayrıca bkz. Levin, M. G. ve Potapov, L. P., 1964.

bir Moğol etnisi olan Daurlar üstüne yaptığı çalışmaya dayanarak farklılaşma ve Güney Sibirya'ya özgü ontolojik çoğullaşma olgusu üstünde durur. İnsan olmayan bazı varlıklar – dağlar, hayvanlar, ağaçlar– insan gibi görülür ve insan muamelesi yapılır onlara, ama varlıkların çoğu çok farklı, heterojen özelliklerle donanmıştır. Bununla birlikte bunları ritüel özellikler aracılığıyla yansıyan benzer zincir parçalarıyla birbirlerine bağlamak mümkündür. Sözgelimi Daurlarda yaşlı insanların çeşitli unsurları uyumlu hale getirme gibi bir sorumluluğu vardır, zira onlar gökyüzüne ve dolayısıyla meteorolojik olgulara yakındırlar; kadınlar sosyal hareketlilikle ilgilidirler çünkü akış ifade eden ırmakla bütünleşmişlerdir; yaşlılar kısmen ışığın simgesi ateşle ilişkilidirler ve hiyerarşiyi yönlendirirler: Değişme kapasitesine sahip şaman vahşi hayvanlara ve onların özel uyarlanma yelpazesine yakındır; yetenek alanında doğurganlık niteliğine sahip olan ebe gelişme simgeleri dölyatağı ve mağaralarla ilgilidir.[13] Hiçbir bütünleştirme ilkesi sadece ata soylarının sabit noktalar gibi fark edildiği kısa ve kesintili çağrıştırıcı dizilerle birbirlerine bağlanan bu özerk alanlar ve bağımsız müdahale alanları yığınını birleştiremez. Animik özellikler baki kalır, hiyerarşik bölünme sınırlarını geçmeyi ve ontolojik parçalanma durumunu aşmayı sadece şamanlar başarabilir; ama bunlar özellikle ölülerin ruhlarını harekete geçirirler ve kuzeydeki meslektaşlarının hayvan yardımcıları üstünde etkili olmazlar. Kısacası farklılık çarpıcı olmaya başlar ve farklılıkla birlikte varlıklar arasında başka tür ilişkiler kurulur.

Genel bir koruma şeması olarak kısaca aktardığımız Eksirit-Bulagatlar, bu konuyu daha iyi açıklamamızı sağlayacak.[14] Egzogam klanlar halinde örgütlenmiş bu Baykalötesi Buryat çobanları yoğun at ve sığır yetiştiriciliğini ancak 18. yüzyılda benimsemişlerdir ve bir yandan da yabani ren geyiği, elan (bir tür ren geyiği) ve karaca avcılığını sürdürmüşlerdir. Daha kuzeydeki ren geyiği evcilleştirmeleri gibi step Moğollarından at alma olgusunun nedeni de bu hayvanın av sırasında çok büyük yarar sağlaması olmuştur – bu bölgede avcılık büyük atlı gruplarla yapılıyordu. Ayrıca Eksirit-Bulagatlar at sürülerine ren geyiği yetiştiricileri gibi davranırlar, yani yılın bir bölümünde özgür bırakırlar onları. Subarktik Amerika ve Kuzey Sibirya avcıları gibi yabani geyikgillerin denetimini daha önce "Zengin Orman" (*Bagan ksangaj*) adıyla görme fırsatını bulduğumuz bir tine vermişlerdir. Bu tinin çok büyük bir ren geyiği ya da elan biçiminde bir yaratık olduğu düşünülür. Düşlerinde kızlarıyla seviştiklerinde insan damatlarına av hayvanı veren ortak bir kayınpeder. Buraya kadar bilinmeyen hiçbir şey yok: Eksirit-Bulagatlar bilinçli varlıklarla birliktelik mantığıyla yapılanmış yabanıl hayvanlarla ilişkileri bağlamında öteki Sibirya halklarından pek farklı değillerdir. Ama bu animizm alanı onlara pratik deney çerçevesini sunan avla birlikte kalıcıdır. Çünkü besiciliğin gittikçe etkin olması Kuzey Sibirya'nın karakteristik insan olan ve olmayanlar arasındaki eşitlikçi ilişkilerle büyük ölçüde çelişen düşey bir koruyucu egemenlik ilişkisiyle –insanın evcil hayvana, ataların torunlara ve mitsel bir kabile yaratıcısının bireylerine ve sürülerine egemenliği– at başı gider.

Kabilenin kökeninde yeryüzüne inmiş gök-

13 Pedersen, M. A., 2001, s. 418-419, Humphrey, C. ve Onon, U.'dan yararlanarak, 1996.

14 Hamayon, R., 1990, böl. XII.

sel bir hayvan olan *Buksa nojon,* Soylu Boğa vardır ve bu boğa yeryüzünde hamile bıraktığı bir genç kızdan doğan yavrusunu alır ve büyütür. Bu birleşmeyle oluşan soyların her biri dağın belli bir yerinde yaşarlar ve bu dağın eteklerinde de soylara mensup olan bireyler yaşar. Onlara sürüleri korumaları ve çoğaltmaları için atlar kurban edilir: Kendilerine adanan kurbanların etinin içinde "tanrısal lütuf", *xšeg* bulunur ve bu tanrısal lütuf bu eti yiyen insanlara da geçer. Temmuz ayında düzenlenen büyük bir törende de gene aynı gerekçelerle kısraklar ve iğdiş edilmiş atlar kurban edilir Soylu Boğa'ya. İnsanların ruhunun yerine geçen atların ruhu karşılığında mutluluk ve zenginliğe (tanrısal lütfun somut yansımaları) kavuşma umuduyla Tanrı'ya sunulan bir armağan gibi kabul edilir bunlar. Bununla birlikte Zengin-Ormanla ilişkileri yönlendiren dengeli mübadeleden farklı olarak Soylu Boğa'ya sunulan kurban her zaman etkili olmaz. Ondan lütuf beklenir ve bu amaçla armağanlar sunulur, güzel sözler söylenir kendisine, ancak beklenen korumanın sağlanacağının bir güvencesi yoktur ve tanrı açısından, konumu dolayısıyla etkili olması dışında hiçbir anlamı yoktur bu korumanın.[15] Atalara ve kutsal sığıra sunulmuş kurbanların gelecekteki yararlara karşılık olarak verilen telafilerle ilgisi yoktur; bu kurbanlar, istedikleri gibi dağıttıkları talihi vermeme tercihi yapabilen, gizemli amaçları olan mercilere yönelik kültün tanıklıklarıdır. İnsanlara bağımlı hayvanların yaşamı onların rahatlığını gözetenlerin keyfine bağlıdır, aynı şekilde atalara ve tanrılara bağımlı insanların yaşamı da bunların iyi niyetine bağlıdır. Dolayısıyla koruma her an sona erebilir, hayvanlar öldürüldükleri zaman, insanlar ise kurbanların muhatapları isteklerine ilgisiz kaldığı zaman.

Bu koruyucu egemenlik ilişkisinin öne çıkması, birtakım tekilleşmiş hiyerarşileri de beraberinde getirir ve burada analojik bir kolektifin özellikleri açık seçik biçimde ayırt edilir. Yarı göçebe yaşam biçimine rağmen farklı ölül kültleri ile sağlanan belli ata soylarıyla ilişki, parçalı kimliklerin kaynağını oluşturur: Kabilenin her kurucu unsurunun ayırt edici özelliğinin kaynağı gibi gördüğü atalar, soylarından gelenlerin yaz mevsiminde yaşadıkları yerlerin efendileridir, onların ve sürülerin yaşamlarını denetlerler. Böylece soyların bütünlüğünün güvencesi olan ölüler, bireylerinin yılın belli bir döneminde yaşadıkları yerlere can vermeye devam ederler ve öte yandan bu ölülerin canlılarınkine benzer bir yaşam sürdükleri söylenir. Kendi aralarında evlenirler ve çocuk yaparlar. Kurucuların yaşlarına dayalı bir saygınlık ölçeğinde dağılmış olan soylar sürekli rekabet halinde olan ama dışarıya karşı mücadele durumunda birleşmeyi bilen tüzel kişilerdir. Dolayısıyla Eksirit-Bulagatlar bağlamında hiyerarşize birimlerden meydana gelen, birbirlerini tamamlayan, belli yerlere bağlı, her biri farklı türdeki kendiliklerin karışımından oluşmuş, hem farklılığı ifade eden hem de bu farklılığın zayıflatıcı etkilerini sınırlayan parçalı bir iç içe geçme mantığıyla yapılanmış bir kolektif söz konusudur. Yüzeysel benzerliklere rağmen artık dayanışma ağlarının ve grup aidiyetlerinin bütünleştiremediği belirsiz varlıkların belli belirsiz seçilebildiği eşitlikçi ve tek özellikli insanlardan, tinlerden ve hayvanlardan oluşan çok sayıda kolektifiyle gerçek anlamda Çukçiler dünyası değildir bu dünya artık.

Buna karşılık Eksirit-Bulagat kolektifi koz-

15 A.g.y., s. 629-630.

mosun sınırlarına kadar yayılır ve içinde, her biri kendi özel alanına sahip olan bir yığın insan olmayan varlık barındırır, ama bunlar bir denklik ve etki ağı aracılığıyla, içinde insanların da bulunduğu öteki varlıklarla ilişki içindedir. Hamayon'un dediği gibi "tinlerle ilgili temsiller fışkırmaya başlar."[16] Sıradan ataların denetlediği soy zinciri bölgeleri dışında, birçok yer bireyleşmiş ölülerin ruhlarının etki alanı içindedir, zira ya kökenleri bu yerlerdir ya da buralarda erken bir ölüm bulmuştur onları; böylece ormanda kuytu bir yerde gücü tükenip ölen bir avcı yanına çekmesi gereken av hayvanına ulaşmaktan mahrum kalmaz. Bu ölüler belirli yerler dışında, aynı zamanda bunlardan kurtulmak isteyen ya da ölülerin iyi niyetiyle bunlara sahip olmak isteyen insanları bağımlı kılan hastalıkların, mülklerin, çeşitli yaşam biçimlerinin de efendileridir. Başka bir bağımlılıktır bu, her insanı şaman soy zinciri ölülerinden gelen "kader ruhlar"a, *zajaan*'a bağımlı kılan bağımlılık. Bunlar çok aktiftir ve hayal güçleri de müthiştir, herkese bir kader biçerler ve kişiliğin temel bir unsuru olacak derecede özel bir kaderdir bu. Erkek ya da dişi, şu ya da bu yere bağlı, şu ya da bu kader tipinde uzmanlaşmışlardır ve yaşamların normal farklılığı için gerekli yaşamöyküsü güzergâhları oluşturacak kadar fazladır sayıları. Bu kaderin önceden belirlenmesi olgusuna başka bir farklılaşma faktörü eklenir: "Özler", *udxa*... Bunlar kaderleri şaman, demirci, saraç ya da ok üreticisi olmak şeklinde belirlenmiş atalardan miras kalmış yeteneklerdir. Öz aktarılmış, potansiyel bir niteliktir ve bir özelliğin pratiği için gereklidir, ama bu öze sahip olan kişi tarafından somutlaştırılamaz; bununla birlikte gerekli ve kaçınılmazdır, hayata geçmediği, canlılar dünyasında temsil edilmediği takdirde ataların öfkesini çeker. Doğuştan gelen bu nitelik, topluluğa bireysel kaderlerin dışında, insan kategorileri arasında tamamlayıcı da olsa gerçek anlamda "özsel" farklılıklar getirir. Hiyerarşinin tepesinde, insanların çok daha uzağında ama aynı parçalı mantığa göre örgütlenmiş olarak "Gökler"in kavgacı topluluğu *tengeri* vardır. İki rakip gruba –Doğunun 55 beyaz Göğünden oluşan büyük hizip ve Batının 44 siyah Göğünden oluşan küçük hizip– ayrılmış olan, atmosferik hallerle bütünleşmiş bu bireyselleşmiş kendilikler, tikel özellikle yaratırlar zira ortaya çıkardıkları her şeyin işlevi önceden belirlenmiştir. Böylelikle her Göğün desteklemeye ve yaymaya çalıştığı, rengi ve parlaklığıyla belli olan bir özelliği –inisiyatif anlayışı, kıskançlık, kurnazlık ya da kötülük– vardır.

Hiç kuşkusuz Eksirit-Bulgatlarda sınırlı animik tanıma alanları bulunabilir, özellikle de vahşi hayvanlar ve Zengin-Orman geyikgillerinin efendisiyle ilişkiler, hatta kurbanların ithaf edildiği tinlere gönderilen atların "ruh"u gibi evcil hayvanlara atfedilen bazı özellikler bağlamında. Bununla birlikte farklı kolektiflere dağılmış olan insan olan ve olmayanların gene de benzer özelliklere sahip oldukları ontolojik animizm düzeniyle çelişen bir biçimde, Eksirit-Bulagatlar kolektifinin bütün unsurları farklılaşmış gözükür: Yerler, varlıklar, bölük pörçük toplumsal unsurlar, tanrılar, etkinlik alanları, yetki alanları, yetenekler, kaderler, nitelikler... Her şey ayrıdır, her şey analoji etkinliğinin her zaman eksik kalan bir kısmi benzerlikler ağı içinde yeniden düzenleme çabası içinde olduğu takıntılı bir farklılığa bağlı-

16 *A.g.y.*, s. 608.

dır. Şamanizm bile karakterini değiştirmiştir ve analojik ontolojiler içinde çok yaygın olan, tinlerin sağladığı bu biçimlere doğru kaymaya başlar: Kuzey Sibirya şamanı hayvan yardımcılarıyla işbirliği yaparken Buryat şamanı trans durumunda ataların ve Soylu Boğa'nın ruhlarıyla fiziksel bütünlük sağlar. Burada bir sahip olma durumu söz konusu değildir kesinlikle, zira olaya dâhil olan güçler ilişkide oldukları bireyin, onu bütünüyle değiştirecek şekilde amacı haline gelmezler; ama özellikle şaman Soylu Boğa'nın ruhunu canlandırırken adeta tanrısal bir sığır gibi dört ayak üstünde böğürdüğünde bu duruma yaklaşılır[17]. Sonuç olarak coğrafi sürekliliğe ve görünüşe rağmen özerk varlıklarla ve destek arayan niteliklerle kaynayan, atalarla hiyerarşize olmuş, özler ve yazgılarla farklılaşmış bu bölünmüş düşey ilişkiler dünyası kesinlikle Kuzey Sibirya dünyası değildir. Analojik dünyanın sınırlarındadır ve içine girebilmek için sadece Zengin-Orman'ı ve onunla birlikte insanlarınkine benzer güçlü bir içselliğe sahip hayvanları, ağaçları ve dağları belleğinden atması gerekir.

Böylece Kuzey Amerika'dan Moğol platosu eteklerine kadar, bir sistemin minimal dönüşümlerini kat etmiş olduk; armağan veren bir animizmin egemen olduğu bir sistemden koruyucu bir analojizmin egemen olmaya başladığı bir sisteme dek gittik (**Şekil 11**). Bunun için koruma ilişkisinin, tinler aracılığıyla yabanıl hayvan besiciliğinin sınırlı çerçevesinden çıkması ve bu aynı hayvanların evcilleştirilmesine dâhil olması yetmiştir. Bu, insan olan ve olmayanların oluşturduğu kolektifler arasında simetrik mübadele haline gelen ilişkiler sürdükçe, görünüşte önemli sonuçları olmayan küçük bir adımdır. Bununla birlikte, koruma, arada bir besicilikle uğraşanların pratiklerini aşarak bizzat onu icra edenleri ele geçirdiğinde, bu ilişkilerden geriye az bir şey kalır. Bu durumda güvenliğin koşullarını oluşturan bağımlılık hiyerarşilerini yukarı çekmek gerekir; atalar, büyükler, tanrılar karşısında gönüllü kölelik döngüsüne girmek; dünyayı kaderlerin rastlantısıyla sorumlu tutulan kurumlar ve ilkelerle doldurmak; iyilik istemek ve suskunluklarından korkulan efendilere kurbanlar aracılığıyla yaranmaya çalışmak; bölünmüş ve heterojen bir kozmosa anlam veren işaretleri sürekli yorumlamak... Bu kozmos içinde her şeyin yerinde olmasıyla oluşan güven, kimi şeylerin gündelik yaşama müdahalesi kestirilemeyen sonuçlar doğurabileceği için, endişe ve kaygıları dağıtamaz pek.

Av, Alıştırma, Evcilleştirme

Hayvanların evcilleştirilmesi büyük olasılıkla "Sibirya evrimi"nde rol oynamıştır, ama bu olguyu açıklamak için yeterli değildir. Bir hayvanın evcilleştirilebilir olması mutlaka evcilleştirileceği anlamına gelmez, zira her teknik yenilik bir tercihe, yani bazı alternatifleri benimseme ya da saf dışı etme durumuna bağlıdır ve bu alternatiflerin tekniğin bütünleşeceği sistemin öteki unsurlarıyla bağdaşabilir gözükmesi ya da gözükmemesi önemlidir. Bu konuyla ilgili olarak subarktik Amerika halkları örnek gösterilebilir. Ren geyiklerini evcilleştiren söz konusu halklar komşuları Sibiryalıların yolunu izlememişlerdir ve bu da, besiciliğin getirdiği koruma ilişkisi karibuların efendisi figüründe ve çok eski bir pratik olan köpeğin evcilleştiril-

17 *A.g.y.*, s. 671-678.

TABLO 11
Bağışçı Animizmden Koruyucu Anolojizme Geçiş

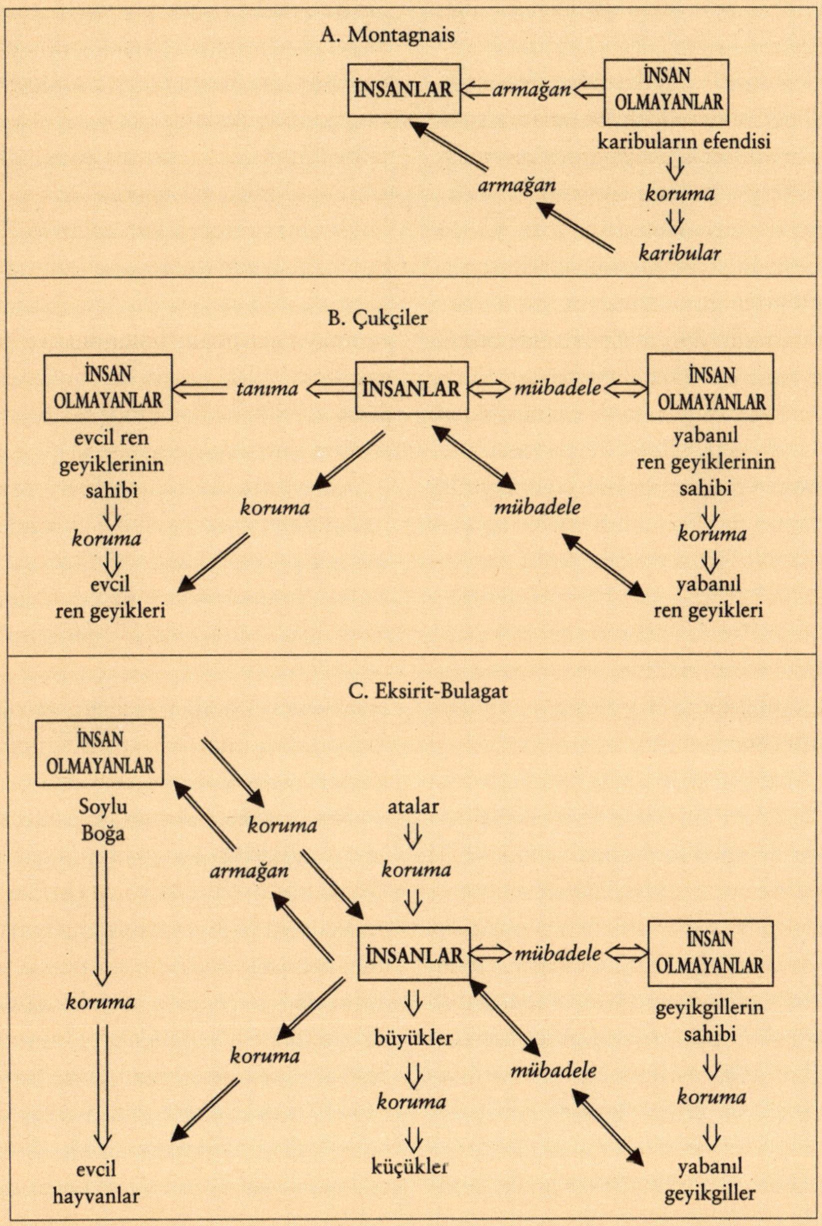

mesinde mevcut olmasına rağmen böyledir.

Ayrıca 19. yüzyıl sonunda Alaska'da gerçekleştirilen bir deneyin gösterdiği gibi, besiciliğin pratik avantajları örneğinin besiciliğin kalıcı olacağına dair bir garanti sağladığı söylenemez.[18] Seward yarımadasında karibu topluluklarının yok olmaya yüz tutması karşısında federal yöneticiler Kuzeydoğu Sibirya'dan Çukçi çobanlarıyla birlikte evcil ren geyikleri getirmeyi düşündüler. Amaçları, Yup'it Eskimolarının besicilik tekniklerini öğrenmesi ve avın rastlantılarına bağlı olmayan bir et kaynağı sağlanmasıydı. Yerliler köpeklerin çektiği kızaklardan yararlanırken Çukçiler geyiklerin koşulduğu kızaklar da getirdiler bu bölgeye ve yöneticiler bu araçları büyük bir heyecan içinde kabul ettiler. Bu araçların bölgede yaygınlık kazanması için çaba harcanırken bu amaçla Finlandiya ve Norveç'ten daha uysal ren geyikleri ve daha gelişmiş kızaklarıyla getirilen Samlardan yararlanıldı. Altının değer kazanması sırasında sömürgeciliğin gelişmesine paralel olarak, ren geyiği yetiştiriciliğine yönelik hükümet programı sonunda neredeyse sadece kâşiflere, nakliyecilere, posta hizmetlerine araç gereç sağlama işine dönüştü ve yerlileri besiciliğin yararlarına inandırma görevi misyonerlere kaldı. Sonuçlar başlangıçtaki umutları karşılamadı ve getirilmek istenen çareler de yararlı olmadı pek: Yup'itler karibu avını besiciliğe tercih ediyorlardı gene ve ren geyikli kızaklardan çok köpekli kızakları kullanıyorlardı. Misyonerlerin baskısıyla sürüleri gütmek amacıyla kışın büyük bölümünü köylerinden uzakta geçirmeye razı olanların sayısı da pek azdı. Bu başarısızlık, tekniğin yerel yaşam koşullarına uyumsuzluğunun –köpekli kızaklara daha iyi uyum sağlama, gezgin besiciliğin zorunlu kuralları, otlakların çok dağınık olması vb..– ya da yerlilerin avladıkları bir hayvanı yetiştirmeye sıcak bakmamaları ve av hayvanlarını denetleyenlerle bireysel ticari ilişki çerçevesinde sağlanan bir etten çok kendilerinin "ürettikleri" bir eti yemek istememeleri gibi ahlâksal gerekçelerin bir sonucu olabilir. Bunu kestirebilmek hiç kolay değildir. Benzer birçok durumda görüldüğü gibi iki tip kesinlikle ayrılamaz birbirinden. Bununla birlikte ortam ve yaşam biçimlerinin çok farklı olmadığı Kuzey Sibirya'dan farklı olarak Bering boğazının doğusunda karibu evcilleştirilmesi aşamasına kolay gelinmemiştir.

Bu olguyu iyi anlayabilmek için çok uzun ve dolambaçlı bir yol kat etmek gerekir. Bu yol bizi gene yerel faunayı evcilleştirmek istemeyen ve öte yandan da yarı kapalı halde yetiştirilen havyanlar konusunda çok deneyimli olan halklara götürecektir. Gerçekten de bütün Amazon bölgesinde Amerika yerlileri birçok evcil hayvan cinsiyle tam bir uyum içinde yaşarlar.[19] Bunlar avlanan küçük hayvanlar ya da yuvalarından düşen, bulunup, bakılan ve beslenen yavru kuşlardır. Etologlara göre bu kuşlar bir dönüşümün "damga ya da iz"ini taşırlar ve peşlerinden hiçbir zaman ayrılmayacak biçimde sahiplerine bağlanırlar. Amerika yerlilerinin alıştırma için gerekli bu mekânizmadan kesinlikle haberleri yoktur ve oldukça kısa süren, her türe göre değişen, iz bırakmayanın ortaya çıkması için elverişli olan dönemi değerlendirmeyi bilirler. Yaygın biçimde alıştırılan türler arasında evcilleştirmeye en elverişli olanlar ke-

18 Vanstone, J. W., 2000.

19 Bu düşünceler kısmen daha önceki bir çalışmadan alınmıştır (Descola, Ph., 1994).

sinlikle kemiriciler –paka, aguti, akuşi ve kabye–, iki pekari türü, tapir ve özellikle de Amerika yerlilerinin evlerinin çevresinde kümeslerde yaşayan bazı kuşlardır: Cracidae, tinamugiller ve bütün bölgede bekçi kuşu olarak kullanılan borazankuşu. Bütün bu hayvanlar, insanlara çabuk alıştırıldıklarında genellikle uysal olurlar ve kapalı yaşama tahammül gösterirler. Sözgelimi evin önüne çökmüş yabandomuzu büyüklüğünde bir pekari görmek ya da altı yüz kilo ağırlığında bir tapirin ırmakta sahibiyle oynadığını ya da kayıkla giderken onu izlediğini görmek kimseyi şaşırtmaz. Bununla birlikte bu evcil hayvanlar potansiyel bir et kaynağı oluşturmakla birlikte daha önce belirttiğimiz gibi Panolar'da tapirin ritüel ölümü gibi çok özel durumlar dışında hiçbir zaman yemek amacıyla kesilmezler.[20]

Amerika yerlileri de alıştırdıkları hayvanları kapalı tutarak çoğaltmayı, özellikle de bunların yavrularını seçmeyi hiç düşünmemişlerdir. En azından altı bin yıl önce Lama benzeri geviş getiren hayvanların ve Hint domuzunun evcilleştirildiği Andlar dışında tropikal Güney Amerika'nın tek yerli evcil hayvanı yabani ördektir ve bu hayvan büyük olasılıkla yaklaşık iki bin yıl önce kıtanın kuzey kıyılarında evcilleştirilmiştir. Yabani ördek günümüzde de ender görüldüğü başka alçak bölgelere çok yavaş yayılmıştır. Güney Amerika'da Andlar dışında yetiştirilen belli başlı bitkilerin evcilleştirilmesi çok eski devirlere kadar gider, ancak buna paralel ve eşdeğer olarak Isidore Geoffroy Saint-Hilaire'in anladığı biçimde (insanın denetiminde "birbirlerinden gelen bireyler dizisi"nin evcil hale getirilmeleri) hayvanların evcilleştirilmesine yönelik bir hareket görülmemiştir.[21]

Bu durumun ilk olası açıklaması zootekniğe dayalıdır: Buna göre, Güney Amerika tropikal faunasının birçok türü kolayca alıştırılsa da bunların hiçbirinin gerçek anlamda evcilleştirilmesi mümkün değildir. Ancak aslında durumun böyle olmadığını gösteren birçok işaret vardır. Sözgelimi üretkenlik ve etogram bağlamında çeşitli yabanıl türlerin yetiştirilmesi amacıyla olasılıkların irdelenmesinin sonucunda Güney Amerika ülkesinde özellikle kabye, pekari ve aguti uygun bulunmuştur.[22] Bu üç türün modern çiftliklerde yoğun biçimde yetiştirilmesi Güney Amerika'da yaygınlık kazanmıştır ve hatta kabye Venezuela'nın bazı bölgelerinde kasaplık et işlevi görür. Ayrıca çok küçükken yakalandığı takdirde tapir de terbiye edilir ve Brezilya'nın iç bölgelerinde yaşayan *Caboclolar* tarafından sağmal hayvan olarak yararlanılır bunlardan.[23] Paka, aguti ve akuşiye gelince, bunlar zoolojik ve etolojik anlamda uzun süre And dağları köylülerinin belli başlı et kaynağını oluşturan Hint domuzuna çok yakındırlar. Unutulmaması gereken başka bir nokta da şudur: Tapir dışında bütün bu memeli türleri evrimci ekoloji modellerinin avdan evcilleştirmeye geçiş kararının desteklenmesi bağlamında optimal kabul edilen ağırlık değerine (40 kilodan az) ve ortalama çoğalma oranına denk düşerler.[24]

Bununla birlikte Güney Amerika tropikal faunasının bütün memelileri içinde evcilleştirilmeye uygun türlerin en karakteristik etogramı-

20 Amazon bölgesinde alıştırma pratikleriyle ilgili eksiksiz bir döküm için bkz. Erikson, Ph., 1984.

21 Geoffroy Saint-Hilaire, *Acclimatation et domestication des animaux utiles,* Paris, 1861, s. 155, Digard, J.-P. tarafından aktarılmıştır, 1988, s. 34.

22 Feer, F., 1993.

23 Grzimek, B., 1975, c. XIII, s. 29.

24 Alvard, M. S. ve Kuznar, L., 2001.

nı ortaya koyan hayvan, yakalı pekaridir (*Tayassu tajacu*); nispeten geniş, farklılaşmış ve hiyerarşize olmuş gruplar çerçevesi içinde sürücüllük ve karmalık; kısa kaçış mesafesi ve çevre koşullarına uyum sağlayabilme; pek uzmanlaşmamış bir beslenme rejimi.[25] Öte yandan hayvanat bahçeleri deneyimi bunların kapalı durumda çoğalmalarının özel zorluklar çıkarmadığını göstermiştir.[26] Bu nedenle Amerika yerlileri tarafından evcilleştirilmemiş olması birçok araştırmacının dikkatini çekmiştir.[27] Erkek pekarilerin bazıları yetişkinliklerinde çok hareketli olsalar da, Güney Amerika'da dişi domuzların kent çevrelerindeki çalılıklarda yabanıl erkek domuzlarla kuşatılmış halde dolaştığı Yeni Gine'de uygulanan domuz yetiştirme tekniğini uygulamak mümkün olabilmiştir. Ayrıca Amazon bölgesinde alıştırılmış pekariler ve tapirler çok ender olarak kapalı yerlerde tutulurlar ve meskûn yerlerde istedikleri gibi dolaşırlar, sadece sahipleri tarafından çağrıldıklarında karınlarını doyurmak için gelirler ait oldukları yere. Bir sürünün beslenmesi için bugün çok fazla ağırlığı olmayan bahçıvanlık ürünleri gerekmez. Amerika'da evcilleştirilen ilk bitki türlerinden biri olan ve daha sonra Yeni Gine'de yetiştirilmeye başlayan tatlı patates domuz yetiştiriciliğinin gelişmesine katkıda bulunmuştur –ünlü "ipomea devrimi"– ve tatlı patates Amazon bölgesinde başka bir evcil hayvanın, köpeğin beslenmesinde kullanılır.

Hiç kuşkusuz Papu bahçeleri domuzlara karşı çok güçlü engellerle korunmuştur ve bu engellerin oluşturulması için çok çaba harcanır. Bahçeleri çitlerle çevrili olmayan Amerika yerlileri böyle bir zahmete girmek istememiş olabilirler. Gene de pekarileri kapalı yerlerde bulundurmak mümkündür, zira ağıla alma büyük olasılıkla Brezilya'da Mundurucúlar tarafından bir av tekniği olarak kullanılmıştır: Pekari sürüleri çitlerle çevrili yerlerde barındırılırdı ve buralarda beslenen hayvanlar daha sonra ihtiyaç durumlarına göre kesilirdi ve bu stoklama denetimli bir çoğalma girişimiyle sonuçlanmazdı.[28] Bu örnek ayrıca Amerika yerlilerinin yemek için yakalanan ama toplu halde köy dışında tutulan hayvanlarla aynı türden, ama meskûn yerlerde şefkatle büyütülen ve sosyalleşmiş bireylere farklı bakışlarını yansıtmaktadır. Ayrıca çitlerle çevrili yerlerde Avrupa domuzu yetiştirme yöntemi de biliniyordu: Andlar bölgesiyle düzenli ilişkiler içinde olan bazı yukarı Amazon toplumları büyük olasılıkla çok uzun zamandan beri bu yöntemi uygulamaktadırlar ve domuz eti yeme konusunda hiçbir kaygıları yoktur. Dolayısıyla burada genel olarak evcil hayvanlara karşı duyulan bir antipatiden çok av hayvanını evcilleştirme olgusuna soğuk bakılır.[29]

Bu tür bir antipati doğal olarak basit bir olguyla açıklanabilir: Nispeten bol olan hayvanları avlayarak etlerini yemek onları yetiştirme zahmetine katlanmaktan daha pratiktir. Gerçekten de bugün bilinmektedir ki çağdaş Amazonlar bazı kültürel ekoloji avukatlarının tanıt-

25 Digard, J. P., 1990, s. 96-97.

26 Sowls, L. K., 1974, s. 160.

27 Güney Amerika konusunda özellikle bkz. Morton, J., 1984; yakalı pekarilerin de yaşadığı Orta Amerika'yla ilgili olarak ise bkz. Hunn, E., 1982.

28 Lévi-Strauss, Cl., 1964, s. 95.

29 Bu bağlamda kıtanın güneyindeki "atlı yerliler" (Tehuelcheler, Guaycurular vb.) ve özellikle 16. yüzyıldan başlayarak sığır, at, koyun ve keçi yetiştirerek kısa sürede gerçek anlamda göçebe çobanlara dönüşen ama bu arada avdan ve ona bağlı düşünce sisteminden de vazgeçmeyen Guajirolar örnek gösterilebilir; bu son olguyla ilgili olarak bkz. Perrin, M., 1987 ve Picon, F.-R., 1983.

tıkları gibi "protein çölü" değildir; biyotoplara bağlı olarak ulaşılmasında dengesizlikler olsa da burada Amerika yerlileri av hayvanından yoksun değildirler. Amerika yerlilerinde avın son derece verimli olduğunu gösteren bir yığın araştırma mevcuttur ve hatta yakalı pekarinin, avlandığında sağladığı et miktarı ile kapalı yerde tutulduğunda alınan varsayımsal verimi arasında karşılaştırma yapan matematik bir model sayesinde Pirolarla ilgili olarak bu hayvanın avlanmasının daha verimli olduğu gösterilebilmiştir.[30] Hiç kuşkusuz Amerika yerlilerinin, Amazon'un, Pirolarınkine benzeyen ekolojik ve demografik koşulların yaşandığı birçok bölgesinde benzer bir sonuca ulaşmak amacıyla yoğunluk, bio kilte ve çoğalma oranları arasındaki alometrik ilişkileri hesaplamaya hiç ihtiyaçları yoktu. Ayrıca şunu da kabul etmek gerekir ki bazı hayvan türleri özellikle yemek için evcilleştirilmemiştir –çünkü avlayabilmek mümkündü onları– ve burada daha çok ikincil ürünlere (süt, deri, yün, ulaşım...) daha kolay ulaşım söz konusudur.[31] Bu açıdan bakıldığında Amazon faunasının, borazankuşu (bekçilik, koruma amaçlı), papağanlar ve Güney Amerika papağanları ara'ları (süs amaçlı) dışında verecek bir şeyi yoktur. Bununla birlikte büyük hayvan evcilleştirme merkezlerinin çoğunda, özellikle de Ortadoğu'da bu fauna ancak belli bölgelerde yerleşik düzen ve nüfus artışı olduğunda, besicilik ürünlerine bağımlılığı vazgeçilmez kılıp av ürünlerinin işlevini tamamlayıcı olmaya indirgediğinde çok gelişebilmiştir. Ancak Amazon'un vadileri ayıran bölgelerinde av aracılığıyla hayvansal proteinlerden uygun biçimde yararlanma olanağı veren seyrek nüfus yoğunluğu her zaman bir norm oluşturmamıştır. Yerleşik ve nüfusu çok yoğun, Avrupa sömürgeciliğinin yayılmasıyla çok erken dönemde yok olan toplumlar yaklaşık iki bin yıl boyunca büyük akarsuların alüvyonlu topraklarında ve Andlar'ın eteklerinde gelişme göstermişler ama avın kendilerine sağlayamadığı şeyleri bulmak amacıyla pekari, aguti ya da kabye gibi hayvanları evcilleştirmeyi gerekli görmemişlerdir pek. Bu toplumlar alternatif protein kaynaklarından yararlanmayı tercih emişler ve özellikle yoğun mısır tarımı ve su faunasıyla ilgilenmişlerdir. Öte yandan Amazon havzasında çitlerle çevrili yerlere kaplumbağalar konmasının besleme olgusuyla hiçbir ilgisi yoktu, zira hayvan üstünde doğrudan bir etki söz konusu değildi. Dolayısıyla her şey, av hayvanının alıştırılması ve evcilleştirilmesi arasında tropikal bölge Amerika yerlilerinin hiçbir zaman aşmak istemedikleri bir eşik varmış gibi olup biter bu bağlamda.[32]

Amazon, Kuzey Amerika ya da Sibirya'da, avlanan hayvanların besiciler gibi gördükleri tinlerin denetiminde yaşadıklarına inanıldığı için çok daha ilginçtir bu olgu. Bu ilişkiyi belirtmek amacıyla genellikle kullanılan terim evcilleştirmeye yakın olsa da, burada kesinlikle gerçek bir besicilik söz konusudur, zira ken-

30 Alvard, M. S., 1980.

31 Bkz. Sigaut, Fr., 1980.

32 Jean-Pierre Digard'ın argümantasyonunu kesinlikle kabul ediyorum; Digard insan ve ilişkide olduğu hayvan –kapalı bir yerde tutma, birlikte yaşama, alıştırma, evcilleştirme– arasında olası ilişkilerin aşırı farklılığı karşısında bu ilişkileri aynı evcillik sürecinin değişkeleri gibi düşünmeyi tercih ediyor ve bunları tipolojileri istisnalarla zorunlu olarak çelişen aşamalar ya da özel biçimler gibi görmüyor (Digard, J.-P., 1988); bununla birlikte bana göre genetik ya da etolojik açıdan değil insan varlığının insan olmayan varlık üstündeki etkisinin yansımaları açısından Amerikan örneğinde gördüğümüz gibi alıştırılmış hayvan ve evcilleştirilmiş hayvan arasında derece değil karakter farkı vardır (yukarıda aktarılan kısıtlayıcı anlamda).

dilerine yakın olan hayvanları yemeyen ve çoğaltma girişiminde de bulunmayan Amerika yerlilerinden farklı olan av hayvanı efendileri, genellikle sürüleriyle beslenirler ve sürülerinin çoğalması için büyük çaba harcarlar. Hayvanı koruma ilişkisi Amazon'da evcilleşirme biçiminde, somut boyutları içinde her yerde görüldüğü gibi, bunun dışında insan olmayanlardan oluşan çobanların yabanıl hayvanlarla ilgilenmesinde besiciliğe özgü bütün tanımlamalarıyla potansiyel halde de görülür. Ve belki de Amazon yerlilerinin pekari, kabye ya da aguti gibi hayvanları evcilleştirmemelerinin açıklaması, korunan hayvana karşı muameledeki bu ikilemdir. Çünkü evcil hayvanların statüsü ayrıdır: Bu hayvanlar özgürce yaşadıkları evde sosyalleşirler, kadınlar tarafından beslenirler ve şımartılırlar, erkek ve kız çocukların oyun arkadaşlarıdır, reşit olmayan çocuklarla bir tutulurlar – kimi zaman çoğalamamalarını açıklama nedenidir bu. Buna karşılık Amazon'da avlanan hayvanlar ve efendileri birbirlerinin yakını gibi –avlanan hayvanlar cinsel partnerler ya da kayın biraderler olarak, efendiler ise kayın valideler ya da kayınpederler olarak– görülür; dünyanın bu bölgesinde ve başka yerlerde birçok animik sistemin karakteristik özelliğidir bu. Dolayısıyla av hayvanı yavrularını evlatlık gibi gören Amerika yerlileri bir yandan da faunayı koruyan tinlerle kurdukları birliktelik ilişkisinin dışında tutarlar onları ve besicilik işlevinde bu tinlerin yerlerini alırlar. Ama bu yerini alma olgusu hem sınırlı hem geçicidir, zira insanlar korudukları varlıkların soylarını sürdürmelerinden ya da onları beslenme amacıyla öldürmekten kesinlikle sakınırlar. Kısaca söylemek gerekirse zoolojik ve etolojik bilgiler konusunda kazanmış oldukları bütün yetenekler sayesinde besici rolü "oynarlar", ama bu davranış mantığını sonuna kadar götüremezler.

Dolayısıyla Güney Amerika'nın alçak bölgelerinde alıştırma, başarılı olamamış bir "proto-evcilleştirme" olgusu gibi görülemez.[33] Bu girişimin gerçek bir besicilik düzeyine ulaşamamasının nedeni, bu bölgede hayvanlarla ilişkilerin farklı biçimde değerlendirilmesidir: Avlanan hayvan ya mutlak bir dışsallık konumundaki bir *alter ego*'dur ya da alıştırılan hayvan yenemeyecek kadar yakındır alıştıran kişiye. Kendi bağımsız toplulukları içinde yaşayan hayvan bireylerinin dış varlıklar gibi algılanmaları animik bir düzende şaşırtıcı değildir. Tanıdık hayvanların aşırı yakınlığının nedeni ise, kendi topluluklarından alınan bu yetimlerin insanlar arasına katıldıklarında biçimsel farklılıklarının kalıcı olmasına rağmen kökenlerini oluşturan tür-kabilelerinden gelen niteliklerin çoğunu yitirmiş olmalarıdır. Kendilerini kabul eden evde genellikle tek örnektir bunlar, hemcinsleriyle karşılıklı ilişkiler içinde değildirler artık ve insanlarla ya da kendileriyle aynı konumdaki öteki hayvan türleriyle ilişki kurarlar; besinlerini bilinen yollardan sağlamazlar artık, kendileri için hazırlanmış yiyecekleri tüketirler; kendi habitatlarında değildirler artık, başkalarının biçimlendirdiği bir çevrede yaşarlar; kendi özel koşullarında çoğalmazlar, partnerleri olmadığından cinsel olgunluğa kavuşamazlar ve sonsuza kadar yavru gibi yaşarlar; bedenleri bile değişmiştir, zira kimi zaman insanlara benzetmek amacıyla ma-

33 Amazon yerlilerinin büyük bir coşku ve heyecan içinde evcilleştirme girişiminde bulunmalarının niçin çok ayrı bir mesele olduğu anlaşılıyor; daha önce sözünü ettiğim bir çalışmamda (1994) aktarmıştım bunu; ayrıca bkz. Descola, Ph., 1999.

sajlar yapılır ve biçimlendirilmeye çalışılır bu hayvanlar. İstenilen mükemmelliği kazanması için küçük çocukların biçimlenmemiş bedenleri de aynı muameleye tabi tutulur.[34] Kısacası kendilerini alıştıranların bazı alışkanlıklarını benimseyen hayvanlar ayırt edici, temel niteliklerini yitirmişler ve bu insanlara benzemişlerdir. Bu nedenle tencereye atılmazlar: Nasıl düşmanlardan kaçırılan çocukların etleri yenmez ve bu çocuklar yakınlarını öldürenlerin ailelerine verilip burada aynı soydan gelen akraba muamelesi görürlerse, aynı şekilde yetiştiricileri öldürülen hayvanların yavruları da yenmez, çünkü katıldıkları topluluğun geleneklerini ve göreneklerini benimsemiştir bu havyanlar.

Bununla birlikte bu evlat edinme yoluyla alıştırma olgusu alıştırılan hayvanların kendilerini uzaktan himaye eden av hayvanı efendilerine bağımlılığını bütünüyle yok etmez. Kendilerine göz kulak olan tinlerin öfkesini çekmemek için bu geçici konuklara kötü muamele edilmesi söz konusu değildir; onlara gereksiz yere acı çektirilmez ve avlanan hayvanlara saygıda kusur edilmez. Gerçekten de hayvanların çoğu hayali olarak evcilleşmiştir zaten ve insanlar tarafından benimsenmelerinin getirdiği sonuçtan daha başarılı bir evcilleşmedir bu, ama insanların bu işlemi yapmalarına izin yoktur. Gerçekten de burada alıştırmanın ipucunu verdiği bir ampirik süreçten ziyade, av hayvanı efendisinin kabul etmek zorunda kalacağı tam bir tabiyet aktarımı söz konusudur. Hayvan bireylerinin dışsallığını yok ederek onları insan topluluklarına entegre etmek – böyle bir durum Amerika yerlilerinin kozmolojilerinin ontolojik sınırlarını ve insanlar ile insan olmayanlar arasındaki ilişkileri hayata geçiren ilkeleri alt üst eder. Sahip olanın niteliklerini ve özlemlerini ifade etmelerine yarayan ve dolayısıyla mübadelede insanların yerini alabilen metonimik aktarım nesneleri olan Yeni Gine'deki domuzun ya da Afrika'daki sürülerin tersine, tropikal Güney Amerika'da hayvan sadece kişi ile kişi arasındaki eşitlikçi ilişkinin bağımsız ve kolektif öznesi gibi düşünülebilir. Dolayısıyla burada evcilleştirici tekniğin reddedilmesi, binlerce insanın bağımsız bir biçimde yaşama geçirdiği bilinçli bir tercihin ürünü olmaktan çok bir olanaksızlığın sonucudur ve bu olanaksızlık içinde bu insanların, bazı türlerle ilgili olarak, insan olmayanların özelliği olan ve alıştırmanın birkaç bireyle sınırladığı koruyucu bir tavrı, hayvanla ilişki şemalarına dönüştürmeleri söz konusudur. Bu kısıtlama kesinlikle konjonktürel olmakla birlikte Kolomböncesi dönemden bugüne kadar gelmiştir; tersinden hareketle, son zamanlarda bazı kalkınma örgütlerinin girişimlerinin başarısızlığı buna örnek gösterilebilir: Amerika yerlileri ortamında avcılıktan neredeyse hiçbir sonucun alınamadığı geri kalmış bölgelerde alternatif et kaynakları olarak aguti ya da pekari modeli besiciliği geliştirme girişimi başarısız olmuştur.

Bazı koşullar yerine getirildiği takdirde, yeni bir teknik nesneyi benimsemek yeni bir ilişki tekniği icat etmekten daha kolaydır. Amazon yerlileri metal aletlerin, ateşli silahların ve daha yakın dönemde dıştan takmalı motorların ya da parçalar halinde kesen aletlerin yararını hemen anladılar. Bunlar aynı işlevleri eski ağaç ve taş aletlerden çok daha etkili bir biçimde yerine getirmektedirler: Kesmek, mermi atmak, bir taşıtı hareket ettirmek. Hatta bazı durumlarda kendilerine bu sanatı öğreten Beyazların varlı-

34 Sözgelimi Parakanalar: Fausto, C., 2001, s. 396.

ğından kurtulmak için ihtiyaç duydukları silahları üretmek ve onarmak amacıyla bu insanlardan temel dökümcülük ve metal kesme tekniklerini öğrenmişlerdir.[35] Amerika yerlilerinin başta köpek olmak üzere Avrupa evcil hayvanlarını alması da çok büyük zorluklar çıkarmamıştır, zira hayvanının eğitilmesi yöntemi çok büyük ölçüde hayvanın kendisiyle birlikte aktarılmıştı ve sadece taksinomilerde bazı düzenlemeler gerektiriyordu.[36] Buna karşılık ilkeleri, av hayvanı efendilerinin davranışıyla benzetme yoluyla –ve bazı bölgelerde yaklaşık beş yüz yıldır Avrupa evcil hayvanlarıyla belli bir yakınlık dolayısıyla– bilinmesine rağmen yerli hayvanların evcilleştirilmesi çok farklıdır: Hayata geçmesi insan olmayanlarla ilişki biçimlerinde önemli bir yeniden yönlendirme ve insan olmayanların ontolojik statülerinde bir değişiklik gerektirir.

Hiç kuşkusuz aynı türün hayvanlarını, beslenmelerine ya da avlanmalarına göre az ya da çok kapalı iki alana ayırmak mümkün olmuştur ve buna örnek olarak ren geyiği konusunda Çukçiler ya da domuz konusunda Papular gösterilebilir. Her iki örnekte de yarı evcilleştirilmiş hayvanın minimal koruması ve onları yetiştiren tinlerin rızasıyla yabanıl hemcinsleri üstünde uyguladıkları bir predasyon sorunsuz bir biçimde atbaşı gidebilir.[37] Amazon yerlileri pekari konusunda bu yolu izlememişlerdir, subarktik Amerika yerlileri de karibu konusunda bu yolu izlememişlerdir ve bunun nedenleri konusunda spekülasyonlar yapmak doğru değildir. Sadece şunu belirtelim ki ontolojik sınırların bu tür bir düzenlemesi yavaş yavaş gerçekleşir ve çok uzun bir süreye yayılır. Amerika kökenli olan ren geyiği, Kuzey Avrasya'da yaklaşık beş bin yıl önce ve bu işe eski at yeştiriciliği bilgileriyle girişen, Güney'den gelen halklar tarafından evcilleştirilmeye başlamıştır; ama evcilleştirilmesinin Sibirya'ya yayılması binlerce yıl almış, bazı bölgelerde ise ancak birkaç yüzyıl önce sonuç alınabilmiştir ve yaban geyiklerinin çok bol olduğu yerlerde ise başlangıç aşamasındadır henüz.[38] Domuzun evcilleştirilmesi konusunda ise, yetiştirilmek üzere yavru yabandomuzu yakalamakla yetinilen bazı Yeni Gine bölgelerinde alıştırmanın ancak yarısına gelinebilmiştir.

35 Amueşa dökümleri konusunda bkz. Santos Granero, F., 1987.

36 Jivarolarda köpek örneği konusunda bkz. Descola, Ph., 1986, s. 108-109.

37 Yeni Gine'de bu bileşimin bir örneği konusunda bkz. Brunois, F., 2001, böl. X.

Değişimin Doğuşu

İnsanların kendi aralarında ve dünyayla kurdukları ilişkileri değiştiren şey, teknik gelişmenin kendisi değildir; daha ziyade bu ilişkilerin dönüşümleri, bir varlık kategorisi üzerinde daha önce gerçekleştirilemeyeceği düşünülen bir eylem biçimini mümkün kılar. Çünkü her tür teknik öncelikle, yönelimsel bir aktör ile kendisi de dâhil olmak üzere inorganik ya da canlı bir madde arasındaki dolaylı ya da dolaysız bir ilişkidir. Dolayısıyla yeni bir tekniğin ortaya çıkması ya da belli bir başarı şansıyla taklit edilebilmesi için kesinlikle gerçek ya da düşünsel anlamda bir yararı olması ve içinde yer aldığı sistemin öteki özellikleriyle uyuşması gerekir. Özellikle de içerdiği özgün ilişkinin nesnelleştirilebilir olması, yani o zamana kadar yalnızca tanımları belirgin olan bir nesneler sınıfı üze-

38 Digard, J.-P., 1990, s. 108-109.

rinde etkili olduğu için uzmanlaşmış ya da alt bir konumda kalmış bir şemaya, varolan etkileşimlerin bir şemasına denk düşmesi gerekir. Bu anlamda teknik bir tercih, mevcut unsurların yeniden biçimlendirilmesini ve özel bir ilişki tipinin daha önce onunla ilişkisi olmayan kendiliklere uygulanmasını gerekli kılar. Hayvan evcilleştirmesi olayında, özellikle ana babaların yavrularını beslemelerine ve bunun sonucu olarak onların yaşam koşullarına egemen olmalarına bağlı olan koruma ilişkisinin yayılmasında da bu söz konusudur – bu yayılma birçok toplulukta gerekli bakımdan yoksun olma, terk edilme ya da dış etkilere karşı korunmama nedenleriyle de olsa çocukların hayatları üzerinde ebeveynlere bir hak tanınmasına kadar gider.

Bu şekilde anlaşılan teknik ilişki, yararlandığı ve oldukça kısa zaman dilimleri içinde kesintiye uğrayabilen enstrümanlar ve kendisini ifade ettiği işlem zincirleri organizasyonunun tersine, zaman içinde son derece istikrarlıdır. Kişinin kendisiyle ya da canlı ya da cansız ötekilerle kurabileceği olası ilişkiler yelpazesi, bu ilişkilerin yarattığı nesnelere ve bu noktaya ulaşabilmek amacıyla yararlanılan yöntemler yelpazesine göre çok daha sınırlı olduğundan, teknik gelişme, dönüşüm araçlarının ve süreçlerinin aşamalı olarak karmaşıklaşması olarak değil, yeni ilişkilerin nesnelleştirilmelerinin az çok birikmesiyle oluşmuş, sınırlı bir dizi olarak düşünülebilir. Faytondan otomobile ya da kemer üreticiliğinden renk renk yünlerden örülmüş kumaş üretimine geçişte hiçbir biçimde bir zorunluluk ya da öngörülebilirlik yoktur, ama bu geçiş en azından bu artefakt kategorilerine içkin sonuçların doğasıyla ve işlemlerin özellikleriyle uyumludur. Oysa, bitkilerin ya da hayvanların evcilleştirilmesi –biri diğeri ile zorunlu olarak birlikte gitmez– gibi yeni bir teknik ilişkinin nesnelleştirilmesi bağlamında durum çok farklıdır: Burada kişinin kendisine ve başkalarına dair sınırlarının değerlendirilmesi ve irdelenmesinde daha önce görülmemiş devrimler söz konusudur. Araçsallaştırma bu önemli devrimlerden birdir, hatta şüphesiz bunların arasında birinci sıradadır, zira organizmanın fizik işlevinin onu daha doğal, daha esnek hale getiren bir nesneye aktarılması düşüncesi başka türler içinde ortaya çıkmış ve insanlaşma süreci içinde bilinen güzergâhına kavuşmuştur. Nesnelerle kurulan bu yepyeni ilişkiler içinde besinlerin depolanmasının da yeri büyüktür. Yaşamın sürebilmesi için gereken enerjinin biriktirilmesi fenomeni evcilleştirme olgusundan bağımsızdır ve önemli iktisadi eşitsizliklerin olası kaynağını oluşturur; çiftçilerin değil avcı-toplayıcıların başvurduğu bir yöntemdir.[39] Eksiksizlik iddiası peşinde koşmadan, bu kısa listeye bilişsel artefaktların –renkli ip düğümleriyle gerçekleştirilen çok eski bir yazı sistemi olan "quipus"u, balık ağları ve piktogramlar– icadı ve amaçların örgütlenmesinde yeteneklerin ayrıştırılması eklenebilir. Bu ayrıştırma insanlar arasındaki çok eski bir ilişkidir ve her bireyin daha önce kolektif işlemlerde, açık bir koordinasyon olmadan işe yarayan çokyönlü yetenekleri, yetkili birinin rehberliğinde her bireye atfedilen görevlerin tamamlanmasına yönelik olarak yeniden yönlendirilir; seferber edilen yeteneklerin doğası değişmemiştir ama parça bütün ilişkisinde değişim bir uzmanlaşmayı, dolayısıyla iş bölümünü mümkün kılar. Her halükârda nesnelleştirme ya insanların özelliklerinin, fiziksel ve zihinsel

39 Bkz. Testart, A., 1982.

işlevlerinin dışsallaşması biçimini ya da insan olmayanların bir parçasının yapaylaştırılması biçimini alır ve bu biçimlerin her ikisi de daha önce başka amaçlarla gelişmiş bir yeteneğin nakledilmesinden gelir.

Depolama haricinde, maddeyle ilişkiye dair bu kırılmalardan hiçbiri toplumsal ve ekonomik koşulların radikal anlamda değişmesini gerekli kılmaz, hatta bunu doğurmaz, zira yeni teknik ilişki içindeki üretici potansiyellerin yaşama geçmesinin hiçbir otomatik yanı yoktur. Bu bağlamda en iyi örnek hiç kuşkusuz insan olmayaların irdelenmesinde olağanüstü bir değişim oluşturan bitkilerin evcilleştirilmesidir, ama bu olay siyasal katmanlaşmanın, nüfus artışının ve başkalarının sömürülmesinin *deus ex machina*'sı gibi düşünülemez: Tarla açan-avcıların çoğu sosyopolitik sistem, yerleşme stratejileri ve mekânın düzenlenmesi açısından avcı-toplayıcılardan zorlukla ayırt edilir, buna karşılık özellikle karakteristikleri doğal kaynakları kullanma olan toplumlar (Kuzey Amerika'nın kuzeybatı kıyısında ya da Florida'nın güneyinde yaşayan Yerliler) eşitsizlik içeren özellikler –zenginliklerin farklı olması, başkaları hesabına çalışma, hiyerarşize olmuş siyasal yapı– sergiliyorlardı ve bu özellikler tropikal yumru yetiştiren çiftçilerin çoğunda yoktu.

Teknik yenilikler alanında ve genel olarak tarihsel evrim alanında açıklanması gereken, hareketten ziyade durağanlıktır. Her yeni gün küçük bir keşif getirir, her yerde meraklı beyinler dünya ve dünyanın gizemleri konusunda spekülasyonlar üretirler, her an güçlü şahsiyetler sonuçları kestirilemeyen girişimlerde bulunurlar, öyle ki olguların oldukları gibi kalmamaları ve küçük değişikliklerin getirdiği birikimlerle birlikte, değişimi değerlendirme ölçeğine göre az ya da çok hızlı bir ritimle dönüşmeleri için koşullar her zaman mevcuttur. Oysa bizi, genel hareketi yaşamımızın akışı içinde hissettiğimiz biçimde değerlendirmeye götüren anın dar görüşlülüğünden sıyrılmaya çalışırsak, insan deneyiminin şematikleştirilmesinin büyük çerçevelerinin, özellikle de ontolojik düzenlerin ve praxis'i yapılandıran ilişkinin baskın biçimlerinin çok az değiştiğini görmek zorunlu hale gelir. Bu olgu sadece Lévi-Strauss'un, tarihsel olasılık sonuçlarını nötralize etmeye çalıştıkları için "soğuk" dediği toplumlar için geçerli değildir. Dolayısıyla istikrar pek inandırıcı olmayan bir hareketsizlikten çok, hareketin ortadan kaldırılmasına, daha doğrusu hareketin doğrudan sonuçlarını bastıran mekânizmalar aracılığıyla olağan akışının önüne konan engellere bağlıdır. Bunlardan biri, belki de en yaygın olanı, kimi ilişkilerin alanını yeni nesnelere, bu ilişkinin kökeninde uygulandığı varlık alanının beklenen özelliklerine uymak için konum değiştirmeye yönelecek olan yeni nesnelere yayma güçlüğünde yatar. Tarafların doğası, gerçekten de onlar arasında kurulabilecek ilişkilerin doğasını zorlar, işte bu yüzden tanıma bence mantıksal olarak ilişkiden önce gelmelidir. Bu nedenle taraflar bir ilişkiden ötekine kolayca aktarılamazlar; bu ontolojik direnç, özgün bir teknik ilişkinin nesnelleştirilmesini karakterize eden aktarım hareketinin önündeki en büyük engeldir.

Tropikal Güney Amerika'da iki farklı hayvan sınıfıyla kurulan ilişkinin farklı biçimlerinin bir arada var olması durumunda da olup biten budur: Genellikle avlanan hayvanlara yapılan muamele ve Avrupa evcil hayvanlarının, özellikle köpeğin ve tavuğun yetiştirilmesi. Genellikle avlanan hayvanlardan bazılarının korunması, alıştırma çerçevesi içinde koşullara bağlı ve geçicidir, buna karşılık bütünüyle insanlara bağlanan evcil hayvanlar için kesin ve mutlaktır; bu eğilim av hayvanını evcilleşme ilişkisine doğru kaydırmanın neden pek mümkün olmadığını açıklayan bir olgudur. Bir ilişkiden başka bir ilişkiye aktarım olduğunda ilksel ilişki içinde alojen unsurların katılımı söz konusudur ve tersinden söz edilemez: Savana bölgelerinde özgürlüğünü ilan edip tekrar yabanıl duruma geçen hayvanlarla ilgili birçok olguya tanık olunmuştur – bunlar Amerika yerlileri tarafından tekrar av hayvanlarına dönüştürülmüştür, ancak av hayvanının evcil hale gelmesi durumuna hiç tanık olunmamıştır.

Bununla birlikte böyle dirençli bir homeostazi ender görülür. Bir topluluğun yaşamının şu ya da bu alanında oynadığı rolle öne çıkan bir varlık sınıfının, kendisini yavaş yavaş daha önce marjinal olan bir ilişki şeması içinde görmesi ve bu nedenle baskın bir pozisyon kazanması daha yaygındır: Bu durumda, bu nesnelerin ilk baştaki özelliklerini karakterize eden ilişkinin önemini yitirmesinin yolu açılır. Mesela, Sibirya'da çok uzun zaman almasına rağmen bazı hayvanlara dair koruyucu bir tavrın güçlendirilmesinin sonucu, daha önce kurulmuş olan bireylerarası ilişkiyi yok olmaya mahkûm etmekten başka bir şey olamazdı. Böylece, özdeş niteliklerin atfedildiği ya da en iyi ihtimalle folklorik kalıntılar içine hapsedilen insan olmayan varlıklara dair daha önce geçerli olan davranışların yavaş yavaş kayboluşuna tanık olunur. Bununla birlikte böyle bir dönüşümün ortaya çıkabilmesinin koşulu, değişimi bastıran mekânizmaların kendilerinin, yaratıcılık ve icat isteğinin kuşaklar boyunca aktarılan alışkanlıkları sarsarak yeniden ortaya çıkmalarını sağlayabilecek istisnai olayların sonuçları tarafından bastırılabilmesidir. Bu durum genellikle daha önce ikincil olan bir ilişki alanının genişlemesi aracılığıyla nesnelleştirilen unsurların, ya bütünüyle yeni oldukları ya da onları daha önce nesnelleştiren ilişkinin gittikçe zayıflayarak derinlemesine değiştikleri hallerde gerçekleşir. Birinci durum aktarma ve yayılma olguları bağlamında tipik olsa da, deneyim şunu gösterir: Yeni bir kendiliğin –sözgelimi evcil bir hayvan– ortaya çıkmış olması, onu nesnelleştiren ilişki –hayvanla belli bir ilişki tipi– etkileşim şemalarına ve yerel olarak hakim olan yetenek sistemlerine çok yabancı kaldığında, bu kendiliğin hemen benimsenmesini gerektirmez. Bu olgu, sonunda kabul görse de çoğu zaman başka nesnelere aktarımını sınırlayacak bir alan içinde kalma eğilimi gösterecektir. Bu yüzden, daha önce egemen olan bir ilişkinin yok olmasına dair ikinci koşul da, değişim sürecinde temel bir özellik taşır. Bu kinci koşul, genel olarak tarihin rastlantılarının doğurduğu şartlar, iklim değişiklikleri ve insanın çevre üstündeki bilinçsiz etkileri, halkları farklı ya da belirgin özellikleri değişmiş ortamlara adapte olmak zorunda bıraktığında devreye girer. İstilacıların ya da savaşçı komşuların baskısı sonucu uzun süreli güçler, fetihçi yayılma, daha yoğun çalışma koşullarının egemen olduğu bir bölge, bir ekosistemin antropik çöküşü ya da iklim olguları nedeniyle yavaş yavaş dönüşümü... bütün bunlar insanları yaşam stratejilerini değiştirmeye zorlar ve özellikle onları birbirlerine ve topluma bağlayan ilişkileri sarsar, daha önce kuşkuyla bakılan cüretli tavırlara karşı daha duyarlı hale getirir.

Bütün bunların sebebi, yeniliğin zorunluluğa bağlı olması değildir. Daha ziyade şu söylenebilir: Kaderlerini paylaştığımız gerçek ya da düşsel kendiliklerle ilişkilerin kalıcı bir dönüşümü bu çalkantılı ve kimi zaman uzun dönemlerde başlayabilir; böyle dönemlerde insanlar yeni deneyimlere açılırlar, zira olayların genel akışı içinde kurmuş oldukları ilişkiler olumsallığın darbeleriyle sekteye uğramıştır ve bu yüzden başka bir biçim almaya başlar. Ama bu yeni durum rastlantısal yolları izlemez. Organizmaların ve birlikte yaşadıkları kolektiflerin evrimi içerisinde, rastlantı ve keyfilik yeni bir düzen ya da dengenin kurulması için gerekli olsa da, bu düzen bütünüyle öngörülebilir olmamakla birlikte ortaya çıkışını tetikleyen olaylar kadar rastlantısal olmayan örgütlenme kurallarına ve uyuşabilirlik ilkelerine göre gelişir. Yıkmanın, yok etmenin binbir biçimi vardır ancak yeniden inşa etmek sadece herhangi bir yapıya özgü arşitektonik kurallara uygun araç gereçle ve sınırlı sayıda planla mümkündür. Gerisi, yani ilk bakışta dikkat çeken ve çeşitten alınan hazzı destekleyen şey, sadece süstür.

Sonsöz

Olasılıklar Alanı

Farklı yapısal yaklaşımların sürekli sundukları alternatiflere rağmen antropoloji, doğuşundan bu yana etyolojik açıklamaların olağanüstü basitliği karşısında her zaman büyülenmiştir. Bir kurumu 19. yüzyıl evrimciliği tarzında, konjonktüre bağlı doğuşuyla izah etmek; aynı kurumu bütünüyle olaylara dayanan bir tarihin güncelliğini yitirmiş erdemlerini keşfeden çağdaş antropologların yaptığı gibi daha önceki koşullarla ya da dış etkilerle açıklamak; bu kurumun belirli bir çevrede üstleneceği adaptasyona dair işlevi keşfetmeye çalışmak ya da onu varsayılan arketiplerin ve ilksel itkilerin bir ifadesi gibi ele almak... Bütün bunlar hiç kuşkusuz kesinlik arayan zihinler için rahatlatıcıdır ama önemli olan yegane soruya cevap vermez: Niçin herhangi bir olgu, herhangi bir inanç, herhangi bir alışkanlık falan yerde ortaya çıkar da filan yerde görülmez? Kurbanı, yamyamlığı ya da atalar kültünü açıklamak amacıyla, bunları bizzat yapanlarınkiler de dâhil olmak üzere birçok neden gösterilmiştir; ancak kimilerini bunları benimsemeye, kimilerini de gerekli bulmamaya götüren nedenler ve yamyamlığın herhangi bir yerde kurban ya da atalar kültüyle birlikte görüldüğü halde başka bir yerde bunları dışlaması yine de anlaşılamamıştır. Niçin totemik krallık yoktur? İnsan olmayan varlıklar parlamentolarda niçin niteliksel anlamda temsil edilmezler? İnka ya da Firavun düşmanlarını niçin yemez? Amerika yerlisi şamanlar niçin kurban sunmazlar? Bunların anlamsız ve ciddi insanların ilgisini çekmeyecek sorular olduğu söylenebilir. Ama dünyada yaşama ve dünyaya bir anlam verme biçimindeki farklılıklar açıklanmak istendiğinde önemlidir bu sorular. Kurumsallaşmış pratiklerin farklılığını, kanıtlanması mümkün olmayan kökenler, genellikleriyle pek aydınlatıcı olmayan işlevler ya da biyolojik veya bilinçdışı varsayımsal temeller aracılığıyla indirgemeye çalışmaktansa, bu pratikleri kendi aralarında uyumlu ya da uyumsuz kılan unsurları sorgulamak gerekir: Bunların yapısını ve sistem içinde örgütlenmelerini yönlendiren kuralların araştırılmasında ilk etaptır bu. Daha önceki sayfalarda taslakları çizilen yapısal tipolojilerin de başka bir iddiası yoktu. Çünkü bileşim ilkelerinin açıklanması ancak ilişkiye soktukları öğelerin daha önceden tanımlanmış olmasıyla mümkündür ve bütün bu öğelerden oluşan tablonun yeni katılımlara açık kalması için yeterince kesin olması gerekir bunun. Eğer antropolojinin sağlam bir bilimden ilham alması gerekiyorsa, bu disiplin için birer model oluşturdukları söylense de aralarındaki ilişki hiçbir zaman metafor eşiğini aşamayan biyoloji ve fizikten çok, kimyaya yönelmek gerekir. Şu bir gerçek ki insanlar yeni bileşimler üretme ve bir araya getirdikleri şeylerin özelliklerini değiştirme kapasitesine sahiptirler, ama yaratıcı eylemin savunucuları ne derlerse desinler, öğeleri uzlaşmaz özellikler barındıran işlevsel melezler yaratmaları mit ya da kurgu dışında mümkün değildir.

Şeylerin kullanımının labirenti içindeki bu uzun güzergâhın sonunda doğrulamaya başladığımız şey işte budur. Tanıma ve ilişki, dünyayla ve başkalarıyla ilgili deneyimin farklı özelliklerini şematize ederek, içsel özellikleri farklı olan kiplere eklemlenirler ve bu durum özel bir kolektif içindeki birlikteliklerine müsaade eder ya da etmez. İlişkiler söz konusu olduğunda ise, hâkim bir biçim ve birçok minör biçim arasındaki eklemlenmeye izin verir ya da vermez. Burada dört tanıma biçimi ve altı ilişki biçimini ele almayı tercih ettiğimizden, bu tablonun eksiksiz olabilmesi için biçim bileşimlerinin mümkün kıldığı yirmi dört figürün gözden geçirilmesi gerekirdi. Ancak bu, kimyayla antropoloji arasındaki analojiyi zorlamak ve sistem anlayışını da akla yakın olanın ötesine götürmek olurdu; çünkü bu bileşimlerden bazıları gerçek dışıdır ve sadece ütopya bölgelerinde veya çelişkili karışımları son derece öngörülebilir bir gerçeğin yükünü sarsabilen bilimkurgu kitaplarında bulunur. O yüzden biz burada bazı uyum ve uyumsuzluk tiplerini anmakla yetineceğiz ve bazı kolektiflerin gerçekten imkânsız olup olmadıkları konusunda karar verme sorumluluğunu karşılaştırmacılıkla daha fazla ilgilenen okurlara bırakacağız.

Animizm ve natüralizm nesnelerin özelliklerini ayırt etmede antitetik tarzlar gibi görülür: Birinci durumda var olanlar arasında fiziksel farklılıklar (zira bedenleri benzeşmez) üstünde durulurken bir yandan da aynı ilişkileri kurdukları düşünülür (zira benzer bir içselliği paylaşırlar); ikincisinde tersine yeryüzündeki öğeler arasındaki fiziksel sürekliliğin altı çizilir (zira bunların tümü doğa yasalarına tabidir) ve burada amaç bunları birleştirmeye elverişli ilişkilerin (bunların, içerikleri değişken birer içsellik oluşturma ya da oluşturmama kapasitesine bağlı oldukları düşünülür) heterojenliğinin daha iyi biçimde tespit edilmesidir. Dolayısıyla bu iki tanıma şemasını, içerebildikleri ilişki biçimleri açısından birlikte irdelemek doğru olur.

Animik bireylerin sergiledikleri biyolojik donanımlar ve etogramlar arasında çok çarpıcı süreksizlikler olmasına rağmen, bunların ruhları arasında sürekli bir diyalog vardır ve özneler arası bu ilişki insanları ve insan olmayanları evrensel ağında kuşatan sınırsız bir toplumsallık ilkesi oluşturur. Fiziksel yatkınlıkların farklılıkları iletişime kesinlikle engel değildir ve aynı ontolojik düzeyde bulundukları için birbirlerinin yerine geçebilen bireyler arasındaki ilişkiler dolayısıyla kısmen silinirler. Dolayısıyla statüleri eşit olan kendiliklerin birbirlerine karşı konumlarıyla tanımlandıkları animizm kozmolojilerinde, sadece özdeşlikleri onları birbirine bağlayan ilişkinin gerçekleşmesinden etkilenmeyen insan ya da insan olmayan bireyler arasındaki potansiyel olarak ters çevrilebilir olan bağları hayata geçiren ilişkiler yapılandırıcı olabilir: Yani predasyon, mübadele ve armağan. Tersine, üretim, aktarım ya da koruma tipindeki geçişsiz ilişkiler marjinal kalmaya mahkûmdur, zira bu ilişkiler taraflar arasında bir hiyerarşi öngörür. Bu tarafların ontolojik çeşitlilikleri ise ilişki dâhilinde taraflardan birinin diğeri üzerindeki eylemi sayesinde etkin hale gelir. Armağan, bağış ve predasyonda özne özneyi geçerli kılar: Üreme, koruma ve aktarımda ise özne, bağımlı bir özneyi ya da boyun eğen bir nesneyi kurar.

Açuar avcısı gözetlediği hayvana bir *alter ego* olarak hitap ederken, insanlar ve av hayvanı arasında var olan genel predasyon yakınlığı ilişkisini özel bir bağlam içinde hayata geçirir; belki de güçlendirir bu yakınlığı ama bu etkileşim sayesinde muhatabının ontolojik özelliklerini de, onunla kurduğu ilişkilerin niteliğini de değiştirmez. Tukanoların kendi aralarında ve çevreleriyle kurdukları ilişkiler ya da Campaların ve birlikte yaşadıkları bazı insan olmayan varlıkların eylemini yönlendiren armağan şeması konusunda da aynı şey söylenebilir. Buna karşılık pratik deneyimin öğrettiğinin tersine, Modernlerin çok eskiden beri algıladıkları biçimiyle üretim ilişkisi çok farklıdır. Burada bilindiği gibi madde direnir ve onu işleyen bireye kurallarını ve kaprislerini dayatır; bununla birlikte gerçek mülkiyeti onda olmasa da, tek sorumlusu olduğu yeni bir kendilik üretmek amacıyla özerklikten yoksun bir maddeye belirli bir biçim ve işlev dayatmak söz konusu olduğunda öne çıkan kişi, üretici aktördür. Bu eylemin sonucu olan nesnenin özel nitelikleriyle var olabilmesinin koşulu, genetik bir ilişkinin onu aynı projeyle biçimlendirilmiş, başka benzer eylemlerle yinelenen bir mercii ortaya çıkarmasıdır. Bu nedenle Wayana sepetçileri örneğinde görüldüğü gibi animizm bağlamında "zanaatsal üretim"den söz etmek uygun olmaz: Burada artefaktlar kendilerini biçimlendirenlerin özne konumunu güçlendiren *ex nihilo* gerçeklikler değil, kökenlerindeki ontolojik yüklemlerinin bazılarını koruyan dönüşmüş öznelerdir.

Varlıkları birbirlerinden ayıran biyolojik işlevler –çoğalma, beslenme– üstünde uyguladığı denetim yüzünden, koruma, animizme uygun ilişkinin de genel şemasını oluşturamaz. Her anlamda tür-kabilesinin maddi alışkanlıklarına göre davranma özgürlüğünden yoksun kalan korunan özne, bağımsızlığını ve sonunda da özne niteliğini yitirir: Dolayısıyla koruma yalnızca animizmin özel alanlarında ve ikinci derecede mümkündür –tıpkı hayvanların sahiplerinin, bir tür yarı-evcilleştirmeye dâhil olan insanlara kadar genişleyen imtiyazı gibi–; bununla birlikte çekici yanları –kimileri için güvenlik, kimileri için tahakküm– onu öylesine hâkim kılar ki, faaliyetinin tüm gücüyle sürmesi için yeni bir ontoloji gerektirir.

Canlıların ölülere karşı maddi ve manevi bağımlılığını güvence altına almanın ve yaygınlaştırmanın bir yolu olarak aktarım ise, hayvanları ya da bitkileri özneler gibi görme olasılığını saf dışı eder, zira bütün etkinliği kuşaklar arası hiyerarşik bağımlılık ilişkisine dayanır: Kolektiflerin omurgası insan soylarından oluşur ve bunların birbirlerinden ayrılmaları veya birbirleriyle ilişki kurmaları ancak zenginliklerini, haklarını, kişilik unsurlarını ve kaderlerini miras aldıkları atalara yapılan bir göndermeyle mümkündür. Bu tür bir düzeneğin insan olan ve olmayan öznelerden oluşan tür-kabilelerin animik fışkırma durumuna nasıl uyum sağlayabileceği pek belli değildir, zira bu tür-kabileler tersine, her kuşağın farklı yaşam biçimlerinin sürmesi amacıyla aynı biçimde sürdürdüğü maddi bir uyuma dayanan eylem yatkınlıklarıyla birbirlerinden ayrılırlar. Böylece töz, miras ve kaderlerin insanmerkezli biçimde biriktiği aktarım her an ve hangi fizik görünüme sahip olursa olsun her birey için başkalarıyla ilişkiye dayalı *sui generis* bir yaşamın koşullarını yeniden yaratma gerekliliğinin tersi bir yol izler. Bu nedenle ölülerin belleklerden silinmesi, belli belirsiz varlıklarının yok edilmesi ve aktardıkları geleneğin kişiliklerinden koparılması gerekir.

Bazı ilişkileri dışlayan ya da marjinalleştiren animizm, böylelikle reddettiği alanı dolaylı olarak oluşturur: Onun topraklarında ne yalnızca besicilik yapanlar, ne uzmanlardan oluşan zanaatçı kastları, ne atalar kültü, ne tüzel kişiler kültü gibi işleyen soylar, ne yaratıcı demiurgoslar, ne maddi miras eğilimleri, ne miras hırsı, ne zamanın işareti, ne ölçüsüz soy zincirleri, ne de karar veren meclisler vardır. Bütün bunların bulunmamasını fark eden bazı keskin zekâlar, kimi zaman bunları eksiklik olarak yorumlamıştır. Oysa elbette böyle bir şey söz konusu değildir. Dünyayı öznelerle doldurmak için ödenmesi gereken bedel –her gün belirsiz kimlikleri deneyimlemek–, yalnızca bugünün vaatlerini geçmişin bize bıraktıklarıyla ölçmekle yetinenlere, yani kurumların iç rahatlatıcı buzuluna kendini kapatmış olanlara yüksek gözükür.

Söz konusu gözlem meşru bir biçimde natüralizme uygulanabilir, çünkü aktarımın bu hafiflemiş çeşidi olan tarihsel bilinç modernleri hipnotize etmiştir. Hafiflemiş çeşidi diyoruz, zira çünkü ölüler ve maddi, manevi mirasları bizim bireysel ve kolektif kimliklerimizi tanımlamaya yardımcı olsalar da, onların gerçekleştirdikleri bizim gerçekleştirmemize izin verilenlerin alanını sınırlasalar da, bizim özne olarak özgürlüğümüz aynı zamanda bugünün kazanımlarını daha iyi yarınlar sağlama amacına yönelik olarak dönüştürme kapasitemize de bağlıdır. Bu nedenle anmalardan, ölen kahramanları sürekli yüceltmekten, onlara dua etmekte yarar görmekten zevk duymamıza rağmen, Modernlerde aktarımın en saf biçimlerine işaret eden bu atalara kölelik durumundan hiçbir iz yoktur. Bizde ölüler artık kendilerini ilgilendirmeyen şeyler için başvurduğumuz soytarılar, palyaçolardır; gündelik yaşamı düzenleyen canlı despotlar değillerdir. Aktarımla kesinlikle ilgisi olmayan bu tür bir yavanlık çoğu zaman türemiş ya da eksik biçimde ortaya çıkan heterojen ilişkilerin birlikte yaşama alanı olan natüralizmde kural gibidir. Bu onun ontolojisinin özelliklerine bağlıdır. Gerçekten de varlıklar arasındaki maddi süreklilik onları kesinlikle sadece karmaşıklık düzeyleriyle farklılaştıkları, paylaşılan bir determinizmler ağı içinde bir araya getirse de insanlara ayırt edici içsellikleri nedeniyle atfedilen tekillik her türlü ilişkinin hegemonik bir konum almasını engeller: Bunların bazılarının insanlar arasındaki bağlara, bazılarının ise insan olmayanlarla bağlara uygun oldukları söylenir, ama hiçbiri dünyanın öğeleri arasındaki belli başlı etkileşimleri şematize edemez.

Böylelikle ticaret anlamındaki mübadele ya

da devletin yurttaşları koruması anlamındaki koruma modern demokrasilerin temel değerleridir, ama bunların sağladığı yararlar düşünümlü bilinçleri ve ahlâk değerleri olmadığından toplumların dışına itilmiş insan olmayan varlıkları kapsamaz pek. Bitkilerle, hayvanlarla, makinelerle ya da genlerle sözleşme yapılmaz, zira bunlar alışveriş yapan özneler değil nesnelerdir; bunlara sağlanan korumanın kökeninde insanların bunların denetimiyle ve iyi koşullarda muhafaza edilmeleriyle ilgilenmeleri yatar ve bunların Amazon ormanları ya da Nil Afrikası örneğinde görüldüğü gibi toplumsal yaşama tam anlamıyla katılmaları söz konusu değildir. Şu bir gerçek ki natüralizm, kapitalist değişkesi içinde insan olmayanların mübadelesinin koşulu olarak üretime öncelik vermek suretiyle bu bağımlılığı kamufle etmeyi bilmiştir: Bilindiği gibi mal fetişizmiyle bireylerin iş ilişkileri nesnelerin kendi içlerinde birbirlerine bağlandığı bir ilişki biçimini almıştır ve bu durum sözgelimi animizmle çelişir – Marx'ın kelimeleriyle söylersek, animizmde aralarında bağlantı kuran insan olmayan varlıklar kişiden kişiye ilişki kurduklarını sanırlar. Ama bu kılık değiştirme sorunsuz değildir, çünkü kapitalist yabancılaşmanın kaynaklarını iyice derinlere gömmek için, insan olmayan varlıklara kişilerden daha fazla özerklik tanımak ve onlara, özgür iradeleriyle ürettikleri ve mübadele ettikleri şeylerden engelsiz biçimde yararlanma yetisi bahşetmek gerekirdi. Oysa geç dönem kapitalizminin söylemleri içinde üretim ve ticari ilişkileri kendi başlarına doğal fenomenler gibi görme eğilimi gelişse de, kesinlikle böyle bir durum söz konusu değildir. Konjonktür, büyüme ya da rantabilite eşiği gibi soyut genellemeler bağımsız yönelimsel birer kendilik statüsü kazanmış olabilir, ancak bunların sonuçlarından etkilenenlerin, sürekli ve tam bir biçimde, milyarlarca insanın kaderini belirleyenin çıkarcı kâhinler değil şeylerin kendileri olduğunu sandıklarına inanmak zordur. Böylece natüralist toplumlarda üretim yavaş yavaş insan olmayanlarla ilişkinin şemasını oluştursa da –genetiği değiştirilmiş organizmaların çoğalmasıyla herkes tarafından görülen bir olgudur bu–, insanlar arasındaki ilişkilerde yaygın bir alışkanlık özelliği kazanamamıştır bu ve üretici klonlama olgusuyla ortaya çıkan fantasmaların, kimilerinde bunun etkisini arttırdığını görme arzusu uyandırması durumu değiştirmez.

Ayrıca natüralist ontoloji insan özneler ve insan olmayan nesneler arasında yaptığı ayrım nedeniyle sürekli uzlaşmalara, orta yollar bulmaya mahkûmdur ve bir yandan da kendisini oluşturan bölünmeyi ortadan kaldırabilecek egemen bir ilişki kurmak gibi ütopik bir özlemin kıskacı içindedir. Yazık ki bu kadar açık seçik bir *apartheid* düzeninde, bütün varlıklar arasında sentez oluşturma gücüne ve modern olmayan toplumları kuran ilişkilerin ifade sadeliğine sahip bir etkileşim şeması oluşturmak mümkün değildir. Düş kırıklığından önceki bir dünyaya dair ortak bir nostaljiyi besleyen, kabullenilmesi zor bir gerçektir bu. Gördüğümüz gibi yüzeysel benzerliklere rağmen aktarım burada eksiktir: Tarihin yüceltilmesi ataların yüceltilmesi demek değildir, bellek soy zinciri sunaklarının yerini tutmaz, verasetin kuralları da soy zinciri kurallarının yerini tutmaz. Ticari mübadelenin sınırları dışına atılan armağan, toplumsal erdemlerinin canlandırılması konusunda büyük çabalar harcanmasına rağmen daha da şanssız bir konumdadır; sadece mahrem ritlerde, insanlığın hayır işlerinde ve belki doğanın cömertliğine dair ilahi düşüncede baki kalmıştır – ancak bu iyi doğa ananın uğradığı zulüm bu fikrin inandırıcılığını epey zedeler. Predasyon da, başkasının, benin tanımlanması için vazgeçilmez olarak bu bene katılması anlamında düşünüldüğünde, görünüşlerin tersine natüralizmde mevcut değildir. Daha zenginlerin refahının artmasına kesinlikle faydası dokunan yeryüzü kaynaklarına bilinçsizce el koyma ve biyotik farklılığı tahrip etme, insanlığın özelliklerinin ortaya çıkması için doğanın muhteşem çeşitliliğinin gerekli olduğu yönündeki modernitenin ilk çağlarındaki inancın unutulmuş olmasına dayanır. Farklı bir dil konuşan, derisinin rengi ve dini başka olan, farklı geleneklere sahip yabancının yok edilmesi ise, tezatlı bir kimliğin güçlendirilmesi amacıyla şovenizmin yozlaşmış bir aracı olarak, tam da başkalarına kendilerinden beklenen rolü oynamaları için gereken nitelikleri reddeder: Yabancının yok edilmesi temsil ettiği şeylerin reddedilmesidir ve animizmde görüldüğü gibi bütünüyle kendi olmak amacıyla asimile edilmesi gereken bir dışsallık konumunun kabul edilmesi söz konusu değildir. Dolayısıyla insan olan ve olmayanların kimi kategorileri konusunda natüralizm predatör olmaktan çok predatörlükten arındırıcıdır; ayrıca bu ilişkide öteki ilişkilerden daha fazla süreklilik yoktur ve bu bağlamda sömürgeci güçlerin son iki yüzyılda gösterdikleri istikrarsızlık örnek oluşturur: Metropolde egemen olan düzenli üretim ve ticari mübadele alanları, deniz aşırı ülkelerde doğal zenginliklerin ve emek gücünün yağmalanması biçimini alıyor, hatta çoğu zaman koruyucu bir misyon gibi ortaya çıkıyordu. Kurnazlık ya da kinizm miydi bu? Sarkastik bir olumsuzlama mıydı? Bunların hepsi mevcuttur hiç kuşkusuz, ama aynı zamanda natüralizmin tek bir ilişki içinde gelişme olanaklarına sahip olmadığının kanıtlanmasıdır da bu.

Modernler için var olanların çeşitliliği ile bağlarını kuşatıcı bir ilişki aracılığıyla şematize etmenin olanaksızlığı, insan olmayanlarla gerçek bir karşılıklılık ilişkisi kurma eğilimi karşısında neredeyse patetik bir özellik kazanır. Doğayla ya da hiç değilse bazı temsilcileriyle mübadele sözleşmesi yapmak natüralizmden düş kırıklığına uğrayanların çok eski ve ulaşılması en zor düşlerinden biridir: 19. yüzyılda gelişen *Doğa felsefesinin* tuhaf değişkeleri, romantik estetik, yeni-şamanlık ve *New Age* ezoterizmi hareketlerinin başarısı, sinemada cyborg modası ve arzulayan makineler... Düalizmin ahlâksal sonuçlarına karşı gelişen bu tepkiler ve başka birçok tepkiler hepimizin içinde az ya da çok sakin bir biçimde yatan bu arzuya tanıklık ederler: Bitkilerin, hayvanların ve nesnelerin de yurttaş oldukları bir dünyanın yitirilmiş masumiyetine kavuşmak. Ama Modernlerin doğası, suskunluğundan ancak insanca, pek insanca yorumlar sayesinde kurtulabilir, öyle ki cansız topluluklarıyla hiçbir mübadele, hiçbir müzakere, hiçbir sözleşme düşünülemez artık. Bu tespitle teknikle bezeli toplumun reddedildiği sanılmasın, tam tersi bir durum söz konusudur. Natüralizmin çelişkileri, özellikle farklı davranış biçimlerini egemen bir ilişki içinde kapsama konusundaki yetersizliği kolektif şemaları arasında az ya da çok barışçı bir birlikte yaşama durumundan oluşan büyüleyici bir çoğulluk kazandırır ona – büyük çabalar harcanarak biricik bir pratik üslubunun yolları araştırılır, ancak bu araştırmaları yapanlar da dayandıkları ontolojik zorunluluklar nedeniyle hiçbir zaman buna tam olarak uyum sağlayamazlar. Sanayi sonrası toplumlara karışık bir görünüm ve sosyologlara da tükenmez bir etkinlik alanı sağlayan da budur.

Buna karşılık totemik ve analojik kolektiflerde çok büyük bir iç tekdüzelik görülür, zira bunların içlerinde bulundurdukları ve kendilerini kuran melezlik payı, bir araya getirdikleri var olanların karmaşık doğasında yatar ve natüralizmdeki gibi bunları yapılandıran ilişkilerin bağlı olduğu tür karışıklıklarıyla ilgisi yoktur. Unutmayalım ki bir totem grubu içinde yer alan insan olan ve olmayanlar, fiziksel ya da yaşam biçimine dair farklara rağmen özelliklerini hayata geçirdikleri prototipik bir sınıfın bireyleri olarak kimliklerini/özdeşliklerini –ayırt edici bir karakter ve bir eşdeğerlilik anlamında– sağlayan aynı maddi ve manevi özellikleri paylaşırlar. Dolayısıyla kendi bakış açılarına göre bireysel olarak aynı kalıptan çıkmışlardır, dışarıdan bakıldığında ise topluluk olarak heterojen bir yapı gösterirler. Bu oluşum özdeşliği, onları belirleyen ilişkinin özdeşliğiyle mümkün olabilmiş ve de güçlendirilmiştir aynı zamanda: Örnek gösterebileceğimiz Avustralya bağlamında ortak özellikleri vardır: Köken birliği (Düş varlığı), aidiyet (oluşturduğu sınıfa) ve eşitlik (ondan aldıkları yüklemler). Bu anlamda totemik bir grubun bireyleri arasında gerçek ilişkiler olamaz, her halükârda pratiklere güçlü damgasını vuran ve kolektiflerin özerk biçimde etkili olmaları için gerekli dinamizmi esinleyen ilişkiler olamaz. Bir totem grubunun unsurları arasında hiçbir etkileşim olmaması diye bir şey söz konusu değildir tabii ki: Onların arasında erkekler ve kadınlar, ana babalar ve çocuklar, bitkiler ve hayvanlar, maddi olan veya olmayan kendilikler vardır ve bunlar duygulanım, çıkar ve mükellefiyetlerden oluşan karmaşık ve çelişkili bir yapı içinde sıkışmışlardır. Ama sürekli bireyleşme arayışındaki bu öğelerin birbirlerine çok yakın olmaları, onları oluşturdukları bütünlüğün dışında, öteki totem sınıfları içinde partnerler aramak zorunda bırakır ve bu partnerler kendilerinden, tamamlayıcı bir karşıtlık ilişkisini mümkün kılacak kadar farklıdırlar; ayırt edici varlıklarını aldıkları ontolojik engellerden kurtulmanın başka bir yolu yoktur. Bu, totemizmin temel paradoksudur ve onun doğasını son derece anlaşılmaz kılar: Bir kolektif çerçevesi içinde ilk bakışta heterojen olan bir yığın varlık arasında mükemmel bir sentez kurar, ancak söz konusu heterojenliğin bedeli bu kolektifin kendi kendine yeterli olmasını engelleyen ve onu kendi dışındakilerle, kendi içinde harekete geçiremediği ilişkiler kurmak zorunda bırakan felç edici bir hareketsizliktir.

Totemik gruplar, kendi özellikleriyle farklılaşmalarına rağmen, ilişki kurmak zorunda kaldıklarında aynı ontolojik düzeyde yer alırlar: Bunların tümü özel benzerliklerini aynı tip oluşumlarından, aynı prototip referansından, yerlere karşı aynı tip bir bağımlılıktan alırlar. Dolayısıyla mübadelenin, ilişkilerini içeren egemen şema olması pek şaşırtıcı değildir, zira bu şema bireysel işbirliklerini de mümkün kılarak topluluklar arasında bağ kurma konusunda öteki şemalardan daha elverişlidir ve özellikle eşit statüde bulunan ama aralarında karşılıklı bağımlılık durumu olan unsurlara daha uygundur –ilişkinin sürekliliğinin güvencesi, getirdiği zorunluluklar çevrimidir–. Kadın mübadelesi, hizmet mübadelesi, yiyecek mübadelesi, kaynak mübadelesi: Alışveriş ilişkisi burada bitmez tükenmez bir haldedir ve Aborjin Avustralyası'nın Lévi-Strauss için hem evlilik ilişkisi dâhilinde genelleşen mübadelenin en iyi modelini oluşturması, hem de bütün biçimleriyle mübadelenin toplumsal yaşamın vazgeçilmez temelini oluşturduğu yönündeki eski inancın bir doğrulamasını oluşturması gayet iyi anlaşılabilir.

Buna karşılık totemik kolektifler arasında ve özellikle de kendi içlerinde eşdeğer olmayan taraflar içeren tek yanlı ilişkiler söz konusu değildir. Örneğin, bir dönemde birçok karışıklığa yol açan yüzeysel bir benzerliğe rağmen, her totem sınıfının kuşaktan kuşağa temsil ettiği maddi ve manevi özelliklerin sürekliliği bir mirasın aktarımı olarak görülemez. Düş varlıkları yaşayanların geldiği uzak atalar değil, her zaman canlı olan ve sahip oldukları nitelikleri aktarmak şöyle dursun, daha çok varlıklarıyla somutlaştırmayı tercih ettikleri insan olan ve olmayanların bedenlerindeki nitelikler biçiminde kendi kendilerini aktaran yaratıcı potansiyele sahip prototiplerdir. Natüralizmin nesnelerin üretimini kast ettiği anlamında üretim ise totemizmde yeri olmayan bir ilişkidir – hayvansal ve bitkisel türlerin çoğalma ritleri biçiminde bile. Gerçekten de *intichiuama* tipi törenler bir totem grubunun insan bireyleri için, gene aynı kolektif içinde yer alan insan olmayanlardan oluşan bir sınıfın –bu kolektiften beslenen öteki totem gruplarının yararına– genişlemesini destekleme aracıdır. Bu törenler, özlerin doğuşunun etaplarını taklit ederek yeniden canlandıran hareketler sayesinde bunların vücuda dâhil edilişini ve verimliliğini arttırır. Dolayısıyla burada insanların rolü özerk nesneler yaratmak değil, neredeyse hemcins yaratmaktır; denetlemedikleri bir doğum sürecini kolaylaştırırlar ve burada bazı animik kolektiflerde olup biten şeyler gibi gelişir süreç: Söz konusu kolektiflerde bir avcı kendisini öldürmesine izin veren, etini yediği av hayvanının kemiklerini bir araya toplamak zorundadır ve burada amaç hayvanın hiçbir zarar görmeyen içselliğinin dayanağını tekilliğinin bu maddi izlerinden alması ve yeni bir birey olarak yeniden dünyaya gelmesidir.

Bu totemik kolektifler ilişkinin hareketini son derece durağan bir kendi içindelik durumuna dâhil etmek amacıyla kendi dışlarına yansıtmak zorundadırlar, analojik kolektifler ise tersine ancak kendi kendileriyle ilişkiye girebilirler: Bunların her biri dünyayla aynı yayılıma sahip olduğundan ve dünyanın barındırdığı her şeyi içlerinde barındırdıklarından, gerçek bir ilişki kurabilecek düzeyde olan hiçbir partner onun dışında var olamaz. Onun dışında olsa olsa pek iyi tanınmayan ve karmakarışık durumda olan varlıklar bulunabilir – bunların dağınık gelişmelerini de denetim altına almak ya da bunları yerlerinin belli olduğu bir sosyokozmik düzen içine alarak kaosu yok etmek gerekir. Çünkü analojizmin hayata geçirdiği, farklı bileşenlerden oluşan tikelleşmiş kendiliklerin çoğalması ve bunun sonucu olarak dereceli farklılıkların bollaşması, hiçbir tekilliğin kendisini dışında tutamayacağı genel bir parçalı hiyerarşi sisteminin temellerini oluşturan ortak noktaların, denklik işaretlerinin, uyuşma nedenlerinin ısrarla aranmasıyla dengelenir. Totemizmin paradoksu, ilişkiler yaratan bir farkı üretmenin yolunu kendi mahrem birleşimlerinin ötesinde aramak zorunda kalan taraflar arasında ilkesel bir özdeşlik oluşturmaktır, analojizmin paradoksu ise bazı özellikleriyle benzeşen unsurlar arasında ilkesel bir farklılık oluşturmaktır, ancak söz konusu benzeşme durumu o kadar farklı yollardan gerçekleşir ki bunları ortak bir proje içinde örgütlemeye elverişli ilişkiler, öğelerin ontolojik özelliklerinden çok bunların her birini işlevsel bir bütün içinde birleştirme zorunluluğuna bağlıdır.

Dolayısıyla burada farklılığı en iyi biçimde yöneten ve heterojenliği disipline eden ilişkiler öne çıkar. Kuşaktan kuşağa naklettikleri içerikle birbirlerinden ayrılan bir yığın ölü ve canlı insanı zamansal süreklilikleri içinde kuşatan, hiyerarşik özellikli ve düzen sağlayan aktarım, bunun iyi bir örneğidir. Ayrıcalıkları ve tamamlayıcı işlevleri aralarında paylaştırarak dayanışmalarını güçlendirmenin en etkili yoludur bu. Aynı zamanda, genellikle çok eski olma özelliğine dayalı parçalı bir mantıkla birleşmiş koruma olgusu için de aynı şey geçerlidir; bu mantığın eylem alanını genişleterek bağımlılıklar yelpazesini bitki ve hayvanlardan tanrılara dek taşır: Koruyucu tanrılar bağlamında, onları yaratan insanların inancı sayesinde herkes güvenliğini, refahını hatta yaşamını başkasına borçlu hale gelir. Birçok durumda bu hiyerarşik ilişkiler mübadele aracılığıyla görev bölümü biçiminde gösterirler kendilerini: Kastlar arasında mal ve özel hizmet mübadelesi, Firavun ya da İnka tarafından angarya ve haraç bağlamında sağlanan kozmosun istikrarı güvencesinin mübadelesi, özerk soy zinciri grupları arasında emeğin, ürünlerin ve kadınların dolaşımı. Ama mübadele burada, ilişkileri şematize eden temel değerden ziyade, karşı karşıya kaldıkları zorunlulukların eşdeğerliliği hayaliyle bir araya getirdiği tarafların ilksel farklılığını hafifletme biçimidir. Dolayısıyla mübadelenin eşit olmaması ya da bağımlılık gerektirmesi önemli değildir, zira kimi zaman statü pozisyonları ölçeğinde çok farklı unsurları bağlamayı başarır ve bu karşılıklı bağımlılık aracılığıyla kuşatıcı bir sistem içinde tutarlılıklarını sağlamaya katkıda bulunur. Çünkü analojik bir kolektifte gerçekten önemli olan tek şey, o noktaya ulaşmak için hangi ilişkisel araçlar kullanılırsa kullanılsın kendiliğinden parçalanan bir yığın tekilliği görünüşte homojen olan bir bütünün içine dâhil etmektir.

Bu nedenle bu tür bir kolektifin ideolojisi işlevselcilikten, yani bu oluşturucu öğelerden her birinin kesinlikle tanımlanmış alanı içinde istikrarlı bir bütünlüğün gelişmesine katkıda bulunduğu düşüncesinden başka bir şey olamaz. Uzun süre İngiltere'de aynı adlı antropolojik öğreti aracılığıyla hâkim olan düşünce de, kısmen İngiliz etnologlarının uçsuz bucaksız imparatorluklarının Afrika ve doğu sömürgelerinde toplumsal örgütlenmeyi irdelemeye yönlendirdiği halkların büyük çoğunluğunun analojik dünyaya bağlı oldukları yönündeki konjonktürel olgunun sonucu olabilir; bu halklar gerçekten de kendilerini işlevsel bütünler gibi görüyorlardı ve bu bütünlük içinde yer alan bireyler onları inceleyenlere bütünleyici mekânizmaların ayrıntılarını anlatırken hata yapmıyorlardı. Animik kolektifler konusunda, özellikle de işlevselci ekolün kurumsal tutarlılıktan kesinlikle yoksun olması nedeniyle örtük biçimde terk ettiği Amerika animik kolektifleri konusunda aynı şey söylenemez: Kendi içlerine süreksizliği ilişki sayesinde dâhil etme biçimlerinin daha iyi anlaşılması için yapısalcı antropolojinin gelişmesini beklemek gerekmiştir. Bu, kolektif deneyimle ilgili nesnelleştirici düşüncenin, deneyimi öznelleştiren kolektif şemalardan biraz olsun kurtulmayı başarabilmek için göstermesi gereken soyutlama becerisinin bir tür doğrulanmasıdır.

*

Bu kitabı bitirirken, içindeki önermelerden bir ölçüde uzaklaşmış bir bakışla dönüp geriye baktığımda, yol açabilecekleri bazı yanlış anlamalarla ilgili küçük bir tedirginlik hissetmeden edemiyorum. Ele aldıkları temalarla ilgili olarak kimi zaman yüzeysel bir bilgiye sahip olmaları, denemecilerin atılımlarını ender olarak engellese de, öncelikle yetkinlik sorunu gündeme getirilebilir: Çalışması uzun bir süre bir Güney Amerika bölgesi sınırları içine hapsolan bir etnolog, eksik bilgilere sahip olduğu bütün uygarlıklar üstüne fikir yürütme yetkisini nereden ve kimden alıyor? Üzerlerine çok az monografi ve yazı okunabildiği halde Avustralya Aborjinleri konusunda bir şey söylemek mümkün olabilir mi? Nahuatl filolojisi konusunda bilgi sahibi olmadan eski Meksikalılardaki kişi kavrayışını ciddi biçimde yorumlamak mümkün olabilir mi? Özellikle de sayısız deneyimli bilim adamını saatlerce uykusuz bırakan Batı tarihi, Modernlerin felsefesi ve epistemolojisi ya da sanayi toplumlarının sosyolojisi bu kadar yüzeysel bir biçimde incelenebilir mi? Bunların fragmanlarının sadece dolaylı yollardan irdelenmesiyle yetinilebilir mi? Bunlar uzmanın karşılaştırma yapma cesaretini gösterenlere sorduğu klasik sorulardır ve çaresi ancak bir alçakgönüllülük itirafı olabilir – tıpkı Max Weber'in *Gesammelte Aufsätze zur Religionssoziologie* (*Din sosyolojisi üstüne derlenmiş makaleler*) adlı yapıtının önsözünde yaptığı gibi. Bu metin benim düşüncelerimi o kadar iyi yansıtmaktadır ki altına rahatça imzamı atabilirim: "Anıtsal, belgesel ya da edebi tipte kaynaklardan yararlanma ya da bunları değerlendirme biçimiyle ilgili olarak bilgilerin, bizzat kendisi tartışma konusu olan ve bizim doğrudan hakkında yargıda bulunamayacağımız uzmanlaşmış bir literatürde aranması zorunluluğu ortaya çıktığında, insanın kendi katkısının değeri üstüne çok mütevazı düşüncelere sahip olması için her türlü gerekçesi vardır."[1]

Ama bu tür bir pişmanlık ahdi, onun gerekçesini sunan girişim doğrulanmadığı sürece pek samimi gözükmeyebilir. Bazı analizlerimin, çok daha karmaşık fenomenlerin basitleştirilmesi gibi ya da uzmanların oybirliğiyle kabul etmedikleri yorumlara dair aşırı bir sadakatle lekelenmiş gibi algılanmaları mümkündür. Hatta inancın doğurduğu bir tür körlük nedeniyle benim yorumlarımın tersini gösteren olguları gerçek anlamda kavrayamamış olmam da mümkündür. Bunlar anlayışla kabul edeceğim eleştirilerdir; ancak bu denemede öne sürülen önermeler her şeyden önce höristiktir ve sayelerinde bu önermelere bir içerik kazandırdığım etnografik ve tarihsel örneklerin de tek bir amacı vardır: Toplumsal olguları incelemenin farklı bir biçiminin taslağını sunmak. Yani toplumsal olguları, bizim türümüze soyluluk kazandıran bir özellik olarak değil, insanların şeylerle ilgili deneyimlerini çok çeşitli biçimlerde şematize etmelerini, insan olmayanları kolektiflerine az ya da çok özgürce buyur etmelerini ve var olanlar arasında saptadıkları ilişkileri somut etkileşim sistemlerinde hayata geçirmelerini ya da geçirmemelerini sağlayan ilkeleri daha iyi anlamak üzere ele almak. Öte yandan dünya ile kurulan ilişkiler ne kadar çeşitli olurlarsa olsunlar, bana sonsuz ya da birbirleriyle kıyaslanamayacak gibi gelmiyorlar. Çok renkliliklerinin yoldan çıkarıcı görünmesinin koşulu, çokluğun ve amaç-

1 Weber, M., 1988 (1920), s. 13.

ların zenginliği karşısında büyülenip, üslup yönünden birlikler yaratmak ve yorumlamak dışında bir seçim olamayacağına ikna olmaktır; böylece onların düzenlenmesini ortak yapıların yönettiği fikri reddedilir. Bu kitap ise bunun tersini iddia ediyor. İnsan davranışlarının kaotik görünümünün arkasında, bu davranışlardaki sürekliliğin ve kurallı oluş halinin kaynaklarını ve kolektif çerçevelerini temel değişmez karakteristiklerde –zihnin kurallarından maddi yaşamın kurallarına kadar– aramış olan birçok başka çalışmaya eklemlenmiş oluyor böylece. Bizim çalışmamızda bu süreklilikler asgariye indirgenmiştir ve bir filozofun bunları çok basit bulacağı kesindir. Ama tanıma ve ilişkinin dünyanın kullanımlarının ağını ve zincirini oluşturduğunu, kesişmelerinin tarih boyunca bu kullanımları oluşturan bazı büyük çerçevelerin çizilmesine vesile olduğunu ileri sürerken, varsayımsal bir "insan doğası" düşüncesine bir tuğla eklemiş olduğumu düşünmüyorum kesinlikle; ben sadece yaygın anlamda kültürel çeşitlilik denen şeyi açıklamak amacıyla daha etkili ve daha az etnikmerkezci bir yol önerme amacındayım. Dolayısıyla dayandığım bağlamlar hakkında farklı şeyler söylenmesi beni pek de rahatsız etmiyor. Umudum o ki, bunların ortaya çıkardığı bileşimler, doğanın evrenselliği ile insan toplumlarının olumsallığı arasındaki geleneksel karşıtlığın izin verdiğinden daha fazla sayıda maddi ve manevi varlığı daha uyumlu bir biçimde düzenleyebilir ve bu öncüller, bağlı olduğu gelenek ne kadar saygın olursa olsun belirli bir kozmolojiye kolaylıkla mal edilemezler.

Bu tür bir girişimin kabul edilebilir olması ve ilgilendiği olguların daha iyi kavranması için, onda ipuçları gören insanların da ilgisini çekerek, onların da katkısıyla meyvelerini vermeye başlaması için yapılması gereken daha çok şey vardır. Daha verimli bir hasat beklemeden evvel, bana çok güçlü gözüken dalları budamak, gövdeye varlıklarından haberdar bile olmadığım çeşitleri eklemek, çok düzensiz gözüken dalları birbirine bağlamak gerekir belki. Antropolojinin uzun zamandan beri ilgilendiği tek bir alanı örnek gösterirsek, kolektif tiplerini niteleme tarzım henüz emekleme aşamasındadır ve toplumsal yapıdaki ya da akrabalık ağlarının düzenlenmesindeki, bir yığın gözlemci ile analistin uzun zamandan beri büyük bir başarıyla açıklamaya ve sistemleştirmeye çalıştığı bütün o ince değişkeleri dikkate alamamaktadır. Ayrıca burada insan deneyiminin sayısız özelliğinin gözden kaçırıldığını ve bunların, taslağını çizdiğim modellere kolayca uydurulamayabileceğinin de farkındayım. İleri sürdüğüm hipotezin, yani tanıma ve ilişkinin, pratiğin öteki şemalarını kısmen belirlediği düşüncesinin ampirik temelleri olsa da –sözgelimi figürasyon, zamansallık ya da kategorizasyon– bu sezgisel düşüncenin kesin argümanlarla ve anketlerle desteklenmesi gerekir. Nihayet, daha önce de söylemiş olduğum gibi, yapısal çerçevelerin araştırılmasına bunların doğuş nedenlerine göre ayrıcalık tanınması bir yöntem önceliğinden başka bir şey değildir ve yapısal çerçevelerin özelliklerinin belirlenmesi, ne kadar eksik olursa olsun, nedenlerinin araştırılmasının ertelenmesinin bir bahanesi gibi görülemez. Değişim mekânizmalarının ve bunların engellenmelerinin nedenlerinin açıklanması konusunda da aynı şey geçerlidir: Bir tanıma biçiminin nasıl başka bir biçime dönüştüğünü ya da ilkeleri içinde varlığını nasıl sürdürdüğünü anlamak ve bir ilişkinin önceliğini nasıl koruduğunu ya da yitirdiğini kavramak, elbette son derece acil ve daha önceki sayfalarda sadece taslakları çizilen amaçlardır. Bu gözlemlerden de anlaşılacağı gibi, insanların doğa ve toplum düalizmiyle kurmaya alışkın oldukları uyumlu ve kesin yapıların tersine, bu girişim sürmekte olan bir şantiyedir ve imar edenin de tek dileği, bu girişime katkı sunmak isteyeceklerin zamanla ona birlikte oturulan bir bina görünümünü –belki de mimarın düşündüğünden çok farklı birer biçim ve düzenek içinde– kazandırmalarıdır.

Peki böyle bir bina, toplum mekânizması mühendisleri, dayanışma ağları teknisyenleri ve kültürel dağılım uzmanları dışında kalan sakinleri de barındırabilir mi? Her çeşit insan ve içinde yaşadıkları kolektiflerle ilgili düşünceleri, hayvanlar ve makineler, bitkiler ve tanrılar, genler ve uzlaşmalar... Mevcut ve potansiyel varlıklardan oluşan bu muazzam çokluk, insan olan ve olmayanlar arasında her türlü ayrımcılığı reddeden ama bir yandan da daha önceki formülasyonlara pek itibar etmeyen yepyeni bir birliktelik düzeninden daha rahat ve sıcak bir sığınak bulabilir mi? Belki, ama benim konum bu değil. Çünkü bir kozmolojiden, bir toplumsal sistemden ya da bir ideolojiden bu tür bir konukseverlik beklenebilir, ancak ana çizgileriyle anlattığım böyle bir antropoloji kuramına uygun düşen rol bu değildir. Onun amacı, deneyin şematizasyon ilkelerinin çeşitliliğini, modernitenin dünyanın durumuyla ilgili olarak bizi sürdürmeye sevk ettiği önyargılardan sıyrılmış bir biçimde kavramanın temellerini atmakla sınırlıdır; ortak yaşam modelleri, varlıklara ve nesnelere yeni bağlılık biçimleri ya da pratiklerin, davranış ve kurumların bir tür reformunu önermek değildir amacı. Böyle bir reformun kaçınılmaz olduğunu, Güney ve Kuzey ülkeleri arasındaki varoluş koşullarının isyan ettirici farklılığından, insanların faaliyetleri sonucu büyük biyosfer dengelerinin korkutucu bir biçimde bozulmasına kadar çevremizdeki her şey gösteriyor. Ama yaşanan çağla ilgili olarak Amazon Yerlilerinin, Avustralya Aborjinlerinin ya da Tibetli rahiplerin, geç dönem modernitesinin topal natüralizminden daha derin bir bilgeliğe sahip olduklarını iddia etmek de doğru değildir. Dünyadaki her mevcudiyet tipi, dünyayla ilişki kurmanın ve ondan yararlanmanın her biçimi, herkeste bulunabilecek ama farklı yorumlanan duyulur bir deneyimin verileriyle var olanları bir araya getirmenin tarihsel koşullara uyarlanmış biçimi arasında özel bir anlaşmadır, öyle ki ne kadar mükemmel olurlarsa olsunlar bu anlaşmaların hiçbiri bütün koşullara ve durumlara uygun bir bilgi kaynağı sunamazlar. Etnografların ve tarihçilerin soluk yansımalarını sundukları birlikte var olma biçimlerinin nostaljisi de, bilim dünyasının bazı çevrelerini saran kehanet dolu iradecilik de, sayıları gittikçe artan ve eşit temsil ile muamele talep eden var olanların, sürdürülebilir ve kendi aralarında dayanışmalar kuran bütünlükler içinde yeniden yapılandırılmaları yönündeki hedefe dair bir cevap sunmuyor. Hem dünyanın tüm bileşenlerine açık, hem de onların kimi özelliklerine saygı gösteren yeni bir evrenselliğe yönelmeyi sağlayacak baskı tiplerini ve uzlaşma biçimlerini yaratıp yeşertmek her birimize düşüyor. Buradaki umut, türümüzün yok olmasıyla, pasif kalmanın bedelinin başka türlü ödeneceği – yani, ona gerçek anlamda ifade araçları sunamadıkları için sözcülerinden yetim kalan bir doğanın kozmosa terk edilmesiyle ödeneceği – uzun vadeli tehlikenin önüne geçebilmektir.

Kaynakça

Agnel, Emile, *Curiosités judiciaires et historiques du Moyen Age. Procès contre les animaux*, J.B.Dumoulin (faksimile yeni bas. Nîmes, Lacour, 2003), Paris, 1858.

Aguirre Beltran, Gonzalo, *Medicina y Magia. El Proceso de Aculturación y la Estructura Colonial*, Instituto Nacional Indıgenista, Mexico, 1963.

Albert, Bruce, *Temps du sang, temps des cendres. Représentation de la maladie, système rituel et espace politique chez les Yanomami du Sud-Est (Amazonie brésilienne)*, doktora tezi, Paris-X, 1985.

Alvard, Michael S., "The Evolutionary Ecology of Resource Conservation", *Evolutionary Anthropolgy*, no. 7, 1998, s. 62-74.

Transition from Hunting to Animal Husbandry", *American Anthropologist*, no. 103 (2), s. 295-311.

Ansimov, Arkady Fedorovich, "The shaman's tent of the Evenks ant the origin of the sahamanistic rite", Henry N. Michael (yön.), *Studies in Siberian Shamanism* içinde, University of Toronto Press, Toronto, 1963, s. 84-112.

Arhem, Kaj, *Makuna Social Organization: A Study in Descent, Alliance, and the Formation of Coporate Groups in the North-Western Amazon*, Acta Universitatis Upsaliensis, Uppsala, 1981.

—, "Ecosofía Makuna", François CORREA (yön.), *La selva humanizada. Ecología alternativa en el Trópico húmenedo colombiano* içinde, Instituto Colombiano de Antropología, Bogotá, 1990, s. 105-122.

—, "The Cosmic Food Web: Human-nature Relatedness in the Northwest Amazon", Philippe Descola ve Gísli Pálsson (yön.), *Nature and Society: Anthropological Perspectives* içinde, Routledge, Londra, 1996, s. 85-204.

Ariel de Vidas, Anath, *La tonnerre n'habite plus ici. Culture de la marginalité chez les Indiens teenek (Mexique)*, Editions de l'E.H.E.S.S, Paris, 2002.

Aristote, *Ethique à Nicomaque*, çev. J. Tricot, Librairie philosophique J. Vrin, Paris, 1959.

Arnould, Jacques, "Christianisme et environnement: à l'école de François d'Assise", *Ethique et environnement* içinde, La Documentation française, Paris, 1997, s. 33-40.

Atran, Scott, "Pre-theoretical aspects of Aristotelician definition and classification of animals: The case for common sense", *Studies in History and Philosophy of Science*, no. 16, 1985, s. 116-163.

Bachelard, Gaston, *La Formation de l'esprit scientifique. Contribution à une psychanalise de la connaissance nesnective*, Librairie Vrin, Paris, 1938.

Baer, Gerhard, *Cosmología y shamanismo de los Matsiguenga (Perú Oriental)*, Ediciones Abya-Lala, Quito, 1994.

Balee, William, "The Culture of Amazonian Forests", D. A. Posey ve W. Balee (yön.), *Resource Management in Amazonia: İndigenous and Folk Strategies*, The New York Botanical Garden, Bronx, New York, 1989, s. 1-21.

—, "Indigenous Transformations of Amazonian Forests: an Example from Maranhão, Brazil", *L'Homme*, no. 126-128, 1993, s. 231-254.

—, *Footprints of the Forest: Ka'apor Ethnobotany*, Columbia University Press, New York, 1994.

Balıkçı, Asen, "The Netsilik Eskimos: Adaptive Processes", Richard B. Lee ve Irven de Vore (yön.), *Man the Hunter* içinde, Aldine, Chicago, 1968, s. 78-82.

Barth, Fredrik, *Nomads of South Persia. The Basseri Tribe of the Klamseh Confedaracy*, Little, Brown and Company, Boston, 1961.

Bechtel, William ve Abrahamsen, Adele, *Connectionism and the Mind: An Introduction to Parellel Processing in Networks*, Blackwell, Cambridge, 1991.

Belaunde, Luisa E., "Parrots and oropendolas: the aesthetics of gender relations among the Airo-Pai of the Peruvian Amazon", *Journal de la Société des Américanistes*, no. 80, 1994, s. 95-111.

Benedict, Ruth, *Patterns of Culture*, Houghton Mifflin Company, Boston, 1934.

Benveniste, Emile, *Problèmes de linguistique générale*, c. I, Gallimard, Paris, 1966.

Berlin, Brent, *Bases empíricas de la cosmología aguaruna jibaro, Amazonas, Peru*, University of California, Berkeley, 1977.

—,*Ethnobiological Classification. Principles of Categorisation of Plants and Animals in Traditional So-*

cieties, Princeton University Press, Princeton, 1992.

Berlin, Elois Ann ve Berlin, Brent, *Medical Ethnobiology of the Highland Maya of Chiapas, Mexico. The Gastrointestinal Diseases*, Princeton University Press, Princeton, 1996.

Berque, *Augustin, Le Sauvage et l'Artifice. Les Japonais devant la nature,* Gallimard, Paris, 1986.

—, *Médiance. De milieux en paysages,* Reclus, Montpellier, 1990.

—, *Les raisons du paysage: de la Chine antique au environnements de synthèse*, Hazan, Paris, 1995.

—, *Etre humains sur la terre. Principes d'éthique de l'écoumène*, Gallimard, coll. "Le Débat", Paris, 1996.

Bird-David, Nurit, "The giving environnement: another perspective on the economic system of gatherer-hunters", *Current Anthropology,* no. 31, 1990, s. 183-196.

—, "Beyond "the hunting and gathering mode of subsistence": culture-sensitive observations on the Nayaka and other modern hunter-gatherers", *Man (N.S.)*, no. 27, 1992, s. 19-44.

—, "Animism" Revisited. Personhood, Environment, and Relational Epistemology", *Current Anthropology*, no. 40 (Supplement), 1999, s. 67-91.

Blaisel, Xavier, *Espace cérémoniel et temps universel chez lesInuit du Nunavut (Canada). Les valeurs coutumières et les rapports rituels entre humains, gibiers, esprits et forces de l'univers*, sosyol antropoloji ve etnoloji konusunda doktora tezi, 1993.

Bloch, Marc, *Les Caractères originaux de l'histoire rurale française*, Armand Colin, Paris, 1988 (1931).

Bloch, Maurice, "What goes without saying: the conceptualization of Zafimaniry society", Adam Kuper (yön.), *Conceptualising Society* içinde, Londres et Routledge, New York, 1992, s. 127-146.

—, *How We Think They Think. Anthropological Approaches to Cognition, Memory and Literacy*, Westwiew Press, Boulder, 1998.

Bloom, Paul, *Descartes' Baby: How the science of Child Development Explains What Makes Us Human*, Basic Books, New York, 2004.

Boas, Franz, "The Study of Geography", *Science*, no. 9, 1887, s. 137-141.

Bodson, Liliane, "Points de vue sur l'animal domestique et la domestication", R.Chevallier (yön.), *Homme et l'animal dans l'Antiquité romaine. Actes du colloque de Nantes* içinde, Tours, Centre A. Piganiol, 1995.

Bogoras, Waldemar, *The Chukchee. Memoires of the American Museum of Natural History*, XI, Leyde et New York, E.J.Brill et G.E. Stechert and Co, 1904-1909.

Boltanski, Luc, et Thvevenot, Laurent, *De la justification. Les économies de la grandeur*, Gallimard, Paris, 1991.

Boster, James, *How Exceptions Prove the Rule: An Analysis of Informant Disagreement in Aguaruna Manioc Identification*, Ph.D. dissertation, University of California, Berkeley, 1980.

Bouchard, Serge, et Maillot, José, "Structure du lexique: les animaux indiens", *Recherches amérindiennes au Québec,* no. 3 (1-2), 1972, s. 39-66.

Bourdieu, Pierre, *Esquisse d'une théorie de la pratique. Précédé de trois études d'ethnologie kabyle,* Librairie Droz, Genève, 1972.

La Distinction. Critique social du jugement, Editions du Minuit, Paris, 1979.

Brandestein, Carl Georg von, "Aboriginal Ecological Order in the South-West of Australia-Meanings and Examples", *Oceania*, cilt XLVII (3) s. 170-186, 1977.

Names and Substance of the Australian Subsection System, The University of Chicago Press, Chicago ve Londra, 1982.

Breton, Stéphane, "De l'illusion totémique à la fiction sociale", *L'Homme*, no. 151, 1999, s. 123-150.

Bridges, Lucas, *Uttermost Part of the Earth: Indians of Tierra del fuego,* Dover Publications, Mineola (N.Y.), 1988 (1949).

Brightman, Robert, *Grateful Prey: Rock Cree Human-Animal Relationship*, University of California Press, Berkeley, 1993.

Brown, Joseph E., *Animals of the Saoul. Sacred Animals of the Oglala Sioux,* Rockport (Mass.), Element Books, 1997.

Brown, Michael F., *Tsewa's Gift: Magic and Meaning in an Amazonian Society*, Smithsonian Instutition Press, Washington, 1986.

Brunois, Florence, *Le Jardin du Casoar. La forêt des Kasua*, sosyal antropoloji ve etnoloji doktora tezi, 2001.

Byrne, Robert W. ve Whiten, Andrew, "The manipulation of attention in primate tactical deception", R. Byrne ve A. Whiten (yön.), *Machiavellian Intelligence: Social Expertise and the Evolution of Intellect in Monkeys, Apes and Humans* içinde, Clarendon Press, Oxford, 1988, s. 211-223.

"Imitation of the sequential structure of actions by chimpanzees (*Pan troglodytes*)", *Journal of Comparative Psychology*, no. 112, 1998, s. 270-281.

Callicott, John Bird, *In Defense of the Land Ethic. Essays in Enviromental Philosophy*, State University of New York Press, Albany, 1989.

Carey, Susan, *Conceptual Change in Childhood*, Cambridge (Mass.), Bradford Books for the MIT Press, 1985.

Ceray, Susan ve Spelke, Elizabeth, "Domain-specific knowledge and conceptual change", Lawrence Hirschfeld ve Susan A. Gelman (yön.), *Mapping the Mind. Domain Specifity in Cognition and Culture* içinde, Cambridge University Press, Cambridge, 1994, s. 169-200.

Cauvin, Jacques, *Naissance des divinités, naissance de l'agriculture. La révolution des symboles au néolithique*, Editions du CNRS, Paris, 1994.

Cayón, Luis, *En las aguas de Yuruparí. Cosmología y chamanismo Makuna*, Ediciones Uniandes, Bogota, 2002.

Changeux, Jean-Pierre, *L'Homme neuronal*, Fayard, Paris, 1983.

Chatelet, Gilles, *Les Enjeux du mobile. Mathématique, physique, philosophie*, Editions du Seuil, Paris, 1993.

Chaumeil, Bonnie, ve Chaumeil, Jean-Pierre, "L'oncle et le neveu. La parenté du vivant chez les Yagua (Amazonie péruvienne)", *Journal de la Société des Américanistes*, no. 78 (2), 1992, s. 25-37.

Chaumeil, Jean-Pierre, *Voir, savoir, pouvoir: le chamanisme chez les Yagua du Nord-Est péruvien*, Editions de l'EHESS, Paris, 1983.

Cheney, Dorothy L. ve Seyfarth, Robert, M., "Vocal recognition in free-ranging vervet monkeys", *Animal Behavior*, no. 28, 1980, s. 362-367.

Chiappino, Jean, "Las piedras celestes. Para una nueva forma de intercambio en el ámbito de la salud", Jean Chiappino et Catherine Alés (yön.), *Del Microscopio a la Maraca* içinde, Editorial Ex Libris, Caracas, 1997, s. 253-290.

Clement, Daniel, *La Zoologie des Montagnais*, Editions Peeters, Paris, 1995.

Collingworld, Robin G., *The Idea of Nature*, The Clarendon Press, Oxford, 1945.

Condillac, *Traité des animaux, Oeuvres philosophiques* içinde, c. I, PUF, Paris, 1947 (1755).

Conklin, Beth A., *Consuming Grief. Compassionate Cannibalism in an Amazonian society*, University of Texas Press, Austin, 2001.

Coppet, Daniel de, "'Are'are Society: A Melanesian Socio-Cosmic Point of View. How are Bigmen the Servants of Society and Cosmos?", Daniel de Coppet ve André TEANU (yön.), *Cosmos and Society* içinde, Berg, Oxford, s. 235-274.

Cosmides, Leda ve Tooby, John, "Origins of domain specifity: The evolution of functional organization", Lawrence A. Hirschfeld ve Susan A.Gelman (yön.), *Mapping the Mind. Domain Specifity in Cognition and Culture* içinde, Cambridge University Press, Cambridge, 1994.

Damasio, Antonio R., *The Feeling of What Happens. Body and Emotion in the Making of Consciousness*, Harcourt Brace&Company, New York, 1999.

D'andrade, Roy, *The Development of Cognitive Anthropology*, Cambridge University Press, Cambridge, 1995.

Darwin, Charles, *La Descendence de l'Homme*, çev. E.Barbier, Editions Complexes, Brüksel, 1981 (1871).

Davidson, Donald, *Essays on Actions and Events*, Clarendon Press, Oxford, 1980.

Denevan, William M., *The Aboriginal Cultural Geography of the Llanos de Majos of Bolivia*, Berkeley University of California Press, 1966.

Dennett, Daniel, *Consciousness Explained*, Little Brown, Boston, 1991.

Descola, Philippe, *La Nature domestique. Symbolisme et praxis dans l'écologie des Achuar*, Editions de la Maison des sciences de l'homme, Paris, 1986.

—, "Cosmologies du chasseur amazonien", Sylvie Devers (yön.), *Pour Jean Malaurie. 102 témognages en hommage à quarante ans d'études critiques* içinde, Plon, Paris, s. 59-64.

—, "Societies of nature and the nature of society",

Adam KUPER (yön.) *Conceptualizing Society* içinde, Routledge, Londra ve New York, 1992, s. 107-126.
—, "Les affinités sélectives. Alliance, guerre et prédation dans l'ensemble jivaro", *L'Homme,* no. 126-128, 1993, s. 171-190.
—, *Les lances du crépuscule. Relations jivaros. Haute Amazonie*, Plon, Paris, 1993.
—, "Pourquoi les Indiens d'Amazonie n'ont-ils pas domestiqué le pécari? Généalogie des objets et anthropologie de l'objenctivation", Bruno Latour et Pierre Pierre Lemonnier (yön.), *De la préhistoire aux missiles balistiques. L'intelligence sociale des techniques* içinde, La Découverte, Paris, 1994, s. 329-344.
—, "Constructing natures: Symbolic ecology and social practice", Philippe Descola ve Gísli Pálsson (yön.), *Nature and Society: Anthropological Perspectives* içinde, Routledge, Londra, 1996, s. 82-102.
—, "Des proies bienveillantes. Le traitement du gibier dans la chasse amazonienne", Françoise Heritier (yön.), *De la violence* içinde, c. II, Odile Jacob, Paris, 1999, s. 19-44.
Descombes, Vincent, *La Denré mentale*, Editions de Minuit, Paris, 1995.
Desveaux, Emmanuel, *Sous le signe de l'ours. Mythes et temporalité chez les Ojibwa septentrionaux*, Editions de la Maison des sciences de l'homme, Paris, 1988.
—, "Les Indiens sont-ils par nature respectueux de la nature?", *Anthropos,* no. 90, 1995, s. 435-444.
—, "Parenté, rituel, organisation sociale: le cas des Sioux", *Journal de la Société des Américanistes*, no. 83, 1997, s. 111-140.
Dieterlen, Germaine, "L'image du corps et les composantes de la personne chez les Dogon", *La Notion de personne en Afrique noire* içinde, Editions du CNRS, Paris, 1973, s. 205-229.
Digard, Jean-Pierre, "Jalons pour une anthropologie de la domestication animale", *L'Homme*, no. 108, 1988, s. 27-58.
—, *L'Homme et les animaux domestiques. Anthropologie d'une passion*, Fayard, Paris, 1990.
Dove, Michael R., "The dialectical history of "jungle" in Pakistan: an examination of the relationship between nature and culture", *Journal of Anthropological Research*, no. 48 (3), 1992, s. 231-253.
Duby, Georges, *Guerriers et paysans. VII.-VIII. Siècle, premier essor de l'économie européenne*, Gallimard, Paris, 1973.
Dumont, Louis, *Homo hierarchicus. Le système des castes et ses implications,* Gallimard, Paris, 1966.
Dupire, Marguerite, *Peuls nomades. Etude descriptive des Wodaabe du Sahel Nigérien*, Institut d'ethnologie, Paris, 1962.
Durkheim, Emile, *Les formes élémentaires de la vie religieuse. Le système totémique en Australie*, PUF, Paris, 1960 (1912).
Durkheim, Emile ve Mauss, Marcel, "De quelques formes tprimitives de classification. Contribution à l'étude des représentations collectives", *Année sociologique*, no. 6, 1903, s. 1-72.
Duval, Maurice, *Un totalitarisme sans Etat: essaie d'anthropologie politique à partir d'un village burkinabé*, L'Harmattan, Paris, 1986.
Duvernay-Bolens, Jacqueline, *Les Géants patagons. Voyage aux origines de l'homme*, Michalon, Paris, 1995.
Dwyer, Peter D., "The Invention of Nature", Roy Ellen ve Katsuyoshi Fukui (yön.), *Redefining nature: Ecology, Culture and Domestication*, Berg, Oxford, 1996, s. 157-186.
Edelman, Gerald M., *Neural Darwinism. The Theory of Neural Group Selection*, Basic Books, New York, 1987.
Eliade, Mircea, *Le Chamanisme et les techniques archaïques de l'extase*, Payot, Paris, 1968 (1951).
Elias, Norbert, *La Civilisation des moeurs*, Calmann-Lévy, Paris, 1973.
Elkin, Adolphus P., "Studies in Australian Totemism. The Nature of Australian totemism", *Oceania*, cilt IV (2), 1933, s. 113-131.
Ellen, Roy, F., *The Cultural Relations of Classification. An Analysis of Nuaulu Animal Categories from Central Seram*, Cambridge University Press, Cambridge, 1993.
Endicott, Karen, M., *Batek Negrito Religion*, Clarendon Press, Oxford, 1979.
Erikson, Philippe, "De l'apprivoisement à l'approvisionnement: chasse, alliance et familiarisation en Amazonie amérindienne", *Techniques et cultures,* no. 9, 1984, s. 105-140.

—, *La Griffe des aïeux. Marquage du corps et démarquages ethniques chez les Matis d'Amazonie*, Peters, Paris, 1996.

Evans-Pritchard, Edward E., *The Nuer. A Description of the Modes of Livelihood and Political Institutions of a Nilotic Peuple*, The Clarendon Press, Oxford, 1940.

—, *Nuer Religion*, The Clarendon Press, Oxford, 1956.

Fausto, Carlos, *Inimigos Fiéis. Historia, guerra e xamanismo na Amazônia*, Editora da Universidade de São Paulo, São Paulo, 2001.

Favre, Henri, *Changement et continuité chez les Mayas du Mexique. Contribution à l'étude de la situation coloniale en Amérique latine*, Editions Anthropos, Paris, 1971.

Feer, François, "The Potential for Sustainable Hunting and Rearing of Game in Tropical Forests", Claude Marcel Hladik, Annette Hladik, Olga F. Linares, Hélène Pagezy, Alison Semple ve Malcolm Hadley (yön.), *Tropical Forests: People and Food. Biocultural Interactions and Applications to Develmopment* içinde, "Man and the Biosphere Series", c. 13, Unesco ve Parthenon, Paris ve New York, 1993, s. 691-708.

Feit, Harvey, "The ethnoecology of the Waswanipi Cree: or how hunters can manage their resources", B.Cox (yön.), *Cultural Ecology. Readings on the Canadian Indians and Eskimos* içinde, McCllland and Stewart, Toronto, 1973, s. 115-125.

Ferry, Luc., *Le Nouvel Ordre écologique. L'Arbre, l'animal et l'homme*, Grasset, Paris, 1992.

Fienup-Riordan, Ann, "Eskimo Iconography and Symbolism: an Introduction", *Etudes/Inuit/Studies*, no. 14 (1-2), "Classe, sexes et symbolism/Hunting, Sexes and Symbolism", A.Fienup-Riordan'ın yayınladığı özel sayı, 1990, s. 7-12.

Fogelson, Raymond D. ve Brightman, Robert, A., "Totemism Reconsired", William L. Merril ve Ives G. Goddard (yön.), *Anthropology, History and American Indians: Essays in Honor of William Curtis Sturtevan* içinde, Smithsonian Instutition, Washington, 2002, s. 322-346.

Fortes, Meyer, *Oedipus and Job in West African Religion*, Cambridge University Press, Cambridge, 1959.

Foster, George M., "Nagualism in Mexico and Guatemala", *Acta Americana*, no.2 (1-2), 1944, s. 85-103.

—, "Relationship between Spanish and Spanish-American Folk Medecine", *Journal of American Folklore*, cilt LXVI (261), 1953, s. 201-217.

Foucault, Michel, *Les Mots et les Choses. Une archéologie des sciences humaines*, Gallimard, Paris, 1966.

Franchetto, Bruna ve Heckenberg, Michael (yön.), *Os povos do Alto Xingu: história e cultura*, Editora URFJ, Rio de Janeiro, 2001.

Frank, Erwin, "Das Tapirfest der Uni. Eine funktionale Analyse", *Anthropos*, no. 82, 1987, s. 151-181.

Freeman, Derek, "Severed Heads that Germinate", R. H. HOOK (yön.), *Fantasy and Symbol. Studies in Anthropological Interpretation* içinde, Academic Press, Londra ve New York, 1979, s. 233-246.

Galey, Jean-Claude, "L'homme en nature. Hindouisme et pensée sauvage", Dominique BOURG (yön.), *Les sentiments de la nature içinde*, Paris, La Découverte, 1993, s. 47-71.

Galinier, Jacques, *La Moitié du monde. Le corps et le cosmos dans le rituel des Indiens otomi*, PUF, Paris, 1997.

Geertz, Clifford, *Agricultural Involution; The Process of Ecological Change in Indonesia, Berkeley*, University of California Press, 1963.

Gibson, James, J., *The Ecological Approach to Visual Perception*, Houghton Mifflin, Boston, 1979.

Gibson, Kathleen R. ve Ingold, Tim (yön.), *Tools, Language and Cognition in Human Evolution*, Cambridge University Press, Cambridge, 1993.

Gibson, Thomas, *Sacrifice and Sharing in the Philippine Highlands. Religion and Society among the Buid of Mindaro*, the Athlone Press, Londra, 1986.

Gick, Mary L. ve Holyoak, Keith J., "Schema induction and analogical transfer", *Cognitive Psychologie*, no. 15, 1983. s. 1-38.

Glacken, Clarence, J., *Traces on the Rhodian Shore. Nature and Culture in Western Tought from Ancien Times to the End of the Eighteenth Century*, University of California Press, Berkeley, 1967.

Glowczewski, Barbara, *Du rêve à la loi chez les Aborigènes. Mythes, rites et organisation sociale en Australie*, PUF, Paris, 1991.

Godelier, Maurice, *L'Idéel et le Matériel. Pensées, économies, sociétés*, Fayard, Paris, 1984.

—, *L'Enigme du don*, Fayard, Paris, 1996.

Godelier, Maurice, ve Panoff, Michel (yön.), *La Production du corps. Approches anthropologiques et historiques*, Editions des Archives contemporains, Amsterdam, 1988.

Gombrich, Ernst, *L'Ecologie des images*, Flammarion, Paris, 1983.

Gonçalves, Marco Antonio, *O mundo inacabado. Ação e criação em uma cosmologia amazônica. Etnografia pirahã*, Editora UFRJ, Rio de Janeiro, 2001.

Gossiaux, Pol-P., *L'Homme et la Nature. Genèse de l'anthropologie à l'âge classique, 1580-1750*, De Boeck Université, Brüksel, 1995.

Granet, Marcel, *Etudes sociologiques sur la Chine*, PUF, Paris, 1963.

—, *La civilisation chinoise. La vie publique et la vie privée*, Albin Michel, Paris, 1968 (1929).

—, *La Pensée chinoise*, Albin Michel, Paris, 1968 (1934).

Gray, Andrew, *The Arakmbut of Amazonian Peru II; the Last Shaman (Change in an Amazonian Community)*, Bergham, Oxford, 1997.

Gregory, Chris A., *Gifts and Commodities*, Academic Press, Londra, 1982.

Grenand, Pierre, *Introduction à l'étude de l'univers wayãpi: ethno-écologie des Indiens du Haut-Oyapock (Guyane française)*, S.E.L.A.F./C.N.R.S., Paris, 1980.

Griaule, Marcel, *Masques dogons*, Institut d'ethnologie, Paris, 1938.

— *Dieu d'eau. Entretien avec Ogotemmêli*, Fayard, Paris, 1966 (1948).

Griffin, Donald P., *The Question of Animal Awareness: Evolutionary Continuity of Mental Experience*, Rockefeller University Press, New York, 1976.

—, "Progress towards a cognitive ethology", Caroline A. Rıstau (yön.), *Cognitive Ethology. The Minds of Other Animals* içinde, Lawrence Erlbaum, Hillsdale (N.J.), 1991, s. 3-17.

Grzimek, Bernhard, *Grzimek's Animal Life Encyclopedia*, Van Nostrand Reinhold, New York, 1975.

Guedon, Marie-Françoise, "An introduction to the Tsimshian world view and its practitionners", M. Seguin (yön.), *The Tsimshian: images of the past, views of the present* içinde, University of British Columbia Press, Vancouver, 1994, s. 137-159.

Guiteras Holmes, C., *Los Peligros del Alma. Visión del mundo de un Tzotzil*, Fondo de Cultura Económica, Mexico, 1965.

Gyger, M. ve Marler, P., "Food calling in the domestic fowl (*Gallus gallus*); The role of external referents and deception", *Animal Behavior*, no. 36, 1988, s. 358-365.

Hacking, Ian, *Rewriting the Soul. Multiple Personality and the Science of Memory*, Princeton University Press, Princeton, 1995.

Hallowell, Alfred I., "Ojibwa Ontology, Behaviour and World View", Stanley Diamond (yön.), *Culture in History. Essays in Honor of Paul Radin* içinde, New York, Octagon Books, 1981 (1960), s. 19-52.

Hamayon, Roberte, "Des chamanes au chamanisme. Introduction", *L'Ethnographie*, numéro spécial "Voyages chamaniques 2", no. 87-88, 1982, s. 13-48.

—, *La Chasse à l'âme. Esquisse d'une théorie du chamanisme sibérien*, Société d'ethnologie, Nanterre, 1990.

Hampaté Ba, Amadou, "La notion de personne en Afrique noire", *La Notion de personne en Afrique noire* içinde, Editions de CNRS, Paris, 1973, s. 181-192.

Haudricourt, André-Georges, "Domestication des animaux, culture des plantes et traitement d'autrui", *L'Homme*, no. 2, 1962, s. 40-50.

Hauser, Marc, *The Evolution of Communication*, MIT Press, Cambridge (Mass.), 1996.

Hauser, Marc ve Marler, Peter, "Food associated calls in rhesus macaques (*Macaca mulatta*), I&II, *Behavioral Ecology*, no. 4 (3), 1993, s. 194-212.

Hell, Bertrand, *Le Sang noir. Chasse et mythes du Sauvage en Europe*, Flammarion, Paris, 1994.

Heritier, Françoise, "L'identité samo", *L'Identité. Séminaire dirigé par Claude Lévi-Strauss* içinde, Bernard Grasset, Paris, 1977, s. 51-71.

—, *Masculin/Féminin. La pensée de la différence*, Odile Jacob, Paris, 1996.

Heusch, Luc de, *Pourquoi l'épouser? et autres essais*, coll, "Bibliothèque des sciences humaines", Gallimard, Paris, 1971.

Hodder, Ian, *The Domestication of Europe*, Basil Blackwell, Londra, 1990.

Holland, William, *Medicina Maya en los Altos de Chiapas*, Instituto Nacional Indigenista, Mexico, 1963.

Howell, Signe, *Society and Cosmos. Chewong of Peninsular Malaysia*, 2. baskı, The University of Chicago Press, Chicago ve Londra, 1989 (1984).

—, "Nature in culture or culture in nature? Chewong ideas of "humans" and other species", Philippe Descola ve Gísli Pállson (yön.), *Nature and Society: Anthropological perspectives*, Routledge, Londra, 1996, s. 127-144.

Hugh-Jones, Christine, *From the Milk River. Spatial and Temporal Processes in Northwest Amazonia*, Cambridge University Press, Cambridge, 1979.

Hugh-Jones, Stephen, *The Palm and the Pleiades. Initiation and Cosmology in Northwest Amazonia*, Cambridge University Press, Cambridge, 1979.

—, "Bonnes raisons ou mauvaise conscience? De l'ambivalence de certains Amazoniens envers la consommation de vianda", *Terrain*, no. 26, 1996, s. 123-148.

Humphrey, Caroline ve Onon, U., *Shamans and Elders: Experience, Knowledge and Power among the Daur Mongols*, Clarendon Press, Oxford, 1996.

Hunn, Eugene, "Did the Aztecs lack potential animal domesticates?", *American Ethnologist*, no. 9, 1982, s. 578-579.

Hviding, Edvard, "Nature, culture, magic, science: on meta-languages for comparaison in cultural ecology", Philippe DESCOLA ve Gísli PÁLSSON (yön.), *Nature and Society. Anthropological perspectives*, Londra, Routledge, 1996, s. 165-184.

Ichon, Alain, *La Religion des Totonaques de la Sierra*, Editions du CNRS, Paris, 1969.

Ingold, Tim, *The Appropriation of Nature: Essays on Human Ecology and Social Relations*, Manchester University Press, Manchester, 1986.

—, "Humanity and animality", Tim Ingold (yön.), *Companion Encyclopedia of Anthropology: Humanity, Culture and Social Life*, Routledge, Londra, 1994, s. 14-32.

—, "Hunting and Gathering as Ways of Perceiving the Environment", R. Ellen ve K. Fukui (yön.), *Redefining Nature. Ecology, Culture and Domestication*, Berg, Oxford, 1996, s. 117-155.

—, "Totemism, Animism, and the Depiction of Animals", M.SEPPÄLÄ, J.-P.Vanhala ve L. Veintraub (yön.), *Animal. Anima. Animus* içinde, Frame/Pori Art Museum, Pori, 1998, s. 181-207.

—, *The Perception of the Environment. Essays in Livelihood, Dwelling and Skill*, Routledge, Londra ve New York, 2000.

Isacsson, Sven-Erik, *Transformations of Eternity. On Mand and Cosmos in Emberá Thought*, Yayınlanmamış Doktora Tezi, Department of Anthropology, University of Göteborg, 1993.

Itani, Junichiro ve Nishimura, A., "The Study of infrahuman culture in Japan: a review", Emil W. Menzel (yön.), *Precultural Primate Behavior* içinde, Bâle, S.Kerger, 1973, s. 26-50.

ITEanu, André, "Corps et décor chez les Orokaiva", Maurice Godelier ve Michel Panoff (yön.), *La Production du corps. Approches anthropologiques et historiques* içinde, Amsterdam, Editions des Archives contemporaines, 1998, s. 115-139.

Izard, Michel, *L'Odyssée du pouvoir. Un royauma africain: Etat, société, destin individuel*, Editions de l'E.H.E.S.S., Paris, 1992.

Jackson, Jean, *The fish People. Linguistic Exogamy and Tukanoan Identity in the Northwest Amazon*, Cambridge University Press, Cambridge, 1983.

Jackson, Michael, "The Man Who Could Turn into an Elephant: Shape-Shifting among the Kuranko of Sierra Leone", Michael Jackson ve Ivan Karp (yön.), *Personhood and Agency. The Experience of Self and Other in African Cultures* içinde, Acta Universitatis Upsaliensis, Uppsala, 1990, s. 59-78.

Jacobson, Roman, *Essais de linguistique générale*, Editions de Minuit, Paris, 1963.

Jara, Fabiola, 1991.*El camino del Kumu: ecología y ritual entre los Akuriyó de Surinam*, Utrecht, ISOR.

Jullien, François, *Procès ou Création. Une Introduction à la pensée des lettres chinois*, Editions du Seuil, Paris, 1989.

Kant, Emmanuel, *Critique de la raison pure*, çev. A. Tremesaygues ve B. Pacaud, PUF, Paris, 1968 (1781).

Kaplan, H. ve Hill, K., "Food sharing among Ache foragers: Tests of explanatory hypotheses", *Current Anthropology*, no. 26, 1985, s. 223-239.

Karim, Wazir-Jahan, "Ma'Betisék concepts of humans, plants and animals", *Bijdragen tot de Taal-, Land- en Volkenunde*, no. 137, 1981a, s. 135-160.

—, *Ma'Betisék Concepts of Living Things*, Athlone, Londra, 1981 b

Keil, Frank C., *Concepts, Kinds and Cognitive Development*, Bradford Books for MIT Press, Cambridge (Mass.), 1989.

—, "The birth and nurturance of concepts by domains: The origins of concepts of living things", Lawrence A. Hirschfeld ve Susan A. Gelman (yön.), *Mapping the Mind. Domain Specitifity and Cognition in Culture* içinde, Cambridge University Press, 1994, s. 234-254.

Kemlin, Emile, *Les Reungao. Rites agraires, songes et alliances: une société proto-indochinoise du Viêt Nam au début du XX. Siècle; textes réunis et présentés par Pierre Le Roux*, Ecole Française d'Extreme-Orient, coll. "Réimpressions", no. 11, Paris, 1999.

Kirton, Jean F. ve Timothy, Nero, "Yanyula Concepts Relating to 'Skin'", *Oceania,* c. XLVII, 1977, s. 320-22.

Knight, John, "When timber grows wild: the desocialisation of Japanes mountain forests", Philippe Descola ve Gísli Pálsson (yön.), *Nature and Society: Anthropological Perspectives* içinde, Routledge, Londra, 1996, s. 221-239.

Kroeber, Alfred ve Kluckhohn, Clyde, *Culture: A Critical Review of Concepts and Definitions*, Harvard University Press, Cambridge (Mass.), 1952.

Kuper, Adam, *Culture: the Anthropologists'Account*, Harvard University Press, Cambridge (Mass.), 1999.

Lambek, Michael ve Strathern, Andrew (yön.), *Bodies and Persons. Comparative Perspectives from Africa and Melanesia*, Cambridge University Press, Cambridge, 1998.

Langton, Marcia, *Burning Questions. Emerging Environmental Issues for Indigenous Peoples in Northern Australia,* Centre for Indigenous Natural and Cultural Reserve Management, Northern Territory University, Darwin, 1998.

Larrere, Catherine, *Les Philosophies de l'environnement*, PUF, Paris, 1997.

Latour, Bruno, *Nous n'avons jamais été modernes. Essai d'anthropologie symétrique*, La Découverte, Paris, 1991.

—, *Petite réflexion sur le culte moderne des dieux faitiches*, Les Empêcheurs de penser en rond, Paris, 1996.

—, *Politiques de la nature. Comment faire entrer les sciences en démocratie*, La Découverte, Paris, 1999,

Lave, Jean ve Wenger, Etienne (yön.), *Situated Cognition. Legitimate Peripheral Participation*, Cambridge University Press, 1991.

Leacock, Eleanor, *The Montagnais Hunting Territory and the Fur Trade*, American Anthropological Association, Memoir 78, 1954.

Lee, Richard B., *The! Kung San. Men, Women and Work in a Foraging Society*, Cambridge University Press, Cambridge, 1979.

Lee, Richard B. ve De Vore, Irven (yön.), *Man the Hunter*, Aldine, Chicago, 1968.

Leenhardt, Maurice, *Do komo. La personne et le mythe dans le monde mélanésien*, Gallimard, Paris, 1947.

Legendre, Pierre, *L'Inestimable objet de la transmission. Etude sur le principe généalogique en Occident (Leçon IV)*, Fayard, Paris, 1985.

Le Goff, Jacques, *La Civilisation de l'Occident médiéval*, Flammarion, Paris, 1982.

Legrand, Catherine, Mejanes, J.-F. ve Starcky, E., *Le Paysage en Europe du XVIe au XVIIIe siècle*, Editions de la Réunion des musées nationaux, Paris, 1990.

Leibniz, G.-W. *Opuscules philosophiques choisis*, çev. Paul Schrecker, Librairie philosophique J.Vrin, Paris, 1966.

Le Moal, Guy, "Quelques aperçus sur la notion de personne chez les Bobo", *La Notion de personne en Afrique noire*, Editions du CNRS, Paris, 1973, s. 193-203.

Lenoble, Robert, *Esquisse d'une histoire de l'idée de Nature*, Albin Michel, 1969.

Leopold, Aldo, *Almanach d'un comté des sables*, çev. Anna Gibson, Flammarion, coll. "G.F..", Paris, 2000 (1949).

Leroi-Gourhan, André, *Archéologie du Pacifique-Nord. Matériaux pour l'étude des relations entre les peuples riverains d'Asie et d'Amérique*, Institut d'ethnologie, Paris, 1946.

Levin, M. G. ve Potapov, L. P. (yön.), *The Peuples of Siberia*, The University of Chicago Press, Chicago, 1964.

Lévi-Strauss, Claude, "Guerre et commerce chez les Indiens d'Amérique du Sud", *Renaissance*, no. 1, 1943, s. 122-139.

—, *Tristes tropiques*, Plon, Paris, 1955.

—, *Anthropologie structurale*, Plon, Paris, 1958.

—, *La Pensée Sauvage*, Plon, Paris, 1962.

—, *Le Totémisme aujourd'hui*, PUF, Paris, 1962.

—, *Mythologiques*, c. I, *Le cru et le cuit*, Plon, Paris, 1964.

—, *Les Structures élémentaires de la parenté*, Mouton and Co., Paris-La Haye, 1967 (1949).

—, *Anthropologie structurale deux*, Plon, Paris, 1973.

Lienhardt, Godfrey, *Divinity and Experience. The Religion of the Dinka*, Clarendon Press, Oxford, 1961.

Lima, Tânia Stolze, "O dois e seu múltiplo: reflexões sobre o perspectivismo em uma cosmologia tupi", *Mana*, no. 2 (2), 1996, s. 21-47.

Lips, Julius, "Naskapi Law (Lake St.John and Lake Mistassini Bands); Law and Order in a Hutting Society", *Transactions of the American Philosophical Society*, no. 37 (4), 1947, s. 379-492.

Lipuma, Edward, "Modernity and forms of personhood in Melanesia", Michael Lambek ve Andrew Strathern (yön.), *Bodies and Persons. Comparative Perspectives from Africa and Melanesia*, Cambridge University Press, Cambridge, 1998, s. 3-79.

Lloyd, Geoffray, "Images et modèles du monde", Jacques BRUNSCHWIG ve Geoffrey LLOYD (yön.), *Le Savoir grec. Dictionnaire critique*, Flammarion, Paris, 1996, s. 57-76.

Long, John, *Voyages and Travels of an Indian Interpreter and Trader*, Arthur Clark, Cleveland, 1904 (1791).

López Austin, Alfredo, *The Human Body and Ideology. Concepts of the Ancient Nahuas*, University of Utah Press, Salt Lake City, 1988.

Losonczy, Anne Marie, *Les Saints et la Forêt. Rituel, société et figures de l'échange entre Noirs et Indiens Emberá (Chocó, Colombie)*, L'Harmattan, Paris, 1997.

Lot-Falck, Eveline, *Les Rites de chasse chez les peuples sibériens*, Gallimard, Paris, 1953.

Lounsbury, Floyd G., "A Semantic analysis of the Pawnee kinship usage", *Language*, no. 32, 1956, s. 158-194.

Lovejoy, Arthur, *The Great Chain of Being: a Study of the History of an Idea*, Harvard University Press, Cambridge (Mass.), 1961 (1936).

Malamoud, Charles, "Le Malencontre de la Boétie et les théories de l'Inde ancienne sur la sociét", Miguel ABENSOUR (yön.), *L'Esprit des lois sauvages. Pierre Clastres ou une nouvelle anthropologie politique*, Paris, Editions du Seuil, 1987, s. 173-182.

—, *Cuire le monde. Rite et pensée dans l'Inde ancienne*, La Découverte, Paris, 1989.

Mandler, Jean M., *Stories, Scripts and Scenes: Aspects of Schema Theory*, Erlbaum, Hillsdale (N.J.), 1984,

Marguenaud, Jean-Pierre, "La personnalité juridique des animaux", *Recueille Dalloz*, 20e cahier, 1998, s. 205-211.

Marler, Peter, "Song learning: Innate species differences in the learning process", P. Marler ve H. S. Terrace (yön.), *The Biology of Learning*, Springer Verlag, Berlin, 1984, s. 47-74.

—, "The instinct to learn", Susan Carey ve R. Gelman (yön.), *The Epigensis of Mind: Essays in Biology and Cognition*, Lawrence Erlbaum, Hillsdale (N. J.), 1991, s. 37-66.

Marler, Peter ve Evans, Christopher S., "Bird calls: Just emotional display or something more?, *IBIS*, no. 138, 1996, s. 326-331.

Marx, Karl, *Contribution à la critique de l'économie politique*, çev. Maurice Husson ve Gilbert Badia, Editions sociales, Paris, 1859.

Mauss, Marcel, "Essai sur les variations saisonnières des sociétés eskimos. Etude de morphologie sociale", *Anné sociologique*, no. 9, 1904-1905, s. 39-132.

—, "Les techniques du corps", *Journal de psychologie*, cilt XXXII (3-4), 1935, s. 271-293.

—, *Sociologie et anthropologie. Précédé d'une Introduction à l'oeuvre de Marcel Mauss par Claude Lévi-Strauss*, PUF, Paris, 1950.

—, *Oeuvres*, t. II, Editions de minuit, Paris, 1974.

Mauze, Marie, "Northwest Coast Trees: From Metaphors in Culture to Symbols for Culture", Laura Rival (yön.), *The Social Life of Trees. Anthropological Perspectives on Tree Symbolism*, Berg, Oxford, 1998, s. 233-251.

Mcgrew, William C., *Chimpanzee Material Culture: Implications for Human Evolution*, Cambridge University Press, Cambridge, 1992.

Mvgreew, William C. ve Tutin, C., "Evidence for a social custom in wild chimpanzees?, *Man*, 13, 1978, s. 234-252.

Menget, Patrick, "Notas sobre as cabeças mundurucu", Eduardo Viveiros de Castro ve Manuela Carneiro da Cunha (yön.), *Amazónia: ethnologia e história indigena* içinde, NHII-USP/FAPESP, São Paulo, 1993, s. 311-321.

Merlan, Francésca, "Mangarrayi Semi Moiety Totemism", *Oceania*, cilt LI (2), 1980, s. 81-97.

—, "Australian Aboriginal Conception Beliefs Revisited", *Man (N.S.)*, no. 21, 1986, s. 474-93.

Merleau-Ponty, Maurice, *L'Oeil et L'Esprit*, Gallimard, Paris, 1964.

—, *La Nature. Notes et cours du Collège de France*, Editions du Seuil, Paris, 1994.

Metraux, Alfred, *Religions et magies indiennes d'Amérique du Sud*, Gallimard, Paris, 1967.

Michaux, Henri, *Ecuador. Journal de Voyage*, Gallimard, Paris, 1968 (1929).

Moisseeff, Marika, *Un long chemin semé d'objets cultuels: le cycle initiatique aranda*, Editions de l'E.H.E.S.S., Paris, 1995.

—, "Australian Aboriginal Ritual Objects. Or How to Represent the Unrepresentable", Monique JEUDY-BALLINI ve Bernard JUILLERAT (yön.), *Peuple and Things. Social Mediations in Oceania* içinde, Carolina Academic Press, Durham (North Carolina), 2002, s. 239-263.

Montagu, M. F. Ashley, *Coming into Being among the Australien Aborigines*, Routledge, Londra, 1937.

Montaigne, Michel de, *Essais*, Gallimard, Paris, 1950 (1580).

Morton, John, "The domestication of the savage pip: the role of peccaries in tropical South and Central America and their relevance for the understanding of pig domestication in Melanesia", *Canberra Anthropology*, no. 7 (1-2), 1984, s. 20-70.

Moscovici, Serge, *Essais sur l'histoire humaine de la nature*, Flammarion, Paris, 1977.

Munn, Nancy D., "The Transformation of Subjects into Objects in Walbiri and Pitjantjatjara Myth", Ronald M. Berndt (yön.), *Australian Aboriginal Anthropology* içinde, University of Western Australia Press, Nedlands, 1970.

Myers, Fred R., *Pintupi Country, Pintupi Self*, Smithsonian Institution Press, Washington, 1986.

Nelson, Richard K., *Make Prayers to the Raven: a Koyukon View of the Northern Forest*, The University of Chicago Press, Chicago, 1983.

Oelschlaeger, Max, *The Idea of Wilderness: From Prehistory to the Age of Ecology*, Yale University Press, New Haven, 1991.

Ordinaire, Olivier, *Du Pacifique à l'Atlantique par les Andes péruviennes et l'Amazone*, Plon, Nourrit et Cie, Paris, 1892..

Osgood, Cornelius, *Contribution to the Ethnography of the Kutchin*, Yale University Publications in Anthropology, no. 14, New Haven, 1936.

Overing, Joanna ve Passes, Alan (yön.), *The Anthropology of Love and Anger. The Aesthetics of Conviviality in Native Amazonia*, Routledge, Londra ve New York, 2000.

Overing Kaplan, Joanna, *The Piaroa, a People of the Orinoco Basin: a Study in Kinship and Marriage*, Clarendon Press, Oxford, 1975.

Panofsky, Erwin, *La Perspective comme forme symbolique*, Editions de Minuit, Paris, 1975.

Paulson, Ivar, Hulkrantz, Ake ve Jettmar, Karl, *Les Religions arctiques et finnoises*, Payot, Paris, 1965.

Pedersen, Morten A., "Totemism, animism and North Asian indigenous ontologies", *journal of the Royal Anthropological Insitute (N.S.)*, no. 7, 2001, s. 411-427.

Perrin, Michel, "L'animal à bonne distance" Jacques Hainard ve R. Kaerh (yön.), *Des animaux et des hommes* içinde, Musée d'ethnographie, Neuchâtel, 1987, s. 53-62.

—, *Le Chamanisme*, PUF, Paris, 1995.

Picon, François-René, *Pasteurs du Nouveau Monde*, Editions de la Maison des sciences de l'homme, Paris, 1983.

Piperno, Dolores R., "Aboriginal agriculture and land usage in the Amazon basin, Ecuador", *Journal of Archaeological Science*, no. 17, 1990, s. 665-667.

Pitarch, Pedro, *Ch'ulel. Una etnografia de las almas tzeltales*, Fondo de Cultura Económica, Mexico, 1996.

Povinell, Elizabeth A., *Labor's Lot. The Power, His-*

tory and Culture of Aboriginal Action, The University of Chicago Press, Chicago, 1993.

Proust, Joëlle, *Comment l'esprit vient aux bêtes. Essai sur la représentation*, Gallimard, Paris, 1997.

Quinlan, Philip T., *Connectionism and Psychology*, University of Chicago Press, Chicago, 1991.

Racine, Luc, "Du modèle analogique dans l'analyse des représentations magfico-religieuses", *L'Homme*, no. 109, 1989, s. 5-25.

Radcliffe-Brown, Alfred R., *Structure et fonction dans la société primitive*, çev. F. ve L. Marin, Editions de Minuit, Paris, 1968 (1952).

Rasmussen, Karl, *Intellectual Culture of the Iglulik Eskimos*, Glyldendaske Boghandel, Nordisk Forlag, Kopenhag, 1929.

Redfield, Robert ve Villa Rojas, Alfonso, *Chan Kom. A Maya Village*, 2e éd. The University of Chicago Press, Chicago, 1964 (1934).

Regan, Tom, *The Case for Animal Rights*, University of California Press, Berkeley ve Los Angeles, 1983.

Reichel-Dolmatoff, Gerardo, *Amazonian Cosmos. The Sexual and Religious Symbolism of the Tukano Indians*, The University of Chicago Press, Chicago, 1971.

—, "Cosmology as ecological analysis: a view from the forest", *Man*, no. 11, 1976, s. 317-318.

—, *The Forest Within. The World-View of the Tukano Amazonian Indians*, Themis Books, Dartington (Royaume-Uni), 1996.

—, *Yuruparí. Studies of an Amazonian Foundation Myth*, Harvard University Press for the Harvard University-Center for the Study of World Religions, Cambridge (Mass.), 1996.

Renard-Casevitz, France-Marie, "Guerre, violence et identité à partir des sociétés du piémont amazonien des Andes centrales", *Cahiers Ostrom (série Science humaines)*, no. 21 (1), 1985, s. 81-98.

—, *Le Banquet masqué. Une mythologie de l'étranger chez les Indiens Matsiguenga*, Lierre et Coudrier, Paris, 1991.

Rickert, Heinrich, *Science de la culture et science de la nature,* suivi de *Théorie de la définition*, çev. Anne-Hélène Nicolas, Gallimard, Paris, 1997.

Ritzenthaler, Robert, E., "Southwestern Chippewa", B. G. Trigger (yön.), *Handbook of Nothorn American Indians* içinde, c. 15, *Northeast*, Washington, Smithsonian Institution, 1978.

Rival, Laura, *Trekking Throught History. The Huaorani of Amazonian Ecuador,* Columbia University Press, New York, 2002.

Riviere, Peter, "WYSINWYG in Amazonia", *Journal of the Anthropological Society of Oxford,* c. XXV (3), Michaelmas, 1994, s. 255-262.

—, "A predação, a reciprocidade e o caso das Guianas", *Mana*, no. 7 (1), 2001, s. 31-54.

Roger, Alain, *Court traité de paysage*, Gallimard, Paris, 1997.

Rojas Zolezzi, Enrique, *Los Ashaninka, un pueblo tras el bosque. Contribucíon a la etnología de los Campa de la Selva Central Peruana*, Pontificia Universidadad Católica del Perú, Lima, 1994.

Roosevelt, Anna C., *Moundbuilders of the Amazon. Geophysical Archaeology on Marajo Island, Brazil*, Academic Press, San Diego (Ca.), 1991.

Rosch, Eleanor, "Natural categories", *Cognitive Psychology*, no. 4 (3), 1973, s. 328-350.

—, "Principles of categorization", E. Rosch ve B. B. Lloyd (yön.), *Cognition and Categorization* içinde, Lawrence Erlbaum, Hillsdale (N.J.), 1978, s. 28-49

Rosengren, Dan, *In the Eyes of the Beholder. Leadership and the Social Construction of Power and Dominance among the Matsigenka of the Peruvian Amazon*, Göteborgs Etnografiska Museum, Göteborg, 1987.

Rosset, Clément, *L'anti-nature. Elements pour une philosophie tragique*, PUF, Paris, 1973.

Rostain, Stéphen, "Nuevas perspectivas sobre la cultura Upano del Amazonas", 49. Uluslararası Amerikanistler kongresi bildirisi, Quito, 1997.

Ryesky, Diana, *Conceptos tradicionales de la medicina en un pueblo mexicano. Un análisis antropológico*, SEP, Mexico, 1976.

Sanlins, Marshall, *Tribesmen*, Printice-Hall, Englewood Cliffs (N.J.), 1968.

—, *Culture and Practical Reason*, The University of Chicago Press, Chicago ve Londra, 1976.

Saladin D'Anglure, Bernard, "Penser le "féminin" chamanique, ou le "tiers-sexe" des chamanes inuit", *Recherches amérindiennes au Québec*, no. 18 (2-3), 1988. s. 19-50.

—, "Nanook, Super-Male. The Polar bear in the imaginary space and social time of the Inuit of the Canadian Arctic", Roy Willis (yön.), *Signifying Animals:*

Human Meanings in the Natural World içinde, Unwin Hyman, Londra, 1990, s. 178-195.

Salazar, Ernesto, "Uso del espacio en la cultura Upano", 49. Uluslararası Amerikanistler kongresi bildirisi, Quito, 1997.

Santos Granero, Fernando, "Templos y herrerías: utopía y recreación cultural en la Amazonía Peruana", *Bulletin de l'Institut français d'études andines*, no. 17 (2), 1987, s. 1-22.

—, *El poder del amor. Poder, conocimiento y moralidad entre los Amuesha de la selva central del Perú*, Ediciones Abya-Yala, Quito, 1994.

—, "The Sisyphus Syndrome, or the struggle for conviviality in Native Amazonia", Joanna Overing ve Alan Passes (yön.), *The Anthropology of Love and Anger. The Aesthetics of Conviviality in Native Amazonia* içinde, Londra ve New York, Routledge, 2000, s. 268-287.

—, "The Arakwan Matrix: Ethos, Langage and History in Native South America", Jonathan D. Hill ve Fernando Santos Granero (yön.), *Comparative Arakwan Histories. Rethinking Language Family and Culture Area in Amazonia* içinde, University of Illinois Press, Urbana&Chicago, 2002, s. 25-50.

Schama, Simon, *Le Paysage et la Mémoire*, Paris, Editions du Seuil, 1999.

Schank, Roger ve Abelson, Robert, *Scripts, Plans, Goals and Understanting: An Inquiry into Human Knowledge Structures*, Erlbaum, Hillsdale (N.J.), 1977.

Schieeffelin, Edward L., *The Sorrow of the Lonely and the Burning of the Dancers*, St. Martin's Press, New York, 1987.

Schwartz, Marion, *A. History of Dogs in the Early Americas*, Yale University Press, New Haven ve Londra, 1997.

Scott, Colin, "Knowledge construction among cree hunters: metaphors and literal understanding", *Journal de la Société des Américanistes*, no. 75, 1989, s. 193-208.

Seeger, Anthony, Da Matta, Roberto ve Viveiros de Castro, Eduardo, "A.construção de pessoa nas sociedades indigenas brasileiras", *Boletim do Museu nacional (Rio de Janeiro)*, no. 32, 1979, s. 2-19.

Seneque, *Des bienfaits*, çev. François Préchac, Les Belles Lettres, Paris, 1926.

Service, Elman, *The Hunters*, Printice-Hall, Englewood Cliffs (N.J.), 1966.

Shore, Bradd, *Culture in Mind. Cognition, Culture and the Problem of* SIGAUT, François, 1980. "Un tableau des produits animaux et deux hypothèses qui en découlent", *Production pastorale et société*, no. 7, 1996, s. 20-36.

Singer, Peter, *Practical Ethics*, Cambridge University Press, Cambridge, 1979.

—, *Animal Liberation*, Random House, New York, 1989.

Sowls, Lyle K., "Social behaviour of the collared peccary *Dycotiles tajacu* (L.) ", Valerius Geist ve Fritz Walther (yön.), *The Behaviour of Ungulates and its Relation to Management* içinde, Union international pour la conservation de la nature et des ressources naturelles, Morges, 1974, s. 144-65 *içinde*.

Speck, Frank, G., "Game Totems among the Northeastern Algonquians", *American Anthropologist*, no. 19 (1), 1917, s. 9-18.

—, *Naskapi. The Savage Hunters of the Labrador Peninsula*, University of Oklahoma Press, Norman, 1935.

Spencer, William B. ve Gillen, Franck J., *The Native Tribes of Central Australia*, MacMillan, Londra, 1899.

—, *The Arunta. A. Study of a Stone Age People*, MacMillan, Londra, 1927. Sperber, Dan, *Le Symbolism en général*, Hermann, Paris, 1974.

—, *Le Savoir des anthropologues*, Hermann, Paris, 1982.

Squire, Larry R., *Memory and Brain*, Oxford University Press, New York, 1987.

Sternberg, Leo, "Die Religion der Giljaken", *Archiv für Religionswissenschaft (Leipzig)*, c. VIII, 1905, s. 244-274.

Sterpin, Adriana, "La chasse aux scalps chez les Nivacle du Gran Chaco", *Journal de la Société des Américanistes*, no. 79, 1993, s. 33-66.

Stocking, George W. Jr., *Race, Culture and Evolution. Essays in the History of Anthropology*, The University of Chicago Press, Chicago, 1968.

—, *Volksgeist as Method and Ethic. Essays on Boasian Ethnography and the German Anthropological Tradition*, The University of Visconsin Press, Madison, 1996.

Strathern, Andrew, *The Rope of Moka: Big men and Ceremonial Exchange in Mount Hagen, New Guinea*, Cambridge University Press, Cambridge, 1971.

Strathern, Marilyn, "No nature, no culture: the Hagen case", Carol Maccormack ve Marilyn Strathern (yön.), *Nature, Culture and Gender* içinde, Cambridge University Press, Cambridge, 1980, s. 174-22.

—, *The Gender of the Gift. Problems with Women and Problems with Society in Melanesia*, University of California Press, Berkeley, 1988.

Strauss, Claudia, ve Quinn, Naomi, *A Cognitive Theory of Cultural Meaning*, Cambridge University Press, Cambridge, 1977.

Suralles, Alexandre, *Au coeur du sens. Perception, affectivité, action chez les Candoshi*, Editions du CNRS-Fondation de la M.S.H., Paris, 2003.

Swanton, John, R., "Social and Religious Beliefs and Usages of the Chickasaw Indians", *44th Annual Report (1926-1927). Bureau of American Ethnology*, Washington, 1928, s. 190-213.

Mode of Production of the Mistassini Cree Hunters, St. John, Memorial University of Newfoundland.

Tarde, Gabriel, *Monadologie et sociologie*, Les Empêcheurs de penser en rond, Paris, 1999 (1893).

Taylor, Anne Christine, "The marriage alliance and its structural variations in Jivaroan societies", *Social Science Information*, no. 22 (3), 1983. s. 331-353.

—, "L'Art de la réduction", *Journal de la Société des Américanistes*, no. 71, 1985, s. 159-173.

—, "Les bons ennemis et les mauvais parents. Le traitement de l'alliance dans les rituels de chasse aux têtes de Shuar (Jivaro) de l'Equateur", Elisabeth Copet-Rougier ve Françoise Heritier-Auger (yön.), *Les Complexités de l'alliance* içinde, c. IV, *Economie, politiques et fondements symboliques*, Editions des Archives contemporaines, Paris, 1993, s. 73-105.

—, "The soul's body and its states: an Amazonian perspective on the nature of being human", *journal of the Royal Anthropological Institute*, no.2 (2), 1996, s. 211-215.

—, "Corps immortels, devoir d'oubli: formes humaines et trajectoires de vie chez les Achuar", Maurice Godelier ve Michel Panoff (yön.), *La Production du corps. Approches anthropologiques et historiques* içinde, Editions des Archives contemporaines, Amsterdam, 1998, s. 317-338.

Testart, Alain, *Les Chasseurs-cueilleurs ou l'origine des inégalités*, Société d'Ethnologie, Paris, 1982.

—, "Deux modèles du rapport entre l'homme et l'animal dans les systèmes de représentation", *Etudes rurales*, no. 107-108, 1987, s. 171-193.

—, "Les trois modes de transfert", *Gradhiva*, no. 21, 1997, s. 39-49.

Thom, René, *Apologie du logos*, Hachette, Paris, 1990.

Tort, Patrick, "L'effet réversif de l'évolution. Fondements de l'anthropologie darwinienne", Patrick Tort (yön.), *Darwinisme et société* içinde, Paris, PUF, 1992, s. 13-46.

Turnbull, Colin, *Wayward Servants: the Two Worlds of the African Pygmies*, Natural History Press, Garden City (N.Y.), 1965.

Turner, Terence, "Social Body and Embodied Subject: Bodiliness, Subjectivity, and Sociality among the Kayapo", *Cultural Anthropology*, no. 10 (2), 1995. s. 143-170.

Tylor, Edward B., *Primitive Culture: Researches into the Development of Mythology, Philosophy, Religion, Language, Art and Custom*, 2 c., Murray, Londra, 1871.

Van Beek, Albert G., *The Way of all Flesh. Hunting and Ideology of the Bedamuni of the Great Papuan Plateau*, Ph. D. İn social and cultural anthropology, Leyden Üniversitesi, 1987.

Van Beek, Walter E.A. ve Banga, Pieteke M., "The Dogon and theis trees", Elisabeth Croll ve David Parkin (yön.), *Bush Base: Forest Farm. Culture, Environnement and Development* içinde, Routledge, Londra ve New York, 1992, s. 57-75.

Van der Hammen, Maria Clara, *El Manejo del mundo. Naturaleza y sociedad entre los Yakuna de la Amazonia colombiana*, TROPENBOS, Bagotá, 1992.

Vanstone, James W., "Reindeer as draft animals in Alaska", *Etudes/Inuit/Studies*, no. 24 (2), 2000, s. 115-138.

Van Velthem, Lúcia, "Fazer, fazeres e o mais belo "feito"", *Os Indios, Nós* içinde, Museu Nacional de Etnologia, Lizbon, 2000, s. 174-180.

—, "The Woven Universe: Carib Basketry", Colin Mcewan, Christina Barreto ve Eduardo Neves (yön.), *Unkown Amazon. Culture in Nature in Ancien Brazil* içinde, The British Museum Press, Londra, 2001, s. 198-213.

Varela, Francisco, Rosch, Eleanor ve Thompson, Evan, *L'Inscription corporelle de l'esprit*, Editions du Seuil, Paris, 1993.

Varese, Stefano, *La Sal de los cerros. Una aproximación al mundo Campa*, Retablo de papel, Lima, 1973.

Vidal, Denis, "Les trois Grâces ou l'allégorie du Don. Contribution à l'histoire d'une idée en anthropologie", *Gradhiva*, no. 9, 1991, s. 30-48.

Vidal-Naquet, Pierre, "Chasse et sacrifice dans l'*Orestie* d'Eschyle", Jean-Pierre Vernant ve Pierre Vidal-Naquet (yön.), *Mythe et tragédie en Grèce ancienne* içinde, François Maspero, Paris, 1972, s. 133-158.

—, "Bêtes, hommes et dieux chez les Grecs", Léon Poliakov (yön.), *Hommes et bêtes: entretiens sur le racisme* içinde, Mouton, Paris-La Haye, 1975.

Vigne, Jean-Denis, "Domesticationou appropriation pour la chasse: histoire d'un choix socio-culturel depuis le Néolithique. L'Exemple des cerfs", *Exploitation des animax sauvages à travers le temps* içinde, Editions A.P.C.D.A.-C.N.R.S., Juan-les-Pins, 1993, s. 201-220.

Vilaça, Aparecida, *Comendo como gente; formas do canibalismo wari'*, Editora URFJ, Rio de Janeiro, 1992.

Viveiros de Castro, Eduardo, *Araweté. Os deuses canibais*, Jorge Zehar/ANPOCS, Rio de Janeiro, 1986.

—, *From the Enemy's Point of View. Humanity and Divinity in an Amazonian Society*, The University of Chicago Press, Chicago ve Londra, 1992.

—, "Alguns Aspectos da Afinidade no Dravidianato Amazônica", *Amazônia: ethnologia e historia indigena* içinde, NHII-Universidade de São Paulo, São Paolo, 1993, s. 149-210.

—, "Os pronomes cosmológicos e o perspectivismo ameríndio", *Mana*, no. 2 (2), 1996, s. 115-144.

—,*A inconstância da alma selvagem, e outros de antropologia*, Cosac&Naify, São Paulo, 2002.

Wachtel, Nathan, *Le Retour des ancêtres. Les Indiens Urus de Bolivie, xx.-xvı. Siècle. Essai d'histoire régressive*, Gallimard, Paris, 1990.

Wagner, Roy, "Scientific and Indigenous Papuan Conceptualizations of the Innate: A Semiotic Critique of the Ecological Perspective", Timothy P. Bayliss-Smith ve Richard G. Feachem (yön.), *Subsistence and Survival. Rural Ecology in the Pacific* içinde, Academic Press, Londra, 1977, s. 385-410.

—,*The Invention of Culture*, The University of Chicago Press, Chicago ve Londra, 1981 (1975).

Weber, Max, *Gesammelte Aufsätze zur Religionssoziologie*, c. I, Mohr., Tübingen, 1988 (1920).

Weiss, Gerald, *Campa Cosmology. The World of a Forest Tribe in South America*, American Museum of Natural History, New York, 1975.

Whitehead, Alfred North, *The Concept of Nature*, Cambridge University Press, Cambridge, 1955 (1920).

Whiten, Andrew, Goodal, Jane, McGew, William C. vd., "Cultures in chimpanzees", *Nature*, no. 399, 1999, s. 682-685.

Whitten, Norman E., *Sacha Runa. Ethnicity and Adaptation of Ecuadorian Jungle Quichua*, University of Illinois Press, Urbana, 1976.

Worsley, Peter, "Groote Eylandt Totemism and *Le Totémisme d'aujour'dhui*", Edmund R. Leach (yön.), *The Structural Study of Myth and Totemism* içinde, Tavistock Publications, Londra, 1967, s. 141-160.

Yengoyan, Aram A., "Demographic and Ecological Influences on Aboriginal Australian Marriage Sections", Richard B. Lee ve Irven de Vore (yön.), *Man the Hunter*, Aldine, Chicago, 1968, s. 185-199.

Zelenin, Dimitri, *Le Culte des idoles en Sibérie*, çev. G.Wetter, Payot, Paris, 1952.

Zimmermann, Francis, *La Jungle et le fumet des viandes. Un thème écologique dans la médecine hindoue*, Gallimard-Editions du Seuil, Paris, 1982.

—,*Le Discours des remèdes au pays des épices. Enquête sur la médecine hindoue*, Payot, Paris, 1899.

Zuidema, Tom, *The Ceque System of Cuzco: the Social Organisation of the Capital of the Inca*, Leyde, 1964.

—, *La civilisation inca au Cuzco*, PUF, Paris, 1986.

Dizin